Gertraud Diendorfer/Gerhard Jagschitz/Oliver Rathkolb (Hrsg.)

Zeitgeschichte im Wandel

Gertraud Diendorfer
Gerhard Jagschitz
Oliver Rathkolb (Hrsg.)

Zeitgeschichte
im Wandel

---

3. Österreichische
Zeitgeschichtetage 1997

STUDIENVerlag
Innsbruck-Wien

Gedruckt mit Förderung des Bundesministeriums für Wissenschaft und Verkehr sowie der Österreichischen Forschungsgemeinschaft.

Die Zeitgeschichtetage 1997 wurden mit Unterstützung folgender Institutionen abgehalten:
Bundesministerium für Wissenschaft und Verkehr, Bank Austria, Wiener Zukunftsdialog / Wiener Vorlesungen, Kulturabteilung der Stadt Wien, Universität Wien, Österreichische Gesellschaft für Zeitgeschichte, Array Data, Italienisches Kulturinstitut

Die Deutsche Bibliothek - CIP-Einheitsaufnahme

Zeitgeschichte im Wandel / 3. Österreichische Zeitgeschichtetage 1997.
Gertraud Diendorfer ... (Hrsg.). - Innsbruck ; Wien : Studien-Verl., 1998
ISBN 3-7065-1226-2

Lektorat: Helga Gibs
Umschlag und Layout: Bernhard Klammer
Bildnachweis für Umschlagfotos: Votava, Österreichisches Institut für Zeitgeschichte Wien/Bildarchiv, Graphikdesign Maireder

Gedruckt auf umweltfreundlichem, chlor- und säurefrei gebleichtem Papier.

INHALT

Opfer-Täter-Diskurs im internationalen Vergleich

Digitalisierung und virtuelle Welt:
Neue Herausforderungen an die Zeitgeschichte?

Einleitung

Seit 1993 finden in Österreich jedes zweite Jahr Zeitgeschichtetage – veranstaltet von den einschlägigen Instituten jeweils einer anderen Universität – statt, die Standortbestimmung, Leistungsschau und Diskussionsforum sein sollen. Die 3. Österreichischen Zeitgeschichtetage 1997 fanden mitten in einer Periode eines weltweiten, tiefgreifenden Wandels der Wissenschaften im allgemeinen statt. Die Postmoderne veränderte theoretische Grundlagen, Paradigmen, Methoden, Aufgaben und Positionen in der Gesellschaft. In der Geschichtswissenschaft spannte sich der Bogen vom Theorie- und Methodenpluralismus über „das Ende der Geschichte" bis zur Frage des Umgangs mit einer zunehmend virtueller werdenden Welt.

Auch die Zeitgeschichte in Österreich stand und steht in einem Prozeß der Veränderung. Dies betrifft zum einen die allgemeinen Tendenzen, zum anderen besteht hier eine spezifische Situation: Auf der Grundlage enger und mangelhaft theoretisch abgesicherter Forschungsfelder der Anfangszeit österreichischer zeitgeschichtlicher Historiographie entstand eine Forschung der zweiten Generation von Wissenschaftlerinnen und Wissenschaftlern, deren Arbeiten zwar auf wesentlich verbreiteter Quellengrundlage basierten, die aber immer noch über ein eingeschränktes Problembewußtsein und eine sektorale Themenbearbeitung verfügte, da sie den internationalen Stand der Wissenschaft weitgehend ignorierte und sich oft ziemlich unreflektiert der einen oder anderen Schule bundesdeutscher Zeitgeschichte anschloß.

Diese Mängel glich eine dritte Forschungsgeneration weitgehend aus, Ergebnisse internationaler Diskussionen wurden rezipiert, Archivalien aus vielen Ländern herangezogen und internationale Forschungsansätze auf Fragestellungen zur österreichischen Zeitgeschichte übernommen. Wir befinden uns gegenwärtig im Übergang zu einer nächsten Periode: Junge Forscherinnen und Forscher schalten sich in den internationalen Diskurs direkt ein, sind nicht mehr durch die lange andauernde österreichische Provinzialität beengt, erweitern ihre Arbeit auf internationale Themen und fordern ihre Position in einer historiographischen Entwicklung ein.

Die Österreichischen Zeitgeschichtetage 1997 werden, ebenso wie die beiden vorhergegangenen wissenschaftlichen Zweijahrestagungen, im vorliegenden Textband dokumentiert, um aktuelle Forschungsergebnisse bzw. -trends zu veranschaulichen sowie die innerösterreichische Kommunikation zu erleichtern und zu verstärken. Zu diesem Zweck wurde erstmals eine Internet-Dokumentation aller mit öffentlichen Mitteln geförderten zeithistorischen Forschungsprojekte der Jahre 1993–1996/97 angelegt.[1] Gleichzeitig waren die OrganisatorInnen bestrebt, den internationalen Diskursstand entlang von drei Themenfeldern zu formieren sowie die laufenden und künftigen interdisziplinären Kooperationsmöglichkeiten aufzuzeigen.

Die österreichzentrierte Fixierung von Geschichtsschreibung aufzubrechen, war ein Ziel dieser Veranstaltung – sowohl bezüglich zeithistorischer Themenfelder als auch hinsichtlich aktueller Forschungsansätze und Methoden. Der erste Tag war dem „Umschreiben" von Geschichte seit 1989 gewidmet, wobei deutlich wurde, daß der Kalte Krieg wesentlich tiefere Spuren nicht nur im Bereich der Diplomatiegeschichte hinterlassen, sondern generell historiographische Fragestellungen, aber auch Methoden entlang der „Schere im Kopf" getrennt hat. Auf dem Trümmerfeld bipolarer Konflikte und der Nachwirkungen des Zweiten Weltkrieges und des Holocaust wieder einen breiten gesamteuropäischen Diskurs zu ermöglichen wird sicherlich ein wichtiges Anliegen künftiger Projekte und Unternehmungen sein. Gleichzeitig wurde aber immer deutlicher, daß europäische Diskurse umfassender in den jeweiligen globalen Kontext eingebunden werden müssen. Selbst im nationalen Sektor werden Geschichtsbilder zunehmend von internationalen Einflußfaktoren mitgeformt – wenngleich nach wie vor national „gefiltert".

In diesem Sinne erschien es wertvoll, aktuelle Themenkonstellationen mit vergleichbaren Debatten in Beziehung zu setzen. Konkret wurde die Diskussion über „politische Vergangenheiten" ausgewählt und die „Täter-Opfer-Auseinandersetzung" in Deutschland 1945/1989, im Südafrika der Gegenwart sowie in Bosnien-Herzogowina beleuchtet und mit historischen und aktuellen Erfahrungen über die nationalsozialistische Vergangenheit verglichen. Gerade in diesem komparatistischen Ansatz und unter Einbeziehung unterschiedlicher politischer Kulturen liegen neue Sichtweisen, die die nationale Innenperzeptionen „aufgeklärter" Zeitgeschichtsforschung aufbrechen können.

Besonders wichtig erschien es den Veranstaltern, im dritten Schwerpunkt der Zeitgeschichtetage die Auswirkungen der digitalen Revolution auf Themen, Handwerkszeug und Methoden der Zeitgeschichte zu hinterfragen. Mythen über die Auswirkungen der Internet-Gesellschaft auf die Produktion historischer Analyse sollte ebenso entgegengewirkt werden wie der Ignoranz gegenüber der vielfachen Auswirkung tiefgreifender Änderungen einer Industrie- auf eine Informationsökonomie. Gerade die zeitgeschichtliche Forschung sollte sich intensiver mit derartigen neuen Fragestellungen beschäftigen, die über die methodischen/technischen Auswirkungen hinausgehen.

Obwohl sich aus den Beiträgen ein Bild lebendiger und aktueller Wissenschaft bot, ergaben uneinheitliche Zugänge und Qualitäten, daß die österreichische Zeitgeschichte noch nicht über ein ausgeprägtes Selbstverständnis im Ganzen verfügt.

Dies ist wohl auch der Grund für den gelegentlich geäußerten Vorwurf, daß das Schielen nach gesellschaftspolitischer Relevanz zum Verlust der Wissenschaftlichkeit führen kann. Wenn auch die Zeitgeschichte nicht frei von Moden ist, so ist doch ein Zug der Beliebigkeit nicht zu übersehen. Die Auflösung des strengen Korsetts der Zunftregeln hat zwar zur Vielfalt von Themen und Zugängen geführt, jedoch ist der internationale Diskurs oft mißverstanden worden, ein wissenschaftlicher Dialog existiert nach wie vor nicht. Die bei der Tagung erkennbare Spezialisierung vermittelte den Eindruck einer starken Fragmentierung, ein einheitliches Ganzes und eine international übliche Souveränität war erst in Ansätzen zu bemerken.

Die Herausgeber sind sich bewußt, daß die Reproduktion der Tagung die vorhandenen Trends und Themen nur problemorientiert anreißen kann, doch gerade in diesem spezifischen „Artefaktcharakter" (auch vor dem Hintergrund internationaler Entwicklungen) liegt die Nützlichkeit der Publikationen für künftige Arbeiten.

Wie bei Tagungsbänden üblich wurden die Beiträge von den Autoren und Autorinnen überarbeitet, teilweise erweitert und mit einem Anmerkungsapparat versehen; nicht überarbeitete Artikel wurden jedoch nicht publiziert. Die komplette Dokumentation des Symposions in Form von Kurzfassungen ist im „Reader" (am Institut für Zeitgeschichte der Universität Wien) erhältlich.

Ein Schwerpunkt der Tagung blieb undokumentiert – die bewußte Auseinandersetzung mit der kritischen Lage für Absolventen und Absolventinnen von kulturwissenschaftlichen Disziplinen im allgemeinen und zeitgeschichtlichen Studien im besonderen. Im Rahmen einer Podiumsdiskussion wurde sowohl eine Bestandsaufnahme der Situation versucht als auch mögliche Optionen zur rascheren Integration in neue Berufsfelder skizziert. Mit aller Deutlichkeit wird daher auch an dieser Stelle festgehalten, daß zunehmend die Universitäten selbst aufgerufen sind, sich diesen Fragestellungen in dem konkreten Ausbildungs- und Forschungsangebot zu nähern und konkrete Alternativen zu entwickeln (zum Beispiel in Richtung angewandter Geschichte etc.). Gleichzeitig kann aber die Öffentlichkeit und der Staat aus der politischen Verantwortung für eine aktive Bildungspolitik nicht entlassen werden.

Wien, Juli 1998   *Die Herausgeber*

1   http://www.univie.ac.at/zeitgeschichte/

Das Ende der Bipolarität und das Umschreiben der Geschichte

David Reynolds

The End of Bipolarity and the Rewriting of History: Western Perspectives

I wish to develop two themes in this brief essay. The first is to question the value of bipolarity as a concept for understanding recent history. Despite its importance, I shall argue, we should avoid being imprisoned within a two-camp framework. Secondly, I emphasize the need to transcend the current fragmentation of historical writing into specialist sub-disciplines (political, social, economic, and so on). This has become a cri de coeur in the historical profession, particularly in the United States where „old-style" political and diplomatic historians are on the defensive against the surge of social and cultural history, not least the belated discovery of „her-story" as well as „his".[1]

As far as „the West" is concerned, the next few years will see some progress in access to documents. In the United States, President Clinton's Executive Order 12958 of 1995 requires „mandatory declassification" after 25 years. The new Labour government in Britain is disposed in principle to similar reforms. However, the bulk of documents to be declassified and continued bureaucratic resistance will militate against rapid availability for scholars.[2] Aside from any overall change in access, other material is becoming available on a more random basis, either for periods where papers are open in principle but where some materials remain sensitive (notably intelligence) or for periods still closed but where material has been extracted by intensive and focused use of the U.S. Freedom of Information Act. The Cuban crisis of 1962 is one example; another is the American side of the Carter-Brezhnev project on the decline of détente in the late 1970s.[3] Much of this work has been done through the National Security Archive in Washington D.C. (a private body despite its name), which now holds a large and valuable collection of declassified documents.

In general, most Western countries have for years followed some kind of orderly declassification process. New openings will not change the basic pattern, whereby we shall have substantial documentation up to about 25-35 years from the present day and distinctly patchy material thereafter. The contrast with former communist countries, where documents were previously completely closed, is therefore profound. As Vladislav Zubok discusses in the next essay, the end of the Cold War has produced a torrent of new material from these countries, albeit of variable coverage and quality. Some of this is readily available in English through the work of the Cold War International History Project in Washington D.C.[4] Increasingly it will be possible to put the „Western" side of a story together with the „Eastern".[5] But, on the documentary level, the novelty will stem largely from the communist materials. The potential for rewriting Cold War history from the Western angle lies, in my judgement, in new interpretative frameworks.

For a glimpse of these possibilities, let us consider a few evaluations of the end of the Cold War. At the simplest level, it encouraged „We Won" celebrations of the triumph of American capitalist democracy, of which the most notorious was Francis Fukuyama's neo-Hegelian assertion that history was nearing its end point of development. But others argued that all states, including the USA, were now being subsumed into economic transnationalism within a global or regional framework. A further line of argument was that the end of the Cold War had thawed out older ethnic problems, frozen during the bipolar era, notably in the Balkans and parts of the former USSR. The thaw threatened a nationalist avalanche and new international instability. Putting this together with the resurgence of Islam and the modernization of China, some have predicted a global Kulturkampf. The American scholar Samuel Huntingdon suggested that the „velvet curtain" of culture would replace the „iron curtain" of ideology as the crucial fault line of geopolitics.[6]

These rival frameworks suggest different ways of viewing international relations in the post-Cold War era. But they also offer tools for probing anew the Cold War era itself. To make use of them, however, we must examine more closely the phrase „the end of bipolarity".

Was the World ever truly bipolar? That question is likely to be posed more sharply in future writing about the Cold War. On the one hand, Fukuyama's thesis reminds us that the United States and the Soviet Union were never equal in character and capability. Even during the Cold War, many noted that the USSR was an „incomplete superpower," especially because of its backward economy, and this argument has been strengthened by recent work from Russian economists. This suggests that the USSR did not have a GDP between half and two-thirds the size of the United States, as was widely thought by Western experts and the CIA at the time. By the 1980s, the figure was more like one-seventh.[7] If these findings are confirmed, they will encourage historians to examine how and why Western exaggerations of Soviet power developed. Issues of perceptions and intelligence may therefore figure prominently in future Western historiography of the Cold War.[8]

One can explore the limits of bipolarity from a multipolar perspective as well as from one that is implicitly unipolar. Even in Europe, there were clear exceptions to the bipolar pattern. Austria is an obvious example, but there are many others. Yugoslavia and Finland lay geographically in the eastern half of Europe, yet neither was part of the Soviet bloc. Conversely, Greece and Turkey (members of NATO from 1952) are hardly „Western" in geographic or cultural terms. Exceptions are also apparent if we think globally. The Cold War was intense in Europe, also in East and Southeast Asia. But what of Latin America (except Cuba) and most of Africa or the Middle East – is bipolarity a useful tool for understanding their histories since 1945? In short, we should remember that the „East-West" divide was a Cold War slogan, not a precise historical description.

With these observations in mind, let us return to the „new" concepts outlined above. In fact, most are evident in the Cold War era. Take the case of nationalism: accounts of the Western alliance have become less America-centred and look more closely at the politics of the host nations, following Geir Lundestad's claim that, if Western Europe was an American empire, it was „empire by invitation".[9] With the opening of Eastern European archives, this is also happening for former communist countries, especially the DDR. The result is a less monolithic image of the „two blocs".

As for economic integration, this was already evident in the EEC and EFTA, also more informally in postwar labour flows and the Eurodollar market. Although the EEC was encouraged by the United States for security reasons, the integration process went far beyond Cold War imperatives.[10] And velvet curtains also criss-crossed Europe's iron curtain. As Milan Kundera and others insisted in the 1970s and 1980s, „Mitteleuropa" had not completely disappeared down the Cold War divide.[11] Compared with the rest of „Eastern Europe," Hungary, Czechoslovakia and Poland were more advanced societies which resisted extreme Stalinization – as 1956, 1968 and 1980/81 made clear. This distinctiveness helps to explain their more rapid progress in the post-communist transition and their quicker path towards membership of NATO and the EU.

In other words, the „new" historiographical themes are evident in the so-called bipolar era, if we look for them. But we also need to see the bipolar era itself as part of some larger historical themes, rather than being all-embracing.

One of these is the end of empires. A major theme of the twentieth century has been the disintegration of multi-national empires and the long search for stable successor states. This issue dominated Austrian history for first half of the century – the Ottoman retreat, the Serbian challenge, the Habsburg collapse and, eventually, the German Anschluss. It is even more evident globally. When the United Nations Organization was founded in 1945, there were 51 members; a half-century later the figure was 185. More than one hundred were completely new states produced by the break-up of vast European empires: Dutch, Spanish, French, British, Belgian and, most slowly, the Portuguese.

The Cold War also fits into the story of the end of empires. In the First World War, the Ottoman and Habsburg empires collapsed and the new multinational states of Eastern Europe endured a long period of ethnic cleansing from the end of the First World War until the late 1940s. But the Tsarist empire survived wartime defeat and ensuing civil war to recover under new, Bolshevik leadership.[12] Claims of imminent external threat (capitalist Britain, Nazi Germany or Cold War America) were a way of justifying the police state that kept the empire together. The Russian empire lasted until 1991, by which time ethnic Russians comprised barely half the population of the USSR compared with nearly three-quarters in 1923. Seen in this way, the Cold War was part of the history of empire and decolonization. Indeed, it has been asserted that the Soviet Union's disintegration into fifteen states is a development so vast in its ramifications that future historians may „treat it as the most important event of the twentieth century".[13]

What of China, now the last great communist power? It can also be regarded as the last great empire. In the first half of this century it came close to disintegration after the fall of the Qing dynasty in 1911-12, with more than three decades of civil war and substantial Japanese occupation in the period 1931-45. But then it was consolidated under communist rule after 1949 and gradually regained lost parts of the empire, notably Tibet and, recently, Hong Kong. As in the Soviet Union, the Cold War can be seen as a phase of imperialism. This raises the question of whether the People's Republic will eventually experience the same fate as the Soviet Union. The country is more ethnically united than the USSR (at least 85 percent of the population is ethnically Han Chinese) but can such a vast polity survive the erosive forces of rapid social and economic change? Analysts are divided and only time will tell, but it is useful to think of the Asian Cold War, as well as Europe's, in terms of the history of empires.

A second theme is the information revolution. This is one of the basic changes distinguishing the last fifty years from all previous history. The Cold War can be considered within that framework and not just in relation to nuclear energy – the technological revolution with which it is conventionally linked.

The exigencies of international politics were a stimulus to the information revolution. Consider the case of modern electronic, digital computers, whose origins go back to the Allied war effort in World War Two – ENIAC in the United States (to calculate the trajectory of artillery shells) and Colossus in Britain (for cryptanalysis of German signals intelligence). International politics continued to influence the evolution of computers during the Cold War. The massive American SAGE air defence system in the 1950s was overtaken by the missile age, but its development proved enormously important for information technology. Not only did the SAGE project produce the modern „core memory", replacing cumbersome electrostatic vacuum tubes, it accounted for half of IBM's profits in the 1950s. Company president Thomas J. Watson Jr. wrote later: „It was the Cold War that helped IBM make itself the king of the computer business."[14] Another example of Cold War input is the Internet. This has its roots in an original network, created during the 1960s, to link a number of university centers working for the Pentagon's Advanced Research Projects Agency (ARPA). When publicized in 1972, American universities rushed to join or to develop their own networks. The Arpanet was the progenitor of the Internet we know and love (or hate?) today.

The relationship between the Cold War and the information revolution is, of course, complex and two-way. The Cold War assisted the development of the computer, but the spread of television helped break open the informational prisons on which bipolarity, like earlier state ideologies, depended. (One wonders whether the home fronts would have sustained the First World War for so long had CNN been offering live coverage of Verdun, the Somme or Caporetto!) It is clear that television did have an erosive effect on Cold War solidarities at key moments. One example is the impact in America of TV pictures of the North Vietnamese Tet offensive of early 1968. Although Tet proved a disastrous military defeat for the Vietcong, it was also a major psychological triumph because TV pictures of the ruins of Hue or the fighting in the grounds of the US Embassy in Saigon left many Americans doubtful of the Johnson Administration's claims to be winning the war.[15] Thereafter the search was for „peace" in Indochina, not victory, even though that led to an escalation of the bombing by Richard Nixon. Even more significant was the solvent effect of television on the Soviet bloc in Eastern Europe in the late 1980s. Perestroika in the USSR was broadcast on some state networks, notably Bulgaria's, while many Warsaw Pact countries could receive Western TV, particularly from Austria and West Germany. When the reformist Hungarian government started dismantling its border with Austria in May 1989, this was a major television event. The speed and scale of the ensuing collapse depended crucially on TV news, as East Germans watched the border crossings and Czechs saw the fall of the Berlin Wall. If 1789 was the revolt of the crowd, 1989 was the TV revolution. One commentator has aptly called it „as much the triumph of communication as the failure of Communism."[16]

This leads me into a third theme – New Social Movements. The end of the Cold War was not simply a story of high politics, it was also about mobilizing subject populations. Gorbachev's abrogation of the Brezhnev Doctrine was a necessary condition for the breakdown of 1989, but „people power" explains the dramatic outcome. That is why scholars have been reaching back to explore the remnants of „civil society" in a so-called „totalitarian" era and to explain the reasons for its resurgence.[17] But that effort is not confined to Eastern Europe and the former USSR. The concept of New Social Movements has been a major preoccupation of historians of the developing world in the last decade or so, particularly in Latin America, which experienced a loosely similar pattern of democratization in the 1980s, and in the Iberian peninsula after its democratic transition in the mid-1970s.[18] Their work built in turn on post-1968 writing in Western Europe about the New Left (students, women, ecologists, etc.) against the Old Left of traditional leftwing parties and trade unions.

All this has prompted a new interest in the concept of „modernization" – apparently discredited in the 1960s by the persistence of poverty and dependence. From the perspective of the 1990s, it again seems credible to argue that urbanization, education and the mass media are a powerful solvent of traditional attitudes, even if this occurs at a slower rate and in more complex ways than Western apologists predicted in the 1950s.[19] The end of the Cold War therefore takes its place within this larger trend.

One of the major areas of interest for students of New Social Movements is, of course, women. Indeed, women's „liberation" has been a salient event of recent historiography as well as of recent history. Yet much of that historiography is conceptualized in terms of women's self-making, as they wrote, marched and agitated for freedom from male domination. While that may well be the predominant dynamic, we should not ignore the role of the Cold-War state in this process.

There is time here for only one example, but it is, I think, instructive. Apologists for communism in its heyday often pointed to the greater rights enjoyed by women in the USSR and Eastern Europe. In certain respects, this was valid but it resulted from political calculation as much as ideological conviction. The Cold War was a contest of economies and therefore societies. The Soviet bloc was partly able to offset its technological backwardness and organizational inefficiencies by making fuller use of women's labour, at a time when many middle-class women in the United States and Western Europe were still trapped in the „cult of domesticity". During the postwar period, from the 1950s to the 1980s, around half the Soviet workforce was female. The same is true of the manpower-starved GDR and the proportion also grew in other East European states in the 1970s and 1980s as declining fertility rates retarded growth in closed and inefficient economies. For instance, the female proportion of the Hungarian workforce rose from 35 percent in 1960 to 43 percent in 1980.[20] This also helps to explain the more extensive provision of childcare in many parts of the Soviet bloc, especially the GDR. Of course, these achievements must be set against the paucity of political and civil rights for women under communism, and the relative paucity of labour-saving devices to alleviate their domestic burdens. But they do remind us that, on some criteria, communist women in Europe were more „liberated" than their capitalist counterparts – partly for reasons of ideology, partly as a matter of state policy. In short, female production and reproduction can be fruitfully related to Cold War history.

One final theme should be mentioned. The „We Won" school views the demise of communist governments in Europe and the Soviet Union in 1989-91 completely within the framework of the Cold War: there were two sides, one of which triumphed while the other collapsed. It is easy to forget that, a decade ago, pundits were writing the obituaries of capitalism. The turn of 1987/88 saw the Wall Street crash, the furore over American decline prompted by Paul Kennedy's Rise and Fall of the Great Powers, and predictions that the huge U.S. budget deficit and its funding by Japan signalled the onset of the Pacific century. American triumphalists would now say that the Soviet collapse and Japan's recent problems show that the doomsayers of 1987 were wrong, but that is too simplistic an argument. As Charles Maier has argued in his study of the collapse of the GDR: „Some of the crises of communism have also been crises for capitalism."[21] Both systems in Europe had to address similar problems, particularly the challenges from Asian capitalism, the shift from heavy industry to services and new technologies, and, in the face of both, the difficulty of overcoming political and labour opposition to restructuring. The West began to face these problems earlier, prompted by the first oil shock of 1973/74. With the partial exception of Hungary, the Soviet bloc did not begin to address them until after Gorbachev arrived in the Kremlin in 1985. It did so as a bloc that could no longer remain closed against the global economy. And its attempts at controlled reform led to uncontrolled revolution.

That dénouement again implies a triumphalist reading: Soviet communism could not adapt, Western capitalism could. But, again, international realities are not bi-polar. Asian capitalism has taken a different route from North America's, and the jury is still out on whether China's communist leadership can maintain political control over a liberalized economy. The point of comparing the crisis of communism in the 1980s with the crisis of capitalism in the 1970s is to remind us that Cold War competition must be set within a larger story of the evolving global economy. To write about the „short twentieth century" from 1914 to 1991 almost inevitably produces a triumphalist account of the rise and fall of Soviet communism.[22] But using the framework of a „long twentieth century" beginning with the Great Depression of 1873-96 focuses attention on the morphology of international capitalism through transitory phases of British and U.S. hegemony tied to particular forms of production and exchange.[23] The Cold War should be set in the history of the world economy, not sealed in its own black box.

These are necessarily brief observations. They do not deny the value of new documents for Cold War historians in the West. Of course, in the next few years some of the „blank spots" of Cold War historiography will be filled in and we shall continue to move forward under the creeping barrage of the „thirty-year-rule". But I have argued that we may well learn more about the last half-century by changing our perspective. We need to interweave the Cold War with other strands of historiography, such as the histories of imperialism and technology, of social movements, women's „liberation" and the global economy. In this post-Cold War era, new concepts as much as new evidence will generate new understanding. And, in the process, we may build bridges across our fractured discipline of history.

Anmerkungen

1   For an American introduction to this debate, see Michael H. Hunt, „The Long Crisis in U.S. Diplomatic History: Coming to a Closure," Diplomatic History, 16 (1992), pp. 115-40. (In this essay I shall concentrate on English-language literature that may be less accessible to readers in Central Europe.)
2   For discussion of the U.S. situation, see Warren F. Kimball, „Classified!", Perspectives [Newsletter of the American Historical Association], 35/2 (February 1997), 9-10, 22-4.
3   See Laurence Chang and Peter Kornbluh, eds., The Cuban Missile Crisis, 1962: A National Security Archive Documents Reader (New York: The New Press, 1992), and the documents printed in Odd Arne Westad, ed., The Fall of Détente: Soviet-American Relations during the Carter Years (Oslo: Scandinavian University Press, 1997).
4   For more information on the Project and on the National Security Archive, access their joint web page on http://www.seas.gwu.edu/nsarchive/cwihp.
5   For recent examples, Aleksandr Fursenko and Timothy Naftali, „One Hell of a Gamble": Khrushchev, Castro, Kennedy and the Cuban Missile Crisis, 1958-1964 (New York: W.W. Norton, 1997); and, more generally, John Lewis Gaddis, We Now Know: Rethinking Cold War History (Oxford: Clarendon Press, 1997).
6   See Francis Fukuyama, The End of History and the Last Man (New York: Free Press, 1992); Kenichi Ohmae, The End of the Nation State: The Rise of Regional Economies (New York: The Free Press, 1995); Daniel Patrick Moynihan, Pandaemonium: Ethnicity in International Politics (Oxford: Oxford University Press, 1993); Samuel P. Huntington, The Clash of Civilizations and the Remaking of World Order (New York: Simon and Schuster, 1996).
7   Odd Arne Westad, „Secrets of the Second World: The Russian Archives and the Reinterpretation of Cold War History," Diplomatic History, 21 (1997), pp. 261-2; cf. Paul Dibb, The Soviet Union: The Incomplete Superpower (2nd ed., London: Macmillan, 1988).
8   A useful source is the academic journal Intelligence and National Security.
9   Geir Lundestad, „Empire by Invitation? The United States and Western Europe, 1945-1952," Journal of Peace Research, 23 (1986), pp. 263-77. This theme is developed in the national case studies in David Reynolds, ed., The Origins of the Cold War in Europe: International Perspectives (New Haven: Yale University Press, 1994).

10 An argument elaborated particularly by Alan S. Milward, The European Rescue of the Nation-State (London: Routledge, 1992).

11 Milan Kundera, „The Tragedy of Central Europe," New York Review of Books, 26 April 1984, pp. 33-8; see also the essays entitled „Eastern Europe . . . Central Europe . . . Europe" in Daedalus, 119/1 (Winter 1990).

12 A contrast starkly drawn in Ernest Gellner, „Perestroika Observed," Government and Opposition, 25 (1990), pp. 10-11.

13 Karen Dawisha and Bruce Parrott, eds., Russia and the New States of Eurasia: The Politics of Upheaval (Cambridge: Cambridge University Press, 1994), p. 1.

14 Thomas J. Watson, Jr., and Richard Petre, Father and Son, & Co.: My Life at IBM and Beyond (London: Bantam Press, 1990), pp. 230, 233. See generally Stuart W. Leslie, The Cold War and American Science: The Military-Industrial Complex at MIT and Stanford (New York: Columbia Univ. Press, 1993), ch. 1; Martin Campbell-Kelly and William Aspray, Computer: A History of the Information Machine (New York: Basic Books, 1997), chs 7 and 12.

15 E.g. Daniel C. Hallin, The „Uncensored War": The Media and Vietnam (New York: Oxford University Press, 1986), esp. ch. 5.

16 James Eberle, „Understanding the Revolutions in Eastern Europe: A British Perspective and Prospective," in Gwyn Prins, ed., Spring in Winter: The 1989 Revolutions (Manchester: Manchester University Press, 1990), p. 197. See also Tomasz Goban-Klas and Pål Kolstø, „East European Mass Media: The Soviet Role," in Odd Arne Westad, Sven Holstmark and Iver B. Neumann, eds., The Soviet Union in Eastern Europe, 1945-1989 (New York: St Martin's Press, 1994), pp. 110-36.

17 For a synthetic example in English, see Mary Fulbrook, Anatomy of a Dictatorship: Inside the GDR, 1945-1989 (Oxford: Oxford University Press, 1995).

18 E.g. John Deane, ed., Civil Society and the State: New European Perspectives (London: Verso, 1988); Arturo Escobar and Sonia E. Alvarez, eds., The Making of Social Movements in Latin America: Identity, Strategy, and Democracy (Boulder, Colorado: Westview, 1992).

19 As argued for instance by Jerry F. Hough, Democratization and Revolution in the USSR, 1985-1991 (Washington, D.C.: The Brookings Institution, 1997), esp. pp. 13-16.

20 Figures from Gail W. Lapidus, ed., Women, Work, and the Family in the Soviet Union (Armonk, NY: M.E. Sharpe, 1982), p. xv, and David Childs, Thomas A. Baylis, and Marilyn Rueschemeyer, eds., East Germany in Comparative Perspective (London: Routledge, 1989), pp. 89, 95.

21 Charles S. Maier, „The Collapse of Communism: Approaches for a Future History," History Workshop Journal, 31 (Spring 1991), p. 37. The argument is developed in Charles S. Maier, Dissolution: The Crisis of Communism and the End of East Germany (Princeton: Princeton University Press, 1997), ch. 2.

22 Or a contorted attempt to deny this, as in Eric Hobsbawm, Age of Extremes: The Short Twentieth Century, 1914-1991 (London: Michael Joseph, 1994).

23 Giovanni Arrighi, The Long Twentieth Century: Money, Power, and the Origins of Our Times (London: Verso, 1994).

Vladislav Zubok

The End o f Bipolarity and the Rewriting of History: Eastern Perspectives

The sudden and complete collapse of the Soviet Union and the U.S. victory in the Cold War revived an old debate about the origins and dynamics of the Cold War and about the foundations of U.S. foreign policy. This debate found its fuel in the Soviet archives that became open for researchers since 1991. The opening of the „Soviet black box" and other smaller „black boxes" of Soviet satellites and even the People's Republic of China created a challenge for the bipolar perspective on the Cold War.

The most developed school that studied bipolarity was „realism". It declared that internal dynamics of the countries, participants of international relations, are not as important as the power struggle between the two superpowers. „Realists" emphasized power and expansionism of the Soviet Union and considered ideology, leadership, politics, emotions and public opinion as factors of secondary nature.[1]

However, the first wave of revelations from the archives of the former Eastern bloc, and the publications, based on these revelations, highlight precisely these factors. Among the most important debates that became revived by the inflow of new evidence from the East are: 1) the impact of leading personalities and individuals, as well generation's experience; 2) the impact of ideology on the origins, dynamics, and the end of the Cold War; 3) the nature of relationship between the great powers and their allies and clients, particularly third world clients who sometimes played „the tail wagging the dog"; 4) the impact of social and cultural events and factors of longue duree on the origins, duration and outcome of the Cold War.

First debate focuses on how political backgrounds and personal ideosincracies of individual leaders, Joseph Stalin and his successors, influenced Soviet Cold War behavior. A preliminary conclusion is that Stalin after his victory in 1945 did not want a war with the West, but had a faulty approach to winning peace. Norwegian historian Odd Arne Westad writes: „However much he hoped to avoid postwar confrontation with the United States, Stalin could...not make up his mind how to achieve his aim." Westad also concludes that Stalin's attitudes to the Nationalist government in China and the Chinese communists were bafflingly inconsistent; they made no sense.[2]

American historians Norman Naimark writes in a book „The Russians in Germany" that Soviet behavior in Germany was chaotic. He demonstrates that „the logical alternative long-term goals of Soviet policy – the Sovietization of the Eastern zone, the creation of unified Germany run by the Socialist Unity Party, or the establishment of a demilitarized, 'neutral' Germany in the center of Europe – remained unreconciled during the period of the occupation." Naimark believes that outrageous behavior of the Soviet troops in the conquered East Germany, particularly recurrent waves of rape of German women, doomed to failure any prospect of a pro-Soviet Germany. Naimark also documents the role and performance of the political propaganda branch of the Soviet military administration in Germany and concludes that what shaped Soviet behavior in the zone of occupation was not so much Stalin's designs as activities of local Soviet representatives. And even the most pragmatic of those activities came to nothing, since the Soviet imperial state eventually cloned „a GDR regime" in its own image.[3]

David Holloway in his „Stalin and the bomb," concludes that Stalin, for all his intelligence sources about the Manhattan Project, ignored the factor of the bomb (Sudoplatov in his biography corroborated that the Soviets failed to foresee how the bomb would change the post-war balance).[4] Inasmuch as Stalin ignored the atomic factor before Hiroshima, after Hiroshima he put the Soviet atomic project above all other tasks of his police state. For Holloway understanding the bomb's effect on Soviet behavior in the early Cold War is impossible without understanding Stalin's personality and choices. Holloway recognizes that in the period of American atomic monopoly Stalin had ample reason to behave „as if the bomb did not exist." Yet, at the same time Holloway's study (and even more the new evidence about the Sino-Soviet relations) reveals that even with his lieutenants and allies Stalin doggedly refused to discuss repercussions of the bomb on Soviet security and military doctrine. Only after his death the Soviets began their „nuclear learning" and surprisingly quickly caught up with the Americans.[5]

But what did Stalin's factor mean in general for the Cold War? There are different answers to this question. Vojtech Mastny in his new book „The Cold War and Soviet Insecurity" essentially claims that Soviet sense of insecurity was rooted in Stalin's personality and the regime he built; both the leader and his monstrous apparat were engaged in a futile quest for absolute control and this bred the Cold War. Stalin's foreign policy was expansionistic, yet opportunistic and cowardly. Mastny believes that the West lost a major opportunity to contain Stalin in Eastern Europe back in 1945 and it probably missed yet another opportunity to take advantage of the internal crisis in the Soviet Union at the moment of Stalin's death. For Mastny the debate against „revisionists" is over, not so much because the documents from the former Soviet bloc tell a definitive story about Soviet plans and maneuvres (they do not), but because of the dismal collapse of the Soviet Union „under the weight of its sins."[6]

In yet another interpretive piece „We Now Know" John Lewis Gaddis rather categorically concludes that Cold War was inevitable while Stalin was alive and was the leader of the Soviet Union. Gaddis wrote that for Stalin the Cold War with the United States was just one of many „cold wars" that he was accustomed to wage – against his countrymen, his own party colleagues and even his relatives.[7]

Melvyn Leffler in his essay „Inside the Enemy Archives" published last summer by „Foreign Affairs" picks the conclusion that Stalin's policy at the outset of the Cold War „was erratic and contingent"[8] but that leads him to differ with Mastny and Gaddis – he implies that Soviet foreign policy did not represent a grave threat to the United States and Western Europe. Leffler reasserts the conclusions of his magnum opus that the United States had always had „a preponderance of power". While initial American response to Stalin, particularly the Marshall Plan, was calibrated and very constructive, later the U.S. policy-makers chose prudence over wisdom and took an unfortunate path towards nuclear arms race and extreme militarization of the Cold War.[9]

Pleshakov and I argue in our book „Inside the Kremlin's Cold War" that Stalin did not seek confrontation with the United States, yet based his expectations of co-existence more on his vision of American-British rivalry and the imminent crisis of capitalist economy, rather than on the preservation of good will from the days of Grand Alliance. Stalin's autocratic mind and will, his infinitely cold and cynical Weltanschauung, „the revolutionary-imperial paradigm" that he espoused, made him prefer unilateral search for security instead of a search for accommodation with the Allies.[10]

Unlike Leffler, we do not believe that Stalin only reacted to the West and had no policies and plans of his own. The fact that various factors (the West, the Chinese revolution, etc.) intervened to prevent implementation of Stalin's policies, should not lead historians to overlook intentions of the Kremlin. The absence of the „masterplan" above and confusion below does not preclude specific designs. But that does not mean that Stalin started the Cold War or that the Cold War was an inevitable result of Stalin's character.

Stalin was quite open to a division of spheres of influence in Europe and the Far East, but he could not agree to leave Soviet spheres „open" for Western influence. Ultimately this proved to be incompatible with Western interests: in combination with fears of „Soviet expansionism," this made a „cold peace" with Stalin impossible. The speedy transition of the United States from Grand Alliance to containment of the Soviet Union, rapid rallying of Western Europe around American flag, successful American-British „airlift" to West Berlin, lack of response to the fall of the Nationalist China and the first Soviet atomic bomb, and then a fiercely resolute response to North Korean aggression – all these developments came as great surprises for Stalin, forced his hand, made him change his priorities and calculations.

Second debate focuses on the issue of relationship between communist ideology and Realpolitik in Soviet foreign policy and particularly in the Sino-Soviet relations. A group of scholars who can read both Soviet and Chinese archival materials, among them Odd Arne Westad, Chen Jian, Shuguang Zhang, etc., emphasize that the Chinese revolution brought ideology back to prominence in Soviet foreign policy. Mao's deference to Stalin, despite his dislike of the Kremlin master, can be explained only in ideological terms. They believe that the ideological factor also influenced Stalin's decision to give a green light to the aggression of North Korea against South Korea.[11]

This interpretation of new evidence from the Soviet and Chinese archives convinced John Gaddis, once an advocate of „realism" in diplomatic history, that communist ideology did matter a lot. Gaddis even defined Stalin as „revolutionary romantic" who was carried away by the unexpected victory of the Chinese revolution and lost his usual caution in the Far East.[12] Westad, along with Gaddis, points out at ideology as a crucial contributor to Soviet engagements in the third world, particularly in Africa and later in Afghanistan. Ideological committment („proletarian duty") to support anti-colonialist, anti-Western regimes contradicted Realpolitik considerations, particularly the need to promote „détente" with the West.[13]

Other historians are more sceptical about the influence of ideology on the Kremlin's Cold War foreign policy. Mastny admits the presence of ideological clichés in internal Soviet paperwork, including quotations from „Pravda", but still, he contends, geopolitical factors were more important on Stalin's mind. He was interested in making East European states not so much communist, as separated, powerless and open to Moscow's subjugation.[14]

The role of ideological beliefs is clearly more pronounced in Soviet foreign policy under Khrushchev. In a new fascinating study of the Cuban missile crisis, based on the Soviet and American archives, Alexander Fursenko and Timothy Naftali reveal that Khrushchev was motivated to defend the Cuban revolution against the U.S. invasion; and this conviction was as important for him as the desire to redress the strategic balance with the Americans.[15]

It is still too early to come to definitive conclusions about the role of ideology in Soviet foreign policy. Rather, the new evidence allows to consider this role in specific context rather than in general terms.

At certain points, when faced with an immediate danger of war or a unique chance for survival, Kremlin leaders could momentarily shelve their ideological considerations. Stalin concluded an entente with Hitler against Western democracies and later with Western democracies against Hitler. Khrushchev reached understanding with Kennedy to resolve the Cuban Missile Crisis in 1962. But in most other cases ideology had to be cited as justification for practical policies. Ideological arguments filled foreign policy debates after Stalin's death and after Khrushchev's ouster – which is now amply documented. Particularly striking are the stenographic reports of the July 1953 Plenum discussing „the Beria Affair," the January 1955 Plenum that criticized and demoted Georgi Malenkov from his position as leader of the state, the July 1955 Plenum discussing the Soviet-Yugoslav reconciliation, and the June 1957 Plenum denouncing the „anti-Party" group of Vyacheslav Molotov, Malenkov, Lazar Kaganovich and others.[16]

During the Polish and Hungarian crises of October 1956, Soviet arguments for and against intervention depended to a large extent on ideological definition – whether the popular uprisings in Poland and Hungary represented a revulsion against „great power chauvinism" practiced by Stalin or they were „counter-revolutionary and anti-Soviet."[17]

Although the role of ideology in international relations still eludes analytical generalization, it is clear that „realists" were wrong in denying it at all. Ideology allowed the Soviet Union to play hardball in the international arena, but precluded it from ever becoming just another status quo power. The records of the Kremlin archives amply prove that even Stalin, autonomous in his tyrannical will, had to play simultaneously the roles of the state leader and the Pontiff of the communist world. For Stalin's successors the tenets of Marxism-Leninism and security concepts became mixed in a special lingo indispensable for consensus-building on the issues of foreign policy. Realpolitik was mother's milk for Soviet leaders, yet they felt obliged to tie up geopolitics with the „socialist perspective" and „proletarian internationalism". For them ideology was „a terrifying delusion they could never shake off".[18] Even the fact that the Soviet Union found itself in the company of most backward regimes and never could work out a system of mutually beneficial economic development and trade was a direct consequence of communist ideology.

The third debate around the role of the allies, clients, and the „periphery" on the dynamics of the Cold War shows most dramatically the limitations of the old bipolar framework for contemporary history. Hope Harrison in her research of the GDR revealed that the SED leader Walter Ulbricht was not merely a Soviet puppet, but actively and doggedly pursued his own aims with regard to West Berlin. This is not a new suggestion: Western observes had long suspected that Ulbricht had deliberately aggravated the refugee crisis, pushing Khrushchev to take decisive steps on West Berlin and to sign a separate peace treaty with the GDR. But Harrison goes further and contends that Ulbricht not only wanted but actually did influence Soviet choices and priorities in Germany. In particular, the idea of the Wall was Ulbricht's idea that he eventually managed „to sell" to the reluctant Soviet leader.[19]

More unexpected information came from the Polish and Chinese sources. It turned out that during the Polish and Hungarian revolutions the Chinese leadership exercised a considerable influence on the decision-making in the Kremlin. As Canadian historian Leo Gluchowski writes, the Chinese were „invited" to engage in East European affairs by the desperate Polish leadership who feared Soviet military intervention and sought a mediator in the Far East.[20] As the Chinese sources reveal, Mao Zedong took this invitation with great zeal, recognizing in this situation a first real opportunity to reach „equality" with Moscow in the world communist movement. The crises of 1956 encouraged the Chinese leadership to regard themselves as more experienced politicians than their Moscow colleagues – thus the stage for the Sino-Soviet dispute was set. The Chinese cleverly exploited the sense of guilt that Khrushchev felt about Stalin's mistreatment of foreign communists in the past.[21]

The power struggle in the Kremlin after Stalin's death made the Soviet leadership more vulnerable to manipulation and pressure from communist allies than could have been the case otherwise. But even when Khrushchev consolidated power, he continued to appease the Chinese ambitions. In the later years the Sino–Soviet split contributed to mutual overextention of the two communist giants and in many ways contributed on the Soviet side to emergence of the policy of détente with the West.

Another interesting revelation is about the role of Cubans in the foreign affairs of the communist bloc. Fursenko and Naftali show that Castro began to export revolution to Latin America against the Soviet will and despite strenuous objections of the Kremlin. Later the Cubans began to assist „progressive regimes" in Africa, starting from Algeria and Congo and ending with Angola and Ethiopia. The East German documents reveal that Castro was not a pawn of Moscow in Africa but had his own „strategy" of complete „liberation" of the continent from Western, colonialist presence. Odd Arne Westad and Piero Gleijeses describe how Cubans pressed on the Soviets, exploiting ideological and other tools, to expand assistance to an old friend of Cuba Augustino Neto of the MPLA.[22]

Like some American allies, „progressive regimes" pursued the goals that had nothing to do with the bipolar nature of the Cold War. Yet, they managed to divert attention of the two superpowers from bipolar relations, arms control, and

„détente" and pit them against each other over regional issues. In other words, these „progressive regimes" like American allies in the third world were not just „surrogates" who fought „proxy wars". The Soviet Union in particular looked not like an ambitious and proud power replacing American domination in the third world, but rather as a hapless giant who stumbled into morass of post-colonial ethnic and political struggles, misguided by its own ideology and manipulated by ambitious regional leaders – first Anwar Sadat of Egypt, then Menguistu Haile Mariam of Ethiopia, then Hafizullah Amin of Afghanistan.[23] While American „empire by invitation" in Western Europe proved to be a remarkable success, Soviet „empire by invitation" in Africa and particularly in Afghanistan turned out to be a road to overextension and deadlock.

It would not be correct to bury „bipolarity" of the Cold War history altogether. Rather one should go beyond it in seeing how specific regional circumstances led to drastically different results of superpowers' intervention. The history of the third world demonstrates relevance of bipolar confrontation. Although, as we clearly see now, it was not the Cold War that caused problems and violence in many parts of the third world, the confrontation of superpowers accelerated developments in the third world. In the Far East the Cold War pushed the United States to restore Japan's „co-prosperity sphere": under American aegis, but to Japan's benefit. In the Middle East, Africa, and Asia both superpowers promoted de-colonization. But there, particularly in Africa and the Middle East, this accelerated change carried with it a huge price, both for superpowers, but particularly for people of these regions.

The collapse of the Soviet Union causes temptations to write a „new" history by drawing from the way the Cold War ended conclusions about its origins and dynamics. One such conclusion says that Soviet threat was always a „paper tiger"; it unites historians with different views on U.S. and Soviet foreign policy.[24] Another conclusion is that preoccupation with a danger of nuclear war was a deplorable obsession of Western politicians and public opinion that prevented them, in due time, to end the Cold War by applying full pressure on the declining Soviet empire. In this view, „fixation" on arms control (and, by inference, on the détente), only contributed to the duration of the Cold War.[25]

Correct or not, these preliminary observations of the „new" Cold War historiography, point out to the future trend – towards transcending the old narrowly-defined fields of „diplomatic history," „strategic studies", etc. The opening of Eastern archives provide scholars for a first time with a chance to bring into picture the long-neglected factors of social, cultural and economic history, the processes of longue duree. In fact, the Cold War cannot be understood without researching those factors, and social-cultural historians of the Soviet-bloc countries, vice versa, will not grasp the big picture without looking at the main Cold War events. The cross-disciplinary research has already born promising fruits. Naimark's study of the cause of Soviet brutality in Germany and of the effects of massive raping of German women by Soviet soldiers after 1945 helps better explain why „the Soviets lost Germany" − a major issue in the Cold War history.[26] There are studies about civil wars in the Soviet borderlands of Ukraine and the Baltic; about the „hidden" changes of public mood inside Stalin's Russia.[27] The archival research on the dynamics of the Soviet military-industrial complex opens a completely new facet of development of Soviet economy and society.[28] Another study, still in its infancy, is about the erosion of Soviet legitimacy (its ideological basis, but also social and cultural underpinnings) among key Soviet elites and the impact of the West on this long-term process.[29]

Many more issues still remain unexplored, among them such important factors as drastic changes in education, composition, and stratification of Soviet society during the Cold War; the emergence of „black market," youth culture, and revolution of consumer expectations as a direct result of the first years of East-West „détente" and de-Stalinization; the effects of the global informational revolution on the „iron curtain"; the formation of „the sixties generation" in the Soviet Union, its cultural background, and its role in the peaceful devolution of Soviet power and the Cold War itself. Above all, writing the „new" Cold War history should mean reintegration of Western and Eastern perspectives on the Cold War − not just mechanical adoption of Western views and concepts in the East, but rather mutual enrichment and mutual influence. After all, it is clear today that the West won the Cold War not on the battlefield of arms, but in the competition of social and cultural models and economies.

Huge challenges lie ahead in performing all these tasks. Methodologically, cross-discipline studies are not only a difficult, but also highly unconventional undertaking, given the current divisions among well-entrenched disciplines. Another major limitation is in the nature and scope of data available for historical research. In fact, historians will have to grapple with avalanche of evidence in many languages from the Eastern bloc. They also will have to imbibe somehow immense visual information in the cinema-photo archives now available both in the East and the West. Future contemporary historians will have to become a truly superhuman species − globe-trotting polyglots with unlimited time for watching documentary footage and written archival evidence. An alternative is to create new organizations and networks that will turn largely individualistic enterprise of a contemporary historian into a collective enterprise. Only this collective work can prepare the ground for a qualitative breakthrough, creation of a contemporary international history worthy of its name.

Anmerkungen

1 The most recent authoritative „realist" account on the Cold War is Wohlforth, William Curtis: The Elusive Balance. Power and Perceptions during the Cold War. Ithaca: Cornell University Press, 1993; also see his „Realism and the End of the Cold War," International Security 19, 3. Winter 1994/95, pp. 91-129; Gaddis, John Lewis: „International Relations Theory and the End of the Cold War," International Security 17, 3. Winter 1992/1993, pp. 5–58.

2 Westad, Odd Arne: Cold War and Revolution: Soviet-American Rivalry and the Origins of the Chinese Civil War, 1944-1946. New York: Columbia University Press, 1993, p. 118.

3 Naimark, Norman: The Russians in Germany. A History of the Soviet Zone of Occupation, 1945-1949. Cambridge, Massachusetts: Harvard University Press, 1995, particularly p. 466.

4 Sudoplatov, Pavel: Razvedka i Kreml [Intelligence Service and the Kremlin]. Moscow: Gea, 1996, pp. 203-204.

5 Holloway, David: Stalin and the Bomb. The Soviet Union and Atomic Energy. 1939-1956. New Haven: Yale University Press, 1994.

6 Mastny, Vojtech: The Cold War and Soviet Insecurity. The Stalin Years. New York: Oxford University Press, 1996, particularly p. 16.

7 Gaddis, John Lewis: We Now Know. Rethinking Cold War History. New York: Oxford University Press, 1997, pp. 292-294.

8 Leffler, Melvyn P.: „Inside Enemy Archives. The Cold War Reopened," Foreign Affairs 75, 4 (July/August 1996), pp. 122-124, 134.

9 Ibidem

10 Subok, Wladislaw/Pleschakow, Konstantin: Der Kreml im Kalten Krieg. Von 1945 bis zur Kubakrise. Hildesheim: Claassen Verlag, 1997, published originally as „Inside the Kremlin's Cold War". Harvard University Press in 1996.

11 Westad, Odd Arne: Op. Cit.; Jian, Chen: China's Road to the Korean War: The Making of the Sino-American Confrontation. New York: Columbia University Press, 1994; Zhang, Shuguang: Mao's Military Romanticism: China and the Korean War, 1950-1953. Lawrence: University Press of Kansas, 1995; on the origins of the Korean War see also Weathersby, Kathryn: „Korea, 1949-1950: To Attack or Not to Attack? Stalin, Kim Il-sung and the Prelude to War," Cold War International History Project (hereafter CWIHP) Bulletin 5, Spring 1995, pp. 1–9.

12 Gaddis: Op. cit., pp. 289-291.

13 Westad, Odd Arne: Secrets of the Second World. Diplomatic History 21:2 (Spring 1997), pp. 267-269; Westad (ed.) U.S.-Soviet Relations and Soviet Foreign Policy toward the Middle East and Africa in the 1970's. Transcript from a workshop at Lysebu, October 1-3, 1994. Oslo, the Norwegian Nobel Institute, 1995; also the materials of CWIHP Bulletin 8-9, Winter 1996/1997.

14 Mastny, The Cold War and Soviet Insecurity, p. 128.

15 Fursenko, Alexander/Naftali, Timothy: One Hell of a Gamble. Khrushchev, Castro and Kennedy, 1958-1964. New York: Norton, 1997, pp. 166-179.

16 Declassified records of the Plenums are available in Moscow at the Storage Center for Contemporary Documentation (TsKhSD) in the collection known as „fond 2, opis 1." The „Beria Affair" Plenum was published in English in D.M.Sickle, ed., The Beria Affair,

Commack, N.Y.: Nova Sciences Publishers, Inc.,1993. For the „anti-party group" Plenum see, „Posledniaia 'antipartiinaia' gruppa" [The last 'antiparty' group], Stenographic report of the June (1957) Penum of the CC CPSU, Istoricheskii arkhiv, Moscow, no. 3-6 (1993). no. 1-2 (1994).

17 Kramer, Mark: New Evidence on Soviet Decision-Making and the 1956 Polish and Hungarian Crises, also The 'Malin Notes' on the Crises in Hungary and Poland, 1956, translated and annotated by Mark Kramer, CWIHP Bulletin 8-9, Winter 1996-1997.

18 Zubok and Pleshakov, Inside the Kremlin's Cold War, p. 276, for other interpretations see Adomeit, Hannes: Die Sowjetmacht in internationalen Krisen und Konflikten: Verhaltens-muster, Handlungsprinzipien, Bestimmungsfaktoren, Baden-Baden, 1983; Neumann, Iver B.: Russia and the Idea of Europe: A Study in Identity and International Relations, London, 1996.

19 Harrison, Hope M.: Ulbricht and the Concrete 'Rose': New Archival Evidence on the Dynamics of Soviet-East German Relations and the Berlin Crisis, 1958-1961. Working paper of CWIHP, no. 5, May 1993.

20 Gluchowsky, Leo: Khrushchev, Mao Zedong, Gomulka, and the Soviet-Polish Confrontation of 1956, a paper presented on 23 November, 1997 at the panel at the convention of the American Association of Advancement of Slavic Studies, Seattle.

21 Zubok, Vladislav: 'Look What Chaos in the Beautiful Camp!' Deng Xiaoping and the Sino-Soviet Split, 1956-1963; Jian, Chen: A Response, CWIHP Bulletin, 10, March 1998.

22 Naftali/Fursenko: One Hell of a Gamble, pp. 140-141, 167-172; Gleijeses, Piero: Havana's Policy in Africa, 1959-1976: New Evidence from Cuban Archives; Westad, Odd Arne: „Moscow and the Angolan Crisis: A New Pattern of Intervention," in CWIHP Bulletin, 8-9 (Winter 1996-1997).

23 On the Soviets in the Middle East see Israelyan, Victor: Inside the Kremlin during the Yom Kippur war. University Park, Pa: Pennsylvania University Press, 1995. On the new East-bloc evidence on the Horn of Africa, 1977-1978 see Hershberg, James G./Henze, Paul/Abebe, Ermis: CWIHP Bulletin, 8-9. On the Soviet intervention in Afghanistan see: Westad, Odd Arne, ibidem; Cordovez, Diego/Harrison, Selig S.: Out of Afghanistan. The Inside Story of the Soviet Withdrawal. New York: Oxford University Press, 1995, pp. 13-49; Lyakhovsky, Alexander: Tragediia i doblest Afghana (Tragedy and Valor of Afghanistan's War), Moscow: Iskona, 1995.

24 Leffler, Melvyn P.: Preponderance of Power, Mastny, Op. cit., p. 197.

25 Gaddis, We Now Know, p. 291-292.

26 Naimark, Russians in Germany, pp. 120-121; Gaddis, Op. cit., p. 287.

27 Aksyutin, Yuri, „Why Stalin Chose Confrontation rather than Cooperation with the Wartime Allies After Victory? A paper presented at the conference on the new evidence on the Cold War, Moscow, 12-15 January; Zubkova, Yelena: Reforms and Society, Moscow, 1993; Gaiduk, I./Chubarian, A. (eds), The Cold War [collection of papers], Moscow, 1998.

28 Simonov, Nikolai: Voenno-promishlennii komplex SSSR v 1920-1950e gody (The Milita-ry industrial complex of the USSR in the 1920-1950's). Moskva: ROSSPEN, 1996.

29 See Zubok, Vladislav: The Collapse of the Soviet Union. Leadership, Elites and Legitimacy, in: Geir, Lundestad (ed), The Fall of Great Powers. Peace, Stability, and Legitimacy. New York: Oxford University Press; Oslo: Scandinavian University Press, 1994, pp. 157-174.

Ernst Hanisch

Überlegungen zum Funktionswandel des Antikommunismus

Eine österreichische Perspektive

1.

Eric Hobsbawm, wohl einer der profiliertesten Historiker in der zweiten Hälfte des 20. Jahrhunderts, hat als Erklärung dafür, daß er immer noch Kommunist sei, die Geschichte des österreichischen Kommunisten Franz Marek erzählt. Ein Jude polnischer Abstammung, der illegal im „Ständestaat" arbeitete, dann im Widerstand in Frankreich Propaganda bei den deutschen Soldaten machte, gefoltert, zum Tode verurteilt wurde und mit Glück überlebte. Nach 1945 war er einer der Paradeintellektuellen der KPÖ. „Als er starb, paßte sein gesamter Besitz in zwei Koffer."[1] Als Historiker sollen wir diesen Typus der kommunistischen Widerstandskämpfer ernst nehmen und ihm mit Respekt begegnen. Aber wir müssen einiges hinzufügen. Ein Opfer des Faschismus konnte sehr rasch zum Täter des Kommunismus werden; siehe die DDR. Der persönlich arme Franz Marek gehörte bis in die sechziger Jahre einer Partei an, die wohl die kapitalstärkste Partei in Österreich war. Ernst Fischer sprach von Mareks zwei Gesichtern: „Das schmale nachdenkliche eines jüdischen Intellektuellen und das weniger angenehme eines unduldsamen Funktionärs."[2]

Eric Hobsbawm gehörte zu den Widersachern von François Furet in der leidenschaftlichen Debatte über dessen spannendes Buch „Das Ende der Illusion. Der Kommunismus im 20. Jahrhundert".[3] Dieses Buch hat in Österreich wenig Beachtung gefunden.

Die österreichische Intelligenz, als soziale Schicht, hatte nach 1945 ihr Ideal nicht im Kommunismus gefunden wie die in Frankreich, in Italien, in der Tschechoslowakei; sie war so weniger herausgefordert. Und damit bin ich beim Ausgangspunkt des Jahres 1945 und bei meinem Thema. Ich werde die Auseinandersetzung zwischen Kommunismus und Antikommunismus nicht in ihrer politischen Dimension analysieren, nicht innen- oder außenpolitisch, nicht im internationalen System des Kalten Krieges. Ich möchte den Spuren von Furet folgen. Mich interessiert hier der Kommunismus als die große Hoffnung des 20. Jahrhunderts, als politische Leidenschaft, und der Antikommunismus als die große Angst in diesem Jahrhundert. Mich interessiert Österreich im Sturmzentrum dieses riesigen Konfliktes der Ideologien, der Gefühle, der Mentalitäten. 1945 war die Welt in Europa nach links gerückt. Ein großer Teil der europäischen Intellektuellen sah im roten Stern aus dem Osten den neuen Stern von Bethlehem aufgehen. Durch den Sieg der Sowjetunion über den Faschismus waren die Verbrechen des Stalinismus wie ausgelöscht. Im Antifaschismus kumulierte die ganze Anziehungskraft des Kommunismus, und der Antifaschismus wurde als europäisches Erbe, als Erbe der Aufklärung neu definiert. Mit dem Ergebnis: Wer gegen den Faschismus ist, muß für die Sowjetunion sein. Und umgekehrt: Wer die Sowjetunion kritisiert, steht im Kontext des Faschismus oder zumindest im Kontext seiner Basis – Kapitalismus und Imperialismus. Eine binäre Logik reduzierte die politischen Optionen auf zwei Lager: Faschismus oder Antifaschismus = Sozialismus.[4]

Die Ausgangslage in Österreich 1945 unterschied sich jedoch von diesem europäischen Szenario. Österreich war ein Teil des faschistischen Blocks gewesen. Das Land stand 1945 tief in der Dialektik von Befreiung und Besetzung. Österreich war aber auch ein katholisches Land. Die durchaus starke Tradition des Antiklerikalismus wurde durch die antiklerikale Politik des Nationalsozialismus diskreditiert. Die katholische Kirche hatte als einzige Großorganisation den Nationalsozialismus überlebt. Und die Kirchen waren voll von Menschen. Der Katholizismus erlangte wiederum seine kulturelle Hegemonie, wie die Wahlergebnisse im November 1945 klar zeigten: „Er verkörperte eine bestimmte Art zu leben, zu denken, zu fühlen."[5] Diese kulturelle Hegemonie läßt sich – nach einer kurzen antifaschistischen Konsensphase – in der Universität, der Kunst, der Bürokratie (Stichwort: CV) nachweisen.[6] In der katholischen Perzeption wurde der säkulare Kampf zwischen den Mächten des Lichtes, der Religion, und den Mächten der Finsternis, dem Atheismus, ausgetragen. In die zeitgenössischen Kämpfe eingeordnet war beispielsweise der Spanische Bürgerkrieg nicht ein Kampf zwischen Demokratie und Faschismus, sondern ein Kampf zwischen Priestermördern und Gläubigen. Der Kommunismus löste Ströme von Ängsten aus, weil der Atheismus als Staatsprogramm fungierend die Kirchen schließen läßt oder sie in Garagen und Museen des Atheismus verwandelt. Kurz, wie es hieß, der Kommunismus nimmt den Bauern ihren Hof und den Frauen ihre Religion.

Dieser Antikommunismus der ersten Stunde hatte aber noch andere Grundlagen. Der kommunistische Widerstand war hier nicht wie in anderen Ländern in eine breite nationale Volksbewegung eingebunden gewesen. Die Mehrheit der Bevölkerung fürchtete den Kommunismus mehr als den Nationalsozialismus. Der österreichische Bollwerkmythos war seit Jahrhunderten gegen den Osten gerichtet. Die „große Angst" vor dem Osten war ein Grundelement der politischen

Mentalitätsgeschichte. Die nationalsozialistische Propaganda hatte diesen Faktor geschickt ausgenützt und die letzte Phase des Krieges als Verteidigung des Abendlandes, der Zivilisation, gegen die rote Flut der Barbarei hinstellen können. Viele österreichische Soldaten in der Deutschen Wehrmacht kämpften in diesem Glauben. Ein durch und durch antinationalsozialistischer Waldviertler Pfarrer kommentierte den Einzug der Russen in den Ort am 9. Mai 1945: „Nun ist die Schande komplett: Die braunen Bolschewiken und Kirchenstürmer ziehen ab, und die roten Bolschewiken marschieren ein."[7] In der selektiven Wahrnehmung der Bevölkerung schien dann das tatsächliche Verhalten der sowjetischen Befreiungsarmee dem Stereotyp der NS-Propaganda ziemlich genau zu entsprechen. Die „Vienna-Mission" der Westalliierten analysierte im Sommer 1945 die Einstellung der Österreicher: England werde mit St. Georg, Rußland hingegen mit dem Drachen gleichgesetzt.[8]

Und die Sozialisten? Sie hatten in ihrem Erbe die große Tradition des „Austromarxismus", die zunächst nicht abgestoßen wurde und eine kritische Intelligenz binden konnte. Sie hatten ihre eigene Vision des Weges in den Sozialismus. Dazu brauchten sie keine Kommunisten. Was die Partei jedoch von links bedrohte, waren die Einheitsfrontparolen der Kommunisten. Blickt man auf das benachbarte Ausland, so war das eine der entscheidenden Fragen des Überlebens einer liberalen Demokratie. Die Sozialisten mußten die harten Auseinandersetzungen mit den Kommunisten in den Betrieben führen; vergessen wir nicht: Ein Drittel der Betriebsräte in der Großindustrie waren Kommunisten.[9] Sie mußten den Kampf um die Staatspolizei aufnehmen, den sensibelsten Bereich der Machtergreifung jeder totalitären Herrschaft.[10] Und die KPÖ als soziale Bewegung, die sich für die ökonomischen Belangen der Unterschiede engagierte, war im sozialen Bereich ein durchaus starker Gegner.

Eine 68er-Geschichtsschreibung hat die Gefahr der kommunistischen Machtergreifung in Ostösterreich wohl unterschätzt. Eine genauere Analyse der Technik der Machtübernahme in der Tschechoslowakei und in Ungarn hätte sie eines Besseren belehren müssen. Der Antikommunismus war die notwendige Voraussetzung für den Aufbau einer liberalen Demokratie und der vielgeschmähten Westorientierung. Die 68er-Geschichtsschreibung hat aber jene Kehrseite des Antikommunismus aufgegriffen, die 1948/49 die umstandslose Eingliederung der Nationalsozialisten möglich machte.[11] Der nationalsozialistische Antikommunismus konnte sich ohne große Schwierigkeiten an den Antitotalitarismus assimilieren; der Kampf gegen den Bolschewismus gehe auf veränderter Basis weiter: zur Rettung der abendländischen Kultur. Die binäre Logik auf dieser Seite funktionierte spiegelverkehrt: Wer den Kommunismus verhindern will, muß die Mitarbeit der ehemaligen Nationalsozialisten akzeptieren.[12] Der Antifaschismus wurde vom Antitotalitarismus abgelöst.

2.

Und die Kommunisten selbst? Viele in den Gefängnissen und KZs, in der Emigration hatten gehofft und geträumt, daß nun ihre Stunde kommen werde. Sie hatten die größte Last des Widerstandes getragen, die höchsten Opfer gebracht. Sie traten nun mit Samtpfoten auf, Demokratie, überparteiliche Volksfront noch und noch, ihr Österreichpatriotismus stand hinter der ÖVP kaum zurück. Gemeinsame Gewerkschaften, gemeinsame Jugend-, Frauen-, Sportorganisationen.[13] Ein führendes Mitglied der kommunistisch dominierten Israelitischen Kultusgemeinde formulierte es so: „Ein Kommunist geht in sein Land zurück, um dort zu wirken. Ich habe an Österreich geglaubt, und unser Ziel war der Aufbau eines freien, demokratischen Österreich."[14] Wie ehrlich war das gemeint? Was verstand man unter Demokratie? Forschungsstrategisch wird man wieder einen Vergleich mit den anderen sowjetisch besetzten Ländern machen müssen. Überall dienten diese „demokratischen" Massenorganisationen als ein Sprungbrett für die kommunistische Machtergreifung, und heraus schlüpfte die „Volksdemokratie". Es sollte demokratisch aussehen, aber die KP sollte alles in der Hand haben. Es gab, so scheint es, zwei Typen innerhalb der KPÖ: den Romantiker wie Ernst Fischer und den kühlen Machttechniker wie Friedl Fürnberg. Aber wahrscheinlich ist das viel zu einfach gedacht. Nach den Forschungen von Barry McLoughlin und Hans Schafranek über die österreichischen Kommunisten in der Sowjetunion wissen wir über die vielen Gesichter auch des Ernst Fischer.[15]

Angesichts der Enthüllungen über die Verbrechen der kommunistischen Herrschaft aus den Archiven stellt sich die Frage des François Furet mit noch viel größerer Deutlichkeit: Wie konnte man als Kommunist leben und die Millionen Toten ertragen? „Wer uns prophezeit hätte", sagt Rosa Puhm, seit Ende der zwanziger Jahre eine leidenschaftliche Kommunistin, „daß in Rußland unter Stalin mehr Kommunisten umkommen würden als durch die Herrschaft Hitlers, dem wären wir an die Gurgel gesprungen."[16] Eine mögliche Antwort findet sich bei Hannah Arendt. Die Menschen, meinte sie in ihrer Studie „Elemente der totalen Herrschaft", lebten in diesen Regimen in einer „fiktiven Wirklichkeit";[17] solange sie in dieser Wirklichkeit lebten, kam die Wahrheit an sie nicht heran. Zerbrach aber diese Wirklichkeit, dann hatte man Schwierigkeiten, etwas zu verarbeiten, was man damals als solches gar nicht wahrgenommen hatte. Tatsächlich, liest man die vielen Erinnerungen ehemaliger Kommunisten, dann verblüfft die Ähnlichkeit der Argumentationsfiguren, die Kommunisten und Nationalsozialisten bei ihrer Rechtfertigung verwenden.[18] Der Kern der Rechtfertigung freilich steckt bei den Nationalsozialisten im Antikommunismus, bei den Kommunisten im Antifaschismus. Dieser Unterschied darf nicht verwischt werden.

Der Antifaschismus formte den Gründungsmythos der DDR.[19] Kapitalismus und Faschismus gehören zusammen. Das Volk wurde dabei entlastet. Es war ein Opfer des Finanzkapitals, dessen maskierte Herrschaft der Faschismus ja definitionsgemäß war. Für viele Menschen, vor allem jüdischer Herkunft, stellte sich die Frage jedoch anders und dringender: Für sie gab es, aus der lebensbedrohlichen Situation seit den dreißiger Jahren, nur eine Alternative: Sozialismus oder Barbarei.[20] Fred Wander, der diese Alternative sehr überzeugend vorführt, fragt dann weiter: Warum sind die Verbrechen des Stalinismus an uns vorbeigerauscht? Und er gibt als Antwort zwei Sätze: Es konnte nicht sein! Es durfte nicht sein![21]

3.

Doch es gab eine Alternative: die liberale Demokratie. Der Antikommunismus des Kalten Krieges war angetreten, diese Lebensform zu retten. Die nordamerikanische Forschung hat zwei Typen des Antikommunismus der fünfziger Jahre herausgehoben: den liberalen Antikommunismus als notwendigen Teil einer demokratischen politischen Kultur und den integralen, fundamentalistischen Antikommunismus, der jene Freiheit zerstörte, die er vorgab zu verteidigen. Nicht zufällig war Joseph McCarthy ein Katholik irischer Herkunft.[22] Das Forschungsproblem ist, die jeweilige Trennlinie zu ziehen, wer steht hüben, wer drüben. Das entscheidende Kriterium für den liberalen Antikommunismus scheint bzw. schien die prinzipielle Dialogfähigkeit mit den Kommunisten zu sein, ohne in eine bloße Appeasement-Haltung zu verfallen; die Anerkennung der humanitären Vision, die den Kommunismus vom Faschismus trennt. In Österreich lief die Grenzlinie wohl zwischen dem liberalen Katholiken Friedrich Heer und dem konservativen CVer und Unterrichtsminister Heinrich Drimmel, zwischen der geistig neugierigen Hilde Spiel und dem Großmeister der Intrige, zwischen dem österreichischen PEN-Club und Friedrich Torberg.[23] Gegen Torberg wurde alles bereits gesagt: Er hat die Zeitschrift „Forum" mit den Geldern der CIA gegründet, gewiß; er war unerträglich aggressiv gegen Linke, Fellow-Travellers und Neutrale, gewiß; er hat Brecht in Österreich verhindert; der Kampf für die Demokratie war verknüpft mit der Stärkung des ökonomischen und kulturellen Einflusses der USA in Österreich, zugegeben; aber ebenso gewiß ist, daß die Zeitschrift „Forum" ein Organ war, wo lebhafte intellektuelle Auseinandersetzungen geführt wurden; und das Modell der permissiven Konsumgesellschaft war nun einmal dem Modell der asketischen kommunistischen Mangelgesellschaft weit überlegen. À la longue hat die amerikanisierte Konsumgesellschaft und ihre Massenkultur das konservative intellektuelle Grundgefüge der fünfziger Jahre unterwaschen (Stichwort Rock'n' Roll). Die Kommunisten in Österreich hingegen lebten in einem Ghetto, geduldet, aber isoliert.

4.

Dann kam das Symboljahr 1968. Weltweit verlor der Antikommunismus an Attraktivität. Ein undogmatischer Marxismus gewann wie in den dreißiger Jahren seinen intellektuellen Glanz zurück. Eine kulturelle Revolution zerfetzte gleichsam die Benimm-Bücher der langen fünfziger Jahre.[24] Der amerikanische Antikommunismus, reduziert auf den integralen Antikommunismus, wurde zum großen Schurken erkoren: Er hat den Kalten Krieg inszeniert; er hat die USA in den Krieg in Vietnam getrieben. Aber 1968 war auch das Jahr des Prager Frühlings und des „Panzerkommunismus". Die KPÖ verlor ihre führenden Intellektuellen: Ernst Fischer, Franz Marek, Theodor Prager, Leopold Spira.[25]

Gleichzeitig begann die Phase des Dialoges zwischen Christen und Marxisten. 1966 trat Friedrich Torberg ab, und Günther Nenning entwickelte das „Neue Forum" zuerst zu einem Medium dieses Dialoges, dann zur Spielwiese der 68er-Revolution. Aber „68" steckt voller Widersprüche. Die KPÖ verlor einen Teil ihrer Intelligenz, gewann jedoch einen anderen Teil aus dem studentischen Milieu. Ihr Stimmenvolumen bei den Nationalratswahlen stieg von 19.000 (1966) auf 62.000 (1971).[26] Im Westen wurde die Totalitarismustheorie als wissenschaftliche Leitlinie aufgegeben und durch die Faschismustheorie ersetzt. Und Faschismus war alles: in der maskierten Form der Liberalismus und in der offenen Form der Nationalsozialismus (in Deutschland und Österreich meist der Nationalsozialismus der eigenen Väter).[27] Aber im Osten rezipierten die dissidenten Intellektuellen die Totalitarismustheorie, um den kommunistischen Regimen die Maske des Antifaschismus vom Gesicht zu reißen. 1991 schließlich sprach Michail Gorbatschow selbst vom „totalitären System", das gerade vernichtet wurde, und Boris Jelzin vom „totalitären Alptraum".[28] Welch eine schwindelerregende Transformation von Theorien und Theorieelementen innerhalb einiger Jahrzehnte!

„68" steckt auch deshalb voller Widersprüche, weil die marxistisch inspirierte studentische Jugend den „Realsozialismus" keineswegs besonders liebte. Ihr antiautoritäres Grundgefühl lehnte die Kommandowirtschaft instinktiv ab. Aber man schaute lieber weg und auf den Hauptfeind: die USA; man ließ sich von einem romantischen, exotischen Marxismus inspirieren. Ich war kein 68er, dazu war ich zu alt und zu etabliert, aber ich denke mit Schaudern an eine Diskussionsrunde in der Katholischen Hochschulgemeinde in Salzburg, wo ich den Studenten die Chinesische Kulturrevolution mit der Theorie der „permanenten Revolution" erklären wollte; vom gnadenlosen Terror wußte ich sehr wenig. Was mir gefiel, war die Idee, Professoren aus den Universitäten zu holen und sie zeitweise in die Fabriken und auf die Felder zu schicken.

5.

Zum ersten Mal seit 1918 haben Linke und Liberale wieder eine intellektuelle Hegemonie erreicht. Bruno Kreisky hat Österreich verwandelt. Eine konservative kulturelle Gegenbewegung wie unter Reagan und Thatcher hatte in Österreich bislang keine Chance. Der Marxismus wurde mit dem Zusammenbruch des europäischen Kommunismus in den Orkus geschickt. Man kleidet sich nun „postmodern". Eine kritische Selbstreflexion der 68er-Generation steht allerdings noch aus.[29]

Umschreiben der Geschichte, ja! Das muß aber differenziert und mit Feingefühl geschehen. Die Hoffnung auf den Kommunismus war eine Illusion. Aber diese Hoffnung als mentalitätsgeschichtlichen Befund müssen wir zu verstehen versuchen, diese Sehnsucht nach sozialer Gerechtigkeit. Für einfache Menschen bedeutete die Revolution, wie es Prive Friedjung, eine jüdische Kommunistin aus der Bukowina formulierte, die Vorstellung: „Man treibt die Reichen weg und wird das Paradies auf Erden errichten. Die Armen werden auf einmal satt werden."[30] Wofür ich hier plädiere, ist, den Antikommunismus im österreichischen Kontext nicht lediglich als einen Vorwand zu analysieren, der die Aufarbeitung der österreichischen NS-Vergangenheit blockiert hatte, nicht als jene finstere Verschwörung, die allein den Kalten Krieg entfacht hatte, sondern ihn als notwendigen Teil einer demokratischen politischen Kultur aufzufassen. Wenn es um die „offene Gesellschaft" geht, wird man allerdings die Grenzlinie zwischen dem liberalen und dem integralen Antikommunismus jeweils schärfer definieren müssen.

Der Lieblingssatz der Faschismustheorie der siebziger Jahre war das berühmte Diktum von Max Horkheimer: „Wer vom Faschismus redet, darf vom Kapitalismus nicht schweigen."[31] Der Lieblingssatz der wiederbelebten Totalitarismustheorie der neunziger Jahre ist das ebenso berühmte Diktum von George Orwell: „Man kann nicht antifaschistisch sein, ohne zugleich antikommunistisch zu sein."[32]

François Furet beendet sein Buch mit einer geschichtsphilosophischen Perspektive: „Die Geschichte wird wieder zu dem dunklen Tunnel, in den der Mensch sich wagt, ohne zu wissen, welche Folgen sein Tun nach sich zieht [. . .]"[33] Die Götter sind gestürzt, die Meisterdenker entthront. Das erzeugt Angst. Wir müssen aufpassen, daß diese Angst nicht wiederum und dieses Mal von rechtspopulistischen Agitatoren ausgenützt wird.

Anmerkungen

1 Die Zeit, Nr. 40, 27. September 1996, S. 75.
2 Fischer, Ernst: Das Ende einer Illusion. Erinnerungen 1945–1955, Wien 1973, S. 163.
3 Furet, François: Das Ende der Illusion. Der Kommunismus im 20. Jahrhundert, München 1995; Communism et fascisme en XXe siècle, in: le débat, No. 89, 1996, S. 119–189.
4 Vgl. dazu Furet, François: Das Ende der Illusion, passim.
5 Jackson Lears, T. J.: The Concept of Cultural Hegemony: Problems and Possibilities, in: American Historical Review 90 (1985).
6 Einige interessante Beobachtungen bei: Winter, Eduard: Erinnerungen (1945–1976), hg. von Gerhard Oberkofler, Frankfurt/Main 1994.
7 50 Jahre danach. Nationalsozialismus, Zweiter Weltkrieg und Nachkriegszeit auf dem Lande, hg. von Florian Schweitzer, Thaya 1995, S. 100.
8 Beer, Siegfried/Staudinger, Eduard: Die „Vienna Mission" der Westalliierten im Juni 1945, in: Jahrbuch des Vereins für Geschichte der Stadt Wien 50 (1994), S. 378.
9 Ehmer, Josef: Die Kommunistische Partei Österreichs, in: Handbuch des politischen Systems Österreichs. Die Zweite Republik, hg. von Herbert Dachs u. a., Wien 1997, S. 325.
10 Sehr parteiisch: Svoboda, Wilhelm: Die Partei, die Republik und der Mann mit den vielen Gesichtern. Oskar Helmer und Österreich II. Eine Korrektur, Wien 1993; vgl. Lendvai, Paul: Auf schwarzen Listen. Erlebnisse eines Mitteleuropäers, Hamburg 1996; Kaplan, Karel: The Short March. The Communist Takeover in Czechoslovakia 1945–1948, London 1987.
11 Typisch dafür: Kaindl-Widhalm, Barbara: Demokraten wider Willen? Autoritäre Tendenzen und Antisemitismus in der 2. Republik, Wien 1990, S. 45 f.
12 Dazu jetzt: Höttl, Wilhelm: Einsatz für das Reich. Im Auslandsgeheimdienst des Dritten Reiches, Koblenz 1997.
13 Pelinka, Anton: Auseinandersetzung mit dem Kommunismus, in: Österreich. Die Zweite Republik, hg. von Erika Weinzierl, 1. Bd., Graz 1972, S. 169–202.
14 Embacher, Helga: Neubeginn ohne Illusionen. Juden in Österreich nach 1945, Wien 1995, S. 163.
15 McLoughlin, Barry u. a.: Aufbruch – Hoffnung – Endstation. Österreicherinnen und Österreicher in der Sowjetunion 1925–1945, Wien 1997.
16 Puhm, Rosa: Eine Trennung in Gorki, Wien 1990, S. 58.
17 Arendt, Hannah: Elemente totaler Herrschaft. Frankfurt/Main 1958, S. 130–133.
18 Vgl. Friedjung, Prive: „Wir wollten nur das Paradies auf Erden." Die Erinnerung einer jüdischen Kommunistin aus der Bukowina, hg. von Albrecht Lichtblau, Wien 1995; Puhm, Rosa: Eine Trennung; Grünwald, Leopold: Wandlung. Ein Altkommunist gibt zu Protokoll, Wien o. J.; Frei, Bruno: Der Papiersäbel, Frankfurt/Main 1972.
19 Zimmering, Raina: Der Antifa-Mythos in der DDR, in: Politische Mythen und Geschichtspolitik, hg. von Rudolf Speth, Berlin 1996, S. 39–52; Diner, Dan: Kreisläufe. Nationalsozialismus und Gedächtnis, Berlin 1995.
20 Wander, Fred: Das gute Leben. Erinnerungen, München 1996, S. 146.
21 Ebd., S. 164; jetzt: Courtois, Stephane u.a.: Das Schwarzbuch des Kommunismus, München 1998.
22 Adler, Les K./Paterson, Thomas G.: Red Fascism: The Merger of Nazi Germany and Soviet Russia in the American Image of Totalitarism, in: American Historical Review 75 (1970),

S.1048–1064. Gid Powers, Richard: Not Without Honor. The History of American Anticommunism, New York 1995; Anti-Communism and McCarthyism (1946–1954), ed. by André Kaenel, Paris 1995.

23 Drimmel, Heinrich: Die Häuser meines Lebens. Erinnerungen eines Engagierten, Wien 1975; Spiel, Hilde: Welche Welt ist meine Welt? Reinbek 1992; Tichy, Frank: Torberg. Ein Leben in Widersprüchen, Salzburg 1995; Wiesinger-Stock, Sandra: Hilde Spiel. Ein Leben ohne Heimat, Wien 1996.

24 Hanisch, Ernst: Der lange Schatten des Staates. Österreichische Gesellschaftsgeschichte im 20. Jahrhundert, Wien 1994; Österreich 1945–1995. Gesellschaft, Politik, Kultur, hg. von Reinhard Sieder u.a., Wien 1995, S. 166–185.

25 Dazu noch: Prager, Theodor: Bekenntnisse eines Revisionisten, Wien 1975; Spira, Leopold: Kommunismus Adieu. Eine ideologische Biographie, Wien 1992; ders.: Das Jahrhundert der Widersprüche. Eine Wiener-jüdische Familienchronik, Wien 1996.

26 Ehmer, Josef: Die Kommunistische Partei, S. 324.

27 Als Beispiel: Kühnl, Reinhard: Formen bürgerlicher Herrschaft. Liberalismus – Faschismus, Reinbek 1971.

28 Totalitarismus im 20. Jahrhundert. Eine Bilanz der internationalen Forschung, hg. von Eckhard Jesse, Baden-Baden 1996, S. 9.

29 Ansätze dazu: Schindel, Robert: Gott schütz uns vor den guten Menschen. Jüdisches Gedächtnis – Auskunftsbüro der Angst, Frankfurt/Main 1995; kläglich: Scharang, Michael: Verirrte Debatte, Die Zeit, Nr. 26, 18. Juni 1998, S. 40; merkwürdigerweise fehlt 1968 in: Die Achter-Jahre in der Österreichischen Geschichte des 20. Jahrhunderts, hg. von Karl Gutkas, Wien 1994.

30 Friedjung, Prive: „Wir wollten nur das Paradies auf Erden", S. 134.

31 Hanisch, Ernst: Neuere Faschismustheorien, Zeitgeschichte 1 (1973).

32 Totalitarismus und Politische Religionen. Konzepte des Diktaturvergleiches, hg. von Hans Maier, Paderborn 1996, S. 278.

33 Furet, François: Das Ende der Illusion, S. 625.

Thomas Angerer

„Gegenwartsgeschichte"?
Für eine Zeitgeschichte ohne Ausflüchte

„Gegenwartsgeschichte" ist ein seltenes Wort und findet sich bislang in keinem Wörterbuch.[1] Vereinzelt, sehr vereinzelt taucht es in fachtheoretischer Literatur zur Zeitgeschichte auf, allerdings in verschiedener Bedeutung: einmal als Teil-, dann als Austausch- und nun als Anschlußbegriff von Zeitgeschichte.

Fritz Ernst (Heidelberg) prägte den Begriff 1957, als er Justus Hashagens Unterscheidung der Zeitgeschichte von „Vergangenheitsgeschichte" wiederaufnahm und noch deutlicher zum Ausdruck bringen wollte.[2] Dabei sprach Ernst nicht nur von „Gegenwartsgeschichte", sondern auch von „Gegenwarts*vor*geschichte": Die eine erstrecke sich auf die „eigene Zeit des Autors", die „voll erlebte Gegenwart eines Autors"; die andere behandle die „Zeit der Väter", allgemeiner jene Zeit, die ältere Zeitgenossen, aber nicht mehr der Autor selbst erlebt haben.[3] Zusammengenommen entsprechen „Gegenwartsgeschichte" und „Gegenwartsvorgeschichte" bei Ernst der „Zeitgeschichte" im relativen, allerdings nicht nur subjektiven[4] Sinn, also der Geschichte jener Zeit, die man selber oder ältere Zeitgenossen miterlebt haben.

Zwei Jahrzehnte später erneuerte Michael Derndarsky (Klagenfurt) den Begriff der Gegenwartsgeschichte, um die Zuständigkeit der Zeitgeschichte enger zu fassen. In der Gegenwartsgeschichte sah er nicht mehr, wie Ernst, nur einen Teil, sondern das Ganze der Zeitgeschichte; Gegenwarts*vor*geschichte gehöre schon nicht mehr dazu. In weiterer Abweichung von Ernst nannte Derndarsky auch Zahlen – halbherzig, aber doch – und kürzte den zeitlichen Umfang von Zeitgeschichte wie Gegenwartsgeschichte mit Blick auf die Dauer eines Generationenwechsels ungefähr auf die jeweils letztvergangenen 30 Jahre.[5]

In die Gegenrichtung weist nun Ernst Hanisch (Salzburg) mit seinen Fragen: „Wie weit ist es sinnvoll, eine Gegenwartsgeschichte von der Zeitgeschichte abzugrenzen? Wo verlaufen die Grenzen?"[6] Hier erscheint „Gegenwartsgeschichte" nicht mehr als Teil- oder Austauschbegriff, sondern als Anschlußbegriff als Bezeichnung von etwas, was auf die Zeitgeschichte folgt.[7] Wo Hanisch zur Zeit selbst eine erwägenswerte Abgrenzungsmöglichkeit sieht, verrät der Titel, den er unserem Panel gegeben hat: „Gegenwartsgeschichte oder Zeitgeschichte? Die achtziger Jahre".[8]

Ernst und Derndarsky verfolgten mit dem Begriff der Gegenwartsgeschichte klare Ziele. Der eine verteidigte die neu eingerichtete Zeitgeschichtsforschung in der Bundesrepublik gegen den gängigen Vorwurf, sie mache sich – so Peter Rassow 1955 – „einer Grenzüberschreitung schuldig", denn die Gegenwart entziehe sich naturgemäß geschichtswissenschaftlicher Erkenntnis und umfasse die „Lebens- und Wirkenszeit aller gleichzeitig lebenden Menschen", also den gesamten Gegenstandsbereich der Zeitgeschichte.[9] Mit dem Begriff „Gegenwartsgeschichte" bezog Ernst die denkbar deutlichste Gegenposition: Obwohl Gegenwartsgeschichte „gewissen Begrenzungen" unterliege und „Gegenwart*chronistik*" ein noch passenderer Name sei, bedeute sie historiographiegeschichtlich „die Wiedergewinnung eines alten Arbeitsfeldes", das „Wiederaufnehmen einer großen Tradition der abendländischen Geschichtsschreibung".[10]

Derndarsky verwendete den Begriff schon unter ganz anderen Umständen. Zeitgeschichte war wieder zum festen Bestandteil der Geschichtswissenschaft geworden, stieß als etabliertes Fach aber auf neue, wenn auch vereinzelte Kritik: sie habe, so Fritz Fellner schon 1964, „den ursprünglichen Bezug zur Gegenwart verloren".[11] Tatsächlich war die Zeitgeschichtsforschung zu ihrer Praxis im 19. Jahrhundert zurückgekehrt und betrieb vornehmlich, in Österreich nahezu ausschließlich, „Gegenwarts*vor*geschichte" im Sinne Ernsts: Geschichte der eigenen Eltern- und Großelterngenerationen.[12] Wenn Derndarsky Ende der siebziger Jahre von der Zeitgeschichte forderte, sich an Ernsts Begriff der Gegenwartsgeschichte zu messen, und das Zeitmaß dabei so eng anlegte, daß ihr üblich gewordenes Haupttätigkeitsfeld schon jenseits des Meßbereichs lag, veranschaulichte und verschärfte er damit den Vorwurf an die FachvertreterInnen, sie verrieten ihre ureigenste Aufgabe.[13]

Als Austauschbegriff hatte das Wort Gegenwartsgeschichte also von den Verfechtern zu den Kritikern der ZeitgeschichtlerInnen gewechselt. Ist es mit Hanisch nun wieder auf dem Weg zurück? Sein Argument, Zeitgeschichte könne nicht mehr für Zeiträume zuständig sein, die noch nicht „definitiv zu Ende" seien, sondern „noch offen zur Zukunft hin", ist im Grunde der traditionelle Vorwurf an die Zeitgeschichte überhaupt.[14]

Gegenwartsgeschichte als Anschlußbegriff läßt der Zeitgeschichte ein Schlupfloch aus der jüngsten Vergangenheit. In unserem Fall ist es sogar mehr als eineinhalb Jahrzehnte groß! Allerdings ist zweierlei zu bedenken:

Offizielle Schlupflöcher öffneten einzelne Fachvertreter ja schon vor Jahrzehnten, wenn auch unter einer etwas anderen Bezeichnung. Sofern sie nicht einfach die Politikwissenschaft oder Soziologie für zuständig erklärten, nannten sie das, was der Zeitgeschichte zunächst die Jahre nach 1945, später die Jahre nach der ersten Nachkriegszeit ersparen sollte, Gegenwarts*kunde*.[15] Ein Vergleich mit dem

Wort Gegenwarts*geschichte* zeigt den empfindlichen Unterschied: Im ersten Fall verabschiedet sich mit der Zeitgeschichte die Geschichtswissenschaft überhaupt; im zweiten begrüßt ein Zweig der Geschichtswissenschaft den anderen. Wieviel Vergangenheit eine Gegenwartsgeschichte im Sinne Hanischs auch je umfassen könnte, im Gegensatz zur Gegenwarts*kunde* bliebe damit immer noch die Geschichtswissenschaft zuständig – nur nicht mehr die Zeitgeschichtsforschung.

Außerdem läßt sich mit Blick auf Hanischs eigene Arbeit[16] auch ein Umkehrschluß ziehen: Selbst dann, wenn in den achtziger Jahren eine Gegenwartsgeschichte beginnt, vernachlässigt die Zeitgeschichtsforschung zumindest in Österreich – in der Bundesrepublik hat die DDR-Forschung wieder neue Verhältnisse geschaffen[17] – bereits einen großen Teil ihres Gegenstandsbereiches, da sie sich ja nicht einmal mit der Zeit von den mittleren sechziger bis zu den beginnenden achtziger Jahren näher beschäftigt. Die vorherrschende Abneigung der österreichischen ZeitgeschichtlerInnen gegen Gegenwartsgeschichte im Sinne Ernsts wie Derndarskys rechtfertigt Hanisch mit seiner Erneuerung des Begriffs also weniger, als es auf den ersten Blick scheinen könnte.

Nichtsdestoweniger weist das Wort in falsche Richtungen:

Formal gesehen kann Gegenwart auf der Zeitleiste alles oder nichts bedeuten, Vergangenheit und Zukunft miteinschließen oder in beiden aufgehen. Wie Reinhart Koselleck näher erläutert hat, ist es zeitbezüglich eine Täuschung zu glauben, das Wort „Gegenwartsgeschichte" sei von sich aus klarer als „Zeitgeschichte".[18] Subjektiv gesehen – darauf hat schon Hermann Heimpel hingewiesen – gibt es in der „gemeinsamen Gegenwart" so viele „verschiedene Gegenwarten" wie lebende Menschen und folglich dasselbe „Problem der Ungleichzeitigkeit der Zeitgenossen", das man bei der Bestimmung von Zeitgeschichte kennt.[19] Sucht man nach objektiven, etwa strukturellen Anhaltspunkten, breitet sich keine geringere Vielfalt aus; denn auch noch so große Strukturbrüche brechen nur bestimmte Strukturen, andere wieder nicht, und in vieler Hinsicht ist die Gegenwart so alt wie die Geschichte.[20] Auch dieses Problem trat bei der Zeitgeschichte schon längst zutage, wird dort aber immer noch gerne übergangen.

So hat Peter Steinbach vor kurzem vorgeschlagen, Zeitgeschichte u.a. als „die aktuelle, d.h. die in die Gegenwart nachwirkende Geschichte" zu verstehen, sie zum „Anfang unserer Gegenwart" zurückreichen und diesen Anfang entsprechend „offen" zu lassen.[21] Nun, schon Justus Hashagen hatte gemeint: „Man darf den Namen Zeitgeschichte [...] gerade *zeitlich nicht pressen*. Man möchte statt Zeitgeschichte vielmehr sagen: Geschichte sofern sie [...] den gegenwärtigen Zustand erklärt. [...] Wäre der Ausdruck 'aktuell' nicht schon so abgebraucht, so würde man für Zeitgeschichte deutlicher *aktuelle Geschichte* sagen [...]. [...] Diese die Zeitgeschichte ausmachende Vorgeschichte der Gegenwart ist [...] zeitlich *fast unbe-*

grenzt."[22] Gottlob haben sich die Zeiten seit 1915 geändert, ist das Wort „aktuell" heute nicht mehr so abgebraucht. Bei der Suche nach zeitgeschichtlichen Themen dieser Art ist Peter Catterall jüngst natürlich ebenso prompt im Mittelalter gelandet wie Hashagen[23]; und wäre er seiner Suche auch nur ein wenig weiter nachgegangen, hätte er die Zeitgeschichte gewiß auch in der Steinzeit gefunden. Immerhin berief sich Catterall auf Geoffrey Barraclough mit seiner vertrauten Definition von 1964: „Contemporary history begins when *the problems which are actual in the world today* first take visible shape"[24] und machte eine dezente Andeutung von „a risk of a loss of focus"…[25]

Zeitgeschichte als Aktueller Dienst der Geschichtswissenschaft, Zeitgeschichte als Zeitmaschine, Zeitgeschichte als schwarzes Loch – schon vor mehr als zwei Jahrzehnten hat Eberhard Jäckel mit weiteren Beispielen dargelegt, daß Definitionen dieser Art „die Grenze zum Unbrauchbaren streif(en)".[26] Sie werden um nichts brauchbarer, wenn man objektive mit subjektiven oder intersubjektiven Anzeichen gegenwärtiger Geschichte verbindet und mit Gerhard Botz Zeitgeschichte zu „jene(m) Teil der Vergangenheit" erklärt, „der kollektiv als gegenwartsnahe empfunden wird".[27] Warum sollte sich das Fach seinen Gegenstandsbereich auch noch von kollektiven Empfindungen vorschreiben lassen? Thomas Nipperdeys Warnung vor der „Diktatur des Aktualitätsprinzips" hat in diesem Punkt nichts an Aktualität verloren.[28]

Im übrigen wies Heimpel vor bald fünfzig Jahren auf etwas hin, was alles noch einmal kompliziert: Gegenwärtig ist nicht nur das Aktuelle, sondern auch und gerade „das selbstverständlich Gewordene", das „nicht mehr Aktuelle".[29] Richtet sich Zeitgeschichte nach der Aktualität, verliert sie von der Gegenwart viel aus dem Auge; widmet sich Gegenwartsgeschichte der Gegenwart – wie kurz oder lang diese auch dauere –, geht sie am Aktuellen leicht vorbei.

Kurz: Je nach Gesichts- und Blickpunkt reicht die „Gegenwart" *verschieden* tief in die Vergangenheit zurück.[30] Aufgabe der Geschichtswissenschaft ist es, den Sinn für Tiefe und Verschiedenheit dieser Reichweiten zu schärfen und der falschen Vorstellung entgegenzutreten, ganze Zeitblöcke, wie klein oder groß auch immer, gehörten noch zur Gegenwart oder täten dies nicht. Der Begriff „Gegenwartsgeschichte" leistet diesem Anliegen einen schlechten Dienst. Außerdem läßt er von sich aus genauso viele Fragen offen wie der Begriff „Zeitgeschichte". „Zeitgeschichte" hat dafür den Vorteil einer Begriffsgeschichte, die lang genug ist, um Irrläufer wenigstens im nachhinein erkennen zu lassen. Versuche, Zeitgeschichte als das zu bestimmen, was von der Geschichte gerade aktuell oder gar auf längere Dauer gegenwartsrelevant sei, machen es unmöglich, den Begriff zeitlich zuzuordnen und nehmen dem Fach jede Kontur. Sie zeigen, was die Zeitgeschichte mit den übrigen Zweigen der Geschichtswissenschaft gemeinsam haben kann, nicht

aber, was sie von ihnen unterscheidet. Darüber kann heute nur mehr zeitgeschichtlicher Fachprovinzialismus hinwegtäuschen. Daher fördern sie auch die Veren-
gung statt die Erweiterung des historischen Horizonts, den die Geschichtswissenschaft zum Verständnis der Gegenwart öffnen kann.

Die eigene, nicht der anderen Scheu vor der Gegenwart und vor neuen Quellenlagen[31] sind das Problem der Zeitgeschichte. Gelöst wird es nicht durch Vogel-
Strauß-Politik wie den fadenscheinigen Versuch, Zeitgeschichte als Epochenbegriff
wiederzubeleben und das 20. Jahrhundert als „zeitgeschichtliches Jahrhundert" zu
reklamieren, obwohl oder gerade weil es bald zu Ende geht.[32] Wie Arthur Marvick
als Mitherausgeber des Journal of Contemporary History unlängst klargestellt hat,
werden die ersten Teile dieses Jahrhunderts bald „very far from 'contemporary'"
sein.[33] Auch in Frankreich gilt in der Regel nur noch die Zeit seit 1939/45 als
Zeitgeschichte. Dort heißt sie inzwischen allerdings *histoire du temps présent* bzw.
histoire immédiate, weil der Begriff *histoire contemporaine* seinen ursprünglichen Zweck
nicht mehr erfüllt.[34] Verfehlt ihn die Zeitgeschichte auch in unserem Sprachraum,
steht ihr daher schon jetzt vor Augen, was ihr früher oder später blüht: ihre Ablösung z.B. durch „Gegenwartsgeschichte". Dann, nur dann hätte das unselige Wort
auch sein Gutes!

So weit muß und wird es hoffentlich nicht kommen. Zeitgeschichte ist schon
im 19. Jahrhundert vom Anschlußbegriff zum „formalen Dauerbegriff" geworden[35], der sich mit der Lebenszeit der Zeitgenossen laufend verschiebt und an
Bedeutung gewinnt, je mehr Generationen oder – was dasselbe sein *kann, aber
nicht muß* – je mehr Angehörige lebender Generationen die betreffende Zeitspanne miterlebt haben. Wenn die achtziger Jahre heute immer noch nicht zur Zeitgeschichte gehören sollten, verliert der Begriff daher seinen Sinn. Ihre Grenze findet
sie erst „an der unsichtbaren Linie, die den gegenwärtigen vom vergangenen Augenblick trennt".[36] Solange dieses Ideal vor Augen bleibt, werden Annäherungen
stets genügen.

Anmerkungen

1   Der entsprechende Band der laufenden Neubearbeitung von Grimms Wörterbuch ist aller-
    dings noch nicht erschienen.
2   Hashagen, Justus: Das Studium der Zeitgeschichte. Bonn 1915, S. 10, vgl. 13. Ernst, Fritz:
    Zeitgeschehen und Geschichtsschreibung. Eine Skizze (1957), in: Ders.: Gesammelte Schriften,
    hg. von Wolf, Gunther G., Heidelberg 1985, S. 290. Ernst zitierte Hashagen nicht, kannte
    ihn aber wahrscheinlich.
3   Ernst, Zeitgeschehen, S. 290f.

4 Jäckel, Eberhard: Begriff und Funktion der Zeitgeschichte [1975], in: Ders.: Umgang mit Vergangenheit. Beiträge zur Geschichte. Stuttgart 1989, 143f.

5 Derndarsky, Michael: Welcher Zeit Geschichte? Zum Versuch, Zeitgeschichte einzugrenzen, in: Geschichte in Wissenschaft und Unterricht 30 (1979) S. 204f., 208, 211. Stellenweise scheint der Autor allerdings zwischen einem engeren Zeitgeschichtsbegriff (Gegenwartsgeschichte) und einem weiteren (Gegenwartsgeschichte und Gegenwarts*vor*geschichte) zu schwanken (S. 211).

6 Rundbrief Ernst Hanischs vom 20. 1. 1997 an die Teilnehmer unseres Panels.

7 Ähnliches könnte auch Gerhard Botz im Sinne gehabt haben, als er ohne nähere Erklärung davon sprach, daß sich in Österreich eine Gegenwartsgeschichte abzuzeichnen beginne, die für die Periode nach 1955 zuständig sei. Seine Feststellung, Zeitgeschichte sei in Österreich allmählich dabei, selber Gegenwartsgeschichte zu werden, läßt allerdings auch andere Begriffsverständnisse zu (und eine Überraschung in der Sache). Botz, Gerhard: Zwölf Thesen zur Zeitgeschichte in Österreich, in: Böhler, Ingrid/Steininger, Rolf (Hg.): Österreichischer Zeitgeschichtetag 1993. 24. bis 27. Mai 1993 in Innsbruck. Innsbruck/Wien 1995, S. 22 u. 29.

8 Siehe schon: Hanisch, Ernst: Der lange Schatten des Staates. Österreichische Gesellschaftsgeschichte im 20. Jahrhundert. Österreichische Geschichte 1890-1990, hg. von Herwig Wolfram. Wien 1994, S. 459.

9 Rassow, Peter: Die Grenze zwischen Geschichte und Gegenwart [1955], in: Ders.: Die geschichtliche Einheit des Abendlandes. Reden und Aufsätze. Kölner historische Abhandlungen 2. Köln – Graz 1960, S. 110 bzw. 107. Siehe auch ders.: Der Historiker und seine Gegenwart [1947], in: ebenda, S. 124f. Rassow nannte die Zeitgeschichte nicht beim Namen, ließ aber keinen Zweifel, daß er sie meinte (vgl. schon Jäckel, Begriff, S. 140f.). Ausdrücklicher Bezug auf Rassow bei Ernst, Zeitgeschehen, S. 341. – Nach der ersten zitierten Stelle (S. 110) heißt es bei Rassow weiter: „Denn der Vater bleibt in dem Leben seines Sohnes immer Gegenwart." Bei der Definition der „Gegenwartsvorgeschichte" als „Zeit der Väter" fand Ernst sein metaphorisches Vorbild also schon bei einem der Autoren, gegen die er sich wandte.

10 Ernst, Zeitgeschehen, S. 291 bzw. 289.

11 Fellner, Fritz: Geschichte und Gegenwart. Antrittsvorlesung gehalten am 1. Dezember 1964. Salzburger Universitätsreden 6. Salzburg/München 1966, S. 5 u. 9. Vgl. Derndarsky, Michael: Die Berücksichtigung der Zeitgeschichte im Lehrbetrieb der Wiener Universität. Ein Versuch, in: Kreissler, Felix (Hg.): Deux fois l'Autriche. Après 1918 et après 1945. Actes du Colloque de Rouen du 8 au 12 novembre 1977, Bd. 1. Austriaca Jg. 5, Sondernummer, Mont-Saint-Aignan 1978, S. 258.

12 Schulin, Ernst: Zeitgeschichtsschreibung im 19. Jahrhundert [1971], in: Ders., Traditionskritik und Rekonstruktionsversuch. Studien zur Entwicklung von Geschichtswissenschaft und historischem Denken. Göttingen 1979, S. 65f., vgl. 69. Angerer, Thomas: An Incomplete Discipline. Austrian *Zeitgeschichte* and Recent History, in: Contamporary Austrian Studies 3 (1994) 207-251 (217). Vgl. Jäckel, Begriff, S. 148f.

13 Fellner sprach zwar nicht von „Gegenwartsgeschichte", schränkte die Zuständigkeit der Zeitgeschichte aber einmal sogar auf die jeweils letzten 25 Jahre ein: Vorwort zu Kriechbaumer, Robert: Österreichs Innenpolitik 1970-1975. München – Wien 1981, S. XVIIf.

14 Hanisch, Der lange Schatten, S. 459.

15 In Österreich lassen sich dafür Ludwig Jedlicka, Anton Klein und Walter Goldinger zitieren, in der Bundesrepublik etwa Thilo Vogelsang, Martin Broszat und Otto-Ernst Schüddekopf (aus Platzmangel müssen die Nachweise unterbleiben, einzelne finden sich bei Derndarsky, Zeit, S. 202, und bei Angerer, Discipline, S. 209f., mit Anm. 21.), m. W. aber nicht, wie manchmal zu lesen, auch Hans Rothfels, dessen historiographische Praxis schon gar nicht dafür spricht. Ausdrucklich das Gegenteil vertrat der andere Mitherausgeber der Vierteljahrshefte für Zeitgeschichte, Eschenburg, Theodor: Aufgaben der Zeitgeschichte, in: Geschichte in Wissenschaft und Unterricht 6 (1955) S. 357: „Sie [= die Zeitgeschichte] erstreckt sich bis zur jeweiligen Gegenwart, *dehnt ihren Bereich also von Tag zu Tag aus.*" (meine Hervorh.)

16 Bes. Hanisch, Der lange Schatten, S. 456-489.

17 Klessmann, Christoph/Sabrow, Martin: Contemporary History in Germany after 1989, in: Contemporary European History 6 (1997) S. 219-243, deutsche Fassung ohne Teil 1 in: Aus Politik und Zeitgeschichte 46 (1996/B 39) S. 3-14.

18 Vgl. Koselleck, Reinhart: Begriffsgeschichtliche Anmerkungen zur „Zeitgeschichte", in: Conzemius, Victor/Greschat, Martin/Kocher, Hermann (Hg.): Die Zeit nach 1945 als Thema kirchlicher Zeitgeschichte. Referate der internationalen Tagung in Hünigen/Bern 1985. Mit einer Bibliographie von Andreas Lindt. Göttingen 1988, S. 18.

19 Heimpel, Hermann: Der Mensch in seiner Gegenwart [1951], in: Ders. (Hg.), Der Mensch in seiner Gegenwart. Sieben historische Essais. Göttingen 1954, S. 11. Vgl. Jäckel, Begriff, S. 143, und jüngst: Hobsbawm, Eric: The Present as History [1993], in: Ders.: On History (London 1997) 229f.

20 Koselleck, Anmerkungen, S. 29f.

21 Steinbach, Peter: Zeitgeschichte – Geschichte, die ihren Ausgang noch nicht kennt, in: Grabitz, Helge/Bästlein, Klaus/Tuchel, Johannes/Klein, Peter/Voigt, Martin (Hg.): Die Normalität des Verbrechens. Bilanz und Perspektiven der Forschung zu den nationalsozialistischen Gewaltverbrechen. Festschrift für Wolfgang Scheffler zum 65. Geburtstag. Reihe Deutsche Vergangenheit 112. Berlin 1994, S. 135f. bzw. 140.

22 Meine Hervorhebung. Hashagen, Studium, S. 15.

23 Peter Catterall, What (if anything) is Distinctive about Contemporary History?, in: Journal of Contemporary History 32 (1997) S. 452. Hashagen, Studium, S. 15.

24 Geoffrey Barraclough, An Introduction to Contemporary History (London 1964) 12. Wie Catterall unerwähnt läßt, sah Barraclough den Beginn der Zeitgeschichte im „strengen Sinn" damals (1964!) sogar erst Ende 1960, Anfang 1961! Ebenda, S. 29 u. 32f.

25 Catterall, What, S. 452.

26 Jäckel, Begriff, S. 145.

27 Botz, Zwölf Thesen, S. 21.

28 Nipperdey, Thomas: Wozu noch Geschichte? [1975], in: Hardtwig, Wolfgang: Über das Studium der Geschichte. München 1990, S. 380.

29 Heimpel, Mensch, S. 18.

30 So kann man mit Hanisch, Der lange Schatten, S. 459, die Klaus-Kreisky-Ära der Vergangenheit und die Vranitzky(-Klima)-Ära der noch offenen Gegenwart zuordnen –, aber doch nur unter Gesichtspunkten, deren relativer und eng begrenzter Geltungsanspruch durch Hanischs eigene Ausführungen über längerfristige „Entwicklungsstränge" (S. 23-182) deutlich wird!

31 Zuletzt: Kaiser, Wolfram: Die europäische Zeitgeschichtsforschung und die sich wandelnde

Quellengrundlage, in: INSAR – Europäische Archivnachrichten (Brüssel 1997/Beilage II) S. 324-327.

32 Peter, Matthias/Schröder, Hans-Jürgen: Einführung in das Studium der Zeitgeschichte. UTB 1742. Paderborn etc. 1994, S. 31, 33. Der Abschnitt ist voller Ungereimtheiten und zum Teil auch ungenauer Zuschreibungen. „Zeitgeschichte als Historiographie des 20. Jahrhunderts" vertrat auch Schulz, als das schon überholt war: Schulz, Gerhard: Einführung in die Zeitgeschichte. Darmstadt 1992, S. 55ff. Vgl. dagegen z.b.: Winkler, Heinrich August: Zeitgeschichte im Fernsehen, in: Knopp, Guido/Quandt, Siegfried (Hg.): Geschichte im Fernsehen. Ein Handbuch. Darmstadt 1988, S. 276. Hockerts, Hans Günter: Zeitgeschichte in Deutschland. Begriff, Methoden, Themenfelder, in: Historisches Jahrbuch 113 (1993) 104f. Schulze, Winfried: Einführung in die Neuere Geschichte. UTB 1422, Stuttgart, 3. Aufl., 1996, S. 40f.

33 Marwick, Arthur: A New Look, A New Departure: A Personal Comment on Our Changed Appearance, in: Journal of Contemporary History 32 (1997) S. 6. Demnach wird sich das JCH künftig auf die Zeit nach 1945 konzentrieren.

34 Bédarida, François: La dialectique passé/présent et la pratique historienne, in: Ders. (Hg.): L'histoire et le métier d'historien en France 1945 – 1995. Paris 1995, S. 75-86. Zur Aufwertung und Ausweitung des von Jean Lacouture geprägten Begriffs „histoire immédiate" im Sinne einer „histoire proche", die sich von der Unzugänglichkeit öffentlicher Archive weniger abschrecken läßt, als es sogar die „histoire du temps présent" in der Praxis oft noch tut, siehe: Soulet, Jean-François: L'histoire immédiate. Que sais-je? 2841, Paris 1994, S. 3f., 36f. Dabei handelt es sich allerdings um eine Außenseiterposition.

35 Koselleck, Anmerkungen, S. 25, vgl. 17.

36 Bédarida, La dialectique, S. 83.

Emmerich Tálos

Die achtziger Jahre: Eine Phase der Veränderungen als Thema von Sozialwissenschaften und Zeitgeschichte

Vorbemerkung

Der Begriff „Gegenwartsgeschichte" ist meines Erachtens zur Zeit weniger Ergebnis analytischer Differenzierungsbemühungen als vielmehr Ausdruck für eine gravierende Lücke des geschichtswissenschaftlichen Blickwinkels. Diese besteht darin, daß in der Zeitgeschichteforschung rezente Entwicklungen durchwegs ausgespart bleiben. Es mag dafür verschiedene Gründe geben: In methodischer Hinsicht besteht das Problem der Zugänglichkeit von unveröffentlichten Materialien, in inhaltlicher Hinsicht das der Vorläufigkeit bzw. Unabgeschlossenheit von Entwicklungsprozessen. Diese Problematik ist mit einem neuen Begriff allein ebensowenig lösbar wie mit neuen Phaseneinteilungen bzw. Phasenabgrenzungen: denn warum sollten die achtziger Jahre noch, die neunziger Jahre jedoch nicht mehr zur „Gegenwartsgeschichte" zählen.

Zweifellos trifft zu, daß – je näher wir in wissenschaftlichen Analysen dem jeweiligen „Heute" rücken - die Zugänge zu relevanten Materialien schwieriger und zum Teil wohl auch spärlicher sind; ebenso trifft zu, daß Aussagen und Einschätzungen über aktuelle Entwicklungsprozesse einen wohl größeren Grad an Vorläufigkeit haben bzw. haben können als beispielsweise Aussagen über die Verfassungsänderungen 1929 und 1934[1], das Parteiensystem und Verbändepolitik in der Ersten Republik und im Austrofaschismus[2]. In sozialwissenschaftlichen Disziplinen wie der Politikwissenschaft ist die Analyse auch jüngerer bzw. aktueller Entwicklungen genuiner Forschungsgegenstand. Dieser Unterschied zur Zeitgeschichte hat seinen Grund meines Erachtens darin, daß die methodischen Wege in sozialwissenschaftlichen Analysen pluriformer sind und die Befangenheit hinsichtlich der Vorläufigkeit von Aussagen eine geringere ist.

Ich gehe davon aus, daß wir über die 80er Jahre empirisch gesicherte und verallgemeinerbare Aussagen treffen und diese zu geläufigen sozialwissenschaftlichen Theorien bzw. Erklärungsansätzen in Bezug setzen können.

„Strukturbrüche" in den achtziger Jahren

Die Nachkriegsjahrzehnte weisen bei aller Veränderungsdynamik ein beträchtliches Ausmaß an gesellschaftlicher und politischer Stabilität auf. Dies zeigt sich an Wirtschafts-, Beschäftigungs- und Konsumwachstum ebenso wie an der stabilen Kräftekonfiguration politischer und gesellschaftlicher Interessen.[3] Im Vergleich dazu zeichnen sich in bzw. seit den achtziger Jahren Veränderungen ab, für die der Begriff „Strukturbrüche" meines Erachtens nur eingeschränkt zutrifft, die allerdings nichtsdestoweniger Ausdruck für einen substantiellen und generellen Wandel der österreichischen Gesellschaft, Wirtschaft und Politik sind. Mit dem Begriff „substantieller und genereller Wandel" meine ich in Anlehnung an Gordon Smith[4], daß mehrere, dauerhafte Veränderungen gleichzeitig stattfinden bzw. rasch aufeinanderfolgen.

In welchen Bereichen haben welche einschneidenden Veränderungen stattgefunden, die nicht bloß vorübergehender Natur sind, sondern auch die aktuelle und absehbare Entwicklung prägen bzw. prägen werden? Für mich sind diesbezüglich zum einen Veränderungen in der Ökonomie bzw. am Arbeitsmarkt, zum anderen Veränderungen auf Ebene politischer Optionen und Konfigurationen zentral.

Ökonomie - Arbeitsmarkt

1.
Als einschneidende Veränderung kann die Erosion des tradierten Normalarbeitsverhältnis betrachtet werden. Ein dauerhaftes, vollzeitiges Erwerbsarbeitsverhältnis galt nicht bloß als die „Norm" für die Partizipation am Arbeitsmarkt, sondern diente auch als Bezugspunkt für sozialstaatlichen Schutz und Sicherung. Dies traf allerdings in erster Linie auf Erwerbsbiographien von Männern zu.[5] Die seit den achtziger Jahren konstatierbaren Veränderungen am Arbeitsmarkt zeigen sich unübersehbar in zwei Facetten: Erwerbslosigkeit und atypische Beschäftigungsformen. Die Dimension der Erwerbslosigkeit, die in kapitalistischen Gesellschaften kein Novum darstellt, zeigt sich für Österreich exemplarisch daran, daß im Jahr 1980 ca. 240.000 Menschen einmal im Jahr arbeitslos waren, 1996

waren es mehr als 700.000, mit steigender Tendenz im Jahr 1997. Die zweite Facette der Veränderungen wird an der zunehmenden Verbreitung sogenannter atypischer Beschäftigungsformen evident. Damit sind Formen wie Teilzeitarbeit, befristete Arbeit, Leiharbeit, Arbeit auf Abruf, geringfügige Beschäftigung, Scheinselbständigkeit à la Werkverträge und Honorararbeit gemeint.[6] Die geschlechtsspezifische Selektivität zeigt sich bei diesen Formen umgekehrt zum Normalerwerbsarbeitsverhältnis: Sie werden überwiegend von Frauen ausgeübt. Der Anteil von Frauen an allen Teilzeitarbeitenden liegt international weit bei über 80%. Eine beträchtliche Zunahme dieser atypischen Beschäftigungsformen hat in den letzten Jahren stattgefunden.

Die österreichische Entwicklung auf beiden Ebenen nimmt sich im europäischen Vergleich noch recht moderat aus: Österreich wird durchwegs noch immer eine relativ günstige Arbeitsmarktposition attestiert. Während laut Eurostat zur Zeit die Arbeitslosenrate in Österreich bei 4,4% liegt, so im EU-Durchschnitt bei 10,9%. Bei Teilzeitarbeit liegt Österreich im europäischen Mittelfeld.

2.

Ein wichtiger Aspekt ist die von vielen als dritte technische Revolution bezeichnete Veränderung: die Verbreitung und Durchdringung von Produktion und Dienstleistungen mit Informations- und Kommunikationstechnologien.[7] Die Konsequenzen des Einsatzes dieser neuen Technologien liegen auf mehreren Ebenen: Sie machen zum Teil menschliche Arbeitskraft „überflüssig". Mit ungleich weniger Menschen werden heute zumindest gleich viele Güter und Dienstleistungen erbracht als noch vor wenigen Jahren. Die neuen Technologien beinhalten darüber hinaus ein beträchtliches Potential der Dezentralisierung und geographischen Ver- bzw. Auslagerung von Arbeit. Ein Beispiel für erstgenanntes ist die Telearbeit.[8] Ein Beispiel für zweitgenanntes stellt die Auftragsentwicklung von Software für westliche Industriestaaten durch mehr als 100.000 indische EDV-Experten in der südindischen Hi-Tech-Region Bangalore dar. Dort befindet sich mehr als ein Drittel der gesamten Chip-Design-Kapaziät der U.S.-Firma Texas Instruments. Indische Experten rechnen damit, daß Bangalore eine Welthauptstadt der Softwarebranche wird, vor allem, weil das Gehaltsniveau der indischen Programmierer/innen nur ca. ein Zehntel der Entlohnung ihrer westlichen Kollegen und Kolleginnen ausmacht.

3.

Nicht zuletzt zeigen sich Veränderungen am wachsenden Wettbewerbsdruck, an der zunehmenden Standortkonkurrenz (Beispiel Semperit) und – auch im Zusammenhang mit der Technologisierung – an Ansätzen der ökonomischen Globali-

sierung.[9] Der Zusammenbruch der Ökonomie in den ehemaligen sozialistischen
Ländern hat diesbezügliche Entwicklungen noch dynamisiert.

Die angeführten Veränderungen schlagen u.a. auch in der Begrenzung des na-
tionalstaatlichen Handlungs- und Gestaltungsspielraums insgesamt, der sozialstaatlichen Systeme im näheren zu Buche.

Politische Optionen und Kräftekonfigurationen

1.

Generell kann ein einschneidender „Kurswechsel" auf Ebene politischer und gesellschaftspolitischer Optionen konstatiert werden. Der auch international verbreitete Nachkriegskonsens über den aktiv steuernden, nachfragenden, kompensieren-
den, Verteilung organisierenden Staat[10] hat zunehmend mehr neoliberalen Perspektiven[11] über die Reetablierung der Freiheit des Marktes im allgemeinen, des
Arbeitsmarktes im besonderen Platz gemacht. Die neue Relation wird in den Schlagworten von „mehr Markt" und „weniger Staat", Eigenverantwortung und Eigen-
vorsorge statt kollektiv organisierter sozialer Sicherung gefaßt. Die Losung „Ange-
bots- statt Nachfrageorientierung" geht einher mit einer Abwertung und Infragestellung tradierter sozialstaatlicher Aufgaben. Der Zusammenbruch der ehemaligen sozialistischen Länder hat den Vormarsch des Neoliberalismus noch mehr gefördert. Die damit einhergehende Verschiebung der gesellschaftlichen Kräftever-
hältnisse wird an der Defensiv- bzw. Schwächeposition der Gewerkschaften evident.

2.

Ein zweiter zentraler Indikator der seit den achtziger Jahren konstatierbaren politischen Veränderungen ist die Einschränkung nationalstaatlicher Handlungs- und
Steuerungsspielräume: Dies hängt nicht nur mit den sinkenden Verteilungsressourcen
des Budgets – im Gefolge der vergleichsweise ungünstigen wirtschaftlichen und
Arbeitsmarktentwicklung, der Steuerpolitik und des wachsenden Schuldendienstes
– zusammen. Staatliche Politik ist zunehmend mehr mit Problemen konfrontiert,
die länderübergreifender Natur sind: Das sind beispielsweise Umwelt-, Arbeits-
markt-, Standortkonkurrenz- und Migrationsprobleme. Der externe ökonomische
Druck beeinträchtigt nationalstaatliche Maßnahmen, wie einprägsam an der Begrenzung der Steuerpolitik durch internationales Finanzkapital offenkundig wird.

Die Grenzen nationalstaatlicher Politik wurden durch die verstärkte Integrations-
politik auf EU-Ebene generell, durch den EU-Beitritt Österreichs 1995 näherhin
noch dynamisiert: Landwirtschaftspolitik, Wettbewerbspolitik usw. sind hochgra-

dig vergemeinschaftete Materien. Der Einfluß österreichischer Politik ist dabei auf den Rahmen der mitgliedstaatlichen Mitentscheidungsmöglichkeiten beschränkt.

3.

Einschneidende politische Veränderungen zeigen sich auch auf Ebene jener Kräftekonfigurationen, die das politische System der Zweiten Republik in den Nachkriegsjahrzehnten dominierten: das Duopol von SPÖ und ÖVP zum einen, die Sozialpartnerschaft zum anderen.

Das Parteiensystem unterliegt einem tiefgehenden generellen Wandel.[12] Dieser zeigt sich nicht nur daran, daß das traditionelle Zwei-Parteien-System eine Öffnung und Neuformierung erfahren hat. Diesbezügliche Indikatoren sind die Dekonzentration des Parteiensystems durch den Rückgang der lange Zeit stabilen Parteibindungen bzw. Parteiidentifikation. Der darauf basierende Bedeutungsgewinn der drei anderen Parlamentsparteien hat das Akteurespektrum für Regierungsbildungen verbreitert. Die traditionell enge Verflechtung[13] zwischen Großparteien und jeweils nahestehenden Verbänden zeigt deutlich Anzeichen einer Lockerung: auf inhaltlicher Ebene in Form der zunehmenden Divergenzen in umweltpolitischen, aber auch wirtschafts-, budget- und sozialpolitischen Fragen; auf institutioneller Ebene z.B. in Form der sinkenden Repräsentanz von Verbändevertretern und -vertreterinnen im Nationalrat und – nicht zuletzt – auf prozeduraler Ebene bei Entscheidungsprozessen. Mit dem Wandel des Parteiensystems sind gleichzeitig Veränderungen in den Einstellungen zu den gesellschaftlichen Trägern der Sozialpartnerschaft und zu institutionellen Besonderheiten der Interessenorganisierung konstatierbar.

Die Hochblütephase der Sozialpartnerschaft ist vorbei[14]: Die einst machtvollen Dachorganisationen sind beträchtlichem endogenen Druck ausgesetzt, die interne Interessenkonzertierung – eine zentrale Basis für zwischenverbandliche Interessenabstimmung – wird analog der Heterogenisierung der Arbeitsbedingungen bzw. analog den veränderten Wettbewerbsbedingungen für die Unternehmungen schwieriger; die zunehmende Parteienkonkurrenz erweist sich als Störfaktor für die traditionelle Verschränkung zwischen Parteien und nahestehenden Verbänden/Kammern; die Veränderungen der endogenen und exogenen Bedingungen für Interessenpolitik bringen „Sand ins Getriebe" sozialpartnerschaftlicher Politikabstimmung und -gestaltung.

Insgesamt: Dies sind allemal substantielle Veränderungen, aber – so meine ich – noch keine Brüche. ÖVP und SPÖ haben mehr Konkurrenten bekommen. Ihre Dominanzposition hat seit den achtziger Jahren eine Abschwächung erfahren, sie ist aber nach wie vor aufrecht. Gleiches kann zumindest bisher für die Sozialpartnerschaft gesagt werden. Die EU-Mitgliedschaft hat Entwicklungstrends zum Teil verschärft: Es gibt unstrittig einen Terrainverlust, aber kein Ende der Sozialpartnerschaft.[15] Diese Veränderungen grenzen die achtziger Jahre zwar von der vorausgehenden Entwicklung, nicht jedoch von den neunziger Jahren ab. In den letzten Jahren haben Veränderungen sogar noch eine Zuspitzung erfahren.

4.

Wie lassen sich diese Veränderungen inhaltlich verallgemeinern? Ein in der sozialwissenschaftlichen Literatur verbreitete Einschätzung lautet: Das die Entwicklung kapitalistischer Gesellschaften in den Nachkriegsjahrzehnten prägende, spezifische Akkumulationsregime und die diesem entsprechende Regulationsweise – gefaßt im Begriff „Fordismus"[16] – sind in eine Krise geraten: in den U.S.A. bereits in den sechziger Jahren, in westeuropäischen Ländern in den siebziger Jahren. Krisenerscheinungen und konstatierbare ökonomische, soziale und politische Veränderungen werden mit der Kategorie „Postfordismus" gefaßt. Das heißt, der auch in anderen Ländern stattfindende Veränderungsprozeß wird als Übergang interpretiert: als Übergang von einem auf Massenproduktion, Massenkonsum, Einkommenssicherung und sozialstaatliche Sicherung ausgerichteten Regime des „Fordismus" zu einem an flexibler Produktion und differenzierten Konsummustern orientierten Wachstumsmodell, dem die staatliche Unterstützung von Produktions-, Prozeß- und Marktinnovationen sowie eine Politik der Flexibilisierung der Arbeitskraft entsprechen. Dieser Übergang wird beispielsweise von Jessop[17] näherhin als Schumpeterianischer Leistungsstaat identifiziert.

Eine vergleichende Analyse[18] der Strategien beschäftigungspolitischer Steuerungen in den achtziger und neunziger Jahren in Österreich und Großbritannien hat verdeutlicht, daß es nicht unbeträchtliche Unterschiede hinsichtlich dieses Überganges gibt: Steuerte Großbritannien unter den Regierungen Thatcher und Major eindeutig einen Kurs in Richtung Postfordismus, so ist der Trend in Österreich nicht eindeutig – wenn auch der Abgang vom „Fordismus" durch die Budget-, Wirtschafts- und Sozialpolitik der letzten Jahre verstärkt wird.

Anmerkungen

1   Siehe dazu z.B. Lehner, Oskar: Österreichische Verfassungs- und Verwaltungsgeschichte. Linz 1992.
2   Siehe dazu z.B. Dachs, Herbert: Das Parteiensystem, in: Tálos, Emmerich u.a. (Hg.): Handbuch des politischen Systems Österreichs: Erste Republik. Wien 1995, S. 143–159; Tálos, Emmerich: Interessenvermittlung und partikularistische Interessenpolitik in der Ersten Republik, in: ders. u.a. (Hg.): Handbuch des politischen Systems Österreich: Erste Republik. Wien 1995, S. 371–394; Tálos, Emmerich/Manoschek, Walter: Politische Struktur des Austrofaschismus, in: Tálos, Emmerich/Neugebauer, Wolfgang (Hg.): Austrofaschismus. Bei-

träge über Politik, Ökonomie und Kultur 1934 bis 1938. Wien 1988, S. 75–119.

3   Siehe dazu die einschlägigen Beiträge im Handbuch des politischen System Österreichs: Zweite Republik, herausgegeben von Dachs, Herbert u.a., Wien 1997.

4   Smith, Gordon: A System Perspective on Party System Change, in: Journal of Theoretical Politics I (1989), S. 349–363.

5   Zu dem Themenkomplex Normalarbeitsverhältnis und geschlechterdifferenter Sozialstaat siehe z.B. Neyer, Gerda: Der Wohlfahrtsstaat im Spannungsfeld politischer und gesellschaftlicher Interessen?, in: Chaloupek, Günther/Roßmann, Bruno (Hg.): Die Zukunft des Wohlfahrtsstaates. Wien 1994, S. 45–54; Rosenberger, Sieglinde: Auswirkungen sozialpolitischer Maßnahmen auf die Gestaltung der Geschlechterverhältnisse, in: Frauenbericht 1995, herausgegeben vom Bundesministerium für Frauenangelegenheiten, Wien 1995, S. 387–397; Tálos, Emmerich/Falkner, Gerda: Politik und Lebensbedingungen von Frauen, in: Tálos, Emmerich (Hg.): Der geforderte Wohlfahrtsstaat. Wien 1992, S. 195–234; Mairhuber, Ingrid (redaktionelle Gestaltung): Eigenständige Alterssicherung von Frauen, Schriftenreihe der Frauenministerin, Band 14, Wien 1997.

6   Zu diesem Themenkomplex siehe Delsen, Lei: Atypical Employment: An International Perspective, Groningen 1995; Tálos, Emmerich u.a.: Atypische Beschäftigungsformen und politische Maßnahmen unter besonderer Berücksichtigung von Fraueninteressen, Forschungsprojekt des Frauenministeriums, Wien, Jänner 1998.

7   Siehe dazu z.B. Welsch, Johann/Schneider, Roland: Technik gestalten – Zukunft gewinnen. Köln 1995: Flecker, Jörg (Hg.): Jenseits der Sachzwanglogik, Berlin 1997.

8   Siehe dazu z.B. Kolm, Paul u.a.: Telearbeit von A bis Z. Wien 1996.

9   Siehe dazu z.B. Altvater, Elmar/Mahnkopf, Birgit: Grenzen der Globalisierung. Münster 1996; Seeleib-Kaiser, Martin: Der Wohlfahrtsstaat in der Globalisierungsfalle: Eine analytisch-konzeptionelle Annäherung, in: Standortrisiko Wohlfahrtsstaat? Jahrbuch für Europa-Nordamerika-Studien 1, Opladen 1997, S. 73–106. Krätke, Michael: Globalisierung und Standortkonkurrenz, in: Leviathan 2/1997, S. 202–232.

10   Siehe z.B. Scharpf, Fritz: Sozialdemokratische Krisenpolitik in Europa. Frankfurt 1987; Jessop, Bob: Der Wohlfahrtsstaat im Übergang vom Fordismus zum Postfordismus, in: Prokla 65/1986, S. 4–33.

11   Siehe dazu z.B. die Zusammenfassung dieser Positionen bei Tálos, Emmerich: Umbau des Wohlfahrtsstaates, in: ÖZP 22 (1993), S. 37–55.

12   Siehe dazu z.B. Müller, Wolfgang C.: Das Parteiensystem, in: Dachs, Herbert u.a. (Hg.): Handbuch des politischen Systems Österreichs: Zweite Republik. Wien 1997, S. 215–234.

13   Siehe dazu z.B. Karlhofer, Ferdinand/Tálos, Emmerich: Sozialpartnerschaft und EU. Wien 1996.

14   Siehe dazu die Beiträge bei Tálos, Emmerich (Hg.): Sozialpartnerschaft. Wien 1993.

15   Siehe dazu Karlhofer, Ferdinand/Tálos, Emmerich: Sozialpartnerschaft und EU. Wien 1996; Tálos, Emmerich/Falkner, Gerda (Hg.): EU-Mitglied Österreich. Wien 1996.

16   Siehe z.B. Jessop, Bob: Der Wohlfahrtsstaat im Übergang vom Fordismus zum Postfordismus, in: Prokla 67/1986, S. 4–33.

17   Jessop, Bob: Regulation und Politik, in: Demirovic, Alex u.a. (Hg.): Hegemonie und Staat. Münster 1992, S. 232–262.

18   Meyer, Kurt: Die Theorie der Regulation und ihr analytisches Potential zur Erklärung gegenwärtiger Veränderungstendenzen in Politik und Staat. Diplomarbeit. Wien 1994.

Günter Bischof

Zum internationalen Stand der Marshallplan-Forschung: Die Forschungsdesiderata für Österreich[1]

„... perhaps the most important foreign policy success of the postwar period"[2]

Im direkten Vergleich mit der internationalen Marhallplan-Forschung steckt die österreichische Marshallplan-Forschung in gewisser Weise noch in den Kinderschuhen. Wenn man bedenkt, wieviel der Marshallplan zum Modernisierungsschub der österreichischen Wirtschaft nach dem Krieg beigetragen hat und welchen Löwenanteil er am „take off" des Nachkriegswohlstandes hatte – der in alle Gruppen und Klassen der Österreicher durchsickerte –, so mag eine solche Feststellung doch ein wenig verwundern. In einem renommierten Handbuch zu Nachkriegsösterreich ist zwar im Kapitel „Innenpolitik" nachzulesen, daß die zinsgünstigen Investitionskredite des ERP-Fond das „österreichische Wirtschaftswunder" ausgelöst haben, das Kapitel „Wirtschaft" meint dann aber lediglich, die Investitionsquote habe sich zwischen 1946 und 1952 im Vergleich zur Vorkriegsperiode verdoppelt, ohne den Marshallplan überhaupt zu erwähnen.[3] Steckt hinter dem Verstecken des amerikanischen Beitrags zu Österreichs Rekonstruktion Methode oder Ignoranz? Oder wird in den traditionellen nabelbeschaulichen Perspektiven auch in der intellektuellen Klasse des Landes gerne vergessen, wie abhängig Österreichs Wirtschaft und wie „außenbestimmt" die gesamte Außenpolitik des Landes im Besatzungsjahrzehnt war?[4]

Am besten erforscht ist der Kalte-Kriegs-Kontext der amerikanischen Wirtschaftshilfen an Österreich in der unmittelbaren Nachkriegshungerperiode (1945-49), die Ursprünge und die institutionellen Rahmenbedingungen des Marshallplans[5] sowie die makroökonomischen Auswirkungen der aus dem *European Recovery Program* (ERP) in die österreichische Wirtschaft ausgeschütteten Mittel.[6] Wir wissen von Alan Milwards monumentalen Studien, daß von allen 16 Teilnehmerländern die kleinen Staaten Österreich und die Niederlande vom Marshallplan am meisten profitierten. Österreich bezog im ersten Marshallplanjahr 1948/49 mit 14

Prozent des nationalen Einkommens den höchsten Anteil an ERP-Hilfe (zum Vergleich: die Niederlande erhielten 10.8 Prozent, Schweden 0,3 Prozent).[7] Nach dem kleinen Island (209 Dollar pro Kopf) erhielten mit über 130 Dollar Norwegen und Österreich die höchsten Pro-Kopf-Anteile an Marshallplangeldern (im Vergleich dazu erhielt die Bundesrepublik Deutschland 19 Dollar pro Kopf).[8]

Es fehlt jedoch vor allem an mikroökonomischen Fallstudien, wie sie hier Kurt Tweraser unternimmt und wie sie im Falle von etwa Deutschland und Frankreich schon länger vorliegen.[9] Wie genau haben sich die Investitionen von *ERP-Counterparts* auf einzelne Sektoren der österreichischen Nachkriegswirtschaft (vor allem in der Industrie) und auf einzelne Betriebe ausgewirkt? Waren die ERP-Investitionen entscheidend für den Auf- und Ausbau von ganzen Sektoren in der österreichischen Wirtschaft und bei Einzelfirmen, oder haben sie nur den Wiederaufbauprozeß beschleunigt? Wir wissen, daß vor allem in den Jahren 1948-1951 ERP-Gelder einen entscheidenden Anteil der Investitionen zum Ausbau der Elektrizitätswirtschaft (44 %) und der gesamten staatlichen Industrie – also vor allem Stahl und Kohle – (gut 50 %) hatten. ERP-Mittel finanzierten gar 80 % des Investitionsaufwands für die Kapruner Kraftwerke. Gerade aber eine solch konzentrierte Elektrifizierung des Landes bedeutete Modernisierung. Die eisen- und stahlverarbeitende, aber auch die Textil-, Chemie- und vor allem die Papierindustrie bezogen bedeutende Anteile ihrer Investitionen aus dem ERP-Counterpartfonds. Andererseits hat Fritz Weber gezeigt, daß der CA-Industriekonzern immerhin die Hälfte seiner Mittel aus Eigenfinanzierung aufbrachte.[10]

Was fehlt, ist vor allem auch eine grundlegende Studie der Bedeutung der ERP-Gegenwertmittel im Investitionsvolumen der für Österreichs breiten Nachkriegswohlstand so wichtigen Tourismusindustrie, die ja nicht nur in der Marshallplanära von ERP-Mitteln profitierte, sondern bis zum heutigen Tage kräftig vom Topf billiger Kredite aus den angestauten Counterpartmitteln des ERP-Fonds im Bundeskanzleramt gelebt hat und die Kapazität an Hotelbetten und Aufstiegsmitteln in der Wintersportindustrie ausgebaut hat. Die meisten Dörfer bis in die hintersten Winkel Österreichs (inklusive des abgeschiedenen vorarlbergischen hinteren Bregenzerwaldes, wo ich aufwuchs) haben daran mitgenascht.

Aber auch die konkrete Auseinandersetzung und die Konfrontation zwischen österreichischen Zielen der wirtschaftlichen Rekonstruktion mit amerikanischen Zielvorgaben (vor allem etwa bei der Prioritätensetzung der Gegenwertmittel) steht noch am Anfang.[11] Zudem wissen wir noch sehr wenig über den subversiven Einsatz von ERP-Mitteln im Kampf gegen den Kommunismus in Österreich durch die CIA.[12] Auch die Auswirkungen des westlichen Handelsembargos (Stichwort COCOM) gegen den sowjetischen Einflußbereich auf Österreich sind noch nicht genügend erforscht.[13]

Diese eklatante Rückständigkeit der Marshallplan-Forschung in Österreich hängt einerseits mit der Quellenlage und den Archivöffnungspraxen zusammen, andererseits mit einer offensichtlichen Abneigung österreichischer Forscher, sich an der internationalen Marshallplan-Forschung zu orientieren, soferne sie eigenen ideologischen Grunddispositionen widerspricht. Die riesigen Bestände der amerikanischen ERP-Organisation sind zwar seit Jahren in Washington zugänglich, wurden aber von der österreichischen Forschung noch kaum oder nur zögerlich angezapft (RG 469 – vormals RG 286 – Records of the Agency of International Development, Records of the Economic Cooperation Administration). Die österreichischen Akten zur Administration der Marshallplan-Gelder im ERP-Büro des Bundeskanzleramtes sind von der Forschung noch nicht bearbeitet, da sie überhaupt erst seit 1997 vom Österreichischen Staatsarchiv zugänglich gemacht wurden.

Basierend auf dem kaum mehr überschaubaren Fundus von empirischen Daten und Akten zum Marshallplan und seinen ökonomischen Auswirkungen, sowie auf immer komplexer werdenden methodologischen Erklärungsmodellen, ist die Marshallplan-Forschung durch die üblichen Revisionszyklen (und Schuldzuweisungen) der historiographischen Weiterentwicklung im Rahmen der Forschung über den Kalten Krieg[14] gegangen.

1) *Traditionalismus:* In der Ära des Marshallplans selbst (1948-1952) sowie in Anlehnung an das traditionalistische Paradigma zur Geschichtsschreibung über den Kalten Krieg im Jahrzehnt nach dem Ausbruch des Ost-West-Konfliktes (bis ca. Mitte Sechziger) wurde das ERP vor allem als ein humanitär-idealistisches Programm der Amerikaner zum Aufbau des kriegszerstörten Europa gesehen, das vor allem in der Eindämmung des bodenständigen Kommunismus in den westeuropäischen Ländern Erfolg hatte.[15]

2) *Revisionismus:* Im Laufe des Vietnamkrieges (bis Mitte Siebziger) wurde der revisionistische Erklärungsansatz zum Kalten Krieg dominant, der den Marshallplan in Europa und das globale amerikanische Engagement in der Welt als die Strategie amerikanischer Kapitalinteressen interpretierte, Auslandsmärkte (Stichwort „open door") für amerikanische Überkapazitäten aufzubauen, um den nach dem Zweiten Weltkrieg vorausgesagten Rückfall in die Wirtschaftskrise zu verhindern. Gleich der schrillen kommunistischen Propaganda gegen das ERP wurde der Marshallplan in den Analysen der amerikanischen „Neuen Linken" demnach ein Hauptinstrument des amerikanischen Imperialismus.[16]

3) Seit der Öffnung der einschlägigen Akten in Washington und vielen der ERP-Empfangsländer im Laufe der siebziger und achtziger Jahre ist die Marshallplan-Forschung zunehmen komplexer, disparater und unüberschaubarer geworden, wie das immer der Fall ist, wenn die Kombination von umfassender Empirie und neuen methodologischen Innovationen zu interpretatorischen paradigmatischen

Revolutionen und Paradigmenwechseln führen. Ich möchte hier im folgenden nur vier Erklärungsmodelle (zwei makroökonomische, zwei geostrategische) kurz vorstellen, die die internationale Marshallplan-Forschung (ausgehend von angloamerikanischen Debatten) in den letzten Jahren bestimmt haben.

3/1) *Politics of Productivity:* Damit ist das von Charles Maier konzipierte und von Michael Hogan verfeinerte *korporatistische* Modell gemeint (ihr breites Spektrum der Erforschung der westeuropäischen *political economy* kombiniert wirtschaftsgeschichtliche und -theoretische Fragestellungen mit solchen an der Politik-, Diplomatie- und Strategiegeschichte orientierten). Demnach ging es im *European Recovery Program* vor allem um die in den USA im Ersten Weltkrieg entwickelte und im *New Deal*-Reformismus und -Aktivismus verfeinerte Zusammenarbeit von Regierung, *Big Business* und Gewerkschaften zur Überwindung des Klassengegensatzes und zur Erzeugung eines größeren volkswirtschaftlichen Gesamtkuchens. Größere wirtschaftliche Effizienz (Taylorismus), Produktivität (Fordismus) und kontinuierliches Wachstum waren das Ergebnis dieser reformerischen Anstrengungen zur Rettung des amerikanischen Kapitalismus. Der wirtschaftliche und militärische Erfolg im Zweiten Weltkrieg schien den Amerikanern rechtzugeben. So empfahl es sich als eine Sache der Logik, diese amerikanischen Erfolgsinstrumente (*"politics of productivity"*) ins kriegszerstörte Europa zu exportieren, als der alte Kontinent nicht mehr in der Lage schien, sich aus seiner wirtschaftlichen Notlage selbst zu befreien – für die Amerikaner zumindest nicht schnell genug, als ab 1947 mit dem ausbrechenden Kalten Krieg die Bedrohung Westeuropas durch den heimischen Kommunismus in den Mittelpunkt rückte, der von diesem wirtschaftlichen und sozialen Chaos zu profitieren hoffte. Die durch den Marshallplan generierte höhere Produktivität sollte vor allem der Arbeiterschaft zugute kommen, die von einem höheren Nationalprodukt vor allem mit besseren Löhnen profitieren sollte. Mehr Wohlstand und mehr Anteil an Konsumgütern durch die *"politics of productivity"* war Uncle Sams Antwort auf den Marxismus. Demnach war der Marshallplan nicht in erster Linie eine Antwort auf die kommunistische Bedrohung Europas (wie es die Traditionalisten sehen), sondern Teil der Suche der amerikanischen Eliten nach einer neuen Wirtschaftsordnung, und zwar sowohl zu Hause als auch in Übersee.[17]

Namhafte Wirtschaftshistoriker vom Range Barry Eichgreens haben die makroökonomische Bedeutung des Marshallplans auf der Grundlage ausgeklügelter ökonomischer Modellstudien entscheidend weiterentwickelt.[18]

3/2) *Europäische Integration:* In den letzten Jahren hat sich die Forschung vor allem der Wirtschaftshistoriker zunehmend auf die komplizierten *Integrationsmechanismen* des Marshallplans konzentriert. Hier geht es vor allem um die Auslotung der Bedeutung der *Organisation of European Economic Cooperation (OEEC)* und der Europäischen Zahlungsunion *(European Payments Union)* als Pilotprojekte der europäischen Integrationsbewegung.[19] Der Marshallplan – mit dem mehr oder weniger dezenten amerikanischen Druck „economies of scale" bzw. politische Föderationen zu schaffen – sollte der Anfang des andauernden Prozesses der europäischen Einigung sein. Dabei treten auch neue revisionistische Ansätze wie der Alan Milwards in den Mittelpunkt, nämlich ob der Marshallplan für den wirtschaftlichen Wiederaufbau Europas überhaupt notwendig war.[20] Eine jüngere Generation von Historikern wie Michael Gehler und Thomas Angerer hat die heimische Integrationsforschung kräftig vorangetrieben und sich an der internationalen Fragestellungen orientiert.[21]

3/3) *Empire by Invitation:* Die Frage, was für eine Art von Empire die Pax Americana denn war, spielt eine wichtige Rolle in der Einordnung des Marshallplanes in die amerikanischen Globalaspirationen und -strategien. Vor allem die „Großmeister" der Forschung über den Kalten Krieg, Gaddis, Maier und Lundestad, beschäftigen sich mit diesen wichtigen komparatistischen und universalhistorischen Fragen.[22] Dabei rollen Historiker amerikanischer Sicherheitspolitik im Kalten Krieg wie Melvyn Leffler auf der Grundlage einer viel breiteren Aktenbasis wichtige Fragen neu auf, wie etwa die nach den *strategischen* Zielen des Marshallplanes, die durch die zunehmende Orientierung auf wirtschaftliche Fragen eine Zeitlang in Vergessenheit geraten sind.[23]

In diesem Zusammenhang gehört Reinhold Wagnleitners wichtige Studie zur *Amerikanisierung* Österreichs und der Welt. Er sieht diese Entwicklung vor allem aus der Perspektive der aggressiven und von Washington unterstützten Verbreitung der amerikanischen Populärkultur und der amerikanischen Dominanz der internationalen Medien (etwa Film, Fernsehen und Nachrichtenagenturen). Der Marshallplan unterstützte mit seiner *Largesse* die Verbreitung des Traums Amerika: „Die Vereinigten Staaten von Amerika standen für Reichtum, Massenwohlstand, Freiheit, Modernität, Konsumkultur, friedliches Leben – auf den kognitiven Karten der ÖsterreicherInnen lagen die USA irgendwo zwischen dem Paradies und dem Schlaraffenland."[24]

3/4) *Teilung Europas:* Nach dem Fall des Kommunismus gehen endlich auch die Archive in Osteuropa auf. (Damit sind die Wiener Archive unter Zugzwang geraten, ebenfalls den „Eisernen Vorhang" zu öffnen, um ihre nicht zugänglichen Aktenberge zum Marshallplan – etwa des ERP-Büros im Bundeskanzleramt – der einschlägigen Forschung zugänglich zu machen.) Aus den russischen Archiven lernen wir vor allem faszinierende Details kennen über Stalins und Molotows ursprüngliche Konfusion über die Ziele des Marshallplans, die dann im Laufe der Pariser Konferenz Anfang Juli 1947 rasch in eine strikte Ablehnungsstrategie umschlugen und zu einer Art Selbstisolierung der Sowjetunion und Insulierung ihrer

Einflußzone gegen westlichen Einfluß führten, zur Bildung ihres Blocks und somit – gegen den Willen Stalins – zur *Teilung* Europas.[25] Vor allem diese Ergebnisse sollten für die österreichische Forschung von zentralem Interesse sein, ist doch Österreichs Partizipation am Pariser Prozeß der Startschuß zur österreichischen *Westorientierung*. Stalin faßte die Satelliten nicht mit Glacéhandschuhen an, als er ihnen die Nichtteilnahme aufzwang. Unter diesem Aspekt gewinnt die vor- und umsichtige Strategie des Ballhausplatzes (Grubers Diktum *„mit sanften Pfoten gehen"*) zunehmende Bedeutung.[26]

Alle diese innovativen methodologischen Ansätze sind inzwischen in der europäischen Marshallplan-Forschung in den meisten der 16 Teilnehmerstaaten in makro- und mikroökonomischen Fallstudien reichlich zur Anwendung gekommen und haben die Forschung bereichert.[27] Vor bereits sieben Jahren habe ich versucht, die bescheidene Anregung zu geben, die Anwendbarkeit dieser internationalen Fragestellungen und Paradigmata auch für die Marshallplan-Forschung in Österreich zu rezipieren – wie man aus den Forschungsergebnissen seither ablesen kann, mit relativ geringem Erfolg.[28]

Lediglich Kurt Tweraser hat in einem bahnbrechenden Aufsatz angedeutet, wieviel etwa von der Maier/Hoganschen Fragestellung der Produktivitätssteigerung ausgehend auch für die Fallstudie Österreich zu lernen wäre. Tweraser hat klar nachgewiesen – was inzwischen auch aus Fallstudien zu Frankreich, Italien und Großbritannien bekannt ist –, daß nämlich die amerikanischen Counterpartmittel nur eine „schwache Waffe" waren, um Druck auf die österreichische Wirtschaftspolitik anzuwenden, die amerikanischen Zielvorgaben zu verwirklichen. Im Kampf zwischen amerikanischem Modell und österreichischer Sozialpartnerschaft obsiegte die heimische Tradition mittels hausgemachten Modells des Austrokorporatismus. Man tanzte *nicht* nach einer ausländischen Pfeife.[29]

Die Interaktion zwischen amerikanischen Marshallplanern und österreichischen Beamten, Politikern und Wirtschaftsbossen war weit komplexer – die Österreicher hatten beträchtlichen Spielraum –, als es die einseitigen Vorstellungen von den amerikanischen „open door"-Imperialisten der heimischen 1968er Linken (in Anlehnung an Kolko) gerne hätten.[30]

Repräsentativ für solche ideologisch prädestinierten salonmarxistischen Sichtweisen ist die Arbeit *Westwärts* von Hannes Hofbauer, das Buch eines Wiener Wirtschaftshistorikers, das 1992 erschienen ist.[31] Da wird, in Anlehnung an Kolko, obskure in Ostberlin veröffentlichte Marshallplanliteratur, sowie mit einem Interview mit dem Kronzeugen Bruno Kreisky Marshallplan-Geschichtsschreibung in Anlehnung an den Revisionismus der sechziger Jahre gemacht, als ob es die in der internationalen Forschung dominierenden Paradigmata von Maier, Hogan und Milward nie gegeben hätte. Da ist die Rede von den Zielen der US-imperialistischen Weltherrschaft, von Österreichs quasi-kolonialer Abhängigkeit vom unbändigen US-Interventionismus, von europäischer Integration als Mittel zur Schaffung amerikanischer Märkte für US-Exportüberschüsse. Wie in der Interpretation des Sowjetökonomen Varga und der zeitgenössischen Moskauer Propaganda gegen den Marshallplan steht hier die These im Mittelpunkt, der Marshallplan sei zu Rettung des amerikanischen Kapitalismus aus der bevorstehenden Strukturkrise konzipiert worden.[32]

Hofbauer geht im Grunde implizit von einer Wallersteinschen/McCormickschen *„world systems"*-Analyse aus, ohne von solch hochinteressanten, innovativen Weiterentwicklungen marxistischer Interpretationsmodelle konzeptionell explizit Gebrauch zu machen.[33] Solche Arbeiten ermuntern den nüchternen Beobachter kaum in der Annahme, daß ideologisch motivierte Historiker lernfähig sind, selbst dann nicht, wenn sich die Empirie grundlegend ändert. Man fragt sich auch, was für Literatur in den zeitgeschichtlichen Seminaren gelehrt wird und vor allem warum, abgesehen von Fritz Weber, keine namhaften österreichischen Wirtschaftshistoriker sich bisher ernsthaft und systematisch mit empirischen Untersuchungen von mikro- und makroökonomischen Fallstudien der Auswirkungen des *European Recovery Program* auf Österreichs Wiederaufbau beschäftigt haben.[34]

Allan Janik hat in seiner jüngst veröffentlichten Robert-Kann-Lecture moniert, daß sich die österreichische Historikerzunft lieber auf herkömmlich-empirische monographische Studien verläßt und wenig Interesse daran zeigt, ihr hermeneutisches Erkenntnisinteresse mit innovativen und anspruchsvollen interpretativen Paradigmata zu bereichern, geschweige denn solche selbst zu entwickeln.[35] Was Janik für die Historiographie von *fin-de-siècle Vienna* konstatiert, trifft cum grano salis auch auf die österreichische Marshallplan-Forschung zu, die bisher wenig berührt von der internationalen Forschung aufs nächste fin de siecle zu marschiert.[36]

Anmerkungen

1   Ich bin Dr. Georg Rigele aus Wien für die Anregung und Organisierung dieser Sektion zum Marshallplan auf dem 3. Österreichischen Zeitgeschichtetag zu großem Dank verpflichtet. Er hat mich in New Orleans kontaktiert und meine Teilnahme angeregt. Es ist zu bedauern, daß er nicht als Chairman dieses Panels im Programm aufscheint. Bei der Österreichischen Forschungsgemeinschaft möchte ich mich ganz herzlich für einen Reisezuschuß bedanken.

2   Vgl. Die Ankündigung der „special commemorative section" The Marshall Plan and Its Legacy, in: Foreign Affairs 76 (1997), No. 3, S. 111.

3   Vgl. die Aufsätze von Ableitinger, Alfred: Die Innenpolitische Entwicklung, und von Tichy, Gunther: Wirtschaft und Wirtschaftspolitik, in: Mantl, Wolfgang (Hrsg.): Politik in Österreich, Wien-Köln-Graz 1992, S. 150, 708.

4 Eine beeindruckende Analyse zur „Außenbestimmung" der österreichischen Außenpolitik im Besatzungsjahrzehnt und eine konstruktive Kritik der „Bevormundungsthese" von Bischof/Leidenfrost trägt Thomas Angerer vor, vgl. Der 'bevormundete Vormund'. Die französische Besatzungsmacht in Österreich, in Ableitinger, Alfred/Beer, Siegfried/Staudinger Eduard G. (Hrsg.): Österreich unter alliierter Besatzung 1945-1955, Wien-Köln-Weimar 1998, S. 159-204. Es ist der große Verdienst Angerers, wie wenige Gelehrte seiner Generation, sein erkenntnisleitendes Interesse von der Rezeption der internationalen Literatur und Forschungsdiskussion bestimmen zu lassen.

5 Mähr, Wilfried: Der Marshallplan in Österreich, Graz-Wien-Köln 1989; Bischof, Günter: Between Responsibility and Rehabilitation: Austria in International Politics, 1940-1950, PhD Dissertation, Harvard University 1989, S. 447-525; vgl. auch die jüngst erschienen Aufsätze (bes. Kunz, Diane/Reynolds, David und Kindelberger, Charles P. zum 50. Marshallplanjubiläum in: Foreign Affairs 76 (1997), No. 3, S. 162-221; sowie die Essays von Bischof, Günter und Schröder, Hans-Jürgen in: Aus Politik und Zeitgeschichte, B 21-23 (Juni 1997). Sehr aufschlußreich zu den Ursprüngen des Marshallplans in Mitteleuropa – jedoch in Österreich noch kaum rezipiert – die analytischen und autobiographischen Schriften von einem der brillanten, jungen Vordenker des Marshallplans, dem Ökonomen und späteren nobelpreisverdächtigen MIT-Professor Kindelberger, Charles P.: Marshall Plan Days, Boston 1987; sowie ders.: The German Economy 1945-1947: Charles P. Kindelberger's Letters from the Field, Westport (CN)-London 1989 (mit einer historischen Einführung von Günter Bischof), darunter sind auch äußerst aufschlußreiche Briefe aus Wien – dramatische Augenzeugenberichte zur schwierigen wirtschaftlichen Lage Österreichs im Sommer 1946, ebenda, S. 72-94.

6 Nemschak, Franz: Zehn Jahre österreichische Wirtschaft, Wien 1955; Zehn Jahre ERP in Österreich 1948/1958, hrsg. v. der Österreichischen Staatsdruckerei, Wien 1958; Weber, Fritz: Österreichs Wirtschaft in der Rekonstruktionsphase nach 1945, in: Zeitgeschichte 14 (1987), No. 7, S. 267-98, und Bischof, Günter: Foreign Aid and Austria's Economic Recovery After World War II, in: Feld, Werner (Hrsg.): New Directions in Economic and Security Policy, Boulder-London 1985, S. 79-91 (mit weiteren Literaturangaben).

7 Milward, Alan S.: The Reconstruction of Western Europe 1945-51, Berkeley-Los Angeles 1984, S. 6f.

8 Bischof, Günter: Between Responsibility and Rehabilitation, S. 520f, zu Island, vgl. Sigurður Snaevarrs unveröffentlichten Beitrag bei der Tagung „The Fiftieth Anniversary of the Marshall Plan in Retrospect and Prospect", 15./16. Mai 1997, Den Haag.

9 Borchardt, Knut/Buchheim, Christoph: Marshall-Plan-Hilfe in industriellen Schlüsselsektoren: Eine 'mikroökonomische' Perspektive, in Maier, Charles S./Bischof, Günter (Hrsg.): Deutschland und der Marschallplan, Baden-Baden 1992, S. 403-40; und die Aufsätze zu den Schlüsselindustrien (Elektrizität, Automobil, Aluminium, Stahl Kohle, Chemie, Eisenbahn) im französischen „Monnet Plan", der die französische Industrie modernisierte, in: Comité pour l'Histoire Economique et Fianncière de la France (Hrsg.), Le Plan Marshall et le relèvement économique de l'Europe, Paris 1993, S. 247-358.

10 Zu den Investitionszahlen vgl. Weber, Fritz: Österreichs Wirtschaft in der Rekonstruktionsperiode, S. 283-89; zu Kaprun vgl. Rigele, Georg: Kaprun. Das Kraftwerk des österreichischen Wiederaufbaus, in: Kos, Wolfgang/Rigele, Georg (Hrsg.): Inventur 45/55. Österreich im ersten Jahrzehnt der Zweiten Republik, Wien 1996, S. 311-44.

11 Mähr, Wilfried: Der Marshallplan in Österreich: Tanz nach einer ausländischen Pfeife?, in: Bischof, Günter/Leidenfrost, Josef (Hrsg.): Die bevormundete Nation: Österreich und die Alliierten 1945-1949, Innsbruck 1988, S. 245-72. Die französischen und italienischen Auseinandersetzungen über die Vergabe und den Einsatz von Counterpart-Mitteln mit den jeweiligen ECA-Repräsentanten in ihren Ländern sind weit besser dokumentiert, vgl. Esposito, Chiarella: America's Feeble Weapon: Funding the Marshall Plan in France and Italy, 1948-1950, Westport (CN)-London 1994; Wall, Irwin M.: The United States and the Making of Postwar France, 1945-1954, New York 1991.

12 Pisani, Sallie: The CIA and the Marshall Plan, New York 1991; Bissell, Richard M. Jr.: Reflections of a Cold Warrior: From Yalta to the Bay of Pigs, New Haven-London 1996, S. 30-73.

13 Einen Anfang macht Einwitschläger, Arno: Amerikanische Wirtschaftspolitik in Österreich 1945-1959, Wien-Köln-Graz 1986, S. 76-94.

14 Die Marshallplan-Historiographie ist im größeren Kontext der Geschichtsschreibung zum Ausbruch des Kalten Krieges in Europa zu sehen, vgl. Combs, Jerald A.: American Diplomatic History: Two Countries of Changing Interpretations, Berkeley-Los Angeles-London 1986, S. 220-57, 322-46; Leffler, Melvyn P.: The Interpretive Wars over the Cold War, 1945-1946, in: Martel, Gordon (Hrsg.): American Foreign Relations Reconsidered, 1890-1993, London-New York 1993, S. 106-24; zur Marshallplan Historiographie spezifisch, vgl. Maier, Charles S.: Einleitung. „Es geht um die Zukunft Deutschlands und damit die Zukunft Europas", in: Maier, Charles S./Bischof, Günter (Hrsg.): Deutschland und der Marshall-Plan, S. 13-52.

15 Price, Harry B: The Marshall Plan and Its Meaning, Ithaca (NY) 1953; Mee, Charles L. Jr.: The Marshall Plan. The Launching of the Pax Americana, New York 1984; den Jubiläumsband von Donovan, Robert J: The Second Victory: The Marshall Plan and the Postwar Revival of Europe, New York 1987. Vgl. auch Halle, Louis J.: The Cold War as History, New York 1967.

16 Der Klassiker des „open door" Imperialismus ist Williams, William A.: The Tragedy of American Diplomacy, New York 1959, S. 258-75; die „Popularisierung" von Williams' Thesen erfolgte durch seine begabten Schüler, etwa LaFeber, Walter: America, Russia, and the Cold War 1945-1996, 8. Auflage New York 1997, S. 49-73; die österreichische „Neue Linke" rezipierte meist den marxistischen Ansatz von Kolko, Gabriel und Joyce: The Limits of Power: The World and US-Foreign Policy, 1945-54, New York 1972.

17 Vgl. den „Klassiker" von Maier, Charles S.: The Politics of Productivity: Foundations of American International Economic Policy after World War II, wiederabgedruckt in ders.: In Search of Stability: Explorations in Historical Political Economy, New York 1987, S. 121-52; Hogan, Michael J.: America, Britain, and the Reconstruction of Western Europe, 1947-1952, New York 1987; ders.: Europäische Integration und deutsche Reintegration: Die Marshallplaner und die Suche nach Wiederaufbau und Sicherheit in Westeuropa, in: Deutschland und der Marshallplan, S. 139-200; sowie seine Zusammenfassung des „Korporatismus"-Modells, ders.: Corporatism, in: Hogan, Michael J./Paterson, Thomas G. (Hrsg.): Explaining the History of American Foreign Relations, New York 1991, S. 226-36.

18 Eichengreen, Barry (Hrsg.): Europe's post-war recovery, Cambridge 1995; ders. und Uzan, Marc: The Marshall Plan: economic effects and implications for Eastern Europe and the former USSR, Economic Policy 14 (1992), S. 14-75.

19 Grundlegend und zusammenfassend zu den amerikanischen Zielsetzungen für die europäische Integrationsbewegung Conze, Eckart: Hegemonie durch Integration? Die amerikanische Europapolitik und ihre Herausforderung durch de Gaulle, in: Vierteljahreshefte für Zeitgeschichte (1995); No. 2, S. 297-340; zur Geschichte der OEEC jetzt Griffiths, Richard T. (Hrsg.): Explorations in OEEC History (in OECD Historical Series), Paris 1997; zu den „covert operations" zur Beeinflussung und Finanzierung der europäischen Integrationsbewegung durch die amerikanischen Geheimdienste vgl. Aldrich, Richard J.: OSS, CIA and European Unity: The American Committee on United Europe, 1948-60, in: Diplomacy & Statecraft 8 (1997), No. 1, S. 184-227.

20 Milward, Alan S.: The Reconstruction of Western Europe; ders.: Was the Marshall Plan Necessary?, in: Diplomatic History 13 (1989), No. 2, S. 231-53; Wexler, Immanuel: The Marshall Plan Revisited: The European Recovery Program in Economic Perspective, Westport (CN)-London 1983; Eichengreen, Barry (Hrsg.): Europe's Post-war Recovery, New York 1993.

21 Steininger, Rolf/Gehler, Michael (Hrsg.): Österreich und die europäische Integration (mit Angerer Aufsatz); Gehler, Michael: 17. Juli 1889: Der EG-Beitrittsantrag. Österreich und die europäische Integration 1945-1995, in Steininger, Rolf/Gehler, Michael (Hrsg.): Österreich im 20. Jahrhundert. Vom Zweiten Weltkrieg bis zur Gegenwart, Wien-Köln-Weimar 1997, S. 515-95 (mit gutem Literaturüberblick); Angerer, Thomas: L'Autriche précurseur ou 'Geisterfahrer' de l'Europe? Réflexions dans la perspective des années 1950, in: Revue de l'Allemagne et de pays de langue allemande 24 (1992), S. 553-61; sowie dieselben, in: Ardelt, Rudolf G./Gerbel, Christian (Hrsg.): Österreichischer Zeitgeschichtetag 1995, Innsbruck-Wien 1997, S. 123-41; jetzt auch Weber, Fritz: Austria: A Special Case in European Economic Integration, in: Griffith (Hrsg.): Explorations in OEEC History, S. 49-59.

22 Lundestad, Geir: Empire by Invitation? The United States and Western Europe, 1945-1952, in: Journal of Peace Research 23 (1986), S. 263-77; ders.: The American 'Empire' and Other Studies of US Foreign Policy in a Comparative Perspective, New York-Oslo 1990; Gaddis, John Lewis: We Now Know: Rethinking Cold War History, New York 1997, bes. S. 26-53; Maier, Charles S.: Alliance and Autonomy. European Identity and U.S. Foreign Policy Objectives in the Truman Years, in: Lacey, Michael J. (Hrsg.): The Truman Presidency, Cambridge-New York 1989. Zum Kulturexport des US Empires vgl. Wagnleitner, Reinhold: Coca-Colonisation und Kalter Krieg: Die Kulturmission der USA in Österreich nach dem Zweiten Weltkrieg, Wien 1991.

23 Leffler, Melvyn: The United States and the Strategic Dimension of the Marshall Plan, in: Diplomatic History 12 (1988), S. 277-306; ders.: A Preponderance of Power: National Security, the Truman Administration, and the Cold War, Stanford (CA) 1992, S. 182-219. Meine eigenen Forschungen haben versucht, den Lefflerschen strategischen Ansatz auf den österreichischen Kontext anzuwenden, vgl. Bischof, Günter: Österreich – ein 'geheimer' Verbündeter des Westens? Wirtschafts- und sicherheitspolitische Fragen der Integration aus der Sicht der USA, in: Gehler, Michael/Steininger, Rolf (Hrsg.): Österreich und die europäische Integration 1945-1993, Wien-Köln-Weimar 1993, S. 425-50.

24 Wagnleitner, Reinhold: Coca-Colonisation und Kalter Krieg: Die Kulturmission der USA in Österreich nach dem Zweiten Weltkrieg, Wien 1991, S. 331.

25 Mastny, Vojtech: The Cold War and Soviet Insecurity: The Stalin Years, New York-Oxford 1996, S. 26-29; Zubok, Vladislav/Pleshakov, Constantine: Inside the Kremlin's Cold War: From Stalin to Krushchev, Cambridge (MA)-London 1996; Parrish, Scott D./Narinski, Mikhail

M.: New Evidence on the Soviet Rejection of the Marshall Plan, 1947: Two Reports: in: Cold War International History Project Newsletter Working Paper No. 9, Washington (DC) 1994; vgl. auch Gori, Francesca/Pons, Silvio (Hrsg.): The Soviet Union and Europe in The Cold War, 1943-53, Houndmills 1996; Westad, Odd Arne/Holtsmark, Sven/Neumann, Iver B. (Hrsg.): The Soviet Union in Eastern Europe 1945-89, New York 1994.

26 Der junge deutsche Historiker Florian Weiss hat als erster Einsicht in die Akten der wirtschaftspolitischen Abteilung im Wiener Außenministerium und in die Akten des Bundesministeriums für Handel und Wiederaufbau genommen und mit seinen Arbeiten unser Verständnis der innerösterreichischen Strategien der Behandlung von Marshalls Angebot und gegenüber der ECA enorm bereichert. Auch er hatte keinen Zugang zu den zentralen Akten des Zentralbüros für ERP-Angelegenheiten des Bundeskanzleramtes. Vgl. Die schwierige Balance. Österreich und die Anfänge der westeuropäischen Integration 1947-1957, in: Vierteljahreshefte für Zeitgeschichte 42 (1994), No. 1, S. 71-94; ders.: 'Gesamtverhalten nicht in den Vordergrund stellen'. Die österreichische Bundesregierung und die westeuropäische Integration 1947-1957, in: Gehler, Michael/Steininger, Rolf (Hrsg.): Österreich und die europäische Integration, S. 21-54.

27 Die Forschung zu den großen ERP-Staaten rezipierte diese anglo-amerikanischen Ansätze meist schneller als die über die kleinen Staaten, vgl. den wichtigen französischen Sammelband Le Plan Marshall et le Relèvement Économique de l'Europe; Abelshauser, Werner: Wirtschaft in Westdeutschland 1945-1948. Rekonstruktion und Wachstumsbedingungen in der amerikanischen und britischen Zone, Stuttgart 1975; Hardach, Gerd: Der Marshall-Plan. Auslandshilfe und Wiederaufbau in Westdeutschland 1948-1952, München 1994; Schröder, Hans-Jürgen (Hrsg.): Marshallplan und Westdeutscher Wiederaufbau, Stuttgart 1990; Carew, Anthony: Labour under the Marshall Plan: The Politics of Productivity and the Marketing of Management Science, Detroit 1987.

28 Vgl. den Literaturbericht von Bischof, Günter: Der Marshallplan in Österreich, in: Zeitgeschichte 17 (1990), No. 11/12, S. 463-74.

29 Tweraser, Kurt: The Politics of Productivity and Corporatism: The Late Marshall Plan in Austria, 1950-54, in: Bischof, Günter/Pelinka, Anton (Hrsg.): Austria in the Nineteen Fifties (Contemporary Austrian Studies 3), New Brunswick (NJ)-London 1995, S. 91-115.

30 Federführend für die „Neue Linke"-Interpretation in der österreichischen Literatur waren Ardelt, Rudolf G. und Haas, Hanns: Die Westintegration Österreichs nach 1945, in: Österreichische Zeitschrift für Politikwissenschaft 4 (1975), S. 379-99; vgl. auch Zimmermann, Hannes: Wirtschaftsentwicklung in Österreich 1945-51 am Beispiel der Lohn-Preis-Abkommen und des Marshallplans, Phil. Diss, Universität Wien 1983.

31 Hofbauer, Hannes: Westwärts. Österreichs Wirtschaft im Wiederaufbau, Wien 1992.

32 Zu ähnlich dogmatischen Schlußfolgerungen kommt Sensenig, Gene R.: Österreichisch-amerikanische Gewerkschaftsbeziehungen 1945 bis 1950, Köln 1987; weniger dogmatisch, aber in dieselbe Richtung geht Einwitschläger, obwohl er auf soliderer empirischer Basis steht, vgl. Amerikanische Wirtschaftspolitik in Österreich 1945-1949.

33 McCormick, Thomas J. entstammt der „Wisconsin-Schule" von W. A. Williams und hat die Thesen der amerikanischen neuen Linken bedeutend verfeinert, vgl. America's Half-Century: United States Foreign Policy in the Cold War, Baltimore-London 1989; ders.: World Systems, in: Hogan/Paterson (Hrsg.): Explaining the History of American Foreign Relations, S. 89-98.

34 Vgl. etwa Weber, Fritz: Österreichs Wirtschaft in der Rekonstruktionsphase nach 1945, Zeitgeschichte 14 (1987), No. 7, S. 267-98, und seinen Aufsatz in Haberl, Otmar Nikola/ Niethammer, Lutz (Hrsg.): Der Marshall-Plan und die europäische Linke, Frankfurt/M. 1986.

35 Janik, Allan: Vienna 1900 Revisited: Paradigms and Problems, in: Austrian History Yearbook 28 (1997), S. 1-27.

36 Zur Belebung der Marshallplan-Forschung sollte beitragen Günther Bischof und Dieter Stiefel (Hrsg.), Der Marshallplan in Österreich, Wien 1998 (im Erscheinen).

Kurt Tweraser

Der Marshallplan und die verstaatlichte Industrie Österreichs

Fallbeispiel VÖEST

Nach einem verheißungsvollen Auftakt ist die Aufgabe, in ausgewogener wissenschaftlicher Weise in die Komplexität des Marshallplanes in Österreich einzudringen, in den Anfängen steckengeblieben.[1] Ohne Zweifel wurden durch den Marshallplan in den Jahren 1948 bis 1953 kritische Engpässe in der österreichischen Produktion und Finanzierung überwunden. Ohne ihn hätte der in den fünfziger und sechziger Jahren erfolgte Wirtschaftsaufschwung nur auf Grund einer politisch unakzeptablen Senkung des allgemeinen Lebensstandards erfolgen können. Heftig umstritten ist allerdings die ursprünglich im Marshallplan angelegte Notwendigkeit des Ausbaues der Grundstoffindustrien zu Lasten der Finalindustrien. Der Marshallplan verstärkte die bereits in der NS-Periode eingeleitete Orientierung auf die Grundstoffindustrien und damit das wirtschaftliche Gewicht Westösterreichs.[2] Ein weitere strukturelle Entwicklung war die Herausbildung von Großbetrieben, die, als „Deutsches Eigentum" verstaatlicht, zum Motor des Wiederaufbaues wurden.[3]

Um in den Kern der Engpaßproblematik vorzustoßen, bedarf es sektoraler Untersuchungen, wenn nicht gar der Analyse einzelner Großbetriebe. An Hand einer Mikroanalyse gewisser Aspekte des österreichischen Eisen- und Stahlsektors und der Vereinigten Österreichischen Eisen- und Stahlwerke (VÖEST) soll in thesenhafter Form und unter Reduktion der Literaturhinweise auf das Notwendigste versucht werden, die Bedeutung des Marshallplanes und des Eisen- und Stahlplanes für die erste Ausbaustufe der VÖEST darzulegen.[4] Dabei geht es darum, die Falle eines eindimensionalen Staatsbegriffes (Rational Actor Model) zu vermeiden und die Resultate amerikanischer wie österreichischer Willensbildung aus der Gegensätzlichkeit und/oder Parallelität von institutionalisierten Interessen zu erklären (Bureaucratic Politics Model).[5] Die Betonung liegt auf den Interaktionen von Besatzern und Besetzten, auf verdeckte oder offene Zusammenarbeit, auf resignierende Akzeptanz von Sachzwängen und auf der allmählichen Wiedergewinnung von Handlungsspielräumen. Der „Bargaining"-Prozeß zwischen Besatzern und Besetzten wird durch die Begriffe „Bevormundung", „wirtschaftspolitischer

Nachhilfeunterricht" oder „Tanz nach einer ausländischen Pfeife" nur unvollkommen repräsentiert. Auch die Beamten der Marshallplan-Organisation (ECA-Economic Cooperation Administration) in Wien, Paris und Washington konnten ihre idealen Vorstellungen nur partiell, wenn überhaupt, verwirklichen. Die politisch-ökonomische Kultur der österreichischen Eliten entsprach keineswegs dem amerikanischen Wertesystem, in dem Demokratie und freie Wirtschaft eine untrennbare Einheit bildeten. Instruktiv ist das folgende Sündenregister Österreichs, das der Diskrepanz kräftigen Ausdruck verleiht:

„As in most European countries, elements of socialization are omnipresent stretching from huge nationalized enterprises to government-provided housing, fixed prices, and governmental funeral services. Meanwhile, elements of corporativism are prevalent, with industrial, agricultural, labor and trade groups accorded formal representation in many of the processes of government. The vigorous champions of 'private enterprise', none too numerous, must provide support and comfort to the bigger partner in the coalition to provide strength against the more homogeneous Socialist Party which carries the vote of organized industrial labor. Again, as in most European countries, it is to be noted that free enterprise to its Austrian champions is a far different concept than the American version lauded by its Austrian supporters. The huge bureaucracy inherited from the Habsburgs empire adds little to efficiency and contributes greatly towards statism. In general, it is the case that private initiative is seriously hampered by the effects of socialism, 'corporativism' and statism."[6]

Amerikanische Ideale waren eines, die amerikanische Praxis ein anderes; in ihr setzte sich eine zweckrationale Haltung durch. Der Kampf gegen die wirtschaftliche Misere und gegen den Kommunismus erzwang die Anerkennung, ja sogar Sanktionierung von politischen und wirtschaftlichen Formen, die für die USA selbst undenkbar gewesen wären. Die Etablierung einer freien Marktwirtschaft nach amerikanischem Muster war keine Bedingung für amerikanische Hilfeleistungen. Die überragende politische Zielsetzung, nämlich die Erreichung politischer und wirtschaftlicher Stabilität, wofür die Kooperation konservativer und demokratisch-sozialistischer Kräfte essentiell war, begrenzte die amerikanischen wirtschaftsideologischen Desiderata.

1. Die Verstaatlichung des „Deutschen Eigentums"

Grundsätzlich waren die amerikanischen Behörden gegen die Verstaatlichung. Ähnlich wie beim Wirtschaftsbund der ÖVP überwogen auch bei den Amerikanern pragmatische und politische die wirtschaftsideologischen Motive. Privatkapital für die Ingangsetzung der Schlüsselindustrien war in Österreich nicht aufzubringen. Andererseits hegten Amerikaner wie Österreicher die Hoffnung, daß durch die Verstaatlichungen sowjetische Reparationsforderungen abgewehrt werden könnten. Im übrigen rationalisierten die Amerikaner die österreichischen Verstaatlichungen als Teil der gleichlaufenden europäischen Tendenz und machten gute Miene zum bösen Spiel, wenigstens solange die Verstaatlichung von einer Regierung betrieben wurde, die aus freien Wahlen hervorgegangen war und damit den politischen Willen einer Majorität ausdrückte.[7] Mit der treuhändigen Übergabe des „Deutschen Eigentums" an die österreichische Regierung eröffnete sich in den westlichen Besatzungszonen die Möglichkeit, den verstaatlichten Wirtschaftskomplex für einen energischen Wiederaufbau zu benützen und nach einem sich über zwei Jahre hinziehenden verwickelten Entscheidungsprozeß in Wien, Paris, und Washington durch den Einsatz von ERP-Mitteln eine gezielte Investitionspolitik zu betreiben. Die Übergabe zur treuhändigen Verwaltung bezweckte einerseits, die Moral der Österreicher zu heben, andererseits die benevolente Haltung der Amerikaner im Gegensatz zur Haltung der sowjetischen Besatzungsmacht zu demonstrieren. Allerdings bestanden die Amerikaner zunächst darauf, das den Alliierten auf Grund der Potsdamer Beschlüsse zustehende Eigentumsrecht zu wahren und sich damit kräftige Interventionsmöglichkeiten zu sichern.

2. Die VÖEST, ein großes Sorgenkind der Amerikaner

Die Periode 1945 bis 1950 sah sowohl auf österreichischer wie auf amerikanischer Seite heftige Diskussionen über das weitere Schicksal der zugleich über- und unterdimensionierten Anlagen der ehemaligen Hermann-Göring-Werke in Linz.[8] In diesen Auseinandersetzungen setzten sich auf beiden Seiten die Befürworter des Wiederaufbaues und der Einbindung der Werksanlagen in einen reorganisierten Eisen- und Stahlsektor durch, da der Wert der erhalten gebliebenen neuen Einrichtungen als weitaus höher eingeschätzt wurde als der notwendige Investitionsaufwand zur Abrundung der Produktion und zur Erzielung wirtschaftlicher Erzeugungsmöglichkeiten.[9]

Die große Frage war, ob neben den traditionsreichen steirischen Werken der Ausbau der Linzer Anlagen nicht die Gefahr der Überproduktion herbeiführe, eine Frage, deren Beantwortung unweigerlich österreichische regionale, politische und persönliche Interessen aktivierte. In den internen österreichischen Querelen setzten sich die oberösterreichischen Politiker (Landeshauptmann Heinrich Gleissner und Bürgermeister Ernst Koref) gegen die steirischen und Wiener Interessen durch.[10]

Unstimmigkeiten ergaben sich auch zwischen den für die VÖEST zuständigen amerikanischen Behörden. Die German Assets Branch war gemäß ihrer bürokratischen Mission hauptsächlich daran interessiert, die Substanz der Werke für etwaige Reparationsansprüche zu bewahren, nicht aber an einem Ausbau der Anlagen. Im Gegensatz dazu sah die Industry Division ihre Mission in der Förderung der langfristigen wirtschaftlichen Gesundung Österreichs. Ihre Beamten wandten sich gegen die Annahme, daß die VÖEST nach Befriedigung etwaiger Reparationsansprüche als monströses „War Baby" zu schleifen sei, und vertraten eine rationale Modifizierung der Werksanlagen (Reduzierung der überdimensionierten Hochofenkapazität, Expansion der Weiterverarbeitungskapazitäten). Reagierend auf die konstanten Managementkrisen forderte eine ungeduldige German Assets Branch noch im Sommer 1948, die Leitung der Linzer Werke der Alpine Montan zu übertragen, da diese allein über die dafür nötige Expertise und Integrität verfüge.[11] Kühlere Köpfe wiesen darauf hin, daß die vorgeschlagenen Maßnahmen unerwünschte Auswirkungen auf die politische und soziale Stabilität in Österreich haben würden.

3. Der Eisen- und Stahlplan

Im Sommer 1948 lief der Marshallplan an, dessen Ziel die Rehabilitierung der österreichischen Wirtschaft auf Grund von umfangreichen und nicht immer realistischen, von den österreichischen Behörden zu liefernden Rahmenplanungen war. Auf dem Gebiet der Schwerindustrie konnte das Bundesministerium für Vermögenssicherung und Wirtschaftsplanung (Krauland-Ministerium) nach eineinhalbjährigen Verhandlungen mit den relevanten regionalen Interessen mit einem Eisen- und Stahlplan aufwarten, der im Juli 1948 von der Bundesregierung offiziell angenommen wurde.[12] Der Plan sah die maximale Ausnützung der bestehenden Produktionsanlagen, die Abrundung der Produktion durch neue Anlagen und die Abstimmung der Produktionsprogramme von Linz und Donawitz vor. Hauptgedanke der Planer war die Konzentration der Kommerzblecherzeugung in Linz und der Kommerzprofilerzeugung in Donawitz.

An diesem Eisen- und Stahlplan wurde von einer Interessenkoalition außerhalb der Bundesregierung scharfe Kritik geübt. Der Koalition gehörten namhafte Vertreter der Bundeswirtschaftskammer (Julius Raab, Reinhard Kamitz), der Arbeiterkammer (Stefan Wirlander) und der Universität Graz (Wilhelm Taucher) an. Wortgewaltiges Sprachrohr der kritisierenden Gruppe war Franz Nemschak, Leiter des österreichischen Wirtschaftsforschungsinstituts. In einem 47seitigen Papier nahm er zur Frage der optimalen Konstitution der österreichischen Wirtschaft Stellung.[13] Hauptanklagepunkte waren die folgenden: a) Den Planungen des Krauland-Ministeriums – ironischerweise ein von der ÖVP kontrolliertes Ministerium – liege eine für die technische Denkweise typische autarkische Tendenz zugrunde. Das Programm sei von der Idee einer in sich ausgeglichenen Großraumwirtschaft inspiriert, wobei die Konzeption eines weitgehend autarken wirtschaftlichen Makrokosmos auf den Mikrokosmos der österreichischen Volkswirtschaft projiziert werde. b) Diese Konzeption widerspräche den Interessen Österreichs, einem klassischen Land arbeitsintensiver Qualitätserzeugung. Die Überlegenheit der österreichischen Wirtschaft liege nicht in der Urproduktion und im Grundstoffsektor, sondern in der vielgestaltigen Finalindustrie. Konsequenterweise forderte die Nemschak-Gruppe eine nochmalige Überarbeitung der Planungsdokumente, diesmal aber nicht von der umfangreichen Bürokratie des Ministeriums, sondern von einem kleinen Stab fähiger Leute, die enge Kontakte mit den Vertretern der Unternehmer und der Arbeiter pflege.

In diesem Streit, der sich hauptsächlich gegen die VÖEST richtete, nahm die ECA-Mission in Wien eine vermittelnde Stellung ein, indem sie einerseits die Investitionen in der Grundstoffindustrie weiterhin befürwortete, andererseits aber auch eine Erhöhung der Planziffern für die Finalindustrien vertrat.[14] Aber anstatt die ERP-Mittel von den Grundstoffindustrien auf die Finalindustrien umzulenken, wie es die Nemschak-Gruppe vorschlug, zog es die ECA-Mission vor, die Gesamtsumme der Industrieinvestitionen zu erhöhen. Allerdings bedurfte es vieler Mühen der ECA-Behörden in Wien, die durch das Nemschak-Papier hervorgerufenen Bedenken amerikanischer Stellen in Paris und Washington zu zerstreuen, denn jeder Kompromiß mit der österreichischen Regierung mußte zugleich auf einem Kompromiß innerhalb der amerikanischen Regierung beruhen. In alternierenden Sequenzen von Druck und Überzeugungsarbeit in der Form fortlaufender Überprüfungen und häufiger Modifizierungen waren die amerikanischen und österreichischen Behörden in ein „Bargaining"-System eingebunden. In schöner Eintracht, sich gegenseitig in ihrer Argumentation stärkend, entwickelten die ECA-Mission in Wien, der Hochkommissar General Geoffrey Keyes, das Krauland-Ministerium, das Bundeskanzleramt und die VÖEST selbst positive Stellungnahmen zum Ausbau des Eisen- und Stahlsektors.

Besondere Bedeutung kam in diesem Zusammenhang dem sogenannten Brewster Report zu. Im Juni 1949 wurde William E. Brewster, ein weltweit anerkannter amerikanischer Hüttenfachmann, von General Keyes und dem Leiter der ECA-Mission in Wien beauftragt, eine kritische Untersuchung des gesamten Eisen- und Stahlsektors in Österreich vorzunehmen und insbesondere die Zweckmäßigkeit der für die VÖEST geplanten Ausbauprojekte zu bewerten. Nach beinahe fünfmonatigen Recherchen kam Brewster zu höchst positiven Ergebnissen.[15]

Für die VÖEST bedeutete dies die Errichtung einer Brammenstraße (1951 in Betrieb genommen), einer Breitbandstraße (5. Jänner 1953) und eines Kaltwalzwerkes (10. November 1953) – allerdings erst, nachdem inneramerikanische Schwierigkeiten zwischen dem State Department und den Militärs, die eine Verzögerung in der Auslieferung der bereits bewilligten Walzeinrichtungen verursachten, überwunden waren. Diese Investitionen wurden etwa zur Hälfte aus ERP-Mitteln abgedeckt, die weiteren Ausbaustufen der VÖEST wurden großteils durch Eigenmittel finanziert.

Schlußbetrachtung

Die strategischen Interessen der Amerikaner dominierten ihre wirtschaftspolitischen. Die von Marshallplangütern und Gegenwertmitteln getragenen Investitionen in den Grundstoffindustrien schufen einen starken öffentlichen Wirtschaftssektor, der sich bis in die achtziger Jahre günstig auf die Machtposition der Organisationen der Arbeiterschaft auswirkte. Die amerikanische Entscheidung, den Torso des „Deutschen Eigentums" der österreichischen Regierung zu treuen Händen zu übergeben und dann die verstaatlichten Industrien mit den modernsten Maschinen auszustatten, hatte offensichtlich nicht die Förderung des Sozialismus, sondern die Eindämmung sowjetischer Expansionsmöglichkeiten zum Ziel. Das starke strategische Engagement der Amerikaner in Österreich war zugleich ihre Schwäche, die es den Österreichern erlaubte, die Stärke der Schwachen auszuspielen. Versuche der amerikanischen Behörden, politisch-ökonomische Verhaltensweisen der Eliten, die tief in der österreichischen Geschichte vor 1938 bzw. 1934 wurzelten, zu ändern, waren kurz- und mittelfristig erfolglos.

Während die positiven Konsequenzen der Grundstofflastigkeit der Marshallplaninvestitionen demonstriert werden können, wie etwa dynamisches Wirtschaftswachstum und Realsubventionierung der nachgelagerten Wirtschaftssektoren, ist eine Beweisführung für die langfristigen negativen Konsequenzen, wie etwa latente Strukturprobleme und die schwierige Einpassung der schwerindustriellen Großbetriebe in die mehrheitlich klein- und mittelbetriebliche Struktur der österreichischen Wirtschaft, wohl nur auf Grund einer „counterfactual" Geschichte möglich, – was wäre geschehen, hätte der Marshallplan bereits in seinen Anfängen Investitionen in die Finalindustrie gelenkt. Aussagen einer Geschichte, die nicht stattgefunden hat, sind aber weder verifizierbar noch falsifizierbar.[16] Selbst auf die Gefahr eines Abgleitens in einen historischen Positivismus soll betont werden, daß sich die langfristig angelegten Strukturüberlegungen (Österreich, das klassische Land ar-

beitsintensiver Qualitätserzeugung) gegen den damals gegebenen wiederaufbau-
bedingten und internationalen Nachfrageboom im Eisen- und Stahlsektor nicht
durchsetzen konnten.[17] Das wirtschaftspolitische Motto „Go Heavy Metal, Austria" war für die Wiederaufbauperiode überzeugend. Aber jede erfolgreiche Politik schafft neue Probleme. Darauf nicht genügend rasch oder nur mit abwegigen
Mitteln reagiert zu haben, ist ein Vorwurf, der sich kaum gegen die amerikanischen und österreichischen Marshallplaner richten kann, sondern gegen jene Indu-
striemanager und Wirtschaftspolitiker, die nach 1960 bzw. 1975 die Zeichen der
Zeit nicht korrekt lasen und weiterhin massive Investitionen in den Grundstoffsektor lenkten.[18]

Anmerkungen

1   Mähr, Wilfried: Der Marshallplan in Österreich. Graz-Wien-Köln 1989; Bischof, Günter:
    Der Marshallplan und Österreich, in: Zeitgeschichte 17 (1989/90), S. 463-474; ders.: Der
    Marshallplan in Europa 1947-1952, in: Aus Politik und Zeitgeschichte B 22.23/97 (1997),
    S.3-16
2   Koren, Stefan: Die Industrialisierung Österreichs – Vom Protektionismus zur Integration,
    in: Weber, Wilhelm (Hg.): Österreichs Wirtschaftsstruktur – gestern – heute – morgen.
    Berlin 1961, S. 322 ff.
3   Butschek, Felix: Die österreichische Wirtschaft. Stuttgart 1985, S. 65 ff; Weber, Fritz: Die
    wirtschaftliche Entwicklung, in: Dachs, Herbert et al.: Handbuch des politischen Systems
    Österreichs (Hg.): Wien 1992, S. 30 ff.
4   Der vorliegende Beitrag beruht auf einem umfassenderen Forschungsprojekt des Verfassers
    über die amerikanische Wirtschaftspolitik in Oberösterreich 1945-1955. Die Arbeit stützt
    sich auf Material in den National Archives, College Park, Md, insbesondere Record Group
    260, United States Forces Austria (USFA), U. S. Allied Commission, Austria (USACA),
    German External Assets Branch, Property Control Branch, Economics Division and Record
    Group 469, Records of U.S. Foreign Assistant Agencies (1948-61, Mission to Austria, Ad-
    ministrative Division, Economic Program and Planning Division, Office of Labor Advisor,
    Productivity and Technical Division, Industry Division). Weiters werden Bestände aus dem
    Archiv der Republik, dem Oberösterreichischen Landesarchiv, dem Stadtarchiv Linz und
    dem Archiv des Geschichte-Klubs VÖEST verwendet.
5   Eine vorbildliche, auf dem Bureaucratic Politics Model beruhende Arbeit ist Günter Bi-
    schofs Dissertation: Between Responsibility and Rehabilitation: Austria in International
    Politics, 1940-1950. Harvard, Mass. 1989.
6   National Archives, RG 469, Productivity and Technical Division, Box 8, Mission Analysis
    and Recommendations on the Austrian Government's Proposed 1951 Counterpart Pro-
    gram, July 20, 1951.
7   Langer, Edmond: Die Verstaatlichungen in Österreich. Wien 1966; Weber, Wilhelm (Hg.):
    Die Verstaatlichung in Österreich. Berlin 1964; März, Eduard/Weber, Fritz: Verstaatlungen

und Sozialisierung nach dem Ersten und Zweiten Weltkrieg – Eine vergleichende Studie, in: Wirtschaft und Gesellschaft, 4. Jg., No. 2/78, S. 115-141; Weber, Fritz: 1946-1986. 40 Jahre Verstaatlichte Industrie, in: ÖIAG Journal 2/86, S. 3-24.

8 Fiereder, Helmut: Reichswerke „Hermann-Göring" in Österreich (1938-1945). Wien-Salzburg 1983; ders.: Der Weg zu LD und Breitband. Die Hütte Linz im Kontext der österreichischen Eisen- und Stahlplanung nach dem Zweiten Weltkrieg, in: Historisches Jahrbuch der Stadt Linz 1991. Linz 1992, S. 261-313.

9 Grünwald, Oskar/Krämer, Herbert: Die verstaatlichte österreichische Metallindustrie. Frankfurt a. M. 1966, S. 35.

10 Oberösterreichisches Landesarchiv, Präsidialakten 1945-46, Z 5314; Stadtarchiv Linz, Akten des Bürgermeisters Dr. Ernst Koref, Schuber 187 und 344, VÖEST.

11 National Archives, RG 260 German Assets Branch, Box 178, Folder 2-170/2, Staff Study of the United Austrian Iron and Steel Works, 6 July 1948.

12 Hollerer, Siegfried: Verstaatlichung und Wirtschaftsplanung in Österreich (1946-1949). Wien 1974.

13 National Archives, RG 260 Economics Division, Box 7, F Analysis Nemschak, Zur österreichischen Wirtschaftsplanung, 10 January 1949.

14 National Archives, RG 260 Economics Division, Box 7, F An Analysis of Dr. Nemschak's Comments on Austrian Long Term Program, 27 April 1949.

15 National Archives, RG 469 Administrative Division, Box 36, Folder Industry Project Linz, Report on United Austrian Iron and Stell Works by William E. Brewster, Steel Consultant to the U.S. High Commissioner, USACA, November 1949.

16 Borchardt, Knut/Buchheim, Christoph: Die Wirkung der Marshall-Hilfe in Schlüsselbranchen der deutschen Wirtschaft, in: Schröder, Hans-Jürgen (Hg.): Marshallplan und westdeutscher Wiederaufstieg. Stuttgart 1990, S. 119-149.

17 Dirninger, Christian (Hg.): Wirtschaftspolitik zwischen Konsens und Konflikt. Wien-Köln-Weimar 1995, S. 39-40.

18 Weber, Fritz: Go Heavy Metal, Austria. Bemerkungen zur Rolle der verstaatlichten Industrie im Wiederaufbau, in: Kos, Wolfgang/Rigele, Georg (Hg.): Inventur 45/55. Österreich im ersten Jahrzehnt der Zweiten Republik. Wien 1996, S. 298-310.

Allgemein zu obigem Beitrag auch

Tweraser, Kurt: Marshallplan, Sozialpartnerschaft und Produktivität in Österreich, in: Albrich, Thomas et al. (Hg.): Österreich in den Fünfzigern. Innsbrucker Forschungen zur Zeitgeschichte, B. 11, Innsbruck-Wien 1995, S. 211-236.

Ders.: US-Militärregierung Oberösterreich. Sicherheitspolitische Aspekte der amerikanischen Besatzung in Oberösterreich-Süd 1945-1950. Linz 1995.

Gerhard Donhauser

Geschichtsschreibung zwischen „Wissenschaft" und „Kunst" – Thesen zum „Umschreiben der Geschichte"*

Problemstellung

„... der Geschichtsschreiber und der Dichter", so meint Aristoteles, „unterscheiden sich nicht dadurch voneinander, daß sich der eine in Versen und der andere in Prosa mitteilt... sie unterscheiden sich vielmehr dadurch, daß der eine das wirklich Geschehene mitteilt, der andere, was geschehen könnte."[1]

Dieses Erklärungsmodell, dem bekanntlich sowohl unter Historikern als auch unter Literaturwissenschaftern nachhaltiger Erfolg beschieden war[2], setzt die Existenz einer erkenntnisunabhängigen „Wirklichkeit" voraus, die – und das erscheint als kritikwürdiger Punkt – auch so, wie sie „ist", erkannt und zum Gegenstand „wahrer" Aussagen gemacht werden könnte.

Gerade solche Voraussetzungen sehen sich heute allerdings in verstärktem Maße kritischen Einwendungen gegenüber, die grundsätzlich von den „Begrenztheiten" menschlicher Erkenntnisfähigkeit (etwa schon durch Vorannahmen aller Art und insbesondere durch sprachliche Konfigurationen) ausgehen und zugleich epistemologische wie ethische Problemstrukturen universaler Geltungsansprüche konkreter Ausformungen „neuzeitlichen" Wissenschaftsverständnisses in ihre Überlegungen einbeziehen.

Am Ausgang des 20. Jahrhunderts wissen wir eben nicht, „was die Welt im Innersten zusammenhält"[3], und die Möglichkeit einer epistemologischen Bezugnahme auf „letzte Gewißheiten" als „Dreh- und Angelpunkte" möglicher Erkenntnis[4] erscheint zumindest als hochgradig fragwürdig[5]. Auch mit „naiven Realismen" der Art, daß es letzte, „empirisch" faßbare Bezugspunkte möglichen Erkennens gäbe, die es bloß noch sprachlich „abzubilden" gälte, dürfte angesichts kritischer Einwendungen hinsichtlich mangelnder „Statik" des Verhältnisses von „Beobachter" und „Beobachtetem" wie erheblicher Eigendynamik unserer „Erkenntnismittel" (insbesondere „des" Denkens und „der" Sprache) nur noch relativ wenig auszurichten sein.[6]

Der daraus resultierenden „Skepsis" korrespondiert nicht zuletzt auch die Idee einer Vielzahl „möglicher Wirklichkeiten". „Daß mehr als eine Welt sei, war eine Formel, die seit Fontenelle die Aufklärung erregte...daß wir in mehr als einer Welt leben, ist die Formel für Entdeckungen, die die philosophische Erregung dieses Jahrhunderts ausmachen", meinte diesbezüglich Hans Blumenberg[7].

Probleme spezifisch historischer Erkenntnis

Allgemeines

Im Rahmen von Geschichtsforschung und -theorie erscheinen Fragen der skizzierten Art als durchaus bekannt, wenngleich ihnen auch die Proponenten der diversen „mainstreams" nicht unbedingt die gebührende Aufmerksamkeit gewidmet haben mögen. So findet sich die Perspektivität historischer Forschung bereits bei Johann Martin Chladenius oder Jacob Burckhardt[8] explizit angesprochen.

Weil „jedes bildliche oder schriftliche Zeugnis...situationsgebunden (bleibt), und die Überschußinformation, die es enthalten kann, (nie hinreicht), jene geschichtliche Wirklichkeit zu erfassen, die sich quer durch alle Zeugnisse der Vergangenheit hindurchzieht, benötigen wir", so Reinhart Koselleck, „eine Theorie, und zwar eine Theorie möglicher Geschichte.

Implizit ist sie in allen Werken der Historiographie enthalten, nur kommt es darauf an, sie zu explizieren. Denn es gibt eine Fülle von Aussagen über die ganze Geschichte oder einzelne Geschichten, die sich von den Quellen her gar nicht oder nur in einem zweiten Durchgang der Forschung beantworten lassen."[9]

Doch der „konstruktive" Gehalt jeder, auch noch so „positivistisch" sich gerierenden historiographischen Unternehmung reicht viel tiefer. Nicht nur „bringt" jeder Historiker „seine Kategorien mit und sieht durch sie das Vorhandene"[10], er legt durch seine Vorannahmen (wie reflektiert sie immer sein mögen) bereits das für seine Darstellung relevant erscheinende „Vorhandene" fest. Denn ein „Überrest", welchen wir auffinden, wird zweifellos erst „durch unsere Fragen in eine Quelle verwandelt", und eine „Geschichte" ist solchermaßen stets „mehr... oder weniger, jedenfalls etwas anderes als der Überrest selber. Eine Geschichte ist nie identisch mit der Quelle, die von dieser Geschichte zeugt."[11]

Interpretation

Dies freilich bedeutet, sich den Primat des konstruktiven Moments jeder Form historischer Forschung von dem vorhandenen Material in seiner „Gegebenheit" bewußt zu machen. Den zeitgenössischen Geschichts- und Historiographietheoretikern Hayden White und Dominick La Capra ist insofern in ihrer Kritik an einer verbreiteten historischen <u>Praxis</u> beizupflichten, die meint, bloß bestimmte „Archivalien" quellenkritisch „aufarbeiten" zu müssen, auf daß diese für sich selber sprechen mögen[12].

Ansätze der kritisierten Art bringen zudem regelmäßig eine Bevorrangung bestimmter „Überreste" „dokumentarischen" Charakters mit sich (sog. „intentionale Quellen"[13])[14], die ebenfalls als reduktionistisch bezeichnet werden kann[15].

Geht man nun davon aus, daß „das sogenannte Gegebene von der Interpretation nicht ablösbar" ist[16], erscheint eine Verlagerung des Blicks vom „Überrest" als (vermeintlichem) „Fluchtpunkt" historischer Forschung zu einer Fokussierung des – wie auch immer konkret definierten – <u>Umgehens</u> mit demselben als durchaus folgerichtig.

In diesem Zusammenhang meint etwa der niederländische Geschichtstheoretiker und Ideenhistoriker Frank Ankersmit, daß es für „postmoderne" Historiographie signifikant sei, „Quellen" weniger als Trägerinnen von Informationen über jenseits ihrer selbst angesiedelte „Wirklichkeiten" zu betrachten, sondern sie eher als „Texte" anzusehen und Wert auf die Frage zu legen, „was ein Historiker hier und jetzt (mit ihnen) machen kann oder nicht"[17].

In ähnlicher Weise hatte der französische Historiker, Theologe und Psychoanalytiker Michel de Certeau (1925 – 1986) bereits Mitte der siebziger Jahre prognostiziert, daß sich der Schwerpunkt historischer Forschung zunehmend auf eine Arbeit mit Modellen verlagern und von einer durch „Jagd auf Dokumente" charakterisierten Vorgehensweise abrücken werde[18].

Ankersmits Ansatz[19] verweist jedenfalls darauf, daß Geschichtsforschung und -schreibung immer etwas ist, das in einem „Hier und Jetzt" der Historikerin/des Historikers stattfindet, weshalb sie auch stets sehr viele Informationen bezüglich der jeweiligen „Gegenwart" impliziert. Nicht zuletzt läßt sie Rückschlüsse auf Bedingungen und Vorgaben innerhalb einer „scientific community" zu, die doch eine „Grenze" bezeichnen, jenseits derer angesiedelte Argumentationsmodi nicht mehr den jeweils als „wissenschaftlich" geltenden Diskursen zugerechnet zu werden pflegen. Freilich scheint eindimensionales Denken auch hier deplaciert, da „Regeln" (eines „Sprachspiels", als welches wir „Wissenschaft" in jeder Form fassen könnten) durch die Teilnehmer (am „Spiel") *veränderbar* sind und daher auch in diesem Zusammenhang primär auf Wechselbeziehungen zu achten wäre[20].

In unserem Kontext wichtig erscheint auch Ankersmits Betonung des „Text-charakters" von „Quellen". Dies bedeutet, dieselben eben nicht als mehr oder minder klare „Fenster" zu einer fremden „Wirklichkeit", sondern eher als viel-schichtige „Bespiegelungen" einer solchen zu betrachten, die vielleicht auf eine Art „Spur" verweisen[21]. Ob uns diese „Spur" zu einem Anderen ihrer selbst führt (Ginzburg) oder ob wir darin den Ausdruck einer sich jeweils entziehenden bzw. niemals vollständig einholbaren „Präsenz" sehen müssen (Derrida)[22], kann an die-ser Stelle freilich nicht näher erörtert werden. Es sei mir allerdings erlaubt, der Vermutung Ausdruck zu geben, daß wahrscheinlich im Umfeld gerade solcher Fragestellungen besonders signifikante Ansatzpunkte künftiger erkenntnis- und geschichtstheoretischer Konfliktformationen anzutreffen sind.

Versuche der Konkretion

Freilich läßt sich von den angesprochenen Ausgangsüberlegungen her eine Viel-zahl möglicher Wege konkreter Gestaltung historischer Analysen beschreiten, womit auch unterschiedliche Modi (meta-)theoretischer Selbsteinschätzung der jeweili-gen Zugänge durch deren Proponenten/Proponentinnen einhergehen werden.

Es wäre wichtig, adäquat mit dieser Vielfalt umzugehen und nicht zu versu-chen, Gegensätze grundsätzlich auf irgendeine unifizierende „Lösung" hinzubiegen. Umgekehrt scheint aber auch die Behauptung zulässig, daß sich im Umfeld der angedeuteten Ansätze durchaus gemeinsame Motive auffinden lassen.

Unter Anknüpfung an die Eingangsproblematik läßt sich wohl durchaus be-haupten, daß im Rahmen rezenter geschichtstheoretischer Diskussion vermutlich kaum noch „korrespondenztheoretische" Ansätze Relevanz beanspruchen. „Rea-lität", so viel scheint „festzustehen", „ist nicht einfach Gegebenheit, sie ist vor allem Resultat."[23] Kontroversiell diskutiert ist freilich, ob man sich auf etwas wie die Konstruktion eines „effet de réel" – wie er etwa über die „Belegfunktion" von „Quellen" hergestellt wird – einigen müsse, oder ob der wesentliche Impuls und letzte Bezugspunkt historischer Forschung (welchen Inhalts diese Faktoren auch immer sein mögen) selbst als nicht weiter hintergehbarer „poetischer" Akt zu deuten ist[24].

„Übergänge" zwischen gegensätzlichen Positionen lassen sich vielleicht auch in der Anknüpfung an den Begriff der „Narration" finden. So greift etwa Carlo Ginzburg über ein weitgehend an semiotischen Konzepten orientiertes („konjek-turales") Modell, das über „abduktiv" ermittelte Hypothesen auf die Gewinnung einer sinnvollerweise vertretbaren Interpretation zielt und doch primär den rekonstruktiven Charakter von Geschichtsforschung betont, auf „narrative" Formen der Darstellung zurück[25].

Auch gegenläufige Auffassungen, die den „Text"- und weniger den „Verweis-"charakter von „Quellenmaterial" betonen, sprechen der „Narration" zentrale Bedeutung für die historische Darstellung zu. Differenzierende Modelle verweisen hier auf die Bedeutung von „Quellen" als „Ereignisse mit eigenem Recht", die zu einer Betrachtung derselben als Trägerinnen (formal wie inhaltlich) über sie hinausweisender Informationen in „diskursive" Beziehungen gesetzt werden sollen, um auf diese Weise etwas wie „dialogisches Verstehen" zu erreichen.[26]

Meiner Auffassung nach läßt sich vor allem dem Philosophen Paul Ricoeur zustimmen, demzufolge „menschliches Handeln so geartet (ist), daß es, um sich selbst zu begreifen, nach der Erzählung verlangt, die seine grundlegenden Artikulationen rekonstruiert"[27]. Zugleich wird aber auch die Bedeutung argumentativer Verfahren auf die Grundlage von etwas wie Wahrscheinlichkeitslogik zu betonen sein.[28] Dies entspräche zweifellos auch einer etwas einlässigeren Anknüpfung an die von White oder La Capra immer wieder betonte Fruchtbarkeit „rhetorischer" Modelle zur Gewinnung einer neuen Dimension historischer Reflexion. Im übrigen könnten „narrative Zusammenhänge" als „Relevanzzusammenhänge" betrachtet werden, die, indem sie „Bedeutung" zu generieren imstande sind, auch über Bezugnahmen auf „temporale Abfolgen" hinauszuweisen geeignet scheinen.[29]

So ließe sich vielleicht eine gewandelte Begrifflichkeit von „Wissenschaft" oder „Kunst" finden, die nicht in Modifikationen herkömmlicher Dichotomien enden müßte. Vielmehr scheinen Neudefinitionen von „Wissenschaft" möglich, die weniger ausschlössen als bisher und die Fragen nach den eigenen Voraussetzungen wieder ernster nähmen.

Anmerkungen

★ Zur Terminologie vgl. Raulff, Ulrich (Hg.): Vom Umschreiben der Geschichte. Neue historische Perspektiven, Berlin 1986.

1 Aristoteles: Poetik (9) 1451b. Gr.- dt., übers. u. hg. v. Fuhrmann, Manfred. Bibliographisch ergänzte Ausgabe Stuttgart 1994, S.29.

2 Die Motivik klingt etwa noch in der zeitgenössischen Kritik an Hayden White an; vgl. Lützeler, Paul Michael: Fiktion in der Geschichte – Geschichte in der Fiktion. In: Borchmeyer, Dieter (Hg.): Poetik und Geschichte. Tübingen 1989, S.13.

3 Vgl. Goethe, Johann Wolfgang v.: Faust. Der Tragödie erster Teil. In: ders.: Werke in zwei Bänden, Bd. 2, hg.v. Gerhard Stenzel, Wien 1951, S.658.

4 Vgl. etwa Descartes, René: Meditationes de prima philosophia in quibus dei existentia et animae humanae a corpore distinctio demonstratur. Med. I, 8f., 12f.

5   Vgl. auch Toulmin, Stephen: Kosmopolis. Die unerkannten Aufgaben der Moderne. Frankfurt a.m. 1991, insbes. S 279ff.

6   Vgl. auch Donhauser, Gerhard: Geschichtsschreibung zwischen „Wissenschaft" und „Kunst". „Postmoderne", semiotische und konstruktivistische Zugänge unter besonderer Berücksichtigung der Theorien Carlo Ginzburgs und Michel de Certeaus. Geisteswiss. Dipl.-Arb. Wien 1996, S. 105-111,153-159.

7   Blumenberg, Hans: Wirklichkeiten, in denen wir leben. Aufsätze und eine Rede. Stuttgart 1981; Nachdruck Stuttgart 1996, S. 3.

8   Vgl. Donhauser, Geschichtsschreibung, S. 6, 34 (mit weiteren Nachweisen).

9   Vgl. Koselleck, Reinhart: Standortbindung und Zeitlichkeit. Ein Beitrag zur historiographischen Erschließung der geschichtlichen Welt. In: ders.: Vergangene Zukunft. Zur Semantik geschichtlicher Zeiten. Frankfurt a. M. 1979; stw 757, 3. Aufl. Frankfurt a. M. 1995, S. 205.

10 Vgl. Hegel, Georg Wilhelm: Vorlesungen über die Philosophie der Geschichte, hg.v. Eva Moldenhauer u. Karl Markus Michel (=G.W.F. Hegel, Werke in 20 Bänden, Bd. 12). Frankfurt a. M. 1970; stw 612, 3. Aufl. Frankfurt a. M. 1992, S. 23.

11 Vgl. Koselleck, Standortbindung, S. 204.

12 Vgl. La Capra, Dominick: Geschichte und Kritik, Frankfurt a.m. 1987, S. 14, 16; White, Hayden: Auch Klio dichtet oder Die Fiktion des Faktischen. Stuttgart 1986; ND Stuttgart 1991, S. 143f.

13 Vgl. allg. Bayer, Erich (Hg.): Wörterbuch zur Geschichte. Begriffe und Fachausdrücke, Stuttgart 1960, S. 403f.

14 Vgl. La Capra, Dominick: Rhetorik und Geschichte. In: ders.: Geschichte und Kritik, Frankfurt a.m. 1987, S. 14.

15 Vgl. auch Donhauser, Geschichtsschreibung, S. 194, 207 (mit weiteren Nachweisen).

16 Vgl. Gadamer, Hans Georg: Text und Interpretation. In: Forget, Philippe (Hg.): Text und Interpretation. Dt.-franz. Debatte. München 1984, S. 33.

17 Vgl. Ankersmit, Frank R.: Historiography and Postmodernism. In: History and Theory 28/1989, S. 146

18 Vgl. de Certeau, Michel: L'opération historiographique. In: ders., L'écriture de l'histoire. Paris 1975, S. 91.

19 Vgl. dazu auch Donhauser: Geschichtsschreibung, S. 185.

20 Vgl. auch Eco, Umberto: Semiotik und Philosophie der Sprache. München 1985, S.275.

21 Vgl. auch Ricoeur, Paul: Geschichte und Rhetorik. In: Nagl-Docekal, Herta (Hg.): Der Sinn des Historischen. Geschichtsphilosophische Debatten. Frankfurt a.m. 1996, S.124. Zum Gedanken der „Spur" und ihrer möglichen Relevanz schon für Geschichts- wie Ästhetiktheorie Walter Benjamins vgl. jüngst Haunschmied, Helga: Photographie und Geschichte. Der Beitrag der Geschichtstheorie zu einer Diskursanalyse der Photographie. Dispositive einer Analogie als Zugang zu Geschichte und Photographie. Geisteswiss. Dipl.-Arb. Wien 1996, S. 61ff.

22 Vgl. auch Donhauser, Geschichtsschreibung, 171ff., 212ff. (mit weiteren Nachweisen).

23 Vgl. Eco, Umberto: Lector in fabula. Die Mitarbeit der Interpretation in erzählenden Texten. München/Wien 1987; dtv 4531, 2. Aufl. München 1994, S. 51.

24 Vgl. näherhin Donhauser, Geschichtsschreibung, S. 210f.

25 Vgl. ebda., S. 91ff., 212-220.

26 Vgl. La Capra, Rhetorik und Geschichte, S.30.

27 Vgl. Ricoeur, Geschichte und Rhetorik, S.122.

28 Vgl. ebda., S.108.

29 Vgl. Stierle, Karlheinz: Erfahrung und narrative Form. Bemerkungen zu ihrem Zusammenhang in Fiktion und Historiographie. In: Kocka, Jürgen/Nipperdey, Thomas (Hg.): Therorie
und Erzählung in der Geschichte (=Theorie der Geschichte. Beiträge zur Historik, Bd. 3),
München 1983, S. 96; vgl. auch Ricoeur, Paul: Zeit und Erzählung, Bd. 1: Zeit und historische Erzählung, München 1988, S. 71.

Andre Gingrich

Ethnologie im postkolonialen Zeitalter

Über Kooperationsfelder mit der Zeitgeschichte, deren Potentiale und die zunehmende Unmöglichkeit, diese zu ignorieren[1]

Vor 15 oder vielleicht noch vor fünf Jahren wäre es wohl noch als eine exotische Kuriosität erschienen, wenn ein Ethnologe damals auf einer Tagung der Zeitgeschichte aufgetaucht wäre. Gelegentlich mag das zwar heute immer noch so sein, aber einer besonderen Begründung bedarf es wohl kaum mehr: Zum einen gibt es jetzt mehr und wichtigere theoretische und konzeptive Ansätze als früher, welche beide Disziplinen gleichermaßen interessieren. Teils sind dies Anleihen bei der jeweils anderen Disziplin, teils bei Dritten. Ein Beispiel dafür wären die Nationalismus-Studien der achtziger Jahre, in denen die Arbeiten von Zeithistorikern wie Benedict Anderson[2] und von Ethnologen wie Ernest Gellner[3] in beiden Disziplinen ähnlich bedeutsam sind.

Eine zweite Ursache für die selbstverständlicher gewordene Interaktion zwischen Zeitgeschichte und Ethnologie liegt weniger in wissenschaftsinternen Faktoren begründet als vielmehr in den sich verändernden kulturellen und zeitgeschichtlichen Rahmenbedingungen der Gegenwart selbst.

Ein neuer Realismus für alte Desiderata

Diese neuen Rahmenbedingungen erlauben es der Ethnologie längst nicht mehr, afrikanische oder asiatische Lokalgesellschaften etwa so zu untersuchen, als handle es sich um weitgehend isolierte, kohärente und stabile Einheiten, die sich kaum verändern würden, und die mit dem Rest der Welt kaum verbunden wären. Gleichzeitig erlauben es diese neuen Rahmenbedingungen der Zeitgeschichte ebensowenig, euroamerikanische Gegenwart etwa derart zu untersuchen, als gäbe es darin keine alten und neuen (religiösen, sozialen oder ethnischen) Minderheiten, oder als wäre die Zeitgeschichte Euroamerikas noch irgendwie losgelöst vom Rest der Welt abhandelbar.

Parallel zu den wichtigen Veränderungen innerhalb der zeitgeschichtlichen Diskurse hat sich aus derartigen Gründen auch die Ethnologie seit den siebziger Jahren umgestaltet[4]. Dies erfolgte zum Teil als Konsequenz aus der Kritik an ihrer früheren, partiellen Komplizenschaft mit Kolonialsystem und Mission. Zum Teil vollzog sich diese Umgestaltung aber auch unter dem Eindruck der neuen post-kolonialen Ära und der einsetzenden Globalisierung.

Bewährte Kernbereiche der ethnologischen Aktivitäten wurden im Zug dieser Umgestaltung in reformierter Form beibehalten. Methodisch stehen neu über-dachte, lange ethnographische Feldforschungsaufenthalte bei solider Kompetenz in einheimischen Sprachen weiterhin im Zentrum unseres disziplinären Inventars, und ebenso die neu überdachten Formen von systematischem Kulturvergleich.[5] Daß es uns gelungen ist, einen guten Teil dieser und verwandter methodischer Verfahren – von der oral history bis zur Ethnomethodologie – auch in andere Bereiche der Kultur- und Sozialwissenschaften hinein zu exportieren, dies hat wohl entscheidend mit beigetragen zum weltweit anhaltenden Aufschwung der Sozial- und Kulturanthropologie bzw. der Ethnologie als deren deutschsprachiger Varian-te.[6]

Damit werden einige alte Desiderata heute leichter einlösbar, bei deren Verfol-gung sich die Ethnologie früher – teils bis in die siebziger Jahre hinein – von manchen Nachbardisziplinen allzu sehr ignoriert vorkam. Unsere ethnologische Vorgängergeneration stieß auf Desinteresse oder bloß auf milde Neugier an Exoti-schem; meine Generation an Ethnologinnen und Ethnologen hingegen stößt auf professionelles Interesse an interdisziplinärem Dialog. Einige dieser alten ethnolo-gischen Desiderata, die heute leichter einlösbar geworden sind, umfassen zum Bei-spiel dies: Rechtliche oder politische Lokalsysteme in Afrika, Asien, in Ozeanien oder im zirkumpolaren Raum sind nicht von exakt-identischer Beschaffenheit wie jene (in sich gleichfalls heterogenen) des euroamerikanischen Raumes. Die Fami-lien- und Verwandtschaftsformen Südostasiens, der arabischen Halbinsel oder des Kaukasus differieren sehr weitgehend von jenen, die der euroamerikanische Sonder-weg als vorherrschende Formen hervorgebracht hat. Jene Liebes- und Lebensver-hältnisse, die gleich- und verschiedengeschlechtliche Beziehungen prägen, kennen weltweit nicht nur große Gemeinsamkeiten, sondern auch tiefgreifende Unter-schiede. Ob die vorherrschenden gesellschaftlichen Werte einem sekulären, einem monotheistischen oder einem polytheistischen Weltbild entstammen, kann radikal differierende Auswirkungen auf die Organisation von Staat und Gemeinwesen haben. Usw., usf.

So wichtig und interessant die kontinuierliche Einlösung dieser alten Desiderata auch ist, so handelt dieses Panel doch von „neuen" theoretischen Herausforderun-gen für die Zeitgeschichte. Aus ethnologischer Sicht ist es jedoch eher eine alte und keine neue theoretische Herausforderung an die Nachbardisziplinen, wenn bereits seit langem artikulierte Desiderata endlich praktisch wirksam werden können: wenn unsere alte Hoffnung und (manchmal verzweifelte) Erwartung nunmehr realistischer wird, daß Nachbardisziplinen nicht mehr ins Vokabular des 18. und 19. Jh. zurückverfallen, sobald von Angehörigen anderer Kulturen die Rede ist. Daß also heute nicht mehr von undefinierten, „archaischen Familientraditionen," von diffusen „traditionellen moralischen Geboten" oder von unhinterfragten „uralten Wertvorstellungen" die Rede ist, sobald in einer Studie Menschen aus Sri Lanka, Uganda, Guatemala oder Albanien erwähnt werden.

Eine „unhistorische" Kultur gibt es weder da noch dort; die Ethnologie wird gerade die Zeitgeschichte in Hinkunft immer weniger daran erinnern müssen. Die interdisziplinäre Erwartung ist realistischer geworden, daß nicht mehr von allen möglichen und unmöglichen Traditionen und Archaismen geraunt, sondern daß stattdessen die ethnologisch-anthropologische Fachliteratur studiert wird. Wie gesagt, dieses alte Desiderat ist keine neue theoretische Herausforderung, sondern überall dort elementare und selbstverständliche Notwendigkeit, wo Soziologie, Sprachwissenschaften oder eben auch Geschichte und Zeitgeschichte sich mit anderen als den euroamerikanischen Mehrheitsgesellschaften befassen. Dies aber ist im postkolonialen Zeitalter zunehmender Globalisierung immer häufiger der Fall. Daher konzentriere ich mich im folgenden darauf, einige jener Ansätze zu diskutieren, welche die Ethnologie in den letzten eineinhalb Jahrzehnten hervorgebracht hat. Sie beziehen sich eben auf den postkolonialen Zeitrahmen der letzten 25 bis 50 Jahre. Ich meine, daß es derartige konzeptive und theoretische Ansätze sind, welche die Felder interdisziplinärer Kooperation mit der Zeitgeschichte am besten abstecken. Diese neueren Ansätze befassen sich mit den widersprüchlichen, prozessualen Wechselverhältnissen zwischen

1. zunehmender Globalisierung und ihren Auswirkungen,
2. den Formen und Inhalten transnationaler Prozesse (was mit Globalisierung zusammenhängt, aber damit nicht identisch ist) und
3. den veränderten, unter Druck geratenen und gerade deshalb oft neu aktivierten oder imaginierten Bedeutungen von lokalen Identitäten.

Ich möchte zu jedem dieser drei Akzente, die selbstverständlich miteinander verbunden sind, beispielhaft auf rezente und wesentliche theoretische Ansätze aus Kultur- und Sozialanthropologie (Ethnologie) eingehen.

Ethnologische Perspektiven auf die Globalisierung

Neben in Skandinavien wirkenden Autoren wie U. Hannerz[7] oder J. Friedman[8] ist es vor allem der in Chicago tätige indische Ethnologe A. Appadurai, der sich in seinen Publikationen den Verlaufsformen und Auswirkungen gegenwärtiger Globalisierungsprozesse widmet.[9] Dabei konzentriert er sich auf die kulturelle Dynamik von sogenannter „Deterritorialisierung". Dies bezeichnet den sich auflösenden Zusammenhang zwischen Menschen, Reichtum und Territorium. Deterritorialisierung betrifft nicht bloß so offensichtliche Beispiele wie die Finanzmärkte und transnationale Unternehmen, sondern ebensosehr die neuen Medien, die Politik, die Verbreitung von Verbrechensorganisationen, von pseudoreligiösen Sekten, aber auch den Ferntourismus, die weltweiten Flüchtlingsströme oder die Arbeitsmigration. Unter den neuen Bedingungen zunehmender Deterritorialisierung verändern sich auch, wie Appadurai nachweist, die Kulturlandschaften zu neuen, globalen „ethnoscapes". Beispielsweise gibt es heute keinen Kontinent auf der Welt, wo nicht Gruppen von Menschen leben, die einer Variante des Hinduismus folgen und Hindi sprechen. Gleiches ließe sich über den Islam und das Arabische oder über das Chinesische sagen. Auch wenn die Mehrheit der InderInnen weiterhin in Südasien, der ChinesInnen in Ostasien und der muslimischen AraberInnen in Westasien und Nordafrika lebt, so hat sich die Ausgangssituation dennoch grundlegend geändert. Die globalen ethnoscapes bedeuten nämlich vor allem zweierlei: Erstens gibt es dadurch kaum eine lokale community, die nicht entweder eigene Angehörige anderswo oder wenigstens indirekte persönliche Verbindungen in weit entfernte Teile der Welt hat, die diese Verbindungen nutzt und davon beeinflußt wird. Zweitens sind diese lokalen, nach außen vernetzten communities in ihren jeweils vorherrschenden Weltbildern mitgeprägt durch die neuen Medien. Dabei haben Fernsehen, Video, Tonband und Radio in weiten Teilen der nichteuroamerikanischen Welt normalerweise noch lange vor dem Alphabetismus und den Printmedien Einzug in die örtlichen communities gehalten.

Die zunehmende soziale und mediale Globalisierung lokaler Lebenswelten also ist es, was Appadurai mit dem Konzept der ethnoscapes theoretisch zu fassen versucht. Eine ihrer zentralen Auswirkungen sieht er in der zunehmenden Spannung zwischen schlechten persönlichen Ist-Zuständen und immer schriller werdenden, medial suggerierten Kann-Zuständen. Die Macht von riesigen, imaginären Lebensmöglichkeiten überschattet und bedrängt aus dieser Sicht die schwierigen Lebenspfade, was explosive Kontraste ergibt. Die Rolle des Staates als Untersuchungs- und Forschungsthema hat sich dabei nicht unbedingt abgeschwächt, aber doch deutlich verändert: Im Mittelpunkt gegenwartsbezogener Analysen können weder die voneinander noch relativ isolierten vorindustriellen Agrarstaaten stehen, noch die klar abgesteckten Territorien kolonialer und nationaler Staatskonstellationen. Vielmehr handelt es sich heute um solche postkolonialen Staatsgebilde, die selbst zum Spielball der Globalisierungsprozesse und ihrer lokalen und transnationalen Reaktionen geworden sind.

Aus derartigen Analysen ergeben sich zwei wichtige methodische Schlußfolgerungen. Lokale Kulturen können heutzutage längst nicht mehr nur an einem Ort – etwa im Sinne von C. Geertz[10] – analysiert und verstanden werden. Darüber hinaus verlangt ihre Untersuchung a priori die Miteinbeziehung der genannten globalen Wechselbeziehungen, zusätzlich zu jenen anderen globalen Konstellationen, auf die E. Wolf schon in den achtziger Jahren nachdrücklich hingewiesen hat.[11] Daraus aber ergibt sich methodisch zweitens, daß die ethnologische Feldforschung nicht mehr allein an einem Ort durchgeführt werden kann. Beispielsweise hat die deutsche Ethnologin H. Armbruster assyrische communities in Dörfern und in einem Kloster der Südosttürkei, in Istanbul und Wien, in London, der schwäbischen Provinz und Berlin zu untersuchen gehabt, um ethnoscapes von orientalischen ChristInnen semitischer Sprache in Europa und Asien zu explorieren.[12] Keine der neuen Minderheiten in Industrieländern wie Österreich kann folglich seriös untersucht werden, ohne diese internationalen Bezüge zu deren eigenen ethnoscapes zu berücksichtigen.

Transnationale Flows

Allerdings verweist das assyrische Beispiel zugleich auf einen wichtigen Unterschied. Die Existenz von ethnoscapes schlechthin ist ein globales Phänomen. Ob bestimmte ethnoscapes aber ebenfalls globale oder bloß transnationale Verbreitung haben, bedarf jeweils der konkreten Untersuchung. Eine wachsende Gruppe von EthnologInnen hat auf die zunehmende Bedeutung der breiten Zwischenbereiche des „Weder-Noch" hingewiesen, welche sich der vielstrapazierten Dialektik von Lokalem und Globalem entziehen. Diese Zwischenbereiche sind weder lokal noch global, sondern transnational. In politisch-ökonomischer Hinsicht ist die EU-Integration ein offensichtlicher Bestandteil derartiger transnationaler, aber selbst nicht globaler Prozesse. Im Unterschied zu den meisten anderen transnationalen Entwicklungen vollzieht sich die EU-Integration jedoch nicht primär über die Herausbildung neuer Sprachmärkte: Auf die kommunikative und sprachliche Seite dieser neuen transnationalen flows hat Pierre Bourdieu 1994 auf der Jahrestagung der American Anthropological Association in Atlanta (GA) hingewiesen. Ihm zufolge entwickelt sich die postkoloniale Weltgesellschaft in gewisser Hinsicht auf eine neue hierarchische Kastengesellschaft zu, wenn man sie nach diesem Kriterium der mächtigen, sprachlichen Kommunikations- und Wissensmärkte betrachte.

Aus dieser Sicht wäre Englisch die nahezu globale lingua franca, die mehr oder minder gut von allen neuen Oberschichten und intellektuellen Spezialisten praktiziert wird, ansonsten aber bloß von knapp einem Drittel der Weltbevölkerung. Nach dem Englischen rangierten an der Spitze dieser kastenartigen Hierarchie einige andere postkoloniale Sprachen, allerdings mit bloß transnationaler Ausdehnung – vor allem das Spanische und das Französische. Im unteren Drittel dieser (eher nach oben als nach unten hin durchlässigen) sprachlichen Weltkastengesellschaft rangieren zuoberst die zahlenmäßig stark vertretenen und wirtschaftlich attraktiven Sprachgruppen und -märkte: Chinesisch, Arabisch, Hindi, die Turksprachen oder die Varianten des Malayischen.

Tatsächlich stellen diese hierarchischen Sprachmärkte nicht nur mediale Absatzzonen und Orte der Wissenskonzentration dar. Zugleich sind sie auch transnationale Foren für neue Formen von Populärkultur . Diese ist durchaus in der Lage, der Globalisierung eigene ästhetische und ideelle Grenzen zu setzen, worauf M. Sahlins wiederholt hingewiesen hat.[13] Madonna oder Michael Jackson mögen eine begeisterte Anhängerschaft in Nord- wie Südamerika und Europa haben und zudem (in geringerem Ausmaß) in Südostasien, im Pazifischen Raum und in Sibirien. In China und Indien, Westasien und Nordafrika allerdings rufen sie nicht Massenhysterie, sondern kollektive Langeweile hervor. In der arabischen Welt etwa regieren völlig andere Stars mit eigenem Millionenpublikum, die neue Poesie mit klassischem Versmaß und Rock mit einheimischen Rhythmen verbinden.[14] Diese neue Populärkultur ist sprachgebunden und daher meist transnational, aber selbst nicht global, sondern der Globalisierung partiell entgegengesetzt, indem sie eigenständig Traditionen reaktiviert, mit Externem verbindet und letztlich daraus etwas Neues, Drittes schafft.

Ethnizität heute

Unter derartigen, neuen Rahmenbedingungen interagieren Lokalgesellschaften heute mehr denn je nicht nur mit ihrer globalen und transnationalen Umwelt, sondern ebensosehr miteinander. Diese zunehmende Außenorientierung bedeutet nicht, daß es Lokalgesellschaften deshalb nicht mehr gäbe. (Die Existenz von „offenen Lokalsystemen" ist etwas anderes als „keine Lokalsysteme".) Im Gegenteil, die zunehmenden Interaktionen auf lokaler, transnationaler und globaler Ebene haben Fragen nach eigenen Standorten und Bemühungen um deren Behauptung oftmals noch verstärkt. Aus der Analyse dieses Aspektes haben sich die großen ethnologischen Debatten zum Thema der Ethnizität ergeben.

Im Anschluß an die bekannten, bahnbrechenden Arbeiten von F. Barth aus den späten sechziger und siebziger Jahren[15] hat zunächst der srilankesische, in Harvard wirkende Ethnologe S. Tambiah Ende der achtziger Jahre auf die Besonderheiten von Ethnizität in der postkolonialen Dritten Welt aufmerksam gemacht.[16] Dort sei nach Phasen der antikolonialen Euphorie und nationalstaatlicher Aufbauversuche weithin eine Phase der Verarmung und Ernüchterung eingetreten. In dieser haben sich ethnische Lobbies und Verbände oftmals als die einzig effizienten Zusammenschlüsse erwiesen, um in der Konkurrenz um verfallende Macht und knapper werdende Ressourcen in instabilen Staaten zu bestehen. Auf diesen Grundlagen haben die heute führenden ethnologischen TheoretikerInnen der Ethnizitätsdebatte ihre Ansätze vorgelegt. Dies sind vor allem T. Hylland Eriksen, M. Banks und R. Jenkins.[17] Als gemeinsamer Nenner wird in diesen Arbeiten verdeutlicht, daß Ethnizität stets ein Verhältnis zwischen zwei oder mehreren Gruppen oder Gesellschaften meint, unter welchen die Auffassung vorherrscht, daß sie sich voneinander in kultureller Hinsicht unterscheiden. Diese Auffassung zieht entsprechende Praktiken einer dynamischen und durchlässigen sozialen Grenzziehung nach sich. Dazu gehört die Tendenz zur Meidung interethnischer Heiraten, die Erfindung von differierenden Ritualen und die Betonung unterschiedlicher Mythologien. Bei letzterem kommt der einheimischen Geschichtsschreibung als mythologischem Interpretationsmittel oft eine tragende Rolle für die Rechtfertigung von ethnischen Exklusivitätsansprüchen zu. Ethnizität durchschneidet solchermaßen soziale Schichtung und vereinnahmt die Geschlechter für sich. In ethnischen Mehrheiten wird die eigene als unmarkierte, staatlich tradierte „Normalkultur" gelebt, während ethnische Minderheiten als nichtnormale Bindestrich-Gruppen reproduziert werden, deren kulturelle Außengrenzen man primär über die Familien-und Verwandtschaftsgruppen tradiert.

Es ist offensichtlich, daß sich von diesen, hier nur kurz angedeuteten Resultaten aus direkte Kooperationsmöglichkeiten mit Zeitgeschichte und anderen Disziplinen ergeben, und zwar sowohl in empirischer Hinsicht wie auch in theoretischen Belangen, unter denen bei weitem noch nicht alle Fragen ausreichend geklärt sind. Deterritorialisierung und globale ethnoscapes, hierarchisch angeordnete Sprachmärkte und transnationale Kulturentwicklungen sowie schließlich Ethnizität als dynamisch konstruiertes, soziales Verhältnis zwischen Lokalgruppen: Dies sind einige der Antworten der Ethnologie auf die neuen theoretischen Herausforderungen der postkolonialen Zeit. Natürlich handelt es sich nur um Teilantworten einer Disziplin, die in sich so heterogen wie alle anderen ist. Wenn diese Konzepte aber auf interessierte Prüfung stoßen, eventuell auch transdisziplinäre Diskussionen auslösen oder gar empirische Arbeiten mitinspirieren, dann ist einer ihrer wesentlichsten Zwecke erreicht. Die Realitäten der Gegenwart böten genügend dringende Anlässe dafür, unsere theoretischen Instrumentarien zu verbessern und anzuwenden.

Anmerkungen

1 Für Diskussionen zu verschiedenen Aspekten dieses Beitrages danke ich Dr. Johanna Gehmacher und Dr. Sabine Strasser.

2 Anderson, Benedict: Imagined Communities. Reflections on the origin and spread of nationalism. London 1983.

3 Gellner, Ernest: Nationalismus und Moderne. Berlin 1991.

4 Gingrich, Andre: Wege zur transkulturellen Analyse. Ein Essay über die Paradigmenwechsel euroamerikanischer Sozial- und Kulturanthropologie im 20. Jh. Wiener Beiträge zur Geschichte der Neuzeit Bd. 25, (i. Dr.).

5 Gingrich, Andre: Vom Reisen zu anderen Kulturen. Ethnologische Anmerkungen. In: Obrecht, Andreas/ Prinz, Mario/ Svoboda, Angelika (Hg.): Kultur des Reisens. Notizen, Berichte, Reflexionen. Wien 1992, S. 150-167.

6 Zu den Besonderheiten der Entwicklung von „Ethnologie" im deutschsprachigen Raum vgl. Dostal, Walter/ Gingrich, Andre: German and Austrian Anthropology. In: Barnard, Alan/ Spencer, Jonathan (eds.): Encyclopedia of Social and Cultural Anthropology. London-New York 1996, S. 263-265.

7 Hannerz, Ulf: Cosmopolitans and Locals in World Culture. In: Featherstone, Mike (ed.): Global Culture: Nationalism, globalization and modernity. Newbury Park, CA 1990, S. 237-251

8 Friedman, Jonathan: Narcissm, Roots, and Post-Modernity: The constitution of selfhood in the global crisis. In: Lash, Scott/Friedman, Jonathan (eds.): Modernity and Identity. Oxford 1992, S. 237-251.

9 Appadurai, Arjun: Modernity at Large: Cultural dimensions of globalization. Minneapolis-London 1997, S. 27-48.

10 Geertz, Clifford: Dichte Beschreibung. Beiträge zum Verstehen kultureller Systeme. Frankfurt/M. 1983, S. 7-43.

11 Wolf, E.: Die Völker ohne Geschichte. Europa und die andere Welt seit 1400. Frankfurt/ M. 1991.

12 Vgl. als eine Vorarbeit zu ihrer an der SOAS/London entstehenden Dissertation auch Armbruster, Heidemarie: „Wir sprechen die Sprache, die Jesus gesprochen hat": Die Vergangenheit in der Gegenwart syrisch-orthodoxer ChristInnen/AssyrerInnen in Wien. Dipl.Arbeit Univ. Wien 1994.

13 Sahlins, Marshall: Inseln der Geschichte. Hamburg 1992, S.5

14 Gingrich, Andre: Kultur im Serail heute. In: Lasinger, Margarete (Red.): W. A. Mozart, Die Entführung aus dem Serail. Programmheft zur Aufführung der Salzburger Festspiele 1997, S.39-47.

15 Vgl. vor allem Barth, Fredrik: Introduction. In: Barth, Fredrik (ed.): Ethnic Groups and Boundaries. The social organization of culture difference. Oslo 1969, S.9-38.

16 Tambiah, Stanley J.: The Politics of Ethnicity. American Ethnologist 1989/16 (2), S.335-349.

17 Hylland Eriksen, Thomas: Ethnicity and Nationalism: Anthropological perspectives. London-Boulder, Co.1995; Banks, Marcus: Ethnicity: Anthropological constructions. London-New York 1996; Jenkins, Richard: Rethinking Ethnicity: Arguments and explorations. London 1997.

Christian Gerbel

Die Sozialtheorie von Pierre Bourdieu. Eine Perspektive für die Geschichtswissenschaft?

Die Forschungsarbeiten des französischen Ethnologen und Soziologen Pierre Bourdieu lassen sich in die – zur Zeit existierenden – institutionellen Fächergrenzen nur schwer einordnen. Die einzelnen Etappen der in seinen Arbeiten anvisierten Verschränkung zwischen Theorie und Empirie, zwischen Struktur und Erfahrung, zwischen system- und handlungstheoretischen Perspektiven[1] widersetzen sich schnellen Aneignungen und Zugriffen. Dies wird verständlich, wenn man sich vor Augen hält, daß die theoretischen Instrumente immer in der Auseinandersetzung mit konkreten Untersuchungsgegenständen entwickelt wurden und erst allmählich – step by step – in ein kohärentes theoretisches System integriert wurden.[2]

Jenseits dieser theoretischen Begrifflichkeiten aber – die in der Verknüpfung von *Habitus*, *Feld* und *Praktik*[3] zusammenlaufen – steht Bourdieu als Bezugspunkt vor Augen, daß die Akteure und Akteurinnen schließlich wieder *Subjekte*[4] werden. Das heißt, die in mannigfache Macht- und Herrschaftsverhältnisse verstrickten Akteure und Akteurinnen sollen lernen, ihre Dispositionen zu handhaben.[5] Dies setzt einen reflexiven Umgang mit der eigenen, aber auch mit der Geschichte anderer voraus, und ich glaube, daß das die eigentlich regulative Idee – anders gesagt: das emanzipatorische Erkenntnisinteresse – der Bourdieuschen Untersuchungen bildet. Dieser letztendlich normative Bezugspunkt seiner Sozialtheorie wird freilich in den umfangreichen empirischen Studien nicht so explizit thematisiert; dort stehen vor allem in den langen methodischen Einleitungen Fragen der Objektkonstruktion (Fragen also, wie ein wissenschaftlicher Gegenstand denn nun „richtig" konstruiert wird) im Vordergrund des Interesses.[6] Dort wird dann auch die Überwindung zwischen dem das sozialwissenschaftliche Feld prägenden Objektivismus (der zu den vom Willen und Bewußtsein der Akteure und Akteurinnen unabhängigen sozialen Regelmäßigkeiten vorzustoßen sucht) und dem Subjektivismus (der sich um die Deutungs-, Wahrnehmungs- und Erfahrungsweisen der historisch Handelnden bemüht) gefordert.[7] Die Integration dieser beiden Zugangsweisen zum Sozialen soll schließlich über jene dritte Erkenntnisweise – den *strukturalistischen Konstruktivismus* – gelingen.[8] Ein Argument, das bereits vertraut ist, und in die Auseinandersetzung um die „historische Sozialwissenschaft" und ihre zunehmend einseitige Ausrichtung auf objektive Verhältnisse – Prozesse und Strukturen also, die von den Handelnden nicht oder nur teilweise erfahren wurden – bereits mehrfach Eingang gefunden hat.[9]

Vor diesem Hintergrund möchte ich nun noch weitere Perspektiven des Ansatzes diskutieren, um die Frage zu klären, was die breit gefächerten Untersuchungen über die Verknüpfung von Habitus, Feld und Praktik schließlich noch zusammenhält.

Eine für mich erkennbare Grundintention ist, daß Bourdieu vor allem auf eine radikale „Entzauberung", d.h. eine schonungslose Destruktion der Macht (der Verfügungsgewalten oder, wie er es auch nennt, des *Kapitals*) in seiner ökonomischen, kulturellen, sozialen und symbolischen Form[10] zielt.

Dies ist eine erste, noch sehr allgemeine Perspektive, die für die geschichtswissenschaftliche Praktik, insbesondere für die zeitgeschichtliche Forschung von Interesse ist. Zumal gerade für sie – noch stärker als für andere geschichtswissenschaftliche Disziplinen – gilt, daß sie noch immer fest im politischen Feld verankert ist.[11] Das heißt, daß die institutionelle Entfaltung der Zeitgeschichte, aber auch ihre Themen in einem starken Bezug zu den politischen Kräftekonstellationen der Zweiten Republik standen und nach wie vor stehen. Soll die politische Kultur, aber auch die Reproduktion des offiziellen Gedächtnisses nicht erstarren, so bedarf es dieser unablässig herrschaftskritischen Funktion der zeitgeschichtlichen Forschung.

Freilich muß hier festgehalten werden, daß sich dieser Gesichtspunkt einer radikalen Aufklärung gesellschaftlich etablierter Herrschafts- und Machtverhältnisse auch aus anderen, vor allem strukturalistisch inspirierten theoretischen Kontexten – ich denke hier etwa an die sozialhistorischen Arbeiten von Michel Foucault – gewinnen läßt.[12]

Entscheidend am Bourdieuschen Ansatz ist jedoch, daß er die „Verästelungen der Macht" nicht nur über die ungleiche Verteilung ökonomischer Güter bzw. die mit ihnen verbundenen Besitzverhältnisse aufspürt, also dem – wie er es nennt – ökonomischen Kapital, sondern eben vor allem jene Machtverhältnisse thematisiert, die aus einer spezifischen Gebrauchsweise der Kultur resultieren.

Wobei Kultur in diesem theoretischen Zusammenhang nicht mit Kunst (die ein spezifisches Untersuchungsfeld darstellt) zu verwechseln ist. Im Zusammenhang dieser Sozialtheorie heißt Kultur vor allem symbolische Deutung der Wirklichkeit, Interpretation und Aneignung der sozialen Welt, eben mit und durch jene Handlungs-, Wahrnehmungs- und Denkschemata (die unter dem Begriff des *Habitus* bzw. der *Habitusformen* analytisch gefaßt werden), die im Rahmen bestimmter Existenzbedingungen erworben bzw. im Laufe einer spezifischen sozialen Laufbahn verändert wurden. Kultur in diesem Sinne ist also auch privilegiertes Instrument zur Ausübung *symbolischer Gewalt* (jener Gewalt, die, prägnant gesagt, daraus entsteht, daß die Beherrschten durch die „Übernahme" herrschender Sichtweisen zumindest partiell an ihrer Unterdrückung beteiligt sind).[13]

Dies stellt meiner Ansicht nach eine zweite Perspektive für die Geschichtswissenschaft dar, die sich vor allem anhand Bourdieus zusammenfassender Studie über die französische Gegenwartsgesellschaft, unter dem Titel „Die feinen Unterschiede. Kritik der gesellschaftlichen Urteilskraft" veröffentlicht, gewinnen läßt. Sie wurde vor allem im Bereich der Sozialgeschichte bereits mit einigem Erfolg angewandt.[14]

Darüber hinaus gilt es im Kulturkonzept Bourdieus zwei Ebenen zu unterscheiden: Einmal werden die Historiker und Historikerinnen dazu angehalten, sich jenem breiten Fundus der impliziten Gewißheiten – dafür hat Bourdieu den Begriff der *Doxa* reserviert – zuzuwenden, von denen die Handelnden getragen werden.

Andererseits geht es Bourdieu aber auch um jene expliziten kulturellen Deutungen, die im Gefolge objektiver ökonomischer Krisen, kultureller Kontakte oder lebensgeschichtlicher Krisen Bestandteile öffentlicher Diskussion und Auseinandersetzung geworden sind. Es handelt sich hier also um Prozesse des „world making", wodurch bisher „Unformuliertes zu seiner Formulierung" gebracht werden kann. Wobei die Doxa (verstanden als das unmittelbare Angepaßtsein der subjektiven an die objektiven Strukturen) zumindest partiell in ein Universum konkurrierender, aber gleichwohl hierarchisierter Deutungen transformiert werden konnte.[15]

Innerhalb dieses theoretischen Rahmens gilt Kultur folglich nicht als etwas Abgeleitetes, als eine Restgröße, die es nach, neben oder unter Wirtschaft und Herrschaft abzuhandeln gilt, sondern Kultur ist – in diesem weit verstandenen Sinne – konstitutives Element jeder gesellschaftlichen Hervorbringung, d.h. jeder Praktik.[16]

Dies ist eine dritte Perspektive, die ich aus der Auseinandersetzung mit der Bourdieuschen Sozialtheorie für die Geschichtswissenschaft zu gewinnen vermag. Wohl lassen sich analytisch bestimmte Gegenstandsbereiche der historischen Arbeit (bestimmte *Felder*[17] wie z. B. das Feld der Politik, das Feld der Religion, das Feld der Wirtschaft, das Feld der Wissenschaft etc.) voneinander trennen, in der konkreten gesellschaftlichen Praktik der Akteure und Akteurinnen jedoch, die eine spezifische Konjunktur zwischen Habitus und Feld darstellt, haben wir es immer mit dem gesamten Set von kognitiven Mustern oder Schemata (eben jenen strukturierten *Dispositionssystemen*) zu tun.

Jenseits dieser drei Perspektiven möchte ich schließlich noch das Verhältnis der Bourdieu'schen Sozialtheorie gegenüber der Geschichtsphilosophie thematisieren. Interessanterweise weist Bourdieu die „Geschichtsphilosophie" (ohne freilich genau zu präzisieren, welche Variante er damit eigentlich meint) mit dem Argument zurück, daß diese spekulativ sei, weil sie erstens immer eine Richtung des geschichtlichen Verlaufes impliziere; zweitens führt er in diesem Zusammenhang aber auch an, daß angewandte Geschichtsphilosophie immer dazu verleite, eine retrospektive, d.h. eine auf ein Ziel hin orientierte Deutung von Ereignissen und Handlungen zu entwickeln.[18] In seiner Sicht verfallen Historiker und Historikerinnen somit drittens dem generellen Verdacht, sich gewissermaßen immer auf der Suche nach den Vorläufern bestimmter sozialer Bewegungen oder bestimmter Mentalitäten zu befinden. Und viertens würden sie schließlich „die objektive Intention, die immer erst im nachhinein offenbar wird, wenn die Schlacht zu Ende ist, in die subjektive Intention der Akteure"[19] verwandeln. Um diesen Fallen zu entgehen, schlägt er – unter Rekurs auf den Wissenschaftstheoretiker Gaston Bachelard – strukturale Modellbildungen (Spezialfälle des Möglichen) als privilegierte Wege der wissenschaftlichen Erkenntnis vor.[20] Sie sollen es letztendlich erlauben, „Invarianten" innerhalb des empirischen Materials zu konstruieren. In diesem Zusammenhang stehen auch seine Bemühungen um eine generelle Theorie der verschiedenen gesellschaftlichen Felder. Diese zielt – in obengenannter Abgrenzung gegenüber der Geschichtsphilosophie – eben nicht auf eine Theorie des historischen Verlaufes. Zwei Aspekte, die mit solchen Modellbildungen verbunden sind, möchte ich noch ansprechen.

a) Rationalität: Spezialfall einer praktischen Logik

Vermieden werden soll durch solche strukturalen Modellbildungen schließlich auch, daß jenen in die gesellschaftlichen Kämpfe verstrickten Akteuren und Akteurinnen von vorneherein eine Rationalität unterstellt wird, über die sie nach Bourdieus Prämissen nicht verfügen. Präzise gesagt wird rationales (teleologisches) Handeln solcherart nicht ausgeschlossen. Vielmehr geht es darum, die Bedingungen und Möglichkeiten ihres Auftretens genau zu studieren. Um Praktiken adäquat erklären und verstehen zu können, operiert Bourdieu folglich mit dem Konzept einer praktischen Logik oder eines *praktischen Sinnes*, welcher das alltägliche Handeln leitet und strukturiert.

Über diesen wird es letztendlich möglich, Personen, Dinge, Güter, Diskurse usw. wahrzunehmen und zu bewerten bzw. sie in der Sozialstruktur zu verorten. Dieser praktische Sinn („a sense of ones place") als wesentlicher Bestandteil des Habitus ist Produkt spezifischer Existenzbedingungen bzw. der damit verbundenen Ängste, Nöte und Sorgen. Er repräsentiert pointiert gesagt das Inkorporierte Soziale.

In modernen Gesellschaften werden die Habitusformen als auch der mit ihnen verbundene praktische Sinn nach Bourdieus Ansicht vor allem durch die schulischen Ausbildungssysteme entscheidend formiert. Trotzdem: Jenseits aller heuristischen Anregung bleibt der Habitus auf empirischer Ebene oftmals eine Art „black box". Unklar ist etwa, welcher Stellenwert Lernprozessen zukommt bzw. wie Erinnerungen denn nun tatsächlich geschichtet und verarbeitet werden.

Diese Schwierigkeiten, die mit dem Begriff des Habitus verbunden sind, werden etwa auch in der bereits genannten Untersuchung „Die feinen Unterschiede" deutlich. Auffällig ist, daß jenes kreative Moment des Habitus, jenes Erfinderische, das Bourdieu auch in seinen theoretischen Definitionen betont – wo der Habitus etwa als Instrument zur Überwindung des Gegensatzes von „Notwendigkeit und Freiheit"[21] stilisiert wird – weitgehend in den Hintergrund tritt. Die materielle Not der „unteren Schichten" wird drastisch beschrieben: Ökonomische Knappheit führt zur Suche nach dem Praktischen. Das Konformitätsprinzip, d. h. so zu sein wie die anderen (auf deren Solidarität die Angehörigen der „unteren Schichten" verwiesen sind), wird zur alles entscheidenden Geschmacksnorm erklärt. Wobei unter Geschmack eben jene „Natur gewordene, d.h. inkorporierte Kultur, Körper gewordene Klasse"[22] zu verstehen ist. Interpretationsversuche für die „nicht konform" agierenden Angehörigen der Unterschichten bleiben hingegen aus.[23]

b) Strukturale Methode

Jenseits dieser Schwierigkeiten, die mit dem Begriff des Habitus verbunden sind, möchte ich schließlich noch die Methode ansprechen, auf denen die vielfältigen Arbeiten Bourdieus und seine strukturalen Modellbildungen letztlich beruhen. Ihre heuristische Kraft besteht darin, daß die verschiedenen von den Akteuren und Akteurinnen hervorgebrachten Praktiken jeweils konsequent in ihren Relationen untersucht werden, um somit ihre Zusammenhänge, ihre gegenseitigen Wechselwirkungen aufzuspüren. Im Bereich der Zeitgeschichte fordert diese Herangehensweise beispielsweise dazu auf, nicht eine Geschichte des Antisemitismus, eine Geschichte der Kunst, eine Geschichte der politischen Parteien im historischen Längsschnitt zu unternehmen, diese Methode inspiriert vielmehr dazu, verschiedene Forschungsfelder in synchroner Perspektive konsequent aufeinander zu beziehen.[24] In einem solchem Vorgehen sehe ich schließlich eine vierte Perspektive, wenn sich die Historiker und Historikerinnen nicht entmutigen lassen, die durch Einsatz jenes Erkenntnisprinzips gewonnenen historischen Einsichten schließlich wiederum in einen gesamtgesellschaftlichen Zusammenhang, d.h. durchaus auch im Rekurs auf geschichtsphilosophische Interpretationsmuster (die ebenso wie die genannten Bourdieu'schen Begriffe heuristische Instrumente darstellen) zu deuten.[25]

Anmerkungen

1   Vgl. dazu Honneth, Axel: Die zerrissene Welt der symbolischen Formen. Zum kultursoziologischen Werk Pierre Bourdieus. Frankfurt/Main 1990, S. 156-181; Janning, Frank:
Pierre Bourdieus Theorie der Praxis. Analyse und Kritik der konzeptionellen Grundlegung
einer praxeologischen Soziologie. Opladen 1991; Müller, Hans-Peter: Sozialstruktur und
Lebensstile. Der neuere theoretische Diskurs über soziale Ungleichheit. Frankfurt/Main 1992,
bes. S. 238 ff.; Calhoun,Craig/LiPuma, Edward/ Postone, Moishe (Hg.): Bourdieu. Critical
Perspectives. Cambridge 1993; Schwingel, Markus: Analytik der Kämpfe. Macht und Herrschaft in der Soziologie Bourdieus. Berlin 1993; Bouveresse, Jacques: Règles, dispositions et
habitus, in: Critique, Août-Septembre 1995, No 579-580, S. 573-594; Gilcher-Holtey, Ingrid: Kulturelle und symbolische Praktiken: Das Unternehmen Pierre Bourdieu, in: Hardtwig
Wolfgang/Wehler, Hans-Ulrich (Hg.): Kulturgeschichte heute. Göttingen 1996, S. 111-
130; sowie Reichardt, Sven: Bourdieu für Historiker? Ein kultursoziologisches Angebot an
die Sozialgeschichte, in: Mergel, Thomas/Welskopp, Thomas (Hg.): Geschichte zwischen
Kultur und Gesellschaft. Beiträge zur Theoriedebatte. München 1997, S. 71-93.

2   Vgl. Bourdieu, Pierre/Wacquant, Loïc J. D.: Reflexive Anthropologie. Frankfurt/Main 1996,
bes. S. 196.

3   Vgl. Bourdieu, Pierre: „Fieldwork in Philosophy", in: ders.: Choses dites. Paris 1987, S. 13-
46, hier: S. 33. Diese Unterscheidung zwischen Praxis und Praktik wird in den verschiedenen theoretischen Arbeiten, die sich mit Bourdieu auseinandersetzen, oft übersehen. Vgl.
z.B. Eder, Klaus: Klassentheorie und Gesellschaftstheorie. Bourdieus dreifache kultur-
theoretische Brechung der traditionellen Klassentheorie, in: ders. (Hg.): Klassenlage, Lebensstil und kulturelle Praxis. Theoretische und empirische Beiträge zur Auseinandersetzung
mit Pierre Bourdieus Klassentheorie. Frankfurt/Main 1989, S. 15-43; Fröhlich, Gerd: Kapital, Habitus, Feld, Symbol. Grundbegriffe der Kulturtheorie bei Pierre Bourdieu, in: ders./
Mörth, Ingo (Hg.): Das symbolische Kapital der Lebensstile. Zur Kultursoziologie der Moderne nach Pierre Bourdieu. Frankfurt/Main/New York 1994, S. 31-54.

4   „Im Grunde kommt der Determinismus nur im Schutze der Unbewußtheit voll zum Tragen, unter geheimer Mittäterschaft des Unbewußten. Damit er ungebremst wirken kann,
müssen die Dispositionen ihrem freien Spiel überlassen werden. Das bedeutet, daß die Akteure eine Chance, überhaupt so etwas wie 'Subjekt' zu werden, nur in dem Maße haben,
wie sie das Verhältnis, in dem sie zu ihren Dispositionen stehen, bewußt beherrschen und
wie sie wählen, ob sie sie »agieren« lassen oder im Gegenteil am Agieren hindern oder, noch
besser, sie – nach einer von Leibniz zur Beherrschung der Leidenschaften erdachten Strategie – einem 'indirekten Willen' unterwerfen und der einen Disposition eine andere entge-
gensetzen. Aber diese Arbeit des Umgangs mit den eigenen Dispositionen ist nur um den
Preis einen ständigen, systematischen Aufklärungsarbeit möglich." Bourdieu, Pierre/
Wacquant, Loïc J. D.: Reflexive Anthropologie, wie Anm.2., S. 170f.

5   Vgl. Iser, Maria: Der Habitus als illegitimer Normalfall gesellschaftlicher Reproduktion. Die
soziale Bedeutung von symbolischer Gewalt und strukturgesteuertem Lernen und Handeln
in der Theorie von Pierre Bourdieu. Phil. Diss. Wien 1983, bes. S. 269.

6   Vgl. Bourdieu, Pierre: Homo Academicus. Frankfurt/Main 1988, S. 38ff.

7   Vgl. Bourdieu, Pierre: Die feinen Unterschiede. Kritik der gesellschaftlichen Urteilskraft, 2.
Aufl., Frankfurt/Main 1983, bes. S. 753; oder Bourdieu, Pierre: Entwurf einer Theorie der

Praxis auf der ethnologischen Grundlage der kabylischen Gesellschaft, Frankfurt/Main 1979, S. 148ff.

8   Vgl. Bourdieu, Pierre: Sozialer Raum und symbolische Macht, in: ders.: Rede und Antwort. Frankfurt/Main 1992, S. 135-154, bes. S. 135.

9   Vgl. etwa Sieder, Reinhard: Sozialgeschichte auf dem Weg zu einer historischen Kulturwissenschaft, in: GG 20 (1994), S. 445-468.

10 Zum Begriff des Kapitals vgl. Bourdieu, Pierre: Ökonomisches Kapital, kulturelles Kapital, soziales Kapital, in: Kreckel, Reinhard (Hg.): Soziale Welt, Sonderheft »Soziale Ungleichheiten«. Göttingen 1983, S. 183-198.

11 Zur Entwicklung der österreichischen Zeitgeschichte vgl. Botz, Gerhard: „Eine neue Welt, warum nicht eine neue Geschichte?" Österreichische Zeitgeschichte am Ende ihres Jahrhunderts, Teil I, in: ÖZG, 1 Jg., Heft 1 (1990) S. 49-76.

12 In der strikten Ablehnung einer substantialistischen Auffassung von Macht schließt Bourdieu etwa eng an Foucault an. Siehe dazu besonders das Nachwort von Foucault, Michel: Das Subjekt und die Macht, in: Dreyfus Hubert L./Rabinow, Paul (Hg.): Michel Foucault. Jenseits von Strukturalismus und Hermeneutik, Frankfurt/Main 1987, S. 243-261; vgl. auch „Das Feld der Macht und die technokratische Herrschaft." Loïc J. D. Wacquant im Gespräch mit Pierre Bourdieu anläßlich des Erscheinens von La noblesse d' État, in: Bourdieu, Pierre: Die Intellektuellen und die Macht, hg.v. Irene Dölling. Hamburg 1991, S. 67-100, bes. S. 89ff.

13 Vgl. Bourdieu, Pierre/Passeron, Jean-Claude: Grundlagen einer Theorie der symbolischen Gewalt, Frankfurt/Main 1973; sowie Bourdieu, Pierre/Wacquant, Loïc J. D.: Reflexive Anthropologie, wie Anm.2, bes. S. 190.

14 Vgl. etwa Lüdtke, Alf: Funktionseliten: Täter, Mit-Täter, Opfer? Zu den Bedingungen des deutschen Faschismus, in: ders. (Hg.): Herrschaft als soziale Praxis. Historische und sozialanthropologische Studien, Göttingen 1991, S. 559-590.

15 Vgl. dazu Bourdieu, Pierre: Entwurf einer Theorie der Praxis, wie Anm.7, bes. S. 331.

16 Vgl. dazu Medick, Hans: Vom Interesse der Sozialhistoriker an der Ethnologie. Bemerkungen zu einigen Motiven der Begegnung von Geschichtswissenschaft und Sozialanthropologie, in: Süssmuth, Hans (Hg.): Historische Anthropologie. Der Mensch in der Geschichte, Göttingen 1984, S. 49-56.

17 Vgl. Bourdieu, Pierre: Über einige Eigenschaften von Feldern, in: ders.: Soziologische Fragen, Frankfurt/Main 1993, S.107-114.

18 Vgl. Bourdieu, Pierre: Der Tote packt den Lebenden, in: ders.: Der Tote packt den Lebenden. Schriften zu Politik & Kultur 2, hg.v. von Margareta Steinrücke. Hamburg 1997, S. 18-58, bes. S. 25f.

19 Ebd.

20 Vgl. Bourdieu, Pierre: Leçon sur la leçon, in: ders.: Sozialer Raum und Klassen. Leçon sur la leçon. Frankfurt/Main 1985, S. 49-81, hier: S. 70.

21 Vgl. Bourdieu, Pierre: Sozialer Sinn. Kritik der theoretischen Vernunft, Frankfurt/Main 1987, S. 103f.

22 Vgl. Bourdieu, Pierre: Die feinen Unterschiede, wie Anm. 7, S. 307.

23 Ebd. S. 597.

24 „Die systematische, nämlich diese als System erfassende Beschreibung der Gesamtheit der eine Epoche kennzeichnenden Reproduktionsstrategien wäre nicht gleichzusetzen mit ei-

nem Rückschritt in Richtung einer idiographischen, in der Aufzählung von Fakten und Anekdoten sich erschöpfenden Geschichtsschreibung. Im Gegenteil, damit würde das Mittel in die Hand gegeben, der Alternative von Idiographie und Typographie, diesem schlechtem Kompromiß von Konstruktion und Beschreibung zu entgehen, in der so viele historische Arbeiten befangen bleiben (...)." Bourdieu, Pierre: Klassenschicksal, individuelles Handeln und das Gesetz der Wahrscheinlichkeit, in: ders./Boltanski, Luc/de Saint Martin, Monique/ Maldidier, Pascale (Hg.): Titel und Stelle. Über die Reproduktion sozialer Macht, Frankfurt/Main 1981, S. 169-226, hier: S. 223

25 Vgl. Kleingeld, Pauline: Zwischen kopernikanischer Wende und großer Erzählung. Die Relevanz von Kants Geschichtsphilosophie, in: Nagl-Docekal, Herta (Hg.): Der Sinn des Historischen. Geschichtsphilosophische Debatten, Frankfurt/Main 1996, S. 173-197, bes. S. 182ff.

Stefan Wolfinger

Chaostheorie und Geschichtsschreibung[1]

Die Chaostheorie hat sich in der physikalischen Forschung simultan mit der Entwicklung der postmodernen Kultur, einschließlich des literarischen Dekonstruktivismus, und zugleich mit der Verbesserung der Leistungsfähigkeit von Computern entwickelt.[2] „Chaostheorie" ist keine einheitliche Lehre, sondern ein Sammelbegriff für einen Forschungsansatz innerhalb von nicht-linear[3] dynamischen Studien. Die Erkenntnisse der Chaosforschung in die historische Forschung zu übernehmen ist nicht zuletzt deshalb schwierig, da sich die „zwei Kulturen" (Naturwissenschaft/Geisteswissenschaft) weit voneinander entfernt haben. Interdisziplinäre Ansätze sind hier eher selten.

Überlegungen der Naturwissenschaften sind nicht 1:1 auf geistes- und sozialgeschichtliche Überlegungen umlegbar, die Vorstellung vom Chaos ist jedoch allgemein genug, um auch in Wissenschaften außerhalb ihres Entstehungsbereiches Eingang zu finden.

Die „klassischen Wissenschaften" waren durch die Beschreibung der Vielfalt mittels allgemeiner Prinzipien der Ordnung und durch die Entdeckung von verallgemeinerungsfähigen Lösungen eines Problems gekennzeichnet.

Der Wert der Wissenschaft wurde durch die Möglichkeit, Prognosen zu erstellen, gesteigert. Die Berechenbarkeit technischer Konstruktionen hatte paradigmatischen Charakter für das Natur- bzw. Weltverständnis.

Die Skepsis, die durch das Sichtbarwerden der negativen Folgen eines blinden Vertrauens in Wissenschaft und technischen Fortschritt auftrat, hat gewiß dazu beigetragen, die Ideen der Chaosforschung populär zu machen.

Der Wissenschaftskomplex „Chaosforschung" konzentriert sich auf die Beschreibung der einzelnen Phänomene und betont die Einzigartigkeit und Individualität. Es gibt keine verallgemeinerungsfähigen Lösungen eines Problems.

Die Wissenschaft kann keine wahren Prognosen erstellen. Die Unvorhersehbarkeit der Entwicklung rekursiver Prozesse kann jedoch mit mathematischer Genauigkeit modelliert werden.

Die Wissenschaft ist eine Lehre vom Werden und nicht vom Sein.

Die altbekannte Aussage: „Aus der Geschichte kann man nichts lernen" wird durch die Erkenntnis gestützt, daß ähnliche Anfangsbedingungen nicht ähnliche Resultate hervorbringen und daß, im Fall der Geschichte, es auch unmöglich ist, die exakten Anfangsbedingungen festzustellen, die zu einer „Berechnung" des weiteren Verlaufes eines Ereignisses notwendig wären.

Das System vergißt, woher es gekommen ist. Das ist die Aussage der Chaostheorie.

Ausgangspunkt der Überlegungen bilden vier allgemeine Charakteristika, die chaotische Systeme kennzeichnen:

I. Unregelmäßiges und unvorhersagbares Verhalten tritt trotz deterministischer Naturgesetze ein.

II. Ordnung und Struktur entstehen in offenen Systemen fern vom thermodynamischen Gleichgewicht

III. Die Selbstähnlichkeit genannte geometrische Struktur, ein sogenanntes „Fraktal", bewirkt, daß sich gleichartige Muster bilden, die „in verschiedenen Größen ineinandergeschachtelt" vorkommen.

IV. Alles beeinflußt alles.

Eine Konzeption der Geschichte unter diesen Voraussetzungen unterscheidet sich wesentlich von den bisher vorherrschenden aufklärerischen Geschichtsauffassungen, in denen die Geschichte, nach Kant, zunächst als chaotisch erscheinen mag, es aber rationale Gründe für die regulative Annahme gibt, daß es eine Ordnung in der Geschichte gebe.

Das „Chaos" kann als Metapher zur Strukturierung einer Erzählung dienen. Wenn die Geschichte chaotisch ist, kann man den gesetzmäßigen Verlauf eines Ereignisses nur erkennen, wenn man die exakten Anfangsbedingungen kennt.

Da die Anfangsbedingungen historischer Prozesse jedoch zu vielfältig und zu komplex sind, kann das Gesetz, das den Prozeß erklären könnte, nicht gefunden werden.

Das Ergebnis der Untersuchung kann daher nicht die Reduktion der Ereignisse auf allgemeine Gesetze sein, sondern nur in Form einer Erzählung präsentiert werden. Erzählungen über chaotische historische Systeme können konstruiert werden, auch ohne daß man *alle* relevanten Details zur Verfügung hat.[4]

Eine Annäherung kann jedoch nur unter bestimmten Voraussetzungen geschehen:

Die Problembereiche oder historischen Sequenzen, die untersucht werden, sind eng begrenzt. (So wie Wetterberechnungen für kurzfristige Prognosen ganz zuverlässig sein können, eine längerfristige allgemeine „Erklärung" des Wetters jedoch unmöglich ist).

Dies führt zu einer Absage an „die große Erzählung" mit Großsubjekten wie „Staat" oder „Gesellschaft" und zu einer Hinwendung zur „Mikrogeschichte".

Wenn man hier die Chaosforschung adaptiert, bedeutet das, daß die Kombination mehrerer „Mikrogeschichten" nicht einen Blick auf das „Ganze" ermöglicht.

Andererseits – in Anwendung des „Selbstähnlichkeits-Paradigmas" könnte man auch annehmen, daß man durch die Erforschung „der Welt eines Müllers um 1600" auch auf eine allgemeinere Ebene schließen kann.

Es muß versucht werden, möglichst alle Aspekte und Voraussetzungen zu berücksichtigen (darunter auch die gegenwärtige Situation des Forschers/der Forscherin), die eine historische Sequenz bedingen.

Im Mittelpunkt des Interesses werden dabei die Anstöße stehen, die einen Zustand von Notwendigkeit und Ordnung in einen Zustand der Kontingenz überführen und umgekehrt. (Etwa Erfindungen, Entdeckungen, Ideen, Paradigmenwechsel, Revolutionen aller Art, Krieg, Hungersnot etc.)

Der Versuch, ein „Ganzes" in den Mittelpunkt zu stellen, hat es begünstigt, daß in der geschichtswissenschaftlichen Forschung der Begriff der „Kultur" als dominierende Deutungskategorie in den Vordergrund gerückt ist.

Bei der Untersuchung und Darstellung eines „Ganzen" müssen Faktoren berücksichtigt werden, die von Historikern und Historikerinnen bislang eher vernachlässigt wurden. Wenn „alles alles beeinflußt", ist ein Blick von „außen" auf eine historische Kultur nicht möglich.

Einen Untersuchungsansatz für den Versuch des Erfassens eines „Ganzen" stellen die britisch-amerikanischen „Cultural Studies"[5] dar. Ausgangspunkt ist hier ein umfassender Begriff von Kultur – Kultur als konstitutiver Bestandteil jeder gesellschaftlichen Praktik.

Cultural Studies sehen sich als eine kulturelle Praxis und nicht als wissenschaftliche Disziplin. Sie stellen vor allem einen Theorie- und Untersuchungsansatz für Alltagskultur dar. Cultural Studies beschäftigen sich mit ihrer eigenen Geschichte, Gegensatz der Geschlechter, Sexualität, nationalen Identitäten, Kolonialismus und Postkolonialismus, Ethnizitäten, populärer Kultur und ihrem Publikum, Wissenschaft und Ökologie, Pädagogik, Ästhetik, kulturellen Institutionen, Diskurs und Textualität, Geschichte, globaler Kultur in einer postmodernen Zeit usw.

Es geht hier nicht um eine Theorie der Kultur, sondern um eine Theorie des Kontextes. Eine Unterscheidung zwischen „essentiell" und „kontingent" wird nicht mehr für möglich gehalten. Was essentiell, ist wird im jeweiligen Kontext entschieden.

Bei der Untersuchung bedient man sich der dem Problem angemessenen Methode – es gibt keine einheitliche Methode, sondern einen Methodenpluralismus. Schwerpunkt der Cultural Studies sind Analysen von Machtbeziehungen.

Cultural Studies sind politisch und versuchen, Machtstrukturen zu verändern (und sind daher der Aufklärung verpflichtet, im Gegensatz zu postmodernen Ansätzen).

Weitere wichtige Grundsätze sind der Versuch eines interdisziplinären Arbeitens und die ständige Reflexion der eigenen Tätigkeit beziehungsweise das Nicht-aus-den-Augen verlieren der eigenen Situation, aus der heraus „Wissen" vermittelt wird.

Ein solcher Ansatz weicht die Stellung der Geschichte als Einzeldisziplin auf. Wie kann mit „Geschichte" umgegangen werden, wenn sie chaotisch ist?

Die Naturwissenschaften wurden von den Geisteswissenschaften lange wegen ihrer Exaktheit und der Überprüfbarkeit ihrer Ergebnisse beneidet. Die Naturwissenschaften galten als Ideal der „Wissenschaftlichkeit".

Nachdem die Naturwissenschaft sich den historischen Wissenschaften insofern angenähert hat, als sie ebenfalls alles historisch relativiert, besteht die Gefahr, daß Wissenschaft den Menschen die Sicherheit, die sie brauchen, um sich im Leben zurecht zu finden, nimmt.

Wissenschaft tritt in Gegensatz zum Leben. Hier kommt (nach Nietzsche) die Idee des „umhüllenden Wahns" ins Spiel:

Das „Leben" schiebt zwischen sich und die brutale Geschichte das „künstlerische Wahnbild" ein; es erzeugt sich selbst die zum Überleben notwendige Illusion.[6]

Es wird eine Simulation der Geschichte geschaffen, die zwar nicht die „wahren" Geschehnisse repräsentiert, jedoch gegenüber der chaotischen Geschichte den Vorteil hat, einen Sinn zu besitzen. Auch wenn dieser Sinn nicht erkannt, sondern erzeugt ist.

Das „Wahnbild" dient dem Leben, weil es den Anblick der sonst unerträglichen Geschichte erträglicher macht.

Das „Wahnbild", das den Sinn stiftet, entsteht jedoch nicht in der Wissenschaft selbst, sondern wird von außen hineingetragen. Ein gegenwärtiges Beispiel für einen „umhüllenden Wahn": Arthur Kroker und Michael Weinsteins „Theory of the Virtual Class"[7]: Kroker und Weinstein unterstellen der privilegierten Klasse in der postindustriellen, pankapitalistischen Welt einen *Willen zur Virtualität*. Dieser äußert sich (neben der Auflösung des Körpers, des Wissens und der Information in elektronischen Daten u.a.) auch im Umgang mit Geschichte.

Es wird versucht, menschliche Erfahrung möglichst umfassend in elektronischen Datenbanken zu speichern.

Die Vergangenheit wird bildschirmgerecht gemacht und kann kreativ kombiniert und rekombiniert werden.

Möglichst alle Daten (eines Menschen, der Folgen eines Ereignisses etc.) sollen erfaßt und abrufbar gemacht werden.

Der mögliche Zugang zu Unmengen von Daten kann dabei als Simulation der chaotischen Wirklichkeit betrachtet werden.

Dabei stellen sich jedoch wieder die Probleme der Auswahl der Daten, die zu einer „Geschichte" geordnet werden können. Der Zugriff und die Fülle des Materials erlaubt immer neue und neu kombinierbare Geschichten. Die „große Erzählung" taucht wieder auf in Form des World Wide Web. Der chaotische Zustand findet seine elektronisch geschriebene Entsprechung in der Form des Hypertextes. Allerdings ändern sich hier die Identitäten von „Autor" und „Leser" indem der „Leser" beim Folgen der ihn interessierenden „Links" zum „Autor", seiner persönlich zusammengestellten Geschichte wird. Die in den Netzwerken gespeicherten Daten könnten zwar in ihrer Gesamtheit eine Simulation darstellen, die sich der chaotischen Wirklichkeit annähert, diese Simulation ist jedoch nicht als Ganzes erfahrbar.

Die Analogie ist ein beliebtes Instrument der Postmoderne. Man sollte die Parallelen im gegenwärtigen naturwissenschaftlichen und geisteswissenschaftlichen Denken nicht zu sehr beanspruchen. Menschen verhalten sich nicht wie die Untersuchungsobjekte der Physiker (etwa Elektronen), und die „unerbittlichen Gesetze der Physik", die Theoretikern wie Marx als Modell für die Gesetze der Geschichte dienten, hat es in Wirklichkeit nie gegeben.[8]

Wenn die klassische Physik Newtons das Verhalten von drei Kugeln nicht vorhersagen konnte, wie konnte dann Marx das dreier Menschen vorherbestimmen? Und was sind Historiker und Historikerinnen schließlich anderes als rückwärtsgewandte Propheten?

Anmerkungen

1   Thema meiner in Arbeit befindlichen Dissertation.
2   Die Literatur zur Chaosforschung ist in den letzten Jahren sehr umfangreich geworden. Zur Einführung empfehlen sich: Bolz, Norbert: Die Welt als Chaos und Simulation. München 1992;
    Briggs, John/Peat, David F.: Die Entdeckung des Chaos. Eine Reise durch die Chaos-Theorie. München, Wien 1990; Davies, Paul/Gribbin, John: Auf dem Weg zur Weltformel. Superstrings, Chaos, Komplexität. Über den neuesten Stand der Physik. München 1995; Ekeland, Ivar: Zufall, Glück und Chaos. Mathematische Expeditionen. München 1996; Kursbuch 98: Das Chaos. Berlin 1989; Loistl, Otto/Betz, Iro: Chaostheorie. Zur Theorie nichtlinearer dynamischer Systeme. München, Wien 1994; Ravn, Ib (Hg.): Chaos, Quarks und schwarze Löcher. Das ABC der neuen Wissenschaften. München 1995; Stewart, Ian: Spielt Gott Roulette? Uhrwerk oder Chaos. Frankfurt am Main und Leipzig 1993. *Speziell zum Thema Chaos und Geschichte:* Reisch, George: Chaos, History and Narrative. In: History and Theory. Studies in the Philosophy of History. Vol. XXX Middletown 1991 Seite 1-20; Reisch, George: Scientism without Tears: A Reply to Roth and Ryckman. In: History and Theory. Studies in the Philosophy of History. 34/1 1995 Seite 45-58; Roth, Paul A./Ryckman, Thomas A: Chaos, Clio and scientic Illusions of Understanding. In: History

and Theory. Vol. 34/1 1995 Seite 30-44; Shermer, Michael: Exorcising Laplace's Demon: Chaos and Antichaos, History and Metahistory. In: History and Theory. Vol. 34/1 1995 Seite 59-83.

3 Nicht-linear ist eine Eigenschaft einer besonderen Art von mathematischen Gleichungen, die physikalische Phänomene beschreiben, bei denen eine kleine Ursache eine große Wirkung haben kann. Solche Gleichungen sind schwierig zu lösen. Meist wird versucht, Näherungslösungen zu finden. Es zeigt sich, daß „linear" (die Lösung des Gesamten ergibt sich aus der Summe der einzelnen Elemente) in der physikalischen Beschreibung die Ausnahme bildet.

4 Man könnte auch behaupten, die Gleichungen, mit denen sich Mathematiker der Lösung nichtlinearer Probleme nähern, sind minimale „Erzählungen", besonders wenn sie den Zeitfaktor t beinhalten.

5 Einen Überblick bieten: Grossberg, Lawrence/Nelson, Cary/Treichler, Paula (Hg.): Cultural Studies. New York/London 1992 IKUS lectures; „Cultural Studies" Nr. 17/18. 3. Jg. Wien 1994.

6 Nietzsche, Friedrich: Vom Nutzen und Nachteil der Historie für das Leben. (1874) Stuttgart 1985.

7 Kroker, Arthur/Weinstein, Michael A.: Data Trash: The Theory of the Virtual Class. New York 1994.

8 Stewart, Ian: Spielt Gott Roulette? Uhrwerk oder Chaos. Frankfurt am Main und Leipzig 1993, S.46.

Christof Dipper

Zwischen „Historikerstreit" und der Debatte über „Nationalsozialismus und die Moderne"

Revision ist, wie Chairman Gustavo Corni in seinen einleitenden Worten zu Recht betonte, ein formaler Begriff zur Beschreibung wissenschaftlichen Wandels. Alle Versuche, ihn auf besondere Inhalte festzulegen, d. h. ihn mit einer bestimmten These in Zusammenhang zu bringen, sind wenig hilfreich. Solche Versuche suggerieren nämlich, es gebe so etwas wie eine wohlbegründete wissenschaftliche Orthodoxie, die nicht ungestraft der Revision unterzogen werden dürfe. Es ist schließlich kein Zufall, daß der Revisionismusbegriff just in dem Augenblick entstanden ist, als der Sozialismus sich als unangreifbares wissenschaftliches Erklärungssystem zu verstehen begann und Neuansätze bzw. Kritik aus der Mitte seiner Anhänger heraus mit diesem denunziatorisch gemeinten Terminus zum Schweigen zu bringen versuchte. Im Kommunismus wurden dann „die verschiedensten Formen von Rechtsabweichungen" als „Revisionismus" bezeichnet.[1]

Wenn Revisionismus zum wissenschaftlichen Alltag gehört, weil nur Revision die Wissenschaft voranbringt, empfiehlt sich die Suche nach einem anderen Oberbegriff. Mit Jürgen Habermas und Hans-Ulrich Wehler kann man jene Vorstöße, die darauf zielten, die als lästig empfundene Geschichte zwischen 1933 und 1945 zu normalisieren, als Versuche zur „Entsorgung der deutschen Vergangenheit" umschreiben.[2] Sie zielten zwar auch auf die Fachkollegen, mehr noch aber auf das große Publikum, auf dessen Zustimmung man hoffte, um damit die wissenschaftlichen Gegner in den eigenen Reihen zu isolieren und die Deutungshoheit an sich zu reißen. Tatsächlich sind die Kontroversen auf ungewöhnlich große Resonanz in der Öffentlichkeit gestoßen, aber die Ansichten der „Entsorger" haben sich weder bei den einen noch bei den anderen durchgesetzt. Nach wie vor gibt es in der Bundesrepublik einen Konsens, sich dem Verhängnis der jüngeren deutschen Geschichte zu stellen.

Soweit die Literatur eine Erklärung dieses Phänomens versucht hat, standen die politischen Rahmenbedingungen im Vordergrund. Hans-Ulrich Wehler nennt als Entstehungsgrund die 1982 eingeleitete „Wendepolitik", der sich Vertreter eines „neuen Zeitgeistes" angedient hätten.[3] Jürgen Habermas verweist auf die rasche Folge runder Jahrestage, die 1983, 1984 und 1985 die Deutschen eindringlich an ihre historische Schuld erinnerten und bei vielen den Wunsch nach einem „Schluß-strich" hätten wachwerden lassen.[4] Beides ist richtig, denn in der Tat hat Bundes-kanzler Kohl von Anfang an auch im Bereich der neuerdings sogenannten „Geschichtspolitik" eine Wende verlangt. Aber abgesehen davon ist der Wunsch nach einem „Schlußstrich" so alt wie die Bundesrepublik selbst;[5] er kann darum jederzeit mobilisiert werden.

Historiker hatten sich bis dahin an diesen Versuchen jedoch kaum beteiligt. Mag auch der Beitrag der deutschen Geschichtswissenschaft zur Erforschung des „Dritten Reiches" in Einzelfällen unzureichend gewesen sein – insgesamt erfreute sich die deutsche Zeitgeschichtsschreibung jedoch eines auch international gewür-digten Rufes –, so fühlte sie sich als Ganzes und namentlich in Gestalt ihrer führen-den Repräsentanten stets einem kritischen Rückblick verpflichtet. Es überrascht deswegen – und ist von Wehler und Habermas nicht hinreichend erklärt –, daß seit Mitte der achtziger Jahre immer wieder auch renommierte Fachgenossen zum Mittel der „Entsorgung" greifen. Meine These ist, daß der Hinweis auf gewandel-te politische Randbedingungen nicht genügt, sondern daß die Ursache für die Teilnahme von Historikern an Versuchen zur Verharmlosung des Nationalsozialis-mus auch innerwissenschaftliche Gründe haben muß. Ihnen soll im Folgenden nachgegangen werden.

Wenn einleitend die Normalisierung als Ziel aller Versuche zur „Entsorgung der deutschen Vergangenheit" bezeichnet worden ist, so ist dieser Begriff mit Be-dacht gewählt. Normalisierung hat damals nämlich auch Martin Broszat gefordert, der 1985 sein „Plädoyer für eine Historisierung des Nationalsozialismus" vortrug.[6] Dieser Aufsatz steht im Schnittpunkt zweier gegensätzlicher historiographischer Entwicklungsstränge und erhielt deswegen neben verbreiteter Zustimmung auch Beifall von der falschen Seite und natürlich Kritik. Er verdient daher eine nähere Betrachtung. Broszat beklagte den „Vorrang einer dämonologischen Deutung des Nationalsozialismus, die mehr auf distanzierende Beschwörung als auf historische Erklärung aus war"[7]. In der historiographischen Praxis waren die Darstellungen „oft mehr Schwarz-Weiß-Konstrukt aus der Retrospektive als genetisch entfaltete multidimensionale Geschichte, bevölkert weniger mit plastischen, psychologisch stimmigen Figuren als mit Typen und Stereotypen aus dem politikwissenschaftlichen Begriffs-Vokabular, präsentiert mehr durch einen moralisch-didaktischen Kom-mentar als durch einen historischen Bericht, formuliert in mehr oder weniger pa-thetischen oder dozierenden Worten von Historikern, deren Verlegenheit der Ge-schichte des Nationalsozialismus gegenüber sich auch darin äußert, daß sie ihr das eigentliche Transportmittel geschichtlicher Darstellung, die erzählerische Sprache, vorenthalten".[8] Das mochte als Verfahren in den fünfziger und sechziger Jahren noch angemessen gewesen sein, für die Zeit danach war es bedenklich, weil die

„mit dem Unterton moralischer Entrüstung" schreibenden Historiker Gefahr liefen, das inzwischen hinzugekommene Publikum nicht mehr zu erreichen.[9]

Ob Broszat damals die geschichtswissenschaftliche Produktion der Nachkriegszeit korrekt eingeschätzt hat, ist hier nicht weiter zu untersuchen; Saul Friedländer hielt ihm jedoch gute Gegenbeispiele vor.[10] Der Kern seines Arguments entstammte denn auch dem vom Institut für Zeitgeschichte getragenen alltagsgeschichtlichen Großprojekt „Bayern in der NS-Zeit",[11] das ein in mancher Hinsicht neues Bild des „Dritten Reiches" hervorgebracht hat. „Aus der Nahoptik der ländlichen oder kleinstädtischen provinziellen Milieus"[12] traten die dämonischen Züge des Nationalsozialismus hinter die populistische Attraktivität dieser Bewegung zurück, die ihrerseits eher politischen Defiziten der Weimarer Republik einerseits, Ängsten und Hoffnungen breiter Bevölkerungsteile andererseits entsprungen war als programmatischen Aussagen der NSDAP. Die vielfältigen „Schubkräfte außerhalb der Ideologie und Politik", die lange Zeit im Schatten der Forschung gestanden haben, machen laut Broszat „besser verständlich, warum so große Teile einer zivilisierten Nation irrigerweise in so starkem Maße dem Nationalsozialismus und Hitler verfielen".[13]

Auf diese Frage hatte es bis dahin in der Tat keine recht überzeugende Antwort gegeben, weswegen „Nazi" bzw. „Faschist" oft nicht mehr als ein Schlagwort war; als solches hat es freilich eine aus dem politischen Alltag der Bundesrepublik (und erst recht der DDR) nicht hinwegzudenkende Rolle gespielt. Was nun den Hauptertrag der dem Prinzip der Historisierung verpflichteten Forschung betrifft – zu der neben Martin Broszat und seiner Münchener Equipe auch Historiker wie Hans Mommsen, Wolfgang Schieder, Lutz Niethammer, Hans-Ulrich Thamer, Detlev Peukert, Jürgen Reulecke, Ulrich Herbert, ja schon ganz früh der Archivar Franz-Josef Heyen und inzwischen auch Vertreterinnen der Frauenforschung von Claudia Koonz bis Adelheid von Saldern wichtige Beiträge lieferten –, so läßt er sich in folgenden drei Punkten zusammenfassen:

1. Die Weltanschauung spielte eine viel geringere Rolle als bisher angenommen; attraktiver und deshalb wichtiger waren die vom „Dritten Reich" vergebenen „tausendfachen kleinen und großen Führerpositionen"[14] und die vom Regime eingeräumten Chancen, Konflikte einfach mittels Kollaboration zu lösen. (So erklären sich beispielsweise die ungezählten zeittypischen Denunziationen.)
2. Der Terror war nur für bestimmte Gruppen und Phasen existenzbestimmend, für die Mehrheit blieb er im Hintergrund. Zustimmung erreichte das System jedenfalls weniger durch Einschüchterung als durch versprochene oder sogar tatsächliche Leistungen.
3. Eine eindeutige Grenze zwischen Opfern und Tätern ist die Ausnahme. Das Gros der Bevölkerung spielte, oft genug unfreiwillig, beide Rollen. Als das

selbst für den Widerstand nachgewiesen wurde, hat das verständlicherweise besondere Empörung ausgelöst, andererseits ließ sich gerade beim Grenzfall des Widerstandes das Funktionieren des Regimes besonders gut beobachten.

Einerseits haben diese Erkenntnisse die Verstrickungen der Deutschen mit dem „Dritten Reich" deutlicher als je zuvor gemacht; der Vorwurf der Verharmlosung geht, so gesehen, daher ins Leere. Andererseits taucht in Untersuchungen dieser Art das Stichwort Auschwitz nicht auf, was Anlaß zu heftigen Kontroversen wurde.[15] Die Parteigänger der Historisierung des Nationalsozialismus haben das natürlich nicht beabsichtigt, keiner von ihnen stand jemals ernsthaft im Verdacht, die Verbrechen der Deutschen kleiner machen zu wollen als sie in der Tat waren. Das von Broszat vorgetragene Verstehens-Prinzip war ausdrücklich von jenem des 19. Jahrhunderts hinsichtlich seines kritischen, d. h. wertbezogenen Deutungsauftrags unterschieden.[16] Zugleich aber verteidigte Broszat vehement seine Überzeugung, es genüge nicht länger, „von Auschwitz her die Geschichte des Dritten Reiches rückwärts aufzurollen, anstatt sie, wie das der historischen Methode entspricht, nach vorwärts zu entfalten".[17] In der Tat kann man anders die Zeit zwischen 1933 und 1945 schwerlich verstehen. Es gab viele Gründe, 1933 Hitler an die Macht zu bringen bzw. seinen Machtantritt zu bejubeln; die Vernichtung des europäischen Judentums spielte dabei keine Rolle. Das ist banal. Schon weniger banal ist die Feststellung, daß die Konsequenzen des Kerns der Hitler'schen Weltanschauung noch lange nicht absehbar waren. Zu den schwierigsten Aufgabe der Geschichtsschreibung gehört es dann allerdings, zu erklären, weshalb bis zum Schluß von diesen Konsequenzen abgesehen werden konnte. Hillgrubers Versuch ist vollkommen fehlgeschlagen.[18] Sein Buch stand neben demjenigen Ernst Noltes im Mittelpunkt des Historikerstreits.[19]

Es geht hier nicht darum, diesen Streit nachzuzeichnen, denn das ist bereits mehrfach geschehen.[20] Vielmehr soll er gemeinsam mit den anderen „Entsorgungsversuchen" auf seinen Bezug mit dem Vorstoß zur Historisierung des „Dritten Reiches" untersucht werden. Vorwegzuschicken ist, daß, worauf einleitend bereits hingewiesen wurde, die Hauptantriebe politischer, genauer: nationalpädagogischer Natur waren. Vierzig Jahre nach dem Ende des Zweiten Weltkriegs sollte den Deutschen endlich die Schamröte ausgetrieben werden, so Habermas, sollte die Geschichtswissenschaft wieder einen „positiven" Beitrag zur deutschen Identität leisten. Eine stattliche Reihe von Symposien und Sammelbänden machte sich in der zweiten Hälfte der achtziger Jahre an die Antwort auf die Frage, wem die deutsche Geschichte gehöre und was sie zu lehren habe, und etliche Stiftungen und Verlage sorgten dafür, daß diese Antworten die Studierstuben der Nach-Denker verlassen konnten.

113

Typologisch betrachtet, geschah zwischen 1986 und 1991 die „Entsorgung der deutschen Vergangenheit" auf dreierlei Weise:

- durch die vergleichende Verharmlosung (Nolte),
- durch die Wiederbelebung der Präventivkriegsthese gegen Rußland (Hoffmann, Post),
- durch die trivialisierende Verwendung der Modernisierungstheorie (Prinz/ Zitelmann).

Es ist keine nachträgliche Konstruktion, diese so unterschiedlichen Autoren und Themen unter dem Oberbegriff historisierender Mimikry zu vereinen. Auf diese Interpretation haben sie sich nämlich alle berufen, um ihr eigentliches Anliegen zu legitimieren, d.h. sie bedienten sich eines aktuellen, aber umstrittenen wissenschaftlichen Arguments, um ihre auf Streit angelegten neuen Deutungsmodelle mit dem Gütesiegel des Münchener Instituts für Zeitgeschichte zu versehen. Nolte rückt die Historisierung in die Nähe seiner bekannten Vorliebe für spitzfindige, Empfindlichkeiten nicht achtende und entsprechend provozierende Fragen und stellt mit Befriedigung fest, trotz aller „Frageverbote" und Tabuverletzungen der Linken sei es nunmehr, 1987, endlich möglich, „eine „Historisierung" auch des Nationalsozialismus zu fordern, seine revolutionären Züge stärker hervorzuheben, als das bis dahin üblich war, und ihm sogar eine positive Rolle innerhalb des Modernisierungsprozesses der deutschen Gesellschaft zuzuschreiben".[21] Das „Dritte Reich" als nationalpädagogischen Buhmann zu benutzen, sei zum Glück „auch immer schwieriger" geworden.

Schon dieser Satz Noltes enthüllt, daß Historisierung bei ihm nicht ein methodisches Gebot ist, dessen Ergebnisse zunächst offen bleiben, sondern einer bestimmten Interpretation verpflichtet ist. Es kennzeichnet auch sonst Noltes Vorgehen, daß Thesen nicht dem historischen Material, sondern einem vorgängigen „Wissen" entnommen sind, wie Geschichte abläuft.[22] So kommt es gerade im fraglichen Buch zu haarsträubenden Deutungen von Quellen und Sachverhalten. Einwände pflegt Nolte als beckmesserisch abzuweisen, da es ihm nicht um „normale", sondern um „philosophische Geschichtsschreibung" zu tun sei.[23] Aus dieser Perspektive gehe es um den Vergleich der beiden „bis 1945 bedeutendsten" Versuche, auf die vollständige Entzauberung der modernen Welt „eine Antwort zu geben, welche die Bewahrung grundlegender Wesenszüge der Menschen ermöglicht und doch die vorhandene Moderne [...] radikal verneint und fundamental verändert".[24] Faschismus und Marxismus seien insofern miteinander verwandt, nur daß Hitler sich am falschen Gegner vergriffen habe, denn die Juden waren genauso von der Moderne bedroht wie die Deutschen; aber das habe ja Stalin mit seinem Mord an den Kulaken vorgemacht, wenn auch mit mehr Recht, denn diese seien wirkliche

Gegner seines Systems gewesen, während der Biologismus Hitlers eigentlich „Ratlosigkeit"[25] erkennen lasse, wo der wahre Feind sitze.

Nolte bedurfte nicht der Historisierung als neuartigem Ansatz, die Geschichte des „Dritten Reiches" in die deutsche Geschichte insgesamt einzuordnen, für ihn war der Nationalsozialismus längst Bestandteil einer Menschheitsaufgabe, nämlich des Widerstandes gegen die Transzendenz.[26] Er nahm im Gegenteil für sich in Anspruch, Broszat vollziehe nach, was er selbst seit langem praktiziere. Als Broszat ihn 1986 angriff und damit den Unterschied offenlegte, vermochte Nolte darin nur ein politisches Vorurteil zu sehen. Zur Historisierung gehöre auch, daß man „'nach rechts hin' weniger ängstlich wäre".[27]

Die von Nolte kritisierte Ängstlichkeit „nach rechts hin" lassen jene Autoren vermissen, die sich seit Anfang der achtziger Jahre zu Fürsprechern der Präventivkriegsthese machen.[28] Man hatte diese Behauptung längst für widerlegt gehalten, doch hinderte das nicht Historiker wie Joachim Hoffmann und Walter Post, ihre – wie die Fachkollegen mehrheitlich meinen[29] – schlechten Argumente inzwischen mehrfach vorzutragen.[30] Weder Hoffmann noch Post betrachten sich als „philosophische Historiker"; Noltes Argument des Fundamentalprozesses bleibt ihnen daher verwehrt. Sie neigen überhaupt wenig dazu, ihre Ansichten methodisch zu rechtfertigen. Gleichwohl ist offensichtlich, daß sich ihre „Entsorgungsversuche" in den Zusammenhang der beabsichtigten Umbewertung der deutschen Geschichte einordnen und damit an der willentlichen Mißdeutung des Historisierungsparadigmas teilhaben. Wirkungsgeschichtlich und damit politisch ist die Präventivkriegsthese ungleich gefährlicher als Noltes schwer erschließbarer Gedankengang, denn, wie die Auseinandersetzungen um die Wehrmachtsausstellung zeigen, berührt der Krieg gegen die Sowjetunion noch immer die Lebenswelt Millionen Deutscher. Wer den „alten Kameraden" dabei hilft, der historischen Verantwortung zu entgehen, kann daher stets mit großem Publikum rechnen. Wenn deshalb gelegentlich im Hinblick auf die Kontroverse um Hoffmanns Darstellung von einem Nebenschauplatz des Historikerstreits gesprochen wurde (Messerschmidt), dann allenfalls in dem Sinne, daß die Weigerung, Argumente und Tatsachen zur Kenntnis zu nehmen, ein so alltäglicher Vorgang ist, daß sich darüber nicht zu streiten lohnt. Methodologisch ist hier wenig anzumerken, weshalb die Auseinandersetzung hiermit beendet sei.

Anders verhält es sich mit der Frage, wie modern der Nationalsozialismus gewesen ist. Sie wird seit langem gestellt, für Broszat ist sie eines der Motive für seine Suche nach einer überzeugenderen Darstellung des „Dritten Reiches"[31], und sie führt tatsächlich zum Kern des so widersprüchlichen zeitgenössischen Bildes vom „Dritten Reich", in dem Schrecken und Faszination eine schwer aufzulösende Einheit bilden.

Rainer Zitelmann hatte seine Dissertation über Hitlers Selbstverständnis als

Revolutionär so gut wie abgeschlossen, als Broszats Historisierungsappell erschien. Er bedurfte auch nicht Broszats Hinweisen, um das Thema der Modernität aufzugreifen. Er nahm jedoch sofort dessen Stichwort auf und bezeichnete sein Vorgehen, Hitler mit Hitler zu erklären,[32] als Beitrag zur Historisierung des „Dritten Reiches".[33] Wie er dieses Verfahren verstand, erläuterte er in einer Besprechung von Broszats Gesammelten Aufsätzen: Im Prinzip habe der Direktor des Instituts für Zeitgeschichte zwar recht, aber er riskiere zu wenig „Normalisierung" und sei „noch von den unausgesprochenen Formulierungszwängen nicht ganz frei".[34] Andere Historiker seien da schon weiter, „im Vordergrund" stehe bei ihnen „nicht mehr die moralische Be- und Verurteilung".

Zitelmann ermächtigte sich damit selbst zum „freieren" Umgang mit der deutschen Vergangenheit und legte zusammen mit gleichgesinnten Kollegen in rascher Folge entsprechende Bücher vor.[35] Der Vorstoß zur Verharmlosung war so offensichtlich, daß er, und ganz besonders der Versuch, die nationalsozialistische Herrschaft als „Modernisierungsdiktatur" zu verniedlichen,[36] heftige Reaktionen unter den Historikern hervorrief.[37] Hatte Broszat mit Recht verlangt, die Geschichte des „Dritten Reiches" nicht länger nur durch die Brille von Auschwitz zu betrachten, so machte daraus „Ernst Noltes junge Garde"[38] einen Nationalsozialismus ohne Auschwitz. Auch beim Thema „Lebensraum" kommt Zitelmann durchweg ohne Stichworte wie Umsiedlung, Genozid und Versklavung aus; das ganze Projekt habe „lediglich der Beseitigung der gestörten Proportionalität von Landwirtschaft und Industrie" im Deutschen Reich gedient.[39] Einen ähnlich „unbefangenen" Text wird man selten finden.

Anders als der Historikerstreit hat die Auseinandersetzung um Modernisierung und Modernität die Geschichtswissenschaft methodisch und inhaltlich durchaus weitergebracht. Das ist aber weniger das Verdienst Zitelmanns und seiner Parteigänger. Vielmehr hatten sich einige Historiker auch unabhängig von Broszats entsprechendem Denkanstoß diesem für das Verständnis des „Dritten Reiches" unverzichtbaren Thema zugewandt. Namen wie Detlev Peukert, Lutz Niethammer und Ulrich Herbert sind hier an erster Stelle zu nennen. Andere haben das Thema im Zusammenhang der verschiedenen Auseinandersetzungen aufgegriffen. Vor allem bei den erstgenannten stehen die Ambivalenzen des Fortschritts im Mittelpunkt des Nachdenkens – ein Ergebnis der modernisierungsskeptischen Grundstimmung seit Ende der siebziger Jahre. Die Beschäftigung mit der Geschichte des Alltags, in der die Kosten und Verluste des Modernisierungsprozesses stärker ins Auge fallen als aus der Vogelperspektive sozialer Theorien bzw. der modernen Sozialgeschichte, hat den Blick für die Janusgesichtigkeit der Moderne besonders geschärft. Auch Broszat verdankte ja seine neuartigen Einsichten einem alltagsgeschichtlichen Projekt.

Mittlerweile hat man begonnen, die gesamte deutsche Geschichte seit dem Ausgang des 19. Jahrhunderts unter dem Gesichtspunkt dieser Ambivalenz neu zu überdenken.[40] Damit wird man auch der Zeitstimmung um vieles gerechter als mit früheren Ansätzen. Nicht minder bedeutsam ist es, daß die Wissenschaftsgeschichte neuerdings ebenfalls die Zweischneidigkeit des Fortschritts zu thematisieren beginnt,[41] denn auf diesem Feld lagen und liegen Zivilisation und Barbarei besonders eng beieinander, und je nach den politischen Gesamtumständen kam bzw. kommt die eine oder die andere Seite zum Tragen. Dieses Gespür für die Offenheit der Wirkungsmöglichkeiten der Moderne vermißt man dagegen bei den Vertretern einer sich als „links" verstehenden Richtung, die den nationalsozialistischen Genozid als Instrument einer gezielt betriebenen „Modernisierung durch Vernichtung" betrachtet. Die Ausmerzung sozial oder rassisch unerwünschter Bevölkerungsteile sei dieser Ansicht zufolge Ausfluß der kapitalistischen Rationalisierungslogik und lasse sich deshalb in abgewandelter Form sowohl vor 1933 als auch nach 1945 beobachten.[42] Mit guten Argumenten wurde diese These sogleich kritisiert[43], und zumindest Götz Aly hat sich den Einwänden gebeugt und inzwischen eine sehr viel überzeugendere, dem Zusammenhang zwischen ideologischer Perspektive und mörderischer Handlung Rechnung tragende Deutung des Holocaust vorgelegt.[44]

So wird man abschließend drei Ergebnisse festhalten können.
1. Sowohl Nolte als auch Zitelmann haben durch ihre „Entsorgungsversuche" das historiographische Normensystem in einem Maße verletzt, daß sie in der Geschichtswissenschaft inzwischen so gut wie keine Rolle mehr spielen. Daß ihnen Ressentiment vor historischer Methodik ging, wurde ihnen zum Verhängnis. Die seit einiger Zeit wieder in Gang gekommene Methodendiskussion ist zwar nicht Folge des Historikerstreits, sie lieferte wohl aber zusätzliche Impulse dafür, daß die Historiker wieder vermehrt die Grundlagen ihrer Urteilsbildung reflektieren. Historisierung ist ein Bestandteil dieses Vorganges.
2. Ebenfalls keine direkte Folge dieser Auseinandersetzungen ist der geschärfte Blick für das Thema der Moderne, doch verdankt auch dieses Problem gesteigerte Aufmerksamkeit durch den von Prinz und Zitelmann entfesselten Streit – sehr zum Vorteil unseres Geschichtsbildes. Das ist gewissermaßen der tröstliche Aspekt einer insgesamt sehr unerfreulichen Debatte.
3. Es ist allerdings keineswegs so, als hätten die gewissermaßen obsiegenden Historiker nicht ebenfalls ihre Schwierigkeiten mit wichtigen Aspekten des „Dritten Reiches". In beiden Auseinandersetzungen sind ihnen vielmehr von Fachgenossen erneut Fragen gestellt worden, auf die sie bisher keine überzeugendere Antwort geben konnten als ihre Widersacher. Ob und welche Rolle bei-

spielsweise der Raum in der Geschichte spielt – darauf pflegt die Sozialgeschichte ihrerseits mit einem Denkverbot zu reagieren; das Thema fiel wie kein zweites der Entnazifizierung der „Volksgeschichte" zum Opfer und ist seither von dieser Seite mit einem Tabu belegt, während die Gegenseite nicht eben durch überzeugende Argumente aufgefallen ist. – Eine weitere, und zwar für das Verständnis des Zweiten Weltkriegs und seiner Verarbeitung zentrale Frage betrifft den Krieg im Osten. Daß dort militärischer Auftrag (Vernichtungsfeldzug) und persönliches Erleben (Verteidigung der Heimat) so gar nicht zueinanderpassen wollen, ist bekannt. Aber wie geht man als Historiker damit um? Hillgruber ist an diesem Thema gescheitert, doch hat die Kritik keine brauchbare Lösung aufgezeigt, wie große und kleine Welt verkoppelt waren bzw. wie diese Verkoppelung historiographisch dargestellt werden kann. – Schließlich noch ein Problem, das so richtig erst im Verlauf des nächsten Streites, der Goldhagen-Debatte, erkennbar geworden ist. Die von Hans Mommsen und Martin Broszat zur Abwehr Irvings vorgetragenen Deutungen der Entstehungszusammenhänge der „Endlösung"[45] erweisen sich als revisionsbedürftig. Mit seiner Kritik daran hatte Goldhagen recht, ohne daß dadurch allerdings seine eigene These an Plausibilität gewonnen hätte. Wir glauben aber heute zu wissen, daß der Stellenwert des Rassismus so wenig randständig war wie die Führungsgruppe des Terrorapparates. Ein gewissermaßen sich selbst vorantreibender Entscheidungsprozeß mit weltanschaulich desinteressierten Tätern – dieser Erklärungsansatz befriedigt heute nicht mehr. Hier sind neue Deutungen gefragt.[46]

Wenn diese Darstellung eines gezeigt hat, so ist es die Überlegenheit der Historisierung als methodischer Zugriff. Wer sich ernsthaft auf dieses Verfahren einläßt, hat genügend Kriterien zu einer auch moralischen Urteilsbildung zur Hand. Saul Friedländers Hinweis auf den möglichen Mißbrauch ist wenig hilfreich, da alle Argumente mißbraucht werden können. Weder Nolte noch Prinz/Zitelmann durften sich auf Broszat berufen. Daß auch das interessierte Publikum den Sirenenklängen der „Entsorger" widerstanden hat, ist ein ermutigendes Zeichen für die politische Moral in der Bundesrepublik und für die Historiker ein Auftrag, den Bedarf an einer kritischen und sachgerechten Darstellung des „Dritten Reiches" zu stillen. An Gesamtdeutungen, die diese Aufgabe erfüllen, herrscht wahrlich kein Überfluß.

Anmerkungen

1 Lidtke, Vernon L.: Revisionismus, in: Kernig, Claus-Dieter (Hg.): Sowjetsystem und demokratische Gesellschaft, Bd. 5. Freiburg 1972, S. 666.

2 Genau gesehen prägten H. Dubiel und G. Frankenberg bereits 1983 diesen Begriff, populär wurde er jedoch erst durch Habermas und Wehler. Habermas, Jürgen: Entsorgung der Vergangenheit, in: Ders.: Die Neue Unübersichtlichkeit. Frankfurt 1985, S. 261-268. Wehler, Hans-Ulrich: Entsorgung der deutschen Vergangenheit? Ein polemischer Essay zum „Historikerstreit". München 1988.

3 Wehler, Entsorgung, S. 11.

4 Habermas, Jürgen: Eine Art Schadensabwicklung. Frankfurt 1987, S. 11.

5 Frei, Norbert: Vergangenheitspolitik. Die Anfänge der Bundesrepublik und die NS-Vergangenheit. München 1996.

6 Broszat, Martin: Plädoyer für eine Historisierung des Nationalsozialismus, in: Merkur, H. 5, 1985, S. 384. In der Folge wird nach dieser Ausgabe zitiert. Der Aufsatz ist wiederabgedruckt in: Ders.: Nach Hitler. Der schwierige Umgang mit unserer Geschichte. München 1986, S. 159-173.

7 Brief vom 28.09.1987. Ders./Friedländer, Saul: Um die „Historisierung des Nationalsozialismus". Ein Briefwechsel, in: Vierteljahrshefte für Zeitgeschichte (VfZ) 36 (1988), S. 342.

8 Brief vom 26.10.1937. Ebda., S. 349.

9 Ders.: Plädoyer, S. 383. Diese Kritik bezog sich übrigens auf einen Aufsatz von mir zum Widerstand und war vollkommen gerechtfertigt.

10 Nämlich Karl-Dietrich Bracher, Hans Mommsen und Broszat selber. Brief vom 06.10.1987. Um die „Historisierung", S. 344.

11 Broszat, Martin u. a. (Hg.): Bayern in der NS-Zeit, 6 Bände. München 1977-1983.

12 Ders.: Plädoyer, S. 380.

13 Brief vom 26.10.1987. Um die „Historisierung", S. 350.

14 Ders.: Plädoyer, S. 381.

15 Brief Friedländers vom 08.11.1987. Um die „Historisierung", S. 356. Ders.: Überlegungen zur Historisierung des Nationalsozialismus, in: Diner, Dan (Hg.): Ist der Nationalsozialismus Geschichte? Zu Historisierung und Historikerstreit. Frankfurt 1987, S. 49f. Diner, Dan: Zwischen Aporie und Apologie. Über Grenzen der Historisierbarkeit des Nationalsozialismus, in: ebda., S. 67-73.

16 Broszat, Brief vom 28.09.1987. Um die „Historisierung", S. 340f.

17 Brief vom 26.10.1987. Ebda., S. 352.

18 Hillgruber, Andreas: Zweierlei Untergang. Die Zerschlagung des Deutschen Reiches und das Ende des europäischen Judentums. Berlin 1986.

19 Nolte, Ernst: Der europäische Bürgerkrieg 1917-1945. Nationalsozialismus und Bolschewismus. München 1987.

20 Die ersten Beiträge sind abgedruckt in: „Historikerstreit". Die Dokumentation der Kontroverse um die Einzigartigkeit der nationalsozialistischen Judenvernichtung. München, Zürich 1987. Eine umfassende Sammelbesprechung erfolgte durch Schneider, Michael: „Volkspädagogik" von rechts. Ernst Nolte, die Bemühungen um die „Historisierung" des Nationalsozialismus und die „selbstbewußte Nation", in: Archiv für Sozialgeschichte 35 (1995), S. 532-581.

21 Nolte, Bürgerkrieg, S. 14. Ebda. auch das folgende Zitat.

22 Methodisch hat sich mit Nolte nur Wolfgang Schieder auseinandergesetzt. Schieder, Wolfgang: Der Nationalsozialismus im Fehlurteil philosophischer Geschichtsschreibung. Zur Methode von Ernst Noltes „Europäischem Bürgerkrieg", in: Geschichte und Gesellschaft (GG) 15 (1989), S. 89-114.

23 Nolte, Ernst: Philosophische Geschichtsschreibung heute? In: Historische Zeitschrift (HZ) 242 (1986), S. 265-289.

24 Ebda., S. 285f.

25 Ebda., S. 281.

26 Ders.: Der Faschismus in seiner Epoche. München, Zürich 1963, S. 507.

27 Ders.: Das Vergehen der Vergangenheit. Antwort an meine Kritiker im sog. Historikerstreit. Berlin, Frankfurt 1987, S. 26.

28 Prominentestes Beispiel sind die Beiträge Joachim Hoffmanns in: Militärgeschichtliches Forschungsamt (Hg.): Das Deutsche Reich und der Zweite Weltkrieg, Bd. 4: Der Angriff auf die Sowjetunion. Stuttgart 1983.

29 Gorodetsky, Gabriel: Stalin und Hitlers Angriff auf die Sowjetunion. Eine Auseinandersetzung mit der Legende vom deutschen Präventivschlag, in: VfZ 37 (1989), S. 645-672. Pietrow, Bianka: Deutschland im Juni 1941 – Ein Opfer sowjetischer Aggression? Zur Kontroverse über die Präventivkriegsthese, in: GG 14 (1988), S. 116-135. Ueberschär, Gert/Wette, Wolfram (Hg.): Der deutsche Überfall auf die Sowjetunion. Frankfurt 1991.

30 Hoffmann, Joachim: Stalins Vernichtungskrieg 1941-1945. München 1995. Post, Walter: Unternehmen Barbarossa. Deutsche und sowjetische Angriffspläne 1940/41. Berlin, 2. Aufl. 1996.

31 Broszat, Plädoyer, S. 384. Ders., Brief vom 4.12.1987. Um die „Historisierung", S. 363.

32 Sein Verfahren sei „'phänomenologisch' im Sinne von Noltes Definition", d. h. es handle sich um eine „Methode, 'die ihren Gegenstand zunächst einmal zur Kenntnis nimmt und ihn sich gleichsam selbst beschreiben läßt'". Zitelmann, Rainer: Hitler. Selbstverständnis eines Revolutionärs. Stuttgart, 3. Aufl. 1990, S. 41. Er wolle sich in „die innere Logik" von Hitlers Weltanschauung „'hineindenken'". Ebda., S. 45.

33 So im Vorwort zur 2. Auflage (1988): NS-Forschung nach dem „Historikerstreit", hier zitiert nach der 3. Aufl. von: Zitelmann, Hitler, S. 17.

34 Süddeutsche Zeitung, 30.12.1986.

35 Backes, Uwe/Jesse, Eckhard/Zitelmann, Rainer (Hg.): Die Schatten der Vergangenheit. Impulse zur Historisierung des Nationalsozialismus. Frankfurt 1990. Prinz, Michael/Zitelmann, Rainer (Hg.): Nationalsozialismus und Modernisierung. Darmstadt 1. Aufl. 1991 (1994 erschien eine Neuauflage mit einem distanzierenden Nachwort Prinz'). Fragwürdige Vorworte (von Einzelbeiträgen ganz abgesehen) enthalten auch: Smelser, Ronald/Zitelmann, Rainer (Hg.): Die braune Elite. 22 biographische Skizzen. Darmstadt 1989. Dies. und Syring, Enrico (Hg.): Die braune Elite, Bd. 2. 21 weitere biographische Skizzen. Darmstadt 1993.

36 So schon Zitelmann, Hitler, S. 441.

37 Eine Auswahl in chronologischer Reihenfolge des Erscheinens: Tribüne H. 119, 1991, S. 174-180 (Steinbach). Sozialwissenschaftliche Informationen 20 (1991), S. 152 (Lüdtke). 1999, H. 1, 1992, S. 129-132 (Linne). Geschichtswerkstatt, H. 24, 1991, S. 56-61 (Bajohr). Archiv für Sozialgeschichte 32 (1992), S. 541f. (Schneider). Vierteljahrsschrift für Sozial- und Wirtschaftsgeschichte 80 (1993), S. 217f. (Frei). Längere Artikel: Dipper, Christof: Modernisie-

rung des Nationalsozialismus, in: Neue Politische Literatur 36 (1991), S. 450-456. Frei, Norbert: Wie modern war der Nationalsozialismus?, in: GG 19 (1993), S. 367-387. Könke, Günter: „Modernisierungsschub" oder relative Stagnation? Einige Anmerkungen zum Verhältnis von Nationalsozialismus und Moderne, in: ebda. 20 (1994), S. 584-608. Mommsen, Hans: Noch einmal: Nationalsozialismus und Modernisierung, in: ebda. 21 (1995), S. 391-402. Weisbrod, Bernd: Der Schein der Modernität. Zur Historisierung der „Volksgemeinschaft", in: Geschichte als Möglichkeit. Festschrift für Helga Grebing. Essen 1995, S. 224-242. Unbeachtet blieb die vorgängige Warnung von Mommsen, Hans: Nationalsozialismus als vorgetäuschte Modernisierung, in: Pehle, Walter H. (Hg.): Der historische Ort des Nationalsozialismus. Frankfurt 1990, S. 31-46.

38 So der Titel einer Besprechung in: Konkret, H. 5, 1991, S. 60-62.

39 Zitelmann in der Einleitung zu: Nationalsozialismus und Modernisierung, S. 15. Ebenso schon in: Ders.: Hitler, S. 306ff. Daß das nicht zufällige Lesefrüchte sind, sondern Schwerpunkte in Zitelmanns Interessenspektrum, belegt sein Aufsatz: Zur Begründung des „Lebensraum"-Motivs in Hitlers Weltanschauung, in: Michalka, Wolfgang (Hg.): Der Zweite Weltkrieg. München, Zürich 1989, S. 551-567.

40 Z. B. Eley, Geoff: Die deutsche Geschichte und die Widersprüche der Moderne. Das Beispiel des Kaiserreiches, in: Bajohr, Frank/Johe, Werner/Lohalm, Uwe (Hg.): Zivilisation und Barbarei. Die widersprüchlichen Potentiale der Moderne. Detlev Peukert zum Gedenken. Frankfurt 1991, S. 17-65. Peukert, Detlev: Die Weimarer Republik. Krisenjahre der Klassischen Moderne. Frankfurt 1987. Ders.: Max Webers Diagnose der Moderne. Göttingen 1989.

41 Siemen, Hans-Ludwig: Menschen blieben auf der Strecke. Psychologie zwischen Reform und Nationalsozialismus. Gütersloh 1987. Schmuhl, Hans-Walter: Rassenhygiene, Nationalsozialismus, Euthanasie. Von der Verhütung zur Vernichtung „lebensunwerten Lebens" 1890–1945. Göttingen 1987. Lepsius, Oliver: Die gegensatzaufhebende Begriffsbildung. Methodenentwicklung in der Weimarer Republik und ihr Verhältnis zur Ideologisierung der Rechtswissenschaft unter dem Nationalsozialismus. München 1994. Oberkrome, Willi: Volksgeschichte. Methodische Innovation und völkische Ideologisierung in der deutschen Geschichtswissenschaft 1918-1945. Göttingen 1993.

42 Aly, Götz/Heim, Susanne: Sozialplanung und Völkermord. Thesen zur Herrschaftsrationalität der nationalsozialistischen Vernichtungspolitik (1989). Wiederabgedruckt in: Schneider, Wolfgang (Hg.): „Vernichtungspolitik". Eine Debatte über den Zusammenhang von Sozialpolitik und Genozid im nationalsozialistischen Deutschland. Hamburg 1991, S. 11-23.

43 Siehe den vorstehend genannten Sammelband sowie Frei, Wie modern?

44 Aly, Götz: „Endlösung". Völkerverschiebung und der Mord an den europäischen Juden. Frankfurt 1993.

45 Broszat, Martin: Hitler und die Genesis der „Endlösung". Aus Anlaß der Thesen von David Irving, in: VfZ 25 (1977), S. 739-775. Mommsen, Hans: Die Realisierung des Utopischen: Die „Endlösung der Judenfrage" im „Dritten Reich", in: GG 9 (1983), S. 381-420.

46 Dazu Dipper, Christof: Warum werden deutsche Historiker nicht gelesen? Anmerkungen zur Goldhagen-Debatte, in: Heil, Johannes/Erb, Rainer (Hg.), Geschichtswissenschaft und Öffentlichkeit. Der Streit um Daniel J. Goldhagen, Frankfurt 1998, S 93-109.

Brigitte Bailer

Kriegsschuld und NS-Gewaltverbrechen in der österreichischen Nachkriegsdiskussion

1) Die offizielle Haltung Österreichs zur nationalsozialistischen Herrschaft und deren Verbrechen war von Zwiespältigkeit, Inkonsistenz und Schuldabwehr gekennzeichnet. Begierig wurde die von den Alliierten in der Moskauer Deklaration von 1943 „angebotene" Opfertheorie aufgegriffen, die gleichfalls in dem Dokument enthaltene Mitverantwortungsklausel jedoch negiert. Die Verbrechen des NS-Regimes lastete Österreich stets den „anderen", vor allem „den Deutschen" oder einzelnen „verbrecherischen Sadisten" an, mit denen Österreich und seine Bevölkerung nichts zu tun gehabt hätten.[1] Einzelne Politiker wie der Wiener Bürgermeister Theodor Körner verstiegen sich sogar zu der Behauptung, die Österreicher wären in ihrer gesamten Geschichte nie antisemitisch gewesen.[2] Schuld wurde damit personalisiert bzw. nach außen hin abgeführt und Österreich selbst per definitionem zur unschuldigen Nation erklärt, eine Rechtfertigung, die es ermöglichte, auch die materielle Last der Mitverantwortung – die Entschädigung oder sogenannte Wiedergutmachung für die Opfer des Nationalsozialismus – auf ein Minimum zu reduzieren.[3] Im Zweifel nahm Österreich für sich eine Kollektivunschuldsvermutung in Anspruch, eine Sichtweise, die nicht ohne Einfluß auf das Bewußtsein und die Einstellung der Bevölkerung blieb, die sich damit quasi von oben, von den Verantwortlichen, als exkulpiert empfinden konnte.[4]

2) Diesem Standpunkt der Kollektivunschuld schloß sich eine Zeitlang auch die erst rund 20 Jahre nach Kriegsende an der Universität Wien etablierte Zeitgeschichtsforschung an. Sie fokussierte primär auf die Erste Republik bzw. die Geschichte des antinationalsozialistischen Widerstandes, wobei einzelne Forscher/innen bereits früh ihr Augenmerk auch auf die Aufarbeitung der nationalsozialistischen Verfolgung richteten[5]. Der Widerstand gegen das NS-Regime wurde vielfach in heroisierender Weise als „das andere Österreich" präsentiert. Damit folgten diese Arbeiten einerseits einem Bedürfnis vor allem der jüngeren Nachkriegsgeneration, die sich auf die Suche nach von NS-Verbrechen und -Involvierung unbelasteten Identifikationsobjekten gemacht hatte, und andererseits der Widerstandskämpfer/innen selbst, die sich politisch und bewußtseinsmäßig in eine Minoritätsposition gedrängt sahen. Als ein Beispiel für diesen Sachverhalt können durchaus

die frühen Arbeiten aus dem Dokumentationsarchiv des österreichischen Widerstandes herangezogen werden, das ja nicht zuletzt selbst von ehemaligen Widerstandskämpfern und -kämpferinnen gegründet worden war, um den Widerstand und die Verfolgung während der NS-Herrschaft nicht der Vergessenheit anheim fallen zu lassen. Als in der zweiten Hälfte der achtziger Jahre eine jüngere Generation von Historikern und Historikerinnen den Mythos der angeblichen „Stunde Null" 1945 ausgehend von ihren eigenen Forschungsarbeiten in Zweifel zog und – nicht zuletzt ausgelöst durch die Waldheimdebatte 1986 – Forschungen vorlegte, die dieses Selbstverständnis Österreichs als Opfer grundsätzlich fragwürdig erscheinen ließen, wurde sie von Politik, Zeitzeugen und einzelnen Journalisten gleichermaßen diffamiert. Von Regierungsseite wurde sogar versucht, die Historiker gegeneinander auszuspielen und „Anpassungswillige" zur „Imagepflege" Österreichs im Ausland heranzuziehen. So forderte der damalige Bundesminister für Auswärtige Angelegenheiten, Peter Jankowitsch, in Reaktion auf einen Aufsatz des britischen Historikers Robert Knight in einem Schreiben österreichische Zeithistoriker auf, Knights Thesen entgegenzutreten, wofür der Minister auch die Unterstützung seines Ressorts zusicherte.[6]

3) Der „Mythos des unschuldigen Soldaten" ermöglichte es Politikern und auch der Bevölkerung, die Gefallenen des Zweiten Weltkriegs über 1945 hinaus in ungebrochener Kontinuität als „Helden des Vaterlandes" zu sehen[7] und auch intensive – mit beträchtlichem materiellem Aufwand verbundene – Heimkehrerbetreuung durchzuführen, wobei nicht übersehen werden darf, daß die zurückkehrenden ehemaligen Soldaten auch einen wesentlichen politischen Faktor darstellten. Die Frage nach dem Charakter dieses im Namen des NS-Regimes geführten Krieges wurde geflissentlich vermieden und die Sichtweise übernommen, die Soldaten hätten die Heimat verteidigt. Welche Heimat denn in der Sowjetunion, am Balkan, in Frankreich oder Nordafrika verteidigt worden sei, das beschäftigte in diesem Zusammenhang offenbar niemanden. Eine psychosoziale Notwendigkeit für den einzelnen Soldaten, der nur schwer eingestehen konnte, wertvolle Lebenszeit bzw. seine Gesundheit für ein verbrecherisches Regime zu Markte getragen zu haben, geriet so zu einer politischen Grundhaltung des kollektiven Verschweigens. Die Annahme einer „unpolitischen Wehrmacht" ermöglichte es, Soldaten einfach als Opfer des NS-Regimes zu sehen. Bereits in den ersten Nachkriegsjahren segelten im Windschatten dieses Mythos Angehörige der ehemaligen Waffen-SS, die pauschaliter zu „Soldaten wie andere auch" deklariert wurden. Die unleugbar begangenen Verbrechen wurden „der SS" zugeschoben, mit der jedoch die Waffen-SS außer den beiden Buchstaben angeblich nichts gemeinsam hatte. Politiker sowohl der SPÖ als auch der ÖVP waren maßgeblich an der Konstituierung einschlägiger Veteranenverbände, vor allem in Kärnten, beteiligt. Bis vor wenigen

Jahren war es auch für Landespolitiker üblich, den Ehrenschutz über Veranstaltungen solcher Verbände zu übernehmen. Erst 1992 erzwangen öffentliche Proteste den Rückzug steirischer Landespolitiker von einem bereits zugesagten Ehrenschutz für eine Veranstaltung der Waffen-SS-Veteranen[8]. Nicht zufällig besteht bis heute ein beträchtliches Defizit in der Erforschung der Geschichte sowohl der Wehrmacht als auch der Waffen-SS und deren Rolle innerhalb des NS-Systems, insbesondere bezüglich deren tatsächlichem Handeln an den verschiedenen Kriegsschauplätzen. Möglicherweise ohne es zu wollen wurde selbst die Wissenschaft unter dem Einfluß des allgemeinen Klimas zur Komplizin der Verschweiger.

4) Die rasche, undifferenzierte Reintegration der ehemaligen Nationalsozialisten sowohl in politischer als auch in wirtschaftlicher und gesellschaftlicher Hinsicht förderte deren subjektive Unschuldsgefühle und bestärkte damit gleichzeitig eine emotionalisierte Schuldabwehr; wie es ein ehemaliger Nationalsozialist formulierte: Er sei unmittelbar nach der Anhaltung in Glasenbach wieder in den Staatsdienst übernommen worden; dies habe doch seine Unschuld bewiesen. Alle drei im Parlament vertretenen Parteien konkurrenzierten in ihrer Umwerbung der ehemaligen Nationalsozialisten, die Entnazifizierung als dabei störender Vorgang wurde als von den Alliierten aufgezwungene Gesetzgebung dargestellt.[9] Eine Aufarbeitung der nationalsozialistischen Vergangenheit, eine Analyse der Ursachen, die dieses Regime ermöglicht hatten, wäre der Reintegration der „Ehemaligen" im Wege gestanden. Unmittelbar damit war die Verdrängung der Verfolgungsopfer und ehemaligen Widerstandskämpfer/innen verbunden, die als unbequeme Mahner und Zeugen der auch von Österreichern begangenen NS-Verbrechen diesem Reintegrationsprozeß hinderlich gewesen wären.

5) Das Abschieben und Personalisieren der Verantwortung auf wenige einzelne Verbrecher (Hitler, führende Nationalsozialisten wie Himmler oder Goebbels, angebliche Sadisten und Psychopathen etc.) erleichterte es der Mehrheit der Bevölkerung, das heißt den Mitläufern, Sympathisanten und Wegschauern, sich selbst als unschuldige Opfer der alliierten Bomben, des Krieges, des wirtschaftlichen Mangels zu stilisieren und gleichzeitig eigene Mitverantwortungsanteile zu verdrängen, deren man sich latent wohl bewußt gewesen sein muß. Man redete sich solange ein, nichts gewußt, nichts gesehen, nichts getan zu haben, bis man es schließlich selbst glaubte und im Brustton der Überzeugung den nachkommenden Generationen erzählen konnte. Vor allem und gerade innerhalb der Familien wurde dieses Verschweigen und Tabuisieren zu einer weitverbreiteten Strategie. Dazu liegen zwar vor allem Arbeiten für Deutschland vor,[10] die Diagnose stimmt jedoch auch für Österreich, wie erste dazu erschienene Veröffentlichungen andeuten.[11] Überlebende tatsächliche NS-Opfer wurden damit ebenso zu Angreifern auf diese selbst geschaffene Opferidentität der ehemaligen Mitläufer und Angepaßten wie

auch Historiker und Historikerinnen sowie Autoren und Autorinnen, die die Kollektivunschuld in Zweifel zogen bzw. auf die Aufdeckung von NS-Verbrechen und -Verbrechern drängten. Dieser Prozeß kann schon in den vierziger und fünfziger Jahren im Rahmen der Diskussionen um die Rückstellungsgesetzgebung bzw. in Angriffen auf die „Emigranten" nachvollzogen werden;[12] er wurde aber besonders deutlich in der Waldheim-Debatte 1986. Sehr zutreffend nannte die Sprachwissenschaftlerin Ruth Wodak ein Buch dazu „Wir sind alle unschuldige Täter".[13]

6) Veteranenverbände und rechtsextreme Gruppen, die letztgenannten meist unter Führung bzw. starker Beteiligung ehemaliger Nationalsozialisten stehend, produzierten diese Haltung in übersteigerter Form und verdeutlichten sie damit um so mehr, wobei hier jedoch eine der übrigen Gesellschaft gegenläufige Entwicklung zu konstatieren ist. Unter dem Eindruck der NS-Prozesse der vierziger und fünfziger Jahre schien ein Leugnen der nationalsozialistischen Verbrechen nicht möglich. Im ersten Nachkriegsjahrzehnt sahen sich ehemalige Nationalsozialisten und auch Angehörige der Waffen-SS als Opfer in doppelter Hinsicht: Sie definierten sich als vom Verbrecher Hitler mißbrauchte Idealisten,[14] dessen unmenschliche Absichten erst nach einigen Jahren der NS-Herrschaft kenntlich gewesen seien, und als Opfer der Alliierten, die die tatsächlich geschehenen Verbrechen aus machtpolitischen Gründen angeblich ins Unermeßliche übertrieben bzw. mittels der „Umerziehung" das deutsche Volk von Selbstbewußtsein und Stärke fernhalten wollten. Allein aus diesen Gründen seien „ungerechte" Strafen über ehemalige Nationalsozialisten und Waffen-SS-Angehörige verhängt worden. Die Anfang der sechziger Jahre aus dem französischen und angelsächsischen Sprachraum nach Deutschland und Österreich gelangende NS-apologetische Literatur[15] – vorerst konzentriert auf die Frage der deutschen Kriegsschuld – wurde begierig als „Erlösung von der Schuld", als endlich erfolgender Freispruch seitens der ehemaligen Feindnationen aufgegriffen. Nach und nach folgte dann ein Perspektivenwechsel, und in der rechtsextremen Publizistik gewann die Leugnung der NS-Verbrechen gegenüber deren vorsichtigem Eingeständnis eine Vormachtstellung. Der verstärkten Befassung mit der Shoah durch Historiographie, Medien und Kunst entspricht auf rechtsextremer bzw. neonazistischer Seite die Konjunktur der rasch anwachsenden Literatur zur Holocaustleugnung, deren Ursprünge gleichfalls in Frankreich und den USA zu finden sind, von wo sie dann in Übersetzungen in den deutschen Sprachraum gelangten.[16] Hier wurden diese Publikationen von rechtsextremen Kreisen begeistert aufgenommen. Die Sehnsucht nach einem endlichen Freispruch von der uneingestandenen, aber latent doch empfundenen Schuld wird sehr deutlich in folgendem Gedicht, das in der Zeitung der Waffen-SS Veteranen-1995 erschien: „Noch liegt die Welt tief in der Lügen Banden, genarrt und blind vor

ihrem falschen Schein, doch einmal wird auch diese Zeit zuschanden, der Wahrheit Sieg wird Tod der Lüge sein."[17] Wie der Sozialpsychologe Klaus Ottomaier feststellt, wirkt auch FPÖ-Chef Haider bei seinen Auftritten auf dem Ulrichsberg als ein Erlöser und wird von seinem Publikum, vor allem von der Kriegsgeneration, als der Sohn, der freispricht, empfunden.[18]

7) Diese „revisionistische" Publizistik bleibt nicht ohne Wechselwirkung auf die Sichtweise bestimmter Teile der Bevölkerung und einzelner Boulevardmedien, wo apologetische Positionen zu Krieg und NS-Verbrechen immer wieder eine breite Öffentlichkeit finden. Als Beispiele können hier die von Zeit zu Zeit aufflammende Diskussion zur sogenannten „Präventivschlagthese" oder auch die Erfolge des kanadischen Journalisten James Bacque genannt werden, dessen Behauptung, die US-Army hätte 1945 eine Million deutscher Kriegsgefangener absichtlich verhungern lassen, auch Eingang in Boulevardzeitungen gefunden hat[19]. Thesen der Holocaustverharmlosung bzw. der Leugnung aufzugreifen blieb bislang vorwiegend der Kronen-Zeitung und deren Kolumnisten Staberl vorbehalten.[20] Noch in den siebziger Jahren war vor allem die Methode der Aufrechnung angeblicher alliierter Verbrechen gegen NS-Verbrechen eine beliebte Form der Entschuldung des Nationalsozialismus. So brachte das Salzburger Volksblatt anläßlich der Ausstrahlung der TV-Serie „Holocaust" 1979 einen Abdruck aus einem rechtsextremen Buch über die Vertreibung der Sudetendeutschen.[21] Daß es sich bei NS-apologetischen Äußerungen und Beiträgen nicht ausschließlich um ein Minderheitenprogramm handelt, zeigt eine von Hilde Weiss durchgeführte Studie. Bei dieser Befragung stimmten 20 % der Österreicher und Österreicherinnen dem Statement zu: „Hinsichtlich der Konzentrationslager und der Judenverfolgung wird sehr viel übertrieben."[22]

8) Die Intensivierung zeitgeschichtlicher Forschung sowie die Verstärkung des zeitgeschichtlichen Unterrichts an den Schulen führte in den letzten Jahren zu einem Anstieg der öffentlichen Sensibilität und Information hinsichtlich nationalsozialistischer Gewaltverbrechen. Gleichzeitig kam es zu einer Verhärtung der Positionen am anderen Ende des Einstellungsspektrums, wobei auch Einflüsse der deutschen „Neuen Rechten" zur Entsorgung der Geschichte im Dienste der Renaissance der Nation wirksam werden. Zu erinnern ist hier an die Normalisierungsdebatte sowie an den Einbruch „revisionistischer" Positionen in Randbereiche der Historiographie; einzelne Militärhistoriker sowie der ehemals angesehene Faschismusforscher Ernst Nolte vertreten nunmehr die sogenannte „Präventivschlagthese" und nähern sich in Einzelpositionen eindeutig dem „Revisionismus" an.[23] Deutlich wird die genannte Polarisierung stets bei Einzelereignissen wie bei der Debatte um die Ausstellung „Vernichtungskrieg. Verbrechen der Wehrmacht", die erstmals am „Mythos des unschuldigen Soldaten" rührte und damit die Frage

nach der Mitverantwortung an den NS-Verbrechen in beinahe alle Familien hineintrug. Die emotionale Ablehnung der Ausstellung speist sich vor allem aus einem Abwehrreflex aller jener, die bislang ungeschoren davongekommen zu sein glaubten.[24]

9) Weiters wird nunmehr der Gegensatz zwischen öffentlich geäußerter Betroffenheit über die nationalsozialistischen Gewaltverbrechen und dem im privaten Kreis nach wie vor gepflogenen Verschweigen und Tabuisieren der NS-Zeit deutlich. Gedenkreden und öffentliche Kundgebungen stehen anstelle einer tatsächlichen Auseinandersetzung des einzelnen mit der persönlichen oder familiären Involvierung in den Nationalsozialismus. In den letzten Jahren vermehrt an das Dokumentationsarchiv herangetragene Fragen von Kindern und Enkeln der sogenannten Kriegsgeneration nach der möglichen Rolle ihrer Väter, Großväter oder Onkel während der Zeit des Nationalsozialismus machen deutlich, daß hier auch in Österreich ein Bedarf an individueller persönlicher Aufarbeitung besteht. Die Nichtauseinandersetzung mit dem Nationalsozialismus, das „kollektive Schweigen", wirkt in den nachfolgenden Generationen auch auf einer sehr persönlichen Ebene nach. Das heißt aber, daß entgegen allen Wünschen nach einem Schlußstrich oder einem Ende der Debatte die nationalsozialistische Vergangenheit in den Köpfen der Menschen nach wie vor so stark präsent ist, daß ein Schlußstrich weder von der Historiographie noch von der Bevölkerung selbst gewünscht werden kann, aber auch nicht möglich ist.

Anmerkungen

1   Vgl. dazu z. B. Bischof, Günter: Die Instrumentalisierung der Moskauer Erklärung nach dem 2. Weltkrieg, in: Zeitgeschichte 11/12 (1993), S. 345-367; Knight, Robert Graham: Besiegt oder befreit? Eine völkerrechtliche Frage historisch betrachtet, in: Bischof, Günter/ Leidenfrost, Josef (Hg.): Die bevormundete Nation. Österreich und die Alliierten 1945-1949, Innsbruck 1988, S. 75-92; Botz Gerhard: Geschichte und kollektives Gedächtnis in der Zweiten Republik. „Opferthese", „Lebenslüge" und „Geschichtstabu" in der Zeitgeschichtsschreibung, in: Kos, Wolfgang/Rigele, Georg (Hg.): Inventur 45/55. Österreich im ersten Jahrzehnt der Zweiten Republik, Wien 1996. Die „Opfertheorie" sorgt bis in die Gegenwart für Kontroversen, siehe die Beiträge von Gerhard Botz, Felix Butschek u. a. in: Europäische Rundschau, 1 (1996).

2   Wiener Zeitung, 9.2.1947.

3   Diese Sichtweise läßt sich bis zu einer offiziellen Broschüre des österreichischen Bundespressedienstes aus dem Jahr 1988 herauf verfolgen: Bundespressedienst (Hg.): Maßnahmen der Republik Österreich zugunsten bestimmter politisch, religiös oder abstammungsmäßig Verfolgter seit 1945, Wien 1988.

4   Vgl. dazu auch: Ziegler, Meinrad/Kannonier-Finster, Waltraud : Österreichisches Gedächtnis. Über Erinnern und Vergessen der NS-Vergangenheit, Wien-Köln-Weimar 1993.

5   Wie z. B. Moser, Jonny: Die Judenverfolgung in Österreich, Wien 1965, und Steinmetz, Selma: Österreichs Zigeuner im NS-Staat. Wien 1966 (beides: Monographien zur Zeitgeschichte, Schriftenreihe des DÖW).

6   Knight, Robert: The Waldheim context: Austria and Nazism, in: Times Literary Supplement 3. 10. 1986. Kopien des Schreibens von Jankowitsch liegen im DÖW auf, siehe dazu auch Profil, 15. 12. 1986.

7   Vgl. dazu auch: Gärtner, Reinhold/Rosenberg, Sieglinde: Kriegerdenkmäler, Wien 1991; Riesenflecker, Stefan/Uhl, Heidemarie: Todeszeichen: Denkmalkultur in Graz und in der Steiermark von Ende des 19. Jahrhunderts bis zur Gegenwart. Wien-Köln-Weimar 1994.

8   Bailer, Brigitte: „Die wahrhaft Treuen" – Die Kameradschaft IV in Österreich, Referat beim Symposium „Die Waffen-SS. Ideologie – Struktur – Einsatz – Wirkungsgeschichte", Klagenfurt 5.-16.10.1996.

9   Vgl. Bailer, Brigitte: Wiedergutmachung kein Thema. Österreich und die Opfer des Nationalsozialismus. Wien 1993, S. 256 f. Zur Problematik der Entnazifizierung: Stiefel Dieter: Entnazifizierung in Österreich, Wien-München-Zürich 1981; Meissl, Sebastian/Mulley, Klaus Dieter/Rathkolb, Oliver (Hg.): Verdrängte Schuld, verfehlte Sühne. Entnazifizierung in Österreich 1945-1955. Symposion des Instituts für Wissenschaft und Kunst Wien, März 1985, Wien 1986.

10 Vgl. dazu beispielsweise Müller-Hohagen, Jürgen: Geschichte in uns: Psychogramme aus dem Alltag. München 1994; Bar-On, Dan: Die Last des Schweigens. Gespräche mit Kindern von Nazi-Tätern. Reinbek bei Hamburg 1996; Moser, Tilman: Politik und seelischer Untergrund, Frankfurt/Main 1993; Rosenthal, Gabriele (Hg.): Der Holocaust im Leben von drei Generationen: Familien von Überlebenden der Shoah und von Nazi-Tätern, 2., korr. Auflage, Gießen 1997.

11 Hauer, Nadine: Die Mitläufer oder die Unfähigkeit zu fragen: Auswirkungen des Nationalsozialismus für die Demokratie von heute, Opladen 1994; Fallend, Karl: Unbewußte Zeitgeschichte in Österreich. Psychoanalytische Betrachtungen über das Fortwirken des Nationalsozialismus, in: Werkblatt. Zeitschrift für Psychoanalyse und Gesellschaftskritik Nr. 39 (1997).

12 Bailer, Brigitte: „Alle haben gleich gelitten"? Antisemitismus in der Auseinandersetzung um die sogenannte „Wiedergutmachung", in Die Macht der Bilder, hg. v. Jüdischen Museum der Stadt Wien. Wien 1995, S. 333-345.

13 Wodak, Ruth/Novak, Peter et al: „Wir sind alle unschuldige Täter!" Diskurshistorische Studien zum Nachkriegsantisemitismus. Frankfurt am Main 1990.

14 Vgl. z. B. Aula, April 1957, S. 6f.

15 Zu nennen sind hier vor allem die Bücher von Paul Rassimier und David L. Hoggan. Zu beiden siehe: Lasek, Wilhelm: „Revisionistische" Autoren und ihre Publikationen, in: Bailer-Galanda, Brigitte/Benz, Wolfgang/Neugebauer, Wolfgang (Hg): Wahrheit und Auschwitzlüge. Zur Bekämpfung „revisionistischer" Propaganda. Wien 1995; S. 264 f., 277 f.

16 Vgl. zur Genese der Holocaust-Leugnung: Lipstadt, Deborah E.: Leugnen des Holocaust. Rechtsextremismus mit Methode. Reinbek bei Hamburg 1996.

17 Die Kameradschaft, Juli/August 1995, S. 6.

18 Goldmann, Harald/Krall, Hannes/Ottomeyer, Klaus: Jörg Haider und sein Publikum. Eine sozialpsychologische Untersuchung. Klagenfurt/Celovec 1992, S. 21-24.

19 täglich alles, 10.2.1996.

20 Siehe dazu beispielsweise Botz, Gerhard: „Neonazismus ohne Neonazi?" Inszenierte NS-Apologetik in der „Neuen Kronen-Zeitung", in: Handbuch des österreichischen Rechtsextremismus, hg. Stiftung Dokumentationsarchiv des österreichischen Widerstandes, aktualisierte und erweiterte Neuausgabe. Wien 1994, S. 595-615.

21 Der andere Holocaust. Verbrechen am deutschen Volk; Verlag Deutsche Dokumente. Dieser Verlag gehörte dem bekannten Rechtsextremisten Robert H. Drechsler. Zu Drechsler siehe: Handbuch des österreichischen Rechtsextremismus. S. 319-323.

22 Kurier, 23.9.1996; Weiss, Hilde: Structural change and ethnic intolerance. Post-Communist countries as compared to Austria. Unveröff. Manuskript.

23 Als Vertreter der „Präventivkriegsthese" wären u. a. zu nennen: Maser, Werner: Der Wortbruch. Hitler, Stalin und der Zweite Weltkrieg, München 1994; Hoffmann, Joachim: Stalins Vernichtungskrieg 1941-1945, München 1995. Zur Kritik der „Präventivkriegsthese" siehe: Gorodetsky, Gabriel: Stalin und Hitlers Angriff auf die Sowjetunion. Eine Auseinandersetzung mit der Legende vom deutschen Präventivschlag, in: Vierteljahreshefte für Zeitgeschichte 4 (1989), S. 645-672; Gerd R. Ueberschär, Das Unternehmen „Barbarossa" gegen die Sowjetunion – Ein Präventivkrieg? Zur Wiederbelebung der alten Rechtfertigungsversuche des deutschen Überfalls auf die UdSSR 1941, in: Bailer, Brigitte/Benz, Wolfgang/Neugebauer, Wolfgang (Hg.), Die Auschwitzleugner. „Revisionistische" Geschichtslüge und historische Wahrheit, Berlin 1996, S. 182-205; Bailer, Brigitte/Lasek, Wilhelm/Manoschek, Walter/Neugebauer, Wolfgang: „Revisionistische" Tendenzen im österreichischen Bundesheer? Stellungnahme zu Aussagen von Dr. Heinz Magenheimer, Wien 1996. Hinzuweisen ist hier auch auf neuere Publikationen und Äußerungen Ernst Noltes.

24 Zu den Kontroversen um die Ausstellung erscheinen laufend neue Publikationen, vgl. z. B. Thiele, Hans-Günther (Hg.), Die Wehrmachtsausstellung. Dokumentationen einer Kontroverse, Bremen 1997; Ardelt Rudolf G.: Zumutungen und Auseinandersetzungen. Reflexionen zur Ausstellung „Vernichtungskrieg. Verbrechen der Wehrmacht 1941-1944" in Linz, in: Zeitgeschichte 11/12 (1997).

Hans Heiss

„Unaufhaltsame Versöhnung"? Jüngste Revisionstendenzen in der Zeitgeschichte und die politische Kultur Italiens

Das politische System Italiens und seine Gesellschaft stehen seit mehr als fünf Jahren in einer Phase progressiven Umbruchs von außerordentlicher Dimension. Politikwissenschaftler, Zeithistoriker und Soziologen sind sich darüber einig, daß Anfang 1992 das Ende der Ersten Republik eingetreten ist, ohne daß Richtung und Dynamik des institutionellen und sozialen Wandels in ihrer vollen Tragweite absehbar wären.[1]

Die „lautlose" italienische Revolution, die in der zentraleuropäischen Öffentlichkeit ob ihrer Unübersichtlichkeit, aber auch wegen des traditionellen Desinteresses an den südosteuropäischen Nationalstaaten des „Club Med" nur begrenzte Aufmerksamkeit findet, hat vor allem vier politische Ebenen und soziale Handlungsfelder erfaßt:

1. Auslöser und Motor des Umbruchs war lange Zeit die Justiz: Seitdem im Februar 1992 durch die Verhaftung von Mario Chiesa die Umrisse eines gigantischen Korruptionsgebäudes, der sog. „tangentopoli", allmählich sichtbar wurden, ist ein Großteil der politischen Führungsschicht unter gerichtliche Ermittlung gestellt worden: Ermittelt wird vorab gegen die seit 1979 maßgebenden Ministerpräsidenten (Giulio Andreotti, Bettino Craxi, Arnaldo Forlani), sodann gegen eine beeindruckende Serie von Ministern, Abgeordneten und Regionalpolitikern.[2]

2. Einerseits unter der Wirkung der fortschreitenden Ermittlungen, zum anderen aber auch wegen des Endes der internationalen Bipolarität 1989 ist die durch jahrzehntelange Immobilität und ausgeprägte Lagerbildung charakterisierte Parteienlandschaft allmählich in eine diffuse, hochpluralisierte und -mobile Gruppe politischer Aggregratformen zerfallen. Während Partito Democratico della Sinistra (PDS) und Alleanza Nazionale (AN) noch eine stabile Kontinuität zu ihren Vorläufern, dem kommunistischen PCI und dem neofaschistischen MSI, aufweisen, ist die jahrzehntelang dominante Democrazia Cristiana (DC) in eine Vielzahl von Nachfolgeformationen wie PPI, CDU (Centro Unione

Democratica), CCD (Centro Cristiano Democratico) u. a. zerbrochen. Spektakulärer Neueinsteiger in die politische Szene war 1994 die neoliberale und an nationale Werte appellierende Forza Italia von Silvio Berlusconi, deren Nimbus inzwischen allerdings verblaßt ist. Die frühere Regierungspartei PSI ist wegen der Involvierung ihrer maßgebenden Exponenten in die Korruptionskandale der späten Ersten Republik weitgehend inexistent. Der Versuch, das bis 1993 geltende Proporzwahlrecht durch ein Mehrheitswahlrecht zu ersetzen, hat bis jetzt nicht die erhoffte Stabilität politischer Formationen gebracht; immerhin aber hat die seit April 1996 regierende Koalition des Ulivo (Parteilose, PDS, PPI, Grüne, Rifondazione comunista) unter Ministerpräsident Prodi erstaunliche Leistungs- und Überlebensfähigkeit bewiesen.

3. Analog zur Fragmentierung des traditionellen Parteiensystemes hat sich die Regionalisierung als Kernelement des politischen Diskurses in den Vordergrund geschoben. Die spektakulären Erfolge der Sezessionisten-Bewegung Lega Nord unter ihrem Führer Umberto Bossi verweisen auf das seit Jahrzehnten ungelöste Problem der Föderalisierung des italienischen Zentralstaates, auf die Ineffizienz der staatlichen Zentralbürokratie und auf die wachsende Kluft zwischen den Industrie- und Dienstleistungsregionen Nord- und Mittelitaliens und dem sozial und wirtschaftlichen stagnierenden Mezzogiorno. Innerhalb dieser Spannungslagen bietet sich der regionale Ethnozentrismus der Lega vor allem den Angehörigen der Mittelschicht und der freien Berufe als attraktive politische Organisationsform an.[3]

4. Schließlich hat die wirtschaftliche Desintegration Italiens, die Notwendigkeit der Sanierung der öffentlichen Haushalte und der forcierte Versuch der Anpassung der Staatsfinanzen und wirtschaftlichen Parameter an die Maastricht-Konvergenzkriterien die ohnehin prekäre wirtschaftliche und soziale Balance der italienischen Wirtschaft und des italienischen Sozialsystems partiell destabilisiert, insbesondere im Zusammenhang postfordistischer Produktionsweise und progressiver Globalisierung.[4] Der furiosen Produktivität des Nordens, zumal der nordöstlichen Regionen, steht ein nach Süden hin schier desolates Produktivitäts- und Wohlstandsniveau gegenüber, das seine beunruhigendsten Auswirkungen in extrem hoher Jugendarbeitslosigkeit und grassierender, oft mafios durchsetzter Kriminalität zeigt. Auch ist die regulative Blockade des Staates und seine Unfähigkeit, den Bürgern grundlegende Dienstleistungen und funktionierende Infrastrukturen zu garantieren, ein weiterer Faktor der Desintegration.

Der italienische Umbruch der Jahre 1992 bis 1997 wird von einer zeithistorischen Debatte flankiert, die zeitweise auf breiteres öffentliches Interesse getroffen hat.

Das unbestrittene Ende der „Prima Repubblica" hat verstärkt zur Frage geführt, ob und inwieweit bestimmte Geburts- und Systemfehler deren Gründung von Anfang an beeinträchtigt haben.

Mit besonderem Nachdruck haben die Führung der postfaschistischen Alleanza Nazionale (AN), ihre ideologischen Wegbegleiter und sympathisierende Historikergruppen daran gearbeitet, die langhin wirksame Ausgrenzung des Faschismus aus der politischen Einflußsphäre als Kardinalfehler hinzustellen. Anstelle der dringend notwendigen nationalen Versöhnung, die allein 1945 die Aussicht auf eine solide Neufundierung des italienischen Staates geboten hätte, habe man genau jene Kräfte ausgegrenzt, denen die nationale Einheit von Staat und Gesellschaft ein besonderes Anliegen gewesen sei. So sei die nach dem Sturz Mussolinis installierte „Repubblica sociale" von Salò 1943 ein heroischer Versuch gewesen, Italiens nationale Würde zu behaupten.[5] Folgerichtig leugnen postfaschistische Vordenker tiefere Affinitäten zwischen dem italienischen Faschismus und der Ideologie und Herrschaftspraxis des Nationalsozialismus.

Im Windschatten des italienischen Umbruchs sind derartige Revisionsbestrebungen nicht ohne Erfolg geblieben und gipfelten in der Umwandlung der neofaschistischen und lange Zeit politisch randständigen Partei des Movimento Sociale Italiano (MSI) in eine „postfaschistische" Alleanza Nazionale.[6] Die Metamorphose erfolgte auf dem Parteitag von Fiuggi, wo AN-Chef Fini die historische Rolle des Antifaschismus anerkannte, allerdings vorwiegend als taktisch instrumentelles Auskunftsmittel, um endlich die Regierungsfähigkeit der AN zu sanktionieren. Anstelle von idealistischer Prinzipienpolitik kam mit Fiuggi die Wende hin zu einem auf Machtgewinn zielenden, an konkreten Problemen orientierten Politpragmatismus. Der Erfolg dieser Strategie war offenkundig, da der AN nach den Parlamentswahlen von 1994 der Eintritt in die rechtsliberale Regierung Berlusconi problemlos gelang. Der Zusammenbruch der Democrazia Cristiana hinterließ rechten Parteien ein immenses Potential an Anhängern und Wählern, in dem die AN erfolgreich als neue konservative und verjüngte Kraft operierte.

Angesichts der politischen Erfolge der AN, die erst durch den Sieg des Regierungsbündnisses Ulivo am 21. April 1996 abgeblockt wurden, und der Positionsgewinne neoliberaler, nationalistischer und ethnozentrischer Bewegungen wie Forza Italia und der Lega Nord hat die Relativierung des italienischen Faschismus in der politischen Kultur Italiens unbestreitbare Fortschritte erzielt, wie sie in Deutschland oder Österreich kaum vorstellbar wären. Diese Fortschritte äußern sich inhaltlich (1) in der Historisierung und partiellen Akzeptanz des italienischen Faschismus; (2) in einer Abwertung der italienischen Resistenza; (3) im Insistieren auf der Schaffung eines „positiven" Nationalbewußtseins als eines probaten Gegenmittels gegen die italienische Staatskrise. Zugleich ist im Kontext der von medialen Einflüssen beherrschten politischen Kultur Italiens die Frage der Vermittlung von Zeitgeschichte ein brisantes Thema.

1. Die strikte Abgrenzung der faschistischen Ideologie, ihres Herrschafts- und Terrorsystems vom Nationalsozialismus ist vor allem ein Grundpostulat von Renzo De Felice, der von 1966 bis zu seinem Tod im Mai 1996 eine monumentale Biographie von Benito Mussolini in sieben Bänden vorgelegt hat.[7] De Felice, dessen nationalliberales Geschichtsbild in der Tradition von Benedetto Croce zwar grundsätzlich nur begrenzte Affinitäten zum Faschismus aufweist, vertritt in seiner Pionierarbeit jedoch Grundpositionen, die hinreichende Argumentationshilfen zur Rehabilitation faschistischer Ideologie lieferten. Seine Grundschwächen:

   a) die nicht durchwegs distanzierte, oft allzu empathische Einfühlung in die Persönlichkeit Mussolinis;

   b) die Unterstellung eines breiten, unmittelbaren Konsenses zwischen „Regime" und „Bevölkerung" vor allem in den dreißiger Jahren;

   c) die Behauptung einer begrenzten Mitschuld Italiens am Zweiten Weltkrieg, das nur Juniorpartner der NS-Aggression gewesen sei und wesentlich zur Milderung der Kriegseinwirkungen beigetragen habe;

   d) die starke Relativierung der rassistischen Komponente in Ideologie und Herrschaftspraxis des italienischen Faschismus; so habe die Verfolgung der Juden erst 1938 eingesetzt und sei durch die laxe Anwendung der Rassengesetzgebung von Minister Preziosi nicht voll wirksam geworden.

   Die von De Felice und seinen Schülern auf wissenschaftlicher Ebene, aber auch durch populäre und medienwirksame Äußerungs- und Publikationsformen wie in der berühmten „Intervista sul Fascismo" (1975) oder in dem erfolgreichen Interview-Pamphlet „Rosso e Nero" (1995) geäußerte Relativierung des Faschismus ist nicht unwidersprochen geblieben.[8] Bedeutende Zeithistoriker wie Nicola Tranfaglia, Enzo Collotti, Angelo Del Boca oder Michele Sarfatti haben mit zahlreichen anderen Historikern wichtige Kernthesen von De Felice überzeugend widerlegt.[9] Die Rezeption derartiger Forschungsarbeiten in Öffentlichkeit und Schulen erfolgt freilich sehr begrenzt.

2. Das unter dem Schlagwort „Resistenza" lange Zeit staatsbürgerlich wirksame Paradigma der Begründung der Ersten Republik Italien aus dem Widerstand gegen Faschismus und NS-Herrschaft erscheint ausgelaugt und nicht mehr tragfähig.[10] Von ihm strahlen keine mobilisierenden Energien mehr auf das staatsbürgerliche Bewußtsein der italienischen Gesellschaft aus. Die lange Zeit allzu starke Konzentration von Forschung und Geschichtsdarstellung auf die verschiedenen Widerstandsformen unter der Perspektive des „Antifaschismus" hat

einerseits den Blick auf Herrschaftsformen und Trägergruppen des Regimes geschwächt und die Wahrnehmung des umfassenden Komplexes „Faschismus" erschwert. Zum anderen sind die Widersprüche und die Heterogenität des Bürgerkriegs 1943-45, der „Guerra Civile" (Claudio Pavone), nicht hinreichend beachtet worden.[11] Dies hat es ermöglicht, die zwar in vieler Hinsicht überstrapazierte, aber insgesamt respektable Resistenza-Tradition als überholte „baracca resistenziale", als „Widerstandsbaracke" (Renzo de Felice) öffentlichkeitswirksam zu diskreditieren und den Widerstand selbst als Minderheitenphänomen abzustempeln.[12]

3. Keineswegs in der wissenschaftlichen Diskussion, sehr wohl aber in einer breiten Öffentlichkeit ist daher in jüngster Zeit auch von prominenten Politikern wie dem Parlamentspräsidenten Luciano Violante die Forderung nach einem Schlußstrich unter die faschistische Vergangenheit erhoben worden.[13] Dagegen sei nur ein Projekt nationaler Versöhnung dazu geeignet, die lähmenden Differenzen zwischen den Lagern zu überwinden und ein tragfähiges Nationalbewußtsein zu schaffen. Unter Intellektuellen und Politikern grassiert die Faszination eines „intelligenten" Nationalismus, der in der Lage sein sollte, die nur schwach entwickelte Loyalität großer gesellschaftlicher Gruppen zu Staat und Gesellschaft neu zu begründen.[14]

Dagegen ist die Auffassung, daß eine gründliche Auseinandersetzung mit der faschistischen Vergangenheit und eine rückhaltlose Aufhellung offener Fragen (wie etwa der Dimensionen des italienischen Kolonialkrieges, der Verfolgungspolitik gegenüber den Juden sowie der Rolle des italienischen Heeres im Weltkrieg) auch künftig wesentlich zum Aufbau eines staatsbürgerlichen Bewußtseins beitragen könnten, gering. Der Zeitraum bis 1945 erscheint nunmehr als endgültig abgehakt und unter dem Problemdruck von Gegenwart und jüngster Vergangenheit begraben. Die erhebliche Mitschuld des italienischen Staates und seiner Gesellschaft an Weltkrieg und Holocaust wirkt als verblassendes Menetekel, sie erscheint durch die Jahre der deutschen Besatzung (September 1943 bis Mai 1945) weitgehend gemildert, durch den selbsteingeleiteten Sturz Mussolinis und die Monate der Resistenza gelten die Hypotheken der zwanzig Jahre 1922-1943 seit langem als getilgt. Heute zeigt sich allerdings, daß diese summarische Liquidierung des italienischen Faschismus, die im wesentlichen 1946 in der politischen Öffentlichkeit abgeschlossen war, durchaus negative Folgen hatte. Die italienische Gesellschaft hatte sich zwar bei Kriegsende einer „Roßkur" (H. Woller) politischer Säuberung unterzogen, bei der zehntausende ehemaliger Funktionsträger (und nicht wenige Unschuldige) getötet wurden oder ihren Posten verloren;[15] mit dieser rasch und in vieler Hinsicht radikal durchgezogenen Aktion und in der Fixierung auf die während der deutschen Besatzung 1943-45 erlittenen Opfer wurde aber auch ein Prozeß der Selbstexkulpation eingeleitet, der die Erste Republik von Anfang an lähmte. Hätte die erste italienische Demokratie die moralische Kraft gefunden, eine wesentliche italienische Mitschuld an der Entfesselung des Zweiten Weltkrieges und am Judenmord anzuerkennen, hätte sie eingesehen, daß ihre Institutionen, ein Großteil ihrer gesellschaftlichen Kräfte durch zwanzig Jahre Faschismus heillos und auf lange Sicht hin korrumpiert waren, so wären ihre Grundlagen wesentlich gefestigter gewesen. Für Italien gilt *mutatis mutandis* die Feststellung von Heinrich August Winkler: „Die zweite deutsche Demokratie, die Bonner Republik, stellte sich der Schuld an der Entfesselung des Zweiten Weltkrieges und der Ermordung der Juden, und sie wurde erst in dem Maß zu einer westlichen Demokratie, wie sie dies tat."[16] In Italien ist diese Form der Einsicht in die eigene Mitverantwortung aufgrund der ambivalenten Rolle als Sieger und Besiegter des Weltkriegs bis heute nur partiell erfolgt.

Daher finden zwar „deutsche" Auseinandersetzungen wie die Debatte um das Buch von Daniel J. Goldhagen oder die Konflikte um die Wehrmachtsausstellung auch in der Öffentlichkeit Italiens großes Interesse. Ein Aufblitzen von Einsicht in die Tatsache, daß die „querelles allemandes" auch zentrale Felder des kollektiven Gedächtnisses der eigenen Gesellschaft tangieren könnten, ist auf breiterer Ebene gleichwohl nicht feststellbar.[17]

Anmerkungen

1 Vgl. Lepre, Aurelio: Storia della prima Repubblica. L'Italia dal 1942 al 1992. Bologna 1993; Petersen, Jens: Quo vadis, Italia? Ein Staat in der Krise. München 1995; sowie den Sammelband von Ginsborg, Paul (Hg.): Stato dell'Italia. Il bilancio politico, economico, sociale e culturale di una paese che cambia. Milano 1994. Bei einem Großteil der im bibliographischen Apparat angeführten Titel handelt es sich um fundierte Einführungen mit weiterführenden Literaturhinweisen, daher wurde auf eine umfassende Bibliographie verzichtet.
2 Vgl. Maddalena, Marcello: Meno grazia, più giustizia. Conversazione con Marco Travaglio. Roma 1997.
3 Vgl. Diamanti, Ilvo: Il male del Nord. Lega, localismo, secessione. Roma 1996.
4 Vgl. Stella, Gianni: Schei. Dal boom alla rivolta, il mitico Nordest. Milano 1996.
5 Vgl. Oliva, Gianni: La repubblica di Salò. Firenze 1997 und Klinkhammer, Lutz: Zwischen Bündnis und Besatzung. Das nationalsozialistische Deutschland und die Republik von Salò. Tübingen 1993.
6 Zum Wandel des MSI hin zu AN vgl. Tarchi, Marco: Cinquant'anni di nostalgia. Intervista di Antonio Caroti. Milano 1995.
7 Mussolini il rivoluzionario 1883-1920. Torino 1965; Mussolini il fascista I. La conquista del potere 1921-1925. Torino 1966; Mussolini il fascista II. L'organizzazione dello stato fascista

1925-1929. Torino 1968; Mussolini il duce I. Gli anni del consenso 1929-1936. Torino 1974; Mussolini il duce II. Lo stato totalitario 1936-1940. Torino 1981; Mussolini l'alleato 1940-1945 I. L'Italia in guerra 1940-1943, Tomo primo, Dalla guerra „breve" alla guerra lunga, Tomo secondo, Crisi e agonia del regime. Torino 1990; Mussolini l'alleato 1940-1945. II. La guerra civile 1943-1945. Torino 1997.

8 De Felice, Renzo: Intervista sul fascismo. Roma/Bari 1975; und ders.: Rosso e Nero. Milano 1995.

9 Hierzu etwa Tranfaglia, Nicola: Un passato scomodo. Fascismo e postfascismo. Bari/Roma 1996; sowie ders.: La prima guerra mondiale e il fascismo. Storia d'Italia UTET 22. Torino 1995, S. 663-673.
Zur Rolle des faschistischen Italien im Weltkrieg vgl. Collotti, Enzo/Klinkhammer, Lutz: Il fascismo e l'Italia in guerra. Una conversazione fra storia e storiografia. Roma 1996.
Zur italienischen Kolonialpolitik vgl. Del Boca, Angelo (Hg.): Le guerre coloniali del fascismo. Bari/Roma 1991; und zum aktuellen Diskussionsstand des italienischen Kolonialismus Germinario, Francesco: Gas und „zivilisatorischer Kolonialismus". Eine historisch aufschlußreiche Debatte im sommerlichen Italien, in: 1999. Zeitschrift für Sozialgeschichte des 20. und 21. Jahrhunderts 11 (1996), S. 97-109.
Zur Judenverfolgung unter Mussolini vgl. Sarfatti, Michele: Gli ebrei negli anni del fascismo: vicende, identità, persecuzione, in: Vivanti, Corrado (Hg.): Gli ebrei in Italia. Storia d'Italia, Annali 11, Bd. 2. Torino 1997, S. 1623-1764. Die verschiedenen Aspekte diskutiert ausführlich: Dipper, Christof/Hudemann, Rainer/Petersen, Jens (Hg.): Faschismus und Faschismen im Vergleich. Wolfgang Schieder zum 60. Geburtstag. (Italien in der Moderne, 3), Köln 1998.

10 Bilanzierend Petersen, Jens: Der Ort der Resistenza in Geschichte und Gegenwart, in: QFIAB 72 (1992), S. 550-571.

11 Hierzu der große Essay von Pavone, Claudio: Una guerra civile. Saggio storico sulla moralità della Resistenza. Torino 1991.

12 So etwa De Felice in seinem Interview Rosso e Nero, S. 86.

13 Dem ersten Versöhnungsappell des soeben eingesetzten Parlamentspräsidenten (10. 6. 1997) sind noch weitere gefolgt: Violante condanna le foibe e strappa l'applauso ad AN, in: La Repubblica, 25. Juni 1997.

14 Vgl. Rusconi, Gian Enrico: Se cessiamo di essere una nazione, Tra etnodemocrazie regionali e cittadinanza europea. Bologna 1993; Galli della Loggia, Ernesto: La morte della patria. Bari-Roma 1996; und Gentile, Emilio: Grande Italia. Milano 1997.

15 Woller, Hans: Die Abrechnung mit dem Faschismus in Italien 1943 bis 1948. Quellen und Darstellungen zur Zeitgeschichte 38. München 1996.

16 Winkler, Heinrich August: Postnationale Demokratie? Vom Selbstverständnis der Deutschen, in: Merkur 51 (1997), S. 172; vgl. auch die grundlegende Bewertung von Frei, Norbert: Vergangenheitspolitik. Die Anfänge der Bundesrepublik und die NS-Vergangenheit. München 1996.

17 Zum gesamten Komplex auch Moos, Carlo: Die „guten" Italiener und die Zeitgeschichte. Zum Problem der Vergangenheitsbewältigung in Italien, in: HZ 259 (1994), S. 671-694; am regionalen Fallbeispiel vgl. Heiss, Hans: Regionale Zeitgeschichten. Zur Differenzierung der zeithistorischen Forschung Tirols und Südtirols seit 1986, in: Geschichte und Region/Storia e regione, 5 (1996), S. 267-313, vor allem S. 272-276.

Christoph Reinprecht

Nationale Identität und kollektives Gedächtnis. Empirische Befunde zur Bewertung der kommunistischen Vergangenheit in Ost-Mitteleuropa

Nach 1989 kam es in allen Ländern des ehemaligen Ostblocks zwangsläufig zu Debatten über die Vergangenheit. Das neue Selbstverständnis als Demokratie bedingte eine Revision der offiziellen Geschichtsversionen in Schulbüchern bis hin zu Straßenbezeichnungen; dies hatte auch eine Neubewertung der historischen Referenzen aus vorkommunistischer Zeit zur Folge. Drohten nun im Zuge dieses Perspektivenwechsels unbequeme Erinnerungen aus der vorkommunistischen Vergangenheit oder auch das widersprüchliche Erbe des Kommunismus selbst in Vergessenheit zu geraten? Auch die Auseinandersetzungen um die Optionen der Vergangenheitspolitik verliefen kontrovers. In vielen Ländern konnte in der öffentlichen Debatte kein Konsens über die vergangenheitspolitischen Maßnahmen erzielt werden, mit denen die tragenden Akteure des alten Regimes für Unrechtmäßigkeiten oder gar Verbrechen zur Verantwortung gezogen und die Opfer entschädigt werden sollten.

Die Auseinandersetzungen mit der kommunistischen Vergangenheit nahmen in den einzelnen Ländern wohl auch aufgrund spezifischer historischer Erfahrungen und Traditionen sehr unterschiedliche Formen an.[1] Während etwa in der Tschechoslowakei bald nach der „samtenen Revolution" Maßnahmen zur „Lustration" ehemaliger Funktionäre und Geheimdienstmitarbeiter gesetzt wurden, wobei die negative Stigmatisierung des Kommunismus mit einer Revision der Historiographie und einer Aktualisierung der demokratischen Traditionen der Ersten Republik einherging[2], zeigte sich Ungarn vergangenheitspolitisch weniger rigoros. Dort war das Regime weniger restriktiv gewesen, und der Regimewechsel gestaltete sich als ein fließender und von Teilen der Partei mitgetragener Prozeß. Zwar kam es noch knapp vor dem Tod Kádárs zur symbolisch bedeutsamen Rehabilitierung der Opfer von 1956 („zweites" Begräbnis von Imre Nagy im Sommer 1989); aber eine kritische Beschäftigung mit dem Kádárismus und anderen konfliktträchtigen Aspekten der Vergangenheit fand über längere Zeit nur am Rande der öffentlichen Debatte statt.[3] Die Diskussion in Polen wiederum wurde zuerst einmal durch die Metapher des „dicken Schlußstrichs" bestimmt.[4]

In meinem Beitrag möchte ich den Zusammenhang zwischen kollektivem Gedächtnis und nationaler Identität im Bewußtsein der Bevölkerungen in den ostmitteleuropäischen Reformstaaten thematisieren. Relevant erscheint mir diese Frage aus zwei Gründen: einerseits aufgrund der allgemeinen Einsicht, daß das kollektive Gedächtnis eine wichtige Quelle der Identifikation mit dem Gemeinwesen darstellt[5], wie etwa in Tschechien, wo das positive Bewußtsein über das Vorhandensein demokratischer Traditionen einen zentralen Bestandteil des nationalen Selbstkonzeptes bildet, oder in Polen, wo die Erinnerung an die moralische Massenopposition gegen das kommunistische Regime die im kollektiven Bewußtsein tief verwurzelte Idee einer inneren, geradezu wesensmäßigen Einheit der polnischen Nation noch weiter festigte; die Dominanten des kollektiven Gedächtnisses unterliegen freilich insbesondere bei historisch-politischen Umbrüchen einem Wandel[6], und sie fungieren häufig als Mythen oder Vergangenheitsideologien, denen bei der Bewältigung von zeithistorischen Ereignissen und soziokultureller Veränderung eine wichtige Orientierungsfunktion zukommt. Relevant scheint diese Frage andererseits aufgrund der Tiefe des Umbruchs in den ost-mitteleuropäischen Reformstaaten: Denn die Neudefinition des nationalen Selbstverständnisses ist in Ost-Mitteleuropa nicht allein ein Projekt der politischen und kulturellen Eliten, sondern vielmehr ein gesamtgesellschaftlicher Prozeß, der jeden einzeln tangiert und ihn, auch in einem moralischen Sinne, zu einer Beurteilung und Bewältigung der zeithistorischen Ereignisse, in der er nicht selten direkt involviert war, zwingt.

Das Verhältnis von kollektivem Gedächtnis und nationaler Identität wird im folgenden aus der spezifischen Perspektive einer empirischen Analyse subjektiver Einschätzungen von historischen Erfahrungen und Vergangenheitsideologien diskutiert. Ausgangspunkt bildet eine Untersuchung über Patriotismus und Nationalismus als Dimensionen nationaler Identität in Ost-Mitteleuropa. Diese Studie wurde zwischen November 1995 und Februar 1996 in Ungarn, Tschechien, in der Slowakei und in Polen in Form von quantitativen Fragebogenerhebungen auf Basis repräsentativer Bevölkerungsstichproben (n=1000/Land) durchgeführt. Ein Teil des Frageprogramms bezog sich dabei auf die Bedeutung des kollektiven Gedächtnisses für die nationale Selbstfindung. Insbesondere ging es um die Frage der retrospektiven Bewertung der kommunistischen, aber auch anderer „problematischer" kollektiver Erfahrungen sowie um den Stellenwert von historischen Mythen und Vergangenheitsideologien für das nationale Selbstverständnis.

Den theoretischen Ausgangspunkt bildete der von Maurice Halbwachs formulierte Gedanke, daß eine kollektive Formation wie die moderne Nation über ein spezifisches Gedächtnis verfügt, das, zur Befriedigung der Legitimationsbedürfnisse gegenwärtiger Ordnungen, nicht nach Objektivität, sondern nach Identität strebt.[7] In bezug auf die Bewertung der kommunistischen Vergangenheit wurden deshalb, über die gemeinsame historische Erfahrung hinaus, beträchtliche kontextbedingte Differenzen zwischen den einzelnen Ländern angenommen. Andererseits galt es zu berücksichtigen, daß kollektive Erfahrungen von den verschiedenen Gruppierungen eines nationalen Kollektivs ungleich erinnert werden und auch aufgrund unterschiedlicher nationaler Bindungs- und Denkweise eine beträchtliche Menge Zündstoff bereithalten. Zu den Aufgaben der empirischen Analyse zählte deshalb auch das Auffinden von Brüchen und Konfliktlinien innerhalb der jeweiligen nationalen Kollektive. Die aufgrund des vorgegebenen Seitenumfangs sehr knapp gehaltene Darstellung einzelner Untersuchungsergebnisse erfolgt unter besonderer Berücksichtigung Ungarns und wählt aus der Fülle an Material nur jene Aspekte aus, die sich auf die Bewertung der kommunistischen Vergangenheit beziehen.[8]

Zum Stellenwert der kommunistischen Erfahrung im kollektiven Gedächtnis

Im Bewußtsein der Bevölkerungen Ost-Mitteleuropas nimmt die kommunistische Erfahrung einen wichtigen Stellenwert ein, und die Erinnerungsspuren dieser vier Jahrzehnte lang dauernden Herrschaft werden sicherlich noch lange ihre Wirksamkeit entfalten. Dieser Umstand sollte jedoch nicht den Blick dafür trüben, daß die Bevölkerungen in den einzelnen Ländern über teilweise stark divergierende Erfahrungen mit der kommunistischen Herrschaftspraxis verfügen und diese im Horizont ihrer jeweiligen Traditionen und Erzählweisen der Nationalgeschichte einer Bewertung unterziehen.

So bringt denn auch die Frage, welche Perioden dieses Jahrhunderts in guter oder schlechter Erinnerung behalten werden können, hinsichtlich der realsozialistischen Jahrzehnte der sechziger und siebziger Jahre deutliche, wenn auch nicht wirklich überraschende Unterschiede zwischen den Ländern zutage. So haben in Ungarn 59% der Befragten die sechziger Jahre in guter und sehr guter Erinnerung; in bezug auf die siebziger Jahre (Kádárismus) sind es sogar 73%. Den Gegenpol bildet Tschechien, wo nur 26% der Befragten angaben, die siebziger (beziehungsweise die sechziger Jahre) in guter oder sehr guter Erinnerung zu haben, während die relative Mehrheit diesen Jahren neutral bis negativ gegenüber steht. Neutrale bis leicht positive Gefühle dominieren in Polen und der Slowakei.

Analysiert man nun die Einordnung des Kommunismus in den Erfahrungshorizont dieses Jahrhunderts, dann ergeben sich Ähnlichkeiten zwischen Ungarn und Polen einerseits und den beiden Nachfolgestaaten der Tschechoslowakei andererseits. Zwei Ergebnisse seien hervorgehoben. Erstens: Während in Ungarn wie auch in Polen das kollektive Gedächtnis zwischen der stalinistischen und der realsozialistischen Periode differenziert, werden in Tschechien und der Slowakei die verschiedenen Regimephasen zwischen 1948 und 1989 als „kommunistisches Zeitalter" erinnert. Zweitens: In Ungarn (wie auch in Polen) bilden die Zeit des Zweiten Weltkriegs und die stalinistische Ära zusammen einen negativen Erfahrungshorizont, gegen den sich einerseits Jahrhundertwende (Ungarn) bzw. Zwischenkriegszeit (Polen) und andererseits die sechziger und siebziger Jahre positiv abheben. Demgegenüber differenziert in Tschechien das kollektive Gedächtnis zwischen den drei Phasen Kommunismus, demokratische Eigenstaatlichkeit (Zwischenkriegszeit, unmittelbare Nachkriegszeit) und Fremdherrschaft (Jahrhundertwende, Zweiter Weltkrieg). In der Slowakei gliedert sich im kollektiven Bewußtsein das Jahrhundert in die Zeit des Kommunismus (ab den fünfziger Jahren) sowie in die vorkommunistische erste Hälfte des Jahrhunderts. Wichtig ist, daß der Einfluß der soziostrukturellen Faktoren hier nahezu unbedeutend ist, sieht man vom Faktor des Alters ab, der auf den Aspekt der alterskohortentypischen Prägung verweist: Es werden jene Perioden besonders positiv (oder negativ) bewertet, durch die man in der Phase der Jugend eine nachhaltige sozio-kulturelle Prägung erfahren hat.[9]

Ist eine positive Bewertung des Realsozialismus ein Ausdruck von Nostalgie?

In allen Ländern korreliert die positive Erinnerung an die realsozialistischen Jahrzehnte stark mit der positiven Beurteilung der materiellen Situation (Lebensstandard) unter dem Kommunismus. In bezug auf Letztgenanntes sind in Ungarn vier Fünftel der Befragten (79%) der Ansicht, daß es „den Menschen unter dem Kommunismus eher besser als heute" gegangen sei; nur 6% meinen, es sei ihnen damals schlechter gegangen als heute. Auch in der Slowakei sieht eine Mehrheit die frühere Situation positiv (60%); hier meinen 16%, es sei ihnen früher schlechter gegangen. In Polen beurteilen immerhin 43% die Situation unter dem Kommunismus als besser; ein Drittel bewertet die frühere Lage als schlechter. In Tschechien meint rund ein Viertel der Befragten, daß es unter dem Kommunismus besser gewesen sei als heute.

Spiegeln solche Zahlen, vor allem für Ungarn, nicht ein beachtliches Potential an Kommunismus-Nostalgie? Versteht man unter Kommunismus-Nostalgie eine Verklärung des alten politischen Systems bzw. eine Übereinstimmung mit seinen ideologischen Grundlagen, dann kann von Nostalgie nicht oder nur bei kleinen Gruppen die Rede sein. Allerdings existiert teilweise ein recht hohes Ausmaß an retrospektiver Idealisierung der sozialen Sicherheit und des materiellen Wohlergehens, die mit Gefühlen der Frustration über die Kosten des sozio-politischen Wandels verbunden ist; Verunsicherung herrscht aber auch in bezug auf die Spielregeln der Marktwirtschaft sowie aufgrund des Eindrucks zunehmender Unübersichtlichkeit. Die Vergangenheit wird also umso eher idealisiert, je stärker die negativen Seiten der Veränderungen (Stagnation oder Verschlechterung der Lebensverhältnisse, steigender Konkurrenz- und Leistungsdruck, wachsende Undurchschaubarkeit) empfunden werden. Eine solche Haltung ist aber nur in den seltensten Fällen ideologisch fundiert – die Identifikation mit den neuen demokratischen Normen ist auch bei jenen stark ausgeprägt, die dem alten Regime nachzutrauern scheinen –, sondern Ausdruck von Unzufriedenheit und Unsicherheit, also von Anomie. Vor allem in Ungarn scheint Anomie nicht so sehr an objektive Merkmale (geringes Einkommen, niedrige Bildung) oder an konkrete subjektive Situationsbestimmungen gebunden zu sein, sondern stellt eher ein allgemeines gesellschaftliches Befindlichkeits- und Krisensymptom dar.[10]

Eher wenig Interesse an vergangenheitspolitischen Maßnahmen

Entsprechend der positiven Besetzung der siebziger Jahre wird in Ungarn der Frage der Vergangenheitsbewältigung im Bewußtsein der Bevölkerung nur verhältnismäßig wenig Bedeutung beigemessen. In Übereinstimmung mit der lange Zeit zögerlichen und bis heute ambivalenten Haltung der neuen Eliten in Hinblick auf die Durchsetzung vergangenheitspolitischer Maßnahmen halten in Ungarn 68% der Befragten die Meinung, daß man Verbrechen, die unter dem Kommunismus begangen wurden, aufklären solle, für irrelevant (Tschechien: 51%; Slowakei: 57%). Nur in Polen würde eine Mehrheit der Befragten (65%) eine Aufklärung der Verbrechen befürworten. Dieses Ergebnis erklärt sich wohl auch aus dem spezifischen Charakter des polnischen Antikommunismus, vielleicht aber auch aus der noch frischeren Erinnerung an die Ereignisse der frühen achtziger Jahre. Folgerichtig ist auch hinsichtlich der Diskriminierung von Mitarbeitern der Geheimpolizei die Haltung in Polen eindeutig: 70% meinen, man soll jene, die in der KP-Zeit mit der Geheimpolizei zusammengearbeitet haben, von Posten im Staatsdienst (oder anderen wichtigen Positionen) ausschließen. Zwar wird auch in den anderen Ländern, allen voran in Tschechien, diese Maßnahme von einer Mehrheit befürwortet; nicht nur im ehemals liberalen Ungarn, sondern auch in der autoritären Slowakei sind allerdings fast die Hälfte der Befragten (47%) der Ansicht, daß man sich mit dieser Frage nicht auseinandersetzen solle; in der Tschechischen Republik mit ihrer bitteren Erfahrung der Normalisierung teilen immerhin 38% diese Sichtweise.

In einem Interview mit der Neuen Zürcher Zeitung meinte Václav Havel einmal, daß sich die Frage der Abrechnung und Bewältigung der kommunistischen Vergangenheit deshalb so problematisch darstelle, weil der Kommunismus über die gesamte Bevölkerung seine Netze gelegt und die einzelnen darin verwickelt habe.[11] In diesem Zusammenhang scheint von Bedeutung, daß nur in Polen eine Mehrheit von 63% der Meinung widerspricht, daß es normal gewesen sei, sich mit dem Kommunismus zu arrangieren. In den übrigen drei Ländern wird der Alltagsopportunismus auch im Nachhinein gerechtfertigt: In den beiden Nachfolgestaaten der Tschechoslowakei teilen 68% (Tschechien) bzw. 66% (Slowakei) diese Ansicht, in Ungarn sind es 56%.

Befunde wie diese legen es nahe, jenen zuzustimmen, die meinen, die kommunistische Erfahrung sei bereits bald nach 1989 auf dem besten Wege zur Legendenbildung und ein Bestandteil des „postkommunistischen Fehlerinnerns" (Tony Judt). Allerdings spiegeln sich in diesen Antworten erneut die unterschiedlichen Lebensrealitäten unter dem alten Regime wider: So war anzunehmen, daß in Polen Anpassungen an das Regime weniger akzeptabel erscheinen würden als in Ländern, in denen der Realsozialismus mit unterschiedlichen Machtstrategien einen „negativen Konsens"[12] erpreßt hatte, wie es in Ungarn ebenso der Fall war wie in der ehemaligen Tschechoslowakei. Darüber hinaus war anzunehmen, daß in Ländern, in denen der Kommunismus den einzelnen weniger Spielräume ließ, seien diese wirtschaftlicher Art (etwa Zulassung von privaten Kleinunternehmungen) oder politischer oder administrativer Art (etwa Reisefreiheit), das alltägliche Arrangement eher gerechtfertigt werden würde als in eher liberaleren Ländern. Die Analyse zeigt, daß der verhältnismäßig hohe Wert in Ungarn mit der idealisierenden Erinnerung an den Kádárismus verbunden ist: Je positiver die Erinnerung an die Zeit der realsozialistischen sechziger und siebziger Jahre, desto eher wird Anpassung gerechtfertigt. In Tschechien ist ein hoher Wert hingegen auch bei Personen anzutreffen, die dem alten Regime (sehr) negative Gefühle entgegenbringen; das Verständnis für den Alltagsopportunismus scheint hier ein Bestandteil einer Rechtfertigungsstrategie zu sein, wie sie auch durch die offizielle negative Stigmatisierung des alten Regimes gestützt wird.

Erwartungsgemäß werden vergangenheitspolitische Maßnahmen eher von Personen befürwortet, die sich als politisch rechts (ein Synonym für antikommunistisch) definieren, die den Veränderungen im Sozialen und Wirtschaftlichen uneingeschränkt positiv gegenüberstehen und mit Vertrauen in die Zukunft blicken.

Deutlich mehr Unterstützung für eine Abrechnung mit den Akteuren des alten Regimes findet sich aber auch unter jenen wenigen, in deren Familie und Freundeskreis die kommunistische Erfahrung häufig ein Gesprächsthema darstellt: Es sind dies bloß zwischen sechs und acht Prozent der Befragten. Im Hinblick auf das Weltbild jener, die vergangenheitspolitische Maßnahmen befürworten, differenziert die Analyse klar zwischen zwei Gruppen: Zwischen Personen, die von einer Gegnerschaft zum alten Regime und von national-patriotischen Ideologien beseelt sind, und Personen, die über eine besonders starke liberale Demokratieorientierung verfügen.

Kollektives Gedächtnis und nationale Identität

Um diese Beobachtung richtig zu interpretieren, muß auf den Zusammenhang von Vergangenheitsbewertung und nationaler Identitätskonstruktion eingegangen werden. In allen postkommunistischen Ländern stellt die nationale Identität in spezifischer Weise ein Problem dar. Das Ende der kommunistischen Herrschaft wurde als Ende einer nationalen Unterdrückung erlebt; die nationale Wiedergeburt war aber mit widersprüchlichen Hoffnungen verbunden: In ihr artikulierte sich in der Tradition des sprachnationalen Nationalismus der Wunsch nach ethnisch definierter territorialer Eigenstaatlichkeit einerseits, in der Tradition des Kampfes um Bürgerrechte und Demokratie der Wunsch nach Zivilstaatlichkeit andererseits.

Vor diesem Hintergrund versuchten wir, in unserer Studie auf empirischer Basis eine Typologie nationaler Bindungsformen zu entwickeln. Zwei Ergebnisse erscheinen mir besonders erwähnenswert: einerseits die besondere Bedeutung des traditionellen Typus nationaler Identifikation, bei der die emotionale Zuneigung zum eigenen Land mit einer Überhöhung der eigenen Nation, also mit Ethnozentrismus verbunden ist. In den von uns untersuchten Ländern sind zwischen 34% (Tschechien) und 38% (Ungarn) diesem Typus zuzuordnen. Weniger groß sind die Anteile jener, die ohne Dominanzgefühle mit ihrer Nation emotional verbunden sind, sowie auch jener, die von der Überlegenheit ihrer Nation überzeugt sind, ohne mit ihr emotional allzusehr verbunden zu sein. Der erste, sozusagen der „patriotische" Typus ist mit 21% am stärksten in Ungarn vertreten, der zweite, nationalistische Typus am stärksten in Polen (23%). Das zweite wichtige Ergebnis bezieht sich auf den durchwegs recht hohen Anteil an Personen, die ihrer Nation weder Zuneigung noch Überlegenheitsgefühle entgegenbringen, die ihr also gewissermaßen gleichgültig gegenüberstehen: Dieser Typus ist am stärksten in der Slowakei (36%) und Tschechien (34%) ausgeprägt (Polen: 31%; Ungarn 28%).[13]

Es kann hier nicht näher auf die mit diesem Ergebnis verbundenen Fragen und Probleme eingegangen werden, wobei evident ist, daß hier Daten vorliegen, die erst im Kontext der jeweiligen nationalen Besonderheiten und Traditionen ihre volle Aussagekraft erhalten. Grundsätzlich macht die Datenanalyse deutlich, daß eine positive emotionale Bindung an die Nation in einem doch erheblichen Maß aus der Vorstellung gemeinsamer Geschichtlichkeit und dem Vorhandensein erbaulicher Referenzen national-historischer Sinnstiftung gespeist wird, wobei zwischen den einzelnen nationalen Bindungsformen gewisse Unterschiede sichtbar werden. So spiegelt sich etwa in den ungarischen Ergebnissen die Auseinandersetzung um die symbolische Ordnung des Postkommismus wider (Orientierung am christlichen versus Orientierung am aufständischen Ungarn). Gleichwohl ergibt die Überprüfung struktureller Einflußvariablen wie Bildung, Beruf, Einkommen, politische und religiöse Orientierung für Ungarn (wie auch für Polen) ein relativ homogenes historisches Selbstbild, das für äußere Einwirkungen (soziale Krisen, sozialer Wandel) unempfindlicher scheint als in Tschechien und der Slowakei, wo das Selbstbild im Zuge der Nationalstaatsbildung einen latenten Konfliktstoff für politische Auseinandersetzungen bildet. Dieses Ergebnis mag die These stützen, daß Polen und Ungarn eher national integrierte Staaten sind – im Unterschied vor allem zur ökonomisch integrierten Tschechischen Republik und einer insgesamt schwach integrierten Slowakei.[14]

Dieser Befund ist, wie am Beispiel Ungarns gezeigt werden kann, auch für die Frage der Bewertung der kommunistischen Erfahrung von Bedeutung: In Ungarn steht die positive Besetzung der kádáristischen Periode in keinem Widerspruch zu den (national)patriotischen Gefühlen. Umgekehrt ist bei jenen, die mit den soziopolitischen Veränderungen sehr unzufrieden sind oder durch diese stark verunsichert wurden, eine Abkühlung der Nationsbindung feststellbar; je stärker die Enttäuschung über den Verlauf des gesellschaftlichen Wandels, desto größer das Ausmaß an emotionaler Gleichgültigkeit gegenüber der eigenen Nation. Ein solcher emotionaler Rückzug kann also gewissermaßen als anomische Reaktionsweise gedeutet werden. Allerdings bedarf es hier einer Differenzierung: Emotional distanziert zu ihrer Nation sind auch jene, die der kommunistischen und der vorkommunistischen Vergangenheit gegenüber eine kritisch-reflexive Haltung einnehmen. Die Analyse stützt die These, daß eine gewisse emotionale Distanzierung zum Einstellungsobjekt Nation eine Voraussetzung ist für eine Infragestellung der offiziellen, oftmals idealisierten Geschichtsdarstellungen wie auch der gemeinschaftsstiftenden Vergangenheitsideologien. Hingegen ist bei jenen, die zwar einer antikommunistischen Vergangenheitspolitik das Wort reden, in bezug auf andere „dunkle Seiten" der nationalen Geschichte, wie etwa hinsichtlich der Verstrikkungen in die Verbrechen gegen die Juden im Zweiten Weltkrieg, aber indifferent sind, eine Tendenz zur emotionalen Aufwertung ihrer national-patriotischen Bindung erkennbar. Dieses Ergebnis untermauert die Annahme, daß eine stark positive emotionale Einstellung zur Nation, obwohl nicht notwendigerweise mit Ethnozentrismus und nationalistischen Aspirationen verbunden, nach einem Geschichtsbild verlangt, das Einheit stiftet und all das aus dem kollektiven Gedächtnis verbannt, „was die einzelnen voneinander trennen und die Gruppen voneinander entfernen könnte".[15] Allerdings ergibt die Analyse Hinweise auf einen wechselseitigen Zusammenhang von Geschichts- und Demokratiebewußtsein. Offensichtlich vermag sich also im Falle eines sehr ausgeprägten Demokratiebewußtseins eine positive emotionale Einstellung zur Nation mit einer kritischen Vergangenheitssicht zu verbinden. Dann wäre Patriotismus also tatsächlich eine „demokratische Tugend" (Alasdair MacIntyre)!

Anmerkungen

1 Vgl. dazu die Ergebnisse meiner explorativen Forschungen in Prag und Budapest, Reinprecht, Christoph: Nostalgie und Amnesie. Bewertungen von Vergangenheit in der Tschechischen Republik und in Ungarn, Wien 1996.

2 Zur Dynamik des kollektiven Gedächtnisses sind in der Tschechischen Republik eine Reihe von Arbeiten erschienen, z. B. Kren, Jan: Bílá místa v našich dějinách? (Weiße Flecken in unserer Vergangenheit?), Prag 1990, oder Hojda, Zdeněk: Pomníky a zapomínka (Erinnern und Vergessen), Prag 1996.

3 In jüngerer Zeit sind einige wichtige Arbeiten erschienen, so z. B. Kenedi, János (Hg): Kis állambiztonsági olvasókönyv. Október 23. – márciús 15. – június 16. A Kádár-korszakban (Kleines Lesebuch der Staatssicherheit. 23. Oktober, 15. März, 16. Juni. Die Kádár-Ära), Budapest 1996.

4 Die Diskussion über vergangenheitspolitische Maßnahmen hat mit der Zeit an Bedeutung gewonnen und dauert bis in die Gegenwart an. Zur Diskussion über die „Politik des Schlußstrichs" siehe Król, Marcin: Revolution, Restauration, Amnesie. Über das Gedächtnis in der postkommunistischen Zeit, in: Transit, 2, 1991, S. 27ff..

5 Smith, Anthony D.: National Identity, London 1991.

6 Für die Tschechische Republik zeigt dies Šubrt, Jiři: Memory as a Subject of Sociological Investigation, in: Šubrt, Jiři/Toš, Niko (Hg): Crossroads of Transitions. Prag 1995.

7 Vgl. dazu Halbwachs, Maurice: Das kollektive Gedächtnis. Frankfurt/M. 1967, sowie: Das Gedächtnis und seine sozialen Bedingungen. Frankfurt/M. 1985.

8 Vgl. dazu ausführlicher Weiss, Hilde/Reinprecht, Christoph: Demokratischer Patriotismus oder ethnischer Nationalismus in Ostmitteleuropa. Wien 1998.

9 Vgl. dazu etwa Schuman, Howard/Scott, Jacqueline: Generations and Collective Memories, in: American Sociological Review, 54, 1989, S. 359-381; Heinrich, Horst-Alfred: Zeithistorische Ereignisse als Kristallisationspunkte von Generationen, in: ZUMA-Nachrichten, 39, 1996, S. 69-94.

10 Zu einer ähnlichen Einschätzung kommt Kovács, András: Did the Losers Really Win? An Analysis of Electoral Behavior in Hungary in 1994, in: Social Research, 63, 1996, S. 511ff.
11 Neue Zürcher Zeitung, 26. Oktober 1995.
12 Vgl. dazu Bozóki, Andrós: From Soft Communism to Post-Communism, in Kovács, János Mátyás (Hg): Transition to Capitalism? The Communist Legacy in Eastern Europe, New Brunswick 1994, S. 121-146.
13 Eine ausführliche Darstellung dieser Typologie findet sich in Weiss/Reinprecht, Demokratischer Patriotismus.
14 Vgl. dazu Offe, Claus: Der Tunnel am Ende des Lichts, Frankfurt/M. 1994, S. 243.
15 Halbwachs, Das Gedächtnis und seine sozialen Bedingungen, S. 382.

Marina Rossi

Love Letters from the Front (1914-1917)

Ferry Hoenig's letters analysed by me together with my dear friend Sergio Ranchi recently deceased, in the book „War and love letters" published in 1989[1], are emblematic for our subject. There are, in fact, all typical aspects that food also actually, in Trieste, of the Austria Felix myth according to the customs (the life in coffee concert, in the sitting rooms, the walks) and the regular outlines of a world that Stefan Zweig had nostalgicly defined „Without hurry"[2].

At the beginning of the war, Ferry Hoenig is an elegant and handsome young man, near the finish of his studies (about ending his studies). Born in Wien, he loves to frequent the theatres and the coffee concerts where, during evenings, the orchestras play the Walzer and the cheerful belle époque songs. He is engaged to a lively and sentimental girl, but with a strong temperament, the beautiful Xenia who periodically makes him wait for a long time and takes him for exhausting walks in order to test his love. In fact, in the letter sent from Ferry on 24th August 1915, from the Tyrolean front, we can read:

24th August, 1915

... at the beginning you offend me, I am revengeful. Have you discovered in me this quality? You made me wait for a quarter of an hour after the piano lesson: I could have done the same thing when I came to call for you at home; instead I walked around for 10 or 15 minutes, up and down in front of the windows, before my princess decided to come down, and then said: „Today we won't go to the cinema." And I, obedient like a husband after ten years of married life and living under the regime of a mother-in-law with her dentures, went to take a walk in Barcola, at S. Andrea, always on foot, because the young lady did not want to go by train. And then do you call me revengeful?!?

You are surprised at the quantity of spiders in these woods, bet there are also other insects which make my life miserable. Insects which do not permit a quarter of an hour of sleep during the day, and certain white insects which sometimes reach the size of a grain of rice which travel on my back, compared with which the famous horse races at Montebello are nothing. As you can see, file here, even though it is boring, is not as fine as the journalists describe it. These write articles, very interesting, very pleasant, regarding life in the camp, but they are comfortably seated at the desk in the editorial offices.

You ask me if I suffer from nostalgia. And how! Where are the days when I went around dressed in civilian clothes, I drank black coffee at the „Secession"[3], I played my game and then at 5.30 p. m. I went to invite Miss Xenia. When will those days return?

Unfortunately we do not have a portrait of Xenia, but we can find her imagine in a letter by Ferry describing a pretty dark naughty, dressed in lace, with three nice curls on her forehead ...

About Xenia, we also know that she was born in a well-off slovenian family, living on the upside of Commerciale Street and then in a beautiful liberty palace about the 1910, at the end of Rossetti Street. Her education is the same of the most girls of the middleclass of that time: she plays the fortepiano, she loves paintings and good books. She is also a very free girl, who may go out in the evening and frequents the most famous coffees of the town and accepts the court of annoying and idle dandies, to make Ferry jealous. The relation goes on with tenderness, sudden scuffles and reconciliations until the outbreak of the war. The great unwanted drama which breaks the destinies of thousands and thousands pleople.

On March 15th, Ferry leaves for Lubiana, where he frequents a course for officers called „School of voluntaries for one year". After some weeks he is obliged to leave for Galice where is going to the strong Gorlice-Tarnow offensive.

In muddy trenches and crumbling villages „the thoughtless and vagabond young man" changes into an adult who, for the first time, sees death and human pain closely. By now the monotonous rhythm of the previous bourgeois existence is replaced by another one made of hunger, dirt and moral degradation[4] ...

18th October, 1915

Xeniuccia!

For you these three and a half months during which I have been in this camp seem to be 3 years. For me, the times when I wandered free and happy in the streets of Trieste seem to be so far away that I fell as if I have never lived through those days: it seems to me a dream that I ever knew and loved you. By now I have become accustomed to this half savage life, far from good people in the midst of the thunder of war. If I come back, how can I ever get used to the life of the past?

In 1915, in October, Ferry, instead of the coveted leave, is transferred to another dangerous zone, precisely to the front on the Isonzo river, area Podgora-Oslavia. During the journey, passing through the Karst villages placed a few kilometres from Trieste, he feels nostalgia and thinks about Xenia with unchanged love: when they were happy, the two lovers communicated, even if they were far away, observing the same star in the sky, now paradoxically, listening the same thunder of guns.

2nd November, 1915

Dear Xenia,
I have received only today your letter of the 20 of this month ... The thunder of guns that you are listening to, is the same that I am listening too. I'm thinking to be beside to you and to be unable to see you. When I passed across Opicina, I should like to run away to Trieste. I hope to be wounded and to go to the hospital, where I shall rest just a little.

The letters sent from „the fields of glory" of Galicia and Oslavia, are particularly loving and passionate in spite of some resentment caused by little disagreements and reciprocal jealousies. For the young officer, hardly tried by the front line, the epistolary relation with Xenia is the only connection with life: while he is writing every ugly thing disappears and the hope of a different and better future increases.

In 1916, in March, the exhausted and bloodless 17th regiment has to leave for Southern Tyrol. Because of this the distance between the two lovers, who met again on the occasion of a Ferry short coming to Trieste, increases.

The new front, however, even if is far and dangerous, offers the soldiers various advantages, such as the possibility of a military hospitalization and their participation in the civil life of the lively Innsbruck. There is in the aged and barren Ferry, as he describes himself in a letter, the will to enjoy intensely and to make up for lost time.

5th July, 1916

My little one,
I am sitting here at the Coffee house and am listening to the „Platzmusik", like in the good old days like the time at the Marschbaon (12); unfortunately I will remain here for a few days for dental care. However I like it here so much that I will try to return here for a longer stay.
Many kisses from Ferry

12th November, 1916

Dear little one,
Like the Sundays of the good old days I am sitting here at the Coffee, listening to a small orchestra that is playing and I am thinking again of the „New York". Ah, if we could return to that time so happy.

26th January, 1917

My dearest,
... you wrote that you have made yourself a new dress; can't you describe it to me? If you knew how much I would like to see you, take you in my arms and kiss you a thousand kisses. I have not seen you for a year! When I think of it, I am astonished to realise that I have held out so long. Yet it seems to me that this year has passed quickly; it must be due to the fact that this is a different front, the landscape has changed and I want to know different countries; perhaps it is that in other times this period would seem to be eternity! Do you remember, in the good old days, the space between piano lessons were too long. But you said that it didn't pay to see each other too often, and found still other excuses; aren't you sorry now that you lost so many chances? If I think of all those days when we might have been able to meet, I feel like crying. Ah, if I could turn into a letter and see you with your white dress with red stripes.

You tell me that my last letter found you in bed. Excuse me if the mailman ringing the bell awakened you; however it is not proper to receive visits by young men, even in a letter, when in bed. How does it go with your tooth ache? Why don't you go to a doctor.

I certainly believe you have written me more than the letters I have received, and I never doubted your word. Even if the letter (which took a month to get here) had never arrived, I would have believed the contents of your letter.

You ask me if I don't suffer, squandering the money I have earned here risking my life. No, on the contrary. When we are here, we cannot spend anything, and so we throw away money we have earned with our lives in danger; the fact is to be able to enter in a shop and buy everything we see, is a great pleasure. Wasting money is really a greater pleasure than boarding the money. My good luck thus far has not betrayed me. The other evening I won 150 corone at the roulette and before that 60 corone at the maus. But don't write to my Mother that I gamble because she is afraid I will make a habit of vice; but for me it is an amusement, which we need like medicine for a sick man. However since you have scolded me so well, not directly but with other words, I want to comment.

On the ground of acquired experience he shows off an unusual confidence trying to prevail over Xenia (who is) more judicious and one year older than him. This paternalistic attitude, clearly shown in the phrases of several feldpost („... you are always the same little girl for me..."), meets with the tenacious will of a woman who refuses old schemes and wants to reach a complete freedom going her economic indipendence from the family. This one will be one of the main reciprocal disagreements. In the image of a postcard, sent by Xenia and showing a crying girl on the side of a river, the presentment of abandonment comes again... In fact, even if in Ferry's letters there are always sweet and lovely words („... I desire too much ... to kiss your malicious and smiling lips...") disagreements and misunderstandings increase and their correspondence slowly becomes less frequent, and this is not always caused by the postal service („Sincerely I must say I have nothing more to write...") and they suddenly stop their correspondence in 1917 at the end of summer.

1ˢᵗ May, 1917

Do you know you really neglect me a little too much? If I have not written you other than postcards, it was due to lack of paper, but in Trieste I am sure there is sufficient. I am not angry, because you don't neglect me on purpose. Tell me, why do you send me such sentimental postcards? What does that mean from the other side of the water? Above all, she is blonde, and you know that I don't like blondes. My only weak spot is a cute brunette, sometimes with sentimental ideas, who sits at the corner of my table and looks at me. She has three curls on her forehead and wears a chain with a locket on her neck: she has a blue blouse with a lace collar. Do you know her? I love her so much with all her mischievous behavior, she writes me a postcard with three lines. She deserves only three lines: what do you think?

But I am too good-hearted to look for revenge. I know you like me a little, and if I didn't write you, you would be sorry. I intended to write you a longer letter, but since I am building a villa nearby the cabin where I presently live, the people who are building the villa make such a noise so I close this letter here. You tell that brunette please to write longer letters.

A thousand kisses. Ferry

18th May, 1917

My dear,

you will certainly be angry because I have neglected you for so long. Please excuse me: due to constant work, I simply had no time to write you. The snow is melting and the streets are impossible for horses. Thus every day we must march three hours to bring food and material for cabins and trenches. I had to neglect the house where I live; the roof is missing and the naked walls are there, sadly waiting to be completed. I have your two letters and a postcard to which I must reply; today is the first afternoon that I am free to write you, with the hope that I will not be interrupted.

From now on I will try to make your brunette friend happy, so I will write more often and longer letters. In the evening, before going to bed, I will have long talks with her and before I close my eyes I will kiss her again and again, if she deserves it. Perhaps are you jealous?

I find it quite proper if your father scolds you when you return home late. With the rabble that is in our beautiful city, it is hardly prudent to go out in the evening. I know my dear companions, so I cannot disagree with your father.

My request for permission has again been rejected; but I hope to receive it by the end of the year. You are worrying but it's no use. You may be sure that the majority of the permits will not pass through Graz, but to Trieste. I cannot wait to embrace my little Bruna, to kiss her lips which smile so maliciously, not to grab the chance to do so.

I would like to know who is that person who at the Fenide amused you talking about me. Why don't you want to tell me what he told you and who he was. I assure you that I will not resent him. I will not be angry; on the contrary I will be grateful if you will tell me all about the encounter.

12th July, 1917

Of course I would remember you if you want to go to the Red Cross. I would remember you as a dream of the good old days, with pain and melancholy desire.

But let's talk about other things. You always say you are so old. Do you want me to believe you when you are only 23 years old? For me you are still the little girl of the past. Instead I have grown old in comparison to you. Think of what kind of life I have conducted until now. Deprivations over work, responsibility, duties and dangers on the one hand, on the other no worries and a yearning for amusement.

This material deals with testimony concerning various phases of the Great War made available to us through letters and postcards sent from the front to sweet hearts and relatives in Trieste.

The Authors of this publication have turned over to the press individual fragments of a collective experience (the direct participation in the war) of the great majority of the young generation – the youth born Europe during the '80s and '90s of the last century.

This is the first place for the importance of the period and the new historic developments represented by the Great War which makes all individual testimony precious to us. In the second place, the letters contained here constitute a contribution to fill in a sort of „empty space" in the collective memory with respect to the historic facts of the war fought on the side of the Austrians by a considerable part of the population of Trieste.

Notes

1   Rossi, Marina/Ranchi, Sergio: *Lettere di guerra e d'amore*. Udine, 1989. Cattarruzza M.: *Lettere di guerra e d'amore: alcune considerazioni a margine di una raccolta di fonti epistolari sulla grande guerra* in Qualestoria, 1, Anno 1991, pp. 139-148.
    The historical production about memories and in general about the first world war autobiographies is very large. In Italy it's necessary to remember at least:
    Omodeo, A.: *Momenti della vita di guerra*. Dai diari e dalle lettere dei caduti. Torino 1968; Leoni, D./Zadra, C. (a cura di): *La Grande Guerra. Esperienza memoria, immagini* Bologna 1986; Fait, G./Leoni, D./Rasera, F./Zadra, C. (a cura di): *Soldati*. Diari della Grande Guerra, Archivio della scrittura popolare, Quaderno 1, 1986; in Austria: Khana K.P., *Die Auflösung des Habsburgerreiches*. Zusammenbruch und Neuorientierung im Donauraum (Schriftenreihe des Österreichischen Ost- und Südosteuropainstituts, vol. III). Wien 1970, pp. 58-66.
2   Zweig, S.: *Il mondo di ieri. Ricordi di un europeo*. Milano, 1979, p. 180.
3   The „Secession Café" was so named after because of its furnishings and inside in liberty style. It was opened during the first decade of the 20th century; it was located between via Rossetti and the Acquedotto. It was not very far from Xenia's house, she lived at via Rossetti n. 43.
4   Leed, E. J.: *Terra di nessuno*. Esperienza bellica ed identità personale nella prima guerra mondiale. Il Mulino, Bologna, 1985.

Walking at Barcola (History and Art Museum Archive in Triest).

A typical café in Triest (History and Art Museum Archive in Triest).

On the East front, Gorlice, May, 1915 (Marina Rossi – Sergio Ranchi Archive).

Triest, 14th August 1914. The Regiment 97° is leaving for the East front (Marina Rossi – Sergio Ranchi Archive).

„Where is the time when I went around in civil clothes..." (History and Art Museum Archive in Triest).

Galice, post office (Marina Rossi - Sergio Ranchi Archive).

Marina Cattaruzza

Umberto Sabas „Wäre ich zum Gouverneur von Triest ernannt"

Umberto Saba, 1883 in Triest geboren und 1957 in Görz gestorben, gilt heute bei vielen Literaturkritikern als der größte italienische Dichter des 20. Jahrhunderts. Sein Hauptwerk „Il Canzoniere" besteht aus mehreren Gedichtsammlungen meistens autobiographischen Inhalts, denen der Dichter sein Leben widmete, und die als ein einheitliches Œuvre zu verstehen sind[1].

In der abgelegenen literarischen Provinz Triest waren die Echos der italienischen Avantgarde (Hermetismus und Futurismus) kaum wahrzunehmen. Saba selbst behauptete einmal, „in Triest 1883 geboren zu sein, entsprach, irgendwoanders das Licht der Welt 1850 gesehen zu haben."[2] Der Dichter knüpfte direkt an die große italienische Tradition Giacomo Leopardis und Dantes an. Er hinterließ eine Dichtung seltener Reinheit, klassischen Ausmaßes und fast rhabdomantischer Tiefe, die dem Alltäglichen einen seltsamen Glanz verleiht.

Umberto Saba hat sich stets als italienischer Dichter verstanden. Er hielt es für eine Herabminderung, als „Poet Triests" bezeichnet zu werden. Dennoch ist Triest in der Dichtung Sabas auf eine ausdrückliche oder implizite Art stets gegenwärtig.

1953, als die Triester Gemeinde öffentliche Feierlichkeiten zum 70. Geburtstag des Dichters veranstaltete, nahm Saba folgendermaßen Stellung zum Verhältnis zwischen seiner poetischen Schöpfung und Triest:

„Ich muß voraussagen, daß ich kein triestinischer Dichter gewesen bin, sondern ein italienischer Poet, der 1883 in jener großen italienischen Stadt geboren wurde, die Triest heißt.

Ich weiß nicht, ob es für mich vom Gesichtspunkt der Hygiene der Seele ein Wohl gewesen sei, mit einem klassischen Temperament in einer romantischen Stadt geboren zu sein, dazu mit einer idyllischen Natur in einer dramatischen Stadt. Es war gut, glaube ich, für meine Dichtung, die von diesem Gegensatz zehrte. Es war schlecht, sagen wir es so, für mein Lebensglück.

Allerdings habe ich die Welt von Triest aus betrachtet. Seine materielle und geistige Landschaft ist in allen meinen Gedichten und Prosastücken gegenwärtig, auch in denen, und die sind in der Mehrheit, die die Stadt gar nicht erwähnen (...).

Freilich, es gibt auch in anderen Ländern heitere Himmelsgewölbe oder rosa

Wolken beim Sonnenaufgang; aber man fühlt, daß derjenige Himmel der besondere Himmel Triests ist, und zwar der Himmel, der über meiner ganzen Dichtung emporragt."[3]

Von der literarischen Kritik wurde hervorgehoben, wie ein „sehr reines Blau" die ganze Dichtung Sabas durchzieht. Eine Tönung, die in der Spiegelung des Himmels im nördlichen Adriameer wiederzufinden ist.

Trotz solcher idyllischen Töne war das Verhältnis Sabas zu seiner Stadt konfliktbeladen und gestört. Der Dichter fühlte sich von seiner Stadt verkannt; was auch weitgehend stimmte.

Der Tiefpunkt im Verhältnis Sabas zu Triest (und umgekehrt) wurde in den unmittelbaren Nachkriegsjahren erreicht, als Triest – von den Alliierten besetzt – von Italien und Jugoslawien heftig umkämpft wurde, wobei an der Friedenskonferenz in Paris die Verwandlung der Stadt mitsamt einem kleinen Teil Nordistriens in einen Freien Staat (Territorio Libero di Trieste) beschlossen wurde. Der Territorio Libero hätte von einem von den Großmächten zu ernennenden Gouverneur regiert werden sollen (eine Art zweites Danzig).

Der Gouverneur wurde aber nie ernannt, und Triest blieb bis 1954 unter alliierter Besatzung, bis nach manchem Hin und Her die Stadt Italien und das Gebiet Nordistrien (sog. B-Zone) Jugoslawien zugeteilt wurde.

Im kollektiven Gedächtnis der italienischen bzw. italienisch-gesinnten Mehrheit Triests waren die unmittelbaren Nachkriegsjahre, als die Zukunft der Stadt völlig ungewiß schien, die schlimmsten. Besonders gefürchtet war eine Zuerkennung Triests an Jugoslawien, um so mehr, da eine kurze Besatzung der jugoslawischen Armee im Mai 1945 keine übermäßig gute Erinnerung hinterlassen hatte. Der Schriftsteller Pier Antonio Quarantotti Gambini hatte die Lage effektvoll geschildert: „Wir sind ein abgetriebenes Schiff mit den Piraten an Bord."[4]

Gerade aus dieser Zeit entstand ein kolossales Mißverständnis zwischen Triest und seinem größten Dichter, das auf einigen Äußerungen Sabas zur „Triester Frage" in „Il Corriere della Sera" basierte.

Die Stellungnahmen Sabas wurden am 6. November 1946 und am 13. Januar 1948 veröffentlicht und riefen beide Male heftige und entrüstete Reaktionen hervor. Saba klagte darüber in seinem Briefwechsel mit der Tochter Linuccia und mit Antonio Quarantotti Gambini. So schrieb er z.B. am 23. Februar 1948 an Quarantotti Gambini in bezug auf die Reaktionen zum Artikel „Wäre ich zum Gouverneur Triests ernannt": „Der ganze Haß, den meine Stadt mir gegenüber stets gehegt hat, ist bei dieser Gelegenheit voll ausgebrochen. Sie merken nicht, daß, indem sie auf den 'Canzoniere' spucken, sie auf sich selbst spucken (...). Meine Verleumder sind alle Ex-Faschisten, Altnazis und ähnliches. Sie wissen ganz genau, daß ich Italiener bin, hundertmal mehr Italiener als sie, und wäre es nach mir gegangen, hätte Italien weder Laibach erobert noch Triest verloren (...). Hätten die Jugoslawen einen Dichter meiner Größe – oder auch einen viel bescheideneren – gehabt, der Triest auf slawisch so besungen hätte wie ich auf italienisch, würden sie sich zu diesem hypothetischen Dichter anders verhalten haben. Die Wahrheit liegt vielleicht darin: Die Triestiner sind ihrer Italianität so unsicher, daß sie es nicht zugeben können, daß ein großer italienischer Dichter aus ihnen hervorgegangen ist."[5]

Nun, was stand in den Artikeln, die Saba für „Il Corriere della Sera" verfaßte?

Im ersten Beitrag, der den Titel trägt „Hölle und Himmel in Triest",[6] liefert der Dichter eine Beschreibung seiner Stadt, wie er sie in seiner Jugend erlebt hatte und wie sie damals aussah.

„Triest war zu den Zeiten meiner Jugend vieles", beginnt Saba. Er führt dann eine Metapher ein, wonach Triest mit einer „schönen Frau" verglichen wird, die mit einem älteren Bankier (Österreich) verheiratet war und nebenbei einen Liebhaber (amico del cuore) hatte. Der Bankier starb eines gewaltsamen Todes, und die Frau konnte ihren Liebhaber heiraten. Dieser litt aber an einer schweren Krankheit (Faschismus), und die Frau wurde ein zweitesmal Witwe. Nun wird sie von vielen Verehrern umworben. Sie würde allerdings am liebsten ihren „amico del cuore" zurückhaben; zu sehr hat sie ihn in der Vergangenheit geliebt. Sie hegt außerdem den Verdacht, daß der gefährlichste ihrer Verehrer – obwohl sie selbst keineswegs den Anspruch erhebt, von tadellosem Ruf zu sein – zu jung für sie und noch etwas unzivilisiert sei (eher Waldmensch als Seemann). Aber das Wichtigste ist, daß sie und ihre erste Liebe dieselbe Sprache sprechen.

„Triest ist nicht mehr die heitere Stadt, die sie war", fügt Saba hinzu. „Sie ist aggressiv geworden; jeder versucht, alle gegen jeden zu hetzen. Darin besteht heute (1946) die Hölle Triests. Ihr Himmel, ihre frische Freiheitsluft, existiert nicht mehr. Die Frage ist, ob dieses Paradies je neu entstehen wird."

„Triest", argumentiert Saba weiter „war immer schon ein melting pot von verschiedenen Rassen. Die Stadt war von Italienern, Slawen aus der Umgebung, Deutschen, Juden, Griechen, Levantinern, Türken mit dem roten Fes auf dem Kopf und noch anderen mehr bewohnt.

Auf diese Mischung (es gibt noch in Triest Leute mit zwölf verschiedenen Blutsorten, und daher stammt die besondere Neurose der Stadt) wirkte die italienische Sprache als Bindemittel; niemand konnte damals wie heute in Triest seinen Geschäften nachgehen, ohne die italienische Sprache zu beherrschen.

Aber aufgrund ihrer Naturgeschichte – abgesehen von Sprache und Kultur – war Triest immer eine kosmopolitische Stadt. Darin liegt ihre Gefährdung und zugleich ihr Charme. Die Bildung eines Freistaates sollte also diese Lokalfarbe stärken, an die sich die alten Triestiner mit Sehnsucht und zugleich mit Wehmut über den damals leicht zu erringenden und nun verlorengegangenen Wohlstand erinnern. Aber zwei entsetzliche Kriege, jede Art Verfolgungen, nationale und soziale Umwälzungen, die unser unseliges Transitionsjahrhundert heimsuchen, machen eine solche Rückkehr zur Vergangenheit extrem unwahrscheinlich. Eher zu erträumen als zu verwirklichen.

Nur wenn die Menschen vernünftige Erwachsene wären statt Kinder (und zwar böse Kinder), könnte Triest als Freistaat wieder eine schöne und angenehme Stadt werden, eine Stadt, wo es ein Privileg wäre, geboren zu sein."

„Der Autor", fuhr Saba fort, „gehört zu den wenigen Triestinern, die, obwohl sie sich national als nichts anderes als Italiener fühlen, nie die Slawen gehaßt haben. Was geht es uns an, wenn auf der Straßenbahn, die durch ein Paradies von Naturschönheiten nach Opicina fährt, jemand neben uns sitzt, der slowenisch spricht. Für uns war es eine Farbnote mehr, wie der rote Fes der Türken ...

Zurück zum Paradies Triest. Dies wäre nur dann zu erträumen, wenn der Freistaat eine gemeinsame Aufgabe hätte. Und diese Aufgabe könnte nur eine kommerzielle sein, an der Italiener, Österreicher, Ungarn und Tschechen zusammenarbeiten.Ich stelle mir gerne vor, die Straßen Triests entlang zu spazieren, wie ich in meiner Jugend spazierte, als man in Triest Oesterreich, Italien, den Balkan und den Nahen Osten zu einer seltsamen Einheit verbunden vorfand. Es genügte damals, in eine andere Straße einzubiegen, und du hattest den Eindruck, das Land oder sogar den Kontinent gewechselt zu haben. Ich spinne und hoffe. Aber die Menschen und ihre unseligen Reaktionen sind uns zu bekannt, um zu hoffen, daß sich das Wunder wiederholen kann", behauptete Saba am Schluß seines Beitrags.

In „Wenn ich zum Gouverneur Triests ernannt wäre",[7] stellt Saba scherzhaft seine Kandidatur zur Besetzung der Stelle vor.

Er würde, falls ernannt, ein einziges Gesetz verabschieden: „Jeder, der mit Handlungen, Schriften, Reden zum Rassenhaß hetzt (insbesondere der Slawen gegen die Italiener und der Italiener gegen die Slawen) wird gleich an die Wand gestellt und erschossen.

Dies, weil das Hetzen zum Rassenhaß nicht nur ganz schädlich, sondern auch ganz dumm ist. Und ein guter Gouverneur soll die Dummheit seiner Verwalteten nicht begünstigen", fuhr der Dichter fort.

„Mein Programm wäre, daß Triest wieder das wird, was es war: eine der lustigsten, wenn auch eine der neurotischsten Städte Europas. Eine Stadt, in der es sich leicht leben läßt."

„Leider", schliesst Saba „wurde meine Kandidatur bis jetzt nicht ernst genommen. Das Mißtrauen meiner Mitbürger hat mich im Herzen verletzt, wie seinerzeit ihre Gleichgültigkeit gegenüber meiner Dichtung. Ich hätte sie mir weniger taub gewünscht."

Beide Stücke wurden als Bekenntnis zum „Territorio Libero" verstanden und deshalb als Stellungnahmen gegen die Rückkehr Triests an Italien. Daher die entrüsteten Reaktionen.

In Wirklichkeit verarbeitete Umberto Saba dabei auf unschuldige (und etwas naive) Weise seine eigenen Verlustgefühle gegenüber der Stadt, wie er sie in seiner Kindheit gekannt hatte.

In seiner privaten Korrespondenz äußerte sich übrigens der Dichter vielfach skeptisch zum „Territorio Libero", das früher oder später unvermeidlich Jugoslawien zufallen würde.

Umberto Saba war von seinem Naturell und seiner Lebensgeschichte her (seine Mutter und seine Frau waren Jüdinnen) Antifaschist. Nach der Befreiung Italiens von den Deutschen hatte er gelegentlich für die Kommunistische Partei Sympathie gezeigt. Dennoch war Saba in seinem Wesen tief unpolitisch. Pier Paolo Pasolini hat ihn als „auf verzweifelte Art anarchistisch" bezeichnet.[8] Sein Blick auf die Realität war gegenüber der politischen Dimension der Dinge völlig gleichgültig.

Am 12. Juli 1946 schrieb Saba aus Mailand an seine Frau: „Ich habe Sehnsucht nach Triest, aber nach einem anderen Triest. Das heutige wäre für mich die Hölle."[9]

Oft klagte er, daß die Stadt nach 25 Jahren Faschismus und acht Jahren Rassenverfolgung auf jeden Fall als verloren zu betrachten sei.

1944 schrieb Saba in Florenz, wohin die Familie geflüchtet war, um sich der Verfolgung seitens der deutschen Besatzer zu entziehen, das Gedicht „Ich hatte". Eine Strophe, Triest gewidmet, klingt:

„Avevo una città bella tra i monti
rocciosi e il mare luminoso. Mia
perchè vi nacqui, più che d' altri mia
che la scoprivo fanciullo, ed adulto
per sempre a Italia la sposai col canto.
(...) Tutto mi portò via il fascista inetto
ed il tedesco lurco."[10]

In seinen letzten Lebensjahren arbeitete Saba an seinem Prosameisterwerk „Ernesto", das erst nach seinem Tode veröffentlich wurde. Ernesto erzählt die homosexuelle Initiation eines Jugendlichen im Triest der Jahrhundertwende. Die Stadt spielt dabei eine der Hauptrollen.

„Ernesto fühlte sich an diesem Morgen besonders glücklich und gut gelaunt. Er betrachtete voller Bewunderung die vielen Menschen, die geschäftig durch die Straßen von Triest liefen. Alle schienen etwas sehr Wichtiges vorzuhaben; die

Frauen hatten einen Korb oder eine Einkaufstasche am Arm. Am Ende der Straßenzüge, durch die der Karren rollte, sah man einmal einen Streifen Meer, dann wieder einen Hügel, der im gleißenden Sommerlicht näher zu sein schien, als er in Wirklichkeit war. 'Triest ist wirklich eine schöne Stadt', sagte sich Ernesto zum ersten Mal, 'und ich habe gut daran getan, hier geboren zu werden (...)Wie glücklich er damals gewesen war, das wurde ihm erst viele Jahre später in aller Deutlichkeit klar; doch da hatte sich in ihm und rings um ihn alles so verändert, daß die Erinnerung, die eigentlich hätte tröstlich sein müssen, durch den Kontrast zur Gegenwart – der Wirklichkeit und den Träumen – beklemmend wirkte."[11]

Anmerkungen

1   Saba, Umberto: Il Canzoniere (1900-1954). Torino 1954.

2   Vgl. dazu Lavagetto, Mario: Nascere a Trieste nel 1883, in: Paragone, 23. Jg., Nr. 268, Juni 1972, S. 4-32.

3   Saba, Umberto: Discorso per il 70. compleanno pronunciato al „Circolo della Cultura e delle Arti" di Trieste 1953, in: Saba, Umberto: Prose, hg. von Saba, Linuccia. Milano 1964, S. 743-748.

4   Quarantotti Gambini, Pierantonio: Primavera a Trieste. Milano 1967 (3), S. 105.

5   Brief vom 23 Februar 1948, in: Saba, Umberto, Quarantotti Gambini, Pierantonio: Il vecchiio e il giovane. Carteggio 1930-1947, hg. von Saba, Linuccia. Milano 1965, S. 116-118.

6   Saba, Umberto: E se domani fosse „Stato Libero"? Inferno e paradiso di Trieste, in: „Il Nuovo Corriere della Sera", 6. November 1946.

7   Ders.: Se fossi nominato Governatore di Trieste, in: Ebda., 13. Januar 1948.

8   Pasolini, Pier Paolo: Saba: per i suoi settant' anni, in: Ders., Passione e ideologia. Milano 1960, S.380-388, hier S. 382.

9   In: Saba, Umberto: Atroce paese che amo. Lettere famigliari (1945-1953), Milano 1987, S. 74-76.

10 Ich hatte eine Stadt,
    die schön zwischen den felsigen Bergen und dem glitzernden Meer lag.
    Mir gehörte sie, der dort geboren wurde,
    Mir gehörte sie mehr als anderen.
    Mir, der als Knabe sie entdeckte
    und als Erwachsener für immer an Italien mit meinem Gesang band.
    (...) Alles nahmen mir der untaugliche Faschist und der gierige Deutsche weg.

11 Saba, Umberto: Ernesto. München/Zürich 1985, S. 85, 90 f.

Jože Pirjevec

Triest und die Slowenen: Vom Traum zum Alptraum

Der große slowenische Schriftsteller Ivan Cankar behauptete zu Beginn des Jahrhunderts, Ljubljana sei das Herz Sloweniens, Triest aber seine Lungen. Er wollte damit betonen, wie bedeutend die adriatische Hafenstadt für das slowenische ökonomische Leben war, in der Überzeugung, daß der nationale Zwist, der im Küstenland zwischen den Italienern und den Slowenen tobte, zu Gunsten der letztgenannten ausgehen würde. In dieser Überzeugung war er nicht allein. Im Jahre 1912 schrieb „Edinost", die Zeitung der slowenischen liberal-nationalen Partei in Triest: „Entweder kommen die Jugoslawen, die außerhalb der Monarchie leben, zu uns, oder wir kommen zu ihnen! Der Teil, der eine größere Anziehungskraft besitzt, wird auch den anderen Teil an sich ziehen. Zagreb oder Belgrad? Mit der Monarchie oder gegen sie? ... Triest wird immer mehr zu einem slawischen Hafen. Freilich vom slawischen Hafen zum Hafen Slawiens ist es noch ein großer Schritt. Doch unser fester Wille ist es, auch diesen Schritt zu machen."[1]

Diese Träume, die nicht unbegründet waren, wenn man die Stärke des slowenischen Elements und des slawischen Kapitals in Triest vor 1914 in Betracht zieht, hat der Erste Weltkrieg zerstört. Nach dem Zerfall der Habsburgermonarchie besetzte das siegreiche Italien das Küstenland und diktierte dem neuentstandenen Königreich der Serben, Kroaten und Slowenen eine Grenze, die im Norden tief in das slowenische Territorium einschnitt. Auf der italienischen Seite blieben ungefähr 300.000 Slowenen (ein Drittel des Volkes), denen gegenüber sich die römische Regierung in bezug auf ihre nationalen Rechte keineswegs verpflichtet fühlte. Italien kam in die neuerworbenen Gebiete mit dem Hochmut einer 3000jährigen Kulturnation, ohne wahrzunehmen, daß es in Wirklichkeit der alten österreichischen Ordnung unterlegen war. Mit seiner ineffizienten Bürokratie, mit Scharen, die nach einem raschen Gewinn hungrig waren, überschwemmte es das Küstenland, fest entschlossen, die einheimische slowenische und kroatische Bevölkerung so schnell wie möglich zu assimilieren. Dieses Vorhaben wurde schon unter dem liberalen Regime Anfang der zwanziger Jahre in die Tat umgesetzt, um später, unter der faschistischen Diktatur, gewaltige Ausmaße anzunehmen: Das politische, kulturelle und ökonomische Leben der Slowenen wurde zerstört, ihre Sprache aus der Öffentlichkeit vertrieben, die Vornamen und Familiennamen wurden italianisiert, genauso auch die Ortsnamen. Alles Slowenische wurde kriminalisiert, und diejenigen, die nicht bereit waren, sich passiv der staatlichen Gewalt zu beugen, wurden gnadenlos verfolgt. In dieser Situation versuchten die Slowenen, sich auch mit illegalen Mitteln zu wehren, wie zum Beispiel mit der geheimen terroristischen Organisation TIGR – ein Akronym für Triest, Istrien, Görz und Rijeka, Gebiete, die von italienischer Oberherrschaft befreit werden sollten.[2]

Als 1941 Jugoslawien von Deutschland, Italien, Ungarn und Bulgarien angegriffen, besiegt und aufgeteilt wurde, hatten die Slowenen im Küstenland eine schon 15jährige Widerstandsbewegung hinter sich, an die die neue, von den Kommunisten geführte Koalition der Befreiungsfront anknüpfen konnte. Es ist daher nicht verwunderlich, daß sich die Befreiungsfront in Triest und Umgebung schnell verbreitete und daß der Kampf gegen die Italiener und später gegen die Deutschen schnell den Charakter einer Volkserhebung bekam. Das Bewußtsein, daß der Krieg ein neues Kapitel in der Beziehung der Slowenen zu ihren Nachbarn, besonders zu den Italienern, aufgeschlagen hatte, war allgemein verbreitet, wie auch die Überzeugung, daß die Grenze, die 1920 zwischen Rom und Belgrad vereinbart worden war, von denselben italienischen Truppen vernichtet wurde, und zwar in dem Augenblick, als sie sie überschritten. In dieser Situation wurde im Frühling 1941 Joza Vilfan, ein junger Advokat und Mitglied der Kommunistischen Partei, eingeladen, in einem Essay einige Gedanken über die künftige Politik der Befreiungsfront in bezug auf Triest zu schildern. Mit dieser Aufgabe wurde Vilfan wegen seiner Triester Abstammung beauftragt, da er Sohn eines der wichtigsten politischen Vertreter der „Edinost" und daher mit den Verhältnissen im Küstenland bestens vertraut war. Wie er gerne erzählte, wurde er in jenen Tagen von den Italienern verfolgt und mußte sich in einem Bienenhaus im Garten seines Schwiegervaters in Ljubljana verbergen. In dieser seltsamen Umgebung verfaßte er eine 34 Seiten lange Arbeit mit dem Titel: „Die Triester Frage im Rahmen der slowenischen nationalen Frage." Er begann sein Schreiben mit der apodiktischen Behauptung: „Die Slowenen verlangen das Küstenland auf der Basis des Selbstbestimmungsrechtes der Völker, verlangen aber auch Triest, das eine italienische Mehrheit hat." In der Folge versuchte Vilfan die Berechtigung dieses Satzes zu beweisen, indem er sich hauptsächlich auf die Lehre von Lenin und Stalin stützte. Beide haben nämlich behauptet, daß die Städte der Umgebung, die ökonomisch um sie gravitiert, ohne Rücksicht auf ethnische Unterschiede, angehören. Stalin schrieb 1921: „Vor vierzig Jahren war Riga eine deutsche Stadt, doch da sich die Städte mit der Einwanderung der ländlichen Bevölkerung entwickeln und da gerade diese Bevölkerung die Hüterin der Nationalität ist, ist Riga heute eine lettische Stadt."[3]

Von der Lehre der Klassiker des Marxismus-Leninismus ausgehend entwickelte

Vilfan eine lange, theoretisch und geschichtlich untermauerte Schilderung der Beziehungen zwischen Italienern und Slowenen in Triest, um die These aufzustellen, daß sowohl die italienische wie auch die slowenische Bourgeoisie am Ende ihrer Entwicklung seien. Die italienische wegen ihrer Unfähigkeit, sich mit der slowenischen Umgebung demokratisch auseinanderzusetzen, und wegen ihrer Identifikation mit dem Faschismus, die slowenische wegen ihrer Allianz mit dem serbischen Imperialismus. Die Triester Frage kann also, Vilfans Meinung nach, nur vom Proletariat gelöst werden, jenes Proletariats, das sich an die Spitze des Befreiungskampfes des slowenischen Volkes gestellt hatte. Was würde – fragt Vilfan – der Sieg der Revolution in Triest bedeuten? Die Einschließung der Stadt in die politisch-territoriale Einheit des slowenischen Volkes und eine entschiedene Verbesserung der Lage der Volksmassen, besonders der lokalen, auch der italienischen Arbeiterklasse. Für die in der Produktion beschäftigten Italiener würde sich bei den neuen Verhältnissen in nationaler Hinsicht weniger ändern, da sie nicht gezwungen wären, ihre Italianität aufzugeben. „Wenn der slowenische Bauer die Produkte der Stadt in seiner Sprache kaufen wird, wird das keine Veränderung bedeuten, was das Produkt und was den Hersteller betrifft. Und tausende Italiener werden auch in der Zukunft ihre eigenen ökonomischen, politischen und kulturellen Organisationen brauchen. Es ist wahr, daß bei solchen Verhältnissen eine spontane Assimilation eintreten könnte, doch das scheint uns für eine lange Zeit, in Hinsicht auf die große Zahl und die starken Traditionen der Triester Italiener, nicht möglich. Die weitere industrielle Entwicklung Triests könnte aber den italienischen Kern in eine Minderheit verwandeln."[4]

Trotz der Bemühungen des Verfassers, als orthodoxer Marxist zu denken, gefiel das Schreiben der Führung der KP nicht und wurde daher nie veröffentlicht. Seine Grundgedanken blieben aber für die slowenischen Kommunisten bis zum Ende des Krieges aktuell und bildeten jenen Boden, auf dem noch andere, großzügigere Pläne entstehen konnten. Einen entschiedenen Schritt in diese Richtung machte Edvard Kardelj, der schon im Jahre 1942 in einem an Tito gerichteten Brief bemerkte, daß man in Italien das Auseinanderfallen des faschistischen Regimes beobachten könne, und er fügte selbstsicher hinzu: „Was in Italien geschieht (und sich von Triest aus nach Venedig, Mailand und in den Süden verbreitet), ist größtenteils ein Widerhall des Kampfes in Slowenien und in Jugoslawien."[5] Von dieser Behauptung zur Vermutung, daß Triest ein Sprungbrett für die Verbreitung der Revolution auch nach Italien sein könnte, war es nicht weit. In einem Brief an die Führung der KPI, in dem er Togliatti und seine Genossen zu überzeugen versuchte, daß Triest Jugoslawien gehöre, meinte zwei Jahre später derselbe Kardelj: „Und gerade daher kann ich die italienischen Kommunisten und ihre Einstellung gegenüber Triest nicht verstehen, da sie sehr wohl wissen, was Triest in einem mit der Sowjetunion eng verbündeten Jugoslawien bedeuten würde. Und noch weniger verstehe ich letzten Endes jene Kommunisten, die die Bedeutung des heutigen Jugoslawiens für das ganze italienische Volk und die Rolle, die in einem solchen Jugoslawien die italienische Minderheit spielen würde, nicht wahrnehmen können ..."[6]

Kardelj war jedoch zu sehr Realist, um zu lange in solchen verführerischen Gedanken zu verweilen. Er verstand schon im Jahre 1943, daß sich Slowenien nach dem Krieg an der Grenze von zwei ideologischen Blöcken befinden würde und daß daher Triest mehr als ein Bollwerk gegen den westlichen Imperialismus als ein Ausgangspunkt für die Revolution in Italien zu betrachten sei: „Wenn das slowenische Heer", schrieb er im Mai 1943, „nach dem Rücktritt des italienischen Okkupators aus Triest bis zur Meeresbucht vordringen wird, wird damit ... eine starke Basis zu unseren Gunsten verwirklicht. Wir sind davon überzeugt, daß die Triester Frage, im Rahmen der heutigen europäischen Situation, von entscheidender Bedeutung für Slowenien ist. Die Frage, ob Slowenien vor der sozialistischen Revolution in Westeuropa frei sein wird oder als Triester Hinterland eine englische Kolonie, wird sich auf den Straßen Triests entscheiden, wo wir vor den Engländern anwesend sein sollten."[7] Und in einem anderen Schreiben vom 5. Februar 1944 behauptete er: „Unser Triest = sowjetisches Triest."[8]

Dieser Meinung war auch Stalin, da er im April 1945, als Tito nach Moskau kam, um einen Freundschaftsvertrag mit der Sowjetunion zu unterzeichnen, ihm grünes Licht für den Aufmarsch der Partisanen in Richtung Triest gab. Die jugoslawische Armee besetzte am 1. Mai die Hafenstadt und ihr Gebiet, einige Stunden vor der Ankunft der Alliierten, was aber Churchill nicht bewog, das als ein „fait accompli" anzunehmen. Seit einigen Monaten war er davon überzeugt, daß die von ihm beabsichtigte Teilung Jugoslawiens in zwei Einflußbereiche – einen sowjetischen und einen westlichen – nicht mehr möglich sei, da Tito ein Arm des sowjetischen Polyps geworden sei. Um mindestens Italien vor der „kommunistischen Pest", wie er zu sagen pflegte, zu retten, war es daher notwendig, die Saiten des italienischen Nationalismus zu spielen und sich als Vertreter der italienischen Interessen darzustellen. Daher sein ultimatives, auch von Truman unterstütztes Verlangen, daß sich die jugoslawischen Truppen aus der Stadt zurückziehen, sie mit der Umgebung als Zone A den alliierten Truppen übergeben und sich mit der Besetzung der sogenannten Zone B in Istrien begnügen sollten. Stalin, der wegen einer für die Sowjetunion nebensächlichen Frage nicht bereit war, mit den Westalliierten zu streiten, entzog Tito Mitte Mai seine Unterstützung, was dieser als Verrat empfand. Auf internationaler Ebene vollkommen isoliert, wurde Tito gezwungen, die jugoslawische Armee am 12. Juni 1945 abzuberufen, in der – freilich nicht sehr festen – Hoffnung, daß es mindestens im Rahmen der Friedenskonferenz möglich sein würde, die jugoslawischen Interessen durchzusetzen.[9]

Im Zusammenprall mit der Härte des internationalen politischen Lebens wurden die Träume der Jugoslawen in den darauffolgenden Monaten immer weniger rosig. Tito und die Seinen verloren schon im Mai 1945 die Hoffnung, Triest Slowenien eingliedern zu können, und schlugen die Bildung einer selbständigen administrativen Einheit, einer siebenten Republik im Rahmen der jugoslawischen Föderation vor, mit einem freien, internationalisierten Hafen. Im November 1945 waren sie noch nachgiebiger und sprachen, im Kontakt mit dem Führer der italienischen KP, Togliatti, von Triest als einer freien Hafenstadt unter der Vormundschaft Jugoslawiens und in Zollunion mit ihm.[10] Im Laufe der diplomatischen Gespräche bei der Friedenskonferenz, die sich bis Ende 1946 hinzogen, mußten die Jugoslawen erkennen, daß ihre Träume nicht nur von den Westalliierten, sondern auch von den Sowjets nicht geteilt wurden. Stalin war nämlich der Meinung, daß die ehemaligen deutschen Satelliten, Österreich, Italien, Rumänien und Ungarn ein für allemal auf die Seite der Alliierten gezogen werden sollten. Um das zu erreichen, war er bereit, ihnen mildere Friedensbedingungen zu stellen als jene, die Deutschland treffen sollten.[11] Diese Denkweise führte zu einem Kompromiß, der formell vom französischen Außenminister Georges Bidault vorgeschlagen wurde: Zwischen Italien und Jugoslawien sollte man ein Freies Territorium bilden, das von Duino, entlang der Küste, bis Novi Grad laufen sollte. Dieser Vorschlag, der schnell auch von den Sowjets bejaht wurde, erschien den Jugoslawen, besonders den Slowenen, wie ein Alptraum. Es war nämlich klar, daß Slowenien im Falle seiner Verwirklichung den Zutritt zum Meer verlieren würde. „Aber", wie Molotow auf die Widersprüche Kardeljs antwortete, „es kann doch nicht jeder Bezirk sein Meer haben."[12]

Um diese Katastrophe zu vermeiden, schlug die Belgrader Regierung im Dezember 1946 vor, die Grenzfrage mit Italien in direkten Gesprächen zu lösen. Sie war bereit, die italienische Souveränität über Triest anzuerkennen, verlangte aber für sich alle slowenischen Gebiete in seiner Umgebung.[13] Dieser Versuch kam aber zu spät, da die Großmächte das Schicksal Triests schon entschieden hatten. Am 10. Februar 1947 war die Belgrader Regierung gezwungen, in Paris den Friedensvertrag mit Italien zu unterschreiben und damit auch das Freie Territorium Triest anzuerkennen. Der Kalte Krieg, das wachsende Mißtrauen zwischen dem westlichen und östlichen Block, die Entwicklung der politischen Lage in Italien, die Auseinandersetzung zwischen Tito und Stalin im Jahre 1948, alles das verhinderte jedoch seine tatsächliche Entstehung. Am Ende, im Jahre 1954, wurde es endgültig klar, daß sich die jugoslawischen Träume nicht erfüllten, daß aber auch der Alptraum nicht zur Wirklichkeit wurde: Das Territorium wurde nämlich geteilt, wobei die Zone A mit Triest von den Engländern und Amerikanern den Italienern übergeben wurde, während die Zone B unter der Obhut Jugoslawiens blieb. Ihr nördlicher Teil, mit Koper, Piran, Portoroz, wurde der Republik Slowenien, ihr südlicher der Republik Kroatien einverleibt. Die Verträge von Osimo im Jahre 1975 haben die Grenze zwischen Italien und Jugoslawien bzw. Slowenien noch gefestigt, was aber gewisse italienische Kreise nicht gehindert hat, sie jüngst, während der letzten Balkankrise, in Frage zu stellen: Der Alptraum lauert noch immer in einer dunklen Hölle der Geschichte.

Anmerkungen

1   Edinost, 28. April 1912.
2   Kacin-Wohniz, Milica: Narodnoobrambno gibanje primorskih Slovencev v letih 1921-28, B. 1-2. Koper 1977; Prvi antifašizem v Evropi. Koper 1990.
3   Arhiv Republike Slovenije (AS) – 1206, Rodbinski fond Vilfan.
4   Ebda.
5   Dokumenti Ljudske Revolucije v Sloveniji (DLRS), B.2. Ljubljana 1968, S. 56.
6   Troha, Nevenka: Politično življenje v Coni A Julijske krajine z vidika italijansko slovenskega sodelovanja (SIAU od osvoboditve do uveljavitve mirovne pogodbe). Ljubljana 1993, S. 37.
7   DLRS, B.7, S. 173.
8   Troha, Nevenka: Politično življenje, zit., S. 35.
9   Valdevit, Giampaolo (Hg.): La crisi di Trieste: maggio–giugno 1945: Una revisione storiografica, Trieste 1995.
10   AS, Osebna zbirka Edvard Kardelj, šk. 28/1.
11   Ebda. šk. 28/2.
12   Kardelj, Edvard: Spomini: Boj za priznanje in neodvisnost Jugoslavije, 1944-1957. Ljubljana 1980, S. 90.
13   AS, Osebna zbirka Edvard Kardelj, šk. 28/2.

Dušan Nećak

Triest, eine Einkaufsstadt

In der Geschichte der Slowenen nimmt Triest eine besondere Stellung ein, und zwar aus mehreren Gründen: 1. Triest stellte mit seinem Hafen ein Tor zur großen weiten Welt dar. 2. Nach Triest gravitierte das slowenische Hinterland. 3. Zu Jahrhundertbeginn war Triest der Zahl der slowenischen Einwohner nach die größte slowenische Stadt. 4. Vom Ende des Ersten Weltkriegs an waren die Slowenen von dem traumatischen Wunsch nach einem Anschluß Triests an das slowenische Hinterland beseelt.

In der Zwischenkriegszeit bedeutete Triest für die Slowenen ein Nest des Faschismus und eine Stadt tragischer Erfahrungen. Die Stadt stellte aber auch den kulturellen Mittelpunkt der küstenländischen Slowenen sowie später für die italienische Minderheit in Slowenien/Jugoslawien dar.

Im Zweiten Weltkrieg war Triest Schauplatz hartnäckiger Kämpfe und großer Verluste, nach dem Krieg stand es im Mittelpunkt des Kampfes um die slowenische Westgrenze. Nach 1954, als nach der Unterzeichnung des Londoner Memorandums das Problem Triest gelöst zu sein schien, gewann Triest wieder an Bedeutung, diesmal als Einkaufsstadt. Nachdem man Anfang der sechziger Jahre den Eisernen Vorhang an seinem südlichsten Teil geöffnet hatte, wurde Triest ein beliebtes Ziel für Käufer von Billigwaren aus ganz Jugoslawien.

Triest hatte in den Jahrzehnten zwischen 1960 bis 1990 als Einkaufszentrum unterschiedliche Bedeutung für Slowenen und Jugoslawen, je nach ihrer Entfernung von Triest.

1. Für die Grenzbevölkerung stellte Triest ein Zentrum dar, dessen Geschäfte, aber auch Kultur-, Bildungs-, Sport- und andere Veranstaltungen sie besuchte. Die damit verbundenen Ausgaben dazu deckte sie zum Teil auch durch Einnahmen aus dem Verkauf von Agrarprodukten in der Stadt (Parmaschinken, Wein, Schnaps, Geflügel usw.).

2. Für die Einwohner aus dem Inneren Sloweniens bedeutete Triest die Stadt größerer Einkäufe, besonders jener Artikel, die man zu Hause nicht kaufen konnte oder die in Triest wesentlich billiger waren. In bezug auf diese Bevölkerungsschicht kann man auch ohne eingehende empirische Untersuchungen behaupten, daß Triest für sie auch die Stadt der Unterhaltung, des guten Essens (Meeresspezialitäten) und des Heurigenausschanks war (die sog. „osmice").

Wegen der hier am meisten durchlässigen Grenze zwischen dem Ost- und Westblock wurde der Besuch Triests, auch wenn er nicht mit einem Einkaufsbummel verbunden war, Bestandteil des Alltags vieler Slowenen, vor allem der Stadtbewohner.

3. Für die Einwohner Jugoslawiens, auch für jene aus den entferntesten Orten, bedeutete Triest dagegen ein Einkaufszentrum, wo man billig in großen Mengen einkaufen konnte. Die Ware diente zum Teil zum Weiterverkauf und wurde sowohl über die jugoslawisch-italienische Grenze als auch weiter in osteuropäische Länder geschmuggelt. Die Einnahmen aus diesen Geschäften waren enorm. Eine Jeans-Hose kostete zum Beispiel in Belgrad zweimal bis dreimal soviel als in Triest. Während der Besuch Triests für einen Einwohner von Ljubljana einen halbtägigen Ausflug bedeutete, stellte er für einen Einwohner Belgrads eine Reise dar, die nicht ganz billig war. Auch darin liegt der Grund für große Einkäufe und für den Schmuggel. Das heißt jedoch nicht, daß es unter den Slowenen keine Schmuggler gegeben hätte.

4. Eine spezifische Bedeutung hatte Triest für Angehörige der italienischen nationalen Minderheit in Slowenien und in Kroatien. Für sie bedeutete Triest ein kulturelles und nationales Zentrum, eine Stadt, aus der für sie Hilfe kam. Diese Bedeutung verdient, gesondert behandelt zu werden.

Triest lebte jahrzehntelang nach dem Krieg von jugoslawischen/slowenischen Einkäufern. Seit 1991 hat sich die Lage grundlegend verändert. Jugoslawische Einkäufer sind hier nur vereinzelt anwesend, die Anziehungskraft Triests als Einkaufszentrum für die Slowenen ist wegen des reichen Angebots westlicher Waren auf dem slowenischen Markt fast zur Gänze geschwunden.

Triest übte früher auch wegen der vielen Grenzübergänge eine Anziehungskraft auf die Einkäufer aus. Die italienisch-jugoslawische Grenze konnte im Grenzbereich Triests an sechs von insgesamt vierzehn internationalen Grenzübergängen passiert werden: Lazaret, Skofije, Kozina, Lipica, Fernetici und Sezana (Bahnübergang). Dasselbe gilt für den kleinen Grenzverkehr. Von insgesamt 24 Übergängen befinden sich im Grenzbereich Triests acht: Kastelir, Klarici, Campore, Plavlje, Osp, Socerb, Repentabor und Gorjansko. Für Doppelbesitzer (s. unten) gibt es 20 Übergänge.[1]

Für die Grenzbewohner galten seit langer Zeit besondere Erleichterungen. Jugoslawien schloß bereits im Jahre 1949 das erste Abkommen über den Grenzverkehr. Am 3. Februar 1949 wurde der sogenannte Udine-Vertrag[2] geschlossen, der das Gebiet nördlich von Triest umfaßte. Der zweite Vertrag wurde ebenso in Udine unterzeichnet, und zwar am 20. August 1955[3], und hatte praktisch für das gesamte Grenzgebiet Geltung. Der dritte Vertrag trägt ebenfalls den Namen der Stadt Udine, wo er am 31. Oktober 1962 unterzeichnet wurde.[4] Letztgenannter blieb am längsten in Geltung, und zwar bis 1982, als nach dem 15. Mai – nach der Unterzeichnung der Osimo-Verträge – ein novellierter Vertrag geschlossen wurde, aufgrund dessen die Regelung des Personen-, Land- und Seeverkehrs zwischen den Grenzgebieten noch verbessert wurde. Für den Personenverkehr sind jene Bestimmungen von besonderer Bedeutung, die besondere Erleichterungen bei Grenzüberschreitungen und Warenverkehr für diejenigen mit sich brachten, die Besitzer von: a) Passierscheinen; b) Passierscheinen mit Angabe des Grundbesitzes und c) besonderen Passierscheinen waren. Solche Passierscheine und Erleichterungen waren für Bewohner des 10 Kilometer breiten Grenzstreifens vorgesehen.[5]

Neben den Udine-Verträgen müssen noch der Görz- und der Triest-Vertrag erwähnt werden, die im Jahre 1955 unterzeichnet wurden[6]. Sie bilden, zusammen mit dem Udine-Vertrag, die Grundlage für grenzüberschreitende Kontakte zwischen den Menschen sowie für eine wirtschaftliche Zusammenarbeit. Der Triest- und der Görz-Vertrag sollten vor allem die Zusammenarbeit im Bereich der Wirtschaft, der Technik und des Handels fördern und haben in leicht abgewandelter Form noch heute Geltung. Auch diese zwei Verträge begünstigten die Belebung des Grenzverkehrs und den Besuch Triests.

Den Höhepunkt erreichte der jugoslawische/slowenische Einkaufsboom in Triest in der ersten Hälfte der siebziger Jahre. Nach Ansicht des italienischen Erforschers dieses Phänomens, Gianfranco Battisti[7], kamen damals jährlich drei bis dreieinhalb Millionen Grenzgänger aus Slowenien nach Triest, das im Udine-Vertrag als Grenzgebiet deklariert war. Aus anderen Gebieten Jugoslawiens kamen auf ihren Einkaufstrips jährlich zwei bis zweieinhalb Millionen Menschen nach Triest (siehe Tabelle). Das bedeutete im Durchschnitt zwischen 20.000 und 25.000 Menschen pro Tag. Gerade für diese Kunden wurde ein besonderes Einkaufsviertel in unmittelbarer Nähe des Bus- und Eisenbahnhofs eingerichtet. Auf dem relativen kleinen Areal befanden sich 200 von insgesamt 550 Textilgeschäften in der Gemeinde Triest.

Interessanterweise gab es unter den Verkäufern mehr Zugewanderte aus Süditalien und aus Venetien als Einheimische. Man kaufte vor allem Textilwaren (Jeans, Wäsche usw.), weiters Ledererzeugnisse, Spielzeug, Goldwaren, Kosmetik, Lebensmittel (vor allem Kaffee), Fotomaterial, Optik, technische Waren und Autoersatzteile. Das war die Zeit, in der neben den Geschäften auch die Marktstände am Ponterosso und die zwischen der Kirche des Hl. Anton und den Hafenkais massenhaft besucht wurden.

Laut Schätzungen Battistis sollen die Triester Geschäftsleute den Kunden aus Jugoslawien Waren im Wert von circa 450 Milliarden Lire jährlich verkauft haben. Die meisten Einkäufer kamen nach Triest mit PKW (1,3 Millionen), circa 650.000 mit Linienbussen, circa 300.000 per Bahn und ungefähr 150.000 mit Sonderbussen.

Motorisierte Grenzübergänge in der Provinz Triest (Quelle: A.A.S.T., C.C.I.A.A., Triest)

Jahr	GESAMTHEIT (Eintritte-Ausgänge)							
	Internationaler Verkehr			Lokaler Verkehr		Gesamtheit		
	Italiener	Jugoslawen	Andere	Italiener	Jugoslawen	Ges. Italiener	Ges. Andere	Gesamt
1965	4.121.556	1.074.621	2.131.739	6.600.035	3.862.713	10.721.591	7.069.073	17.790.664
1966	9.453.134	4.001.497	4.964.177	11.645.319	5.441.664	21.098.453	14.407.338	35.505.791
1967	15.163.749	7.642.580	6.832.867	15.269.197	7.914.564	31.309.773	22.390.011	53.699.784
1968	17.045.499	7.639.686	6.449.406	16.146.024	6.536.321	33.191.523	20.625.413	53.816.936
1969	14.917.191	9.051.228	6.944.629	15.378.196	5.516.078	30.295.387	21.511.936	51.807.323
1970	20.761.167	11.243.966	3.267.142	20.026.258	8.641.349	40.787.425	23.152.457	63.979.882
1971	17.137.740	10.711.079	6.304.459	21.189.045	7.916.043	38.326.785	24.931.581	63.258.366
1972	15.532.820	9.684.444	4.576.865	20.538.190	7.634.749	36.071.010	21.896.058	57.967.068
1973	13.544.231	7.755.034	4.138.665	18.098.251	7.372.756	31.642.482	19.266.455	50.908.937
1974	5.746.607	5.621.051	3.747.497	8.621.231	4.265.701	14.367.838	13.634.249	28.002.087
1975	8.836.856	8.758.611	3.800.538	12.382.569	6.471.468	21.219.425	19.030.617	40.250.042
1976	10.996.843	10.657.444	4.787.758	15.847.838 '	8.409.046	26.844.681	23.854.248	50.698.929
1977	6.487.351	6.682.150	2.879.452	10.513.961	4.446.235	17.001.312	14.007.837	31.009.149
1978	5.559.807	8.096.818	4.413.054	9.156.880	4.497.566	14.716.687	17.007.438	31.724.125

Wir, die wir persönlich diesen Einkaufsboom in Triest miterlebt haben, konnten feststellen, daß er neben hohen Einnahmen der Geschäftsleute für die Einwohner von Triest auch viele Unannehmlichkeiten mit sich brachte (die „auswärtigen" Kunden besetzten 25 bis 65% der Parkflächen in der Stadtmitte und bis zu 95% der Parkplätze in der Nähe des Bahnhofs), ferner Unordnung im Bereich des Einkaufsviertels und des Bahnhofs, was zum Unmut der lokalen Bevölkerung gegenüber den „Fremden" führte. Dieser Unmut schlug zur Zeit der Unterzeichnung der Osimo-Verträge in eine echte antislawische politische Bewegung um.

Der Einkaufsboom aus Jugoslawien aus der ersten Hälfte der siebziger Jahre erlebte Anfang der achtziger Jahre sein Ende. Dies geschah nach der Einführung der sogenannten „Depositen" für den Grenzübertritt bzw. in der Zeit der Währungsrestriktionen in Jugoslawien (1983). Zu einem plötzlichen, jedoch kurzfristigen Einkaufsboom kam es wieder am Anfang der neunziger Jahre. Er dauerte bis zum Zerfall Jugoslawiens an. Damals wurde auch der „historische" Höhepunkt hinsichtlich der Einkäuferzahl und der verkauften Ware erreicht. Das Ende Jugoslawiens bedeutete auch das Ende der jugoslawischen Einkäufer. Diese wurden in den darauffolgenden Jahren durch die Einkäufer aus Ungarn ersetzt. In den Jahren 1992-1993 zeigt die Struktur der fremden Einkäufer in Triest folgendes Bild: 50% Einkäufer kamen aus Ungarn (vor allem aus Westungarn) und 50% aus Kroatien (vor allem aus der Umgebung von Subotica). Auch die Zahl der Grenzgänger, die meistens in den an der Grenze liegenden Orten der Provinz Triest oder in großen Einkaufszentren in Friaul einkauften, nahm ab. In den letzten Jahren ging die Zahl der Ungarn zurück, weil die ungarischen Behörden Zoll-Limits für Einfuhrwaren (circa 100 DM) eingeführt haben.

Den Zerfall Jugoslawiens bekamen die Triester Geschäftsleute hart zu spüren.

Quelle: Fotodokumentation, Delo, Ljubljana

Sie hoffen jedoch auf eine Normalisierung der Lage im ehemaligen Jugoslawien, die den Weg frei machen würde für ihre traditionellen Kunden. Zur Zeit sind Geschäftsleute im Theresianischen „Fremdeneinkaufsviertel" so organisiert, daß sie reservierte Parkplätze für Einkaufsbusse in der Nähe des Bahnhofs bereithalten (das Parken an den Hafenkais ist nicht mehr möglich). Täglich kommen 25 Busse mit insgesamt 2500 Gästen, am Wochenende (Freitag, Samstag) 5000 Gäste. Wöchentlich also circa 15.000 Gäste, ein Zehntel der Menge wie in der Mitte der siebziger Jahre. Jeder Gast gibt heute durchschnittlich 100 DM aus, das macht Jahreseinnahmen in der Höhe von ca. 70 Mill. DM, wesentlich weniger als in der „goldenen Zeit" der siebziger Jahre[8].

Seit Slowenien unabhängig wurde, stellt Triest für die Slowenen kein Einkaufszentrum mehr dar. Es behielt dagegen die anderen in der Einführung erwähnten Funktionen. Autokolonnen an den Grenzübergängen gehören heute der Vergangenheit an. Slowenische Einkäufer, die heute mit Bussen oder PKWs zu den ungarischen Grenzstädten (vor allem Lenty) unterwegs sind, müssen zehnstündige Wartezeiten in Kauf nehmen. Jetzt blüht dort das Geschäft wie einst auf dem Ponterosso.

Anmerkungen

1 Ausführlicher über die Grenzübergänge siehe: Hribernik, Katarina, Slovenski mejni prehodi kot element odprtosti drzavne meje. Diplomarbeit an der Abteilung für Geographie, Philosophische Fakultät Ljubljana, 1997.
2 Uradni list FLRJ (Amtsblatt), 7/56.
3 Uradni list FLRJ, 3/62.
4 Uradni list SFRJ, 3/64.
5 Ausführlicher darüber siehe Hribernik.
6 UL FLRJ 11/56.
7 Battisti, Gianfranco: Una regione per Trieste, Studio di geografia politica ed economica, Trieste 1979, S. 255 – 257.
8 Die Angaben wurden mir freundlicherweise von Prof. Dr. Vladimir Klemenčič, Abteilung für Geographie der Philosophischen Fakultät der Universität Ljubljana zur Verfügung gestellt.

Joachim Becker

Zweierlei Maß: Staat und Zivilgesellschaft in Zimbabwe

Meine Kernthese ist, daß der Staat in Zimbabwe im Umgang mit zivilgesellschaftlichen Organisationen zweierlei Maß angelegt hat und hierbei ein hohes Maß an Kontinuität vom siedlerkolonialen zum postkolonialen Staat erkennbar ist.

Die gramscianische Sicht von Staat und Zivilgesellschaft

Ich lege die herrschaftskritische Definition der Zivilgesellschaft von Gramsci zugrunde. Für Gramsci gibt es „zwei große 'Ebenen' von Überbauten (...), jene die
man Zivilgesellschaft nennen kann, d.h. die Gesamtheit von Organismen, die gemeinhin 'privat' genannt werden, und jene der 'politischen Gesellschaft oder des
Staates'. Die erstgenannte Ebene entspricht der 'hegemonialen' Funktion, welche
die herrschende Gruppe über die ganze Gesellschaft ausübt, und die andere der
Funktion der 'direkten Herrschaft' oder des Kommandos, welche sich im Staat
und in der 'juristischen' Regierung ausdrückt".[1] Die Zivilgesellschaft ist mithin
das Feld, auf dem um Meinungsführung gekämpft wird. Ein umittelbares Ziel
zivilgesellschaftlicher Strategien ist dabei die Einflußnahme auf staatliche Politik,
die verbindliche Sanktionskraft hat. Hierbei geht es nicht nur um die Inhalte staatlicher Regulierungen, sondern auch um die Strukturierung der Zugänge zu staatlichen Entscheidungszentren, die als ein strategischer Filter wirken.[2] Zivilgesellschaft,
Parteien und Ausgestaltung der konkreten Zugänge zu staatlichen Entscheidungszentren stellen die drei zentralen umkämpften Filter zur Beeinflussung staatlicher
Politik dar. Eine strukturelle Grenze der staatlichen Handlungsoptionen stellt der
gute Gang der Geschäfte dar. Von diesem ist der Staat nicht zuletzt auch fiskalisch
abhängig.

Es ist denkbar, daß eine gesellschaftliche Gruppe die eindeutige Meinungsführung erringt und ihr gesellschaftliches Projekt auch die Akzeptanz subalterner
Klassen erreicht. In einem solchen Fall spricht Gramsci[3] von „Hegemonie". Es

treten dann andere Formen der Herrschaftssicherung, wie der Aufbau von Klientel-
beziehungen und die Anwendung von Zwang, die über den Staat im engen Sinne
laufen, relativ in den Hintergrund. Doch sind für Gramsci nicht alle gesellschaftlichen Klassen oder Klassenfraktionen hegemoniefähig. Hegemonie muß für ihn
„notwendigerweise auf die entscheidende Funktion gründen, welche die herrschende Gruppe im Kern der wirtschaftlichen Tätigkeit ausübt"[4].

Siedlerkolonialer Staat und Zivilgesellschaft

Bürgerlicher Staat wie Zivilgesellschaft sind in Zimbabwe nach der Unterwerfung
der autochthonen Bevölkerung durch die britische Kolonialmacht implantiert
worden. Der siedlerkoloniale Staat schuf die Voraussetzungen einer kapitalistischen
Produktion und sicherte bis in die Zwischenkriegszeit ein rohstoffexportorientiertes,
nichtindustrielles Akkumulationsregime ab.

Mit der Weltwirtschaftskrise der Zwischenkriegszeit geriet das nichtindustrielle
Akkumulationsregime in eine tiefe Krise. Der siedlerkoloniale Staat initiierte daraufhin ein Akkumulationsregime des „rassischen Fordismus"[5], bei dem der Rohstoff-
exportsektor um eine auf den weißen Hocheinkommensmarkt bezogene import-
substituierende Industrie mit vergleichsweise hohem inter- und intrasektorellen
Verflechtungsgrad ergänzt wurde. Dies ging insofern mit einer Transformation des
Staates einher, als Intensität und Umfang der staatlichen Intervention in die Wirtschaft stark zunahmen. Um die staatliche Intervention zu ihren Gunsten zu beeinflussen, entstanden starke, hoch zentralisierte Unternehmerverbände. Diese wurden vom siedlerkolonialen Staat auf das engste in Politikformulierung und -um-
setzung einbezogen[6]. Entsprechend der sozialen Basis des Staates waren auch die
Gewerkschaften der weißen Arbeiter eingebunden. Die zivilgesellschaftlichen Organisationen der schwarzen Bevölkerung waren hingegen mit einer harten Repression konfrontiert. Der Widerstand der politisch rechtlosen schwarzen Bevölkerung organisierte sich daraufhin ab Mitte der sechziger Jahre in Form bewaffne-
ter Widerstandsorganisationen, die in den siebziger Jahren in den ländlichen Gebieten die Form eines Gegenstaates annahmen[7]. Besonders stark engagierten sich
im Guerillakampf die Jugendlichen, die in der noch stark patriarchalisch geprägten
Sozialstruktur auf dem Land, über die rassische Diskriminierung hinaus, politisch
besonders an den Rand gedrängt waren[8].

Postkolonialer Staat und Zivilgesellschaft

1979 kam es unter britischer Vermittlung zu einem Kompromiß zwischen dem siedlerkolonialen Regime und den Guerilla-Organisationen. Dieser beinhaltete einerseits eine Demokratisierung des Staates und andererseits eine verfassungsmäßige Begrenzung für sozio-ökonomische Veränderungen. Der herrschende soziale Block veränderte sich insofern, als die weiße Arbeiterschaft als Juniorpartner ausschied und nach und nach das schwarze Kleinbürgertum und eine entstehende, wenn auch schmale schwarze Bourgeoisie integriert wurde.

Die Demokratisierung des Staates bedeutete eine Neugestaltung der Zugangskanäle zu staatlichen Entscheidungszentren. Ihr signifikantestes Element war die Einführung eines allgemeinen Wahlrechts, das anfänglich noch von einer überproportionalen Sonderrepräsentanz der Weißen im Parlament begleitet war. In den ersten Wahlen zum ersten Parlament des unabhängigen Zimbabwe setzte sich die Befreiungsbewegung ZANU/PF (Zimbabwe African National Union/Patriotic Front) eindeutig durch, daneben erlangte die ebenfalls im bewaffneten Kampf engagierte Zimbabwe African People's Union (ZAPU) zumindest regionale Bedeutung. Die beiden Parteien waren während des antikolonialen Kampfes in einer konfliktreichen Allianz verbündet gewesen und formten zunächst eine Koalitionsregierung. Diese zerbrach bald, und die Parteienkonkurrenz zwischen ZANU/PF und ZAPU schlug in einen bewaffneten Konflikt um. In diesem setzte sich die ZANU/PF durch. Die ZAPU verschmolz Ende 1987 mit der Regierungspartei. Die ZANU/PF konsolidierte sich als faktische Staatspartei[9].

Mit der Unabhängigkeit wurde die ZANU/PF von einer mobilisierenden Befreiungsbewegung in „eine Agentur für die Führung, die 'Langsamkeit der Veränderung' zu erklären"[10], transformiert. Diese Transformation fand ihren Niederschlag in den Organisationsstrukturen der ZANU/PF, die sich durch eine erhebliche Zentralisierung auszeichneten. Geschäftsleute, Selbständige und rückkehrende Exilanten gewannen in der umstrukturierten Partei zunehmend an Gewicht. Soweit Dorfkomitees während des Krieges faktisch Aufgaben eines embryonalen Gegenstaates übernommen hatten, mußten sie diese wieder an staatliche Stellen abgeben. In den ländlichen Partei- und Staatsstrukturen vermochten sich die älteren Männer, welche „die Rolle einer patriarchalischen Autorität am besten übernehmen" konnten[11], wieder fest zu etablieren. Jüngere Männer und Frauen wurden erneut in den Hintergrund gedrängt. Weit schlechter als auf dem Land vermochte sich die ZANU/PF in den Städten organisatorisch zu verankern, wo sie auch während des Befreiungskampfes kaum präsent gewesen war.

Der postkoloniale Staat wies in vielen Bereichen ein erhebliches Maß an Kontinuität auf. Dies gilt in gewisser Weise auch für sein Verhältnis zur Zivilgesellschaft. Zivilgesellschaftliche Organisationen, welche die Interessen subalterner Klassen oder benachteiligter Bevölkerungsgruppen vertraten, sahen sich mit dem Bemühen des Staates bzw. seiner „Verdoppelung" in Form der regierenden ZANU/PF um Kontrolle und Kooptierung ausgesetzt, das zuweilen durch repressive Maßnahmen ergänzt wurde. Besonders stark gegängelt wurden bis 1985 die Gewerkschaften. Danach erkämpften sich die Gewerkschaften, die trotz hoher Arbeitslosigkeit ihren Organisationsgrad ausbauen konnten, nach und nach ein gewisses Maß an Autonomie. Die Gewerkschaften sind trotz ihrer Fragilität noch am ehesten ein Kristallisationspunkt von linker Kritik und rudimentärer Gegenmacht[12]. Eine gewisse Rolle spielen noch Studentenorganisationen und Frauengruppen. Die Bevölkerung der städtischen Armenviertel ist zivilgesellschaftlich nur schwach organisiert. Die dort bestehenden Gruppen, wie Kirchenclubs, Begräbnisgesellschaften und Sparvereine, sind oft instabil und von wenig politischem Charakter. Regierungs- und Parteistellen beäugen hier unabhängige Initiativen mit Verdacht. Wie Saunders[13] hervorhebt, „hat die ZANU sich unablässig darum bemüht, soviel Kontrolle wie möglich über den formal 'unpolitischen Raum' zu behalten". Aufgrund der sozialen Strukturen blieben die Bauernorganisationen auf dem Land relativ schwach[14]. In die Politikformulierung war dieser Teil der Zivilgesellschaft kaum eingebunden[15].

Hingegen respektierte auch der postkoloniale Staat die Autonomie der gut organisierten Unternehmerverbände und lieh ihnen bei der Politikformulierung sein Ohr[16]. Auf der Kapitalseite kam es insofern zu einer begrenzten Neuformierung der Zivilgesellschaft, als sich schwarze Geschäftsleute zu eigenen Lobbygruppen zusammenfanden, um eine forcierte „Afrikanisierung" der Wirtschaft zu erreichen. Damit gerieten sie partiell in Konflikt zu den etablierten Verbänden, die aus der Kolonialzeit stammten. Die Positionen der etablierten Unternehmerverbände wurden grosso modo auch von westlichen Gebern und internationalen Finanzinstitutionen unterstützt und gewannen damit an Durchsetzungsfähigkeit.

Zivilgesellschaft und wirtschaftspolitischer Strategiewechsel

In den politisch noch nicht gefestigten Verhältnissen der ersten Jahre nach der Unabhängigkeit verfolgte die Regierung eine auf Konfliktvermeidung angelegte Wirtschaftspolitik. Diese sollte Exportwachstum mit einer begrenzten Binnenmarkterweiterung verbinden, die auf Einkommenserhöhungen ärmerer Bevölkerungsgruppen gründete. Diese Politik mündete in eine Verschuldungskrise, die mit einer heterodoxen Sparpolitik gemeistert wurde[17]. Ende der achtziger Jahre setzten die Unternehmerverbände, von internationalen Finanzinstitutionen unterstützt, den Wechsel zu einer orthodox liberalen Strukturanpassungspolitik durch, die einem stärker exportorientierten Akkumulationsregime den Weg bereiten sollte. Die makroökonomischen Resultate der neuen Politik sind wenig erbaulich, ihre sozialen Konsequenzen eindeutig negativ.

Gewichtigen Kapitalinteressen gelang es zwar im Verbund mit Teilen des schwarzen Kleinbürgertums, ihre Vorstellungen einer neuen Wirtschaftspolitik in erheblichem Maße durchzusetzen, doch eine wirkliche Meinungsführerschaft haben sie nicht erreicht. Von daher bleiben der weitgehende Ausschluß zivilgesellschaftlicher Organisationen der subalternen Klassen von der Politikformulierung, Klientelismus und Repression wichtige Elemente der Herrschaftssicherung.

Schlußfolgerungen

Aus der liberalen Sicht scheint die aus privaten Organisationen bestehende Zivilgesellschaft als „Reich der Unabhängigkeit vom Staatlichem und damit als Reich der Freiheit eines jeden, der Gleichheit und Solidarität der Bürger, der kreativen kulturellen und produktiven Autonomie, jeder Form des Zusammenschlusses zu gegenseitiger Hilfe"[18]. Aus einer gramscianischen, herrschaftskritischen Perspektive, wie sie hier am Beispiel Zimbabwes erfolgt, ergibt sich ein weit weniger idyllisches Bild. Hier wird deutlich, daß gesellschaftliche Gruppen in sehr unterschiedlichem Maß zivilgesellschaftlich organisations-, artikulations- und durchsetzungsfähig sind. Aufgrund ihrer sozio-strukturellen Position sind gerade in Gesellschaften der Dritten Welt große Segmente der subalternen Klassen, vor allem der Bauernschaft und der städtischen Marginalbevölkerung, zivilgesellschaftlich kaum organisationsfähig.

Anmerkungen

1   Gramsci, Antonio: Selection from Prison Notebooks. London 1971, S. 12.
2   Jessop, Bob: State Theory. Putting the Capitalist State in its Place. University Park 1990, S. 207.
3   Gramsci, Selection from Prison Notebooks. S. 12 f., S. 160 f., S. 170.
4   Ebda., S. 161.

5   Gelb, Stephen: South Africa's Economic Crisis: An Overview. In: Gelb, Stephen (Hg.): South Africa's Economic Crisis. Claremont 1991, S. 1-32.
6   Herbst, Jeffrey: State Politics in Zimbabwe. Harare 1990, S. 20 ff.
7   Siehe Lan, David: Guns & Rain. Guerrillas & Spirit Mediums in Zimbabwe. London 1985. Ranger, Terence: Peasant Consciousness and Guerilla War in Zimbabwe. A Comparative Study. Harare 1985. Kriger, Norma: Guerrilla War in Zimbabwe. Peasant Voices. Harare 1995.
8   Kriger, Norma: Guerrilla War in Zimbabwe. Peasant Voices. Harare 1995.
9   Becker, Joachim: Angola, Mosambik und Zimbabwe. Im Visier Südafrikas. Köln 1988, S. 264 ff.
10 Mandaza, Ibbo: The State and Politics in the Post-White Settler Colonial Situation. In: Zimbabwe. The Political Economy of Transition 1980-1986, Hg. Ibbo Mandaza, Dakar 1986, S. 52.
11 Schwenzfeier, Rainer: Traditionelle und neue Autoritäten in Zimbabwe. In: Baiculescu, Michael/Becker, Joachim (Hg.): Kap der kleinen Hoffnung. Das südliche Afrika nach der Apartheid. Wien 1993, S. 192-201.
12 Schiphorst, Freek: The Emergence of Civil Society: The New Place of Unions in Zimbabwe. In: Thomas, Henk (Hg.): Globalization and Third World Unions. The Challenge of Rapid Economic Change. London 1995, S. 215-232.
13 Saunders, Richard: Civics in Zimbabwe: Are They Making a Difference? In: Southern Africa Report 1995 (Jan.), S. 24.
14 Siehe Moyo, Sam: The Promised Land! In: Southern Africa Political and Economic Monthly, 3.6 1990, S. 16-18. Herbst, Jeffrey: State Politics in Zimbabwe. Harare 1990, S. 57 ff.
15 Becker, Joachim: Zimbabwe: Wirtschaftspolitik zwischen Reform und Weltmarkt. Marburg 1988 (Diss.). Becker, Joachim: Hegemonie und Klientelismus: Staat und Zivilgesellschaft in Zimbabwe. In: Kolland, Franz et al. (Hg.): Staat und zivile Gesellschaft. Beiträge zur Entwicklungspolitik in Afrika, Asien und Lateinamerika. Frankfurt/Wien 1996, S. 133-148.
16 Herbst, Jeffrey: State Politics in Zimbabwe. Harare 1990. Skalnes, Tor: The State, Interest Groups and Structural Adjustment in Zimbabwe. In: The Journal of Development Studies, 29.3 1993, S. 401-428.
17 Becker, Joachim: Angola, Mosambik und Zimbabwe. Im Visier Südafrikas. Köln 1988, S. 275 ff. Becker, Joachim: Zimbabwe: Wirtschaftspolitik zwischen Reform und Weltmarkt. Marburg 1988 (Diss.).
18 Torres-Rivas, Edelberto: América Latina. Gobernabilidad y democracia en sociedades en crisis. In: Nueva Sociedad 1993, Nr. 128, S. 96.

Erich Pilz

Demokratiebewegung und Konsumgesellschaft: Zur Diskussion über Zivilgesellschaft in China

„Zivilgesellschaft" als Problem interkultureller Kommunikation

Der Zusammenbruch der kommunistischen Herrschaftssysteme in Osteuropa und der Sowjetunion in den neunziger Jahren hat in der sozialwissenschaftlichen Forschung die Frage aufgeworfen, welche gesellschaftlichen Entwicklungen zur Aushöhlung des Machtgefüges in diesen Staaten geführt haben. Dabei fanden vor allem Kreise von Intellektuellen, denen es innerhalb des kommunistischen Systems gelungen war, einen gewissen Grad an oppositioneller organisierter Unabhängigkeit zu erlangen, besondere Aufmerksamkeit. Begriffe wie die „bürgerliche Öffentlichkeit" und die „bürgerliche Gesellschaft", welche Jürgen Habermas in Studien aus den sechziger Jahren als zentrale Kategorien der neuzeitlichen politischen Entwicklung in Europa untersucht hatte[1], boten sich als heuristische Instrumente zum Verständnis der Wirksamkeit dieser intellektuellen Zirkel in den kommunistischen Systemen an.[2] Bedenkt man die gemeinsamen kulturellen und zivilisatorischen Traditionen, die West- und Osteuropa verbinden, so erscheint die heuristische Verwendung von „Zivilgesellschaft" zur Erklärung der politischen Entwicklung der achtziger und neunziger Jahre in Osteuropa nicht abwegig. „Zivilgesellschaft" wird hier gebraucht als offene Kategorie für jene gesellschaftlichen Akteure, welche mit unterschiedlichen Zielsetzungen und Organisationsformen in Vertretung verschiedenster Interessen gegenüber dem Staat eine Mitsprache bei der Gestaltung der Gesellschaft einfordern. Die „bürgerliche Gesellschaft" von Habermas ist nur eine von möglichen und tatsächlichen Formen von „Zivilgesellschaft".

Die Auseinandersetzung mit „zivilgesellschaftlicher" Entwicklung in der Volksrepublik China begann zu Anfang der neunziger Jahre. Hier war einerseits das politische System – in zeitlicher Parallelität zu den Entwicklungen in Osteuropa und der Sowjetunion – 1989 ebenfalls mit einer dramatischen Zuspitzung der Auseinandersetzungen zwischen dem autoritären Staat und oppositionellen, allem Anschein nach zivilgesellschaftlichen Kräften konfrontiert. Andererseits aber brach – in starkem Kontrast zur Entwicklung in Osteuropa und der Sowjetunion – das Herrschaftssystem keineswegs zusammen.[3] Im Gegenteil, es hat den Anschein, als sei die KPCH aus der brutalen – und weltweit aufgrund der unmittelbaren Präsenz westlicher und taiwanesischer Medien bei den Ereignissen mit Entsetzen perzipierten – Niederschlagung der „Volksbewegung" am 5.Juni 1989 in Beijing stark und vorerst kaum entbehrlich hervorgegangen.[4]

Die Diskussion über Zivilgesellschaft in China ist aber darüber hinaus dadurch gekennzeichnet, daß von Anfang an starke Zweifel laut wurden an der heuristischen Brauchbarkeit von Kategorien und Begriffen wie „public sphere" und „civil society" im chinesischen Kontext. Diese Begriffe stammen, so das Argument, aus der wissenschaftlichen Analyse der spezifisch europäischen geistesgeschichtlichen, kulturellen und politischen Entwicklung. Sie wurden sozusagen geschaffen, um den „europäischen Sonderweg" benennen zu können. Wie hilfreich bzw. irreführend mußte ihre Anwendung auf die Entwicklung in China eingeschätzt werden?[5]

Bereits 1992 organisierte die Standesvertretung der Asienwissenschaften in den USA, die Association for Asian Studies, eine Konferenz zu diesem Thema. Die publizierten Beiträge (vgl. Modern China 19.2 (1993)) zeigen einerseits, wie eng sich die Diskussion an das Verständnis und die Konzeptionalisierung von „bürgerlicher Öffentlichkeit" (public sphere) sowie „bürgerlicher Gesellschaft" (civil society) bei Habermas anlehnte.[6] Andererseits wird aber bereits klar, wie problematisch eine unkritische heuristische Verwendung dieser Begriffe auf die chinesische Entwicklung war. Einer der besonders bedenkenswerten Kritikpunkte an der Literatur über Zivilgesellschaft in China betrifft die zu kurzatmige historische Dimension bei der Analyse der Motive und Zielsetzungen verschiedener gesellschaftlicher Gruppen, deren Äußerungen, Aktionen und Organisationen als zivilgesellschaftlich relevant bezeichnet werden.

Dies trifft zunächst auf die chinesischen Studenten und Studentinnen und Intellektuellen zu, deren Bewegungen, Aktionen, Demonstrationen und Organisationen über einen langen Zeitraum, vor allem aber in dem Jahrzehnt zwischen 1979 und 1989 bevorzugtes Objekt der Studien zur Entwicklung der Zivilgesellschaft waren. Als im Frühjahr 1989 am Platz vor dem Tor des Himmlischen Friedens (Tiananmen) eine Freiheitsstatue aufgerichtet wurde, vermittelte das der interessierten Weltöffentlichkeit via Bildschirm den Eindruck, in der Volksrepublik China sei nun ein neues Zeitalter angebrochen, in dem Partizipation eine neue Qualität haben würde: die Möglichkeit der Artikulation von Interessen gesellschaftlicher Gruppen und deren wie immer geartete Einbindung in die Prozesse politischer Entscheidungsfindung. Dieser Eindruck wachsender demokratischer Einflüsse war aber in nicht unbeträchtlichem Ausmaß beeinflußt vom Wunschdenken, die VR würde zuguterletzt einen kulturellen und politischen Pluralismus zulassen, und für die Menschen würden sich jene persönlichen Freiräume auftun, die uns für ein lebenswertes Leben unverzichtbar erscheinen. Beeinflußt von diesen und anderen Wunschvorstellungen wurden die kulturellen Traditionen und Praktiken über die Rollenverteilung zwischen den Studenten und Intellektuellen auf der einen Seite und dem chinesischen Staat auf der anderen Seite nicht genug bedacht. Die Intellektuellen galten in der chinesischen Tradition unter anderem als das bessere Gewissen des Staates, als jene Schicht, die aufgerufen war, Kritik zu üben an kritikwürdigen Zuständen im Reich, einschließlich der Einmahnung der Verantwortung des Herrschers. So mancher Held der chinesischen Geschichtsschreibung starb als Folge der mutigen Ausübung dieser Pflicht. Dieses Verständnis des Intellektuellen als Diener des Staates ist schwer in Einklang zu bringen mit der Konzeption der Unabhängigkeit vom, ja des Gegensatzes zum Staat, wie sie der zivilgesellschaftlichen Diskussion zugrunde liegt. Der Intellektuelle als wichtiger und privilegierter Staatsdiener wurde auch noch in der Reformzeit unter Deng Xiaoping besonders gepflegt und gehegt, und die jeweilige Reformfraktion blieb für einen substantiellen Teil der chinesischen Intellektuellen bis in die späten achtziger Jahre der einzige Hoffnungsträger für Chinas Zukunft: Die Beziehung zum Staat blieb eine durch die traditionelle Rolle geprägte.[7]

Eine ähnlich gelagerte Problematik zeigte sich auch bei der Interpretation einer weiteren zivilgesellschaftlich relevanten Bevölkerungsgruppe: der Interessen, Aktivitäten und Organisationsformen von städtischen Wirtschaftstreibenden der späten Kaiserzeit. Das chinesische Kaiserreich hatte im 17. und 18. Jahrhundert seine letzte Blütezeit erlebt, der Staat schien militärisch, wirtschaftlich und kulturell nach innen und außen Herr der Lage. Seit Beginn des 19. Jahrhunderts begann dieses System große Schwächen zu zeigen und der Staat erwies sich zunehmend unfähig, seine politischen und gesellschaftlichen Funktionen angemessen wahrzunehmen. Es gab aber einflußreiche Gruppen in der Gesellschaft, die vor allem nach der Mitte des 19. Jahrhunderts vornehmlich in den großen Städten anscheinend in Eigeninitiative und Eigenverantwortung Funktionen übernahmen, die der Staat vernachlässigte:[8] Fragen der Feuerbekämpfung wurden in Hankow im 19. Jahrhundert flächendeckend von den Gilden organisiert. Der gesamtstädtische Verband der Innungen organisierte und finanzierte eine paramilitärische Ordnungsmacht, eine effektive Stadtpolizei. Die Gilden eröffneten zahlreiche wohltätige Stiftungen, die nicht nur Gildenmitgliedern offen standen. Sie bauten Brücken und richteten öffentliche Schulen ein. Im Endeffekt entwickelte sich so etwas wie eine rudimentäre, von städtischen Bevölkerungsschichten organisierte Stadtverwaltung.[9] Befand sich – so ist zu fragen – im 19. Jahrhundert die chinesische Stadt in einem Prozeß der Autonomiebildung, die einen Vergleich mit den europäischen Städten und ihren städtischen Privilegien sinnvoll erscheinen läßt? Die Gegenargumentationen gehen davon aus, daß die Aktivitäten der städtischen Gilden immer eingebunden blieben in den offiziellen Rahmen und in die Befugnisse der kaiserlichen Verwaltung in den Städten, daß diese Beamten zwar die Arbeit und die Finanzierung von Stiftungen gern solchen privaten Initiativen überließen, die Kontrolle aber nie aus der Hand gaben, daß also auch in diesem Fall eines der zentralen Elemente einer zivilgesellschaftlichen Entwicklung im Sinne von Habermas, die Unabhängigkeit vom Staat, nicht geklärt ist.

Auch in diesem Fall liegt also das theoretische Problem darin, daß Begriffe, welche für kulturspezifische Phänomene stehen – oder besser gesagt, das Produkt einer bestimmten sozio-ökonomischen und kulturellen, konkret der europäischen kapitalistischen Entwicklung sind –, verwendet werden, als ob es sich um Chiffren für kulturinvariable (= von der sozioökonomischen Entwicklung unabhängige) Phänomene handelte: die Übertragung und Anwendung von auf der Ebene der Oberflächenstruktur kultureller Differenzen gewonnener Begriffe auf die Abstraktionsebene der tiefenstrukturellen Gemeinsamkeiten zwischen den Kulturen.[10]

Bereits auf der oben angesprochenen Konferenz der Association for Asian Studies zur Problematik der Zivilgesellschaft im Jahre 1992 wurden Vorschläge für ein begriffliches Instrumentarium gemacht, durch welches die angedeuteten Probleme der Forschung vermieden werden könnten. Der konkreteste Vorschlag lautete: Der Begriff „third realm" (Dritter Bereich) sollte „Öffentlichkeit" und „Zivilgesellschaft" als forschungsleitende Frage ablösen.[11] Die interessierende Frage würde sich damit nicht mehr auf eine kulturspezifische Variante der Interaktion zwischen Staat und Gesellschaft richten, sondern auf den Bereich der Interaktion an sich: In welchen Interaktionsformen, Praktiken und Institutionen wird in der späten Kaiserzeit, in der Republik, in der Zeit Maos und in der Reformperiode seit Ende der siebziger Jahre agiert? Welche Formen der Autonomie oder Kooperation, Unterordnung, Kooptation usw. charakterisieren diesen Dritten Bereich, in dem die Gesellschaft in mehr oder weniger organisierter Form mit dem Staat interagiert? Der Begriff „Dritter Bereich" scheint – als kleinster gemeinsamer Nenner aller möglichen Formen von organisierter und institutionalisierter Interaktion zwischen Staat und Gesellschaft – geeignet, einerseits jede kulturspezifische Einengung der Fragestellung auszuschließen und andererseits die wertvolle Forschungsanregung, die von der Diskussion um die Zivilgesellschaft ausging, fruchtbar weiterzuführen.

Der „Dritte Bereich" als forschungsleitende Frage

Die Niederschlagung der „Volksbewegung" am Tiananmen im Juni 1989 setzte vorerst einen Schlußstrich unter eine Entwicklung, welche unter den westlichen Beobachtern große Hoffnungen auf die Entwicklung von Zivilgesellschaft in China geweckt hatte. Die Aktivisten der Bewegung wurden zum Schweigen verurteilt, teilweise landeten sie im Gefängnis oder gingen ins Exil. Damit kam nicht nur die Entwicklung von Organisationen unter Studenten und Intellektuellen, das heißt die Entwicklung zivilgesellschaftlicher Strukturen zum Stillstand, welche Ansprüche auf Partizipation in vielen gesellschaftlich relevanten Fragen – einschließlich der politischen Entscheidungsfindung – einzufordern begonnen hatten. Der Diskussionsprozeß unter Chinesen und Chinesinnen konnte jetzt nur noch in der Diaspora stattfinden, intellektuelle Aktivisten begannen in neuen Umfeldern, in Amerika und Europa, die Geschehnisse zu reflektieren. Abgeschnitten von der Teilnahme an der Entwicklung im Lande selbst, sind sie darauf zurückgeworfen, durch Vortrags-, Lehr- und Publikationstätigkeit die Geschehnisse zu reflektieren und das Feuer der „Bewegung" auf kleinster Flamme zu erhalten.

Nicht zuletzt aufgrund dieser Entwicklung hat sich die Forschung von der Suche nach der „bürgerlichen Öffentlichkeit" abgewandt und begonnen, mit Interesse jene Entwicklungen zu verfolgen, die mit dem Begriff „Dritter Bereich" erfaßt werden können. Neben diesen praktischen Erwägungen war für die Ausweitung und zugleich neue Fokussierung des Forschungsinteresses aber auch die Weiterentwicklung der theoretischen Diskussion verantwortlich.[12] Klärend wirkte einerseits die Differenzierung zwischen einem „soziologischen" und einem „politischen" Verständnis von Zivilgesellschaft: Erstgenannte kommt aus der kontinental-europäischen Tradition und beschäftigt sich primär mit jenem Zwischenbereich von Organisationen, in denen Interaktion zwischen Staat und Gesellschaft abläuft. Letztgenannte hingegen, aus der anglo-amerikanischen liberalen Tradition kommend, setzt „Zivilgesellschaft" gleich mit einer bestimmten Form von „politischer Gesellschaft", in der die Interaktion nur im Rahmen von geltenden Bürgerrechten, von funktionierenden Vertretungskörpern und von der „rule of law" gedacht wird. Mit dieser Differenzierung wurde auch klar, daß die Frage, ob zivilgesellschaftliche Entwicklung im soziologischen Sinne zu einer Demokratisierung der Gesellschaft führt, eine Frage der zweiten Ordnung ist.

Im folgenden sollen noch einige Felder erwähnt werden, in denen die Entwicklung neuer Organisationsformen beobachtet wird. Die Dominanz der trotz Tiananmen ungebremst voranschreitenden wirtschaftlichen Reformen sowie der immer umfassenderen Integration in globale Netzwerke führte zu der Frage, welche neuen Formen der Interaktion mit dem Staat sich von seiten der neuen Unternehmerkreise, der neuen Kollektive, der neuen Wirtschaftskader entwickeln. Bisher vorliegende Studien deuten darauf hin, daß sich die Interessen von lokalen Kadern, Wirtschaftstreibenden und Staatsapparat in einem Kontext treffen, für den immer häufiger der Begriff des „Korporatismus" verwendet wird:[13] Ein System der Interessensvertretung durch eine begrenzte Zahl von Organisationen, denen man angehören muß, die außer Konkurrenz stehen (nur eine Vertretungsorganisaton für eine Berufssparte in einer Verwaltungseinheit), die hierarchisch geordnet sind, die durch den Staat organisiert oder wenigstens von ihm anerkannt bzw. erlaubt sind, und die ihre (vom Staat verliehene) Monopolstellung im Austausch dafür bekommen, daß der Staat sie kontrollieren darf, sich in ihre Personalpolitik einschalten kann und ihre Vertretungsansprüche mitbestimmt.[14] Im chinesischen Fall ist der Staat konkret bemüht, die in der Privatwirtschaft Tätigen als „Bürger", sozusagen als vollwertige Mitglieder in die chinesische Gesellschaft zu integrieren und sie und ihre Organisationen zugleich durch Kooption zu kontrollieren. Die Privatunternehmer ihrerseits streben nach Anerkennung, Schutz und Führung durch den Staat in dem Maße, in dem sie sich vom Staat und seiner Umarmung zu lösen versuchen.[15] Es ist daher kaum erstaunlich, daß ganz wichtige Anstöße für neue Formen der Interaktion weder von den Intellektuellen noch von den Gewerkschaften kommen, sondern von den Unternehmerverbänden.[16]

Da die wirtschaftlichen Reformen zwar nicht mit spektakulären Reformen der politischen Struktur einhergehen, wohl aber mit einer voranschreitenden Verrechtlichung der chinesischen Gesellschaft, stellt sich die Frage, welche gesellschaftlichen Gruppen mit der fortschreitenden Absicherung ihrer Interessen durch gesetzliche Regelungen dem Parteistaat gegenüber welche Art von Autonomie anstreben und einfordern. Ein hochinteressantes Einzelproblem in diesem Zusammenhang sind die Fragen des geistigen Eigentums. Urheberrechtsfragen haben ein derartiges Gewicht, weil sie nicht nur die Integration Chinas in den Weltmarkt betreffen, sondern auch in den Beziehungen zwischen der Volksrepublik China und Taiwan ununterbrochen virulent sind. Jeder weitere Schritt in der Regelung internationaler Copyright-Fragen kommt aber zugleich einer Selbstbeschränkung des chinesischen Parteistaates gleich, da die Angleichung an internationale Standards die autonomen Bereiche des so heiklen Publikationswesens immer mehr ausweitet und abschirmt. Hier wird deutlich, wie die Einbindung in internationale Verträge und Netzwerke die Entwicklung neuer Formen der Interaktion zwischen Staat und Gesellschaft vorantreibt. (Natürlich bietet die intensivierte staatliche Bemühung um Urheberrechtsschutz auch die Möglichkeit zu Kontrolle und Zensur).

Schließlich führten die Ereignisse von 1989 zwar dazu, den Diskurs über eine wie immer geartete pluralistische Gesellschaftsverfassung vorerst zu unterbinden, abgesehen vom politischen Diskurs wurden aber die Freiräume für Geschäfte, individuelle Entfaltung und Konsum immer weiter ausgedehnt. Die Chinesen und Chinesinnen gewannen, so könnte man sagen, im Vergleich zur maoistischen Zeit einen neuen Aspekt zu ihrer Identität: „I shop, therefore I am", oder anders ausgedrückt, die Chinesen und Chinesinnen wurden Konsumenten, und König Konsument stellt Ansprüche, er positioniert sich neu gegenüber dem Staat, der diesen Konsum als zentralen Pfeiler der Wirtschaftsreformen keineswegs behindern oder beschränken will. Bereits in der Werbung ist der Konsument eine autonome Persönlichkeit, die – im Gegensatz zum formbaren Menschenbild der KPCH – umworben werden muß. Geschäft und Konsum sind subversiv geworden.[17] Der Wandlungsprozeß im „Dritten Bereich" macht aus Mündeln und Angestellten des Staates (=Bürger im leninistischen Staat) Privateigentümer und Steuerzahler (=Bürger in der korporativen Staatsform). Das kommt einer Neudefinition des Staatsbürgers gleich.[18]

Die hier angedeuteten Probleme ergeben mit vielen anderen zusammen ein ganzes Bündel neuer forschungsleitender Fragen, welche unser Verständnis der gegenwärtigen und zukünftigen chinesischen Entwicklung voranzutreiben geeignet sind. Der Schritt von der Suche nach der „Zivilgesellschaft" zum Interesse am „Dritten Bereich" stellt ein Beispiel dar für die Lernfähigkeit einer Zunft, welche Wandlungsprozesse in China im Rahmen vergleichender Forschung zu analysieren sucht.

Anmerkungen

1   Habermas, Jürgen: Strukturwandel der Öffentlichkeit. Darmstadt, Luchterhand 1962.

2   Vgl. z.B. Miller, Robert F.: The Development of Civil Society in Communist Systems. Sidney, Allen & Unwin 1992.

3   Nee, Victor/Stark, David (Hg.): Remaking the Economic Institutions of Socialism: China and Europe. Palo Alto, Stanford University Press 1989; Pei Minxin: From Reform to Revolution: The Demise of Communism in China and the Soviet Union. Cambridge, Harvard University Press 1994; Walder, Andrew (Hg.): The Waning of the Communist State. Economic Origins of Political Decline in China and Hungary. Berkeley u.a., University of California Press 1995; McCormick, Barret/Unger, Jonathan (Hg.): China after Socialism: In the Footsteps of Eastern Europe or East Asia? New York, M.E. Sharpe 1996.

4   Pilz, Erich: „Die Zweite Befreiung". Ursachen, Wege und Folgen von „Reform und Öffnung" in der Volksrepublik China seit 1978, in: Journal für Entwicklungspolitik 13.2:133-149 (1997).

5   Frick, Heike: Interkulturelle Annäherung an das Fremde und westliche Paradigmen: Zur Diskussion der „civil society" in China, in: Newsletter Frauen und China 5:12-17 (Juli 1993). Vgl. auch: „Public Sphere"/"Civil Society" in China?: Paradigmatic Issues in Chinese Studies III, Symposium in: Modern China 19.2 (1993).

6   Habermas, Strukturwandel der Öffentlichkeit.

7   Vgl. Goldman, Merle/Link, Perry/Su, Wei: China's Intellectuals in the Deng Era: Loss of Identity with the State, in: Dittmer, Lowell/Kim, Samuel S. (Hg.): China's Quest for National Identity. Ithaca/London, Cornell University Press 1993, S.125-153.

8   Vgl. etwa Rowe, William T.: Hankow. Commerce and Society in a Chinese City, 1796-1889. Stanford, Stanford University Press 1984; Ders.: Hankow. Conflict and Community in a Chinese City, 1796-1895. Stanford, Stanford University Press 1989.

9   Rowe, Commerce and Society, S. 321.

10 Auf chinesischer Seite liegen nur wenige Überlegungen zu dieser Thematik vor. Vgl. Ma Shu-Yun: The Chinese Discours on Civil Society. Research Note, in: The China Quarterly 137:180-193 (März 1994).

11 Vgl. Huang, Philip C.: „Public Sphere"/„Civil Society" in China. The Third Realm between State and Society, in: Modern China 19.2:216-240 (April 1993).

12 Zu einer präzisen Darstellung des derzeitigen Diskussionsstandes vgl. White, Gordon: The Dynamics of Civil Society in Post-Mao China, in: Hook, Brian (Hg.): The Individual and the State in China. Oxford, Clarendon Press 1996, S. 196-221.

13 Vgl. The China Quarterly 147 (September 1996).

14 Vgl. White, The Dynamics of Civil Society, S.205.

15 Vgl. Parris, Kristen: Private Entrepreneurs as Citizens: From Leninism to Corporatism, in: China Information 10.3/4:2 (1995/1996).

16 Vgl. Pearson, Margaret M.: China's New Business Elite. The Political Consequences of Economic Reform. Berkeley u.a., University of California Press 1997.

17 Vgl. Pilz, Erich: Zur Subversivität geschäftlicher Interessen. Staat, Zivilgesellschaft und Entwicklung im revolutionären China, in: Kolland, Franz u.a. (Hg.): Staat und zivile Gesellschaft. Beiträge zur Entwicklungspolitik in Afrika, Asien und Lateinamerika. Historische Sozialkunde Beiheft 8, Frankfurt/M., Brandes & Apsel 1996, S. 149-165.

18 Vgl. Parris, Private Entrepreneurs, S. 10.

Alexandra Schwendenwein

Staat und zivile Gesellschaft in Mali: Chancen und Wege von Demokratisierung in Selbstbestimmtheit

Leben ist Entwicklung. Sie findet in jedem lebendigen Organismus und somit auch in jeder menschlichen Gemeinschaft statt. Konstruktive Entwicklung besteht in Entfaltung des eigenen Potentials zum individuellen und gemeinschaftlichen Nutzen.

In Mali wie in anderen sogenannten Entwicklungsländern hemmen Fremdbestimmung und wirtschaftliche Ausbeutung diesen konstruktiven organischen Prozeß. Die von Zentralismus und Assimilationspolitik geprägte Kolonialherrschaft Frankreichs hat in Mali eine Entwicklung eingeleitet, welche die gewachsenen politischen und wirtschaftlichen Strukturen verdrängt und ein fremdes System autoritär etabliert hat.

Die Kolonialmacht ernannte sich 1883 zum Mutterland; der fremde Staat hob von da an Steuern ein, rekrutierte ZwangsarbeiterInnen und beutete das Land aus. Nach und nach wurden auch Einheimische instrumentalisiert, um die Ziele der Kolonialherren durchzusetzen; so wurden zum Beispiel auf unterer Ebene in den Verwaltungsbezirken Malier als Bezirkschefs eingesetzt. Widerstand der bäuerlichen Bevölkerung wurde im Selbstverständnis der sich als höherwertig betrachtenden Kolonialherren rigoros bekämpft. Eine Chance, sich aus der Fremdherrschaft zumindest im Sinne der physischen Kolonisation zu befreien, bot westliche Schulbildung, also Assimilation. Das kolonialistische Schulsystem war allerdings eines der Instrumente der psychischen Kolonisation und entfremdete die MalierInnen ihrer eigenen Kultur und Tradition. Nichtsdestoweniger waren es gerade die europäisch gebildeten afrikanischen Eliten, die den Weg in die Unabhängigkeit erfolgreich vorbereiteten. Nach der Unabhängigkeitserklärung 1960 übernahmen sie dann auch die politische Führung in den von den Kolonialherren aufgebauten Staatsstrukturen. Das unabhängige Mali unter seinem ersten Präsidenten Modibo Keita wählte die Option Socialiste, um einen Staat nach marxistischem Modell aufzubauen. Kernpunkte der Politik waren die Errichtung von Staatsbetrieben und eine planifizierte Agrarpolitik. Damit rückte Mali zwar deutlich vom gaullistischen Frankreich ab, orientierte sich aber weiterhin an fremden Strukturen und Denkmodellen.

Diese Politik nach fremdem Modell scheiterte auf allen Ebenen. Ebenso scheiterte der Versuch, Mali mit der Einführung einer eigenen Währung aus dem Einflußbereich Frankreichs weitergehend zu befreien. Diese Maßnahme hielt dem internationalen wirtschaftspolitischen Druck nicht stand und mußte unter schweren Einbußen ab 1967 wieder rückgängig gemacht werden. Noch im gleichen Jahr begann die Regierung, Maßnahmen zu setzen, um einem Scheitern der Option Socialiste vorzubeugen, und ging zunehmend repressiv gegen politische Opposition vor. Die wachsende Unzufriedenheit der Bauern erreichte im Juni 1968 in einem großen Bauernaufstand ihren Höhepunkt. Im darauffolgenden November kam es zu einem Militärputsch unter der Führung von Moussa Traoré.[1] Sein Comité Militaire de Libération Nationale (CMLN) gab das illusorische Versprechen, Mali in einem Zeitraum von sechs Monaten aus dem wirtschaftlichen Tief zu führen. Tatsächlich änderte sich unter der Militärregierung, die zehn Jahre lang an der Macht blieb, wenig an der Wirtschaftspolitik. Mit der Gründung einer Staatspartei, der Union Démocratique du Peuple Malien (UDPM), gab sich die Regierung ab 1978 ein ziviles Gesicht. Traoré blieb Staatschef. Die Kluft zwischen Staat und Bevölkerung, Zentrum und Peripherie war damit keineswegs behoben: Der Staat verordnete nach wie vor Fünf-Jahres-Pläne, politische und soziale Kräfte wurden in parteiabhängigen Strukturen gebunden. Ab 1987 trieb die Regierung die Einführung dörflicher Vereinigungen[2] voran. Diese trugen zwar den Namen einer traditionellen dörflichen Struktur, hatten damit aber wenig zu tun. Da sie in erster Linie den Zielen der staatlichen – sprich: fremdorientierten – Agrarpolitik dienten und den Bäuerinnen und Bauern innerhalb dieser Vereinigungen keinerlei juridische oder politische Autonomie gegeben wurde, setzten sich diese Strukturen auch nur bedingt durch; was einmal mehr die Problematik fremdverordneter Strukturen verdeutlicht.

In den sechziger Jahren propagierten westliche EntwicklungstheoretikerInnen die Idee, Ein-Parteiregime wären ein wünschenswerter Entwicklungsmotor für die ehemaligen Kolonien, die eben noch nicht reif für Demokratie westlicher Prägung wären. Unvermindert, wenn auch in anderen Ausdrucksformen, wirkt der hierarchisch-pädagogische Anspruch der westlichen Länder gegenüber den Ländern des Südens weiter. Der reduzierte Inhalt des Begriffs von Entwicklung als Optimierung wirtschaftlicher Nutzung sowie Staat und Demokratie wurden und werden ausschließlich im Sinne des sogenannten Westens verstanden. Entwicklung bedeutet demnach Industrialisierung, Technisierung und Wirtschaftswachstum, Staat bedeutet Nationalstaat, Demokratie bedeutet Parteienpluralismus. Formen, die diesen Festlegungen nicht entsprechen, also andere kulturelle und soziale Strukturen, werden abgewertet, sie werden nicht als anders geformte Errungenschaften, sondern grundsätzlich als zu überwindende Minderwertigkeit angesehen, als unterentwickelt und rückständig bezeichnet. Das impliziert die Wahnvorstellung, der sogenannte Westen habe die beste aller möglichen Kulturen entwickelt, was angesichts des erzeugten Elends, der Kriege und der weltbedrohenden Umweltvergiftung ernsthaft in Zweifel gezogen werden muß.

Mali konnte ab 1981 die Durchführung von Strukturanpassungprogrammen der Weltbank nicht länger abwenden, und so verschlechterten sich die Lebensbedingungen der MalierInnen massiv. Insbesondere die Schließung von Staatsbetrieben und der Aufnahmestopp für BeamtInnen führten zu steigenden Arbeitslosenraten. Die Unruhe in den Städten wuchs. Der Zusammenbruch der Ostblockstaaten, der sogenannte „Ostwind", die internationale Debatte um Demokratie als Voraussetzung für Entwicklung und nicht zuletzt der Einfluß Frankreichs gaben dem Streben nach Veränderung wieder eine exogen bestimmte Richtung. Eine Demokratiebewegung entstand, getragen durch städtische Eliten, die die sozialen Kräfte im Rahmen von zivilen Organisationen einten.

1991 führte das schließlich zum Sturz des Diktators Moussa Traoré[3] nach 23jähriger Herrschaft.

Aber auch die demokratische Regierung der nunmehrigen Dritten Republik sah sich bald mit destabilisierenden Kräften konfrontiert. Die Richtlinien der Strukturanpassungsprogramme zwangen zu weiteren Sparmaßnahmen, und die Entwertung des Franc CFA um 50 % im Jänner 1994 führte erneut zu finanziellen Engpässen und Kürzungen. So wurden die großen Hoffnungen, die die MalierInnen in die Demokratisierung gesetzt hatten, vielfach enttäuscht.

Anhand dieser historischen Entwicklung lassen sich Muster aufzeigen, die seit der Kolonialzeit die Geschichte Malis prägen: Die staatlichen Strukturen und das Bildungswesen in ihrer heutigen Form haben ihre Wurzeln in der Kolonialzeit. Sie tragen das Erbe aus dieser Zeit weiter und bilden auch Eingang für fortdauernde Fremdbestimmung, die nicht zuletzt vom Weltwirtschaftssystem genutzt und forciert wird. Obwohl 90% aller MalierInnen auf dem Land leben, konzentrieren sich Macht und politischer Einfluß im städtischen Zentrum, bei den europäisch gebildeten Eliten, im Staat. Verstädterung und westliche Bildung entfremden die MalierInnen in ständig zunehmendem Maße den traditionellen Strukturen und Werten. Nach wie vor orientieren die westlich gebildeten Eliten Staat, Politik, Wirtschaft und Bildungswesen an westlichen Modellen.

Viel Neues ist in Mali seit 1991 trotzdem im Gange: Seit der demokratischen Öffnung sind rund 60 Parteien und ca. 4000 registrierte Vereinigungen verschiedenster Art entstanden. Gehälter werden regelmäßig bezahlt, Straßen werden gebaut, eine Universität wurde gegründet. 1997 soll erstmals keine Budgethilfe von Frankreich mehr nötig sein.

Ein großes Dezentralisierungsprojekt soll Kompetenzen, Mittel und Verantwortung von der Hauptstadt auf regionale Ebenen verlagern. Das läßt auf Verbesserungen für die Landbevölkerung zumindest hoffen. Vor allem aber könnte sich hier die Möglichkeit zur politischen Einflußnahme bieten und eine konstruktive Synthese von traditionellen Werten und Formen des Zusammenlebens und dem Fremden, das bereits zu einem Teil der Entwicklung Malis geworden ist, entstehen. Der hohe Stellenwert sozialer Beziehungen in den traditionellen malischen Gesellschaften bietet ein Potential zur Humanisierung westlichen Wirtschaftsdenkens im Sinne und zum Nutzen der Gemeinschaft. Die große Humanität dieser Strukturen zeigt sich neben vielem anderen im traditionellen Bildungswesen[4]: Jedes Kind erfährt eine schrittweise Sozialisation und Einführung an seinen Platz in der Gesellschaft, ein Durchfallen und somit Scheitern wie in der westlichen Leistungsgesellschaft wäre hier gar nicht möglich. Aber auch die große Wertschätzung alter Menschen zeugt von der humanen Überlegenheit dieser traditionell gewachsenen Werte gegenüber der westlichen Norm. Ein Einbeziehen dieser Werte in das politische Handeln könnte das Entstehen neuer Formen demokratischer Gemeinwesen begünstigen.

Es steht fest, daß Entwicklung keine westliche Erfindung ist, sondern ein allen menschlichen Gemeinschaften immanentes Phänomen. Damit Entwicklung konstruktiv, das heißt den in einer Gemeinschaft lebenden Menschen dienlich, stattfinden kann, müssen die Strukturen, in denen diese Gemeinschaften leben, auf der eigenen sozialen und kulturellen Identität basieren.

Wie weit die politische Umsetzung von Demokratisierung und Dezentralisierung in Mali dieser Notwendigkeit Rechnung tragen wird, ist noch nicht abzusehen. Erstmals bietet sich jedoch auch eigenständigen politischen Modellen und Möglichkeiten Raum zur Entfaltung; zu einer Entwicklung, die nicht primär wirtschaftsdienlich ist, sondern lebensdienlich.

Anmerkungen

1 Vgl. dazu: Sanankoua, Bintou: La chute de Modibo Keïta. Paris 1990
2 Zum Thema Förderung dörflicher Vereinigungen siehe auch: Tag, Sylvia: Paysans, Etat et démocratisation au Mali. Enquête en milieu rural. Hamburg 1994, S. 52-55.
3 Ausführlich dargestellt in: Schwendenwein, Alexandra: Die Revolution in Mali 1990/91: Sturz des Diktators Moussa Traoré. Diplomarbeit, Univ. Wien 1994.
4 Vgl. dazu ausführlich: Tedla, Elleni: African Thought and Education. New York 1995.

Opfer-Täter-Diskurs
im internationalen Vergleich

Charles Villa-Vicencio

Truth and Reconciliation – In Tension and Unity

Television images of the Archbishop hugging his former critics and adversaries are familiar ones. Tears and the emotional trauma of mourning, anger and repentance are by now an indelible part of the public image of the South African Truth and Reconciliation Commission.

Reconciliation is, however, more than sentimentality. It involves more than tears. It is never cheap. It is something that needs to be earned. It can never be assumed. It takes time. This inclines some to balk at the emotional words associated with public apologies. The relatives of those killed in the Bisho massacre in the former Ciskei homeland, however, wept in response to a plea for forgiveness by a colonel responsible for ordering the fatal shooting. Brigadier Marius Oelschig, the officer commanding the operation, on the other hand, responded differently. When asked whether he regretted the event, he noted that „soldiers do not display emotion in public." „At least Oelschig is consistent – and perhaps more honest than some," responded a seasoned journalist listening to his words. At a subsequent hearing Brigadier Oupa Gqozo, the former military ruler of the Ciskei, was encouraged by a Commissioner to turn and look the survivors and the relatives of those killed in Bisho in the eye. He apologised in an emotional scene. Brian Mitchell, the former police officer who planned an attack on United Democratic Front activists at the Trust Feeds settlement in the Natal Midlands, made an impassioned plea for forgiveness, pledging himself to work for the rehabilitation of the community which he had violated. It is important to say *mea culpa*.

Truth is more important than contrition

This having been said, the TRC Act does not require anyone to be repentant or to apologise for their past actions. What is required, is that an amnesty application falls within the ambit of the TRC Act – essentially that the deed for which amnesty is required be politically motivated and that full disclosure be made. In the words of the Archbishop, „ … you are able to tell the amnesty committee that you are proud of what you did, albeit that it constitutes an offence under law." In their much publicised book, *Reconciliation Through Truth*, Kader and Louise Asmal and their co-author Ronald Roberts argue, „if the Commission is of the view that a contrition requirement would advance the stated goals of reconciliation and national unity … [it] has ample statutory discretion to impose a contrition requirement in its amnesty procedures." There are many moral arguments – not least theological ones, which makes the argument favouring contrition an appealing one. It is at the same time difficult to impose contrition. It smacks a little of medieval notions of a horse-hair shirt. More important, the question is whether it does not at best imply a rather idealistic notion of what can be accomplished within the time constraints of the TRC. At worst, insistence on an apology could inhibit some of the more resolute and proud perpetrators from making a disclosure, undermine the integrity of disclosures that are made and hide the deepest convictions of those responsible for past gross human rights violations.

There is, at the same time, an understandable reluctance among some victims to forgive at all. Chris Ribeiro, the son of the murdered Florence and Fabian Ribeiro, objects to anyone „pushing reconciliation down my throat." Marius Schoon, who lost his wife and a daughter in a South African army raid into Botswana, in turn, complains about „the imposition of a Christian morality of forgiveness." Forgiveness, even when possible, is rarely a first step. It does not occur in a vacuum. It is perhaps inevitability preceded by simple coexistence – a willingness to accept the existence of the other. It is here that the work of the Commission is to be focused. Bluntly stated, what the TRC Act calls „peaceful coexistence," governed by a culture of human rights and the dismantling of the structures that made human rights violations not only possible but often inevitable, is perhaps more important, at least for the present, than forgiveness and reconciliation. It is not important that we all agree on all matters. It *is* important to ensure that we all treat one another in the best possible manner – that even if we are not fully reconciled to one another, we do not kill one another. It is important that maximum space be created within which dialogue, mutual reciprocity and open encounter can take place between those who disagree – which can lead to mutual understanding and the affirmation of a common set of values, whereby people who disagree can live together.

It is here that the TRC *can* make a contribution, applying its energy to obtaining full disclosure, rather than trying to achieve the quick reconciliation of adversaries. This involves dealing openly with the harsh realities of the past in an honest manner. Donald Shriver's words in his book, *An Ethic for Enemies*, are compelling: „One does not argue long with people whom one deems of no real importance. Democracy is at its best when people of clashing points of view argue far into the night, because they know that the next day they are going to count and encounter each other as residents of the [same] neighbourhood."

This much the Commission *must* accomplish:

- The fullest and most complete disclosure of past gross human rights violations. Victims are demanding the right to know what happened to their loved ones. The structures of third force and other forms of terrorism need to be disclosed. Acknowledgment of past atrocities involves more than cynical non-believers being confronted with what victims knew all along. Juan Mendez, a past director of Americas Watch, suggests it involves „knowledge that is officially sanctioned, and thereby made part of the public cognitive scene." The notion of truth is a complex one. There are at the same time facts which, however explained or interpreted, need to be acknowledged. People were murdered, maimed and brutalised for little more than their political views or the colour of their skin. Disclosure serves as an antidote to any attempt by apartheid revisionists to portray apartheid as no more than a desirable policy that went askew.

- Preparation for the reintegration of perpetrators of gross human rights (whether members of the former state or of liberation movements) into society through the amnesty process. The purpose being to facilitate their reintegration into society, rather than allowing them to be either a burden to the tax payer by languishing in prison or by continuing to undermine the political and social well-being of society. Any attempt at doing so which by-passes the need for full disclosure, can only lead to political subterfuge and the ever-present possibility of social upheaval, associated with each subsequent disclosure of past wrongs.

- An authentic historical record of human rights abuse, not least as a basis for assisting future generations to defend democracy and the rule of law in the face of any future attempt at authoritarian rule. It should warn against *any* ideology or practice that denies human rights, dumps human beings in resettlement camps, consigns soldiers to morally indefensible tasks in townships and foreign countries, sends agents of the state or guerrilla fighters on bombing sprees, tortures and kills people in detention centres or eliminates people in prison camps. The exercise should serve as an ever present reminder of what the human race – even 'our people' (on whatever side they may be) – are capable of doing.

- A penetrating and empathetic understanding of the „motives" and „perspectives" of perpetrators, as required by the Act. This could be *the* most effective way of preempting the reoccurrence of those forces that gave rise to the human rights abuses of the past. Bluntly stated, unless all South Africans are ever watchful for those powerful human forces that destroy and annihilate the other, we stand vulnerable – perhaps even likely, to again create a monster, or simply allow it to slowly grow to maturity – with all the power to kill.

The TRC can make a contribution to „establishing as complete a picture as possible" of such and related matters. More difficult is the task of reconciling the armies of liberation movements, South African Defence Force (SADF) soldiers, South African Police (SAP) operatives and the rank and file members of conflicting parties. The fulfillment of this mandate is, however, perhaps best served by laying the foundations for a much longer process. Civil society, religious communities, educational structures and similar organisations have an important role to play in this regard. They will exist long after the TRC has ceased to be. The reconciling energy of the TRC can best be employed in making recommendations to the President concerning how past alienation and suffering can be redressed and on how to protect and promote human rights in the future. This requires careful attention being given to reparations policy and the need for the creation of a society within which former enemies can cooperate in the creation of a 'new' South Africa.

It is unrealistic to expect the leaders of liberation movements and the commanders of liberation armies, who believe that at least their *cause* was a just one, suddenly to repent of their convictions. It is also unlikely that all leaders and members of, for example, the National and Conservative Parties, or former SADF and SAP commanders, who defended apartheid will repent of their ways. The law governing amnesty does not ask for this. It does require those applying for amnesty to make full disclosure. For many, not least those who are victims of gross human rights violations, this is not enough. Contrition and repentance are regarded as a basic minimum. Reality, however, requires us to settle for less. Full disclosure can provide a political basis for coexistence. This is important. It can provide a context within which national and personal reconciliation can later happen, recognising that this is a costly exercise that requires perpetrators and indeed the entire nation to share in restorative action. Reconciliation has huge economic implications, as well as social, cultural and related dimensions. It is a task which the TRC can do little more than kick start during its two year mandate.

The cost of reconciliation

It does not, of course, follow that truth necessarily leads to reconciliation. The truth can be so horrendous and soul-rending that survivors and relatives of those killed are driven to seek revenge. Truth needs to be carefully handled and often gently told. This having been said, true reconciliation takes more than truth-telling. To simply tell you I stole your bicycle, let alone that I killed your child – and do no more about it, does not lay a firm foundation for reconciliation. Certain tried and tested *theological* steps are necessary to accomplish this:

- Acknowledgment or confession of the truth.
- Contrition and repentance (a willingness to live a different kind of life).
- A willingness, where possible, to make restitution or reparation for past wrongs.
- The extending and receiving of forgiveness.

There are some remarkable people who at a personal level *are* able to forgive without requiring the kind of restitution which others demand. Instances of a willingness to forgive and be reconciled (epitomized in the persons of President Mandela, Archbishop Tutu and many lesser known people who have appeared before the TRC) are important in the national reconciliation process. The political pact between the power elite of the former government and ANC leadership (which led to democratic elections, the establishment of a government of national unity and a measure of political reconciliation) was, in turn, an imperative ingredient in the process which brought apartheid to an end. For broad-based national reconciliation to occur, however, some measure of restitution is necessary – the victims of apartheid need to experience a sense of being both stake holders and material beneficiaries in the national reconstruction process. This requires the nation as a whole – and the beneficiaries of apartheid in particular, to give urgent attention to structured and orderly economic and material redistribution. The work of the Land Commission and many of the ideals captured in the government's Reconstruction and Development Programme are examples of what is needed – in an accelerated form.

Recognising the importance of the TRC's focus on victims and perpetrators of gross human rights violations, Mahmood Mamdani (Professor of African Studies at the University of Cape Town), suggests that for true reconciliation to happen the nation's attention needs ultimately to shift from a focus on *perpetrators* (which the TRC Act defines as those either directly involved in killing, abduction, torture or severe-ill treatment, or those who attempt to commit such acts) to the *beneficiaries* of apartheid. This is clearly an important dimension of national reconciliation work, although it is not within the mandate of the TRC, nor is it within the capacity of the TRC to accomplish the kind of reconciling work that is required. To suggest it can, is to cheapen the very meaning of reconciliation. For the TRC, however, to fail to recognise the extent of the social and economic readjustment needed in order to ensure true reconciliation and to fail to signal its importance, could be interpreted as a dereliction of its moral responsibility and a failure to take seriously its legislative mandate – which is both truth *and* reconciliation.

The task of the Church

A submission by the South African Catholic Bishops' Conference to the Minister of Justice prior to the establishment of the TRC alluded to the above concern in suggesting that „while the state may have to bear the major financial burden of compensation for victims, thought should be given to asking the perpetrators of crimes to contribute to reparations. This could include direct compensation to victims, contributions to the Reconstruction and Development Programme or community service where feasible." It is clearly important to broaden this responsibility to include not only direct perpetrators but also those who passively benefited from the fruits of apartheid, those who tacitly supported the system and those who simply chose to look the other way when gross human rights violations occurred as a means of sustaining the status quo.

The task facing the church in this regard is enormous. The gospel is clear on what is involved in economic justice. Mainstream theology, in turn, emphasises the economic implications of the common good. The question is whether the nation and indeed humankind as a whole – above all those who enjoy economic sufficiency – have the will and moral capacity to do what is required to ensure that the poor have an adequate share of the nation's resources. The institutional church's liturgy, its lifestyle and its message to the nation (judging by the average Sunday sermon) does not equip it well to do so. The defining characteristic of South African politics and identity is transition. Change needs also to determine the thinking of the mainstream churches, no less than the nation. Only then can it begin to contribute to national healing. Alternatively, the institutional church is likely to become increasingly irrelevant to the nation-building process.

Mustafa Imamović

Das Genozid an den Bosniaken:
Ein historischer Blick

Die bosnisch-herzegowinische Wirklichkeit des letzten Jahrzehnts des XX. Jahrhunderts ist durch zwei grausame und tragische Erscheinungen gekennzeichnet, deren Ausgang noch ungewiß ist. Das sind: (1) Die Aggression auf Bosnien-Herzegowina als unabhängigen, souveränen und international anerkannten Staat; und (2) das massenhafte Genozid, vor allem an den Bosniaken als Moslems. Die Aggression und das Genozid waren und bleiben in der Funktion des Projekts der „ethnischen Säuberung" (le nettoyage ethnique), dessen Ziel die Vernichtung Bosnien-Herzegowinas als unabhängigem Staat und Aufteilung dessen Territoriums zwischen Serbien und Montenegro einerseits und Kroatiens andererseits ist.[1] Dadurch würden zum Nachteil Bosniens und der Bosniaken zwei alte Großstaatenprojekte realisiert werden, der serbische und der kroatische. Das Projekt der gewaltsamen ethnischen Säuberung, eigentlich des Genozids, begriff die Vernichtung der Bosniaken als eines verhältnismäßigen demographischen und somit auch ethnischen, kulturellen und politischen Faktors mit ein. Zu diesem Ziele sollten die Bosniaken zum größten Teil getötet und vertrieben werden, und die Verbliebenen sollten zusammengepfercht und im engen Raum Zentral-Bosniens isoliert werden, wo es ihnen wie in einem Ghetto leichter wäre, zu sterben als zu leben.

Die Bosniaken bewohnen den mittleren südslawischen ethnischen Raum und den geopolitischen Balkanraum, auf dem sie in territorieller Kontinuität vom Vardar-Fluß und den Gebirgsmassiven der Tara und der Prokletije im Südosten bis zu den Flüssen Sava und Una im Nordwesten leben. Auf diesem Raum leben die Bosniaken territoriell in größerem oder geringerem Maße vermischt mit Serben sowie Kroaten, Montenegrinern, Albanern und Mazedoniern. Nach den Volkszählungen 1971, 1981 und April 1991 waren die Bosniaken – unter dem damaligen offiziellen ethnisch-religiösen Namen *Moslems* – die drittgrößte Nation im ehemaligen jugoslawischen Staat. Nach der Volkszählung vom April 1991 lebten im damaligen Jugoslawien insgesamt 2.376.646 Menschen, die sich im nationalen (ethnischen) Sinne als *Moslems* deklarierten. Mehr als 80% aller dieser *Moslems* lebten in Bosnien-Herzegowina, was in der absoluten Zahl 1.905.018 oder 43,7% der Gesamtbevölkerung betrug. In den anderen Teilen des ehemaligen Jugoslawien lebten gemäß der gleichen Volkszählung in Montenegro 89.932 *Moslems* (14,6% der Gesamtbevölkerung), in Vojvodina 6079 (0,3%), im Kosovo 57.408 (2,9%), auf dem Gebiet des inneren Serbien 173.871 (3,0%), in Kroatien 57.603 (1,0%), in Mazedonien 70.000 (3,3%), und in Slowenien 26.725 (1,36%). Alle genannten Volkszählungen zeigen, daß die Bosniaken eine junge und vitale Nation sind. So hatten die *Moslems* nach den Ergebnissen der Volkszählung von 1971 die höchste Natalität im ehemaligen Jugoslawien, d.h. 16,7 Neugeborene auf 1000 Einwohner, und gleichzeitig die niedrigste Mortalität, nur 6,2 Sterbefälle auf 1000 Einwohner. Dieser demographische Trend setzte sich grundsätzlich während der nächsten zwanzig Jahre fort.[2]

Bosnien – das ist die geläufige Bezeichnung für das Land, das offiziell Bosnien-Herzegowina heißt – war schon seit dem frühen Mittelalter als Grenzland zwischen Byzanz und dem fränkischen Staat und später auch zwischen Serbien und dem ungarisch-kroatischen Staat der Schauplatz von Zusammenstößen und Auseinandersetzungen verschiedener politischer und religiöser Interessen und Ideen. Das politische Leben des feudalen Bosnien dominierten die autochthonen bosnischen Gutsherren und das religiöse Leben – die bosnische Kirche. Durch die Jahrhunderte verstärkt sich in Hum (Ost-Herzegowina) die orthodoxe Bevölkerung und in den zentralen Teilen Bosniens die katholische, in erster Linie dank der Missionstätigkeit der Franziskaner. Seit Mitte des XV. und während des XVI. Jahrhunderts, mit dem Kommen der Türken (Osmanen), nimmt diese gemischte Bevölkerung allmählich den Islam an. So bildet sich auf dem bosnischen Staatsgebiet und auf dem bosnisch-slawischen ethnischen Hintergrund sowie auf dem sprachlichen Ausdruck der „Novoštokavica" durch die Assimilation des Islam endlich das bosnisch-moslemische oder kürzer bosniakische Ethnos, Volk oder Nation, gegenüber den anderen Südslawen der gleichen Sprache (Serben, Kroaten und Montenegriner). jedoch unterschiedlicher religiöser und kulturell-politischer Erfahrung.[3]

Die Bosniaken, obwohl Moslems, sind ein altes und autochtones europäisches Volk. Als solche sind sie neben den Armeniern, Juden und Zigeunern die vierte europäische Minderheit, an der im XX. Jahrhundert Völkermord begangen wurde, und das in zwei Anläufen, 1941-45 und 1992-95. Die Welt ist sich noch sehr wenig der Tatsache bewußt, daß während des Zweiten Weltkriegs an den Bosniaken als Moslems ein Völkermord von unglaublichem Ausmaß begangen wurde. Dieses Genozid wurde aus zwei Richtungen ausgeführt. Erstens seitens des profaschistischen sogenannten Unabhängigen Staates Kroatien, welcher den Bosniaken ihre nationale Identität abstritt, indem man sie gewaltsam zu angeblichen „Kroaten islamischen Glaubensbekenntnisses" erklärte.[4] Andererseits versuchte die serbische Tschetnik-Bewegung von Draža Mihailović, die bosnischen Moslems physisch zu vernichten und auszutilgen. Indem sie die Tradition des erbarmungslosen Kampfes gegen die Bosniaken als Moslems bzw. angebliche „Türken" fortsetzten, versuchten die Tschetniks dieses Volk systematisch auszurotten und alle zivilisatorischen Spuren seines Bestehens zu zerstören.[5]

In der überaus komplexen Situation des Befreiungs- und Bürgerkrieges, welche sich in Jugoslawien 1941-1945 miteinander verflochten, waren alle dem Genozid ausgesetzt: Juden, Bosniaken, Serben sowie Kroaten. Über all diese im ehemaligen Jugoslawien begangenen Völkermorde weiß die Welt mehr als über den Völkermord an den Bosniaken. Statistische Berechnungen der Bevölkerungsverluste unter den Bosniaken im Laufe des Zweiten Weltkriegs belaufen sich zwischen 86.000 und 103.000 Ermordete und Tote. Wenn man weiß, daß es im gesamten Königreich Jugoslawien 1939 nur etwa 900.000 Bosniaken gab, so sind dann im Krieg 1941-45 etwa 7 bis 9% der Angehörigen dieser Population ums Leben gekommen bzw. jeder zehnte Bosniake.[6] Diese Forschungsresultate zeigen, daß auf dem Gebiet des ehemaligen Jugoslawien im Zweiten Weltkrieg nach den Juden die Bosniaken prozentual am meisten betroffen wurden. Ohne Absicht irgendwelchen Lizitierens unglücklicher Schicksale muß wegen der historischen Wahrheit konstatiert werden, daß die Bosniaken eigentlich das tragischste südslawische Volk des gesamten XX. Jahrhunderts sind.

Dokumente und Erinnerungen zeigen glaubhaft, daß der größte Teil der Bosniaken nicht in Konzentrationslagern oder bei Kriegsoperationen starb, sondern als Opfer des Terrors in ihren Wohnorten, oft auf der eigenen Hausschwelle, teils durch ihre engsten Nachbarn, teils durch Angehörige der bewaffneten Formationen der Tschetniks oder Ustascha.[7] Darin liegt die besondere Monstrosität des Genozids an den Bosniaken, denn der Henker und das Opfer kannten im Großteil der Fälle einander sehr gut, so daß man sagen kann, daß das Opfer umkam, weil es dem Mörder bekannt oder sogar nahestehend war. Das alles wiederholte sich in noch drastischerer Form während der Aggression auf Bosnien 1992-1995.[8] Mit einem Wort, der Völkermord an den Bosniaken war immer ein Leidenschaftsverbrechen aus niedrigen Beweggründen, die weite, tiefe und dunkle Wurzeln haben.

Die Geschichte der systematischen und durchdachten Verfolgungen und Pogrome, der historischen und kulturellen Depersonalisation und physischen Ausrottung der Bosniaken beginnt hauptsächlich in den Kriegen, die seit dem Ende des XVII. Jahrhunderts zwischen der Habsburgermonarchie und Venedig auf einer und den Osmanen auf der anderen Seite geführt wurden. In diesen Kriegen nahm auf beiden Seiten eine große Anzahl von Zugehörigen aller südslawischen Völker teil. Auf der osmanischen Seite hauptsächlich Bosniaken und auf der anderen viele Serben und Kroaten als kaiserliche Grenzsoldaten und Freiwillige (Frei-Korps), sowie venezianische Überläufer und Räuber. In diesen Kriegen entstand das Syntagma von Kroatien als „Vormauer des Christentums", als eine der ideologischen Quellen des Völkermordes an den Bosniaken als Moslems.

Das alles geschah in der Zeit der religiösen Intoleranz und Ausschließlichkeit im christlichen und katholischen Europa, aber die Leiden der Bosniaken als Moslems setzen sich auch im Jahrhundert der religiösen Toleranz und der bürgerlichen und menschlichen Freiheiten fort. Die Verfolgungen der Bosniaken im Sinne eines Genozids begannen in der modernen Geschichte mit der sogenannten „Ermittlung der Aftertürken" in Montenegro Anfang des XVIII. Jahrhunderts. Diese Ereignisse hat auch der orthodoxe Wladika und Dichter Petar Petrović Njegoš im epischen Poem „Gorski vijenac" („Der Bergkranz") beschrieben, wodurch er eine ideologisierte mythische Unterlage für alle späteren Verfolgungen der Moslems durch die Serben und Montenegriner gegeben hat. Diese Verfolgungen dauern schon zweihundert Jahre, wobei sie alle 20 bis 30 Jahre die Ausmaße eines richtigen Völkermordes annahmen.[9]

Wie schon am Anfang gesagt, die Bosniaken und ihr Vaterland Bosnien sind das größte Hindernis, der größte Störfaktor für die Verwirklichung der politisch-territorialen Aspirationen Serbiens und Kroatiens. Diese beiden Staaten sind die Hauptgeneratoren der Krisen und Konflikte in dieser Region. Sie können ihre politisch-territorialen Ziele nicht ohne die Destruktion Bosnien-Herzegowinas als Staat realisieren, und diese Destruktion selbst kann nicht ohne Krieg, Auseinandersetzung und Genozid durchgeführt werden.

Die Tatsache, daß durch das Zusammentreffen verschiedener Umstände zahlreiche Kriegsverbrecher, die für brutale Morde und Schlachtungen von 100.000 Bosniaken zwischen 1941-1945 verantwortlich waren, für ihre Verbrechen ungestraft blieben, hat die Träger der neuen/alten Genozidideologien angespornt und ermutigt, im Moment der Krise und des Zerfalls des jugoslawischen kommunistischen Systems die Aggression auf Bosnien-Herzegowina zu planen und auszuüben.

Ende 1991 und Anfang 1992 haben Serbien und Montenegro über die ehemalige Jugoslawische Volksarmee (JNA) unter Mobilisierung einer Reihe von Tschetnik-Formationen eine allumfassende Aggression auf die Republik Bosnien-Herzegowina verübt. Zu Beginn spiegelte sich die Aggression im Mißbrauch des Territoriums Bosnien-Herzegowinas durch die ehemalige JNA und verschiedene serbische paramilitärische Formationen für Kriegsoperationen gegen Kroatien, besonders auf dem Kriegsgebiet um Dubrovnik. Seit Anfang April 1992 wächst die Aggression in einen unmittelbaren Angriff auf Bosnien-Herzegowina als unabhängigen und souveränen Staat aus. Der Beginn dieser offenen Aggression koinzidierte mit der kumulativen Anerkennung der Unabhängigkeit und Souveränität Bosnien-Herzegowinas seitens der Mitgliedstaaten der Europäischen Gemeinschaft am 6. April 1992.

Die Aggression auf Bosnien-Herzegowina wurde, als Verbrechen gegen den Frieden und das Völkerrecht, lange und systematisch geplant und vorbereitet. Diese Vorbereitungen wurden mehr oder weniger offen geführt. Einige Elemente der Aggression wurden sogar provokativ angekündigt, wie die Dislozierung ganzer Korps der ehemaligen JNA aus Slowenien und Kroatien auf das Territorium Bosnien-Herzegowinas. Der Krieg in Kroatien 1991 war an sich eine sehr explizite Ankündigung der Aggression auf Bosnien-Herzegowina. Die Belagerung und Zerstörung von Vukovar stellte eine Vorbereitung für die Belagerung und Zerstörung von Sarajevo und anderen bosnischen Städten dar.

Das Resultat dieses geplanten Verbrechens gegen den Frieden und allgemeinen Verbrechens gegen die Menschlichkeit und das Völkerrecht ist die barbarische Aggression auf Bosnien-Herzegowina. Die Opfer dieser Aggression sind in erster Linie die Zivilbevölkerung, Städte und Dörfer, alle materiellen Güter, kulturelle, religiöse, Gesundheits- und Sportobjekte, die Wasserversorgung, Energie- und Verkehrs-Infrastruktur. Durch die Vernichtung und Zerstörung verschiedener materieller Güter und der Infrastruktur versuchte der Aggressor, das gesamte Leben in Bosnien-Herzegowina zu paralysieren, die Zivilbevölkerung zu erschöpfen und seine tapferen Verteidiger dazu zu zwingen, die Waffen niederzulegen. Es war eigentlich im wahrsten Sinne des Wortes ein „Verbrechen gegen die Menschheit", das der französische Ankläger im Nürnberger Prozeß, François de Menthon, sehr präzise als „Verbrechen gegen den menschlichen Zustand"[10] formuliert hat. Was es bedeutet, außerhalb des „menschlichen Zustands" zu leben, spürten und wissen am besten die Einwohner von Sarajevo und anderen bosnischen Städten, die mehr als drei Jahre lang unter Belagerung lebten, ständigem Artillerie- und MG-Feuer ausgesetzt, ohne Wasser, Strom, Gas, Heizung und andere grundsätzliche menschliche Bedürfnisse.

Die Aggressoren verwendeten besonders die Belagerung als Art der Kriegsführung sowie die unselektive Benützung schwerer Artilleriegeschütze. Diese mittelalterliche Art der Kriegsführung haben insbesondere Sarajevo, Goražde, Srebrenica, Žepa und Bihać erfahren und gespürt. In anderen Worten alle Städte, die zu sogenannten „Schutzzonen" der Vereinten Nationen[11] erklärt wurden. Sinn und Zweck dieser mittelalterlichen Art der Kriegsführung war das Zerstören aller zum Leben und Überleben der Bevölkerung notwendigen Objekte. Die Aggressoren haben auf diese Weise mehr als 50 Wasserversorgungsobjekte außer Betrieb gesetzt oder unbenutzbar gemacht, Wasser-, Strom- und Gasleitungen zerstört, Telefonleitungen und Kommunikationswege im größten Teil Bosnien-Herzegowinas unterbrochen und blockiert, besonders in Sarajevo, Goražde und einigen anderen Städten. Während der brutalen Angriffe auf Städte und Dörfer haben die Aggressoren hunderttausende von Wohnobjekten ausgeraubt, zerstört und niedergebrannt. Außerdem wurden viele Industrieobjekte, Landwirtschaftsgüter, Hotels, Motels und Tourismuszentren ausgeraubt und vernichtet sowie unzählige kleine Handwerks- und Handelsgeschäfte in Privateigentum, deren Gesamtschaden schwer bemeßbar ist. Besonders schwer wurde die Infrastruktur des Gesundheitswesens geschädigt. 55% aller Gesundheitsobjekte wurden zerstört, wodurch tausende von Krankenhaus- betten außer Gebrauch gesetzt wurden. 400 Sanitätsfahrzeuge wurden vernichtet, 349 Ärzte und andere Berufstätige im Gesundheitswesen getötet, davon 47 in Sa- rajevo.

In der Aggression gegen Bosnien-Herzegowina haben sich Serbien und Montenegro oder das sogenannte Jugoslawien an keine Kriegskonventionen ge- halten. Die serbische Armee – was immer man darunter versteht – verwendete gegen die Zivilbevölkerung Methoden und Mittel, die nach allen internationalen Konventionen und Standards verboten sind. So wurden gegen Zivilbevölkerung, Wohn-, Krankenhaus-, Wirtschafts- und Kulturobjekte sprengbare und entzünd- bare Munition, chemische Gifte, Kassettenbomben und anderes verwendet. Aus allen Artilleriegeschützen wurden Städte, Siedlungen und Dörfer mit überwiegend oder ausschließlich moslemischer Bevölkerung beschossen.

Gegen alle Konventionen und Vorschriften des Internationalen Roten Kreuzes bedienten sich die Aggressoren der Methode der Aushungerung der Zivilbevölke- rung sowie der Verunmöglichung ärztlicher Behandlung und epidemiologischen Schutzes. Demgemäß haben die Aggressoren, wenn sie es konnten, UNHCR und andere internationale und lokale Humanitärorganisationen daran gehindert, der gefährdeten Bevölkerung Lebensmittel und Medikamente zu liefern.

Unter solchen Umständen war die Zivilbevölkerung das erste und hauptsächli- che Opfer der Aggression. Noch sind nicht alle Angaben über die genaue Zahl der massenhaft getöteten Zivilisten vorhanden. Was jedoch mit Gewißheit gesagt wer- den kann, ist die Tatsache, daß es in zahlreichen bosnischen Städten und Dörfern keine Bosniaken mehr gibt, obwohl sie in vielen dieser Orte nach der Volkzählung vom April 1991 die Mehrheit der Bevölkerung bildeten. So gibt es keine Bosniaken mehr in Foča (früher 51%), Rogatica (60%), Višegrad (63,4%), Vlasenica (55,3%), Bratunac (64,2), Zvornik (59,4), Prijedor (44%), Stolac (71%) usw.[12] Besonders drastisch ist das Beispiel von Srebrenica, wo die Bosniaken vor Beginn der Aggres- sion 72,9% der Einwohner bildeten. Nach dem Fall dieser Stadt, einer „Schutzzo- ne" der UN, 8.-11. Juli 1995, massakrierten die Tschetniks etwa 9000 Bosniaken. Der Fall von Srebrenica und das anschließend an ihren Einwohnern verübte Ge- nozid gehören mit Sicherheit zu den erschütterndsten Ereignissen des XX. Jahr- hunderts. Aus diesem Grunde nehmen die weltweiten Diskussionen über die Rol- le der internationalen Gemeinschaft in diesem tragischen Ereignis kein Ende.[13]

Seit Beginn der Aggression bis zum 15. Dezember 1995 wurden nach den verfügbaren Angaben 156.824 ermordete, an Hunger und Kälte gestorbene und vermißte Personen, größtenteils Bosniaken, registriert. Gleichzeitig wurden in Sarajevo durch Granaten und Heckenschützen der Tschetniks 10.683 Menschen getötet, davon 1572 Kinder.

Bis Ende 1995 wurden in Bosnien-Herzegowina 175.259 physisch Verletzte registriert, davon 75.106 Schwerverwundete und Dauerinvaliden, besonders Amputierte. Unter ihnen sind 34.712 Kinder, viele im Alter unter einem Jahr. In Sarajevo sind 61.136 Verwundete in Evidenz, von denen 14.946 Kinder sind. Schätzungsweise sind dies nur 65% der Gesamtzahl der Verwundeten.

Die Aggression gegen Bosnien-Herzegowina führte schließlich zur größten Flüchtlingskrise in Europa seit dem Zweiten Weltkrieg. Die bewaffneten Formationen der Aggressoren und deren „Zivilbehörden" haben massenhafte Vertreibungen der Bevölkerung, in erster Linie der Bosniaken, von ihren Gütern und aus ihren Häusern und Wohnungen verübt. Die Zahl der Vertriebenen und umgesiedelten Personen wird auf etwa 60% der Gesamteinwohnerzahl Bosnien-Herzegowinas geschätzt. Heute befinden sich etwa 1.245.000 bosnische Flüchtlinge in mehr als hundert Ländern in der ganzen Welt. Außerdem befinden sich allein auf dem Gebiet unter Kontrolle der Armee von Bosnien-Herzegowina 763.224 umgesiedelte Personen.

Weiters haben die Aggressoren in Bosnien-Herzegowina, Serbien, Montenegro sowie in Kroatien etwa 300 Konzentrationslager und Spezialgefängnisse eingerichtet, in welche nach den verfügbaren Angaben etwa 260.000 Zivilisten deportiert und dort gefoltert, getötet und verstümmelt wurden. Dank einiger tapferer westlicher Journalisten erfuhr die Welt von der Tatsache, daß diese Plätze in bezug auf verschiedenartigen Terror und Massenmorde an den Gefangenen den nazistischen Konzentrationslagern ebenbürtig waren.[14] In dieser Hinsicht waren die Lager Omarska, Keraterm, Trnopolje, Manjača, Dretelj und Heliodrom besonders berüchtigt.

Eine besondere, bisher wahrscheinlich unaufgezeichnete Form des Verbrechens des Genozids stellt die massenhafte und systematische Vergewaltigung bosniakischer moslemischer Frauen jeden Alters dar, von sechsjährigen Mädchen bis zu alten Frauen.[15] Eine Anzahl dieser vergewaltigten Frauen wurde ermordet, während die jüngsten unter ihnen diesen bestialischen Akt nicht überlebten. Die Aggressoren hatten für den Zweck des Massenverbrechens der Vergewaltigung sogar besondere Bordell-Lager eingerichtet, in denen mehrfach vergewaltigte Mädchen und Frauen gewaltsam bis zu einem Schwangerschaftsgrad gehalten wurden, nach dem eine Entledigung von der unerwünschten Frucht medizinisch nicht mehr möglich war. Es wird geschätzt, daß etwa 30.000 bosniakische moslemische Frauen zu Opfern dieses Verbrechens geworden sind. Diese Zahl ist noch nicht vollständig, denn es handelt sich um einen Akt von äußerst empfindlicher Natur, so daß es schwer ist, zu allen Angaben zu kommen. Diese Vergewaltigungen waren nach den bisherigen Erkenntnissen eines der entscheidenden Ziele der Aggression und Teil von deren Taktik, eines durchdachten und organisierten Plans für die Vernichtung des bosniakischen Volkes bzw. ein Akt des Genozids. Diese Vergewaltigungen wurden nicht unkontrolliert, sondern, ganz im Gegenteil, kontrolliert und nach Kommando verübt. Es handelte sich eigentlich um „Vergewaltigung bis zum Tode, Vergewaltigung als Massaker, Vergewaltigung zum Zweck der Tötung oder bis zu einem Grade, daß die Opfer wünschen, getötet zu werden".[16] Sicher ist, daß die vergewaltigten Frauen, ganz gleich in welchem Lebensalter sie sich befinden, große Traumata in Hinsicht auf zukünftige Empfängnis und Geburt haben werden. Ihr biologischer Zyklus ist gestört oder völlig abgebrochen, was eines der Ziele der genoziden Handlungen der Aggressoren war.

Das Genozid wurde von einem Kulturozid begleitet, wobei der Aggressor in seiner Propaganda besonders die Religion mißbrauchte, um seine Verbrechen zu rechtfertigen.[17] Die Aggressoren haben die Spuren der Existenz von etwa 1200 Objekten der moslemischen sakralen Architektur zerstört und ausgetilgt. In Sarajevo wurden von den Granaten der Aggressoren 77 Objekte der islamischen Architektur getroffen, davon wurden 24 völlig vernichtet. In 51 Städten in Bosnien-Herzegowina gibt es kein einziges islamisches Objekt mehr. Es wurden sogar solche Meisterwerke der islamischen Architektur wie die Alada-Moschee in Foča und Ferhadija in Banja Luka zerstört. Gleichzeitig wurden mehr als hundert verschiedene Religionsobjekte der katholischen Kirche beschädigt oder zerstört sowie zwölf orthodoxe und fünf jüdische Objekte. Den Gipfel dieses Kulturozids bzw. Urbizids stellt mit Sicherheit die Zerstörung der Alten Brücke in Mostar seitens der kroatischen Soldaten am 9. November 1993 dar.[18] Etwas früher hatte der serbische Aggressor die Volks- und Universitätsbibliothek in Sarajevo und das Orientalische Institut mit seinem Archiv und der Bibliothek, die nach ihren handschriftlichen Beständen in türkischer, arabischer und persischer Sprache an der vierten Stelle in Europa standen, beschossen und völlig verbrannt.

Die Passivität der internationalen Gemeinschaft gegenüber der serbischen Aggression und deren Verbrechen stellte ein Signal an die führenden Strukturen in Kroatien und ihre Exekutoren in Bosnien-Herzegowina dar, offen in die Realisation des großkroatischen Programms zu gehen. In diesem Sinne existierte schon von früher ein Abkommen zwischen dem serbischen Präsidenten Milošević und dem kroatischen Präsidenten Tudjman. So stellten die Kroatische Armee und die Truppen des Kroatischen Verteidigungsrates (HVO) Ende 1992 ihre Kämpfe mit den Serben in Bosnien ein und schlugen mit ganzer Macht auf die Bosniaken los. Dies war wie ein Messerstich in den Rücken der Bosniaken während der heftigsten Kämpfe mit den serbischen Aggressoren.

Das offizielle Kroatien war im Grunde genommen von Beginn an Mitbeteiligter der Aggression auf Bosnien-Herzegowina.[19] Dies wurde zu Beginn verdeckt getan, über die paramilitärischen Formationen des HVO und des Para-Staates Herceg-Bosna,[20] und seit November 1992 handelte es sich um einen offenen Krieg gegen Bosnien und die Bosniaken mit allen Elementen der Aggression und des Genozids. Die Truppen der Kroatischen Armee und des HVO haben mit dem Ziel der Schaffung eines „gemeinsamen kroatischen Staates" in „seinen ethnischen und historischen Grenzen" im Tal der Flüsse Rama und Neretva sowie in Zentral-Bosnien zahlreiche Verbrechen an der bosniakischen Zivilbevölkerung begangen. In den genannten Gebieten wurden gewaltsame Aussiedlungen und illegale Festnahmen vorgenommen sowie Massenmorde begangen. Rücksichtslos wurden Städte angegriffen, Dörfer und religiöse Objekte vernichtet. Diese Verbrechen waren Teil einer durchdachten und systematischen Großstaat-Politik, die vom HVO und den Angehörigen der Kroatischen Armee organisiert in den erwähnten Gebieten durchgeführt wurde. Die kroatische Aggression auf Bosnien wurde eingestellt, als auf Initiative Amerikas am 18. März 1994 in Washington das Abkommen über die bosniakisch-kroatische Föderation innerhalb Bosnien-Herzegowinas unterzeichnet wurde.

Beide Aggressoren strebten mit ihrer genoziden Politik und Praxis danach, nach einem im voraus ausgearbeiteten Plan Bosnien-Herzegowina als Staat zu vernichten, die Bosniaken als Moslems biologisch und kulturpolitisch auszurotten und auszutilgen und einen „rein" serbischen und „rein" kroatischen Staat zu errichten. Dabei gingen ihnen zum guten Teil auch verschiedene Friedensvermittler und deren Pläne über die Teilung Bosnien-Herzegowinas nach irgendwelchen vorgestellten ethnischen Linien zur Hand, was wiederum von serbischer und kroatischer Seite zum Zweck der gewaltsamen nationalen Homogenisierung verwendet wurde. Das Fehlen einer effizienten internationalen Aktion als Gegengewicht einer solchen Politik, die Serbien und Montenegro zusammen mit den inländischen Tschetniks von Anfang an führten, verursachte eine Präzedenz der Straflosigkeit, die es ihnen erlaubte, ihre verbrecherischen Aktivitäten fortzusetzen, und die kroatischen Kräfte dazu ermutigte, die gleiche Politik offen zu verfolgen.[21]

Verschiedene internationale Vermittler stellten die These auf, daß es um keine Aggression ginge, sondern um einen „Bürgerkrieg", in welchem die Idee von Bosnien und die Bosniaken angeblich schon besiegt wären, so daß sie nur die rettende Hand annehmen sollten, die ihnen in Form einer Ghettoisierung und politischen Mentorschaft angeboten wurde. Die westlichen Medien unterstützten diese These zum größten Teil mit perfider Professionalität. Durch Manipulation mit Informationen wurde der Krieg in Bosnien als ein angeblicher tribaler Balkankonflikt dargestellt, an dem entwickelte Demokratien nicht teilnehmen können und dürfen. Eine Anzahl verantwortungsbewußter und kühner Journalisten und Berichterstatter kannten den richtigen Stand der Dinge, aber ihre Redaktionen vertuschten die Wahrheit unter dem Druck der Politiker, weil sie der Politik der Europäischen Gemeinschaft nicht genehm war. Mit einem Wort, alles, was während der Aggression auf Bosnien geschah, das Genozid und die Konzentrationslager, schien mit der europäischen Identität nicht vereinbar. Deshalb wurde alles in einem anderen Licht dargestellt. Niemand im Westen war bereit, sich die Realität des Neofaschismus und der Rebarbarisierung Europas einzugestehen.[22] Außerdem hat Europa in dem zähen bosniakischen Widerstand gegen die Aggression entdeckt, daß auf ihrem Boden autochthone Moslems existieren und leben, was eine echte Ohrfeige für die christlichen Demokratien war. Man entdeckte, daß in der Nachbarschaft seit Jahrhunderten Moslems lebten, die groß, blond und dazu noch ganz modern, gebildet und in die moderne Verbrauchergesellschaft integriert waren. Solche Bosniaken als Moslems begannen zu stören und zu irritieren, weil sie nicht in das vorhandene europäische Bild und in die Vorurteile über die Moslems paßten. Da sie von Orthodoxen und Katholiken abgeschlachtet und ermordet werden, sollte man ihnen dann Hilfe und Schutz leisten, wenn Europa tatsächlich die eigenen hohen demokratischen und humanitären Prinzipien und Standards im Bereich der Menschenrechte einhalten möchte. Etwas sollte also unternommen und getan werden, aber so, daß im wesentlichen nichts wirklich getan wird, um dem Opfer der Aggression und des Genozids wirkungsvoll zu helfen. Daher wurde der Anschein geschaffen, daß etwas geschieht. In einer solchen Situation verhielten sich die Vertreter der internationalen Gemeinschaft bzw. der UN und ihrer Handlanger in Bosnien äußerst heuchlerisch. Zynisch sagten sie, daß sie diesen Krieg nicht führen, aber sie versuchten auch nie, ihn zu stoppen, indem sie schamlos den Aggressor und das Opfer auf die gleiche Ebene stellten.[23] In der Praxis begrenzte sich die ganze Sorge um Bosnien auf humanitäre Hilfe, durch welche Europa die eigenen blutigen Hände wusch und sein angebliches demokratisches Gewissen beruhigte. Durch eine solche Art von Hilfe wurde die Agonie Bosniens und der Bosniaken nur bewußt verlängert, während sie stillschweigend, doch fast einstimmig, zum Untergang und Dahinschwinden verurteilt wurden.

Die Antwort war der bewaffnete und geistige Widerstand Bosniens und der Bosniaken und aller anderen bosnischen Patrioten, dank dessen mit der entschlossenen und entscheidenden amerikanischen Intervention der bestehende Frieden erreicht wurde. Bis zu seiner wahren Realisierung steht Bosnien noch ein sehr langer und komplexer Weg der Konfrontation mit der Wahrheit, der Notwendigkeit der Reue und schließlich der wahren Versöhnung bevor.

Anmerkungen

1 Zu Hintergründen und Motiven der „ethnischen Säuberung" siehe: *Ethnische Säuberung – Völkermord für „Groß-Serbien" – Eine Dokumentation der Gesellschaft für bedrohte Völker*, herausgegeben von Zülch, Tillman; Hamburg-Zürich 1993; vergleiche auch: Cigar, Norman: *Genocide in Bosnia – The Policy of „Ethnic Cleansing" in Eastern Europe*, Texas A&M University Press, College Station 1995.

2 Imamović, Mustafa: *Historija Bosnjaka* (Geschichte der Bosniaken), Verlag „Preporod". Sarajevo 1997, S. 9.

3 Mangels historischer Materialien über die Bosniaken, die sich 1992 in den Schlagzeilen zahlreicher Medien befanden, hat das Harvard University Center for Middle East Studies 1994 das Buch *The Muslims of Bosnia-Herzegowina: Their Historic Development from the Middle Ages to the Dissolution of Yugoslavia* herausgegeben, welches vom Koordinator des Centers, Dr. Mark Pinson, redigiert wurde. Hier befindet sich eine Übersicht der Geschichte der Bosniaken, dargelegt in fünf Kapiteln, deren Autoren J.V.A. Fine (über „Mittelalterliche und osmanische Wurzeln der modernen bosnischen Gesellschaft"), Colin Heywood („Bosnien unter der osmanischen Verwaltung 1463-1800"), Justin McCarthy („Das osmanische Bosnien 1800-1879"), Mark Pinson („Die Bosniaken unter österreichisch-ungarischer Verwaltung") und Ivo Banac („Die bosnischen Moslems – Von Religionsgemeinschaft zu sozialistischer Nationalität und postkommunistischer Staatlichkeit") sind. Gleichzeitig widmeten Robert J. Donia und John V.A. Fine von der Universität Michigan (University of Michigan, Ann Arbor) „den unschuldigen Opfern des tragischen Krieges" ihr Buch *Bosnia and Hercegovina – A Tradition Betrayed*, C. Hurst & Co. Publishers, London 1994. Eine kurze und vollständige Einführung in die Geschichte der Bosniaken als Volk, seit dem frühen Mittelalter, mit Akzent auf deren Schicksal in den achtziger und neunziger Jahren des XX. Jahrhunderts, stellt das Werk von Friedmann, Francine: *Bosnian Muslims – Denial of a Nation*, Westview Press, Boulder, Colorado 1996, dar.

4 Zur Politik der Ustascha gegenüber den Bosniaken siehe: Jelić-Butić, Fikreta, *Ustaše i Nezavisna Država Hrvatska* (Die Ustascha und der Unabhängige Staat Kroatien), Verlag „SN Liber", Zagreb 1978. Eine Reihe von Angaben über die Diskriminierung und Vertreibung der Bosniaken im Ustascha-Staat enthält das Memorandum, das Muhamed Hadžijahić, ein damaliger Beamter im Ustascha-Propagandaministerium in Zagreb, zusammengefaßt und im Sommer 1944 heimlich den Engländern zugestellt hat. Dieses Memorandum wurde 1991 von „Preporod" in Sarajevo unter dem Titel *Posebnost Bosne i Hercegovine i stradanja Muslimana* (Die Besonderheit Bosnien-Herzegowinas und die Leiden der Moslems) veröffentlicht.

5 Ausführlich darüber: Dr. Šemso Tucaković, *Srpski zloini nad Bošnjacima – muslimanima 1941-1945* (Serbische Verbrechen an den Bosniaken – Moslems 1941-1945), Verlag „El-Kalem", Sarajevo 1995.

6 Dies haben Professor Bogoljub Koyović in seiner zuerst in London 1985 erschienenen und anschließend 1990 im Verlag „Svjetlost" Sarajevo nachgedruckten Studie *rtve drugog svjetskog rata u Jugoslaviji* (Opfer des Zweiten Weltkriegs in Jugoslawien), und Ing. Vladimir eraji in seinem Buch *Gubici stanovnitva Jugoslavije u drugom svjetskom ratu* (Verluste der Bevölkerung in Jugoslawien im Zweiten Weltkrieg), erschienen als Ausgabe der damaligen Jugoslawischen viktimologischen Gesellschaft in Zagreb 1989, unabhängig voneinander wissenschaftlich bewiesen.

7   Neben zahlreichen Erinnerungen lokalen oder sogar familiären Charakters wurden bisher zwei globale und umfangreiche Sammlungen von Dokumenten und Zeugnissen über den Völkermord an den Bosniaken veröffentlicht. Das sind: (1) Dedijer, Vladimir und Miletić, Antun *Genocid nad Muslimanima 1941-1945* (Der Völkermord an den Moslems), Verlag „Svjetlost", Sarajevo 1990; und Smailćekić: *Genocid nad Bošnjacima u Drugom svjetskom ratu* (Der Völkermord an den Bosniaken im Zweiten Weltkrieg), Verlag „MAG-Muslimani za antigenocidne aktivnosti". Sarajevo 1996.

8   Unter den zahlreichen Zeugnissen, die das beweisen, ist das am meisten überzeugende und aufregende vielleicht jenes, das die amerikanische Anthropologin Tone Bringa in ihrer kürzlich veröffentlichten Studie *Being Muslim the Bosnian Way – Identity and Community in a Central Bosnian Village*, Princeton, New Jersey 1995, abgibt.

9   Näheres hierüber: Imamović, Mustafa: *A Survey of the History of Genocide against the Muslims in the Yugoslav Lands*, Offprint from „The Herald" of the Supreme Islamic Authorities, No 6. Sarajevo 1991.

10 Arendt, Hannah: *Eichmann u Jerusalemu – Izvještaj o banalnosti zla* (Eichmann in Jerusalem – Ein Bericht über die Banalität des Bösen), „Dijalog", Nr. 8, Sarajevo 1996, S. 13.

11 Die „Schutzzonen" waren von Anfang an bewußter Betrug und Lüge der Weltmachthaber. Dies hat kürzlich in einem Interview in der Laibacher Tageszeitung „Delo" der ehemalige Friedensvermittler Lord Owen erklärt: „Die sogenannten Schutzzonen waren ein Blendwerk, durch welches die UN ihr Gesicht retteten. Die führenden Leute der UN waren sich dessen wohl bewußt." (Zitiert nach „Osloboenje", Sarajevo, 11.1.1997.)

12 Prof. Dr. Smailćekić: *History of Genocide against Bosniacs*, herausgegeben von „Muzej genocida", Sarajevo 1997, S. 75.

13 Honig, Jan Willem/Both, Norbert: *Srebrenica – Record of a War Crime*, Penguin Books, London 1996.

14 Hier sei an erster Stelle genannt: Gutman, Roy: *A Witness to Genocide*, MacMillan Publishing Company. New York 1993; weiters: Wullimay, Edward: *Seasons in Hell*, St. Martin's Press, New York 1994; Maas, Peter: *Love Thy Neighbor – A Story of War*, Knopf, New York 1995; u.a.

15 Näheres hierüber: *Mass Rape – The War against Women in Bosnia-Herzegovina*, edited by Stieglmayer, Alexandre, University of Nebraska. Lincoln 1994; Allen, Beverly, *Rape Warfare – The Hidden Genocide in Bosnia-Herzegovina and Croatia*, University of Minnesota Press, Minneapolis 1996.

16 MacKinnon, Catherine A.: *Zloini rata – zloini mira* (Verbrechen des Krieges – Verbrechen des Friedens), „Dijalog", Nr.8. Sarajevo 1996, S. 37.

17 Ausführlich darüber: Sells, Michael A.: *The Bridge Betrayed – Religion an Genocide in Bosnia*, University of California Press, Los Angeles 1996; *Religion an Justice in the War over Bosnia*, edited by Davis, G. Scott, Routledge, New York 1996.

18 Koschnick, Hans/Schneider, Jens: *Brücke über die Neretva*, Deutscher Taschenbuch Verlag, München 1995.

19 Der bekannte amerikanische Kommentator William Pfaff schrieb am 4./5. I. 1997 im „International Herald Tribune", daß „vor fünf Jahren Slobodan Milošević und sein Partner im Verbrechen, der kroatische Präsident Franjo Tudjman" diesen „schrecklichen Krieg" begonnen haben. (Zitiert nach „Oslobodjenje", Sarajevo, 9.I.1997)

20 Banac, Ivo: *Batina raste u Herceg-Bosni* (Der Knüppel wächst in der Herceg-Bosna), „Feral Tribune", Split, 26.VI.1993.

21 Eine scharfe und konsequente Kritik an einer solchen kroatischen Politik übte unter anderem der Professor der Universität Yale (Yale University) Ivo Banac, *Cijena Bosne – Članci,
izjave i javni nastupi 1992-1996* (Der Preis Bosniens – Artikel, Aussagen und öffentliche
Auftritte), herausgegeben von VKBI. Sarajevo 1996.

22 Der erste, der eine solche Politik des Westens durch Kritik an der damaligen britischen
konservativen Regierung entlarvte, war der englische Journalist und Publizist Noel Malcolm.
Sein Buch *Bosnia – A Short History* (New York University Press, New York 1994) stellt eine
leicht zu lesende und kostbare geographische und historische Information dar, durch welche
er die stereotypen Ansichten auf den Balkan, Bosnien und die Moslems rigoros anfechtet.

23 Ein sehr bedeutendes Zeugnis davon gab der ehemalige Hohe Gesandte des UNHCR für
den Balkan, José Maria Mendiluce, in seinem autobiographischen Buch *El amor armado*
(Editorial Planeta, Barcelona 1996).

Wolfgang Benz

Vergangenheitsbewältigung als Spaltung: Deutsche Traumata seit der Wende

Deutschland nach der Vereinigung von DDR und BRD bietet das Bild eines Staates mit zwei Gesellschaften, deren Menschen unterschiedliche Sozialisationserfahrungen haben und deshalb ganz unterschiedlich auf Probleme reagieren. Es gibt keine gemeinsame unmittelbare Vergangenheit, aber eine davor liegende Geschichte, die beide Gesellschaften betrifft und die noch wirkungsmächtig ist. Die ältere gemeinsame historische Erfahrung ist der Nationalsozialismus. Eine noch lebende Generation von Kriegsteilnehmern und ihr folgend die jetzt in den Ruhestand tretenden ehemaligen HJ- und BDM-Angehörigen sind Träger virulenter Erinnerung. Das zeigt sich etwa im leidenschaftlichen Aufbäumen der Alten gegen die Dokumentation von Verbrechen der Wehrmacht, weil sie nicht zu Mördern gezählt werden wollen und beteuern müssen, daß sie ihre Pflicht dem Vaterland gegenüber getan haben und nichts anderes und daß sie weder beteiligt waren noch etwas davon gewußt haben, daß die Wehrmacht also gar nichts mit den Verbrechen des Hitlerregimes zu tun gehabt haben kann.

Die aktuellere historische Erfahrung bildet für die einen das SED-Regime und für die anderen das Bewußtsein, in einem zwar reichen, aber vor allem demokratischen und freiheitlichen Staat gelebt zu haben, in dem die Menschenrechte geachtet waren und die Integrität des einzelnen Staatsbürgers außer Frage stand. Das äußert sich bei Westdeutschen oft in einem Gefühl der Überlegenheit, auf der richtigen und zwangsläufig siegreichen (überdies auch weltläufigen, erfolgreichen und effizienten) Seite zu stehen und das wird – zu Unrecht – gern als eigenes Verdienst gewertet. Das ostdeutsche Lebensgefühl äußert sich dagegen in Empfindungen der Ohnmacht, im Bewußtsein der Unterlegenheit und gleichzeitig (von den Verweigerern abgesehen) in der Erkenntnis, daß zu neuer Orientierung, zum Überleben schließlich, Lernprozesse, mindestens neue Konditionierungen notwendig sind.

Das soziale und ökonomische Gefälle zwischen West- und Ostdeutschen ist beträchtlich, daraus resultiert sozialer Stress und ein hohes Maß an Frustration und gegenseitiger Gereiztheit.[1] Zu den Mechanismen der Bewältigung solchermaßen auch emotional schwierigen Alltags gehört die Kultivierung von Vorurteilen wie die östliche Vermutung, im Westen sei die ältere Vergangenheit des Nationalsozialismus nie bearbeitet, sondern bewußt verdrängt worden zugunsten materialistischer Wiederaufrichtung eines aggressiven kapitalistischen Gesellschaftssystems. Und umgekehrt gibt es die westliche Gewißheit, der Antifaschismus der DDR sei – bei allem deklamierten moralischen Rigorismus – ausschließlich zugunsten der gesellschaftlichen Veränderung im Dienste kommunistischer Ideologie instrumentalisiert worden.[2] Während aber – etwa über Methoden und Erfolg der Entnazifizierung – ein zwar mühsamer Diskurs über die gemeinsame Erfahrung der älteren Zeitgeschichte möglich ist, ist die Dialogfähigkeit angesichts der jüngeren Vergangenheit wenig ausgeprägt, etwa in bezug auf Methoden und Wirkungen des Systems der Staatssicherheit.[3] Das Trauma für die ostdeutsche Seite besteht in hohem Maße im Gefühl der Demütigung und Entwertung in nahezu allen alltäglichen Situationen. Annette Simon, Psychoanalytikerin und einst in kritischer Opposition zur DDR-Obrigkeit stehend, hat den Sachverhalt treffend mit der Bemerkung umschrieben: „Es lernt sich schlecht, wenn man mühsam um den Erhalt seiner Selbstachtung ringen muß und den äußeren wie inneren Entwertungen zu widerstehen hat. Die Ostler haben sich mit Schuld und Scham auseinanderzusetzen, und wenn man sich schämt, schlägt man lieber die Hände vors Gesicht als sich vor einen Spiegel zu setzen oder sich gar im Auge eines Westlers zu spiegeln."[4]

Im Alltag führt der gesellschaftliche Antagonismus der Vereinigungskrise[5] in Deutschland zu Spannungen, die, wenn sie sich etwa als ausländerfeindliche Exzesse entladen, weltweit wahrgenommen werden als beängstigendes Gewaltpotential, als neuer Rechtsextremismus oder als Symptome alter Aggressivität, nämlich wiederauflebenden Nazitums. Diese Problematik soll hier nicht weiter thematisiert werden. Es geht vielmehr darum, Erscheinungsformen und deren Ursachen des in Deutschland stattfindenden gesellschaftlichen Mißverständnisses exemplarisch zu verdeutlichen.

Die Jammerrede als Form des allgemeinen Diskurses – gekennzeichnet bei wechselndem Inhalt durch klagenden Tonfall, diffuse Adressaten und als Botschaft Auswegslosigkeit vermittelnd – ist als konstitutives Element der Kommunikation in Ostdeutschland nach der Wende etabliert.[6] Die Jammerrede entspringt historischer Erfahrung und Sozialisation in der DDR, sie artikuliert Unmut und Abwehr, sie dient der Herstellung von Konsens und Identität und sie ist, da aus der Erfahrung der Begrenztheit der existenziellen Entfaltungsmöglichkeiten in der DDR generiert, für Westdeutsche nicht ohne weiteres verständlich, ist sie doch weniger Widerstand gegen und Aufforderung zur Veränderung beklagter Zustände, sondern Räsonnement über Unabänderliches, in das man sich in einer Haltung aggressiver Demut zu fügen bereit ist.

Der literarischen Selbstvergewisserung dient eine verwandte Textsorte als Medium, die Lamentation; sie kommt auch in den Formen der politischen Predigt und als resigniert-trotziger Abgesang vor. In der Lamentation, deren äußere Form in der Regel ein Büchlein ist, werden anders als in der diffusen und allgemeinen Jammerrede subjektive Gefühle des Unglücks über die krisenhaften Veränderungen der sozialen, kulturellen, ökonomischen Lebensumstände auf dem Territorium der untergegangenen DDR artikuliert. Für die Mentalitätsgeschichte der deutschen Wendezeit sind diese Schriften Quellen von unschätzbarem Wert. Sie sind Schmerzreflexe und Versuche der Bewahrung und des Verstehens, sie müssen ernst genommen werden.

Das Muster der lamentierenden Traktate, die vornehmlich in kleinen Verlagen publiziert werden, die ihren Autoren Finanzierung, Werbung und Vertrieb im wesentlich selbst überlassen, ist in folgender Erzählung enthalten, die den beziehungsreichen Titel „Symbole" trägt. Helden der Geschichte sind ein aufgegebener Trabant am Straßenrand und ein verlassener Hund. Ihr Besitzer, „noch keine 30 Jahre jung" hat nach der Wende sein Leben vollkommen geändert. Der Opportunist – ehedem übereifriger Genosse, jetzt überangepaßter Anhänger der kapitalistischen Wirtschaftsordnung – macht Karriere, wechselt die Frau, das Auto, die Identität. Er steigt hoch auf und stürzt ins bodenlose, als die privatisierte Firma pleite geht, er arbeitslos wird, die neue Frau davonläuft. Auf dem Weg zum Sozialamt fällt ihm der Trabant ein und der einsame Hund, den die Frau nicht mochte, den er deshalb davon gejagt hat. „Zum ersten Mal in seinem Leben empfand Dieter einen Moment lang so etwas wie Mitgefühl oder Gewissen."[7]

Die Botschaft und die Moral der Geschichte sind unübersehbar. Es geht vor dem Hintergrund von Mentalitäts- und Verständigungsproblemen um Verletzungen und Traumatisierungen, die seit der durch den Zusammenbruch der DDR verursachten Wende zu konstatieren sind. Westdeutsche Arroganz und unsensibler Umgang mit der politischen Kultur der DDR, ihren Institutionen und Gewohnheiten haben nach der Vereinigung beträchtlichen Schaden angerichtet. Die in Siegerpose abgeräumten historischen Museen und Traditionskabinette, die umbenannten Straßen, die geschliffenen Denkmale verursachten Verletzungen, deren Schmerz sich in Reaktionen pauschaler Abwehr und undifferenziertem Aufschrei Linderung schafft. Das Diktum vom „verordneten Antifaschismus" der DDR wirkte auf manche so traumatisierend und mobilisierte solche Abwehrkräfte, daß sie sich, bewaffnet aus dem Arsenal des Kalten Krieges, mit den pharisäischen Propagandaparolen der einstigen SED verteidigen. Die (alte) Bundesrepublik ist aus dieser Perspektive nur der Staat Globkes, Fortdauer oder Wiedergeburt des monopolkapitalistischen, imperialistischen, ausbeuterischen, faschistischen usw. Systems davor. Die Realität der neunziger Jahre wird aus dieser Perspektive als Leben unter einem Okkupationsregime verstanden, als Verlust gewohnter Strukturen, Wertorientierungen und gesicherter Verhältnisse.

Als verbliebenes moralisches Kapital werden die Traditionen des in der DDR gelebten Antifaschismus beschworen und aggressiv verteidigt, wie in dem von mehreren Autoren verfaßten Pamphlet mit dem monströsen Titel „Hitlers zweimal getötete Opfer – Westdeutsche Endlösung des Antifaschismus auf dem Gebiet der DDR". Das Buch stellt den Prototyp trotziger Auflehnung unter Verleugnung von Realitäten und der Verwendung alter Feindbilder dar. Im Umschlagtext wird die Absicht verdeutlicht: „Anhand zahlreicher konkreter Beispiele dokumentiert dieser Band, wie sich Hitlers Nachfolgestaat an der DDR für deren Antifaschismus rächt."[8]

Die anonymen Urheber („die im Staate der Berufsverbote leider namenlosen Autoren, fast alle Ex-DDRler und dennoch alle keine Ex-SEDler", wie es am Ende der Einleitung heißt) möchten zum Beweis ihres Unbehagens glauben machen, daß die ostdeutschen KZ-Gedenkstätten demontiert würden, daß es in Westdeutschland gar keine solchen Gedenkorte gegeben habe bzw. daß sie katastrophal vernachlässigt würden. Mit Schaum vor dem Mund werden längst erledigte Positionen der Geschichtswissenschaft und Legenden verteidigt (wie die Vermutung der nationalsozialistischen Urheberschaft am Reichstagsbrand), um die These der „moralischen Niederträchtigkeit der westdeutschen Hitlernachfolger"[9] zu belegen. Die Methode des Buchs ist Raserei und Diffamierung, es wimmelt von Phrasen wie „großwestdeutsche Verlogenheit"[10], „Schreibtischtäter"[11], „Gleichschaltung der großwestdeutschen Presse"[12], die das Buch als Ausdruck wahnhafter Vorstellungen entlarven, dessen Autoren Mitleid verdienen.

Die Tatsache, daß die Bürger der ehemaligen DDR bei Umfragen über Antisemitismus deutlich besser abschneiden als die Bürger der alten BRD, ist erstaunlich – oder auch nicht: Waren im Westen Juden offiziell Gegenstand pfleglicher, philosemitischer Aufmerksamkeit, so war die Minderheit und ihr Verfolgungsschicksal im Oststaat weithin ignoriert und tabuisiert. In der DDR und von der DDR gab es keine Entschädigungsleistungen, die Bundesrepublik bekannte sich dagegen, unter drängender Nachhilfe ihrer Schutzmacht USA, zum bitteren Erbe des NS-Regimes auch in materieller Hinsicht und fand frühzeitig zu globalen und individuellen Entschädigungs- und Wiedergutmachungsanstrengungen, die manche zu Pharisäern und andere zu Judenfeinden gemacht haben. Sicherlich, wenngleich nicht meßbar, hat die „Wiedergutmachung" neue Ressentiments erzeugt, die auf dem Nährboden des alten Antisemitismus gediehen. Und, zusammen mit Gefühlen der Schuld und Scham, zur neuen Judenfeindschaft – nicht trotz, sondern wegen Auschwitz – führten. Die Tatsache, daß es in der BRD nur wenige und in der DDR fast gar keine Juden gab, spielte demgegenüber kaum eine Rolle. Denn Antisemitismus braucht keine Juden, um sich zu entfalten.

Die DDR war also, gemessen an den Meinungsumfragen[13], gewiß kein Land der Judenfeindschaft. Aber Antizionismus als besondere Erscheinungsform des

Ressentiments war in der DDR Bestandteil der Staatsdoktrin, verbreitet in anti-israelischen Pamphleten und immer wieder beschworen in Solidaritätsbekundungen für Palästinenser und die arabischen Staaten; instrumentalisiert waren damit nicht nur politische Positionen auch gegenüber der Bundesrepublik, es sind traditionelle antijüdische Feindbilder dabei transportiert worden. Eine Definition des Ministeriums für Staatssicherheit der DDR zur „politisch-operativen Arbeit" beschreibt „zionistische Organisationen" als „reaktionäre, nationalistische, rassistische, konterrevolutionäre, antisozialistische und antisowjetische politische Vereinigungen, die auf der Grundlage der zionistischen Ideologie, wie Chauvinismus, Rassismus und Expansion, von reaktionären imperialistischen Kreisen zur Verschärfung der internationalen Lage, zur Schürung des Antisowjetismus und des Antikommunismus und zum Kampf gegen die sozialistischen Staaten und die nationale Befreiungsbewegung genutzt werden."[14]

Solchen Definitionen lagen Mißverständnisse und Absichten zugrunde, sicher herrschte ebenso weitverbreitete Unkenntnis über den Zionismus als Staatsidee wie über die Realität des Staates Israel. Und zu einem erheblichen Teil waren im Kalten Krieg die Bundesrepublik und die USA vor Israel und den Juden die Objekte der in den antizionistischen Konstrukten und Phrasen zum Ausdruck gebrachten Ressentiments.

In einem umfangreichen Konvolut, dem Ergebnis eines westdeutschen Forschungsprojekts, werden die Beziehungen der DDR zu Juden und zu Israel aus amtlichen Akten (nicht zuletzt denen der Behörden für Staatssicherheit) mit großer Freude an Polemik zu rekonstruieren versucht.[15] Henryk M. Broder schrieb im „Spiegel", die dokumentarische Stärke des Buches sei zugleich seine Schwäche: Man sehe gelegentlich vor lauter Bäumen den Wald nicht mehr, habe ständig das Gefühl, sich im historischen Unterholz zu verlaufen, und der löbliche Vorsatz „Wir wollen nicht mit Schaum vor dem Mund schreiben, sondern mit dem Schalk im Nacken" sei auf einigermaßen besondere Art eingelöst worden, nämlich dadurch, daß Fakten präsentiert und in einem Aufwasch bewertet würden, und obendrauf sei oft die Moral von der Geschicht' gepackt.[16] Das Buch hat Erregung erzeugt, wurde als in denunziatorischer Absicht verletzend verstanden, es hat bei den Betroffenen die Bereitschaft zu Gesprächen und zur Aufarbeitung weithin zerstört und daher keinen wirklichen Beitrag zur Aufklärung geleistet, mit welchem Anspruch es auftrat.[17]

Konrad Weiss, der als Parlamentarier kurz vor dem Ende der DDR die gemeinsame Erklärung der Volkskammer als Bekenntnis der Schuld gegenüber den Juden anregte und verfaßte (übrigens brachte der Bonner Bundestag trotz aller materiellen Leistungen nie etwas Gleichartiges zustande), schrieb im Sommer 1995 in der deutsch-jüdischen New Yorker Zeitung „Aufbau" über „Die DDR und

Israel", der Stalinismus in der DDR habe wirklichen Antifaschismus unmöglich gemacht. Das sei nirgendwo so deutlich geworden wie an der Feindschaft zu Israel: „Deutsche haben nach Auschwitz wiederum Juden verfolgt und aus dem Land getrieben, haben sich mit den blutigen Feinden Israels solidarisiert und ihren Kampf gegen die Überlebenden der Shoah mit Geld und Waffen unterstützt. Das ist ein furchtbares Kapitel in vierzig Jahren DDR." Und: „1967, mit dem Sechs-Tage-Krieg, begann eine neue Hetzkampagne. Die SED erklärte Israel zum 'internationalen Rechtsbrecher' und 'Aggressorstaat'. Die Medien beschmutzten und verleumdeten Israel, wo immer es ging. Da war von 'Bonns Blutschuld im Nahen Osten' zu lesen, denn Westdeutschland habe 'einen Strom von Waffen und Munition nach Israel gepumpt', und so sähe die westdeutsche Wiedergutmachung aus".[18]

Weiss belegt sein Verdikt u.a. mit der eigenen Erfahrung als Filmemacher. Als er 1980 an einem Film über das Tagebuch eines 1942 in Treblinka ermordeten jüdischen Jungen − Dawid Rubinowicz − arbeitete, war er mit dem offiziellen Argument konfrontiert, der Film könne Sympathie für das Judenkind wecken und damit Sympathie für Israel. „Damals", schreibt Weiss, „begriff ich, daß der Antizionismus der Realsozialisten in Wahrheit Antisemitismus ist. Schlimmer noch, ich mußte erkennen, daß sich die DDR durch ihr Schweigen über alles Jüdische und durch ihren Haß gegen Israel zum Vollender des Holocaust machte. Ein jüdisches Volk, einen jüdischen Staat, jüdisches Leben sollte es nach dem Willen der SED nicht geben. Ein paar hundert Juden in den aussterbenden Gemeinden wurden als Alibi geduldet, mehr sollte nicht sein." Konrad Weiss gebraucht starke Formulierungen, um seine Gefühle über die Haltung der DDR auszudrücken. Aber er macht auf eine von vielen schmerzlich empfundene Erblast der DDR aufmerksam, die nicht nur den untergegangenen Staat, sondern auch das Selbstbewußtsein seiner Bürger betraf und den Hintergrund der Auseinandersetzung um Antifaschismus als politische Einstellung, um dessen Instrumentalisierung und Defizite bildet.

Für die alte Bundesrepublik war das Verhältnis zu den Juden und zu Israel von Anfang an ein Prüfstein der politischen Reife: Daran würde gemessen werden, ob und wann die Bonner Republik Reputation und damit die Insignien der Souveränität gewinnen würde. Adenauer wußte das sehr gut und handelte danach. Der Schlüssel zur erstrebten internationalen Anerkennung und Gleichberechtigung, der in Washington lag, war nur zu erlangen, wenn die Deutschen tätige Reue über den Völkermord an den Juden zeigten, sich als geläuterte Demokraten erwiesen. Das war materiell durch Leistungen zur „Wiedergutmachung" und Entschädigung der jüdischen Opfer des Nationalsozialismus und ideell durch Zeichen der Einsicht und Wandlung, der Abkehr der Deutschen vom Antisemitismus und dem Eingeständnis schwer ermeßlicher Schuld zu erbringen.

Das Wiedergutmachungsabkommen von 1952, das auch Leistungen zur Aufbauhilfe für den Staat Israel zum Gegenstand hatte, war ein erster Schritt, der rasch belohnt wurde.[19] Viel schneller als erwartet wurden die Deutschen der Bundesrepublik wieder in die Familie der zivilisierten Völker aufgenommen. Die DDR führte dagegen im Zeichen des von Moskau verordneten Antizionismus, der Israelfeindschaft als Teil sozialistischer Staatsideologie konstituierte, international lange Zeit ein Dasein als Paria. Die DDR hatte den schuldbelasteten Teil des deutschen Erbes ausgeschlagen, hatte keine Entschädigungen an jüdische Opfer gezahlt und offiziell war auch in der DDR wenig die Rede vom Schicksal der Juden gewesen. Israel als Staat war Gegenstand politischen Abscheus und mit Vokabeln wie imperialistisch und rassistisch belegt. Das hat das Bewußtsein nachhaltig geprägt und es hat auch die Mehrheit der wenigen Juden der DDR aus dem Land und die Verbliebenen zu besonderen Anpassungsleistungen an die offizielle politische Linie getrieben.

Möglicherweise läßt sich das Syndrom von Selbstgewißheit und existentieller Sicherheit, von Verzicht und Selbstgenügsamkeit, das die Gesellschaft der in ihrem Verständnis fortschrittlichen, weil sozialistischen, DDR als antifaschistischer Gegenstaat zur kapitalistischen und bürgerlich-restaurativen BRD bestimmte, an biographischen Exempeln verdeutlichen.

Heinz Kamnitzer, als NS-Verfolgter, Emigrant aus Hitlerdeutschland, überzeugter Sozialist ein Mann der ersten Stunden der DDR, verkörperte die politischen Ideale, die er im deutschen Oststaat in bewußtem Antagonismus zum Weststaat verwirklicht sah. Heinz Kamnitzer, 1917 in Berlin geboren, wurde 1933 als 16jähriger Hitlergegner verhaftet, dann gelang ihm die Flucht nach London. Bis zur Rückkehr nach Ostberlin 1946 war er Hilfsarbeiter und Tischlerlehrling in Palästina, dann antifaschistischer Journalist in England, schließlich Internierter in Kanada und Mitarbeiter im Jüdischen Hilfskomitee für die Sowjetunion gewesen. Sein Vater, dessen Berliner Drogerie bereits vor der „Reichskristallnacht" „arisiert" worden war, wurde nach dem Novemberpogrom 1938 ins KZ Buchenwald verschleppt. Heinz Kamnitzer konnte den Eltern wenigstens zur Flucht aus Deutschland ins britische Exil verhelfen.

Seine Heimkehr hatte das Motiv, eine neue sozialistische Gesellschaft in Deutschland aufbauen zu helfen. Er macht, obwohl er Westemigrant war, Karriere in der DDR, als Historiker und Professor an der Humboldt-Universität, als Herausgeber der „Zeitschrift für Geschichtswissenschaft", dann als Schriftsteller. Als Nachfolger seines Freundes Arnold Zweig wird er 1970 Präsident des PEN Zentrums der DDR, erhält Auszeichnungen und empfängt Ehrungen, hat eine beachtliche Lebensleistung aufzuweisen, in der freilich die Tätigkeit als „IM Georg" für das Ministerium für Staatssicherheit" von 1978 bis 1989 irritiert.[20] Er selbst hat seine Stasi-

Mitarbeit als antifaschistischen Kampf, als Verteidigung der Republik nach innen verstanden und zu rechtfertigen versucht. Das geschah in einer Sammlung von 1993 veröffentlichten Texten, deren Vorspruch erläutert, „ich radebreche in Reimen" unter dem Zwang „Gedanken und Gefühle zu ballen, wozu ich in dieser Zeit in Prosa außerstande bin". Die Texte sind Anklage gegen das Neue und Rechtfertigung des früheren Zustands, sie spiegeln ein verbreitetes Lebensgefühl. „Blick zurück" lautet ein Titel, unter dem es heißt: „Lieber Ordnung/Und Ruhe/In Stadt und Land/Als Betrug/Und Verbrechen/Am laufenden/Band/Lieber Frieden/Erzwungen mit/Eiserner Hand/Als Krieg/Der/Irgendwo/Beginnt/Und/Wie/Flächenbrand/Auch/Zu uns/Überspringt."[21]

Eine andere Biographie. Eine Journalistin, seit 1965 für renommierte Ostberliner Zeitungen und Magazine wie die „Wochenpost" tätig, von der Staatssicherheit erst observiert und dann umworben, was sie als „den in jeder Beziehung unsittlichsten Antrag" ihres Lebens empfindet und ablehnt, studiert im Sommer 1992 ihre Kader-Akte beim „Bundesbeauftragten für die Unterlagen des Staatssicherheitsdienstes der ehemaligen DDR". Ellen Harendt erfährt jetzt, daß man ihr den vorläufigen Decknamen „Sibylle" zugeteilt, daß man von ihr die zielstrebige „Aufklärung ... von operativ interessanten Personenkreisen und Einzelpersonen" erhofft hatte „zur Absicherung des Schwerpunktbereichs zentrale Staatsorgane im Hinblick auf mögliche politische Spionageangriffe".

Ein so alltäglicher wie die Lebensumstände prägender und die Menschen traumatisierender Vorgang, der rückblickend für das Selbstverständnis der ostdeutschen Gesellschaft aus mehreren Gründen zur Katastrophe wird. Einmal demonstrieren die Enthüllungen nach der Wende das Ausgeliefert- und Entblößtsein der Menschen in der DDR-Gesellschaft (gar nicht zu reden von den Beziehungskatastrophen, wenn man/frau erfahren mußte, daß der Ehe- oder Lebenspartner Spitzeldienste in der Intimsphäre für den Staat geleistet hatte). Zum anderen nährten die Enthüllungen über das Stasi-System Überlegenheitsgefühle der Westgesellschaft, die sich nicht mangels Anfechtungen, sondern dank demokratischer Gesellschaftsordnung auf dem sicheren Ufer moralischer Tugend wähnte. Zum dritten wurde das Aufdecken alter Denunziationen oft zur neuen Denunziation instrumentalisiert. Die Uneinsichtigkeit der Entlarvten korrespondierte mit dem Triumph der Pharisäer. Kränkend war und ist schließlich auch für die Schuldlosen und Nichtbetroffenen die westliche Dominanz bei der Aufklärung der Stasi-Vergangenheit in der Gauck-Behörde und in den Medien.

Die ehemalige DDR-Bürgerin Ellen Harendt, die nach dem erfolglosen Anwerbungsversuch der Staatssicherheit ihre Stelle in der Redaktion einer Zeitung gekündigt hatte, um in der DDR als freie Journalistin zu arbeiten, benennt die kränkende Erfahrung der Ostgesellschaft: „Zur Gnade der späten Geburt gesellt sich als weiteres Alibi staatsbürgerlicher Lauterkeit die Gnade westlichen Lebensraumes. Armes Deutschland. Vertrauenswürdige Gerechte erwachsen dir seit über fünfzig Jahren anscheinend nur aus Mangel an Versuchung."[22]

Anmerkungen

1   Vgl. Brähler, Elmar u.a.: Soziale Befindlichkeiten in Ost und West, in: Psychosozial 19 (1996), H.2, S. 111-117; s.a. Hardtwig, Wolfgang/Winkler, Heinrich August (Hrsg.): Deutsche Entfremdung. Zum Befinden in Ost und West, München 1994.

2   Danyel, Jürgen (Hrsg.): Die geteilte Vergangenheit. Zum Umgang mit Nationalsozialismus und Widerstand in beiden deutschen Staaten, Berlin 1995; Frei, Norbert: Vergangenheitspolitik. Die Anfänge der Bundesrepublik und die NS-Vergangenheit, München 1996.

3   Weber, Jürgen (Hrsg.): Der SED-Staat: Neues über eine vergangene Diktatur, München 1995; Weber, Jürgen/Piazolo, Michael (Hrsg.): Eine Diktatur vor Gericht. Aufarbeitung von SED-Unrecht durch die Justiz, München 1995; vgl. auch Henke, Klaus-Dietmar (Hrsg.): Wann bricht schon mal ein Staat zusammen! Die Debatte über die Stasi-Akten auf dem 39. Historikertag 1992, München 1993.

4   Simon, Annette: Versuch, mir und anderen die ostdeutsche Moral zu erklären, Gießen 1995, S. 63.

5   Kocka, Jürgen: Vereinigungskrise. Zur Geschichte der Gegenwart, Göttingen 1995.

6   Vgl. Spülbeck, Susanne: Das Jammern und die Besserwessis, in: Benz, Wolfgang/ Neiss, Marion (Hrsg.): Deutsche Erfahrungen – Deutsche Zustände. Beobachtungen aus dem Alltag nach der Wende, Berlin 1995, S. 119f.

7   Brück, Eva: Kleine Ostgeschichten. Von vorgestern, gestern und heute, Berlin 1996, S. 79-81.

8   Zorn, Monika (Hrsg.): Hitlers zweimal getötete Opfer. Westdeutsche Endlösung des Antifaschismus auf dem Gebiet der DDR, Freiburg i. Brsg. 1995.

9   Ebenda, S. 223.

10 Ebenda, S. 49.

11 Ebenda, S. 224.

12 Ebenda, S. 80.

13 Vgl. Bergmann, Werner/Erb, Rainer: Wie antisemitisch sind die Deutschen? Meinungsumfragen 1945-1994, in: Benz, Wolfgang (Hrsg.): Antisemitismus in Deutschland. Zur Aktualität eines Vorurteils, München 1995, S. 47-63, insbes. S. 59; Wittenberg, Reinhard/Prosch, Bernhard/Abraham, Martin: Struktur und Ausmaß des Antisemitismus in der ehemaligen DDR. Ergebnisse einer repräsentativen Umfrage unter Erwachsenen und einer regional begrenzten schriftlichen Befragung unter Jugendlichen, in: Jahrbuch für Antisemitismusforschung 1995, 4. Jg. S. 88-106.

14 Das Wörterbuch der Staatssicherheit. Definitionen des MfS zur „politisch-operativen Arbeit". Dokumente (Hrsg.: Der Bundesbeauftragte für die Unterlagen des Staatssicherheitsdienstes der ehemaligen Deutschen Demokratischen Republik), Berlin 1993, S. 465.

15 Wolffsohn, Michael: Die Deutschland-Akte. Juden und Deutsche in Ost und West, München 1995.

16 Broder, Henryk M.: Die nützlichen Idioten, in: Der Spiegel 39/1995.
17 Vgl. dagegen jetzt den beachtlichen Versuch, das Problem wissenschaftlich ohne Polemik und Enthüllungseifer aufzuarbeiten: Timm, Angelika: Hammer, Zirkel, Davidstern. Das gestörte Verhältnis der DDR zu Zionismus und Staat Israel, Bonn 1997.
18 Weiss, Konrad: Die DDR und Israel, in: Aufbau, 4. August 1995.
19 Vgl. Goschler, Constantin: Paternalismus und Verweigerung – Die DDR und die Wiedergutmachung für jüdische Verfolgte des Nationalsozialismus, in: Jahrbuch für Antisemitismusforschung 2 (1993), S. 93-117.
20 Walther, Joachim: Der Heinz hieß Georg, in: Frankfurter Rundschau, 27.4.1995.
21 Kamnitzer, Heinz: Abgesang mit Herzschmerzen, Berlin 1993, S. 55.
22 Harendt, Ellen: Und immer etwas fremd. Autobiografische Skizzen, Berlin 1995, S. 75f.

Gerhard Botz

Opfer/Täter-Diskurse

Zur Problematik des „Opfer"-Begriffs

Österreichische Zeitgeschichtler und Zeitgeschichtlerinnen haben in den vergangenen Jahrzehnten in mühsamen, manchmal durchaus kontroversen Forschungsanstrengungen und Diskussionen Antworten auf Fragen nach der Involvierung der Österreicher und Österreicherinnen in Entstehung und Funktionieren der NS-Diktatur erarbeitet. Ihre Ergebnisse laufen im großen und ganzen auf den Nachweis einer (Mit-)Beteiligung vieler Österreicher am Nationalsozialismus und auf eine Zurückweisung, mindestens Relativierung der Gründungsthese der Zweiten Republik hinaus, wonach die Österreicher keine Verantwortung am Nationalsozialismus und an dessen Verbrechen gehabt haben, wonach Österreich daher nichts anderes als das „erste Opfer Hitlers" gewesen sei. Viele, wenngleich nicht alle ZeitgeschichtlerInnen konnten sich seit den späten siebziger Jahren darauf einigen, daß für die österreichische NS-Vergangenheit einer „Mittäter"- oder „Täter"-These der Vorzug zu geben sei.

Während der Waldheim-Kontroverse[1] haben diese Ergebnisse, aber auch der gesamte Opfer/Täter-Diskurs an öffentlichem Profil gewonnen. Gegen die These „Waldheim wie Österreich betrachteten sich als Opfer des Nationalsozialismus"[2] mußte die „Täter"-These geradezu akzentuiert werden. Seit Beginn der neunziger Jahre haben die neuen geschichtswissenschaftlichen Positionen dann in offiziellen Erklärungen des österreichischen Bundeskanzlers und 1995 in die Begründung des Gesetzes zur Errichtung eines „Nationalfonds der Republik Österreich für die Opfer des Nationalsozialismus" Eingang gefunden. Zur selben Zeit aber haben sich von den Rändern des Fachs her erneut kritische Stimmen gemeldet, die die „Täter"-betonte Sicht in Frage stellen[3] und deren geschichtswissenschaftliche Grundlagen anzweifeln.[4]

Es geht in diesem Beitrag nicht darum, die „(Mit-)Täter"-These gegen eine kritische Infragestellung abzuschirmen, mit neuen Belegen zu stützen, zu modifizieren oder als „alt" einfach aufzugeben. Wichtig erscheint es mir auch, gleich am Anfang klarzustellen, daß sowohl die „Opfer"- als auch die „Täter"-These, beginnend mit den prägenden Formulierungen der Moskauer Deklaration von 1943, in ihrer zeitlichen Abfolge zu bewerten sind, als ein dialektischer Prozeß, in dem geschichtswissenschaftliche „Wahrheit" nicht nur nach Forschungskriterien, sondern auch durch ihre jeweils wechselnde kontrapunktische Kritik-Leistung bestimmt werden.[5] Nicht in Zweifel gezogen werden soll auch, daß es tatsächlich Opfer des Nationalsozialismus, die Verfolgten und Ermordeten, gibt, und daß dafür Täter, Mittäter und Zuseher zu benennen und zu quantifizieren sind.

Worum es mir hier jedoch geht, ist etwas anderes. Es ist die schon dem deutschsprachigen Wort und dem besonders in Österreich ausgeprägten Begriff vom „Opfer" immanente Problematik, die – so scheint es mir – unvermeidlicherweise auf jedes Reden über „Opfer" zurückschlägt. Dies gilt auch noch im distanzierenden Reden über den Opfer/Täter-Diskurs der ZeitgeschichtlerInnen. In mancherlei Hinsicht verdeckt das heute in der österreichischen Zeitgeschichtsschreibung schon so leicht gewordene Reden von „Opferlüge" und „Täterthese", daß es sich dabei letztlich doch um Begriffe handelt, die aus dem Bereich des Sakralen, der Moral, des nationalistischen Überschwangs und der Gerichte kommen, wie hier nachgewiesen werden soll.

So problematisch ebenfalls der „Täter"-Begriff ist, da er das Aktive, Handelnde, Tätige[6] gegenüber seinem falschen Gegenbegriff – „Opfer" – betont, bei weitem wichtiger in diesem Diskurs ist das Schlüsselwort „Opfer". Ich werde mich daher vor allem mit dessen Bedeutungsspektrum befassen und darzulegen versuchen, was in ihm unweigerlich mitschwingt. Bisher haben sich, abgesehen von einem noch nicht abgeschlossenen sprachwissenschaftlichen Projekt Oswald Panagls,[7] weder Historiker noch Sozialwissenschafter in Österreich intensiv mit der semantischen „Aura" des Wortes „Opfer" auseinandergesetzt,[8] obwohl „Opfer"-Diskurse[9] gerade für die politische Kultur der Zweiten Republik – und schon früher – zentral waren und sind. Kontroversen um „Opfer" scheinen – jedenfalls bei bestimmten Anlässen und in verschiedenen Perioden – oft wichtiger zu sein als solche über Demokratie, Freiheit oder Recht/Unrecht. Wie sich zeigen wird, haben sich solche „Opfer"-Diskurse in Österreich vor allem an innenpolitischen Gewaltereignissen ebenso wie an den Problemen der Kriegsopfer nach dem Zweiten Weltkrieg, an der „Wiedergutmachung" nach 1945 und an der Thematisierung der NS-Vergangenheit, an der Außenpolitik („Anschluß", Wiederentstehung Österreichs, Staatsvertrag) und an innenpolitischen Skandalen entzündet und jeweils spezifische Akzentuierungen des „Opfer"-Begriffs konstituiert.

Auch in Deutschland, wo „Opfer" ebenfalls zu den politischen Zentralbegriffen gehört und den meisten Debatten um Denkmale für die Ermordeten des Nationalsozialismus immanent ist[10], scheint es über den Kreis der Sprachwissenschaftler[11] hinaus nur wenig geschichtswissenschaftliche Reflexion darüber zu geben[12], ganz im Gegensatz zu den ausgedehnten Diskurs über „Holocaust", „Shoah", „Auschwitz" und ähnliche Chiffren für die nationalsozialistische Massenvernichtung von Juden und anderen „Rassefeinden".[13]

„Opfer" wird etymologisch vom Lateinischen „operari" (zunächst: „eine Arbeit verrichten", dann: „ein religiöses Opfer darbringen") abgeleitet und sprachgeschichtlich als eine Rückbildung aus „opfern" aufgefaßt.[14] Ein und dasselbe Wort bezeichnet im Deutschen einerseits die Handlung des Opferns, andererseits das Geopferte selbst. Es hat im heutigen deutschen Sprachgebrauch, folgt man den großen Wörterbüchern und Konversationslexika, vor allem drei Bedeutungsfelder, die in den verschiedenen Diskursen herausgearbeitet wurden und am Leben erhalten werden. In dieser Hinsicht unterscheidet es sich kaum von den slawischen Sprachen, deutlicher jedoch von den romanischen Sprachen und vom Englischen.[15]

Erstens gibt es die religiöse Bedeutung, die jedem Gebrauch des Wortes, selbst in ganz anderen Kontexten, noch etwas von einem kultischen Sinn und Zweck anhaften läßt. Dem Prinzip des „do ut des" folgend sollen numinose Mächte durch die rituelle Darbringung eines Gutes oder einer Leistung positiv beeinflußt werden. „In dieser Weise entzog man den Opfergegenstand dem profanen Gebrauch und vernichtete ihn gewöhnlich",[16] etwa durch das Verbrennen der Opfergabe, durch das „Brand- oder Ganzopfer", ein „Holocaustum".[17]

Zweitens ist ein – wie ich es hier nennen möchte – ethisches Bedeutungsfeld zu erkennen. Dabei geht es, wie im „Großen Duden" steht, um eine „durch persönlichen Verzicht mögliche Hingabe von etw. zugunsten eines anderen". Hier tritt, wie schon das Grimm'sche Wörterbuch festgehalten hat, „der sinnliche begriff zurück vor dem innerlichen und geistigen".[18]

Drittens hat „Opfer" auch ein semantisches Feld, in dem es darum geht, daß jemand durch jemanden oder durch etwas Schaden erleidet oder umkommt, etwa das „Opfer" eines Verkehrsunfalls oder einer Lawine wird, oder daß Menschen „Opfer des Faschismus" oder eines anderen gewalttätigen Regimes werden.[19] Von „Opfern" in diesem Sinne wird im Zusammenhang des Opfer/Täter-Diskurses, anscheinend ganz nüchtern, geredet. Auf den verschiedensten politischen, historiographischen, literarischen oder medialen Diskursebenen geht es – vordergründig – um die Verwendung des Worts „Opfer" in seiner „übertragenen bedeutung mit gänzlichem zurücktreten des religiösen begriffs" (sic).[20]

Schon bei einer kursorischen Durchsicht der wichtigsten deutschsprachigen Referenzwerke ergibt sich der Eindruck, als habe sich das dreifache Spektrum der Grundbedeutungen von „Opfer" seit dem 19. Jahrhundert nicht allzu einschneidend geändert; damals wie heute sind die übertragenen Bedeutungen mehr oder weniger leicht auch mit sakralen assoziierbar. Dies – so meine Grundthese – erleichtert es, daß in der Sphäre des heutigen politischen Österreich (und – weniger akzentuiert – Deutschlands) die religiöse und ethische Bedeutung mitschwingen, selbst auf scheinbar völlig anderen Diskursebenen. Dies wird in der weiteren Folge zu zeigen sein. Bedeutung im lexikalischen Sinn hat jedoch wenig zu tun mit dem „Gebrauch in der Sprache" (L. Wittgenstein), der Bedeutung erst konstituiert.

In den letzten Jahrzehnten, vor allem in den siebziger und achtziger Jahren, hat sich eine gewisse Entsakralisierung des Opferbegriffs vollzogen, die wohl mit einem weiteren Vordringen des politischen Gebrauchs von „Opfer" einhergegangen ist, wie in den großen deutschen Konversationslexika[21], Orten der Repräsentation bildungsbürgerlichen Wissens, nachgelesen werden kann. Dieses Wissen scheint – unbeschadet des Alltagssprachgebrauchs – nicht nur im ausgehenden 19. Jahrhundert, sondern noch in der Zwischenkriegsperiode und in den ersten Jahrzehnten der Zeit nach 1945 an „Opfer" ausschließlich in einem ethnologischen und religionsgeschichtlichen Sinn interessiert gewesen zu sein.

Bezeichnend für die konservativen und NS-Vorstellungen perpetuierenden fünfziger Jahre sind folgende Eintragungen, die markieren, wie nahe die religiöse und die säkularisierte, nationalstaatliche Semantik noch beieinander liegen. Im „Großen Herder" von 1955 wurde als „Opfer ... im eigentl. Sinn das Darbringen einer sichtbaren Gabe als Ausdruck völliger Selbsthingabe des Menschen an Gott" bezeichnet und völlig abgehoben davon unter dem Eintrag „Opfer des Nationalsozialismus" auf „Politisch Verfolgte" verwiesen.

In „Trübners Deutschem Wörterbuch" von 1954 folgt auf eine Erörterung der germanischen und mittelalterlichen Wortgeschichte in ungebrochener „völkischer" Tradition ganz ungeniert:

„Daneben zielt ahd. [althochdeutsch] antheiz auf das Verheizen der Opfergabe, ... zebar (s. *Ungeziefer*) auf das Opfertier. Alle diese Ausdrücke haben die christlichen Glaubensboten geflissentlich verdrängt; der altheimische Gehalt ist mit Gedankengut fremder Herkunft überdeckt worden. Die Wörter *Opfer* und *opfern* aber sind in vielhundertjährigem Einwohnen deutsch geworden. In unseren Tagen verbinden sie sich mit *Opfermut* und *-sinn*, *Opferfreudigkeit* und *-willigkeit* zu einer Gesinnung, die das neue Deutschland von seinen Bürgern vor allem fordert und erhält."[22]

Noch zehn Jahre nach dem Ende der „Endlösung" spiegelte sich deren Terminologie etymologisch wider; im Diskursthema um einen „nationalen Neubeginn" lebten ausgesprochen NS-spezifische Formulierungen weiter, so daß zunächst sogar Zweifel bestehen können, ob hier von 1933 oder 1945 oder im östlichen oder westlichen Sinn vom „neuen Deutschland" die Rede ist.[23] Denn auch in den Wörterbüchern der DDR, in denen eindeutig der nichtreligiöse Opferbegriff im Vordergrund stand, findet sich andeutungsweise eine solche nationale Sinngebung: „Opfer" als eine „unter schmerzlichem Verzicht dargebrachte Spende" werden mit „Kriegsopfer" zusammengestellt.[24]

Hegels „Opfer der Geschichte", die einem „Endzweck" – der Freiheit, dem Staat, der Nation, der Klasse etc. – „auf dem weiten Altar der Erde" dargebracht werden, stehen am Beginn nationaler und sozialistischer „Opfer"-Diskurse[25], die noch in die zweite Hälfte des 20. Jahrhunderts, auch Österreichs, hineinreichen. Mit der Erfindung des Konzepts der Nation und der machtpolitischen Durchsetzung der Nationalstaaten war eine emphatische Überhöhung von „Opfer"-Vorstellungen in der politischen Philosophie und eine Heroisierung des Soldatentodes der Massenheere[26] einhergegangen. Von der „freiwilligen Selbstaufopferung zum Besten [...] des Vaterlandes" (L. Feuerbach) und den „Individuen der gegenwärtigen Geschlechter", die „den kommenden Geschlechtern [...] zum Opfer gebracht werden dürfen" (F. Nietzsche), läßt sich eine Linie zu den geistigen Wegbereitern des Nationalsozialismus ziehen, zu Ernst Jüngers „Das tiefste Glück des Menschen besteht darin, daß er geopfert wird" etwa oder zum „Opfer des Lebens" für den „totalen Staat" bei Carl Schmitt.[27] Hitlers „Mein Kampf" paraphrasiert vielfach dieses Opfer-Pathos und spitzt es weiter zu. Schon 1926 ist hier die völlige Enthumanisierung zu einem rituellen Selbstopfer im „totalen Krieg" vorgezeichnet, was sich allerdings schon während des Ersten Weltkriegs und unmittelbar danach abgezeichnet hatte;[28] die „völkische" Theatralik von Wagner-Opern und ein christlicher Heils- und Märtyrerglaube lieferten sozusagen die Begleitmusik für Hitlers (wie auch Goebbels') Durchhaltereden und -schriften:

„Der Selbsterhaltungstrieb hat bei ihm [d.i. dem 'Arier'] die edelste Form erreicht, indem er das eigene Ich dem Leben der Gesamtheit willig unterordnet und, wenn die Stunde es erfordert, auch zum Opfer bringt." – „In der Hingabe des eigenen Lebens für die Existenz der Gemeinschaft liegt die Krönung alles Opfersinnes." – „Das mögen die Anhänger unserer Bewegung nie vergessen, wenn je die Größe der Opfer zum bangen Vergleich mit dem möglichen Erfolg verleiten sollte."[29]

Ein anderer Diskursstrang verläuft von Hegel über die „Aufopferungsfähigkeit" der Pariser Kommunarden (K. Marx) zum sich opfernden „Heroismus der Sowjetmenschen" und zum Selbstopfer des „kommunistischen Helden [...] ohne Hoffnung auf Auferstehung" (E. Bloch).[30] Schon mit den Getöteten und Verletzten während der Ausrufung der Republik am 12. November 1918, die nur sehr indirekt mit der Demokratiegründung in einen Zusammenhang gebracht werden können, setzte ein spezifisch innerösterreichischer Opfer-Diskurs ein, der 1927 und 1934 Höhepunkte erreichen sollte. Noch 27 Jahre später stellte Karl Renner in warnendem Rückblick stolz fest, „daß wir die Revolution des Jahres 1918 fast ganz ohne Blutopfer vollzogen haben." Auch 1945 dürste „das österreichische Volk, die österreichische Republik [...] nicht nach Blut."[31]

In den 85 Getöteten auf seiten der Demonstranten und den vier Toten der Exekutive des Justizpalastbrandes kollidierte 1927 der sozialdemokratische mit dem christlichsozialen „Opfer"-Diskurs. Otto Bauer stellte einerseits Bezüge zu den Gefallenen im Weltkrieg her („Hundert Tote, das sind die Opfer eines großen Gefechtes...") und sah die Schutzbündler, denen die „wilderregten Massen ... bald hosianna! bald crucifige! [zu]geschrieen" hätten, gleichsam in einer Erlöserrolle. Dagegen gab Bundeskanzler Seipel in seinen ominösen Sätzen von der scheinbaren Milde gegenüber den „Opfern und den Schuldigen" und der Grausamkeit „gegenüber der verwundeteten Republik" den Getöteten des Aufruhrs einen staatspolitischen Sinn: Sie seien für die Rettung der Republik geopfert worden. Konsequent verallgemeinerte Wilhelm Miklas das „Opfer"-Sein und bezeichnete sich und alle Nationalratsabgeordneten „als Opfer der furchtbaren Ereignisse vom 15. und 16. Juli."[32]

So äußerte sich schon anläßlich der Nationalratsdebatte nach dem Justizpalastbrand bei den Christlichsozialen auch jene katholische, eng mit dem „Opfer" verknüpfte Blut-Metaphorik, die nach der Ermordung Dollfuß' besonders sichtbar auftrat und 1934/35 um diesen einen regelrechten Märtyrerkult schuf. Dem Tod Dollfuß' wurde nicht nur im „Opfer" für die „österreichische Idee" ein Sinn verliehen, sondern er wurde nicht selten sogar mit dem Opfertod Christi gleichgesetzt. „Dollfuß dem Helden und Märtyrer" und „Dollfuß dem Heiligen" stellten die Nationalsozialisten die 13 exekutierten Putschisten als „Blutzeugen" und „Märtyrer der Bewegung" entgegen.[33]

Auch nach 1945 setzt sich diese politische Symbolik fort, und zwar in einer unterschiedlich politisch schattierten und gewichteten, dennoch parteiübergreifenden Weise, ja alle „Opfer"-Diskurse verstärkten sich noch. Selbst ein kursorischer Vergleich mit anderen Staaten westlich von Österreich läßt die österreichische „Opfer"-Hypertrophie deutlich hervortreten; sie läßt sich in langfristige Wandlungen des Erscheinungsbildes von Nation, Militär und Kriegstoten einordnen. Seit dem späten 19. Jahrhundert, spätestens im Ersten Weltkrieg, war der siegreiche (aristokratische oder bürgerliche) Heerführer als bevorzugtes Sujet von Denkmälern einerseits der „demokratischen" Gleichheit der Massenfriedhöfe und andererseits der Anonymität des „Unbekannten Soldaten" gewichen. (Siehe die Symbolüberlagerung auf dem Wiener Heldenplatz). Sodann büßte der gefallene Soldat, nach dem Vernichtungskrieg der (schließlich besiegten) Wehrmacht und der Massenvernichtung von „Anderen" trotz aller entgegengerichteten Geschichtspolitik seine kommemorative Darstellungsmöglichkeit ein. Angesichts der moralischen Last, die wohl weithin verspürt, wenngleich nicht eingestanden wurde, verblieb nur noch der Versuch, Ermordete wie Täter in einem umfassenden, daher alles entschuldigenden „Opfer"-Begriff aufgehen zu lassen. Dieser Wandel des „Helden" und die Entpersonalisierung des gefallenen Kriegers lassen sich als eine „Modernisierung" der staatspolitischen Totenkulte interpretieren.

Wenn, wie eine andere vergleichende Untersuchung der nationalen Totenkulte im „langen 19. Jahrhundert" festgestellt hat, „die Kriegerdenkmäler in Frankreich Folge und in Deutschland Mittel nationaler Identität waren",[34] dann könnte für die besondere Ausprägung des „Opfer"-Denkens in Österreich nach 1945 folgender Umstand entscheidend geworden sein: Da die Zweite Republik erst im Begriffe war, ihre nationale Identität umzudefinieren bzw. neu zu erfinden, konnte auch – ganz abgesehen von den „vergessenen" Toten der Genozide – eine „Sinnstiftung" des Todes im Krieg in nationalen Traditionen nicht erfolgen, weder im Geist des diskreditierten deutschen noch in dem eines neuen, noch nicht durchgesetzten österreichisch-nationalen Denkens. In der katholisch geprägten politischen Kultur lag es daher nahe, den hunderttausendfachen Kriegstod als „Opfer" mit religiösen Konnotationen zu deuten. Und nur in einem solchen universellen „Opfer"-Sein – „Alle waren Opfer" – konnte, wie sich zeigt, nach 1945 zunächst eine (Österreich-)nationale Gemeinsamkeit hergestellt werden. Daher auch kam es 1945 zu einer Engführung des „Opfer"-Diskurses über die politisch Verfolgten und jenes über den österreichischen Staat mit dem alten Kriegsopfer-Diskurs. (Aus diesem Grund wurde die seit 1995 in Österreich gezeigte Hamburger Ausstellung „Verbrechen der Wehrmacht", die eine solche nachträgliche Sinngebung der „Opfer" des Krieges gefährdet, zum Kristallisationspunkt heftiger politischer Kontroversen.)

Bemerkenswert spät ist allerdings der „Opfer"-Begriff – in Österreich ebenso wie in Deutschland – direkt in der Gesetzessprache aufgetreten, und zwar unter nationalsozialistischem Vorzeichen. Denn der politische Diskurs und die intensiven sozialpolitischen Anstrengungen um die „Kriegsopfer" waren in und nach dem Ersten Weltkrieg nur selten schon unter einem gemeinsamen („Opfer"-)Begriff, sondern meist unter getrennten Bezeichnungen gelaufen. Man sprach (auch in gemeinsamen Gesetzen) in der Zwischenkriegszeit meist von einer Fürsorge für „Kriegsinvalide" bzw. „Kriegsbeschädigte" und für „Kriegshinterbliebene". Deren Anspruch auf gesellschaftliche Versorgung ergab sich daraus, daß Kriegsdienst in Deutschland und Österreich „als 'Arbeit' für den Staat bzw. die Nation eingeschätzt wurde".[35] Diese gesellschaftliche Legitimierungsweise scheint im Gegensatz zur französischen Versorgungsregelung für die „mutilés", die als Sozialkontrakt zwischen Staat und Staatsbürger gedacht war, eher ein Bild von den Kriegsinvaliden und -hinterbliebenen als Sozialhilfeempfänger denn als „Kriegshelden" begünstigt zu haben. Dementsprechend gab es Klagen, auch von sozialdemokratischen Gewerkschaften, über die „wenig würdige Bettelei für die Opfer des Krieges".[36]

Gerade um deren Aufwertung im militaristischen und nationalistischen Sinn ging es der NSDAP, die – ein entfernter Widerhall des „linken" „Bunds der

Opfer des Krieges" (1919) – in den dreißiger Jahren für die „Nationalsozialistische Kriegsopferversorgung" in ihrer Organisation ein eigenes „Hauptamt für Kriegsopfer" einrichtete.[37] In die Sprache der Gesetze fand das nationalsozialistische „Opfer"-Pathos (siehe oben) erst 1938 Eingang. Als Begründung hieß es in der Präambel zum „Wehrmachtsfürsorge- und -versorgungsgesetz": „Allen Soldaten [...] soll die Sicherheit gegeben werden, daß bei opferfreudigem Einsatz ihrer Gesundheit und ihres Lebens sowohl für sie selbst als auch für ihre Frauen und Kinder gesorgt wird."[38] Ende 1943 mußten dann schon „die Opfer, die die Kriegsbeschädigten für Volk und Reich dargebracht haben", gewürdigt werden.[39]

Man hat in den – sehr unterschiedlichen – Wegen der Kriegsopferversorgung in Deutschland seit 1945 ebensoviel Kontinuität wie Diskontinuität mit der Zeit vor 1945 festgestellt.[40] Ähnliches gilt auch für die Einrichtung der österreichischen Kriegsopferfürsorge, die zum ersten Mal im „Gesetz vom 12. Juni 1945 über vorläufige Maßnahmen zur Entschädigung der Kriegsopfer"[41] als Weiterentwicklung des Trends im Dritten Reich erscheint und zum ersten Mal das Wort „Kriegsopfer" in einem österreichischen Gesetzestext nannte; von dieser Regelung waren zunächst noch die „sogenannten Opfer der nationalsozialistischen Bewegung" und andere Nationalsozialisten ausgenommen. Bezeichnend ist, daß erst fünf Wochen später das erste „Gesetz [...] über die Fürsorge für die Opfer des Kampfes um ein freies, demokratisches Österreich (Opfer-Fürsorgegesetz)"[42] erging; im Gegensatz zu den „Kriegsopfern", für die bald nur noch von „Versorgung" die Rede war, was einen vorgegebenen Rechtsanspruch implizierte, waren die „Opfer des Kampfes um ein freies, demokratisches Österreich" auf eine „Fürsorge" angewiesen. Auch in dieser Terminologie spiegelte sich, daß im „Opfer"-Diskurs dieser Zeit noch immer das Dritte Reich eine stärker legitimierende Kraft hatte als die wiedererstandene österreichische Republik. In dieses Bild paßt auch die Alibimaßnahme eines Ende April/Anfang Mai 1945 in der Regierung Renner vorbereiteten „Staatsgesetzes über Opferehrung" für die politischen (nicht „rassischen") „Opfer der nationalsozialistischen Herrschaft"; es ist allerdings wegen interner Differenzen um die Einbeziehung der „Opfer" des „Faschismus Mussolini'scher Färbung" nicht zustandegekommen.[43]

Das (erste) „Opferfürsorge-Gesetz" beschränkte sich auf Fürsorgemaßnahmen für „Opfer des Kampfes um ein freies, demokratisches Österreich" und schloß andere Verfolgte des Nationalsozialismus, vor allem die zahlreichen jüdischen Opfer, aus.

„Rassisch Verfolgte, die den Nachweis eines solchen aktiven Einsatzes nicht aufzubringen vermögen, sind ebenso wie alle anderen passiv zu Schaden gekommenen Österreicher in diesem Gesetz nicht berücksichtigt und müssen warten [...]"[44] Dies war erst im (zweiten) „Opfer-Fürsorgegesetz" von 1947 der Fall. Darin wurde, wie es in Kommentaren hieß, zwischen „aktiven Opfern" – Widerstandskämpfern – und „passiven Opfern", die „aus Gründen der Abstammung, Religion oder Nationalität [...] in erheblichem Maße zu Schaden gekommen sind," unterschieden. Von einer adäquaten Versorgung der letztgenannten „Opfer"-Kategorie oder auch nur einer Gleichstellung mit den politisch Verfolgten war man weit entfernt, dagegen war es eine Errungenschaft, daß die anerkannten „Opfer" des Widerstandskampfes und „Opfer des Faschismus" mit den „Kriegsopfern", auf die de facto die alten versorgungsrechtlichen Bestimmungen weiterhin angewendet wurden, wenigstens gleichgestellt waren.[45]

Damit entstand eine heute skurril erscheindende Begriffsinflation und -verwirrung um alle Arten von „Opfer". Es gab „Opfer" für etwas, „Opfer" von etwas, „Opfer" im Sinne von Aufopferung. Umstandslos wurde die nationalsozialistische „Opfer"-Terminologie dem antifaschistischen Vokabular amalgamiert. Im propagandistischen und diplomatischen Kampf um die Staatsvertragsverhandlungen in London und Moskau von 1947 verstärkte sich auch die schon in den Gründungsproklamationen der Zweiten Republik vorgenommene Übertragung des „Opfer"-Begriffs auf den Staat Österreich. Die Entnazifizierung kam zum Stillstand und wurde bald wieder zurückgenommen; auch die Nazis verstanden sich eben als „Opfer" und wurden ab 1949 ein wahlentscheidender Faktor. So wurde das Jahr 1947 zum Knotenpunkt, in dem sich vier große, die Öffentlichkeit bewegende „Opfer"-Diskurse überschnitten und auf einen einzigen Nenner gebracht werden konnten: „Opfer" wurde *das* Schlüsselwort des restaurativen Österreich der späten vierziger und frühen fünfziger Jahre.[46] „Opfer" waren alle, nicht nur die „Mitläufer",[47] sondern auch die meisten „(Mit-)Täter". „Opfer-Sein" befreite von den Gefühlen der Scham und Schuld, und es reduzierte die politischen Trennlinien innerhalb der überwiegenden Mehrheit der Bevölkerung.[48] Von diesem schillernden Begriff her erfolgte die mindestens drei Jahrzehnte ungebrochen anhaltende Konsensbildung in der Zweiten Republik.

Wie die eingangs zitierte Untersuchung zur politischen Metaphorik von „Opfer" nachweisen kann, stellt dieser Begriff in der österreichischen Politik auch der Zweiten Republik so etwas wie einen universellen Code dar. Er war und ist eine Art kategorialer Schlüssel und Einordnungsrahmen für die (Re-)Konstruktion der großen Konflikte und bewegenden Ereignisse. Wer oder was immer sich gesellschaftlich als „Opfer" bezeichnen kann, weist sich selbst letztendlich die Rolle des Passiven und Unschuldigen, einem anderen die des Täters und des Schuldigen zu. Das „Opfer" legitimiert Ansprüche auf materielle wie symbolische Kompensation für einen (wirklich, vermeintlich oder vorgeblich) erlittenen Schaden. Im nationalen wie politischen Kontext ebenso wie im religiösen Bedeutungsfeld ist es nicht sinnlos, es ist unaufhebbar positiv konnotiert.[49] Es eignet sich zur Täter-Opfer-

Umkehr wie zur Generalisierung (und damit Generalamnestierung) derer, die erfolgreich beanspruchen können, „Opfer" zu sein. Es entpersonalisiert die wirklichen Opfer ein zweites Mal.

Gerade weil „Opfer" in der österreichischen politischen Kultur so hegemonial und unverzichtbar ist, hat dieser Begriff auch die „Ordnung des Diskurses"[50] über die NS-Vergangenheit übernommen. Selbst ein so tiefgreifender Bruch in der Geschichte des österreichischen Opfer/Täter-Diskurses wie jener, der sich während der Waldheim-Affäre vollzog, konnte die festgeschriebenen Denkkategorien nicht überwinden, sondern nur umkehren, bei einem großen Teil der ZeitgeschichtlerInnen statt einer „Opfer"- eine „Täter"-Sicht auf die Geschichte des Nationalsozialismus etablieren. „Die Frontstellung 'Täter – Opfer' verstellt [...] heute das Wesentliche."[51] Eine wirkliche Neubestimmung dieses Diskurses und seiner Ordinaten steht noch aus. Deshalb ist es auch so schwierig, das ambivalente Verhältnis von „Opfer"/"Täter" in Themen wie den „(roten) Kapos" in den Konzentrationslagern, den „Judenräten" der Ghettos, den Rettungsaktionen für getaufte Juden, in Situationen des Überlebens in Vernichtungslagern, aber auch für das Schicksal vieler Kriegsgefangener, vieler Wehrmachtssoldaten und mancher Waffen-SSler zu bestimmen. In Titeln wie „Opfer und Täterinnen", „Opfer und Täter in einer Person", „Das Opfer als Täter" oder „Nutznießerin zwischen Opfern und Tätern", die sich zur NS-Thematik in den neunziger Jahren zu häufen scheinen,[52] kommt wohl eine konzeptuelle Ratlosigkeit zum Ausdruck. Wie die Geschlechter- und Frauenforschung erkannt hat, sind „binäre [...] Konzepte nicht mehr aufrechtzuerhalten und in ihrer kulturellen Codierung noch genauer zu entschlüsseln."[53] Nur Schriftstellern und literarisch verarbeiteten Erinnerungen etwa an KZ-Überleben scheint dies schon zu gelingen.[54]

Ingeborg Bachmann hat vielleicht mit einer solchen „Schwierigkeit, das auszudrücken," gerungen. Im Zusammenhang mit dem Sich-auf-Opfer-Sein-Berufen und Nicht-Opfer-Sein hat sie einmal notiert: „Manchmal fühl' ich ganz deutlich die eine oder andere Wahrheit aufstehen und [...] fühle sie verkümmern, [...] weil sie sich nicht mitteilen läßt, ich sie nicht mitzuteilen verstehe oder weil gerade nichts diese Mitteilung erfordert, ich nirgends einhaken kann und bei niemand."[55] Der Opfer/Täter-Diskurs ist nicht durch eine Einzelperson allein veränderbar, auch nicht von einer historischen Teildisziplin, wie der Zeitgeschichte, die überdies wieder an die Peripherie der österreichischen Geschichtspolitik geraten ist. Ein Diskurs ist eben „das gemeinsame Produkt aller am Diskurs beteiligten Kräfte."[56]

Dennoch hat Bachmann deutlich auszudrücken vermocht, was auch das Resümee meiner Ausführungen sein kann:

„Eben deshalb darf es keine Opfer geben (Menschenopfer), Menschen als Opfer, weil der geopferte Mensch nichts ergibt. Es ist nicht wahr, daß die Opfer mahnen, bezeugen, Zeugenschaft für etwas ablegen, das ist eine der furchtbarsten und gedankenlosesten, schwächsten Poetisierungen.

Aber der Mensch, der nicht Opfer ist, ist im Zwielicht, er ist zwielichtige Existenz par excellence, [...] er ist nicht „in der Wahrheit", er ist nicht bevorzugt. Auf das Opfer darf keiner sich berufen. Es ist Mißbrauch. Kein Land und keine Gruppe, keine Idee darf sich auf ihre Toten berufen."[57]

Anmerkungen

1 Siehe etwa: Uhl, Heidemarie: Zwischen Versöhnung und Verstörung. Eine Kontroverse um Österreichs historische Identität fünfzig Jahre nach dem „Anschluß", Wien 1992; Botz, Gerhard/Sprengnagel, Gerald (Hrsg.): Kontroversen um Österreichs Zeitgeschichte. Verdrängte Vergangenheit, Österreich-Identität, Waldheim und die Historiker, Frankfurt/Main 1994.

2 Khol, Andreas: Die Kampagne gegen Waldheim, in: ders./Faulhaber, Theodor/Ofner, Günther (Hrsg.): Die Kampagne. Kurt Waldheim – Opfer oder Täter?, München 1979, S. 179.

3 Holzer, Gabriele: Verfreundete Nachbarn. Österreich – Deutschland. Ein Verhältnis, Wien 1995.

4 Butschek, Felix: Österreichs Lebenslügen – oder wie wissenschaftlich ist Geschichtsschreibung? In: Europäische Rundschau, 24. Jg., Nr. 1 (1996), S. 17-28; in Anschluß daran entstand eine Debatte, an der Egon Matzner, Engelbert Washietl, Oliver Rathkolb, Sigrid Löffler, Heinz Kienzl, Trautl Brandstaller und ich teilnahmen, ebenda, 24. Jg., Nr. 1 bis 3 (1996).

5 Dagegen, bei sonst inhaltlich ähnlichen Positionen: Hanisch, Ernst: Die Präsenz des Dritten Reiches in der Zweiten Republik, in: Kos, Wolfgang/Rigele, Georg (Hrsg,): Inventur 45/55. Österreich im ersten Jahrzehnt der Zweiten Republik, Wien 1996, S. 33 ff.

6 Für eine Zusammenstellung von Lexikonartikeln hiezu und zum Schlagwort „Opfer" danke ich Alexander Prenninger (Univ. Salzburg) sehr herzlich.

7 Aus diesem Projekt über Metaphorik in der politischen Sprache der Zwischenkriegszeit haben mir Prof. Panagl und Dr. Horst Stürmer (Univ. Salzburg) im Mai 1997 mündlich und schriftlich wertvolle vorläufige Ergebnisse mitgeteilt; beiden sei hier herzlich gedankt.

8 Dies gilt auch für Breuss, Susanne/Liebhart, Karin/Pribersky, Andreas: Inszenierungen. Stichwörter zu Österreich, 2. Aufl., Wien 1995, S. 238 – 243; und: Bittermann, Klaus/Henschel, Gerhard (Hrsg.): Das Wörterbuch des Gutmenschen. Zur Kritik der moralisch korrekten Schaumsprache, 3. Aufl., Berlin 1994.

9 Siehe zu diesem Ansatz die innovativen Arbeiten von Prof. Wodak und ihres Teams: Wodak, Ruth u.a.: „Wir sind alle unschuldige Täter!" Diskurshistorische Studien zum Nachkriegsantisemitismus, Frankfurt/Main 1990.

10 Siehe jedoch Kohn-Wächter, Gudrun (Hrsg.): Schriften der Flammen. Opfermythen und Weiblichkeitsentwürfe im 20. Jahrhundert, Berlin 1991. Vgl. auch Lehrke, Gisela: Gedenkstätten für Opfer des Nationalsozialismus, Frankfurt/Main 1988. Nur am Rande berührte

Ende Mai 1997 eine Internet-Debatte über Holocaust-Etymologie auch im „List on German History" des „H-NET" unser Thema.

11 So befaßte sich die 33. Jahrestagung des Instituts für deutsche Sprache in Mannhein (11.-13. März 1997) mit dem Thema, siehe: Kämper, Heidrun/Schmidt, Hartmut (Hrsg.): Das 20. Jahrhundert. Sprachgeschichte – Zeitgeschichte, Berlin 1998. Prof. Anne Betten (Univ. Salzburg) und Dr. Miryam Du-nour (Jerusalem) haben mir die Referate voraus zugänglich gemacht und auch sonst wertvolle Hinweise gegeben; beiden sei hier herzlich gedankt. Siehe auch: Böke, Karin/Jung, Matthias/Wengeler, Martin (Hrsg.): Öffentlicher Sprachgebrauch. Praktische, theoretische und historische Perspektiven, Opladen 1996; Stötzel, Georg/Wengeler, Martin: Kontroverse Begriffe. Geschichte des öffentlichen Sprachgebrauchs in der Bundesrepublik Deutschland, Berlin 1995.

12 Siehe jedoch Ackermann, Volker: Nationale Totenfeiern in Deutschland. Von Wilhelm I. bis Franz Josef Strauß, Stuttgart 1990, S. 169f.; auch: Maas, Annette: Der Kult der toten Krieger. Frankreich und Deutschland nach 1970/71, in: François, Etienne/Siegrist, Hannes/Vogel, Jakob (Hrsg.): Nation und Emotion. Deutschland und Frankreich im Vergleich 19. und 20, Jahrhundert, Göttingen 1995, S. 215-321; allgemein: Diner, Dan: Ereignis und Erinnerung. Über Variationen historischen Gedächtnisses, in: Berg, Nicolas/Jochimsen, Jess/ Stiegler, Bernd (Hrsg.): SHOAH. Geschichte, Philosophie, Literatur, Kunst, München 1996, S. 20 ff.

13 Bédarida, François: Bilan et signification de quarante années de travail historique, in: ders. (Hrsg.): La politique nazi d'extermination, Paris 1989, S. 15-27; Davidowicz, Lucy: The Holocaust and the Historians, Cambridge, Mass. – London 1991.

14 Etwa: Paul, Hermann: Deutsches Wörterbuch, 9. Aufl., Tübingen 1992, S. 631 f.

15 Im Gegensatz zum Deutschen unterscheiden das Französische und andere romanische Sprachen einerseits „sacrifice" – Opferhandlung – und „offrande" – Opfergabe – und andererseits „victime" – Opfer im Sinne von Schlachtopfer, aber auch Kriegsopfer. Auch das Englische hat dafür mehrere Wörter: „sacrifice" – Opfer(ung) –, „victim" – Opfer(tier) – und „casualty" – Verunglückter. Doch auch hier ist die kultische Bedeutung nicht ganz klar von säkularen Bedeutungen abgegrenzt. In den slawischen Sprachen, bei denen sich eine lateinisch-deutsche Einflußzone, in der Lehnworte im Sinne von „Opfer" dominieren, und ein griechisch-orthodoxer Bereich um das kirchenslawischen „zertva" unterscheiden lassen, kommt wiederum stärker die im Deutschen bekannte Polyvalenz des Worts für „Opfer" vor. Es gibt hier auch das Spektrum von der religiösen Bedeutung bis zum übertragenen Gebrauch in der Sphäre der Nation oder des Alltags (schriftliche Mitteilung von Dr. Hermann Bieder, Univ. Salzburg, am 16.5.97; dem Genannten danke ich herzlich).

16 Lexikon 2000, Bd. 7, Weinheim 1984, S. 3710; vgl. auch: Sanders, Daniel: Wörterbuch der Deutschen Sprache, 2. Bd., Leipzig 1876, S. 476; Meyers Konversations-Lexikon, Bd. 13, 5. Aufl., Leipzig 1896, S. 196.

17 Gerade eine solche christliche „Sinngebung", die schon im Goethe'schen „Opfer fallen hier, weder Lamm noch Stier, – aber Menschenopfer unerhört" angesprochen ist, macht den im Deutschen seit der gleichnamigen amerikanischen Fernsehserie 1979 populär gewordenen Begriff „Holocaust" so problematisch.

18 Grimm, Jakob und Wilhelm: Deutsches Wörterbuch, Bd. 7, München 1984, Sp. 1295; Duden. Das große Wörterbuch der deutschen Sprache, Bd. 5., 2. Aufl., Mannheim 1994, S. 2445.

19 In den neunziger Jahren wird mehrfach sogar die Redewendung „Opfer der Politik" vermerkt, was einer zeitgenössischen antipolitischen Stimmung zu entsprechen scheint. (Hans

Schemann, PONS. Deutsche Idiomatik, Stuttgart 1993, S. 599; ders.: Synonymwörterbuch der deutschen Redensarten, Stuttgart 1991, S. 346.)

20 Grimm, Sp. 1296.

21 Vgl. einerseits etwa Brockhaus Enzyklopädie (1971), Herders Sprachbuch (1974), Meyers Enzyklopädisches Lexikon (1976 und 1981), auch Lexikon der Wörter und Wendungen, hg. v. Erhard Agricola, München 1976, andererseits: Brockhaus Wahrig. Deutsches Wörterbuch, Wiesbaden 1982, Bd. 4, S. 915; Duden. Bedeutungswörterbuch. 2. Aufl., Mannheim 1985, S. 475. Für das Österreichische Wörterbuch, Wien 1979, S. 269, scheint alles klar zu sein: „ Opfer das, -s/- | | der Opfermut [...], opfern; seine Zeit o.; sich für etwas o.“

22 Mitzka, Walter (Hrsg.): Trübners Deutsches Wörterbuch. Begründet von Alfred Götze, Bd. 5, Berlin 1954, S. 31 (statt Sperrung hier Kursivierung, G.B.)

23 Vgl. Sauer, Christoph: Sprachwissenschaft und NS-Faschismus, in: Steinke, Klaus (Hrsg.): Die Sprache der Diktaturen und Diktatoren, Heidelberg 1995, S. 9-96.

24 Wörterbuch der deutschen Gegenwartssprache, 4. Bd., Berlin (DDR) 1974, S. 2705 „Opfer des Faschismus / Abk.: OdF“ wird hier und in späteren Ausgaben allerdings nur als jemand, „der eine Missetat, etw. Schlimmes erdulden mußte,“ aufgefaßt.

25 Ritter, Joachim/Gründer, Karlfried: Historisches Wörterbuch der Philosophie, Bd. 6, Basel 1984, Sp. 1235f.

26 Vgl. Koselleck, Reinhart: Kriegerdenkmale als Identitätsstiftungen der Überlebenden, in: Marquard, Odo/Stierle, Karlheinz: Identität, München 1979 , S. 259 ff.

27 Ritter/Gründer, S. 1236.

28 Mosse, George L.: Gefallen für das Vaterland. Nationales Heldentum und namenloses Sterben, Stuttgart 1993, vor allem Kap. 5; Baird, Jay W.: To Die for Germany. Heroes in the Nazi Pantheon, Bloomington 1990, S. 202 ff.

29 Hitler, Adolf: Mein Kampf, 307-311. Aufl., München 1938, S. 326, 327, 782.

30 Ritter/Gründer, S. 1236f.

31 Sitzung am 10.5.1945: Protokolle des Kabinettsrates der Provisorischen Regierung Karl Renner 1945, Bd. 1, Horn 1995, S. 57.

32 Stenographische Protokolle über die Sitzungen des Nationalrates (III. Gesetzgebungsperiode) der Republik Österreich, Bd. 1, Wien 1927, S. 147, 140, 133 (26.7.1927) und S. 125 (25.7.1927).

33 Jagschitz, Gerhard: Der Putsch. Die Nationalsozialisten 1934 in Österreich, Graz 1976, S. 190 ff.; Riesenfellner, Stefan: Todeszeichen, in: ders./Uhl, Heidemarie: Todeszeichen. Zeitgeschichtliche Denkmalkultur in Graz und in der Steiermark vom Ende des 19. Jahrhunderts bis zur Gegenwart, Wien 1994, S. 48 ff.; Grassegger, Friedrich: „Ein Toter führt uns an“, in: ebenda, S. 77-90;

34 Jeismann, Michael/Westheider, Rolf: Wofür stirbt der Bürger? In: Koselleck, Reinhart/Jeismann, Michael (Hrsg.): Der politische Totenkult. Kriegerdenkmäler in der Moderne, München 1994, S. 42.

35 Geyer, Michael: Ein Vorbote des Wohlfahrtsstaates. Die Kriegsopferversorgung in Frankreich, Deutschland und Großbritannien nach dem Ersten Weltkrieg, in: Geschichte und Gesellschaft, 9. Jg., Heft 2 (1983), S. 236; Hudemann, Rainer: Kriegsopferpolitik nach den beiden Weltkriegen, in: Pohl, Hans (Hrsg.): Staatliche, städtische und kirchliche Sozialpolitik vom Mittelalter bis zur Gegenwart, Stuttgart 1991, S. 272 ff.

36 Siehe Ratz, Ursula: Zwischen Arbeitsgemeinschaft und Koalition. Bürgerliche Sozialreformer und Gewerkschaften im Ersten Weltkrieg, München 1994, S. 204; vgl. neuerdings auch:

Bourke, Joanna: Männlichkeit, Krieg und Militarismus in Großbritannien 1914–1939, in: Österreichische Zeitschrift für Geschichtswissenschaften, 9. Jg., Heft 1 (1998), S. 41ff. und Melichar, Peter: Die Kämpfe merkwürdig Untoter, ebda., S. 72ff.

37 Diehl, James M.: Change and Continuity in the Treatment of German *Kriegsopfer*, in: Central European History, Bd. 18, Nr. 2 (1985), S. 173 f.

38 RGBl. 1938, Teil I, S. 1080 (26.8.1938).

39 Siehe RGBl. 1939, Teil I, S. 2282 (20.11.1939) und RGBl. 1944, Teil I, S. 5 (8.1.1944).

40 Diehl, S. 170.

41 Staatsgesetzblatt, Jg. 1945, Nr. 36, S. 59.

42 Ebenda, Nr. 90, S. 30 (27.7.1945).

43 Protokolle des Kabinettsrates 1945, S. 11 f., 15.

44 Zit. nach Bailer, Brigitte: Wiedergutmachung kein Thema. Österreich und die Opfer des Nationalsozialismus, Wien 1993, S. 26.

45 Siehe Tomaschek, Eduard: Das Opferfürsorgegesetz. Gemeinverständliche Erläuterung des Gesetzes und seiner Durchführungsvorschriften, Wien 1950, S. 2f.

46 Zu der vergleichbaren, aber anderen Situation in Deutschland: Kämper, Heidrun: Entnazifizierung – Sprachliche Existenzformen eines ethischen Konzepts, in: Kämper/Schmidt, S. 11 ff.; Konrad Ehrlich, „... LTI, LQI, ...“ Von der Unschuld der Sprache und der Schuld der Sprechenden, ebenda.

47 Hauer, Nadine: Die Mitläufer. Oder Die Unfähigkeit zu fragen, Opladen 1994.

48 Vgl. Ziegler, Meinrad/Kannonier-Finster, Waltraud: Österreichisches Gedächtnis. Über Erinnern und Vergessen der NS-Vergangenheit, Wien 1993, S. 235f.; Botz, Gerhard: Geschichte und kollektives Gedächtnis in der Zweiten Republik, in: Kos/Rigele, S. 55 ff.; Pelinka, Anton: Von der Funktionalität von Tabus, ebenda, S. 23-32; dagegen: Beckermann, Ruth: Unzugehörig. Österreicher und Juden nach 1945, Wien 1989, S. 41 f.

49 Stürmer, Horst: Brief vom 19.5.97 an den Verf., S. 2.

50 Foucault, Michel: Archäologie des Wissens, Frankfurt/Main 1981, S. 10 f.; 38.

51 Hauer, Nadine: NS-Trauma und kein Ende. In: Pelinka, Anton/Weinzierl, Erika (Hrsg.): Das große Tabu, Wien 1987, S. 28.

52 Etwa: Ebbinghaus, Angelika (Hrsg.): Opfer als Täterinnen, Frankfurt/Main 1996, und die Aufsätze von Schmidt, Petra/Breitenfeld, Victoria/Benz, Wolfgang und Holzhaider, Hans in: Dachauer Hefte, Jg. 10 (1994).

53 Hornung, Ela: Trümmermänner. Zum Schweigen österreichischer Soldaten der deutschen Wehrmacht, in: Kos, Wolfgang/Rigele, Georg (Hrsg.): Inventur 44/55, Wien 1996, S. 233.

54 Vor allem: Levi, Primo: Ist das ein Mensch? 2. Aufl., Frankfurt/Main 1979; ders.: Die Untergegangenen und die Geretteten, München 1990; Semprun, Jorge: Was für ein schöner Sonntag!, Frankfurt/Main 1981; Klüger, Ruth: weiter leben, Göttingen 1992; Ka-Tzetnik 135633, Das Haus der Puppen, München 1995; Kertész, Imre: Roman eines Schicksallosen, Berlin 1996; allg.: Reiter, Andrea: „Auf daß sie entsteigen der Dunkelheit". Die literarische Bewältigung von KZ-Erfahrung, Wien 1995.

55 Bachmann, Ingeborg: Die Wahrheit ist dem Menschen zumutbar, München 1981, S. 135.

56 Jäger, Siegfried: Wörter im Diskurs: Das Beispiel „Rassismus", in: Böke/Jung/Wengeler, S. 392.

57 Bachmann, S. 135.

Ulfried Burz

Geschichtswissenschaft und Politik am Beispiel der Ausstellung „Vernichtungskrieg. Verbrechen der Wehrmacht 1941 bis 1944"

Geschichtswissenschaft: Zwischen Wirkungsgeschichte und aufklärerischer Tätigkeit

Es war im Mai 1986, als Erika Weinzierl, Historikerin und Geschichtsschreiberin, zu einem Klagelied über den Zustand der österreichischen Zeitgeschichte anhob. Den Anlaßfall dafür bot offensichtlich die Diskussion über einen Österreicher namens Kurt Waldheim, der das Amt des Bundespräsidenten anstrebte. Der Präsidentschaftskandidat war ins Kreuzfeuer öffentlicher Kritik geraten, weil er – vermutlich auch politisch bedingt – Probleme bei der Darstellung seiner Kriegsvergangenheit hatte.

Weinzierl, zahlreiche Pressekommentare, Leserbriefe und Politikerreden rund um diese Causa reflektierend, lamentierte, daß in den letzten Jahrzehnten die Zeitgeschichtsforschung bei der Vermittlung von Forschungsergebnissen an eine breitere Öffentlichkeit versagt habe.

Wir schreiben das Jahr 1997, und anscheinend hat dieser Zustand status quo-Charakter.

Es stellt sich nun die Frage, welche Ursachen dafür ausschlaggebend sind. Ernst Hanisch hat dazu schon vor mehr als einem Jahrzehnt eine These formuliert, die noch immer als eine Teilantwort zu werten ist: „Die österreichische Zeitgeschichte moralisiert mehr, als daß sie analysiert." Hanisch warnt aber auch davor, „der Frage nach der Verantwortlichkeit für bestimmte Ereignisse aus(zu)weichen und sich auf einen Schein-Objektivismus, einen Schein-Positivismus zurück(zu)ziehen". Voraussetzung einer Beurteilung einer historischen Sachfrage bleibt, daß diese nicht am Anfang sondern erst am Schluß einer sorgfältigen Analyse erfolgen kann.[1] Dieses Postulat einer sorgfältigen Analyse muß gerade für die Zeitgeschichtsschreibung doppelt gelten, ist sie doch besonders gefährdet, parteipolitisch mißbraucht zu werden.

Die Diskussionen über die Wehrmachtausstellung (!) – es handelt sich nicht um eine von der Wehrmacht Deutschlands getragene Wehrmachtsausstellung – und die vergangene Debatte zur und über die Person Waldheim sind durchaus vergleichbar. Beide Diskurse waren bzw. sind dadurch gekennzeichnet, daß in der Öffentlichkeit eine Beschäftigung mit dem historischen Thema an sich sehr schnell in den Hintergrund gerückt wurde, während die Auseinandersetzung mit dessen Wirkungsgeschichte sehr schnell dominierte. Wie im Falle Waldheims übernehmen Historiker nicht selten den Part der Politologen und umgekehrt Politologen jenen der Historiker; die Möglichkeiten, aber auch die Grenzen der zurecht geforderten Interdisziplinarität werden sichtbar. Das ist nicht als eine Verteidigung eines wissenschaftlichen Purismus zu deuten, vielmehr ist es eine Frage der Glaubwürdigkeit und des Selbstverständnisses der jeweiligen Fachdisziplin. Ein Ursachenmoment für diesen Zustand ist, daß die gegenwärtige NS-Forschung zweifellos von einer publizistischen Hypertrophie und regressivem Fortschritt charakterisiert ist. „Die Quantität setzt die Parameter, noch bevor von qualitativem Wert die Rede sein kann." Deutlich veranschaulicht wird dies dadurch, daß immer öfter bereits Erschienenes an anderer Stelle noch einmal abgedruckt wird, um es einem breiteren Publikum bekannt zu machen.[2]

Nur ein Beispiel im Kontext der Wehrmachtausstellung: Der Wissensstand der Geschichtsforschung in der Frage der Umsetzung des Kommissarbefehls ist jener Ende der siebziger Jahre. In einer unlängst neu aufgelegten, durchaus breite Forschungslücken schließenden Monographie von Christian Streit[3] hält der Autor fest: „Die folgende Zusammenstellung von Belegen zur Durchführung des Kommissarbefehls ist nicht das Ergebnis einer systematischen, intensiven Suche – nur ein geringer Teil der Nürnberger Anklagedokumente der Serie NOKW wurde ausgewertet, ebenso nur ein geringer Teil der im BA/MA (Bundesarchiv, Militärarchiv der BRD) zugänglichen Ic-Akten der im Osten eingesetzten Verbände."[4]

Die Schwierigkeiten, daß gerade aus der NS-Zeit quantitativ umfangreiches Material zu sichten ist, hat zu einer Verschiebung des geschichtswissenschaftlichen Arbeitsmaßstabes geführt. Die Quellenkritik wird in den Hintergrund gerückt. Ist die Beschäftigung nur mit der Wirkungsgeschichte eines historischen Themas letzten Endes möglicherweise eine Kapitulation vor dem Berg des Quellenmaterials?

Das Anliegen der Ausstellungsbetreiber: Zwischen Anspruch und Wirklichkeit

Ziel der Ausstellungsbetreiber ist es, eine Debatte zu eröffnen „über das neben Auschwitz barbarischste Kapitel der deutschen und österreichischen Geschichte, den Vernichtungskrieg der Wehrmacht von 1941 bis 1944".[5] Nicht nur die Verbindung Auschwitz – in der Öffentlichkeit Synonym für die menschenverachtende NS-Vernichtungspolitik schlechthin – und Wehrmacht hat offenkundig die Bildung einer Ablehnungsfront, zumindest auf der institutionellen Ebene (Kameradschaftsverbände), der unmittelbar betroffenen Kriegsgeneration bewirkt. Wird damit die von nicht wenigen Zeithistorikern postulierte Trauerarbeit – was immer das auch ist – der Kriegsgeneration nicht ad absurdum geführt?

Das ist freilich eine Fragestellung, für die die Geschichtswissenschaft nur bedingt zuständig ist. Geschichtswissenschaft hat vor allem die Funktion der kontrollierenden und kritischen Instanz für Tradition, Mythos und Legende.

Zu ihrem Selbstverständnis zählt, daß jeder These eine Gegenthese, im konkreten Fall der These vom Mythos der sauberen die Gegenthese vom Mythos der unsauberen Wehrmacht, gegenüberzustellen ist. Der erstgenannte Lehrsatz gilt innerhalb der Historiographie längst als relativiert. Daß das Konzept des „Weltanschauungskrieges" eine zentrale Rolle beim Übergang zum organisierten Massenmord spielte, ist innerhalb der Historikerzunft längst bekannt. Warum eine Vermittlung solcher Erkenntnisse für eine breitere Öffentlichkeit unterbleibt, kann nicht schlüssig beantwortet werden. Es mag daran liegen, daß zum einen die breitenmächtige Wirkung beispielsweise der Filmwelt den Historiker in einen Ohnmachtszustand versetzt. Zum anderen daran, daß Diskussionen vor allem rund um die mächtige Wirkungsgeschichte des Nationalsozialismus meist damit enden, daß schwarz-weiße Kategorien bemüht und Historiker fernab der inhaltlichen Aussagen politisch punziert werden. Auch das ist Wirkungsgeschichte, die insofern zu hinterfragen ist, ob denn damit die Freiheit der Wissenschaft nicht längst verspielt ist. Die in Frankreich kürzlich eröffnete Diskussion zur Frage des politischen Terrors in kommunistischen Ländern wird zeigen, wie weit die Konfrontationskultur unserer Gesellschaft entwickelt ist. Es bleibt zu hoffen, daß auch in dieser Frage jener generalisierende Sprach- und Darstellungsduktus, der Debatten rund um die „Wehrmachtausstellung" charakterisiert, nicht gepflegt wird.[6]

Denn die Fragen nach der Größenordnung der Beteiligung von Wehrmachtsangehörigen, die passiv und/oder, was weit mehr wiegt, aktiv an Vernichtungsaktionen gegenüber Juden, Zivilisten und Kriegsgefangenen teilgenommen haben, und wie weit dies aus Überzeugung oder auf Grund anderer Rahmenbedingungen zu vollziehen war, werden in der Ausstellung nicht einmal skizziert. In der Geschichtswissenschaft hat aber nach wie vor zu gelten, daß zwischen „dem, was möglicherweise geschah (und als theoretisch möglich gedacht werden kann), und dem, was wirklich geschah (und empirisch belegt oder doch empirisch wahrscheinlich gemacht worden ist), scharf zu unterscheiden"[7] ist. Gleiches gilt für das Ausmaß von direktem oder indirektem Widerstand gegen verbrecherische Befehle.[8] Der 20. Juli 1944, ein weiterer Attentatsversuch militärischer Stellen gegenüber Hitler, wird mit keinem Wort erwähnt, kurzum, die Kehrseite der Medaille wird nicht betrachtet, demgegenüber durch die Fülle des dargebrachten Bildmaterials eine anscheinend unkomplizierte Wirklichkeit gezeichnet. Es wäre aber auch nur *eine* Wirklichkeit, den Ausstellungsbetreibern parteipolitische Absichten zu unterstellen, wie dies manche Medien getan haben. Die Kritik, methodisch und quellenkritisch[9] unsauber gearbeitet zu haben, sollten sie aber in dem Sinne ernstnehmen, daß jede konstruktive Kritik das Salz der Wissenschaft ist.

Anmerkungen

1 Hanisch, Ernst: Zeitgeschichte als politischer Auftrag, in: Zeitgeschichte (1985), Heft 3, S. 83.

2 Matthäus, Jürgen: Perspektiven der NS-Forschung. Neuerscheinungen zu „Euthanasie" und „Endlösung", in: Zeitschrift für Geschichtswissenschaft 11 (1996), S. 991.

3 Streit, Christian: Keine Kameraden. Die Wehrmacht und die sowjetischen Kriegsgefangenen 1941-1945, Neuausgabe Bonn 1997. Vgl. dazu: Krausnick, Helmut: Kommissarbefehl und „Gerichtsbarkeitserlaß Barbarossa" in neuer Sicht, in: Vierteljahresheft für Zeitgeschichte 25 (1977), Heft 4, S. 682-738.

4 Streit, Keine Kameraden, S. 88.

5 Heer, Hannes: Einleitung, in: Vernichtungskrieg. Verbrechen der Wehrmacht 1941 bis 1944. Ausstellungskatalog, hg. Hamburger Institut für Sozialforschung, Hamburg 1996, S. 7.

6 Vgl. ebda., S. 7 und S. 9.

7 Kocka, Jürgen: Deutsche Identität und historischer Vergleich. Nach dem „Historikerstreit", in: Aus Politik und Zeitgeschichte. Beilage zu „Das Parlament", B 40-41 (1988), S. 17. zit. in: Burz, Ulfried: „Der Zweck heiligt die Mittel" – Heiligen die Mittel den Zweck?, in: Anderwald, Karl/Karpf, Peter/Valentin, Hellwig (Hg.): Kärntner Jahrbuch für Politik 1996, Klagenfurt 1996, S. 78. Darin auch konkrete Kritik zu inhaltlichen Aussagen der Ausstellung.

8 Ein einziges – letztlich erfolgloses – Beispiel für den Versuch, Widerstand zu leisten, wird im Ausstellungskatalog auf Seite 76 geschildert. Vgl. dazu: Streit, Keine Kameraden, S. 84.

9 Bspw. zur Problematik von Feldpostbriefen (mit weiterführenden Literaturhinweisen): Kühne, Thomas: Kameradschaft – „Das Beste im Leben des Mannes". Die deutschen Soldaten des Zweiten Weltkriegs in erfahrungs- und geschlechtergeschichtlicher Perspektive, in: Geschichte und Gesellschaft (1996), Heft 4, S. 504-529.

Margit Reiter

Gedenken – Feiern – Erinnern im Gedenkjahr 1995. Patriotische Erinnerung und Gegenerinnerung(en)

Die um die Ausstellung über die Verbrechen der Wehrmacht ausgelösten Diskussionen/Abwehrreaktionen erscheinen mir Ausdruck und (eruptiver) Ausbruch von nach wie vor bestehenden Gegen-Erinnerungen zu sein. Bleibt zu fragen: Wogegen? Die Wehrmachtsdiskussion drängt geradezu nach einer Einordnung in einen größeren Erinnerungskomplex. Die Ausstellung begann – keinesfalls zufällig – im zeitlichen Rahmen der europaweiten Gedenkfeiern von 1995: In Österreich wurde sie erstmals (in Wien) im Oktober 1995 gezeigt, zu einem Zeitpunkt, wo das Gedenkjahr von offizieller Seite bereits als mehr oder weniger abgeschlossen galt. Das Gedenkjahr 1995 bildet somit den erinnerungspolitischen Rahmen der Wehrmachtsausstellung und der sich daran entzündenden Streitfragen.

Mein Beitrag, der sich auf ein umfangreiches Projekt[1] zur Erinnerungspolitik von 1995 stützt, soll jedoch mehr leisten, als bloß den Rahmen der diskutierten Ausstellung abzustecken. Vielmehr geht es um weiterführende, grundsätzliche Fragen, die in verschiedener Hinsicht auf eine zeitgeschichtliche/erinnerungspolitische Standortbestimmung abzielen:

Zum einen soll das Gedenkjahr 1995 in die nunmehr 50jährige österreichische Gedenk- und Erinnerungskultur (die immer auch als eine Kultur des Vergessens zu begreifen ist) eingeordnet werden. Eine der zentralen Fragen dabei lautet: Wo stehen wir bewußtseinsmäßig heute, 50 Jahre nach dem Nationalsozialismus, in einer Phase des Übergangs vom kommunikativen zum kulturellen Gedächtnis?

Zum anderen geht es – vereinfacht formuliert – um die Frage nach dem Opfer-Täter-Diskurs „nach Waldheim", d.h. um die Frage nach den Konsequenzen des rhetorischen offiziellen Eingeständnisses einer österreichischen Mitverantwortung am Nationalsozialismus in Hinblick auf die offizielle Gedenkkultur in Österreich?

Thesen zur Politik der Erinnerung im Gedenkjahr 1995

★ Mit der Wahl des 27. April – dem Tag der Proklamation der Unabhängigkeit Österreichs – als zentralem Gedenkdatum waren die *Gedenkschienen* bereits gelegt; die Art des Gedenkens war damit präjudiziert.

★ Der 27. April erwies sich in mehrerer Hinsicht als *„Glücksdatum "*: Nicht die Auseinandersetzung mit der Vergangenheit, insbesondere mit dem Nationalsozialismus und dessen Ende, sollte im Zentrum des Gedenkens stehen, sondern der „Geburtstag" der Zweiten Republik und deren 50jährige Erfolgsgeschichte wurde an die oberste Stelle der Gedenk-Tagesordnung gerückt. Eine Diskussion über die Interpretation des 8. Mai als „Befreiung" oder „Niederlage" konnte damit weitgehend vermieden werden.

★ Nicht auf das Negative, Widersprüchliche und Bedenkenswerte richtete sich das offizielle Interesse, sondern auf die positiven, gelungenen, sich zur Identitätsstiftung eignenden Aspekte. Nicht Ge- oder Bedenken, sondern *Feiern* stand auf dem Programm.

★ Verstärkt wurde diese Tendenz durch die Tatsache, daß sich die Zweite Republik 1995 in einer Art „midlife crisis" befand. Die bisherige Stabilität der Zweiten Republik schien durch den EU-Beitritt, die Diskussionen um den Staatsvertrag und die Neutralität, den rechten Bombenterror und vor allem durch den „Angstgegner Haider" und dessen Postulat einer „Dritten Republik" gefährdet. Angesichts dieser Verunsicherungen wurde die „Beschwörung" der „Erfolgsstory" Zweite Republik als Schutzschild gegen die *Dritte Republik* und gegen die allgemeine Feier-Unlust eingesetzt.

★ Die Politik der Erinnerung des Gedenkjahres 1995 bewegte sich zwischen den zwei Polen des *Endes* und des *Neubeginns*. Während in Deutschland das Gedenkjahr laut Klaus Naumann im tragischen „Sog des Endes" stand (Bombenkrieg, Dresden, Flucht und Vertreibung, Lagerbefreiungen, Kriegsende, 8. Mai)[2], stand das Gedenkjahr in Österreich eindeutig im Zeichen des Beginns, des (scheinbar) geglückten *Neuanfangs*. Die vielgebrauchten Begriffe „Geburt" und „Wiedergeburt" sollten nicht nur den Aspekt des Neubeginns betonen, sondern wohl auch (politische) Unschuld am Nationalsozialismus evozieren.

★ Diese offiziellen Gedenkvorgaben (kulturelles Gedächtnis) bewegten sich weitgehend am kommunikativen Gedächtnis vorbei, weshalb von einer (zumindest partiell) *„gespaltenen Erinnerung"*[3] – zwischen „oben" und „unten", aber auch zwischen den Generationen – gesprochen werden kann.

★ Gedenken, Feiern und Erinnern waren keineswegs ident. Während sich das offizielle Feiern auf die „Erfolgsstory" Zweite Republik bezog, setzte das *Erinnern*, das Erzählen der „Erlebnisgeneration", woanders ein: beim Kriegsende bzw. bei den verschiedenen subjektiv erlebten, lokalen Kriegsenden und in der als „Notzeit" erinnerten Nachkriegs- und Besatzungszeit.

* Hier tritt auch die Figur des *„Zeitzeugen"* auf. Unter dem (mir problematisch erscheinenden) Anspruch der „authentischen Erinnerung" meldet sich in unzähligen Serien, Interviews und Leserbriefen das kommunikative Gedächtnis zu Wort bzw. es wird auch bewußt eingesetzt. Hier ist übrigens auch der Raum, wo *Frauen* (unter dem Motto: Von der Soldatin an der Heimatfront zur Trümmerfrau) mit ihren Geschichten auftreten können.

* Im Zentrum der Erinnerungen steht der Krieg im eigenen Land. Die widerspruchsvollen Erzählungen reproduzieren die *Dramatik des eigenen Überlebens*, wobei sich der Bogen des erinnerten „letzten Aktes" von letzten Verteidigungsmaßnahmen und vereinzelten Widerstandsaktionen über das symbolbesetzte Hissen der weißen Fahne bis hin zur Ankunft der „Sieger" spannt.

* Mit dem Akt der Befreiung scheint der Krieg jedoch noch nicht beendet zu sein, sondern es kommt zu *Verlängerungen des Kriegsendes*. Unter dem Motto „Als die wahre Not begann" oder „Eine Unfreiheit löst die andere ab" wird die Zeit nach 1945 zum eigentlichen Gegenstand des kommunikativen Gedächtnisses.

Die Latenzphase 1945 bis 1955 dient dabei häufig als diskursives Spielmaterial für Auf- und Gegenrechnungen. Hier setzt auch die Diskussion über „Befreiung" und „Niederlage" an, da 1945 im kollektiven Gedächtnis (insbesondere in Ostösterreich, wo die sowjetische Armee einmarschierte) meist nicht als „Befreiung" erinnert wird. Das daraus resultierende Dilemma wird von offizieller Seite insofern aufzulösen versucht, indem 1945 als „Jahr der Befreiung" und 1955 als „Jahr der Freiheit" präsentiert wird. Die allgemein akzeptierte Deutung lautet: Die „wahre Freiheit" kam erst 1955.

* Die Erinnerung an das Kriegsende bewegt sich im Rahmen der *„patriotischen Erinnerung"*. Teilweise kam es bereits vor der Befreiung zu einer österreich-patriotischen Rückverwandlung, zu einem Ausklinken „der Österreicher" aus dem großdeutschen Wir-Kollektiv. Indem man sich „als Österreicher" erinnert, erinnert man sich gleichzeitig auch „als Opfer". Das Erinnern bewegte sich 1995 aus der Sicht einer (mehrfachen) Opferperspektive: Man firmierte – wahlweise oder auch gleichzeitig – als Opfer des Nationalsozialismus, als Opfer des Krieges, als Opfer der Not/Entbehrungen, als Opfer der Besatzer...

* Eine Einbindung der *Wehrmachtsgeneration* in die patriotische Erinnerung war nur schwer möglich. Die Soldatengeneration fühlte sich im Rahmen des institutionalisierten Gedenkens und Feierns nicht vertreten, sondern von der offiziellen Grammatik des Gedenkens verraten. Tatsächlich war für die schizophrene Erinnerungssituation der Wehrmachtssoldaten im offiziellen Gedenken, das auf

Harmonie und auf positive Identifikation ausgerichtet war, wenig Platz. Erst durch die in den Kriegsgefangenenlagern erfolgte „Rückverwandlung" der Wehrmachtssoldaten in „Österreicher" können auch sie in die „patriotische Erinnerung" integriert werden.

Interessant erscheint mir, daß die bei der Wehrmachtsdiskussion so offensichtlich gewordene *„gespaltene Erinnerung"* nicht ausschließlich eine Kluft zwischen kulturellem und kommunikativem Gedächtnis – zwischen der „Erlebnisgeneration" und den „Nachgeborenen" – war. Dies zeigte sich beispielsweise darin, daß die Abwehr (gegen die Wehrmachtsausstellung) weit über die Reihen der Wehrmachtsangehörigen hinausging.

Es war u.a. FPÖ-Obmann Jörg Haider, der sich als „Gralshüter" der (pauschal erweiterten) „Kriegsgeneration" hervortat und somit zum Transformator nach wie vor bestehender Gegenerinnerungen dieser Generation wurde. Gleichzeitig verstand er es auch, mit Appellen an die „Söhne und Töchter" die „Ehre" ihrer Väter und Großväter zu retten, den Bogen zwischen der „Erlebnisgeneration" und den „Nachgeborenen" zu spannen.[4]

Opfer-Täter-Diskurs im Wandel?

Eine Analyse der Erinnerungsrituale von 1995 sollte auch Auskunft geben über den gegenwärtigen politischen und gesellschaftlichen Bewußtseinsstand über den Nationalsozialismus und Österreichs Mitbeteiligung daran. Wie gestaltet sich der Opfer-Täter-Diskurs „nach Waldheim" und nach dem Eingeständnis der Mitverantwortung? Kann man von einer Revision der „Opferthese" ausgehen, von einer Modifikation oder aber – letztendlich – von einer Perpetuierung derselben ohne wesentliche Veränderungen?

Ein Indikator zur Beantwortung dieser grundlegenden Frage könnten die den Opfern und den Tätern, den Mitläufern und den „bystanders" zugewiesenen Erinnerungsräume sein. Der Hauptakt des offiziellen Gedenkens fand im zentralen Symbolort der Demokratie, im Parlament statt. Da das offizielle Gedenken weitgehend dem nationalen Wir-Kollektiv verhaftet blieb, wurden den NS-Opfern meist eigene „Gedächtnisorte"[5] zugewiesen, etwa die Wiener Staatsoper, wo am 27. April eine Galavorstellung zum Gedenken an verfemte und vertriebene Künstler stattfand und/oder die Befreiungsfeiern in den verschiedenen Konzentrations- und Nebenlagern.

Bei der internationalen Befreiungsfeier von Auschwitz (Jänner 1995) war Bundespräsident Thomas Klestil als Staatsoberhaupt eines der „Opferländer" vertreten.

Die Wahrnehmung der Feiern erfolgte aus der Zuschauerperspektive, d.h. „Auschwitz" wurde nicht nur territorial, sondern auch gedanklich/erinnernd externalisiert. Das KZ Mauthausen hingegen wurde zu einem österreichischen „Gedächtnisort" und die dort stattfindende Befreiungsfeier zu einem integralen Bestandteil des offiziellen Gedenkens.[6]

Eine Analyse des Pressematerials, der Gedenkakte und Gedenkreden zeigt, daß es durchaus Neuerungen im institutionalisierten Gedenken gibt: Man registriert Veränderungen in der Gedenkrhetorik (verbale Mithereinnahme der Opfer) und eine Vielzahl von Veranstaltungen in Gedenken an die NS-Opfer, sowohl von offizieller Seite als auch in Form lokaler Gedenkfeiern von engagierten Gruppen und Personen vor Ort. Dabei gedachte man vor allem der jüdischen Opfer, EmigrantInnen und (vor dem Hintergrund der Morde von Oberwart) auch der Roma und Sinti, wohingegen andere, nach wie vor gesellschaftlich nicht akzeptierte Opfergruppen (Homosexuelle, sogenannte „Asoziale", Deserteure) im Gedenken nur einen marginalen Raum fanden.

Die positive Bilanz wird vor allem durch Unzulänglichkeiten in der konkreten politischen Umsetzung der Mitverantwortungsrhetorik gegenüber den Opfern getrübt. Exemplarisch zeigte sich das beim NS-Entschädigungsfonds, der als Art „Geburtstagsgeschenk" der Republik an die überlebenden NS-Opfer gedacht war, aufgrund der Umstände aber (Verspätung, kein Rechtsanspruch usw.) eher als Alibiaktion denn als überzeugender Akt der Anerkennung der moralischen Verantwortung zu werten ist.

Ein weiterer wichtiger Indikator bei der Frage nach den Konsequenzen des rhetorischen Eingeständnisses der Mitverantwortung scheint mir die Thematisierung der eigenen Mit-Täterschaft zu sein. Hier sind, im Gegensatz zur Bereitwilligkeit, die NS-Opfer stärker ins Gedenken einzubeziehen, kaum Änderungen zu vermerken.

Das Gedenkjahr 1995 war insofern ein „bequemes" Gedenkdatum, als der Nationalsozialismus „vom Ende her" gedacht werden konnte. Das heißt: Nicht die Zustimmung, Begeisterung, Mittäterschaft mußten (zwangsläufig) thematisiert werden (wie z.B. im sogenannten „Bedenkjahr" 1938-1988), Hauptgegenstand des Gedenkens/Erinnerns war vielmehr das tragische Kriegs*ende*, als dessen „Opfer" man sich verstehen konnte. Allein durch diese Gedenkvorgaben konnten die Externalisierung des Nationalsozialismus[7] und die „Absperrungen" unliebsamer Erinnerungspartikel[8] weitgehend fortgesetzt werden.

Tatsächlich war der Nationalsozialismus, waren das Zu- und Wegschauen bis hin zur aktiven Mittäterschaft vieler ÖsterreicherInnen im Gedenkjahr 1995 kaum ein Thema bzw. man blieb – wie beispielsweise Bundespräsident Klestil in seiner Rede vom 27. April[9] – altbekannten Erklärungsmustern (Topos der „Verführung",

245

Zwangsrekrutierung in eine „fremde Uniform" usw.) verhaftet. Selbst wo sich eine Thematisierung der Täterschaft beinahe zwangsläufig anzubieten schien, wie z.B. bei der Befreiungsfeier in Mauthausen, blieben *konkrete* Benennungen von österreichischen Tätern und Zuschauern weitgehend aus oder gerieten zu gedenk-rhetorischen Leerformeln. Altbekannte sprachliche Ausweichmanöver, mithilfe derer eine konkrete Benennung von NS-Tätern und NS-Verbrechen vermieden werden konnte, funktionieren nach wie vor in Form von Passivkonstruktionen (es werden zwar Opfer und Taten, aber keine ausführenden Täter genannt), Vagheiten, Übersteigerungen ins Allgemein-(Un-)Menschliche (durch Verwendung von Begrifflichkeiten wie Katastrophe, Greuel, Inferno) oder Personalisierungen (Reduktion der Täter auf bestimmte NS-Verbrecher) usw.

Durch den Rückgriff auf den breit angelegten Opfer-Fundus konnte(n) auch 1995 ein österreichisches Opferkollektiv (genauer: verschiedene österreichische Opferkollektive) konstruiert werden. Die Kehrseite davon war das „Absperren", Verschweigen der eigenen Zustimmung, Begeisterung des Zuschauens bis hin zur Mit-Täterschaft. Wurde aber die Mit-Täterschaft oder gar die vielschichtige Grauzone des passiven Mitmachens und Zuschauens – von außen – thematisiert oder offensiv das Annehmen der Mitverantwortung eingefordert (wie im Falle der Wehrmachtsdiskussionen), so entwickelte sich massiver Widerstand/Abwehr dagegen.

Ohne eine keineswegs abgeschlossene Entwicklung vorschnell und abschließend bewerten zu wollen, kann als eine Art *Zwischenbilanz* festgehalten werden: Man kann weder von einer Revision der Opferthese noch von einem Wandel von der Opfer- zu einer pauschalen Täterthese sprechen. Ebensowenig zutreffend wäre es, von einer völlig unveränderten Fortschreibung der Opferthese „vor Waldheim" auszugehen. Vielmehr zeichnet sich eine Modifikation der Opferthese(n) ab, wobei die (Bewußtseins-)Veränderungen hauptsächlich in der Gedenkrhetorik und im Umgang mit den „Fremd-Opfern" zu orten sind. Kontinuitäten zeigen sich hingegen in dem nach wie vor weit verbreiteten Konstrukt des Opfer-Wir-Kollektivs, das der ansatzweise vorhandenen Bereitschaft, die individuelle und/oder kollektive Verantwortung mit all ihren Konsequenzen anzunehmen, erheblich im Wege steht. Wie der (weitgehend reibungslose) Verlauf des Gedenkjahres 1995 zeigt, scheint die leicht veränderte, „neue" Geschichtsdeutung im kollektiven Gedächtnis zwar nicht wirklich verankert, letztendlich aber „annehmbar" und konsensfähig zu sein.

Anmerkungen

1   Der Beitrag basiert auf (Zwischen-)Ergebnissen meiner Mitarbeit am Forschungsprojekt des Hamburger Instituts für Sozialforschung zum Thema „Erinnerungspolitik im Gedenkjahr 1995. Ein Vergleich Deutschland und Österreich".

2   Naumann, Klaus: Im Sog des Endes. Umrisse einer Printmedienanalyse zur deutschen Erinnerungspolitik im Gedenkjahr 1995, in: Relation, Nr. 3, 1996, S. 175-196.

3   Domansky, Elisabeth: Die gespaltene Erinnerung, in: Koeppen, Manuel (Hg.): Kunst und Literatur nach Auschwitz. Berlin 1992, S. 178-196.

4   Haider, Jörg: 50 Jahre Zweite Republik – Rückblick und Ausblick, in: Freiheit und Verantwortung. Jahrbuch für politische Erneuerung 1996, S. 13-33.

5   Nora, Pierre: Zwischen Geschichte und Gedächtnis. Berlin 1990.

6   Zu den Gedenkritualen in der Gedenkstätte Mauthausen vgl. den Beitrag von Gerhard Botz/Alexander Prenninger.

7   Lepsius, Rainer M.: Das Erbe des Nationalsozialismus und die politische Kultur der Nachfolgestaaten des „Großdeutschen Reiches", in: Haller, Max/Hoffmann-Nowotny, Hans-Jürgen/Zapf, Wolfgang (Hg.): Kultur und Gesellschaft. Frankfurt/Main/New York 1989, S. 247-264.

8   Kannonier-Finster, Waldtraud/Ziegler, Meinrad: Österreichisches Gedächtnis. Über Erinnern und Vergessen der NS-Vergangenheit. Wien-Köln-Weimar 1993.

9   Abgedruckt in: Wiener Zeitung, 28. April 1995. Vgl. dazu Reiter, Margit: Zur Konstruktion der Vergangenheit in der Rede von Bundespräsident Klestil vom 27. April 1995, in: Zeitgeschichte, Heft 11/12, 1997, S. 388 ff.

Andrea Ellmeier

Konsum als politische Praxis

Entlang der (alten) Kategorien Öffentlichkeit und Privatheit werden Handlungsoptionen und -motivationen verhandelt und bezeichnet. Traditionell sind damit
die Zuschreibungen politisch/unpolitisch verbunden.
   Konsum als politische Praxis thematisiert nun einen Raum, der diese Polarität
transformiert. Diesen Prozeß werde ich am Beispiel der Konsumgenossenschaften,
deren Geschlechterpolitik und Politisierungsstrategien besprechen. Im Zentrum
meines Interesses stehen dabei Fragen nach (politischer und ökonomischer) Teilhabe, Zuschreibungen, Strukturen und politischen Umgebungen. Allgemeiner
formuliert ist damit die Interdependenz von „Konsum, Klasse und Geschlecht"
angesprochen. Der Handel mit dem Handel ist auch eine geschlechterpolitische
Verhandlungsebene, die bis heute wenig an Aktualität verloren hat.
   Wenn über „Konsum" gesprochen wird, dann werden im allgemeinen die
ökonomischen, sozialen, symbolischen, emotionalen und geschlechterpolitischen
Ebenen getrennt wahrgenommen und vorgestellt. In den Sozial- und Wirtschafts-
wissenschaften wie auch den historischen Wissenschaften wurde der Konsumtion
lange mit auffällig geringem Interesse begegnet. Vielleicht auch deshalb – wie
Raymond Williams ausführt –, weil privater Konsum mit Zerstörung, Verschwen-
dung, Extravaganz, Trivialität und Unersättlichkeit konnotiert wurde,[1] also vor
allem als individueller Prozeß registriert wurde. Zudem werde „Konsum für all das
gehalten", so in einer sehr saloppen Formulierung von Rosemary Pringle, „was
Männer gewöhnlich an Frauen hassen oder fürchten".
   Sicher fühle sich die Wissenschaft nur dann, wenn darüber in Begriffen gesprochen werde, die das andere der Vernunft bzw. Passivität bedeuten.[2] Nicht zuletzt
aus diesen Gründen sei die Analyse von Konsumtion der von Produktion unterge-
ordnet worden. Diese vielfach beinahe unmerklich vorgenommene Trennung
zwischen „aktiver" Produktion und „passiver" Konsumtion und die damit verbundene „klassische" bipolare geschlechterpolitische Zuweisung läßt sich aus zahlreichen Wissenskorpi extrahieren.
   Politik heißt u.a. „Verhandlung öffentlicher Angelegenheiten". Als nähere
Bezeichnung dessen, in welcher Weise die Spannung zwischen „Konsum, Politik
und Geschlecht" sich ausdrücken kann, sprechen wir von „'Feminisierung' von
Öffentlichkeit als Strategie und Paradox".[3] Anzumerken bleibt, daß gerade die

Frage der Konsumtion immer untrennbar mit der Frage des weiblichen Subjekts verbunden war/ist. Im Bewußtsein, daß ein „Konsumgegenstand nicht nur ein materielles Objekt, das ein physiologisches Bedürfnis befriedigt, sondern ebenso ein symbolischer Bedeutungsträger"[4] ist, ist es erforderlich, Konsumtion als ebenso aktiven Austausch zu betrachten wie Produktion.

In welcher Weise Interpretationen historischer Lebens- und Arbeitsbedingungen von Frauen durch diese vorgenommene und wenig argumentierte Trennung von Produktion und Konsumtion in einer sehr ambivalenten politischen wie auch kulturgeschichtlichen Positionierung gefangen bleiben, möchte ich mit den folgenden Ausführungen zeigen.

Wie in Österreich wurde in den fünfziger Jahren auch in vielen anderen westintegrierten bzw. -orientierten europäischen Staaten die Sichtbarwerdung der Konsumarbeit von Frauen im Zeichen der Professionalisierung von Hausarbeit diskutiert. In *„Tugenden der Weiblichkeit. Die geschlechtsspezifische Arbeitsteilung in der politischen Kultur"* thematisiert Ingrid Bauer diese *„Politik mit der Einkaufstasche"* und spricht von *„Ansätze(n) weiblichen Machtgebrauchs",*[5] wobei sie sich auf Aktivitäten von ÖVP- wie auch SPÖ-Frauen in den fünfziger Jahren bezieht, die sich verstärkt um eine gesellschaftliche Akzeptanz der Hausfrauenarbeit als Beruf bemühten, wobei diese größere Bedeutung der Hausarbeit nicht zuletzt über die gesellschaftspolitische Bedeutung des Einkaufens und der Haushaltsbudgetverwaltung argumentiert wurde. Die britische Cultural Studies-Forscherin Erica Carter gibt ihrer Arbeit den Titel *„How German is She? National reconstruction and the consuming woman in the Federal Republic of Germany and West Berlin 1945-1960"* und versucht die Hausarbeitsfrage in den gesamtgesellschaftspolitischen bundesdeutschen Kontext von Konsum- und Demokratieentwicklung zu integrieren. Die Anfänge der Marktforschung und deren Bedeutung als Wissensproduzentin über „Konsument/inn/en", die in diesen Jahren vielfach noch als „Hausfrauen" angesprochen worden waren, spielen dabei eine – bislang von den historischen Wissenschaften wenig beachtete – bemerkenswerte Rolle.[6]

Diese spezifischen „Ansätze weiblichen Machtgebrauchs" lassen sich nun interessanterweise bis in die ersten Jahre dieses Jahrhunderts zurückverfolgen. Vergleichbare Bemühungen, Konsum zu einem politikrelevanten, d.h. öffentlich sichtbaren gesellschaftlichen Feld zu machen, können bereits in den zwanziger Jahren deutlich nachgewiesen werden. Wenngleich dieser Prozeß einer sukzessiven öffentlichen Wahrnehmung von Konsumaktivitäten in den zwanziger Jahren in einer politischen Umgebung stattgefunden hat, in der über das Einkaufen, wenn es sein mußte, tatsächlich die ganze Welt verhandelt wurde. Die Konfliktachsen bildeten einerseits der private, vielfach christlich-sozial orientierte bzw. bereits nationalsozialistisch interessierte Detailhandel, andererseits der „rote" Konsumverein. Die neu entstandenen Warenhäuser galten vielfach als ein gemeinsamer Gegner der hier angesprochenen Interessengruppen.

Bezogen auf das Thema „Öffentliches Handeln und geschlechtsspezifische Identitätspolitiken?"[7] stellt sich die Frage: Was verändert sich durch eine öffentliche Registrierung des Einkaufens, des Konsums und was bedeutet es, wenn sogenannte „indifferente" Frauen über das tägliche Einkaufen politisiert werden sollten? Interessant ist, daß mit der Durchsetzung des Frauenwahlrechts, d.h. Teilhabe an einer politischen Öffentlichkeit, politische Parteien bzw. auch einzelne Interessengruppen eine spezifische, an ein weibliches Publikum adressierte Form der Politisierung entwickelten, die gleichzeitig ihre weitere Marginalisierung als aktiv Partizipierende garantierte.

Politisierungsstrategien von Konsum oder: Einkaufen ist Politik

Nicht wenige Organisationen/Institutionen versuchten in den zwanziger Jahren in unterschiedlicher Art und Weise Einkaufen zu einem politischen Thema zu machen. Dazu zählten neben den Konsumgenossenschaften als „Gewerkschaften der Hausfrauen" die bürgerliche Rohö – (Reichsorganisation der Hausfrauen Österreichs), der Bund österreichischer Frauenvereine mit der Zeitschrift „Die Österreicherin", in der in sachlich-wissenschaftlichen Kommentaren Konsumentenfragen nicht im engeren Sinn parteipolitisch sondern basierend auf der Annahme des zentralen Beitrags der Konsumentinnen zur „nationalen Volkswirtschaft" diskutiert wurden. Weiters fanden sich bereits in den zwanziger Jahren in der Zeitschrift „Die deutsche Frau", herausgegeben von der Deutschen Frauen-Volksgemeinschaft, wenn auch noch nicht unübersehbar häufig, sämtliche rassistischen und nationalsozialistischen Ausgrenzungsversuche von Einkaufsorten.[8] Zudem gab es noch die „Ständige Delegation von Konsumentenorganisationen (SDK)" als Dachorganisation bürgerlicher Verbraucherorganisationen, in der sämtliche Hausfrauenfragen, d.h. in diesen Jahren auch Konsumentenfragen behandelt wurden. Aus Gründen der Parteiräson war es sozialdemokratischen und katholischen Frauen untersagt, sich diesem Konsumentenvertretungorgan anzuschließen. Zudem ist für die Verhandlungsebene Konsum-Politik in der Ersten Republik die Analyse der Konzepte einer Konsumentenkammer (Freundlich/Renner 1920), später einer Hauswirtschaftskammer (Marie Schneider 1931) notwendig.

Die Hausfrauenprofessionalisierungsdebatte war also in den zwanziger Jahren wie auch in den fünfziger Jahren mit der Konsument/inn/enfrage eng verbunden:

in den zwanziger Jahren vor allem getragen von der bürgerlichen Frauenbewegung, in den fünfziger Jahren eines der wenigen Themen, für das die Frauenorganisationen der Koalitionsparteien gewissermaßen „eigenverantwortlich", d.h. allein zuständig waren.

Ein Beispiel: Die Konsumgenossenschaften als Forum der Politisierung des Privaten

Die Konsumgenossenschaften repräsentierten die wirtschaftliche Partizipation der Arbeitsklasse. Das Verhältnis zwischen konsumgenossenschaftlicher Organisation und einkaufenden (Arbeiter-)Frauen war geprägt von einer auffälligen Kontinuität in der Adressierung von Frauen. Die Frauenorganisation der Konsumgenossenschaften versuchte in den zwanziger Jahren auf die Hausarbeitsprofessionalisierungsdebatte der bürgerlichen Frauenorganisationen mit einer Organisierung, d.h. einer konkreten Politisierung von Arbeiter(haus)frauen zu antworten. Dabei zeigten sich erhebliche Schwierigkeiten einer am Reproduktionsbereich orientierten Organisation der Arbeiterbewegung.[9] Die Konsumgenossenschaften bezeichneten sich selbst – in frauenspezifischen Kontexten – als „Gewerkschaften der Hausfrauen" und waren die erste deklarierte „Hausfrauenorganisation" der Sozialdemokratie. Die einkaufenden Arbeiterfrauen wurden von den Werbeproponenten und – konzeptoren der Konsumvereine als Hausfrauen, „Familienmütter" angesprochen und auch so behandelt: verantwortlich für die Versorgung von Männern und Kindern. Eine Differenzierung zwischen erwerbstätigen und nichterwerbstätigen Frauen wurde nicht vorgenommen. Die hausfrauen- und „hausmütter"spezifischen (Werbe-)Veranstaltungen und Zeitschriften mit Namen wie „Für unsere Hausmütter"(1912-1914), „Für Haushalt und Heim" (1929-1934, 1949-1964) reflektieren eine bewußt eng gewählte Interpretation weiblicher politischer Interessen und Partizipation. Dieser konsumgenossenschaftliche Versuch, das Wählerpotential „Frauen" über die Adressierung „Hausfrauen" zu erreichen, begnügte sich im wesentlichen damit, dem Substantiv „Hausfrau" das Adjektiv „sozialistisch" voranzustellen: Die einkaufenden Arbeiter-Frauen waren nicht einfach Mütter, sie wurden zu „Weltmüttern" („die Internationale der Mütter") gemacht, die mit ihrem „bewußten" Einkauf in Arbeiterkonsumvereinen einen spezifischen Beitrag zur Veränderung der Weltwirtschaft (in den zwanziger Jahren) leisten konnten.

Aus den Jahren 1912, also vor Erlangung des Frauenstimmrechts, 1919, nach erfolgter politischer Partizipation, aus den Jahren 1951 und 1959 stammen die folgenden Zitate von sozialdemokratischen bzw. sozialistischen Funktionär/inn/en:

1912

„Die Männer mußten dazu erzogen werden, daß sie ihren Stimmzettel gebrauchen lernen, die Hausfrauen müssen erzogen werden, damit sie die Waffe, den Einkaufskorb, die ihnen gegeben ward, gebrauchen können, nur dann besiegen wir die Feinde der Konsumenten."[10]

1919

„Die Frauen müssen nun lernen, daß man nicht das kauft, was man braucht, sondern vor allem das, was gut ist."[11]

1951

„Die Frauen sind die Einkäufer der Familie. Die Frauen entscheiden über die Verwendung des Wirtschaftsgeldes der Familie. Die Frauen können die Einkaufstasche zur Waffe im Kampf gegen die Teuerung machen. Frauen, erkennt eure Macht in der Wirtschaft."[12]

1951

„Was wir brauchen (...) ist eine lebendige Kampfbewegung des arbeitenden Volkes an der Front der Preise." /.../ Die Genossenschaften dazu zu machen, ist unsere Aufgabe. Es ist aber auch im besonderen die Aufgabe der sozialistischen Frauenbewegung. (Zustimmung) Die Genossenschaft muß sich zum Ziel setzen, den Zwischenhandel des Kapitalismus auszuschalten, wo er funktionslos ist."[13]

1959

„Genosse Pittermann hat ausgeführt, daß es eine schwer organisierbare Schicht von Menschen gibt, nämlich die Verbraucher, die Konsumenten. An erster Stelle steht die Frau als Konsumentin, und es wird sehr oft zitiert, daß zwei Drittel der Gesamtausgaben des österreichischen Volkes durch die Hand der Frauen gehen. Wenn wir den Frauen nun zum Bewußtsein bringen, welche wirtschaftliche Macht sie dadurch besitzen, werden wir aus der unbewußten Konsumentin die bewußt wählende, die denkende, die richtig entscheidende Frau machen können."[14]

Auf der Wiener Frauenkonferenz im Jahr 1965 war es Aufgabe der späteren „Frau Wissenschaftsminister" Hertha Firnberg, ihre weiblichen Zuhörerinnen über die gesellschaftiche Unterbewertung der Arbeit der Hausfrauen einerseits und ihre wirtschaftliche Macht andererseits zu unterrichten.[15]

Diese für einen Zeitraum von 50 Jahren überraschend ähnlichen, teilweise identen sprachlichen Adressierungsformen können auch als Indiz für politisches Desinteresse bzw. Phantasielosigkeit der in diesem Fall sozialdemokratischen bzw. sozialistischen Parteiführung an der Konsumentenfrage gelesen werden. Vergleichbare Argumentationen ließen sich ohne Schwierigkeiten gerade für die anderen Parteien finden. Das sozialdemokratische Beispiel habe ich deshalb gewählt, weil es von Interesse ist, wie auch eine im allgemeinen an umfassender politischer Partizipation interessierte Partei das Thema Konsum positionierte.

Es kann davon ausgegangen werden, daß von allen Parteien Konsumfragen nicht als allgemeine, d.h. von der gesamten Partei getragene politische Angelegenheiten angesehen worden waren, sondern den Frauenorganisationen als einem machtpolitisch nachgereihten Teil der Parteienorganisationen zugeordnet und allein verantwortlich überlassen worden waren.

Interessant bleiben die zu diagnostizierenden Gemeinsamkeiten von Wissenschaft und Politik bei der – wenn wir es so nennen wollen – „Konsumentenfrage". Die Feststellung des Ökonomen J.K. Galbraith, daß es nämlich der neoklassischen Theorie gelungen sei, den Haushalt mit dem Individuum gleichzusetzen, kann – so meine These – auf den Umgang sämtlicher politischer Parteien mit Konsum(enten)fragen erweitert werden. Wenn Wirtschaftswissenschafter/innen (und Politiker/innen) von *dem* Verbraucher sprechen, meinen sie nämlich tatsächlich die Gruppe von Individuen, die den Haushalt bilden.[16] Diese Sprachpraxis hat viel zur Verdeckung relevanter geschlechter- und wirtschaftspolitischer Fragen beigetragen.

In diesem Sinn hat sich die mit dem Privaten konnotierte Vorstellung von Konsum mit einer Interpretation von „Konsum als politischer Praxis" verbunden, die einerseits historisch gesehen beinahe ausschließlich an ein weibliches Publikum adressiert war und andererseits machtintensivere Politikebenen (Finanz, Wirtschaft) bis heute nicht erreichen konnte. Die Konsumgenossenschaften als Forum der Politisierung des Privaten verloren in der Zweiten Republik parallel zu ihrem wirtschaftlichen Erfolg sukzessive an Bedeutung. Wenngleich vielleicht retrospektiv die Auflösung der genossenschaftlichen Frauenorganisation im Jahr 1991 als erstes sichtbares Zeichen der Krise des 1995 in den Ausgleich gegangenen „Konsum Österreich" interpretiert werden könnte.

Seit Ende der siebziger Jahre sind es die neuen sozialen Bewegungen – Grünbewegung, Dritte-Welt-Aktivisten, Vegetarier/innen, Tierschützer/innen u.a.m. –, die als Träger/innen von „Konsum als politischer Praxis" genannt werden können. Und: zu registrieren bleibt, daß diese neuen sozialen Bewegungen einen überproportional hohen Anteil an weiblichen Aktivistinnen wie auch Sympathisantinnen aufweisen.

Hinsichtlich einer historischen Längsperspektive kann hier nur kurz angedeutet werden, daß die konsumpolitischen, vor allem die Konsumentenschutzfunktionen der Konsumgenossenschaften von einem von den österreichischen Sozialpartnern getragenen Verein für Konsumentenschutz (1961) übernommen worden waren. Auf parlamentarischer und parteipolitischer Ebene blieben Konsumentenfragen weiterhin wesentliches Anliegen von weiblichen Abgeordneten.[17] Diese offiziell wenig besprochene, strukturell jedoch ungebrochene Korrespondenz zwischen Frauen- und Konsumentenpolitik zeigt sich heute im Faktum, daß die österreichische Frauenministerin zugleich auch „Bundesministerin für Verbraucherschutz"[18] ist.

Anmerkungen

1 Vgl. Williams, Raymond: Keywords. A vocabulary of culture and society, London 1988 (1983).

2 Pringle, Rosemary: Frauen und Konsumgesetze, in: Das Argument 156, März/April 1986, S. 198-207, S. 199.

3 Vgl. dazu Bernold, Monika/Ellmeier, Andrea: Konsum, Politik und Geschlecht. Zur „Feminisierung" von Öffentlichkeit als Strategie und Paradox, in: Europäische Konsumgeschichte, hg. von Hartmut Kälble/Jürgen Kocka/Hannes Siegrist, Frankfurt a.M./New York 1997, S. 441-466.

4 Pringle, Frauen und Konsumgesetze, S. 200f.

5 Bauer, Ingrid: Von den Tugenden der Weiblichkeit. Zur geschlechtsspezifischen Arbeitsteilung in der politischen Kultur, in: Österreichin den Fünfzigern, hg. von Thomas Albrich, Klaus Eisterer, Michael Gehler, Rolf Steininger, Innsbruck/Wien 1995, S. 35-52, S. 47ff.

6 Zur Bedeutung der Marktforschung vgl. auch Bernold, Monika/Ellmeier, Andrea: Addressing the Public: Television, Consumption and the Family in Austria in the 1950s and 1960s, in: Buy this Book. Studies in Advertising and Consumption, ed. by Mica Nava, Andrew Blake, Iain MacRury, Barry Richards, London/New York 1997, pp. 191-206.

7 So lautete das Panel bei den österreichischen Zeitgeschichtetagen 1997, in dem dieser Text vorgestellt wurde.

8 Hier ist (wieder einmal) daran zu erinnern, daß eine grundlegende Untersuchung zu „Konsum als politische Praxis" und Nationalsozialismus bzw. Nationalsozialist/inn/en dringend erforderlich ist.

9 Vgl. zur Entwicklung dieser Argumentation Ellmeier, Andrea: Handel mit der Zukunft. Zur Geschlechterpolitik der Konsumgenossenschaften, in: L´Homme, 6. Jg. (1995), Heft 1, 62-77.

10 „Unser Stimmzettel", in: Für unsere Hausmütter, 6. Jg. (1914), Nr. 6, S. 2.

11 Freundlich, Emmy, Für unsere Hausmütter, 5. Jg. (1919), Nr. 1, S. 4.

12 Resolution der Frauen-Zentralkonferenz (Resolution 19) in: Protokoll der Frauen-Zentralkonferenz, 6.-7. November 1951, enthalten im Protokoll des 6. Parteitages der Sozialistischen Partei Österreichs, 8.-9. November 1951, Wien o.J., S. 377-379, S. 378f.

13 Ebd.

14 Hanzlik, Stella in: Protokoll des 14. Parteitages der Sozialistischen Partei Österreichs, 11.-13. November 1959, Wien o.J. (1959), S. 164-166, S. 164. „Arbeit und Sozialismus" war im Jahr 1959 das Thema der Parteitagsrede des sozialistischen Parteivorsitzenden Bruno

Pittermann. Die Aufgabe einer weiblichen Abgeordneten – Stella Hanzlik – war es, die Konsument/inn/en wieder einmal an ihre eigene große und vielfach unterschätzte Bedeutung zu erinnern.

15 Firnberg, Hertha: Frauen und Wirtschaft in der modernen Welt, in: Die Frau, Nr. 15, 10.4.1965, S. 7 und vgl. auch Wortmeldung von Gertrude Wondrack (Frauen-Zentralkomitee), in: Protokoll des 17. Parteitages der Sozialistischen Partei Österreichs, 18.-19. Juni 1965, Wien o.J. (1965), S. 75-77, S. 76.

16 Galbraith, John Kenneth: Wirtschaft für Staat und Gesellschaft, München/Zürich 1974 (Original Economics & the Public Purpose 1973), S. 52.

17 Das Ministerium für Konsumentschutz war im Jahr 1983 gegründet und dem Gesundheitsministerium zugeordnet worden, später dem in der Großen Koalition neu geschaffenen Familienministerium und danach wieder dem Gesundheitsministerium.

18 Die Umbenennung des Ministeriums für „Konsumentenschutz" in „Verbraucherschutz" erfolgte im Rahmen der Regierungsumbildung Anfang 1997 und markiert eine Angleichung an die bundesdeutsche Bezeichnunsgpraxis. In der BRD wurde seit den 1950er Jahren vom „Verbraucher", in Österreich immer vom „Konsumenten" gesprochen.

Johanna Gehmacher

Das Wahlrecht als Waffe?

Deutungsmuster geschlechtsspezifischen WählerInnenverhaltens am Ende der Ersten Republik

Das Wahlrecht als Waffe – die martialische Metapher im Kontext der politischen Partizipation von Frauen findet sich 1930 in einem nationalsozialistischen Wahlaufruf: „Deutsche Frauen und Mädchen", heißt es dort, „zeigt /.../, daß ihr die Waffe des Frauenwahlrechts in unserem Sinne zu gebrauchen versteht..."[1] Kriegerische Konnotationen zum Verhältnis der Geschlechter im Feld des Politischen finden sich auch im Vokabular anderer Parteien und Organisationen.[2] Sie spiegeln sich nicht zuletzt in der Rede vom „Dolchstoß" der Frauen in den Rücken der revolutionären Arbeiterbewegung.[3] Diesen Tenor griff Karl Renner in seinen Erinnerungen an die Durchsetzung des gleichen Wahlrechtes für Frauen und Männer 1918 auf: „Hieß es nicht", fragte er sich, „die Revolution gefährden, indem man solche Macht in die Hände ungeschulter und reaktionärer Schichten gab?"[4] Solchen Angstprojektionen, die sich an die politische Ermächtigung von Frauen knüpften, stand die wiederholte – und schon mit dem Blick auf die Repräsentation von Frauen in den Vertretungskörpern berechtigt erscheinende – Klage politisch aktiver Frauen gegenüber, daß die neue rechtliche Situation wenig reale Chancen auf Partizipation garantierte.[5]

Die Ängste vor einer möglichen politischen Macht „der" Frauen führten zur Dokumentation des Unterschieds: Die Wahlergebnisse der Ersten Republik wurden mit Hilfe getrennter Stimmzettel geschlechtsspezifisch ausgewertet.[6] Wer sich aus der Perspektive sozialhistorischer Fragestellungen über diese besondere Quellenlage freut – in Deutschland etwa muß man sich auf einige wenige Stichproben beschränken[7] –, sollte doch nicht vergessen, daß dies bedeutete, daß sich die Idee eines ungeteilten Elektorates als Grundlage der Demokratie auch nach der Einführung des „Frauenwahlrechtes" nicht durchsetzen konnte. Auch wenn Frauen und Männer nicht für verschiedene Kurien wählten, so wirkte das Wissen um geschlechtsspezifisches Wahlverhalten doch unmittelbar in den politischen Diskurs zurück.[8] Dies soll im folgenden am Beispiel der Stimmengewinne der NSDAP bei den Wiener Gemeinderatswahlen 1932 gezeigt werden. Ich komme dabei – wenn auch in kritischer Distanz – nicht umhin, ein Stück weit dem Duktus der zeitgenössischen Quellen zu folgen, die die Frage nach der Geschlechtsspezifik als eine Frage nach den Frauen stellten: Bereits in dieser diskursiven Absonderung gegenüber dem Postulat „allgemeiner" Verhältnisse bildet sich die Aufrechterhaltung der Machtverhältnisse ab.

Die österreichische Nationalsozialistische Partei (NSDAP) war – wie auch die Kommunistische Partei – in den zwanziger Jahren bei Frauen wenig beliebt. Bei den Nationalratswahlen 1930 betrug der Anteil der Frauenstimmen an den für die NSDAP abgegebenen Stimmen nur 44%[9] – und dies bei einem Anteil der Frauen an den Wahlberechtigten von fast 56%![10] Die Partei, die sich 1930 über die vielen „männlichen Stimmen" gefreut hatte,[11] zeigte auch 1932 wenig Interesse an Frauen als Wählerinnen, die in der Wahlwerbung kaum je direkt angesprochen wurden. Einzige Ausnahme waren Repliken auf christlichsoziale und sozialdemokratische Wahlkampfadressen an Frauen, die explizit den Nationalsozialismus thematisierten.[12]

In den beiden großen Parteien, der Christlichsozialen Partei und der Sozialdemokratischen Arbeiterpartei (SDAPÖ), zeichnete sich – wohl angeleitet durch die nationalsozialistischen Wahlerfolge in Deutschland – die Erkenntnis ab, daß man sich bei der Abwehr des Nationalsozialismus auch an Frauen wenden müsse. Die Parallelen in der Argumentation der konkurrierenden Parteien – in beiden übernahmen Frauen weitgehend die Aufgabe der „Frauenpropaganda" gegen den Nationalsozialismus – sind auffällig. Sowohl Christlichsoziale als auch Sozialdemokratinnen sprachen Frauen nicht so sehr als potentielle Wählerinnen der NSDAP, denn als Mittlerinnen ihrer Botschaft gegenüber den (vor allem jugendlichen) männlichen Wählern der Nationalsozialisten an. Wo es um die Frauen selbst ging, thematisierten beide Parteien vor allem das rassenpolitische Programm der NSDAP, das, wie es in einer sozialdemokratischen Broschüre[13] drastisch hieß, Frauen zu „Zuchtstuten" degradieren würde.[14] Die Unterschiede sind freilich ebenfalls signifikant: In den „Frauen-Briefen", dem Organ der Katholischen Frauenorganisation der Erzdiözese Wien,[15] wurde befürchtet, viele Frauen würden zur NSDAP wechseln, weil – wie es bedauernd hieß – die antisemitische Propaganda in der Christlichsozialen Partei so sehr zurückgegangen sei – der antiklerikale Charakter der NSDAP wurde in diesem Zusammenhang hervorgestrichen.[16] Die Sozialdemokratinnen wiederum beschäftigte insbesondere die von den Nationalsozialisten angekündigte Ausgrenzung von Frauen aus Erwerbsleben und Politik.[17] Hauptgegner sozialdemokratischer Frauenpropaganda im Frühjahr 1932 war freilich nach wie vor die Christlichsoziale Partei – was für die Christlichsozialen vice versa ebenfalls galt: Beide sahen die Auseinandersetzung mit dem Nationalsozialismus vorerst als eine Nebenschiene an.[18]

Die Ergebnisse der Wahlen im April sollten diese Einschätzung widerlegen: Von den über 201.000 Stimmen für die NSDAP – die damit mit 15 der 100 Mandate als drittstärkste Partei in den Gemeinderat einzog – stammten fast 104.000, also nahezu 52% von Frauen. Wenngleich prozentuell von der männlichen und weiblichen WählerInnenschaft immer noch mehr Männer als Frauen NSDAP wählten – die NSDAP gewann 18,84% der gültigen Männer-, aber nur 16,21% der gültigen Frauenstimmen –, hatte sie die Sozialdemokratie doch hinsichtlich der geschlechtsspezifischen Stimmendifferenz bereits überholt. Die SDAPÖ, die sich die ganzen zwanziger Jahre über um die Angleichung der Frauen- an die Männerstimmen bemüht hatte, erhielt 60,78% der gültigen Männer-, aber nur 57,55% der gültigen Frauenstimmen. Die NSDAP, die sich auch nach ihrem vor allem von Männerstimmen getragenen Wahlergebnis von 1930 kaum um Frauen bemüht hatte, verlor dagegen das Bild einer „Männerpartei". Nach wie vor eine „Frauenpartei" blieb die Christlichsoziale Partei: Sie gewann nur 16,39% der Männerstimmen aber 23,21% der gültigen Frauenstimmen – Verluste mußte sie sowohl bei den Wählern als auch bei den Wählerinnen hinnehmen.[19]

Die Rolle, die die Stimmen von Frauen für den Wahlerfolg der NSDAP spielten, sollte nicht ohne Folgen bleiben. In der NSDAP bedeutete es vor allen Dingen, daß jene Frauen, die sich – zum Teil schon seit Mitte der zwanziger Jahre – der Partei angetragen hatten, erstmals ernst genommen wurden. Innerhalb weniger Monate stampfte man – unterstützt durch Vorbilder aus Deutschland – eine Frauenorganisation aus dem Boden, im Herbst kam mit der „Deutschen Frau" bereits ein eigenes, professionell gemachtes Frauenblatt heraus, das in rascher Folge auf jene Punkte, die im Wahlkampf gegen den Nationalsozialismus vorgebracht worden waren, einging: „Nationalsozialismus und Religion" wurde hier ebenso abgehandelt wie „Die berufstätige Frau im nationalsozialistischen Staat". Das rassenpolitische Programm fand sich in schmeichelweicher Form unter dem Titel „Die Frau als Hüterin der deutschen Familie" wieder.[20] Seitens der NSDAP reagierte man also schnell und pragmatisch: Hier war ein Potential, das galt es zu organisieren. Warum ihnen so viele weibliche Anhängerinnen zugewachsen waren, versuchten die nationalsozialistischen Parteistrategen dagegen gar nicht erst zu ergründen.

Wenig um eine Analyse des nationalsozialistischen Erfolges bei den Frauen bemühte man sich auch auf christlichsozialer Seite. Dies wohl nicht zuletzt deshalb, weil man sich den Nationalsozialisten in der antimarxistischen Front doch verbunden fühlte. So bezichtigten die katholischen „Frauen-Briefe" die NSDAP zwar lautstark, daß sie die Ehe zerstören wolle, konnten aber nicht umhin, angesichts der „roten Fahne" am Wiener Rathaus zu fragen: „Wo ist der Nationalsozialist, der sie herunterholt?"[21] Ganz anders reagierte hier der Dachverband der bürgerlich-liberalen Frauenbewegung, der Bund österreichischer Frauenvereine, der sich durch die großen Stimmengewinne der NSDAP auch bei Frauen dazu veranlaßt sah, seine überparteiliche Haltung aufzugeben und zu erklären, daß das nationalsozialistische Programm das „einzige Parteiprogramm" sei, das „jede ihrer Rechte und Pflichten bewußte Frau ablehnen" müsse.[22]

Die ausführlichste Wahlanalyse wurde auf sozialdemokratischer Seite durchgeführt. Robert Danneberg macht in seiner Analyse den Willen zur Normalisierung des weiblichen Stimmverhaltens gleich deutlich: Damit seine Partei, die SDAPÖ, bei den Frauen gleich stark wie bei den Männern wäre, hätte sie 28.000 Frauenstimmen mehr bekommen müssen – daraus erwachse nun eine eindeutige „Aufgabe der Frauenpropaganda", übermittelte er den Genossinnen.[23] Diese begannen umgehend die Gründe für den nationalsozialistischen Wahlerfolg bei Frauen zu diskutieren. Eine Kontroverse entspann sich dabei um mögliche Propagandstrategien gegenüber „kleinbürgerlichen Hausfrauen", bei denen man die meisten Wählerinnen der NSDAP vermutete. Aus der diffusen Kategorie spricht freilich eine gewisse Ratlosigkeit. Denn wer genau sollte mit dieser Sprachfigur bezeichnet sein? Waren hier weibliche Angehörige der unteren Mittelschicht gemeint, oder kam da die Vorstellung zum Ausdruck, daß Hausfrauen im allgemeinen häufig „kleinbürgerliche" Haltungen pflegten? Zur ersteren Deutung ist festzuhalten, daß es in diesen Schichten eine große Zahl erwerbstätiger Frauen gab, die unter Umständen nicht durch ihre Abschottung im Haushalt, sondern vielmehr durch ihre Partizipation an der Öffentlichkeit nationalsozialistisch politisiert wurden. Was hingegen die „kleinbürgerliche" Orientierung der Hausfrauen im Sinne einer ideologischen Kategorie anbelangt, so dürfte sie auch für viele Arbeiterhausfrauen charakteristisch gewesen sein.[24] Und so blieb letztlich nicht selten der Verweis auf einen Zusammenhang der „Verblendung" übrig; Wut und Verzweiflung über das Wahlverhalten von Frauen scheinen durch, wenn zur Abschreckung ein Satz aus der Zeitschrift des der NSDAP nahestehenden deutschen Generals Erich Ludendorff zitiert wird: „Sie müssen wirklich wenig Stolz besitzen, die deutschen Frauen, die dem Hakenkreuz ihre Stimme geben, nur damit die Männerpartei der Nazi ihnen das politische Stimmrecht wieder nehmen kann."[25]

Die Vorstellung einer rein männlichen WählerInnenschaft war auch dem sozialdemokratischen Analytiker der Wahlergebnisse, Robert Danneberg, durchaus nahe: Hätten am 23. April 1932 nur die Männer Wiens abgestimmt, überlegte er, hätte die Sozialdemokratie eine Zweidrittelmehrheit erreicht, die NSDAP hätte die Christlichsozialen überholt und sie zur schwächsten Rathauspartei gemacht. „Die Mängel der Frauenpropaganda", folgerte er, „haben uns also nur ein Mandat, freilich ein ganz entscheidendes gekostet."[26] Was es bedeutet hätte, wenn nur die Frauen abgestimmt hätten, hat er nicht ausgerechnet.

Was könnte nun die Bedeutung der hier skizzierten Bedingungen sein? Zum einen erlauben sie eine Intervention in die – angesichts nur rudimentärer Quellen sehr projektive – bundesdeutsche und US-amerikanische Kontroverse, inwiefern Frauen „Hitler an die Macht" gebracht oder aber besonders hohe Resistenz gegen die NSDAP gezeigt hätten.[27] Hier läßt sich am Wiener Beispiel zusammenfassend festhalten, daß die NSDAP in Österreich zwar keine „Frauenpartei" wie die Christlichsoziale Partei war, daß es ihr 1932 aber – ganz im Gegensatz zu 1930 – nahezu in gleichem Ausmaß gelang, Frauen wie Männer zu mobilisieren. Angesichts der gravierenden Unterschiede zwischen städtischem und ländlichem Milieu und der dramatischen Veränderung des geschlechtsspezifischen Wahlverhaltens stünde freilich eine ausführliche Analyse der bundesweiten geschlechtsspezifischen Wahlergebnisse über die gesamte Erste Republik unter systematischer Einbeziehung der politischen Reaktionen an. Dabei könnte, so meine Hypothese, in einigen Parteien gegenüber Frauen als Wählerinnen die Vorwegnahme „modernerer" – nämlich instrumentellerer – Haltungen sichtbar werden: eine größere Bereitschaft zu pragmatischen Propagandastrategien, aber auch das Auseinanderbrechen zwischen Werbung und politischen Zielsetzungen. Überlegungen des Machterhalts männlicher Parteieliten könnten dabei eine maßgebliche Rolle gespielt haben – hatten doch Frauen, um ein letztes Mal Danneberg zu zitieren, „in allen Bezirken die Mehrheit".[28] Das eingangs schon angesprochene Charakteristikum des politischen Diskurses um geschlechtsspezifisches Stimmverhalten, dieses als Frage nach dem Verhalten von Frauen zu formulieren, ist ein Effekt dieser Strategie – die Aneignung „exakten" Wissens um das Wahlverhalten von Frauen wäre dann eine dieser Strategie zugrundeliegende Machttechnik.

Anmerkungen

1 Volksstimme, 8. November 1930.
2 So wird etwa auch in der „Österreicherin", der Zeitschrift des Bundes österreichischer Frauenvereine, der Stimmzettel als „Waffe" gegen Zölibatsverordnungen bezeichnet. Vgl. Die Österreicherin, April 1929.
3 Für eine kritische Diskussion vgl.: Tröger, Annemarie: Die Dolchstoßlegende der Linken: „Frauen haben Hitler an die Macht gebracht". In: Frauen und Wissenschaft. Beiträge zur Berliner Sommeruniversität für Frauen. Juli 1976. Berlin 1977, S. 324-355. Zur Verwendung dieses Topos in einem spezifischen österreichischen Kontext vgl. Ellmeier, Andrea: Das gekaufte Glück. Konsumentinnen, Konsumarbeit und Familienglück. In: Bernold, Monika u.a.: Familie: Arbeitsplatz oder Ort des Glücks? Historische Schnitte ins Private. Wien 1990, S. 165-201, S. 196.
4 Renner, Karl: Der Staatsrat beschließt das Frauenstimmrecht. In: Klucsarits, Richard/Kürbisch,

Friedrich G. (Hg.): Arbeiterinnen kämpfen um ihr Recht. Autobiographische Texte rechtloser und entrechteter „Frauenspersonen" in Deutschland, Österreich und der Schweiz des 19. und 20. Jahrhunderts. S. 307-311, S. 309.

5 Zur Durchsetzung des gleichen Wahlrechtes vgl. Zaar, Birgitta: Vergleichende Aspekte der Geschichte des Frauenstimmrechts in Großbritannien, den Vereinigten Staaten von Amerika, Österreich, Deutschland und Belgien, 1860-1920. Diss. Wien 1994. Zu den Arbeitsbedingungen und Strategien von Frauen im österreichischen Nationalrat vgl. Hauch, Gabriella: Vom Frauenstandpunkt aus. Frauen im Parlament 1919-1933. Wien 1995.

6 Zaar, Birgitta: Frauen und Politik in Österreich, 1890-1934. Ziele und Visionen. In: Good, David F. u.a. (Hg.): Frauen in Österreich. Beiträge zu ihrer Situation im 20. Jahrhundert. Wien 1993, S. 48-76, S. 61. Grundlegend zum Wahlverhalten vgl. zuletzt: Hänisch, Dirk: Wahlentwicklung und Wahlverhalten in der Ersten Republik. In: Tálos, Emmerich u.a. (Hg.): Handbuch des politischen Systems Österreichs. Erste Republik 1918-1933. Wien 1995, S. 488-503.

7 Für eine Analyse dieser Stichproben vgl. Bremme, Gabriele: Die politische Rolle der Frau in Deutschland. Göttingen 1956. Grundlegend zur NS-WählerInnenschaft vgl. Falter, Jürgen W.: Hitlers Wähler. München 1991.

8 Daß sich wiederholt auch Frauen mit ihren politischen Forderungen auf das Wahlverhalten von Frauen beriefen, ändert nichts an der grundlegenden Problematik dieser Tatsache.

9 Botz, Gerhard: Strukturwandlungen des österreichischen Nationalsozialismus (1904-1945). In: Politik und Gesellschaft im alten und neuen Österreich, Bd. 2. Wien 1981, S. 163-193. S. 184.

10 Die Frauen stellten 55,77% der WählerInnen. Vgl. Danneberg, Robert: Die Wiener Wahlen 1930 und 1932. Statistische Betrachtungen. Wien 1932, S. 7.

11 Volksstimme, 15. November 1930.

12 Ausführlich dazu vgl. das Kapitel „Frauen, die NSDAP wählen" in: Gehmacher, Johanna: „Völkische Frauenbewegung". Deutschnationale und nationalsozialistische Geschlechterpolitik in Österreich. Wien 1998.

13 100.000 Kinder auf einen Hieb. Die Frau als Zuchtstute im Dritten Reich. Wien o. J. (1932). Herbert Steiner gibt als Verfasserin Käthe Leichter und als Erscheinungsjahr 1933 an. Da die Broschüre schon 1932 zitiert wird, scheint sie bereits vor dem April 1932 erschienen zu sein. Vgl. Steiner, Herbert (Hg.): Käthe Leichter, Leben und Werk. Wien 1973, S. 230.

14 Vgl. Gehmacher, „Völkische Frauenbewegung", S. 143f, 147.

15 Die Katholische Frauenorganisation für die Erzdiözese Wien spielte in christlichsozialen Kontexten eine zentrale Rolle bei der propagandistischen Auseinandersetzung mit dem Nationalsozialismus. Zum Selbstverständnis und zur Geschichte dieser Organisation vgl. Schöffmann, Irene: Die bürgerliche Frauenbewegung im Austrofaschismus. Eine Studie zur Krise des Geschlechterverhältnisses am Beispiel des Bundes österreichischer Frauenvereine der Katholischen Frauenorganisation für die Erzdiözese Wien. Diss. Wien 1986.

16 Vgl. z.B. Frauen-Briefe 73, Jänner 1932.

17 Vgl. z.B. 100.000 Kinder auf einen Hieb, S. 11f.

18 Vgl. Gehmacher, „Völkische Frauenbewegung", S. 143.

19 Danneberg, Die Wiener Wahlen, S. 39, 43f.

20 Die deutsche Frau, Monatsschrift der NS Frauenschaft Österreich, 15. November 1932; 15. Jänner 1933; 15. März 1933.

21 Frauen-Briefe 77, Mai 1932.

22 Die Österreicherin, Mai 1932. Grundlegend zum Bund österreichischer Frauenvereine vgl. Schöffmann, Die bürgerliche Frauenbewegung im Austrofaschismus.

23 Danneberg, Die Wiener Wahlen, S. 53.

24 Vgl. dazu: Gehmacher, „Völkische Frauenbewegung", S. 151.

25 Ihr dummen Ziegen! Bilder vom Frauenparadies im Dritten Reich. Wien 1932, S. 16. Wie schon die Broschüre „100.000 Kinder auf einen Hieb" arbeitete auch diese sozialdemokratische Propagandaschrift mit einer Zitatencollage aus nationalsozialistischen Stellungnahmen zur gesellschaftlichen und politischen Situation von Frauen, die mit ihren abschreckenden Inhalten den LeserInnen die Augen über den Nationalsozialismus öffnen sollten.

26 Danneberg, Die Wiener Wahlen, S. 65.

27 Für eine zusammenfassende Darstellung vgl. Gehmacher, Johanna: Kein Historikerinnenstreit... Fragen einer frauen- und geschlechtergeschichtlichen Erforschung des Nationalsozialismus in Österreich. In: Zeitgeschichte 22. Jg. 1995, Heft 3/4, S. 109-123.

28 Danneberg, Die Wiener Wahlen, S. 10.

Gabriella Hauch

Oszillierende Allianzen – Politikerinnen und die höhere Mädchenbildung in der Ersten Republik

Die (Politik-)Geschichte der Moderne ist durch legistische Festschreibungen von Geschlechterdifferenzen bzw. der Problematisierung dieser Ein- und Ausgrenzungen gekennzeichnet. Schlüsselbegriffe dafür sind das androzentrisch-männliche Konstrukt von citizenship, die gesellschaftliche Dichotomisierung in eine öffentlich-männliche und eine privat-weibliche Sphäre sowie Konstruktionen von Weiblichkeit, die von geschlechtsneutraler Nichtbeachtung, etwa in den Wissenschaften, bis zu biologistischen Definitionen reichten. Die legistischen Ausschließungen von Frauen per Geschlecht prägten wie die sozial segregierten Einschließungen von Männern die bürgerliche Rechtsgeschichte seit dem ABGB 1811 und damit die Politik-Geschichte und die Geschichte der Geschlechterverhältnisse. Die Stigmatisierung per se als ein Geschlecht entsprach nicht den realen, in ideologischer, sozialer, religiöser, ethnischer, altersmäßiger, regionaler oder sexueller Hinsicht bestehenden Differenzen zwischen Frauen. Trotzdem kreierte diese Stigmatisierung als „Frauenfrage" essentialistische Frauenpolitik. Das sind entscheidende Facetten, wie sich moderne Politik und Geschlechterverhältnisse gegenseitig konstituierten, und macht eine Linie deutlich, die bis heute das Oszillieren zwischen Gleichheit und Differenz/en in feministischen Strategiedebatten ebenso wie im Wissenschaftsdiskurs bestimmt.[1]

Der Bruch im politischen System und die Gründung der Republik Deutsch-Österreich 1918/19 bedeutete das Ende der legistisch festgeschriebenen Politikunfähigkeit von Frauen, und sie wurden erstmals Wahlberechtigte, Parteimitglieder und politische Funktionsträgerinnen – also hatten sie zumindest formal zum ersten Mal die Möglichkeit, sich von behandelten Objekten zu Handelnden, zu Gestalterinnen zu wandeln und nicht zuletzt aus dem passiv konnotierten Opfer-Status im institutionalisierten Feld auszubrechen und zu aktiven Täterinnen zu werden. Vor diesem Hintergrund wird das Politikfeld der gehobenen Bildung von Mädchen diskutiert und analysiert, wie es die Politikerinnen in den ersten Jahren der Republik zu gestalten suchten.

Die Motivation – oder:
„Ich hatte immer Angst, unwissend zu sterben"

Dieser Ausspruch der intellektuellen feministischen Doyenne der österreichischen Sozialdemokratie, Therese Schlesinger[2], verweist auf zweierlei: daß es ihr unmöglich war, als Mädchen mehr als Volks- und Hauptschule zu besuchen, daß sie jedoch dank ihrer finanziell gut gestellten und liberalen Eltern das Bildungsdefizit unterstützt durch Privatstunden autodidaktisch ausgleichen konnte. Die Unerträglichkeit der auch sozial und, nicht zu vergessen, regional stark segregierenden Bedingungen für höhere Mädchenbildung knüpfte einen der lila Fäden, die die Energie der Frauenemanzipationsbewegung der Monarchie ausmachen.[3]

Diese Motivation, die „Tilgung der alten Schuld gegen die weibliche Jugend", wie es zeitgenössisch hieß, galt auch für die anderen weiblichen Abgeordneten, die im Erziehungs- und Unterrichtsausschuß der Konstituierenden Nationalversammlung 1919/1920 und der I. Gesetzgebungsperiode von 1920 bis 1923 die Diskussion um höhere Mädchenbildung entscheidend bestimmten. Dabei handelte es sich neben Therese Schlesinger auch um Irene Sponner für die Sozialdemokratie, um die Christlichsozialen Hildegard Burjan und Olga Rudel-Zeynek sowie um die Großdeutsche Emmy Stradal. Alle Genannten waren Geburtsjahrgänge in den 1860ern und 1870ern, d.h. sie wären bei der Gründung des ersten Mädchengymnasiums in Wien 1892 schon 20 Jahre und älter gewesen. Außer Hildegard Burjan, einer gebürtigen Deutschen, die in Zürich bis zur Promotion studiert hatte, verdankten alle ihren aufgeschlossenen Eltern, daß sie als intellektuelle Frauen ihrer Zeit galten.[4]

Die ersten Nationalrätinnen waren allesamt mit „Frauenfragen", vor allem mit der Frauenbildung befaßt und als Fachfrauen in ihren Parteien anerkannt. Die höhere Mädchenbildung machten sie – wie auch andere speziell Frauen diskriminierende Thematiken – per Geschlecht zu „ihrem" Politikfeld. Eine Vorgangsweise, die auf der symbolischen Ebene der öffentlichen Repräsentation innerparteilich unwidersprochen blieb. Allein hier hatten sie keine Konkurrenz zu befürchten: Frauen für Frauen! Frauen für Mädchen! Im patriarchalen Wertekanon war dies ein Minderheitenprogramm, in dem der weibliche Vortritt schmerzfrei zu ertragen war. Ein Beispiel: Obwohl Olga Rudel-Zeynek und Emmy Stradal zeitweise nur Ersatzmitglieder des Erziehungs- und Unterrichtsausschusses waren, wurden sie im Nationalrat bei den Debatten zum Budget für Erziehung und Unterricht oder zur Schulreform für Mädchen als Erstrednerinnen ihrer Fraktionen nominiert – ein Status, der bis heute die parlamentarische Fraktionshierarchie entscheidend nach außen spiegelt und dementsprechend umkämpft ist.

Die Erfahrung – oder:
„Aber die Gleichstellung aller Staatsbürger ohne Unterschied des Geschlechts bleibt doch auf dem Papiere, solange die Frauen nicht dasselbe Recht haben..."[5]

Am Beginn der Republik konnten Mädchen in einer der humanistischen Mädchenmittelschulen oder in der vierjährigen Oberstufe des Reformrealgymnasiums die Matura ablegen,[6] falls ihre Eltern genügend Geld besaßen, um das Schulgeld dieser Privatinstitute zu bezahlen. Die zentralen Forderungen der Politikerinnen aller Parteien am Beginn der Republik, außerparlamentarisch unterstützt durch diverse Elternvereine, Lehrerinnenverbände und schließlich durch den Bund Österreichischer Frauenvereine (BÖFV) waren die Schaffung von Mädchenmittelschulen bzw. die Verstaatlichung der bestehenden sowie die Übernahme der dort angestellten Lehrerinnen in den Staatsdienst, was vor allem eine finanzielle und soziale Gleichstellung mit ihren männlichen Kollegen bedeutet hätte. In der Koalitionsregierung von SDAP und CSP der Jahre 1919/20 standen die Chancen für die Verwirklichung der Frauen-Anliegen nicht schlecht. Private Mädchenmittelschulen wurden unter dem sozialdemokratischen Staatssekretär Otto Glöckel ebenso wie die dort beschäftigten Lehrerinnen erstmals staatlich subventioniert, und es wurden Pläne zur Verstaatlichung der ersten Schulen ausgearbeitet.[7]

Der verantwortliche Glöckel stand mit den Frauenorganisationen und Elternvereinigungen zwar für eine Reformpolitik gegen soziale und geschlechtsspezifische Ausgrenzung, was jedoch realpolitisch angesichts des Widerstands von Beamtenschaft und Lehrerverbänden im Verein mit der geschlechtsspezifischen Gestaltung der Budgetpolitik wenig nutzte.

Eines lernten die weiblichen Abgeordneten bereits in der Konstituierenden Nationalversammlung sehr schnell: Die Rede von realpolitischen Notwendigkeiten bei der Budgetgestaltung implizierte eine geschlechtsspezifische Gewichtung und war in Frauen-Angelegenheiten immer gegen sie gerichtet. Eine Logik wurde zwingend: Um in bestehende Geschlechterverhältnisse einzugreifen, brauchte es verändernde Maßnahmen, die nicht in gegebenen Realitäten verharren durften. Entsprechend änderte sich an den geschlechtsspezifischen Machtverhältnissen und politischen Wertigkeiten mit der 1918/19 festgeschriebenen Politikwürdigkeit von Frauen in der Republik Österreich grundlegend noch nichts. Und am Ende der Konstituierenden Nationalversammlung resümierte die christlichsoziale Abgeordnete Hildegard Burjan am 1. Oktober 1920 zum fraktionsübergreifenden Frauen-Anliegen „Höhere Mädchenbildung":

„Ich bedaure außerordentlich, daß eine so wichtige Frage wie die der Mädchen-schulbildung in unserer Legislaturperiode zu gar keinem Abschluß gekommen ist. Wenn man allerdings auch immer betont, daß dafür keine finanziellen Mittel vor-handen sind, müssen wir doch sagen, daß in allen anderen Fragen auf allen anderen Gebieten bei energischem Vorgehen es doch immer möglich gewesen ist."[8]

Konsequenzen und Kompromisse – oder: „Allein unsere Mädchen können natürlich nicht warten"[9]

Neben dem geschlechtsspezifischen Code, der die Insistierung auf die prekäre Budgetlage beim Posten Unterricht und Erziehung begleitete, verschärften die vermehrten Schließungen von bestehenden privaten Schulen – angesichts der ökonomischen Krise – die Situation der höheren Mädchenbildung: Etliche Lehrerin-nen wurden arbeitslos, und viele Eltern scheuten davor zurück, ihre Töchter in die Bubenschulen zu schicken.[10]

Noch in der Ära Glöckel waren zwei Maßnahmen verabschiedet worden. Seit dem Schuljahr 1919/20 führten in Wien die zu „Staatserziehungsanstalten für Mädchen" umgewandelten Schulen „Zivilmädchenpensionat" und das „Militär-Töchtererziehungsinstitut" Gymnasialklassen nach den Lehrplänen der Buben-gymnasien. Und seit dem 21. Juli 1919 galt der sogenannte Glöckel-Erlaß. D.h. nachdem die Schaffung bzw. Verstaatlichung der Mädchengymnasien nicht durch-gesetzt werden konnte, veranlaßte Glöckel die Öffnung der Knabenschulen für Mädchen. Damals hatte eine Protestwelle von seiten der CSP, von Lehrer-, El-tern- und schulerhaltenden Vereinen bewirkt, daß der Erlaß auf Orte beschränkt wurde, an denen keine Mädchenschulen bestanden bzw. Ausnahmen vom jewei-ligen Landesschulrat genehmigt werden mußten.

Mädchen an Bubengymnasien, also Koedukation, wurde entsprechend den katholisch und bürgerlich geprägten geschlechtsspezifischen Differenzgedanken und der damit verbundenen Sexualmoral konnotiert: Verfall der Sittlichkeit, Verro-hung der Weiblichkeit und der künftigen Mütter und Erzieherinnen der Nation, Heranbildung der Mädchen zu Mannweibern etc. Die grundsätzlichen Bedenken von großdeutscher wie christlichsozialer Seite gegen die Koedukation blieben zwar bestehen, wurden jedoch von den Politikerinnen dieser Parteien Anfang der zwan-ziger Jahre zunehmend relativiert. Damit konnten sie auch ihren gemeinsamen politischen Schwerpunkt im Nationalrat der I. Gesetzgebungsperiode, die Ver-wirklichung der Anstellung von Lehrerinnen an staatlichen gemischten bzw. Buben-mittelschulen, legitimieren.

So trat die Großdeutsche Emmy Stradal am 11. März 1921 im Nationalrat in ihrer ersten Rede mit der Feststellung auf, „daß die großen Befürchtungen, daß (aus der Koedukation, G.H.) eine spezielle Verderbnis der Jugend entstehen würde, eigentlich nicht eingetreten ist".[11] Sie begegnete mit dieser Feststellung den im Frühjahr 1921 kursierenden Gerüchten, daß die Regierung unter dem christlichsozialen Mayer II den Zugang von Mädchen zu Mittelschulen wieder einschränken wolle. Im Unterrichtsausschuß reagierte darauf eine parteiübergreifende Frauenkoalition mit einer gemeinsamen Anfrage an den zuständigen Minister.

Waren in der Konstituierenden Nationalversammlung vor allem die Christlichsoziale Hildegard Burjan und die Sozialdemokratin Therese Schlesinger die treibenden Abgeordneten gewesen, schienen nun Schlesinger und Stradal ein besonderes Naheverhältnis – in Konkurrenz[12] – in der Frage zu entwickeln. Beide traten mit Vertreterinnen des BÖFV gemeinsam in einer öffentlichen Veranstaltung zur Anstellung von Lehrerinnen im Juni 1921 auf.[13] Begünstigt wurde das öffentliche Agieren Stradals durch die Regierungskrise des Kabinetts Mayer II, dem die GDVP am 30. Mai 1921 das Mißtrauen ausgesprochen hatte.[14] Ob deswegen die christlichsoziale Wiener Bundesrätin und Lehrerin Dr. Berta Pichl ihre Teilnahme an der Veranstaltung kurzfristig absagte, muß offen bleiben. Trotzdem, die Frauenkoalition in der Frage „Zugang von Mädchen an Bubenschulen" hielt bis zum Ende der Legislaturperiode – wenn auch unter Betonung verschiedener Aspekte.

Von großdeutscher Seite wurde die Linie – der Zweck heiligt die Mittel – auch antisemitisch argumentiert. Der gleiche und kostengünstigere Zugang von Mädchen zu den staatlichen Bubenschulen und ihre Unterstützung des Glöckel-Erlasses zielte vor allem auf „nationales Interesse" – neben der Frage der Religion –, denn nur so würde verhindert, daß ausschließlich „die jüdischen Mädchen begüterter Eltern" eine Mittelschule besuchen könnten und „die teureren Mädchenmittelschulen vor allem den zahlungskräftigen jüdischen Elternvereinigungen ausgeliefert (würden)".[15]

Auch die christlichsoziale Abgeordnete Olga Rudel-Zeynek sprach sich im Ausschuß im Juli 1921 – übrigens eine Anfrage ihrer Kollegin Schlesinger an den Unterrichtsminister Breisky unterstützend – für die Beibehaltung dieses Übergangsstadiums aus, solange keine genügende Anzahl von Mädchenmittelschulen vorhanden seien.[16] Ein Jahr später, bei der Diskussion des fraktionsübergreifenden Antrags von Schlesinger, Stradal und Rudel-Zeynek für die Aufnahme von Lehrerinnen an den Knabenmittelschulen, wurde sie in dieser Öffentlichkeit – ihre Wortmeldung war am nächsten Tag in allen Tageszeitungen nachzulesen – noch deutlicher:

„Freilich ist uns der Sperling in der Hand lieber als die Taube auf dem Dach ... wenn schon die Mädchen jetzt die Knabenmittelschulen besuchen, was für uns zwar nicht das Ideal ist, was wir aber in Ermangelung von etwas Besserem doch billigen müssen ..."[17] – ein Argument, das vor allem auch innerparteilich wirken sollte.

Erlebte Grenzen – oder: „Ich habe mich sehr in meinem Parteikollegen getäuscht"[18]

Der Beginn der II. Gesetzgebungsperiode 1923/24 war von drohendem Lehrerinnen-abbau und weiteren Schließungen von Mädchenmittelschulen geprägt: Angesichts der sechsmal mehr Mädchen, die die teuren Privatschulen besuchten als die gemeinsamen Schulen, marschierte eine Delegation des Verbandes der Elternvereinigungen an den Mädchenmittelschulen mit der Nationalratsabgeordneten Olga Rudel-Zeynek zum Finanzminister, um die Abbaumaßnahmen rückgängig zu machen. In der folgenden Protestversammlung äußerte sich Rudel-Zeynek kritisch über ihren Parteikollegen:

Sie sei doch mit der Hoffnung hingegangen, „daß unsere Ausdauer" – was auf ihre Identifikation mit den Forderungen verweist – „den Minister – rühren werde. ... (aber) er hat mit unglaublicher Hartherzigkeit gesagt: Es geht nicht. Der Finanz-minister spart eben dort, wo er das Gefühl hat, die Sache wurzelt nicht im Volksbewußtsein."

So mag Hartherzigkeit keine politische Kategorie sein. Jedoch Rudel-Zeyneks Insistieren auf die Taktik der Ausdauer und sein Hinweis auf die Nicht-Akzeptanz dieser frauenspezifischen Angelegenheit in der Bevölkerung zeigt, daß die politi-sche Konjunktur in Sachen Aufbrechen der Geschlechterverhältnisse in Richtung gleiche Möglichkeiten vorüber war, noch bevor sie begonnen hatte. Und es wur-de deutlich, daß die Parteikollegen ihren frauenpolitisch aktiven Kolleginnen zwar die symbolische Ebene überlassen hatten, ihnen jedoch keine realitätsverändernden Machtanteile zugestanden.

Auch der Großdeutschen Emmy Stradal hatte es auf dem Parteitag 1921 einiges an Redezeit gekostet, die Mehrheit der Delegierten auf eine der Forderungen der großdeutschen Reichsfrauenorganisation, die zeitweise Akzeptierung von Koedu-kation, vor allem auch in Form von Lehrerinnen für Buben und Mädchen, einzu-schwören.[19] Im innerparteilich konstruierten Andenken, nach ihrem frühen Tod 1925, stand dementsprechend auch ihr Engagement für die Schaffung eines neuen frauenspezifischen Schultyps der Frauenoberschule per Erlaß ab 30. Juli 1921 im Mittelpunkt. Als etwa Emmy Freundlich auf ihr Engagement in der Sache der höheren Mädchenbildung verweist, entgegnete ihr August Wotawa mit der

Relativierung, Stradal hätte sich doch vor allem für die „Frauenoberschule" eingesetzt.[20]

Die Einführung dieser dritten Form der höheren Mädchenschule, ohne das für die Universität notwendige Latein, kreierte einen weiteren legistischen Rahmen, um Geschlechterdifferenzen entsprechend dem bürgerlichen und katholischen Wertvorstellungen in Demokratie und Republik unter scheinbar neuen Vorzeichen festzuschreiben. Diesem „Kompromiß" stimmte schließlich auch Therese Schlesinger zu,[21] deren formulierte schulpolitische Visionen – gegen die autoritäre Büffelschule, für eine Neugestaltung nicht nur von Weiblichkeit in Richtung selbstbewußt und emanzipiert, sondern auch von Männlichkeit – am ehesten ein Aufbrechen der normierten Geschlechtscharaktere erahnen ließen.

Angesichts der Vielfalt der öffentlich geäußerten Freude, daß es sich dabei um Schritte handle, die „wir Frauen alle gemeinsam machen", jedoch auch der unterschiedlichen Motivationen dafür wurde deutlich, daß die Frauenpolitikerinnen mit dem Anspruch auf Gleichheit, jedoch in Differenz jonglierten und gleichzeitig an den geschlechtsspezifischen Machtverhältnissen mitstrickten. In Unabhängigkeit inmitten von Abhängigkeit zu agieren, gelang ihnen auch dort nicht, wo sie schließlich den latenten wie den manifesten männlichen Widerstand in der Bürokratie durch die Reklamation von Frauen in verantwortliche Stellen aufzuweichen suchten: wie der Einsatz von Co-Direktorinnen, Bezirksschulinspektorinnen oder die Installierung einer Frau als Verantwortliche für die höhere Mädchenbildung.[22] So resümierte die sozialdemokratische Abgeordnete Adelheid Popp, daß die ganze Anschauungsweise und der Ideengang der Frauen noch immer diktiert sei von der Anschauungsweise und dem Ideengang der Männer,[23] und Therese Schlesinger stellte fest, „wie schwer es den heute erwachsenen Männern wird, sich in den Gedanken hineinzuleben, daß die Frau wirklich gleichberechtigt, gleichbefähigt ist."

Der hier kurz skizzierte empirische Vierklang aus den Anfängen der institutionalisierten österreichischen Frauenpolitik – erste Motivation, getrübte Erfahrungen, ernüchternde Konsequenzen und enge Grenzen – war und ist ein Vierklang voller Dissonanzen. Um im Bild zu bleiben: Frauenpolitik, die Geschlechterverhältnisse verändern will, erforderte von Beginn an andere Hörgewohnheiten.

Anmerkungen

1 Hauch, Gabriella: Rights At Last?! The First Generation of Female Members of Parliament in Austria, in: Contemporary Austrian Studies, Vol. VI, 1997, S. 56-82.
2 Schlesinger, Therese: Mein Weg zur Sozialdemokratie, in: Popp, Adelheid (Hg.): Gedenkbuch. Zwanzig Jahre österreichische Arbeiterinnenbewegung. Wien o.J. (1912), S. 125-140. Zur Person: Tichy, Marina: „Ich hatte immer Angst, unwissend zu sterben". Therese

Schlesinger: Bürgerin und Sozialistin, in: Prost, Edith (Hg.): „Die Partei hat mich nie enttäuscht..." Österreichische Sozialdemokratinnen. Wien 1989, S. 135-186. Hauch, Gabriella: Vom Frauenstandpunkt aus. Frauen im Parlament 1919 bis 1933. Wien 1995, S. 311-315.

3 Simon, Gertrud: Hintertreppen zum Elfenbeinturm. Höhere Mädchenbildung in Österreich. Anfänge und Entwicklungen. Ein Beitrag zur Historiographie und Systematik der Erziehungswissenschaften. Wien 1993. S. 29-118.

4 Vgl. zu den Biographien der Abgeordneten: Hauch, Frauenstandpunkt, S. 241-350.

5 Sten.Prot. Konst. NV (29.4.1920) 3270, Therese Schlesinger.

6 Flich, Renate: Wider die Natur der Frau. Entstehungsgeschichte der höheren Mädchenschulen in Österreich. Dargestellt anhand von Quellenmaterial. Reihe Frauenforschung 3, hg. v. Bundesministerium für Unterricht. Wien 1992.

7 Die Gehälter wurden im Herbst 1920, nach vorhergehender massiver Intervention von Schlesinger im Erziehungs- und Unterrichtsausschuß (VGA, SD-Parlamentsklub; Kt.7 M.3), bis 1932/33 durch „Notstandshilfen" auf 90% der staatlichen Gehälter ausgeglichen; der Bund übernahm 1920/21 die Kosten für vier erste Klassen an Wiener Vereinsanstalten, und ab Oktober 1920 wurden 70 Lehrkräfte von Vereinsschulen in den Staatsdienst übernommen; Engelbrecht, Helmut: Geschichte des österreichischen Bildungswesens. Erziehung und Unterricht auf dem Boden Österreichs, Bd.5: Von 1918 bis zur Gegenwart. Wien 1988, S. 142.

8 Sten. Prot. Konst. NV 102 (1.10.1920) 3494.

9 Sten. Prot. Konst. NV 78 (29.4.1920) 2373, Therese Schlesinger.

10 Ullmann, Regine: Die neue Frauenoberschule und ihre Ziele, in: Neue Freie Presse 6.3.1922, S. 6f.

11 Sten. Prot. GP I 25. (11.3.1921) 890.

12 So brachten Schlesinger und Stradal zwei fast gleichlautende Anträge zur staatlichen Subventionierung ein, die am 14. Juli im Nationalrat diskutiert wurden, Sten.Prot. NR, GP I 126. (14.7.1922) 4069ff., 810 d.B. und 1092 d.B. vgl. Hauch, Frauenstandpunkt, S. 216-218.

13 Mädchenerziehung an Knabenschulen, in: Arbeiter-Zeitung, 12. Juni 1921.

14 Die GDVP war im Verein mit den christlichsozialen Landesregierungen von Salzburg und Steiermark für Volksabstimmungen über den Anschluß an Deutschland eingetreten.

15 GDVP-Parteiprogramm 1921, 61ff. und vgl. Rededispositionen in den Wahlkämpfen, hier 1927, in: AdR, GDVP-Archiv, Kt. 53.

16 VGA, Altes Parteiarchiv, SD-Parlamentsklub, Kt.20. M.10.

17 Sten.Prot. GP I 126. (14.7.1921) 4070.

18 Der Abbau der Frauenbildung, in: Arbeiter-Zeitung, 21. März 1924.

19 In der Diskussion wurde die Streichung der Forderung verlangt und von den Gegnern erreicht, daß darüber getrennt abgestimmt wurde, vgl. Die Verhandlungen des zweiten Reichsparteitages der GDVP, Wien 1921, 71f. Vgl. dazu: Gehmacher, Johanna: „Volksgemeinschaft" der Frauen? Deutschnationale und nationalsozialistische Geschlechterpolitik in Österreich 1918-1938. Unveröff. Projektbericht des Jubiläumsfonds der Österreichischen Nationalbank Nr. 4319. Wien 1996, S. 120.

20 Sten. Prot. NR, GP III 34. (24.2.1928) 1020-1025. Vgl. Hauch, Frauenstandpunkt, S. 221.

21 Sten. Prot. NR, GP I 126 (14.7.1922) 4069f.

22 Auseinandersetzung um die Anstellung von Maria Maresch im Unterrichtsamt, vgl. Hauch, Frauenstandpunkt, S. 214.

23 Sten.Prot. NR, GP I 26 (12.3.1921) 949-954.

Ela Hornung

Politik mit der Wiederkehr. Frauendelegation für österreichische Kriegsgefangene in der Sowjetunion 1946–1957

„Wir haben das Wort Politik überhaupt nicht im Mund gehabt. Für uns war wichtig, was kann man alles machen, daß wir die Männer heimkriegen. Aber was die waren, bittschön, warum sie verurteilt waren, das ist ja überhaupt über unsere Grenzen gegangen. Weil wir haben gesagt, sie waren Soldaten wie alle anderen. " (Viktoria Magyar, Frauendelegation)

Der Auftritt der Frauendelegation

In der österreichweit agierenden Frauendelegation[1] bildete eine Gruppe von Frauen aus Wien den Kern, der fluktuierend ca. 30 regelmäßig mitarbeitende Frauen umfaßte, die sich vor allem um die als besonders initiativ charakterisierte Leopoldine Streit gruppierten. Anlaß für den Zusammenschluß dieser Frauen bildete Unzufriedenheit über die Arbeit der für die österreichischen Kriegsgefangenen in der Sowjetunion[2] zuständigen Behörden.

Die Frauen aus Wien trafen sich ab 1946[3] regelmäßig, zunächst in der für den Briefverkehr mit österreichischen Kriegsgefangenen in sowjetischen Kriegsgefangenenlagern zuständigen Stelle des Roten Kreuzes im 1. Wiener Gemeindebezirk in der Milchgasse Nr. 1. Als nicht vereinsmäßig organisierte Frauengruppierung setzten sie sich bis 1957[4] für die Freilassung der Kriegsgefangenen und der 1949 in der Sowjetunion als Kriegsverbrecher Verurteilten, für die Verbesserung ihrer Lebensbedingungen in den Kriegsgefangenenlagern und für eine gute Betreuung und Informationsweitergabe an die Angehörigen ein.

Quellen

Die politischen Aktivitäten der „Frauendelegation" fanden in Zeitschriften, Akten des Innenministeriums, Protokollen der Kriegsgefangenenkommission und zeitgenössischen Berichten von männlichen Verfassern Erwähnung. Zusätzlich sind Dokumente wie Kalender, Notizen, Reden, Briefe und Entwürfe der Frauen selbst erhalten.

Mit zwei der damals aktiven Frauen, Brunhilde Plaschko[5] (Jg. 1903, absolvierte die Handelsakademie, arbeitete nach 1945 als Buchhalterin des „Neuen Österreich") und Viktoria Magyar (Jg. 1908, gelernte Schneiderin, nach Kriegsende Heimarbeit), konnten biographische Erstinterviews und Expertinneninterviews durchgeführt werden. Im Unterschied zu anderen Formen des offenen Interviews war dabei weniger die Lebensgeschichte Gegenstand der Analyse als vielmehr der organisatorische Zusammenhang[6] der Frauendelegation.

In ihrem Antikommunismus und ihrer negativen Einstellung zu den Sowjets waren sich beide Zeitzeuginnen einig: Diese werden in den Interviews meist pejorativ „der Russe"[7] und kommunistische Politiker als „KP-Bonzen" benannt. Differenzen gab es in bezug auf Antisemitismus und Nationalsozialismus, Brunhilde Plaschko äußerte sich während der Interviews – im Unterschied zu Viktoria Magyar, deren Mann im Kriminaldienst war und dann zur Gestapo wechselte – nie direkt antisemitisch oder apologetisch in bezug auf den Nationalsozialismus.

Da nur mit zwei der damals aktiven Frauen Interviews durchgeführt werden konnten, kann nicht einfach direkt von ihrer politischen Orientierung auf die politische Ausrichtung der Frauendelegation geschlossen werden, obwohl dadurch sicher Tendenzen sichtbar werden.

Motivationen

Die primäre Motivation für das Engagement dieser Frauen rührte aus einer ähnlich gelagerten familiären Situation, verwandten Erfahrungen durch die Abwesenheit eines männlichen Angehörigen und den daraus resultierenden gemeinsamen Interessen. Diese Frauen wollten nicht nur passiv auf die Rückkehr ihrer Familienangehörigen warten, sondern selber aktiv etwas für die Beschleunigung und Verbesserung der Rücktransporte der Kriegsgefangenen aus der Sowjetunion unternehmen und sich gegenseitig in dieser für sie schwierigen Situation unterstützen. Ihr Engagement ging aber über eine auf die eigene Familie zentrierte Betroffenheit – in bezug auf die aufgewendete Zeit als auch auf die Intensität des Engagements – hinaus.

Wenn die eigene biographische Betroffenheit durch die Abwesenheit der Männer und Söhne nicht mehr gegeben war, hörten viele Frauen der Delegation ganz selbstverständlich auch mit ihrer Arbeit für die anderen auf; die meisten von ihnen verschwanden wieder aus der öffentlichen Arena und kehrten in die Privatheit zurück.[8] Daß es aber auch Frauen gab, die nur unter sanftem Druck von seiten der männlichen Politiker dazu gedrängt wurden, aufzuhören, betonten beide Interviewpartnerinnen.

Tätigkeitsfelder

Das wichtigste Anliegen der Frauen der Delegation war, die rasche Rückkehr der Kriegsgefangenen aus der Sowjetunion zu erreichen. Zu diesem Zweck organisierten sie Brief- und Unterschriftenaktionen, intervenierten, demonstrierten und sprachen persönlich bei den zuständigen Behörden vor. Neben dem Verfassen von Petitionen, zahlreichen Vorsprachen bei österreichischen Politikern/Politikerinnen und bei der sowjetischen Besatzungsmacht, Veranstaltung von Kundgebungen und Demonstrationen („Schweigemärsche")[9] mit hunderten bis zu tausenden Teilnehmerinnen, Sammeln von Unterschriften und anderen traditionellen, aber auch medialen (Reden im Radio)[10] Aktionsformen, mit denen sie die ehebaldige Entlassung der Kriegsgefangenen in der Sowjetunion erwirken wollten, engagierten sich diese Frauen auch für eine bessere Versorgung der Kriegsgefangenen und der Heimkehrer vor allem mit Nahrungs- und Genußmitteln.

Ein weiterer Arbeitsbereich der Delegation galt der psychischen und sozialen Betreuung von Angehörigen: Sie halfen bei Familienangelegenheiten der Kriegsgefangenen, wurden bei Ehe- und Finanzproblemen ebenso wie bei Ausbildungs- und Berufsfragen von Kindern um Rat gefragt. Es gab auch andere Tätigkeitsfelder, wie die Organisation von Weihnachtsfeiern für die Kinder der Kriegsgefangenen, die in den Grenzen traditionell weiblicher reproduktiver Zuständigkeiten blieben.

Die Frauendelegation stand in ständigem Kontakt mit dem Innenministerium, insbesondere mit Rudolf Berdach, dem Leiter der für Kriegsgefangene zuständigen Abteilung, und Innenminister Oskar Helmer, der von Viktoria Magyar oftmals „Vater Helmer" genannt wurde. Die Frauen wurden regelmäßig zu Gesprächen ins Innenministerium geladen, was auch auf gewisse instrumentelle, kontrollierende Interessen von seiten des Ministeriums schließen läßt.

Die Frauen der Delegation bewegten sich auch auf anderen politischen Bühnen, so nahm ab 1948 mindestens eine Vertreterin regelmäßig an den Sitzungen der Wiener Kriegsgefangenenkommission teil.[11] Sie vertraten in den Sitzungen dieser Kommission immer wieder ihr Anliegen, die Rückkehr der Kriegsgefangenen zu beschleunigen, und wollten bei wichtigen politischen Auslandsreisen[12], insbesondere in die Sowjetunion, mit den männlichen Politikern zur direkten Intervention persönlich mitfahren, was ihnen übrigens nie gelang.

„Komplizinnen"

Immer wieder ziehen sich die beiden Aktivistinnen der Frauendelegation in ihren Selbstcharakterisierungen auf die Rolle von unpolitischen Frauen zurück. Dazu gehört auch, daß sie Kriegsgefangenen Unterstützung zuteil werden ließen, die 1949 in der Sowjetunion als Kriegsverbrecher verurteilt worden waren und die wie keine andere Gruppe in die Kriegsverbrechen der Wehrmacht involviert gewesen waren. Sie wollten sich aber nie mit den Taten oder mit persönlichen Schuldfragen dieser Soldaten, ihrer eigenen Männer, beschäftigen. Sie unterstützten diese Männer nahezu bedingungslos und halfen damit bei der Umdeutung der Täter in Opfer mit. Mögen viele Männer während der Fronturlaube und nach der Rückkehr aus Krieg und Kriegsgefangenschaft auch wenig erzählt haben, so ist es doch nicht glaubwürdig, daß Frauen nichts gewußt und nie gefragt haben. Indem Frauen unterstützten, versicherten sie sich ihrer eigenen Bedeutung und halfen durch ihre psychische Reproduktionsarbeit beim Zudecken und Entschulden mit.[13] Sie hörten zu, wollten aber bei manchen Themen nichts Genaueres wissen, verdrängten, entschuldigten auch in dem Bestreben, sich ihre eigenen Vorstellungen von einer heilen Welt zu bewahren, um überhaupt wieder Voraussetzungen für ein während der Phasen der Trennung und des Einsamseins ersehntes „normales" Ehe- und Familienleben zu schaffen. [14]

So erfuhr Viktoria Magyar im Zuge ihrer Arbeit von einem Heimkehrer die Hintergründe des Todes von Käthe Noes Mann, die Mitarbeiterin der Delegation war: „Sagt er: – 'Frau Magyar, ich hab gehört, Sie arbeiten für die Kriegsgefangenen.' – Sag ich: 'Ja.' – Sagt er: 'Ich hab was Furchtbares Ihnen zu sagen.' – Sag ich: 'Na, bitte, sagen Sie es.' – 'Ja, es betrifft aber nicht Sie.' – Sag ich: 'Das macht auch nichts. Wenn ich es weiterleiten soll, so schrecklich das vielleicht sein wird, ich werd's versuchen.' – Na, sagt er: 'Ich weiß es nicht.' – Sag ich: 'Na, überlegen Sie es sich.' – Dann kommt er wieder, sagt er: 'Ich muß das loswerden, Frau Magyar. Kennen Sie einen Hauptmann Noe?' – Sag ich: 'Den Herrn kenn ich nicht, aber seine Frau kenn ich, und den Sohn kenn ich. Der ist gefallen.' – Nein, sagt er: 'Das ist eben net wahr. – Sag ich: 'Na, was ist denn? Haben Sie ihn erschossen?' – 'Nein. Der war in dem Distrikt Galizien. Und alles, was dort geschehen ist, und es sind Greuel geschehen, aber wahrscheinlich nicht nur von die Deutschen, oder vielleicht überhaupt nicht – jetzt nachher ist ja auch Katyn anders geworden. Und da haben sie gesagt, nein, das haben nicht die Deutschen gemacht, mit die Hunderte, das haben die Russen gemacht, die sie da alle bei einer Riesengrube angeschossen haben, sind alle reingefallen. Jetzt sind die Polen draufgekommen, das waren niemals Deutsche.' – 'Ja', sag ich: 'Na, was ist ihm wirklich geschehen?' – 'Erhängt wurde er. Mitten am Platz.' – Na, das kann ich doch der Frau nicht sagen, NIE-

MALS." In dieser Passage stellt die Erzählerin die Greueltaten der Deutschen Wehrmacht sofort aufrechnend in den Zusammenhang mit Katyn, aber es wird dennoch deutlich, daß sie von den Verbrechen der Wehrmacht einiges wußte, wenn sie sagt: „Und alles was dort geschehen ist, und es sind Greuel geschehen, aber wahrscheinlich nicht nur von den Deutschen."

Diese Frauen begriffen sich schuldlos am Nationalsozialismus und am Krieg, war ihrem Geschlechterkonstrukt doch die Distanz zum Handeln und damit zur historischen Verantwortung eingeschrieben. Sie schrieben in einem Brief an Oskar Helmer, diese Unschuld auch bewußt einsetzend: „Wir Frauen, die zweifellos zu den schwer geprüften Menschen gehören, die unverschuldet in diese Lage geraten sind, bitten Sie daher inständig, auch für die Zukunft unsere Interessen voll zu vertreten und alles zu unternehmen, daß unserer Angehörigen aus Rußland heimkehren können."[15] Die Frauen der Delegation nahmen eine teilweise „naive" Pose zu diesen Fragen ein. Viktoria Magyar verdeutlicht ihre damalige Auffassung von Politik: „Wir haben das Wort Politik überhaupt nicht im Mund gehabt. Für uns war wichtig, was kann man alles machen, daß wir die Männer heimkriegen. Aber was die waren, bittschön, warum sie verurteilt waren, das ist ja überhaupt über unsere Grenzen gegangen. Weil wir haben gesagt, sie waren Soldaten wie alle anderen."

Die Delegation wurde aber auch von außen in Distanz zu Schuldfragen gesetzt, so wird für die Frauendelegation in der Bezeichnungspraxis der Abteilung 14 des Innenministeriums immer wieder nur das Synonym von sinngemäß bemitleidenswert armen „Frauen und Müttern" verwendet, die – so der Tenor – beruhigt werden mußten. Die Frauen der Delegation betrieben „ihre Politik" aus Liebe, ohne sie als solche zu verstehen und ohne sich um die „große" Politik – im Sinne weiterreichender politischer, ideologischer Perspektiven – zu kümmern. Über ein dem historisch politischen Kontext enthobenes Verständnis transportierten sie insbesondere in der späteren Phase – als sie sich für die Verurteilten einsetzten – auch revisionistische Tendenzen.

Kein Orden für Frauen?

„Eine hervorragende Rolle haben die Frauen der Frauendelegation im Bundesministerium für Inneres repräsentiert, sie haben während der Jahre von 1946 bis 1954 eine für die Kriegsgefangenen und daher für das Bundesministerium für Inneres äußerst wertvolle, nicht wegzudenkende Mithilfe getan und durch ihre unpolitische Haltung Achtung und Anerkennung hervorgerufen. Es waren dies die Leiterin der Frauendelegation Frau Leopoldine Streit, Frau Katharina Noe, Frau Viktoria Magyar und Frau Elisabeth Rutte." (Rudolf Berdach, Festschrift)[16]

Die politische Arbeit der Frauendelegation erfuhr nur wenig öffentliche Anerkennung, die über eine gewisse lokale Bekanntheit über die unmittelbare Nachkriegszeit hinausreichte.[17] Beide Frauen drückten im Interview ihre Unzufriedenheit über eine zu geringe öffentlich-offizielle Honorierung aus. Ihre Aktivitäten
blieben weitestgehend unbedankt – obwohl Leopoldine Streit und Elisabeth Rutte
als Mitglieder der Kriegsgefangenenkommission am 3.6.1953 „wegen ihrer besonderen Verdienste um die Rückführung der Kriegsgefangenen der Titel Bun-
desstaatlicher Fürsorgerat verliehen"[18] wurde. Auch Viktoria Magyar bekam – laut
ihrer Aussage – diesen Titel. Sonst fanden ihre Aktivitäten in den Berichten über
die Nachkriegszeit kaum Erwähnung. Viktoria Magyar resümiert:

„Der Nachfolger, wie der Helmer gestorben ist, der Czettel, in Wiener Neustadt, wie die Denkmalenthüllung[19] war, da bin ich fotografiert worden, da hat er
sich eigens eingehängt, und da hat er gesagt, was ihr gemacht habt's, ihr verdients
einen Orden. Aber dann ist er gestorben, dann war es aus mit dem Orden."

Brunhilde Plaschko kommentiert: „Geh, den Orden hätten wir doch auch
nicht kriegt. Bla, bla."

Daß die Frauendelegation in zeitgenössischen Zeitschriftenartikeln und in der
offiziellen Publikation des Innenministeriums „Buch des österreichischen Heimkehrers" in erster Linie als „Frauen und Mütter der Heimkehrer" Erwähnung
findet und nicht als Organisation von bestimmten Frauen, wird von beiden
Interviewpartnerinnen als Geringschätzung ihrer Leistung bezeichnet, obwohl sie
selber diese Bezeichnungspraxis betrieben. Denn sie operierten ja selber mit einer
„Politik der Differenz"[20], einer „mütterlichen Legitimierung" ihrer Politik und
bezeichneten sich oft selbst namenlos als „Frauen und Mütter".[21]

Politik mit der Wiederkehr?

Es stellt sich die Frage, inwieweit es überhaupt möglich ist, über diese Formen des
Politisierens nachzudenken, ohne dabei immer bereits Normen und Bezeichnungs-
praxen eines den Männern zugeordneten Politikverständnisses in einer
hierarchisierten, weil mit mehr Macht versehenen Form von Politik implizit zu
unterlegen.[22] Im Diskurs der sexuellen Differenz der Nachkriegszeit wurde das
politische Individuum universell und männlich definiert,[23] Frauen hingegen „haben auf der Suche nach ihrem Ort in der Gesellschaft offensiv auf die Geschlechterdifferenzen rekurriert – und dieses dichotome Denkkonzept inhaltlich vor allem
mit 'Mütterlichkeit' aufgefüllt, wiederum mit besonderer Dramatisierung im konservativen Kontext."[24]

Die vorher geschilderten Aktivitäten der Delegation zeugen von einem anderen Verständnis von Politik und einer anderen Position zur politischen Praxis, als sie Männer hatten. Sie sind weniger Ausdruck einer spezifischen Klassenzugehörigkeit als vielmehr einer für Frauen und Männer differenten Positionierung auf der Bühne der Politik, die Frauen vorrangig nicht-öffentliche Spielräume anbot.[25]

Die Abgrenzung und negative Eigenbewertung von „Politik", die beide Zeitzeuginnen artikulieren, ist auch auf zwei Ebenen interpretierbar, auf denen sich politisches Milieu und Geschlechtszugehörigkeit überschneiden: Sie ist erstens Teil einer geschlechtsspezifischen Reaktion auf bestimmte Definitionsmuster von „öffentlich" und „privat" in einer bürgerlichen Öffentlichkeit, in denen Frauenbereiche von vornherein als „unpolitisch" und „privat" gelten. Ihr Beispiel zeigt zweitens aber auch das „Fließend-werden" dieser dichotomen Kategorien.[26]

In ihrer Art haben diese Frauen auch am Nachkriegsprojekt der „österreichischen Unschuld" und an der Herstellung der Märtyrerfigur der „armen Kriegsgefangenen" über eine enthistorisierte, kontextlose und scheinbar entpolitisierte Sichtweise – insbesondere der Spätheimkehrer – mitgearbeitet.

Die Frauen der Delegation identifizierten sich über ihren Status als weibliche Angehörige von Kriegsgefangenen in der Sowjetunion und über eine gemeinsame Geschichte, die diesen sozialen Status für die Dauer der Kriegsgefangenschaft hervorbrachte, als Gruppe.[27] Die Gruppenzugehörigkeit stellte sich in ihrem Fall nicht durch einen juristischen Akt (z. B. eine Vereinsgründung) her, sondern primär durch die kulturelle Praxis eines bestimmten politischen Agierens mit einer gemeinsamen zeitbegrenzten Zielsetzung.

Den Frauen der Frauendelegation ging es verständlicherweise vor allem darum, ihre Angehörigen wieder zurückzubekommen: Die Absenz des Ehemannes, des Sohnes, des Vaters war für sie gleichbedeutend mit dem Fehlen des „gegengeschlechtlich primären Anderen", des „Familienerhalters"[28]. Sie stabilisierten brüchig gewordene Familien- und Beziehungskonzepte, weil sie auch ihre eigenen Vorstellungen von Männlichkeit nach älteren Bildern des Begehrens organisierten.

So meinte Viktoria Magyar, daß sie erst aufgehört habe, den damaligen Vizebürgermeister um Landaufenthalte für die Kinder von Kriegsgefangenen zu bitten, „bis die Väter zu Hause sind, dann werde ich Sie nimmer sekkieren."

Das leisteten sie – so wurde in den Interviews einhellig versichert – aus Liebe. In den Momenten, wo sie in den Kompetenzbereich traditionell-männlicher Politik und behördlicher Kompetenzen gerieten, wurden ihre Aktionen von außen als „politische" wahrgenommen und als solche bezeichnet. Dort entstanden am ehesten Konflikte mit männlichen Funktionsträgern. In diesen Randzonen schienen sie an die Grenzen des ihnen gesellschaftlich zugestandenen Aktivitätsradius zu geraten, was sich über Grenzziehungsversuche – die die Machtbereiche entlang bestimmter Geschlechterkonstrukte 'politisch-unpolitisch' 'öffentlich-privat' organisierten – durch männliche Politiker zeigte: Die Tätigkeiten der Delegation wurden genau beobachtet und immer wieder mit Verhaltensanweisungen versehen, die sie nur situationsbezogen und zeitbegrenzt zuließen.

Im Verständnis der Frauen wurden ihre Tätigkeiten nie als „politische Arbeit" begriffen, im Gegenteil: Die beiden Zeitzeuginnen versuchten, sich aufgrund ihres negativen Politikverständnisses von dieser Zuweisung abzugrenzen. Politik hieß für diese Frauen anscheinend automatisch Parteipolitik.

Wenn die Frauen der Delegation heute kaum als individuelle Personen und marginal als politisch agierende Frauengruppierung dokumentiert sind, ist das auch darauf zurückzuführen, daß sich die Frauen nie als Verein konstituierten (sich also keine Rechtspersönlichkeit gaben) und sich generell nicht den Spielregeln einer bürgerlichen Öffentlichkeit – die zumindest eine offizielle Vereinsgründung benötigt hätte – unterwarfen. Eine Vereinsgründung hätte zwar noch nicht viel geheißen, aber es wäre ein weiterer Schritt in Richtung Überschreiten der Grenze von privater Familienarbeit gewesen und hätte auch politisch – im Sinne eines längerfristigen, vielleicht sogar parteipolitischen Konzeptes – noch ernster genommen werden müssen und sie hätten dadurch als Frauendelegation vielleicht andere – weniger heimliche – Spuren hinterlassen.

Anmerkungen

1   Laut Aussagen der beiden Interviewpartnerinnen benützten die Frauen den Namen „Frauendelegation" selbst. Vgl. ausführlich dazu: Hornung, Ela: Penelope und Odysseus. Erzählungen über Warten und Heimkehren nach 1945. Biographische Fallstudien eines Ehepaares, das Engagement der Frauendelegation und die Gesetzgebung der Kriegsopferfürsorge, Diss. Wien 1998.

2   Bis 1948 waren nahezu alle Österreicher aus amerikanischer, englischer und französischer Kriegsgefangenschaft entlassen worden, die meisten dieser 335.270 Kriegsgefangenen kamen in den Jahren 1945 und 1946 zurück. Insgesamt waren rund 150.000 Österreicher (Kriegsgefangene und Zivilinternierte) in sowjetischer Kriegsgefangenschaft registriert. Der Großteil davon kehrte bis 1949 zurück. Die bis Jahresende 1949 noch nicht Entlassenen rund 3000 waren als Kriegsverbrecher verurteilt worden. Vgl. Böhme, Kurt: Die deutschen Kriegsgefangenen in sowjetischer Hand. Eine Bilanz, in: Maschke, Erich (Hg.): Zur Geschichte der deutschen Kriegsgefangenen des Zweiten Weltkriegs. München 1966, S. 127ff; Das Buch des österreichischen Heimkehrers, hg. v. Bundesministerium für Inneres. Wien 1949, S. 61 (Statistik); Karner, Stefan: Im Archipel GUPVI. Kriegsgefangenschaft und Internierung in der Sowjetunion 1941-1956. Wien, München 1995, S. 201.

3   1946 wurde sowohl in den Interviews als auch in schriftlichen Quellen (wie z. B. einem Rundschreiben der Frauendelegation vom 11.11.1952, das das Innenministerium verschickte) als Gründungsdatum genannt.

4 Es gibt einen Bericht der Generaldirektion für öffentliche Sicherheit von 1957, in dem von einer Intervention der Delegation beim Bundespräsidenten berichtet wird. ÖStA/KA, BMfI. Zl. 341.293-14/54, Generaldirektion für öffentliche Sicherheit, Gzl. 162.616-2A/57.

5 Die Namen sind nicht anonymisiert.

6 Vgl. ausführlicher zur Diskussion des Experteninterviews: Meuser, Michael/Nagel, Ulrike: ExpertInneninterviews – vielfach erprobt, wenig bedacht. Ein Beitrag zur qualitativen Methodendiskussion, in: Garz, Detlev/ Kraimer, Klaus (Hg.): Qualitativ-empirische Sozialforschung. Opladen 1991, S. 442.

7 Vgl. dazu auch: Bandhauer-Schöffmann, Irene/Hornung, Ela: Der Topos des sowjetischen Soldaten in lebensgeschichtlichen Interviews mit Frauen, in: DÖW Jahrbuch 1995. Wien 1995, S. 28-44; Volkmann, Hans-Erich (Hg.): Das Rußlandbild im Dritten Reich. Köln, Weimar, Wien 1994.

8 Sarah Fishman fand eine ähnliche Gruppierung von engagierten Frauen in Frankreich. „La Fédération des associations de femmes de prisonniers", die sich vor allem für die Betreuung der betroffenen Frauen, die Versendung von Paketen an die Kriegsgefangenen und die finanzielle Versorgung der Frauen einsetzte, vgl. Fishman, Sarah: We will wait. Wives of French Prisoners of War, 1940-1945. New Haven, London 1991, S. 100ff.

9 Z. B. ÖStA/KA, GZl. 153450-2/53. Polizeidirektion Wien, Versammlungsbericht, dat. 18.12.1952; Information der Abt. 2, BMfI.: Der Zug endete unvorgesehen vor dem Rathaus; vgl. Weltpresse, Nr. 201, 2.12.1952; Arbeiter Zeitung, 3. Dezember 1952. Es wurde von 2000 Teilnehmerinnen berichtet.

10 Z. B. Der Rundfunkvortrag einer Frau der Frauendelegation im Sender Rot-Weiß-Rot am 1. Dezember 1952 gipfelte in der Forderung: „Gebt endlich unsere Männer und Söhne, die heute noch wegen ihnen angeblich angelasteter Kriegsverbrechen in Lagern schmachten, frei." ÖStA/KA, Nachlaß Berdach, B/696, 670.

11 Am 5. Juli 1947 wurde die Wiener Kommission für Kriegsgefangenenangelegenheiten zum ersten Mal einberufen. Sie wurde von Vertretern der drei Parteien und der zuständigen Abteilung des Innenministeriums beschickt, Vorsitzender und Initiator war Innenminister Oskar Helmer. Deklariertes Ziel dieser Kommission war es, den Parteien Einblick in die Arbeit des Innenministeriums zu geben und die Zusammenarbeit (insbesondere mit der KPÖ) bei politisch brisanten Verhandlungen mit den Sowjets zu koordinieren und effizienter zu gestalten. Die Kommission wurde im Laufe ihres Bestehens 21mal und 1949 zum letzten Mal einberufen.

12 BMfI, Abteilung 14, Zl. 275.119-14/49. Bericht über die Sitzung der großen Kriegsgefangenenkommission am 9.4.1949; über Oskar Helmers Zustimmung zur Reise „einer österreichischen Frauendelegation" wird auch im Bericht der Abt. 14 vom 24.1.1955 berichtet. ÖStA/KA, Nachlaß Berdach, Zl. 630.

13 Vgl. Zipfel, Gaby: Wie führen Frauen Krieg?, in: Heer, Hannes/Naumann, Klaus (Hg.): Vernichtungskrieg.Verbrechen der Wehrmacht 1941-1944. Hamburg 1995, S. 468 ff.

14 Ebd., S. 469; Schwarz, Gudrun: Eine Frau an seiner Seite. Ehefrauen in der „SS-Sippengemeinschaft". Hamburg 1997.

15 ÖStA/KA, Nachlaß Berdach, B/696: 3 -7, 683, Entwurf eines Briefes der „Frauendelegation Österreichs, die noch Angehörige in der UdSSR haben" an Innenminister Helmer vom Oktober 1952.

16 Berdach, Rudolf (Hg): Festschrift anläßlich einer Stiftung für in Not befindliche ehemalige österreichische Kriegsgefangene. Wiener Neustadt, o.A.J., S. 44.

17 Viktoria Magyar, Käthe Noe und Marianne Bernhauer werden auch in der Geschichte des „Heimkehrer-Verbandes Österreich" 1957 und 1958 erwähnt. Sie standen bei Diskussionen des HVÖ für „Frauenbelange" zur Verfügung, in: Landesverband Wien und NÖ, Zur Geschichte des „Heimkehrer-Verbandes Österreich" 1957 und 1958, hg. v. Heimkehrerverband Österreichs. Wien 1964, S. 9.

18 Einladung des Bundesministeriums für Inneres an Brunhilde Plaschko zur Überreichung der Urkunden, dat. 26. Mai 1953.

19 Es handelt sich hier um eine Oskar-Helmer-Büste von Gustinus Ambrosi, die anläßlich einer Gedenkfeier zur Erinnerung an das Eintreffen des letzten Heimkehrertransportes aus der SU in Wiener Neustadt von Innenminister Hans Czettel am 25. Juni 1965 vor dem Bahnhof enthüllt wurde. (Seit 1969 steht sie in der Waltergasse, in der Nähe des Oskar-Helmer-Kindergartens.) Vgl. Gerhartl, Gertrud: Wiener Neustadt, Geschichte, Kunst, Kultur und Wirtschaft. Wien 1993, S. 519-520. Vergleiche zum öffentlichen (nationalen) Gedenken in seinen geschlechterdifferenten Dimensionen: Niederhaus, Irene: Die nationalisierte Heimat. Wehrmann und städtische Öffentlichkeit, in: Eckert, Gisela (Hg.): Kein Land in Sicht. Heimat – weiblich? München 1997, S. 57-79.

20 Nagl-Docekal, Herta/Pauer-Studer, Herlinde (Hg.): Politische Theorie. Differenz und Lebensqualität. Frankfurt/Main 1996, S. 15.

21 Oskar Helmer lobte in seinen Erinnerungen die Aktivitäten der „Frauen und Mütter" in ihrem Bemühen um die Kriegsgefangenen. An einer anderen Stelle nennt er sie lobend „Frauenkomitees", in: Helmer, Oskar: 50 Jahre erlebte Geschichte. Wien 1957, S. 275; ÖStA/KA, Nachlaß Berdach B/696, „5", 623, Rede von Frau Schwarz: „'Schweigemarsch' von Frauen und Müttern von Kriegsgefangenen."

22 Vgl. dazu den Diskussionsbeitrag von Klein, Ethel, in: Women & Politics, Vol. 7, No. 4 (1987), S. 19.

23 Vgl. Scott, Joan W.: Verstörende Spektakel des Paradoxes, in: springer (= Hefte für Gegenwartskunst Band I, Heft 4). September 1995, S. 55.

24 Bauer, Ingrid: Von den Tugenden der Weiblichkeit. Zur geschlechtsspezifischen Arbeitsteilung in der politischen Kultur, in: Albrich, Thomas/Eisterer, Klaus/Gehler, Michael/Steininger, Rolf (Hg.): Österreich in den Fünfzigern. Innsbruck 1995, S. 40.

25 Vgl. Scott, Joan W.: „Experience", in: Butler, Judith/Scott, Joan W. (Hg.): Feminists theorize the Political. New York, London 1992, S. 30.

26 Vgl. Pauer-Studer, Herlinde: Geschlechtergerechtigkeit: Gleichheit und Lebensqualität, in: Nagl-Docekal, Herta/Pauer-Studer, Herlinde (Hg.): Politische Theorie. Differenz und Lebensqualität. Frankfurt/Main 1996, S. 61ff.

27 Vgl. Young, Iris Marion: Fünf Formen der Unterdrückung, in: ebd., S. 106.

28 ÖStA/KA, Nachlaß Berdach, 693-697, Brief der „Frauen und Mütter Österreichs, die noch Angehörige als Gefangene in der UdSSR haben" an das Präsidium des Weltkriegsopferverbandes, dat. 29.11.1954: „Wir wollen von den Entbehrungen, dem Hunger und der Not, die seit Jahren durch die Abwesenheit des Familienerhalters bei uns herrschen, nicht weiter sprechen."

Gerhard Baumgartner

„Sehen, wissen, sprechen!"

Zur historischen Erinnerung der burgenländischen Bevölkerung an die „Todesmärsche" 1945

Prolog

Ich habe mich im Rahmen meiner Arbeiten über das burgenländische Judentum viel mit den jüdischen Zwangsarbeitern und den Todesmärschen beschäftigt, habe zahlreiche Oral History Interviews geführt. Aber ich habe niemals eine Zeile darüber publiziert. Es war für mich ein Problem im doppelten Sinn, eines, für das ich lange nach einer Lösung gesucht habe. Dieses Referat ist eine Art Erklärungsversuch, wie ich heute das Problem verstehe und wie ich mir die Lösung vorstelle. Es ist ein Referat über historische Wahrheit und Lüge. Und über die landläufige Meinung, daß man fremden Historikern und Journalisten besser keine Auskunft gibt.

I.

Einerseits will ich versuchen, meine persönlichen Erfahrungen aus zwei Jahrzehnten Auseinandersetzung mit der burgenländischen Lokalgeschichte, insbesondere der Geschichte des burgenländischen Judentums, in einen wissenschafts- und erkenntnistheoretischen Zusammenhang zu stellen: Ich will am Beispiel meiner Familie und meiner Verwandtschaft zeigen, wie und bis zu welchem Grad geschichtliches Wissen und am eigenen Leib erfahrene und mitgetragene Geschichte in der Erinnerung selektiert, ausgeblendet und überblendet wurde.

Gleichzeitig will ich versuchen zu demonstrieren, daß unser Verhältnis zu Vergangenem, auch und besonders zur eigenen „Geschichte", ein Prozeß ist, dessen Ablauf aufgespannt ist zwischen den Koordinaten der belegbaren, historischen Tatsachen und der in persönlichen, familiären, verwandtschaftlichen und gesellschaftlichen Diskursen ausgehandelten, konsensualen Übereinkünfte darüber, was davon zu halten ist.

II.

Ich will Ihnen diese Prozesse anhand eigener Erfahrungen demonstrieren, will zeigen, wie ich, der ich geglaubt hatte, meine Familie zu kennen, im Laufe meiner historischen Arbeit erfahren habe, daß zahlreiche Mitglieder meiner Familie in der einen oder anderen Form mit den jüdischen Zwangsarbeitern und den Todesmärschen in Berührung gekommen waren. Sie darüber zum Sprechen zu bringen, war und ist nach wie vor schwierig, und der Informationsgehalt ihrer Aussagen ist dürftig. Die Historikerdebatte um die methodischen Möglichkeiten der „Oral History" seit Mitte der achtziger Jahre, besonders in der Kritik an der Position Lutz Niethammers, hat immer wieder ausdrücklich betont, daß das Verdienst und der methodologische Vorteil der „Oral History" eher darin liege, die Einstellung und persönliche Reflexion von historischen Abläufen durch Individuen zu dokumentieren, also konkret wie geschichtliche Abläufe erlebt und reflektiert wurden.

Ich habe persönlich sehr lange mit der Methode der „Oral History" gearbeitet, und ich habe diese ihre Unzulänglichkeiten – nicht nur einmal – am eigenen Leibe erfahren. Das Potential der „Oral History" liegt meiner Meinung nach eher in ihrer methodologischen Weiterführung, wie sie Gabriele Rosenthal, Reinhard Sieder, Armin Nassehi und Gerhard Botz in der Gruppe rund um die Salzburger Quant-Qual-Kurse vorgeführt haben[1].

Zurückgeführt auf unser Thema heißt das: Ich habe erkennen müssen, daß das, was mir meine Familienangehörigen und Verwandten erzählen, und das, was wir aus der historischen Literatur und den Dokumenten rekonstruieren können, weit auseinanderklafft. Heißt das, daß sie mich belogen haben? Ich glaube nein! Mit den Kritikern der „Oral History" habe ich erkennen müssen, daß mir meine Familienangehörigen und Verwandten die Wahrheit erzählen, nämlich ihre Wahrheit.

III.

Ich komme aus einem kleinen Dorf im südlichen Burgenland, meine Familie und meine Verwandtschaft erstreckt sich auf mehrere Dörfer in Bezirk Oberwart mit einigen Ausläufern ins Komitat Vas, nach Wien, Graz, Budapest, Deutschland, England und Nordamerika. Die soziale Struktur meiner Familie ist prototypisch für die in dieser Gegend ansässigen Familien. Mitglieder meiner Familie haben am Leben und Schicksal der burgenländischen Juden und der ungarischen Juden, an den Todesmärschen Anteil gehabt oder haben diese Ereignisse zum Teil selbst gesehen. Auch in ihrem Verhältnis zur Geschichte erscheint mir meine Familie prototypisch.

Die Wahrheit, die sie mir erzählt haben, ist ihre konsensual konstruierte und sanktionierte familien- und gruppensoziologisch ausverhandelte Wahrheit. Dieses Phänomen ist unter dem Begriff der „memoire collective" oder „collectiv memory" in der Fachliteratur diskutiert worden. Dieses „kollektive Gedächtnis" ist „what a social group remembers of its past", aber entgegen der landläufigen und umgangssprachlichen Verwendung des Begriffes im politischen Diskurs kann diese „memoire collective" nicht auf ihren metaphorischen Charakter verkürzt werden. Es erscheint mir zum besseren Verständnis des Folgenden äußerst wichtig, den realen Charakter und das Prozeßhafte dieses kollektiven Gedächtnisses zu betonen oder, wie Alon Confino schreibt, „a social reality transmitted and sustained through the conscious efforts of a social group."[2]

Das heißt nicht mehr und nicht weniger als: „Memoire collective" ist, was „wiedererzählt wird", diese wieder und wieder vorgenommene Erzählung konstituiert das kollektive Gedächtnis und definiert es auch. Was nicht erzählt wird, ist nicht Geschichte, und im Fluß von Rede und Gegenrede, der Wortwahl und der Darstellung wird das kollektive Gedächtnis immer neu formuliert – und revidiert. Maurice Halbwachs hat diesen Ansatz in seiner Arbeit aus dem Jahre 1925 „Les cadres sociaux et la memoire" skizziert, französische Historiker und Sozialwissenschafter wie Jacques Le Goff, Philippe Joutard, Pierre Nora haben ihn in den achtziger Jahren weiterentwickelt.[3]

Dieser Prozeß der Gedächtnisrekonstruktion wirkt auf Erzähler und Rezipienten gleichermaßen. In der Gedächtnisrekonstruktion wird der autobiographische Erzähler – laut Pierre Bourdieu – *nolens volens* zum Ideologen seines eigenen Lebens.[4] Erst im rekonstruierenden Diskurs werden zwischen den selektierten Ereignissen sinnstiftende Beziehungen postuliert.

Autobiographie, Oral History, kollektives Gedächtnis und lebensgeschichtliches Interview sind also *per definitionem* nicht Abbilder dessen, „wie es wirklich gewesen". Denn wie es war, ist für immer vergangen, nicht wiederholbar, nicht rekonstruierbar. Mit den Worten Heinz von Försters „ist die einzige Methode, wie wir glauben können, wie es gewesen ist, es zu sagen! Es gilt daher „Es ist, wie du es sagst!"[5]

„Memoire collective" ist also notwendigerweise und *per definitionem* nicht nur ein Instrument des Erinnerns, sondern auch ein Instrument des Vergessens. Schweigen, Umdeutung und Lüge im landläufigen Sinn sind integrale Teile des Erinnerungsprozesses. Mit einem Rückgriff auf die in der Arbeit „Memory and History" 1986 von Nathan Wachtel zusammengefaßten Grundzüge der „memoire collective" läßt sich sagen: „Die soziale Funktion des Gedächtnisses ist es, eine Vergangenheit zu konstruieren und die Gegenwart zu legitimieren; Gedächtnis hat seinen Ursprung immer in der Gegenwart und geht durch die Zeit zurück, durch einen selektiven Prozeß der Manipulation, Aneignung und schließlich der Erfindung. Kollektives Gedächtnis ist daher nicht einfach eine Reflexion der Vergangenheit oder ein Sich-Halten an bewährte Überlieferung, sondern ein Versuch, mit Hilfe einer ekklektischen und kreativen Rekonstruktion die Gegenwart zu verstehen." Ein Unterschied zwischen Gedächtnis und Geschichte ist daher nach Walter Benjamin, daß das Gedächtnis für eine soziale Gruppe „nicht ein Instrument zur Erforschung der Vergangenheit ist, sondern eine Bühne für Vergangenes."⁶

IV.

Ich werde daher nicht so sehr über das sprechen, was ich erfahren habe, sondern wie, warum, wann und in welcher Form ich es erfahren habe.

Durch drei Beispiele möchte ich die eingangs erwähnten – und nicht zufällig aus der Sprache des Filmschnittes entlehnten – Begriffe des Selektierens, Ausblendens und Überblendens als Instrumente bei der Konstruktion der „memoire collective" illustrieren.

ILLUSTRATION 1

Als Kind spielte ich im Hause meiner Großmutter in Großpetersdorf oft in einer hinteren Kammer, in der eine Reihe von Holzbänken stand. Da dieser Raum umgebaut wurde, als ich noch sehr klein war, vielleicht drei, vier Jahre alt, hatte ich ihn schon ganz vergessen. Als Geschichtestudent organisierte ich 1980 eine lokalhistorische Ausstellung über Widerstand und Verfolgung im Südburgenland und kam im Zuge der Recherchen darauf, daß es in Großpetersdorf einen jüdischen Friedhof gegeben hatte und einen Betraum. Als ich meine Großmutter fragte, wo der Friedhof gewesen sei, zeigte sie mir ein wohlbekanntes, total verwildertes Grundstück, wo wir Kinder in der Schulzeit jeden Sommer Indianer gespielt hatten. Mir fielen plötzlich auch die an einem Rand aufgestapelten und bemoosten Steine wieder ein. Niemand hatte uns Kindern je gesagt, daß dies ein Friedhof sei, ein jüdischer Friedhof sei. Als ich meine Großmutter fragte, wo denn der Betsaal gewesen sei, erklärte sie, dies sei die hintere Kammer in ihrem Haus gewesen, die mit den Holzbänken, wo früher einmal die Kunstschmiedewerkstatt meines Urgroßvaters gestanden sei, was später das Schlafzimmer meiner Großeltern wurde und heute das Büro einer Elektrofirma ist. Und sie schilderte mir den Raum, in dem ich als Kind immer gespielt hätte, und ich sehe ihn deutlich vor mir. Das Selektieren des Materials im kollektiven Gedächtnis ist also reversibel, ebenso ist es unzuverlässig.

Meine Mutter behauptet nämlich felsenfest, daß das Haus meiner Großmutter schon zwei Jahre früher umgebaut worden sei, ich also den Raum gar nicht gesehen haben könne! Aufzeichnungen existieren keine, der Umbau zog sich wegen baurechtlicher Schwierigkeiten über Jahre, und es ist bis heute nicht geklärt, ob ich im ehemaligen jüdischen Betsaal der Gemeinde Großpetersdorf als Kind gespielt habe. Oder ob ich durch die eindrucksvollen Schilderungen meiner Großmutter ein anderes, ebenfalls im Gedächtnis gespeichertes, aber längst verschollenes Bild aktiviert habe und es jetzt als Betsaal in mein diskursiv rekonstruiertes Gedächtnis inskribiert habe. Eben Lüge als integraler Teil des kollektiven Gedächtnisses.

V.

ILLUSTRATION 2

Anders als die ehemalige jüdische Gemeinde Großpetersdorf oder der jüdische Friedhof war der Südostwall seit meiner frühesten Kindheit Bestandteil der Familiengeschichte. Mein Vater war als Hitlerjunge zu Schanzarbeiten nach Slowenien geschickt worden, „nach Cilli", wie es bei uns hieß, und er schilderte immer wieder, wie die damals 13- und 14jährigen Buben auf dem Hauptplatz von Cilli ankamen und von ihrem Gruppenführer über den Platz geführt wurden. Da krachte plötzlich ein Schuß und der Gruppenführer, den mein Vater sehr verehrt und bewundert haben muß, brach tot zusammen. Slowenische Partisanen hatten ihn erschossen.

Unter den von mir geborgenen Schriftstücken meiner Familie fand ich auch einen handschriftlichen Zettel, datiert im Frühjahr 1945, auf welchem ein Kommandant nicht leserlichen Namens meiner Großmutter die Krankenstation in Schachendorf übergibt. Als ich meine Großmutter fragte, worum es sich dabei handelt, erzählte sie mir, damals seien ungarische Juden als Bauarbeiter eingesetzt gewesen, und sie sei als Rotkreuzschwester mit der Führung der in der Schule von Schachendorf gelegenen Krankenstation betraut gewesen. Weil sie sehr gut Ungarisch gesprochen habe, habe sie sich mit den Juden auch gut verständigen können. Diese hätten sie oft um Hilfe gebeten, um Essen, um Kleidung etc. Meine Großmutter erzählte von diesen Gesprächen anfangs immer sehr offen. Als ich sie Jahre später auf den Zusammenhang zwischen den Schachendorfer Juden und dem Massengrab in Rechnitz ansprach, sagte sie nur, sie wisse nicht, wo die Juden hingekommen seien.

Über Rechnitz und die Erschießungen habe man nichts gehört, hieß es in der

Familie. Mein Vater war Gerichtsbeamter, und als solchen befragte ich ihn zu den vom Bezirksgericht nach dem Krieg durchgeführten Exhumierungen in Rechnitz. Mein Vater aber sagt, da sei nichts herausgekommen, wo die Akten sind, wisse er nicht, das sei nicht seine Abteilung gewesen. In der familiären Diskussion aber nahm nun die Debatte eine interessante Wendung. Kam das Gespräch auf Rechnitz, wurde das Thema Südostwall immer häufiger mit dem Mord in Cilli kombiniert.

Überblenden nennt man in der Sprache des Filmschnittes, wenn ein Bild mit einem zweiten kombiniert wird. Wenn man sich zwei Diaprojektoren vorstellt, so sieht man zuerst ein projiziertes Bild, langsam wird der zweite Diaprojektor dazugeschaltet, und das zweite Bild wird neben dem ersten immer stärker erkennbar. Entweder verschwindet das alte Bild langsam ganz zugunsten des neuen Bildes, oder aber beide bleiben – ineinander verschwommen, eben überblendet – nebeneinander stehen.

ILLUSTRATION 3

Nicht lange nach dem Todesmarsch der Juden Richtung Westen durchquerte eine Marschkolonne deutscher Kriegsgefangener unter russischem Kommando das Dorf Richtung Osten. Ein aus Großpetersdorf stammender Soldat sprang in einem unbeobachteten Moment in die Toreinfahrt seines an der Hauptstraße gelegenen Elternhauses und konnte sich verstecken. Seine Schilderungen von der Behandlung der Kriegsgefangenen durch die Russen haben Eingang in den lokalen Kanon über die Greuel des Zweiten Weltkriegs gefunden.

Während der russischen Besatzungszeit war ein Mann auf der russischen Kommandantur mit einem Offizier in Streit geraten. Als er die Kommandantur verließ und über den Hauptplatz davonging, wurde er von dem betrunkenen Offizier von hinten erschossen.

Ein weitschichtiger Verwandter aus dem Bezirk Güssing erzählt, daß, als die Juden auf ihrem Todesmarsch unterhalb des Dorfes im Tal auf der Bachwiese lagerten und es den kroatischsprachigen Dorfbewohnern verboten war, hinunterzugehen, die Frauen und Kinder am Abend und in der Nacht sich mit Brotlaiben zu den Gartenzäunen schlichen und diese über die Wiesen zu den Juden hinunterrollen ließen.

Alle Fragen zu Schachendorf und Rechnitz werden sofort mit der Perfidie des Mordes in Cilli, dem Leid der Kriegsgefangenen, dem Mord am Hauptplatz und den Brotlaiben relativiert. Das Herumhacken auf Rechnitz und den Todesmärschen ist und bleibt ein störender Akt von Feinden und Wirrköpfen.

VI.

Einem, der von außen kommt, kann man diese Dinge nicht erzählen, denn er „versteht" sie nicht. Er weiß nicht – ja, kann nicht wissen – um ihren Stellenwert, ihre Position und Bedeutung in der „memoire collective". Das Hauptargument zur Abwehr von Gesprächen gegenüber Fremden illustriert dies ganz deutlich: „Die verstehen das alles nicht, die glauben dann gleich ganz was anderes!" Das Schweigen der Bewohner des Burgenlandes zu zeitgeschichtlichen Themen ist vor diesem Hintergrund zu sehen. Immer wieder mußte man erkennen, daß die sozial abgesicherten Versionen der „memoire collective" auf Unverständnis stoßen. Und über Jahrzehnte hinweg gerieten die wissenschaftlichen, intellektuellen und journalistischen Diskurse der Nachkriegszeit mit den lokalen Formen kollektiven Gedächtnisses nicht in Widerspruch : a) Weil diese bis zum Vordringen der Alltagsgeschichte und der Oral History in den siebziger und achtziger Jahren nicht beachtet wurden, und b) weil es einen nationalen Grundkonsens gab, im kollektiven Gedächtnis etwas auszublenden, nämlich die Frage nach der Verstrickung einzelner Österreicher in die Vorgänge des Dritten Reiches, ja das Thema des Dritten Reiches und des Nationalsozialismus als solches.

Mit ausblenden bezeichnet man einen Vorgang im Filmschnitt, bei dem man ein Bild verschwinden läßt, möglichst unmerklich.

Der Konsens über die Praktik des Ausblendens war allumfassend, weil er Teil der Sozialisation der Nachkriegszeit war. Faschismus zu sagen war wie „in der Kirche zu pfeifen", peinlich, peinlich, lieber von etwas anderem reden.

ILLUSTRATION 4

Die Feldpostbriefe des Bruders meiner Großmutter sind mit „SS-Totenkopfdivision" abgestempelt, Ort: Kulmhof. Auf einem Stück Agfa-Film in Familienbesitz sieht man einige kahlgeschorene Personen an der Kamera vorbeilaufen/Schnitt/exerzieren auf einem Hof einer Kaserne in SS-Uniformen. Der Cousin meiner Mutter war als Hitlerjunge Aufsichtsperson am Südostwall. Er stammt aus dem ungarischsprachigen Dorf Sziget in der Wart. Mehrere ehemalige Hitlerjungen unseres Dorfes, unter ihnen ein angesehener Kleinunternehmer, werden in den Vernehmungsprotokollen zu den Todesmärschen aus der Nachkriegszeit genannt. Mein Vater sagt am Telephon zum Cousin meiner Mutter: „Heast, der Gerhard möcht mit dir über Schachendorf reden, waßt eh, damals beim Schanzen! Kannst du di überhaupt an was erinnern. Aha, na, na, hab i ma eh gedacht!"

Die Technik des Ausblendens ist einfach. Ein unangenehmes Thema wird nicht widersprochen oder bestritten. Nein, vielmehr wird es in seiner oberflächlichsten und verallgemeinerndsten Variante kommentarlos stehengelassen, und man geht zu etwas Ähnlichem über. Die sechs Millionen Opfer des Holocaust. Sieben Zeilen im Geschichtsheft der 8. Klasse Mittelschule Oberschützen. Punkt. Thema abgehakt.

Dies wird heute zum Teil als „der antifaschistische Grundkonsens der Zweiten Republik" mißgedeutet und mißverstanden.

VII.

ILLUSTRATION 5

In Großpetersdorf lebten vor dem Zweiten Weltkrieg zahlreiche Juden, aber auch Personen, die man später zu Halbjuden stempeln würde. Zwei Frauen, Mitglieder christlicher Familien, völlig integriert, waren nach den Nürnberger Rassegesetzen Halbjuden. Auf lokaler Ebene, wo der Ortsbauernführer, der Polizist und der Vorsitzende der lokalen Parteiorganisation Einheimische waren, konnte man solche Dinge im Wege der Kulanz regeln. Die lokalen Führer der NSDAP traten an die Familien heran und erklärten, man würde von sich aus nichts unternehmen, wenn die Familien die volle Verantwortung übernähmen. Also kein Antrag auf Krankengeld, Spital, Pension etc. Eine Familie stimmte zu, die andere nicht, dort war es ja nur eine Tante. Sie wurde in der Folge auch deportiert und kam ins KZ – und sie überlebte das KZ und verbrachte ihr Leben als hysterische Frau schreiend vor dem Gemeindehaus, die ehemaligen Parteimitglieder als Mörder und Schweine beschimpfend. Das haben mir mehrere Personen aus Großpetersdorf berichtet. Ich kann mich ebenfalls an eine hagere Frau erinnern, die am Mittwoch, wenn am Gemeindeamt das Stempelgeld abgeholt wurde und lange Schlangen von Menschen dort anstanden, laut schreiend auf und ab ging. War das die Überlebende aus dem KZ? Ich bin mir sicher. Meine Eltern glauben das nicht so recht: „Die Frau Palanki konnte doch zu dieser Zeit kaum mehr richtig gehn, die ist nie mehr aus dem Haus gegangen!" Ich aber sehe sie vor mir. Zu den „Oral History"-Erzählungen meiner Verwandtschaft habe ich mir ein Bild geholt aus dem „Bildspeicher"" meiner Kindheitseindrücke.

VIII.

Ich wiederhole mit Walter Benjamin: „Das kollektive Gedächtnis ist ein Instrument zur Legitimierung der Gegenwart, die Bühne der Vergangenheit."

Heute weiß ich, daß der Holocaust auch in meiner engeren Heimat, in meinem Ort stattfand, daß viele Mitglieder meiner Verwandtschaft dabei Zeugen waren, vielleicht sogar eine Rolle spielten.

Trotzdem sagen meine Verwandten und Familienmitglieder die Wahrheit. Ich habe versucht zu erklären, wie das möglich ist. Und um das zu erreichen, mußte ich sie leider belügen.

Anmerkungen

1 Rosenthal, Gabriele: Erlebte und erzählte Lebensgeschichte. Frankfurt am Main 1995.; Botz, Gerhard u.a. (Hg.): Qualität und Quantität, Zur Praxis der Methoden der historischen Sozialwissenschaft. Frankfurt am Main und New York 1988; Gerbel, Christian und Sieder, Reinhard: Erzählungen sind nicht nur „wahr". Abstraktionen, Typisierungen und Geltungsansprüche in Interviewtexten, in: Botz, Gerhard u.a. (Hg.): Qualität und Quantität, wie oben, 189-210; Nassehi, Armin: Die Form der Biographie, in: BIOS – Zeitschrift für Biographieforschung und Oral History 1994/1, 46-63. Siehe dazu auch ÖZG- Österreichische Zeitschrift für Geschichtswissenschften 1994/4 „Biographie und Geschichte".

2 Confino, Alon: The Nation as Local Metaphor: Heimat, National Memory and the German Empire 1871 – 1918, The Wiener Seminar Papers. Tel Aviv University 1992/93, Manus., 6; ders.: „Collective Memory", in: Stearns, Peter (Hg.): Encyclopedia of Social History. Cambridge 1993.

3 Halbwachs, Maurice: Les cadres sociaux de la memoire. Paris 1925; ders.: La memoire collective. Paris 1950; Wachtel, Nathan: Memory and History: An Introduction, in: History and Anthropology 1986/2, 207-224; Le Goff, Jacques/Chartier, Roger/Revel, Jacques (Hg.): La nouvelle histoire. Paris 1978; Nora, Pierre (Hg.): Les lieux de la memoire. Paris 1984; Hutton, Patrick: Collective memory and Collective Mentalities: The Halbwachs-Ariès Connection, in: Historica Reflections 1988/15, 311-322.

4 Bourdieu, Pierre: Die biographische Illusion, in: BIOS – Zeitschrift für Biographieforschung und Oral History, 1990/1, 75-81.

5 Förster, Heinz von/Müller, Albert/Müller, Karl H.: Im Goldenen Hecht. Über Konstruktivismus und Geschichte, in: ÖZG – Österreichische Zeitschrift für Geschichtswissenschaften 1997/1, 129 – 142, hier 130.

6 Benjamin, Walter: A Berlin Chronicle, 314, in: ders.: One Way Street and Other Writings. London 1979.

Gerhard Botz, Alexander Prenninger

Riten des Erinnerns

Traditionsbildungen um die Befreiung des Konzentrationslagers Mauthausen

Bei der Erforschung von Themen wie historischer Erinnerung und Repräsentation politischer Symbole und Denkmäler zeichnet sich die Gefahr ab, entweder sehr abstrakt von kollektiver Erinnerung, von Geschichtsbildern, von Mythen zu reden oder nur an den „toten Steinen", an den Monumenten kleben zu bleiben, wozu auch eine vereinfachte Rezeption von Pierre Noras „Lieux de mémoire" verleiten mag.[1] Weitgehend ausgeblendet bleiben dabei die *sozialen Praktiken* des Erinnerns. Nicht die materiellen Erscheinungen, die Bauwerke und die Denkmäler selbst sind es, die schon die historische Erinnerung und die gesellschaftliche Bedeutung ausmachen, sondern vor allem die daran anknüpfenden *Kommunikationsriten*. Gerade Ansprachen, Aufmärsche, „Feste, Feiern und andere Anlässe rituellen und zeremoniellen Handelns" sind es, die nach Aleida und Jan Assmann kulturellen Sinn, und damit Gruppenidentitäten, (re-)konstituieren und perpetuieren.[2] Selbst bei neueren Arbeiten über die historische Bedeutung von KZ-Gedenkstätten und -Museen wird die *Praxis* der Erinnerung in den meisten Fällen übersehen.[3]

Das bei der jährlichen Befreiungsfeier in der Gedenkstätte Mauthausen ablaufende Feierritual ist der primäre Untersuchungsgegenstand eines seit zwei Jahren laufenden, vom österreichischen Innenministerium geförderten Pilotprojektes.[4] Daraus werden hier einige vorläufige Ergebnisse bzw. Arbeitshypothesen vorgestellt.[5]

Eine internationale Befreiungsfeier findet in Mauthausen seit 1949 in ununterbrochener Folge an einem Sonntag Anfang Mai statt. Kleinere Kundgebungen werden etwa auch am Nationalfeiertag oder zu Allerheiligen/Allerseelen abgehalten. In den letzten Jahren nahmen an der Befreiungsfeier immer einige tausend Personen teil. Im Jahr 1995, einem Ausnahmejahr wegen des 50. Jahrestags der Befreiung vom Nationalsozialismus, waren es sogar etwa 30.000, 1997 kamen immerhin etwa 7000 Personen.[6]

Das Ritual der Feier hat sich somit schon früh entwickelt und scheint über die

Jahrzehnte relativ unverändert geblieben zu sein, so daß es heute als „kulturelles Fossil" eine kultur- und bewußtseinsgeschichtlich hervorragende Quelle ist. Wir stehen allerdings vor einer unmittelbaren Veränderung des Charakters der Befreiungsfeier, denn die „Erlebnisgeneration" beginnt bereits zu verschwinden, immer mehr Überlebende des Konzentrationslagers sind inzwischen gestorben.

Organisatorisch wird die Befreiungsfeier überwiegend von österreichischen Mauthausen-Überlebenden abgewickelt, die aber – aufgrund ihrer geringen Zahl unter den Häftlingen – weitgehend nur die Rolle von Koordinatoren spielen.[7]

Den weitaus größten Prozentsatz der Teilnehmer an der Befreiungsfeier stellen die ausländischen Gruppen. Ursprünglich hatten *überwiegend* KZ-Überlebende, ihre Familienangehörigen und die Angehörigen der im KZ Umgekommenen teilgenommen; heute ist die Zahl der Überlebenden schon sehr klein geworden, je nach nationaler Herkunft nehmen in unterschiedlichem Ausmaß daher auch Angehörige der jüngeren Generationen, die wahrscheinlich weitaus seltener mit den damaligen Häftlingen und Ermordeten verwandt sind, an der Kundgebung teil.

In den vielen Formen und Bedeutungen der Teilnahme an den Feiern scheint, generalisierend gesagt, ein Trend zu wirken, der von eher familiären, verbandsinternen oder kommunalen Gedenkfeiern und den unten noch zu beschreibenden Mauthausen-„Pilgerfahrten"[8] weg und zu einer Art historischen (Gedenkstätten-)Tourismus hinführt, bei dem in Zukunft die Wissensvermittlung im Vordergrund stehen wird. Diesen Trend hat auch Antoine Prost am Beispiel der Gedenkfeiern in Verdun konstatiert.[9] Folgt man Zygmunt Bauman,[10] so manifestiert sich in der Ablösung der „Pilgerfahrt" durch eine Art touristischer Reise ein bedeutender Wandel der Identitätsstrategien in den Gegenwartsgesellschaften, weg von Identitätsbildung zu gleichsam „postmoderner" Unverbindlichkeit und Flüchtigkeit.

Die Befreiungsfeier in Mauthausen besteht aus mehreren deutlich unterscheidbaren Teilen:

- einerseits aus den Kundgebungen der nationalen Gruppen bei den jeweiligen Denkmälern im Denkmalsbezirk und
- andererseits aus der anschließenden „offiziellen" internationalen Befreiungsfeier, die überwiegend auf dem ehemaligen Appellplatz, also innerhalb der sogenannten „Lagerburg", d. h. im ummauerten Teil der Gedenkstätte, stattfindet.

Die offizielle Feier zerfällt jedenfalls seit Anfang der siebziger Jahre wiederum immer mehr in zwei Teile, und zwar

- in den Einmarsch und das Defilee vor dem „Sarkophag" auf dem Appellplatz und
- in die anschließenden Ansprachen der Verbandsfunktionäre und Politiker einschließlich eines unterschiedlich gestalteten künstlerischen Begleitprogrammes.

Der offizielle Teil findet auf einem Anmarschweg und auf dem Appellplatz statt, die vorangehenden nationalen Feiern dagegen im Bereich der nationalen Denkmäler zwischen „Lagerburg" und Steinbruch. Andere Teile der Gedenkstätte wie der Steinbruch oder der Bereich des sogenannten Krankenlagers sind nur ausnahmsweise Orte von Gedenkveranstaltungen.

Die sogenannten nationalen Feiern

Die Feiern der nationalen Delegationen, aber auch anderer Gruppen von Verfolgten, wie Homosexuelle oder Roma und Sinti, finden gleichzeitig, meist am frühen Vormittag, wie schon gesagt, bei den jeweiligen Denkmälern im Denkmalsbezirk und zum Teil auch bei Gedenktafeln an der sogenannten Klagemauer statt. Sie sind jeweils unterschiedlich gestaltet, umfassen jedoch meist Kranzniederlegungen durch eine Delegation, Fahnenriten, Ansprachen und das Absingen der Nationalhymnen.

Von Anfang an standen und stehen die nationalen Feiern in einem engen Wechselwirkungsverhältnis mit den nationalen Denkmälern, die überwiegend in den Jahren 1955 bis 1970 errichtet wurden. So kamen etwa französische Überlebende bereits im Mai 1948 nach Mauthausen zurück und begannen sofort die Errichtung eines Denkmales. Dagegen entstand das jüdische (bzw. israelische) Denkmal erst 1976, Homosexuelle erhielten erst 1984, Roma und Sinti erst 1994 Gedenktafeln.[11]

Trotz einer strukturellen Ähnlichkeit der meisten nationalen Feiern bestehen doch große Unterschiede in der jeweiligen Gestaltung. 1995 und 1997 haben wir bei diesen nationalen Kundgebungen exemplarisch die Gruppen der Franzosen, Italiener, Spanier, Polen und Griechen beobachtet, fotografisch zu dokumentieren und durch explorative Interviews zu verstehen versucht. An zwei Beispielen soll der Ablauf der nationalen Feiern dargestellt werden:

Die französische Lagergemeinschaft „Amicale de Mauthausen", ein nationsweiter, straff organisierter Verband der Überlebenden und ihrer engsten Familienangehörigen, hält bereits seit 1948 sogenannte Pilgerfahrten nach Mauthausen und zu Gedenkstätten an ehemaligen Nebenlagern ab. Als Vorbild haben hier wohl die Pilgerfahrten der zwanziger und dreißiger Jahre zu den Denkmälern auf den Schlachtfeldern des Ersten Weltkrieges, vor allem nach Verdun, gewirkt.[12] Welche Bedeutung diese Pilgerfahrten für die französischen Teilnehmer haben, erklärte uns der französische Mauthausen-Überlebende und Historiker Pierre Serge Choumoff:

„Der förmliche Aspekt der Besinnung vor dem Denkmal ist nur ein kleiner Teil der Reise. Die Gesamtheit der Gedenkfeier, das ist vielmehr die gesamte Reise."[13] 1995 waren in Mauthausen rund 500 bis 600 Teilnehmer aus allen Teilen Frankreichs anwesend, 1997 waren es etwa 100 bis 120 Personen. In der Mehrzahl handelte es sich um ältere Menschen, also Überlebende und ihre nächsten Angehörigen. Die Kundgebung beim französischen Denkmal in Mauthausen nahm 1995 etwa folgenden Verlauf: Eine Delegation marschierte auf das Denkmal zu, angeführt wurde diese Formation von einem ehemaligen Häftling, der die Fahne der „Amicale" trug. Ihm zur Seite gingen die Funktionäre der „Amicale" sowie die diplomatischen Vertreter Frankreichs in Österreich. Beim Denkmal wurden die Fahne geneigt und Kränze niedergelegt. Es folgte eine Schweigeminute und anschließend die Ansprache eines Vertreters der „Amicale". Die Feier wurde mit der „Marseillaise" beendet. Auf die Kundgebung beim französischen Denkmal folgt allerdings immer eine zweite Zeremonie beim spanischen Denkmal. Damit wird dem Umstand Rechnung getragen, daß nach 1945 viele spanische Überlebende – bedingt durch das Franco-Regime – der französischen „Amicale" beitraten und bis heute Mitglied sind.

Die italienischen Teilnehmer an der Befreiungsfeier bilden heute die weitaus größte nationale Gruppe.[14] 1995 waren aus Italien Teilnehmer aus mindestens zwanzig verschiedenen Städten Nord- und Mittelitaliens vertreten. Allein aus Empoli, einer Industriestadt bei Florenz, waren mehr als 120 Personen angereist. Diese Gruppen kommen nach eigenem Verständnis als Vertreter ihrer Kommunen nach Mauthausen. Organisiert werden die Reisen von den lokalen Sektionen der nationalen Organisation der KZ-Überlebenden „Associazione Nazionale ex Deportati Politici nei Campi Nazisti" (ANED). Eine große Zahl von Teilnehmern bilden Jugendliche, einerseits Nachkommen der Überlebenden, andererseits aber Schulklassen oder Jugendgruppen aus dem jeweiligen Ort. Bei der Feier, die wir miterlebten, versammelten sich die einzelnen kommunalen Gruppen vor dem italienischen Denkmal und reihten dort die Vielzahl ihrer mitgebrachten Fahnen zusammen mit den Kränzen auf. Es gab jedoch keine einheitlich organisierte Gedenkfeier. Die Teilnehmer aus den jeweiligen Städten blieben zum Großteil unter sich.

Auf der Rückseite des Denkmales, sozusagen auf der „privaten" Seite, wo Gedenktafeln und Plaketten für einzelne ermordete Häftlinge angebracht sind, wurden Blumen und Buketts niedergelegt. Hier wurde auf ganz persönliche Weise ein Totengedenken abgehalten. Als einziger gemeinsamer Akt wurde 1995 beim italienischen Denkmal das Partisanenlied „Bella ciao" gesungen.

Die übrigen von uns beobachteten nationalen Feiern fanden in strukturell ähnlicher Weise statt – bei großen Variationen in den Details. Auffällig war auch, daß manche nationalen Gruppen, etwa die Tschechen oder die Polen, auch andere Denkmäler besuchen, dort ihre Fahnen neigen und Blumen oder Buketts niederlegen.

Aufmarsch auf den Appellplatz

Die „offizielle" internationale Befreiungskundgebung findet üblicherweise gegen Mittag auf dem ehemaligen Appellplatz statt. Sie beginnt mit dem Einmarsch aller Gruppen durch das Lagertor. Der Zug wird angeführt von drei Überlebenden mit der internationalen Mauthausen-Fahne. Unmittelbar dahinter folgen Mauthausener Schulkinder und Vertreter des „Internationalen Mauthausen-Komitees". Anschließend marschiert eine Militärmusikkapelle ein. Hinter der Musik gehen – wie wir zumindest für die neunziger Jahre festhalten konnten – die Vertreter der österreichischen Bundesregierung, der oberösterreichischen Landesregierung, der Parteien und der Interessensvertretungen. Danach ziehen die internationalen Delegationen ein, diplomatischen Konventionen folgend in alphabetischer Reihenfolge.

Am Ende des „Gedenkzuges" marschieren auch – seit den achtziger Jahren in zunehmender Zahl – nicht nach nationalen Kriterien unterschiedene politische Gruppen meist linker Orientierung. Sie bestehen heute fast ausschließlich aus „Nachgeborenen". In diesem Teil marschieren seit einigen Jahren auch die Roma und Sinti und die Homosexuellen als Opfergruppen, die im nationalen Schema keinen Platz haben, außerdem Gruppen, wie etwa Vertreter von kurdischen Organisationen, die keine Opfer des Nationalsozialismus waren, jedoch durch ihre Präsenz bei der Befreiungsfeier auf die eigene gegenwärtige Unterdrückung und Verfolgung aufmerksam machen wollen.

Die Delegationen marschieren bis zum Sarkophag, vor dem sie ihre Fahnen neigen und die Kränze niederlegen. Der Sarkophag wurde 1949 – als leeres Grab – auf dem Appellplatz aufgestellt und trägt die Inschrift „De mortuorum sorte discant viventes" (Aus der Toten Geschick mögen die Lebenden lernen).

Ansprachen und Gedenkfeier

Als dritter und letzter Teil der Befreiungsfeier folgen die Ansprachen und Gedenkreden von Funktionären der Überlebendenorganisationen und von österreichischen Politikern, umrahmt von musikalischen Aufführungen, 1995 etwa Mikis Theodorakis' „Mauthausen-Kantate". Zum Abschluß der internationalen Befreiungsfeier wird die österreichische Bundeshymne gespielt. Von wenigen Ausnahmen abgesehen nahmen erst seit Beginn der Ära Kreisky Regierungsmitglieder und führende Parteipolitiker an der Befreiungsfeier teil; entsprechend stark sind auch Vertreter der ausländischen Botschaften anwesend. Die breite österreichische Öffentlichkeit nimmt von den Feiern, entgegen den offiziösen Intentionen der Veranstalter und vieler Teilnehmer, wenig Notiz. Abgesehen von den Reden der (österreichischen) Politiker, während der bereits ein Großteil der ausländischen Teilnehmer den Versammlungsort wieder verläßt, haben die Kommemorationsriten der nationalen Gedenkfeiern und der internationalen Kundgebung andere Bezugsfelder.

Resümee

Zum einen sind es – so unsere These – die jeweils ganz unterschiedlich sozial organisierten Verbände und Netzwerke der Überlebenden in ihren jeweiligen nationalen Kontexten, an die sich die Gedenkfeiern richten; der kulturelle Sinn dieser nationalen Gedenkfeiern ist dabei überaus unterschiedlich. Sie sind als Solidaritätsriten[15] aufzufassen und zielten von Anfang an, wie wir annehmen, auf die Aufrechterhaltung und Stärkung der offensichtlich gefährdeten Gruppenidentitäten der Überlebenden.[16]

Zum anderen läßt sich der Einmarsch als ein Eingangsritus (im Sinne Arnold van Genneps) interpretieren. Die Teilnehmer des Gedenkzuges treten ganz bewußt – nach rituellem Zögern, Fahnenverneigung und als geschlossene Gruppe – durch das Lagertor auf den Appellplatz. Das Überschreiten der Schwelle des Tores als räumlicher Übergang ist gleichzusetzen mit dem „Übergang von einer sozialen Position zur anderen",[17] bei dem die Teilnehmer in ihre Vergangenheit wieder eintreten und hier – auf dem Appellplatz – die Zeichen der ehemaligen KZ-Ordnung zeigen bzw. sich dieser Ordnung neuerlich unterwerfen. Pierre Bourdieu[18] folgend müßte es sich dabei jedoch um einen „Legitimierungs-" oder „Einsetzungsritus" handeln, der auf die Schaffung bzw. Aufrechterhaltung einer dauerhaften Unterscheidung der von der KZ-Haft Betroffenen von den „anderen" abzielt und somit identitätsbildende Bedeutung hat; dann dient auch das Tragen der „Winkel"[19] der ehemaligen KZ-Ordnung durch viele Überlebende während der Befreiungsfeier der Schaffung von Distinktionen.

Wir interpretieren diesen Ablauf so, daß die ehemaligen Häftlinge die internationale Solidarität, wie sie im Netzwerk der (Widerstands-)Organisationen der (kommunistisch dominierten) politischen Häftlinge bestanden hat, aufrechtzuerhalten bzw. wieder herzustellen suchen.[20] Josef Klat, ein tschechischer Überlebender, der traditionell an der Spitze des Zuges die internationale Mauthausen-Fahne trägt, beschrieb uns dieses Eintreten in die Vergangenheit eindrucksvoll:

„Wenn ich da stehe mit der Fahne also, muß ich mir die Leute wegdenken, [...]. Mein Block steht ja dort und mein Fenster auch. Ich war ja auf Block 6 und das Fenster, wo ich immer geschrieben und so, das ist ja noch dort. Also da seh' ich das und da seh' ich, daß da.... da ist der Galgen gestanden, da haben's das gemacht, da sind die Tschechen gestanden, was mit den Hunden zerrissen worden sind. Das..., das kommt so, ja, wenn man so denkt."[21]

Ein anderes Indiz für eine solche Rückkehr ist auch das Tragen der alten Abzeichen, der Winkel, der Häftlingsnummern, ja ganzer Häftlingsanzüge – also jener Kategorisierungsschemata, nach denen die Häftlinge im Nationalsozialismus eingeteilt wurden. Dies alles ist – so unsere These – weitgehend symbolisches Handeln, das weit von den gesellschaftlichen Realitäten entfernt ist, einerseits im Gegensatz zu der schon im KZ stark nach nationalen Differenzierungen aufgespaltenen Häftlingsgesellschaft und andererseits kontrastierend zu der gerade nach den Erfahrungen der europaweiten nationalsozialistischen Bedrohung verstärkt wiederauflebenden nationalen Rekonstruktionsbestrebungen unmittelbar nach 1945.

Aussagekräftig war auch eine zumindest im Jahr 1970 stattfindende bzw. stattgefundene „symbolische Öffnung des Lagertors", wie es im Programm hieß; erst dann erfolgte der Eintritt in den Lagerbereich.[22] Das Tor – wie jedes Lagertor *das* Symbol für des KZ insgesamt – geht nach innen auf, erleichtert also einen Eintritt, erschwert das Verlassen der „Lagerburg". Dem Eintrittsritual gegenüber scheint jedenfalls heute die Zeremonie vor dem Sarkophag eher sekundär zu sein.

Bezeichnenderweise fehlt auch ein Ritus des Wiederaustritts aus der Welt des KZs; die ehemaligen Häftlinge verlassen, meist noch während der in Deutsch gehaltenen offiziellen Festreden, die Feier in einer unauffälligen Form, als würden sie symbolisch im KZ verbleiben.

Anmerkungen

1 Die Verbindung von Monument und sozialer Praxis wird in den „Lieux de mémoire" vor allem an zwei Beispielen – beides Aufsätze von Antoine Prost – deutlich: Prost, Antoine: Les monuments aux morts. Culte républicain? Culte civique? Culte patriotique?, in: Nora, Pierre (Hg.): Les lieux de mémoire. Bd. 1: La république. Paris 1984, S. 195-225; ders., Verdun, in: Nora, Pierre (Hg.): Les lieux de mémoire. Bd. 2: La Nation. Teil 3. Paris 1986, S. 111-141.

2 Assmann, Aleida/Assmann, Jan: Das Gestern im Heute. Medien und soziales Gedächtnis, in: Merten, Klaus/Schmidt, Siegfried J./Weischenberg, Siegfried (Hg.): Die Wirklichkeit der Medien. Eine Einführung in die Kommunikationswissenschaft. Bonn 1994. S. 114-140, hier S. 121.

3 Siehe dagegen: Nierhaus, Irene: Krieger in der Stadt. Zur Repräsentation des Militärischen im Bereich der Wiener Ringstraße, in: Ardelt, Rudolf G./Gerbel, Christian (Hg.): Österrei-

chischer Zeitgeschichtetag 1995. Österreich – 50 Jahre Zweite Republik. 22. bis 24. Mai 1995 in Linz. Innsbruck 1997, S. 374-379; Brumlik, Micha: Trauerrituale und politische Kultur nach der Shoah in der Bundesrepublik, in: Loewy, Hanno (Hg.): Holocaust: Die Grenzen des Verstehens. Eine Debatte über die Besetzung der Geschichte. Reinbek 1992, S. 191-212; Webber, Jonathan: Erinnern, Vergessen und Rekonstruktion der Vergangenheit. Überlegungen anläßlich der Gedenkfeiern zum 50. Jahrestag der Befreiung von Auschwitz aus jüdischer Perspektive, in: Fritz Bauer Institut (Hg.): Auschwitz. Geschichte, Rezeption und Wirkung. Frankfurt a. M. 1996 (Jahrbuch 1996 zur Geschichte und Wirkung des Holocaust), S. 23-53; Gillis, John R. (Hg.): Commemorations. The Politics of National Identity. Princeton (NJ) 1994.

4 Botz, Gerhard u. a. (Hg.): KZ Mauthausen 1945-1995. 50 Jahre Befreiung. Dokumentation eines öffentlichen Erinnerungsrituals. Salzburg 1996 (LBIHS-Arbeitspapiere, 16).

5 Mitgearbeitet daran haben StudentInnen mehrerer Lehrveranstaltungen an der Universität Salzburg seit 1995. Anregungen und Hinweise erhielten wir vor allem von Matti Bunzl (Chicago), Daniela Ellmauer (Salzburg), Helmut Fiereder (Linz) und Albert Müller (Wien). Ihnen wie auch allen Interviewpartnern sei hiermit herzlich gedankt.

6 Archiv Museum Mauthausen (AMM), Tätigkeitsberichte 1976-1995.

7 Vgl. Maršálek, Hans: Memorandum. Öffentliches Denkmal Mauthausen. Die nach 1945 erlassenen Gesetze, Regierungsbeschlüsse und Vorschläge in bezug auf die Errichtung einer Mahn- und Gedenkstätte sowie der musealen Schaustellung der Geschichte des nationalsozialistischen Konzentrationslagers Mauthausen. Wien o.J., S. 8, 12 und 18; außerdem: Interview mit Hans Maršálek, Wien, 30. April 1997. Maršálek gibt für das Doppellager Mauthausen-Gusen eine vermutliche Gesamtzahl von 197.464 Häftlingen an; zum Anteil der Österreicher und Österreicherinnen schreibt er: „In den Jahren 1939 bis 1945, jedoch vorwiegend in den beiden letzten Jahren, sind in das KLM etwa 1600 aus politischen, religiösen und rassischen Gründen inhaftierte Österreicher eingewiesen worden. Von ihnen wurden etwa 290 – die meisten im April 1945 – aus der Haft entlassen, an die 200 in andere Konzentrationslager überstellt. Mehr als 600 Personen beiderlei Geschlechts sind exekutiert bzw. auf andere Art getötet worden oder sie starben. Am 5. 5. 1945 lebten in Mauthausen und im Nebenlager Gusen 497 aus politischen und rassischen Gründen inhaftierte Österreicher; unter ihnen befanden sich 19 Frauen." Vgl. Maršálek, Hans: Die Geschichte des Konzentrationslagers Mauthausen. Dokumentation. Wien 1995, S. 133 und 286.

8 Im Französischen hat der Begriff Pilgerfahrt, „pélerinage", seit dem frühen 19. Jahrhundert neben der religiösen Bedeutung auch eine laizistische: „Voyage fait avec l'intention de rendre hommage à un lieu, à un grand homme qu'on vénère," in: Le Petit Robert. Dictionnaire alphabétique et analogique de la langue française. Paris 1990, S. 1389; vgl. Turner, Victor: Pilgrimages as Social Processes. In: ders.: Dramas, Fields and Metaphors. Symbolic Action in Human Society. Ithaca 1996, S. 166-230.

9 Prost, Verdun, S. 131.

10 Bauman, Zygmunt: Flaneure, Spieler und Touristen. Essays zu postmodernen Lebensformen. Hamburg 1997, S. 148 ff.

11 Maršálek, Die Geschichte des Konzentrationslagers Mauthausen, S. 345; AMM, Tätigkeitsberichte 1976 und 1994.

12 Prost, Verdun, S.129f.

13 „L'aspect formel de déposer le recueillement devant le monument, ce n'est qu'une toute

petite partie du voyage. L'ensemble de la commémoration, c'est plutôt tout le voyage." Interview mit Pierre Serge Choumoff, Mauthausen, 5. Mai 1997, übers. v. A. Prenninger.

14 Vgl. Märzinger, Bernadette: Italiener, in: Botz, KZ Mauthausen 1945-1995, S. 39-53.

15 Vgl. Harris, Marvin: Kulturanthropologie. Frankfurt/New York 1989, S. 292 f.

16 Zur integrierenden und identitätsschaffenden Wirkung von Trauerritualen am Beispiel der Arbeiterbewegung vgl. Pasteur, Paul: Le mouvement ouvrier et la mort. Manuskript des Vortrages bei der Internationalen Tagung der Historiker der Arbeiterbewegung. Linz, September 1997; Mengozzi, Dino: Obsèques laïques et mouvement ouvrier en Italie (XIX-XXe siècle). Manuskript September 1997, ebenda.

17 Gennep, Arnold van: Übergangsriten (Les rites de passage). Frankfurt a. M. 1986, S. 184. Die symbolische Bedeutung des Lagertores zeigt sich etwa auch daran, daß auch Auschwitz, Buchenwald, Sachsenhausen oder Dachau in Abbildungen durch das Lagertor repräsentiert werden.

18 Bourdieu, Pierre: Was heißt sprechen? Die Ökonomie des sprachlichen Tausches. Wien 1992, S. 84 ff.

19 Ellmauer, Daniela: Nummer – Winkel – Farbe. Überlegungen zur Gedenksymbolik bei den Befreiungsfeiern, in: Botz, KZ Mauthausen 1945-1995, S. 116-130.

20 Ein weiteres Indiz ist die regelmäßige Wiederholung des die internationale Solidarität des Lagers hervorhebenden sog. „Mauthausen-Schwures" vom 16. Mai 1945 als Appell der wieder angetretenen ehemaligen Häftlinge, abgedruckt in: Maršálek, Die Geschichte des Konzentrationslagers Mauthausen, S. 342f; vgl. die Programme der Befreiungsfeiern, z. B. AMM, V 1/11, Programm 1955; V 1/73/1, Programm 1975; Tätigkeitsbericht 1995, S. 19.

21 Interview mit Josef Klat, Mauthausen, 5. Mai 1997.

22 AMM, V 1/21, Programm der Veranstaltungen, die anläßlich der 25jährigen Wiederkehr der Befreiung von Häftlingen des Konzentrationslagers Mauthausen und seinen Nebenlagern stattfanden, S. 3.

Claudia Kuretsidis-Haider

Forschungsergebnisse und -desiderata zum Umgang mit NS-Verbrechen in Österreich

Kernpunkt der Auseinandersetzung einer Gesellschaft mit ihrer nationalsozialistischen bzw. faschistischen Vergangenheit ist, in welcher Form diese Verbrechen geahndet wurden. Nach der Niederlage Hitlerdeutschlands und seiner Verbündeten wurde in den einzelnen Ländern Europas mit den Trägern der faschistischen bzw. nationalsozialistischen Herrschaft und ihren Kollaborateuren ganz unterschiedlich umgegangen. So gab es v. a. in Italien und auf dem Balkan Formen der „wilden" Säuberung, zumeist wurden jedoch von den politischen Eliten einerseits und von den alliierten Besatzungsmächten andererseits bürokratisch-kollektive sowie justiziell-individuelle Formen der politischen Säuberung angewendet.[1]

Gegenstand der nachfolgenden Überlegungen ist die wissenschaftliche Rezeption der Ahndung dieser Verbrechen durch die Justiz.

Die justizielle „Bewältigung" der NS-Verbrechen ist die Voraussetzung für eine ernsthafte Auseinandersetzung der Gesellschaft mit der NS-Zeit generell. Die Bedeutung der Einrichtung von nationalen und internationalen Gerichtshöfen und die damit verbundene Sammlung von Beweismaterialien ist für die Frage des Umgangs mit der NS-Vergangenheit nicht zu gering zu schätzen. Die justizielle Ahndung der NS-Verbrechen ist auch die einzige Art der Auseinandersetzung, die – in Form von Gerichtsakten – der Nachwelt massenhaft Dokumente von teilweise beträchtlichem Quellenwert hinterlassen hat.

In Österreich gab es im letzten Jahrzehnt, ausgehend von der Waldheim-Diskussion, einen sehr intensiven Diskurs über die Beteiligung von Österreichern und Österreicherinnen an den NS-Verbrechen. Eine naheliegende Schlußfolgerung wäre daher, daß es zur gleichen Zeit auch einen intensiven Diskurs über die österreichische Justiz und ihre Ahnung dieser Verbrechen gegeben hat. Das ist jedoch nicht der Fall. Betreffend den justiziellen Umgang mit NS-Verbrechen sind im öffentlichen Gedächtnis meist nur mehr die Nürnberger Prozesse und die skandalösen Gerichtsurteile der österreichischen Geschworenengerichte in den sechziger Jahren vorhanden. Es gab allerdings bereits in der unmittelbaren Nachkriegszeit neben den alliierten auch nationale Gerichtshöfe. In Österreich waren das die sogenannten Volksgerichte, deren Existenz für lange Zeit in Vergessenheit geraten ist.

Das hängt mit der von Rudolf Ardelt so bezeichneten Apperzeptionsverweigerung[2] der NS-Vergangenheit zusammen, die auch und vor allem eine solche der Verbrechen ist. Neben dieser „ersten Verdrängung" ist die „zweite Verdrängung" jene der justiziellen Ahndung der Verbrechen in den unmittelbaren Nachkriegsjahren, wobei diese gewissermaßen eine Voraussetzung für das Funktionieren der „ersten Verdrängung" darstellt. Denn zur Verdrängung der Verbrechen gehört die Tilgung dessen aus dem öffentlichen Gedächtnis, was zur Ahndung eben dieser Verbrechen getan wurde.[3] Aufgrund der zweiten Verdrängung gab es in der Historiographie der letzten zwei Jahrzehnte, die Gegenstand dieses Beitrages ist, kaum eine Auseinandersetzung mit der österreichischen Nachkriegsgerichtsbarkeit und den Justizakten als Geschichtsquelle.

Der Opfer-Täter-Diskurs fand fast ausschließlich aus der Sicht der Opfer bzw. deren Kinder und Enkelkinder statt, und zwar in Form von Befragungen, Interviews etc. Vollkommen vergessen wurde, daß in der unmittelbaren Nachkriegszeit viele Täter von Polizei und Gericht befragt wurden, und zwar zu einer Zeit, als deren Erinnerung noch unmittelbar war.[4] Diese authentische Befragung der *Täter* ist aber bis heute nicht Gegenstand des Opfer-Täter-Diskurses, obwohl sie in Form schriftlicher Dokumente vorliegt. Auch die Nutzung *dieser* Akten ist eine Form des Umgangs mit der NS-Zeit.

Gerichtsakten werden in der Regel nicht zum Zweck des historischen Gedächtnisses angelegt. Dennoch sind sie für die Historiographie von zweifacher Bedeutung, nämlich als Primärquelle für die Justizgeschichte und als Sekundärquelle für die NS-Zeit selbst, wobei sie nicht selten die einzig verfügbare Quelle zu einem bestimmten Verbrechenskomplex darstellen (wie z. B. der Euthanasie).[5] Diese Doppelbedeutung bedingt eine unterschiedliche methodische Herangehensweise, worüber im Rahmen der Zeitgeschichtetage schon einmal diskutiert wurde.[6] Bis jetzt wurden diese Gerichtsakten, wenn überhaupt, vor allem als Quelle für die NS-Zeit verwendet, wobei sich ihre Nutzung auf ganz bestimmte Themenbereiche beschränkte.

Besonders viele Gerichtsverfahren befassen sich mit den sogenannten Verbrechen der Endphase, also zu Kriegsende (wie z. B. den Massakern an ungarischen Juden beim Südostwall-Bau, den Massakern bei der Auflösung von Lagern und bei Todesmärschen[7]). In den letzten Jahren haben sowohl KünstlerInnen[8] als auch WissenschaftlerInnen begonnen, sich dafür zu interessieren. Ausgangspunkt für eine stärkere Beschäftigung der universitären Zeitgeschichtsforschung mit diesem Thema war eine Lehrveranstaltung von Professor Jagschitz an der Universität Wien im Wintersemester 1993/94, in der erstmals in breitem Ausmaß von Studenten und Studentinnen Gerichtsakten (vor allem betreffend Verbrechen an ungarischen Juden zu Kriegsende) für ihre Forschungen herangezogen wurden. Aus dieser Lehrveranstaltung sind mittlerweile Diplomarbeiten entstanden bzw. in Arbeit.[9]

Ein Themenbereich, der unter Heranziehung von Gerichtsakten der Nachkriegszeit umfassender bearbeitet wurde, sind die in Wien ansässigen NS-Dienststellen. So liegt eine mehrbändige Dissertation von Franz Weisz betreffend die Gestapoleitstelle in Wien vor. Hauptquelle dieser umfangreichen Materialsammlung sind Auszüge aus Prozeßdokumenten der österreichischen Volksgerichte.[10] Der Wiener Stab Adolf Eichmanns, vor allem die Mitarbeiter der Zentralstelle für jüdische Auswanderung, war Thema der Arbeit von Hans Safrian, der mit deutschen und österreichischen Gerichtsakten gearbeitet hat.[11]

Über die Beteiligung von Österreichern an den Verbrechen im Rahmen der Aktion Reinhard in Ostpolen führt derzeit Bertrand Perz ein Forschungsprojekt am Institut für Zeitgeschichte in Wien durch, das v. a. die Gerichtsakten der sechziger Jahre als Quelle heranzieht; Walter Manoscheks Arbeit über Wehrmachtsverbrechen auf dem Balkan beruht auf deutschen Gerichtsakten.[12]

Ein wichtiger Themenkomplex, der, so könnte man annehmen, in der österreichischen Zeitgeschichtsforschung einen ganz wesentlichen Stellenwert haben müßte, ist das Konzentrationslager Mauthausen.[13] Das Gegenteil ist der Fall. Betrachtet man die Literatur zu diesem Thema, so fällt die unglaubliche Tatsache auf, daß es bis heute in Österreich nur zwei wissenschaftliche Gesamtdarstellungen zur Geschichte des Hauptlagers Mauthausen gibt: das vor zwei Jahren in dritter Auflage erschienene Buch des ehemaligen Häftlings Hans Maršálek, das sich auf die Dokumente des Mauthausen-Archivs im Innenministerium stützt,[14] und die bereits 1967 approbierte Dissertation von Gisela Rabitsch, die übrigens einen eigenen Abschnitt über die wichtigsten Mauthausen-Prozesse enthält.[15] Daß diese Arbeit fast völlig ignoriert wurde, ist ein Spiegelbild dessen, wie auch innerhalb der Geschichtsschreibung mit für Österreich zentralen Themen der NS-Vergangenheit umgegangen wird.

Nur für die Forschung zu den Nebenlagern des KZ Mauthausen, für die vor allem die Arbeiten von Florian Freund und Bertrand Perz zu Ebensee, Melk und Wiener Neustadt sowie die Arbeit von Werner Eichbauer über die Lager von Wiener Neustadt, Felixdorf und Lichtenwörth[16] stehen, sind in größerem Ausmaß auch Gerichtsdokumente verwendet worden. Die beiden Editionen des DÖW, Widerstand und Verfolgung in Niederösterreich und in Oberösterreich, bringen in ihren Kapiteln über Mauthausen und die Nebenlager ebenfalls längere Auszüge aus Urteilen und Zeugeneinvernahmen in österreichischen Volksgerichtsverfahren.[17] Außerdem erschien 1997 eine Studie von Andreas Baumgartner über die weiblichen Häftlinge von Mauthausen.[18]

Grundlage für eine umfassende Mauthausen-Forschung wäre, neben den anderen heranzuziehenden Quellen – NS-Dokumenten und Erinnerungsberichten –, die Verwendung von in- und ausländischen Gerichtsakten. Dazu wäre zunächst einmal notwendig, die Anzahl der Verfahren wegen Verbrechen im Konzentrationslager Mauthausen und seinen Nebenlagern sowie den Aufbewahrungsort der Prozeßakten zu kennen. Wir sind allerdings bis heute in Ermangelung entsprechender Register nicht in der Lage, Auskunft darüber zu geben, wie viele Gerichtsverfahren es dazu in Österreich gegeben hat. Mit Sicherheit kann aber gesagt werden, daß es mehr sind als die vor einiger Zeit in einem Aufsatz von Bernd Mosebach angesprochenen vier Verfahren.[19] Allein bei den Recherchen im Rahmen des am DÖW durchgeführten Forschungsprojekts (Vergleich verschiedener Formen der Nachkriegsgerichtsbarkeit) konnten in den Registern des LG Wien und des Oberösterreichischen Landesarchivs (OÖLA) bis jetzt ungefähr 70 Mauthausen-Verfahren eruiert werden (ca. 40 vor dem Volksgericht Linz und etwa 30 vor dem Volksgericht Wien), wozu auch Verfahren wegen Verbrechen im Zuge der „Mühlviertler Hasenjagd" gerechnet wurden. Keine Berücksichtigung finden in dieser Aufstellung die vielen Verfahren wegen Verbrechen während der Evakuierungsmärsche in das KZ Mauthausen. Da es aber bis heute kein Orts- und Verfahrensregister der österreichischen Nachkriegsprozesse gibt, sind keine vollständigen Angaben möglich, da wir bei unserer Arbeit mit den Wiener Akten meist auf Zufallsfunde angewiesen sind. Im OÖLA ist die Situation günstiger, da der zuständige Sachbearbeiter Franz Scharf bereits mit der EDV-gestützten Grobauswertung der Linzer Volksgerichtsakten begonnen hat.[20]

Eine Nutzung von Gerichtsakten als Quelle zum Umgang der österreichischen Justiz mit den NS-Verbrechen ist bis jetzt praktisch nicht erfolgt.

Erwähnenswert sind v. a. das 1996 erschienene Buch von Heimo Halbrainer und Thomas Karny über den Prozeß gegen den „Henker von Theresienstadt", Stefan Rojko[21], sowie die 1991 approbierte Dissertation von Marion Wisinger-Höfer zu den Prozessen gegen Franz Murer, verantwortlich für Verbrechen im Ghetto von Wilna, und den Adjutanten von Odilo Globocnik während der Aktion Reinhard, Ernst Lerch.[22] In dieser Dissertation werden erstmals österreichische Nachkriegsgerichtsverfahren in den gesamtgesellschaftlichen Kontext gestellt. Gegenstand der Analyse ist, auf welcher gesetzlichen Grundlage die Prozesse geführt wurden, wie sie verlaufen sind und welches öffentliche Echo sie hervorriefen. Damit ist diese Arbeit eine Analyse der österreichischen Justizgeschichte der sechziger und siebziger Jahre. Die Erarbeitung quellenkritischer Kriterien setzt die Verbindung der Methoden von Rechts- und Geschichtswissenschaft voraus. In meiner Dissertation mit dem Titel „Die Engerau-Prozesse als Fallbeispiel für die justizielle 'Vergangenheitsbewältigung' in Österreich. Rechtliche Voraussetzungen, öffentliches Echo, Nachwirkungen, Historiographie" werden die Prozesse in ihrem strafprozessualen und gesellschaftlichen Zusammenhang dargestellt. In den DÖW-Forschungsprojekten „Die Verfahren vor dem Volksgericht Wien (1945-1955) als

Geschichtsquelle"[23] sowie „Die Nachkriegsjustiz als nicht-bürokratische Form der Entnazifizierung: Österreichische Justizakten im europäischen Vergleich"[24] wird unter anderem die „Ergiebigkeit" von Justizakten für die historische Forschung untersucht.

Bis heute wurde es, trotz einiger Aufsätze zur Verknüpfung von „Justiz und Zeitgeschichte"[25], v. a. durch die bekannte Symposiumsreihe des Justizministeriums, verabsäumt, die beiden Disziplinen miteinander in Beziehung zu setzen. Die Justizgeschichte seit der NS-Zeit hat in der österreichischen Rechtsgeschichtsschreibung kaum einen Platz. Außerdem findet in der österreichischen Zeitgeschichtsschreibung praktisch nirgends die Einbeziehung rechtlicher und justizgeschichtlicher Fragestellungen statt. Von einigen Aufsätzen abgesehen[26] wurde dieser wichtige Aspekt der Vergangenheitsbewältigung, nämlich der Umgang der österreichischen Justiz mit den NS-Verbrechen, in der Zeitgeschichtsforschung vollkommen ausgeblendet.

Die Nutzung der Gerichtsakten als Geschichtsquelle hängt von deren Auffindbarkeit ab. Die Erkenntnisse betreffend die Mauthausen-Verfahren gelten in gleichem Ausmaß generell für die Verfahren vor den österreichischen Volksgerichten. Es gibt bis heute, außer im Landesgericht Wien und im OÖLA, keine Namenskarteien. In Graz und Innsbruck müssen die laufenden Vr-Register durchgesehen werden, um überhaupt feststellen zu können, gegen welche Personen ein Volksgerichtsprozeß geführt worden ist. Vor allem aber ist es bis heute nicht möglich, NS-Verbrechen, die von Österreichern und Österreicherinnen begangen wurden, auch geographisch abzufragen. Als Ergebnis des von 1993 bis 1995 durchgeführten Forschungsprojekts über die Wiener Volksgerichtsbarkeit liegt unter anderem eine ca. 2000 Namen umfassende Liste vor, anhand derer auch eine geographische Zuordnung der Verbrechen durchgeführt werden kann – das sind jedoch nur 2000 von rund 40.000 bis 50.000 Personen, gegen die in Wien Verfahren eingeleitet wurden.

Doch selbst die Statistiken zur österreichischen Nachkriegsgerichtsbarkeit sind unvollständig. Die bisher umfangreichste Zusammenstellung erfolgte durch Generalanwalt Karl Marschall Anfang der siebziger Jahre, der 144 von insgesamt 136.829 Prozessen ausgewertet hat.[27]

Die naheliegende Möglichkeit, durch die Vergabe von Diplomarbeiten und Dissertationen das umfangreiche Quellenmaterial für die historische Forschung zur Erstellung eines statistischen Überblicks über die Volksgerichtsbarkeit zu erschließen, wurde bisher kaum genutzt. Die wenigen Fälle, in denen dies erfolgte, wurden ebenfalls von der Historiographie weitgehend ignoriert. Drei bei Prof. Schausberger am Institut für Zeitgeschichte der Universität Klagenfurt entstandene Diplomarbeiten über das Grazer Volksgericht, Senat Klagenfurt, liefern eine statistische Auswertung der Vr-Register.[28] Auch die Diplomarbeit von Heinz Reitmayr über Steyr in der Besatzungszeit enthält Angaben zur österreichischen Volksgerichtsbarkeit, v. a. über das Linzer Volksgericht.[29] Schließlich ist noch eine mehrbändige Dokumentation des ehemaligen „Furche"-Redakteurs Helmut Butterweck[30] über Volksgerichtsverfahren im Entstehen, der allerdings keine Gerichtsakten zugrunde liegen, sondern eine gründliche Auswertung von Zeitungsmeldungen.

Ein langfristiges Ziel der Arbeit im Dokumentationsarchiv des österreichischen Widerstandes ist es, sowohl ein Verfahrens- als auch ein geographisches Register aller österreichischen Nachkriegsjustizakten zu erstellen. Das erfordert einen erheblichen zeitlichen und finanziellen Aufwand. Eine Erleichterung für in- und ausländische ForscherInnen würde es bedeuten, wenn die Gerichtsakten oder Mikrofilmkopien derselben an einem zentralen Ort aufbewahrt werden würden, wobei auch die Möglichkeiten für eine Speicherung auf CD-Rom zu diskutieren wären. Das wichtigste Interesse in diesem Zusammenhang müßte sein, daß die Akten vor dem Zerfall bewahrt und für die historische Forschung zugänglich bleiben. Deshalb sind diese Vorhaben auch nur in enger Kooperation mit den Landesarchiven, den Landesgerichten, dem Staatsarchiv (das sich als „zentrale Stelle" anbieten würde) und dem Justizministerium möglich. Wünschenswert wäre eine Interessengemeinschaft der genannten Institutionen zur Unterstützung einer solchen zentralen Forschungsstelle.

Anmerkungen

1 Henke, Klaus-Dietmar/Woller, Hans: Politische Säuberung in Europa. Die Abrechnung mit Faschismus und Kollaboration nach dem Zweiten Weltkrieg. München 1991.

2 Ardelt, Rudolf G.: Warum mangelt es in Österreich an einer Auseinandersetzung mit der Zeit 1938-1945? – Die gegenwärtigen Folgen. In: DÖW (Hg.), Jahrbuch 1988, S. 8f.

3 Ausführlicher dazu siehe: Kuretsidis-Haider, Claudia: Der Widerstand als Opfer der „.2. Verdrängung". In: Weg und Ziel (Wien), 51. Jg. (1993), Nr. 5, S. 3-12.

4 Vgl. dazu den in dieser Publikation abgedruckten Beitrag von Lappin, Eleonore: Ein unterbliebener Opfer-Täter-Diskurs: Die Stellung jüdischer Opfer als Zeugen in Gerichtsverfahren wegen nationalsozialistischer Gewaltverbrechen gegen ungarische Juden in Österreich.

5 Neugebauer, Wolfgang: Zur Psychiatrie in Österreich: „Euthanasie" und Sterilisierung. In: Weinzierl, Erika/Rathkolb, Oliver/Ardelt, Rudolf G./Mattl, Siegfried (Hg.): „Justiz und Zeitgeschichte". Symposionsbeiträge 1976-1993, Wien 1995, Band 1, S. 534-584.

6 Kuretsidis-Haider, Claudia: Justizakten als historische Quelle am Beispiel der „Engerau-Prozesse". Über einige Probleme bei der Suche und Auswertung von Volksgerichtsakten. In: Ardelt, Rudolf G./Gerbel, Christian (Hg.): Österreich – 50 Jahre Zweite Republik, Österreichischer Zeitgeschichtetag 1995. Innsbruck-Wien 1997.

7 Siehe dazu: Lappin, Eleonore: Rechnitz gedenkt der Opfer der NS-Herrschaft. In: Dokumentationsarchiv des österreichischen Widerstandes (Hg.), Jahrbuch 1992, Wien 1992, S. 50-70; Lappin, Eleonore: Prozesse der britischen Militärgerichte wegen nationalsozialistischer Gewaltverbrechen an ungarisch-jüdischen Zwangsarbeitern in der Steiermark. In: Ardelt, Rudolf G./Gerbel, Christian: Österreichische Zeitgeschichtetag 1995, S. 345-350; Lappin, Eleonore: Ungarisch-jüdische Zwangsarbeit in Wien 1944/45. In: Keil, Martha/Lehmann, Klaus (Hg.): Studien zur Geschichte der Juden in Österreich. Reihe B, Band 2, Wien-Köln-Weimar 1994, S. 140-165.

8 Siehe dazu den Film „Totschweigen" von Eduard Erne und Margareta Heinrich (Produktion: Extrafilm Wien, Strandfilm Frankfurt, Netherlands Filminstitute Hilversum, WDR, NDR, NCRV, Österreich-BRD-Holland 1994) zum Massaker an ungarischen Juden in Rechnitz (Burgenland) sowie die ORF-Dokumentation „Alles Schweigen. Von Opfern, Tätern und anonymen Helden" (1993) von Michael Zuzanek und Gudrun Waltersdorfer.

9 Achenbach, Michael/Szorger, Dieter: Der Einsatz der ungarischen Juden am Südostwall im Abschnitt Niederdonau 1944/45, Diplomarbeit. Wien 1996; weitere Diplomarbeiten sind derzeit in Arbeit: Knapp, Daniel: Zwangsarbeit ungarischer Juden in den Gauen Wien und Niederdonau; Strassl, Harald/Vosko, Wolfgang: Südostwallbau im Bezirk Oberwart mit besonderer Berücksichtigung von Rechnitz und Deutsch-Schützen; Wartlik, Helmut: Das Lager für ungarische Juden in Engerau 1944/45.

10 Weisz, Franz: Die geheime Staatspolizei Staatspolizeileitstelle Wien 1938-1945. Organisation, Arbeitsweise und personale Belange, Diss. Wien 1991.

11 Safrian, Hans: Die Eichmann-Männer. Wien 1993.

12 Manoschek, Walter: Serbien ist judenfrei: Die Ermordung der Juden in Serbien durch die Wehrmacht und SS unter besonderer Berücksichtigung von Österreichern. Wien o. J.

13 Beiträge zum Forschungsstand über das KZ Mauthausen in: Revue d'Allemagne et des pays de langue allemande. Jg. 27, Nr. 2, April-Juni 1995 (Nouvelles Recherches sur l'univers concentrationnaire des d'extermination Nazi). Darunter u. a.: Friedlander, Henry: Die Auswertung der Nachkriegsprozesse als Quelle für die Geschichte der deutschen Konzentrationslager; Stuhlpfarrer, Karl: Mauthausen im kollektiven Gedächtnis. S. 255-264; Perz, Bertrand: Das Konzentrationslager Mauthausen in der historischen Forschung. S. 265-274; Freund, Florian: Zum Stand der Forschung zu den Außenlagern von Mauthausen. S. 275-282; Lesourd, Céline: Etude démographique du groupe national français à Mauthausen. S. 291-294; Fabréguet, M.: Mauthausen, camp de concentration nationalsocialiste en Autriche rattaché (1938-1945). Conclusion de thèse de doctorat. S. 295-300.

14 Maršálek, Hans: Die Geschichte des Konzentrationslagers Mauthausen. Wien 1995[3].

15 Rabitsch, Gisela: Konzentrationslager in Österreich (1938-1945). Überblick und Geschehen, Diss. Wien 1967, S. 368-380; publiziert wurde nur eine kurze Zusammenfassung ihrer wichtigsten Forschungsergebnisse, in: Dies.: Das KZ Mauthausen. In: Studien zur Geschichte der Konzentrationslager (=Schriftenreihe der Vierteljahreshefte für Zeitgeschichte, Nr. 21). Stuttgart 1970, S. 50-92.

16 Eichbauer, Werner: Die „Judenlager" von Wiener Neustadt, Felixdorf und Lichtenwörth. Teil des Forschungsprojekts „Geschichte des Konzentrationslagers Wiener Neustadt und der Judenlager von Wiener Neustadt, Felixdorf und Lichtenwörth". Neulengbach 1987.

17 Baumgartner, Andreas: Die vergessenen Frauen von Mauthausen. Die weiblichen Häftlinge des Konzentrationslagers Mauthausen und ihre Geschichte. Wien 1997.

18 Widerstand und Verfolgung in Niederösterreich 1934–1945, Hrsg. vom Dokumentationsarchiv des österreichischen Widerstandes, Wien 1987. 3 Bde. Widerstand und Verfolgung in Oberösterreich 1934–1945, Hrsg. vom Dokumentationsarchiv des österreichischen Widerstandes, Wien 1982. 2 Bde.

19 Mosebach, Bernd: Das letzte Kapitel. KZ Mauthausen: Die Prozesse nach 1945 zeigen Versagen und Erfolg der Justiz. In: Tribüne. Zeitschrift zum Verständnis des Judentums. 32. Jg. (1993), Heft 126, S. 110f.

20 Scharf, Franz: Die Erschließung von (Volks-)Gerichtsakten im Oberösterreichischen Landesarchiv, in: Kuretsidis-Haider, Claudia/Garscha, Winfried R. (Hrsg.): „Keine Abrechnung". NS-Verbrechen, Justiz und Gesellschaft in Europa nach 1945. Leipzig-Wien 1998.

21 Halbrainer, Heimo/Karny, Thomas: Geleugnete Verantwortung. Der „Henker von Theresienstadt" vor Gericht. Grünbach 1996.

22 Wisinger, Marion: Über den Umgang der österreichischen Justiz mit nationalsozialistischen Gewaltverbrechen, Diss. Wien 1991.

23 Garscha, Winfried R./Kuretsidis-Haider, Claudia: Die Verfahren vor dem Volksgericht Wien (1945-1955) als Geschichtsquelle. Projektbeschreibung. Wien 1993.

24 Garscha, Winfried R./Kuretsidis-Haider, Claudia: Die Nachkriegsjustiz als nicht-bürokratische Form der Entnazifizierung: Österreichische Justizakten im europäischen Vergleich. Überlegungen zum strafprozessualen Entstehungszusammenhang und zu den Verwertungsmöglichkeiten für die historische Forschung. Wien 1995.

25 Weinzierl, Erika/Rathkolb, Oliver/Ardelt, Rudolf G./Mattl, Siegfried (Hg.): „Justiz und Zeitgeschichte", a. a. O.

26 Rathkolb, Oliver: Anatomie einer Entnazifizierung. In: Akzente. Zeitschrift des Bundes Sozialistischer Akademiker, Heft 11/12, 1989, S. 24-28; ders.: Anmerkungen zur Entnazifizierungsdebatte über Richter und Staatsanwälte in Wien 1945/46 vor dem Hintergrund politischer Obsessionen und Pressionen während des Nationalsozialismus. In: Weinzierl/ Rathkolb/Ardelt/Mattl (Hg.): „Justiz und Zeitgeschichte", Band 1, S. 75-99; Neugebauer, Wolfgang: Richterliche Unabhängigkeit 1934-1945, unter Berücksichtigung der Standgerichte und der Militärgerichte. In: ebd., Band 2, S. 51-74; ders.: Langbein und die NS-Prozesse. In: Pelinka, Anton/Weinzierl, Erika: Hermann Langbein zum 80. Geburtstag, Festschrift. Wien 1993, S. 28-35; Weinzierl, Erika: Die Anfänge des Wiederaufbaus der österreichischen Justiz 1945. In: Weinzierl/Rathkolb/Ardelt/Mattl (Hg.): „Justiz und Zeitgeschichte", Band 2, S. 273-316; dies.: Die moderne wissenschaftliche Zeitgeschichtsforschung im deutschsprachigen Raum begann mit dem Gutachten für Prozesse gegen Hauptkriegsverbrecher und Judenmörder 1945. In: Böhler, Ingrid/Steininger, Rolf (Hg.): Österreichischer Zeitgeschichtetag 1993. Innsbruck 1995, S. 45-52; Butterweck, Helmut: Österreich und seine NS-Prozesse nach 1945: politischer Opportunismus warf Mörder und Mitläufer in einen Topf. In: Bettelheim, Peter/Streibel, Robert (Hg.): Tabu und Geschichte. Zur Kultur des kollektiven Erinnerns. Wien 1994, S. 45-67.

27 Marschall, Karl: Volksgerichtsbarkeit und Verfolgung von nationalsozialistischen Gewaltverbrechen in Österreich. Wien 1987.

28 Pellar, Renate Elfriede: Volksgerichtsbarkeit in Kärnten und Osttirol nach dem Zweiten Weltkrieg. Analyse des Aktenmaterials des Volksgerichts Graz, Senat Klagenfurt, über die eingeleiteten Verfahren aus dem Jahre 1947, Dipl. Klagenfurt 1981; Fera, Wolfgang: Die Volksgerichtsbarkeit in Kärnten und Osttirol nach dem Zweiten Weltkrieg. Analyse des Aktenmaterials über die in

den Jahren 1948/49 eingeleiteten Verfahren des Volksgerichtes Graz, Senat Klagenfurt, Dipl. Klagenfurt 1985.
29 Reitmayr, Heinz: Steyr in der Besatzungszeit. Strukturelle Kontinuitäten und Brüche vom Faschismus zur Demokratie, Dipl. Wien 1996.
30 Butterweck, Helmut: Verurteilt und begnadigt (Publikation in Vorbereitung).

Martin F. Polaschek

Die ersten „Wiederbetätigungs"prozesse vor dem Grazer Volksgericht (Affäre Soucek)

Während die Forschung in den letzten Jahren zunehmend begonnen hat, sich mit den nationalsozialistischen Massenverbrechen und ihrer gerichtlichen Verfolgung auseinanderzusetzen, ist die nationalsozialistische Wiederbetätigung in der frühen Nachkriegszeit bislang weitgehend unerforscht.[1] Gerade in Zusammenhang mit der Verfolgung der NS-Verbrechen ist jedoch der Umgang der Justiz und der Gesellschaft mit dem Weiterleben nationalsozialistischen Gedankengutes von großem Interesse, bietet sich doch gleichsam die Möglichkeit, ein „Referenzmodell" zu den Verfahren gegen Kriegsverbrecher und hochrangige NS-Funktionäre zu erstellen.

Das Phänomen der „Wiederbetätigung" begegnet uns bereits bald nach dem Ende des Zweiten Weltkrieges. Das im Mai 1945 von der provisorischen Staatsregierung erlassene Verbotsgesetz befaßte sich neben der strafrechtlichen Verfolgung von NS-Verbrechen auch mit dem Weiterbestand nationalsozialistischen Gedankengutes.[2] Sedes materiae der sogenannten Wiederbetätigung war der § 3 des Verbotsgesetzes, in dem allgemein untersagt wurde, sich „für die NSDAP oder ihre Ziele irgendwie zu betätigen".[3] Als Strafdrohung wurde generell die Todesstrafe sowie der Verfall des gesamten Vermögens normiert, nur in besonders berücksichtigungswürdigen Fällen konnten statt der Todesstrafe zehn bis 20 Jahre schwerer Kerker verhängt werden. Diese rigide Regelung erklärt sich aus dem politischen Umfeld, in dem sie entstanden ist: Zu diesem Zeitpunkt waren einige Gebiete Österreichs noch immer unter nationalsozialistischer Herrschaft, in den bereits von den Alliierten besetzten Gebieten fürchtete man das Auftreten von Werwolfverbänden. Tatsächlich erlangte diese Bestimmung in der Folge kaum praktische Bedeutung, da das Verbotsgesetz in der britischen Zone etwa erst Ende Jänner 1946 Geltung erlangte[4] und die Sicherheitsbehörden wie auch die Justiz ohnehin nahezu ihre gesamte Kapazität für die Verfolgung der NS-Verbrechen aufbringen mußten.[5] Diese Strafdrohung war zudem zu allgemein, weshalb es im Rahmen des Nationalsozialistengesetzes 1947 zu einer Aufgliederung dieser Bestimmung in eine Reihe von Tatbeständen kam (§§ 3a – 3g); die generelle Androhung der Todesstrafe wurde durch abgestufte Strafrahmen ersetzt.[6]

Auch diese Strafbestimmungen waren allerdings bis in die frühen neunziger Jahre nur selten Gegenstand von Anklagen.[7] Die meisten Anzeigen wurden von den Staatsanwaltschaften aus mangelnden Gründen für eine Voruntersuchung beziehungsweise Anklageerhebung zurückgestellt, oder die Gerichte stellten die eingeleiteten Verfahren nach der Durchführung der Voruntersuchung ein. Tatsächlich durchgeführte Prozesse endeten zum Großteil mit Freisprüchen, was in erster Linie auf den hohen Strafrahmen zurückgeführt wird, der die Geschworenen eher zugunsten der Angeklagten entscheiden ließ.[8]

Umso interessanter erscheint eine Reihe von Prozessen am Volksgericht Graz, die – beginnend im Frühjahr 1948 bis etwa in den Herbst 1949 – die Bildung neonationalsozialistischer Organisationen zum Gegenstand hatten.[9] Der Titel dieses Beitrages ist insofern ungenau, als diese „ersten" Wiederbetätigungsprozesse vor dem Grazer Volksgericht die bis in die neunziger Jahre österreichweit größten Verfahren wegen Wiederbetätigung waren. Außerdem ist der Bezug auf das *Grazer* Volksgericht zu relativieren, da in Graz die meisten österreichischen Prozesse gegen NS-Untergrundbewegungen zusammengezogen wurden.[10]

Nachdem es den Sicherheitsbehörden bereits im Sommer und Herbst 1946 gelungen war, kleinere nationalsozialistische Untergrundbewegungen auszuheben,[11] erfolgte im Herbst 1947 die Aufdeckung eines großangelegten Schleichhändlerringes, dem zu einem guten Teil ehemalige Nationalsozialisten angehörten.

Der Ring, der vor allem in Oberösterreich und Salzburg tätig war, konnte nach umfangreichen Erhebungen und der Einschleusung von Lockspitzeln gesprengt werden.[12] Anführer dieser Organisation war der vor den Behörden flüchtige und deshalb unter verschiedenen falschen Namen lebende Dr. Hugo Rößner, ein früherer hochrangiger NS-Funktionär in Wien.

Ein Teil des Erlöses aus dem Schleichhandel – vor allem Saccharin aus der Schweiz, das aus Vorarlberg in die östlichen Bundesländer geschmuggelt wurde – diente der Unterstützung ehemaliger Nationalsozialisten, die aus den Internierungslagern geflohen waren beziehungsweise in Österreich als „U-Boote" lebten und deshalb falsche Ausweise benötigten.

Die weiteren Erhebungen ergaben, daß Rößner auch mit einem Grazer Kaufmann namens Theodor Soucek in Verbindung war, der in der Steiermark ebenfalls eine Untergrundbewegung gegründet hatte.[13] Nach weiteren Erhebungen und Beobachtungen wurden in diesem Zusammenhang bis Ende 1947 etwa 80 Personen verhaftet. Bis zum März 1948 stieg die Zahl der Verhaftungen auf über 100 an. Im Jänner 1948 wurden die Prozesse gegen die beiden Organisationen in Graz zusammengeführt, im März erfolgte schließlich die Anklageerhebung gegen die beiden Köpfe der steirischen sowie gegen vier führende Mitglieder der oberösterreichisch-salzburgischen Organisation.[14]

Obwohl die weitaus größere Bewegung jene von Rößner in Oberösterreich und Salzburg war, ging in der Folge der Prozeß unter dem Namen des Grazer Hauptangeklagten Theodor Soucek beziehungsweise zum Teil unter dem Decknamen der Ermittlungen – „Aktion Sacher" – in die Medien und später in die Zeitgeschichte ein.[15]

Der Prozeß endete nach 28 Verhandlungstagen am 15. Mai 1948 mit drei Todesurteilen (Theodor Soucek, Dr. Hugo Rößner, Amon Göth), einer Verurteilung zu 20 Jahren schwerem Kerker (Dr. Franz Klinger), einer zu 18 (Anton Sehnert) und einer zu 10 Jahren (Friedrich Schiller).[16] Die zum Tode Verurteilten wurden im Juni 1949 vom Bundespräsidenten begnadigt,[17] nachdem bereits das Gericht während der Beratung über die allfällige Gnadenwürdigkeit festgestellt hatte, daß die Vollstreckung der Todesurteile Soucek, Rößner und Göth „ganz überflüssigerweise als Märtyrer einer längst verfallenen Ideologie erscheinen ließe".[18] Sämtliche Verurteilten waren bereits nach längstens vier Jahren wieder frei![19]

Hinter dieser äußerst knappen Zusammenfassung des Prozesses verbirgt sich nun eine Vielzahl möglicher Fragestellungen und Erkenntnisse. Die Prozeßakten sind bislang von der zeit- und rechtsgeschichtlichen Forschung nicht näher bearbeitet worden, weshalb Informationen über den Prozeß beziehungsweise die Verbrechen der Verurteilten in erster Linie aus den Medien entnommen wurden, was zu einigen Verfälschungen und Fehlinterpretationen geführt hat.

Zudem folgten diesem Großprozeß, der auf ein sehr starkes Medieninteresse stieß, neun weitere Prozesse wegen Wiederbetätigung, darunter sechs gegen verschiedene Untergruppen der Organisationen von Soucek und Rößner.[20] Da die Folgeprozesse jedoch in den Medien nur mehr wenig Beachtung fanden, sind sie nahezu unbekannt geblieben.

Abgesehen von der rein historischen Beschreibung des Geschehenen bietet sich gerade in Hinblick auf den Vergleich mit NS-Kriegsverbrecherprozessen ein weites Untersuchungsfeld. Das Verhältnis von Urteil und Anklageschrift, der Einfluß von Zeugenaussagen auf den Prozeßverlauf und das Ende des Prozesses, die Wertungen des Gerichtes, aber auch die Kommentare und Wertungen in den Zeitungen sind Fragen, die das Strafrecht auch unserer Zeit beschäftigen.

Zu beachten sind dabei die bei der Verwendung von Gerichtsakten auftretenden methodischen Probleme. Ohne die Kenntnis der rechtlichen Rahmenbedingungen und der Besonderheiten juristischer Quellen ist eine Auswertung und Zuordnung solcher Dokumente nur schwer möglich.[21] Teile von Gerichtsakten werden vielfach willkürlich zitiert, ohne Entstehungsbedingungen und Entstehungszusammenhang der verwendeten Quellen zu berücksichtigen. Bedenklich erscheint insbesondere die alleinige Nutzung von Auszügen der Urteile oder der Anklageschriften.

310

Gerade ein solcher Großprozeß bietet aufgrund des überreichen Materials die Möglichkeit, sich mit all diesen Fragen näher auseinanderzusetzen. Allein die Akten im „Soucek-Prozeß" umfassen fünf Faszikel mit zusammen mehreren tausend Seiten, die Urteilsbegründung ist 504 Seiten stark.

Die detaillierte Kenntnis der Prozeßunterlagen sowie die umfassende Berichterstattung in den Medien ermöglicht uns im Zusammenhang mit späteren Wiederaufnahmeanträgen der Verurteilten eine kritische Bewertung der Zeugenaussagen, der Ermittlungen und des Verfahrensablaufes an sich. Auch der Vergleich mit wenige Monate, ja zum Teil nur Wochen später ablaufenden Prozessen und deren Ausgang beziehungsweise auch deren Echo in den Medien ist für die Untersuchung von Bedeutung. Das Verhalten der Presse, die Begründung des Urteilsspruches, die tatsächliche Durchführung des Urteiles usw. sind für die Vergleiche sowohl mit gleichzeitig laufenden Kriegsverbrecher- wie auch mit späteren Neonaziprozessen relevant.

Diesem Prozeß kommt zudem eine aktuelle politische Bedeutung zu: So findet sich etwa in zeitgenössischer Literatur zum Thema Neofaschismus mehrmals die Erwähnung besonders von Soucek, da dieser bereits in den fünfziger Jahren erneut in der rechtsextremen Grauzone aktiv war.[22] Simon Wiesenthal stellt in seinen Erinnerungen die Untergrundbewegungen Souceks und Rößners in einen größeren europäischen Zusammenhang (Stichwort „Organisation Odessa");[23] Wolfgang Purtscheller erwähnt Soucek in seinem Buch „Aufbruch der Völkischen" als „Werwolf-Führer und Austro-Neonazi-Vorreiter".[24]

Eine umfassende Auseinandersetzung mit diesem Thema bedarf, wie sich zeigt, über das Studium der Prozeßakten und der Tageszeitungen hinaus der Auseinandersetzung mit aktueller, nicht bloß historischer oder rechtswissenschaftlicher Literatur. Die Akten des Obersten Gerichtshofes, der Präsidentschaftskanzlei, der Bundesministerien für Inneres und Justiz, der Sicherheitsbehörden und – nicht zu vergessen – der Besatzungsmächte müssen herangezogen werden, was allerdings aufgrund verschiedener Zugangsbeschränkungen zum Teil auf Hindernisse stößt.[25]

So ist die NS-Wiederbetätigung in der unmittelbaren Nachkriegszeit, die man eigentlich auch als *Weiterbetätigung* bezeichnen könnte, noch weitgehend unerforscht, ihre rechtshistorische wie auch politische Bedeutung ist zu hinterfragen. Die Beantwortung der angeführten Fragen ermöglicht es vielleicht, auch zu gegenwärtigen Diskussionen über Rechtsextremismus Anknüpfungspunkte zu finden,[26] damit dessen Anhänger das bleiben, was sie trotz allem auch in den späten vierziger Jahren waren – eine kleine Minderheit Unbelehrbarer.

Anmerkungen

1 Eine umfassende Studie über die NS-Wiederbetätigung zwischen 1945 und 1955 und die damit zusammenhängenden Prozesse wird vom Verfasser dieses Beitrages derzeit ausgearbeitet.

2 Dazu Stiefel, Dieter: Entnazifizierung in Österreich. Wien–München–Zürich 1981, S. 81ff; sowie jüngst Hasiba, Gernot D.: Das NS-Verbotsgesetz im Spannungsfeld von Rechtsakzeptanz und Rechtsstaatlichkeit, in: Ebert, Kurt (Hg.): FS zum 80. Geburtstag von Hermann Baltl. Wien 1998, S. 165ff.

3 Verfassungsgesetz vom 8. Mai 1945 über das Verbot der NSDAP (Verbotsgesetz), StGBl. 13/1945, § 3 Abs 1.

4 Verordnung Nr. 103 der Militärrergierung Österreich, Verordnungs- und Amstblatt für das Land Steiermark 1946, S. 73ff.

5 Dazu etwa Gallhuber, Heinrich: Rechtsextremismus und Strafrecht, in: Handwörterbuch des österreichischen Rechtsextremismus. Wien 1994, S. 627.

6 Bundesverfassungsgesetz vom 6. Februar 1947 über die Behandlung der Nationalsozialisten. BGBl. 25/1947. Zu den einzelnen Bestimmungen eingehend Platzgummer, Winfried: Die Bewältigung des Nationalsozialismus durch das Strafrecht nach 1945, in: Davy, Ulrike/ Fuchs, Helmut/Hofmeister, Herbert/Marte, Judit/Reiter, Ilse (Hg.): Nationalsozialismus und Recht. Wien 1990, insbes. S. 220ff; Nigg, Maximilian: Die strafrechtliche Behandlung der nationalsozialistischen Wiederbetätigung, insbesondere das Verbotsgesetz, rewi. Diss. Innsbruck 1992, S. 37ff.

7 Hasiba: NS-Verbotsgesetz, S. 175f; Jahn, Johannes: Das Verbotsgesetz. Entstehung und Werdegang, rewi. Dipl. Salzburg 1997, S. 81f; Regner, Kurt: Rechtsextremismus als Rechtsproblem, in: Rechtsextremismus in Österreich nach 1945[5], hg. vom Dokumentationsarchiv des österreichischen Widerstandes. Wien 1981, S. 378f.

8 Platzgummer, Winfried: Die strafrechtliche Bekämpfung des Neonazismus in Österreich, Österreichische Juristen-Zeitung 49 (1994), S. 758.

9 Zur Tätigkeit des Volksgerichtes Graz allgemein Muchitsch, Wolfgang: Das Volksgericht Graz 1946-55, in: Beer, Siegfried (Hg.): Die „britische" Steiermark 1945-1955. Graz 1995, S. 145ff; sowie Polaschek, Martin F.: „Im Namen der Republik Österreich!" Die Volksgerichtsbarkeit in der Steiermark 1945–1955. Graz 1998.

10 Das Steirerblatt vom 26. August 1948, S. 1.

11 Vgl. den Bericht des Bundesministers für Inneres, Oskar Helmer, am 14. Jänner 1948 im Nationalrat; StProtNR 5. GP, hier S. 2080f.

12 Anzeige der Sicherheitsdirektion Oberösterreich, StLA, LGS Graz Vr 9389/47-36; Mitteilung der Generaldirektion für die Öffentliche Sicherheit vom Dezember 1947 an den Alliierten Rat, ÖStA/AdR – BM für Inneres, Zl. 23.097-2/49 (Kt. 68), Zl. 146.582-2/47.

13 Anzeige der Polizeidirektion Graz, StLA, LGS Graz Vr 9389/47-2.

14 StLA, LGS Graz Vr 9389/47-167.

15 Weitere Ermittlungen wegen Wiederbetätigung insbesondere in Oberösterreich liefen in der Folge unter dem Decknamen „Sacher II", wobei es neben Schleichhandel auch um den Schmuggel von gesuchten Kriegsverbrechern über die Grenze nach Deutschland ging; dazu siehe etwa ÖStA/AdR – BM für Inneres Zl. 23.097-2/49 (Kt. 69) sowie Zl. 23.097-2/49 (Kt. 70), passim.

16 StLA, LGS Graz Vr 9389/47-316; Muchitsch: Volksgericht, S. 148ff, der sich aber vornehmlich auf Zeitungsmeldungen stützt.

17 Soucek: lebenslänglich; Rößner: 20 Jahre schwerer Kerker; Göth: 15 Jahre. – Entschließung des Bundespräsidenten vom 28. Juni 1949, StLA, LGS Graz Vr 9389/47-332.

18 StLA, LGS Graz Vr 9389/47-251.

19 Klinger wurde mit Entschließung des Bundespräsidenten vom 28. Februar 1951 begnadigt, Schiller am 9. April 1952, Soucek, Rößner, Göth und Sehnert am 19. August 1952.

20 Das Steirerblatt vom 26. August 1948, S. 1. Die entsprechenden Volksgerichtsakten befinden sich im Steiermärkischen Landesarchiv (Aktenzahlen bis Jahrgang 1947) beziehungsweise im Landesgericht für Strafsachen Graz. Auf Zeitungsartikel kann nur zum Teil zurückgegriffen werden, da diese zumeist nur sehr kurz sind und der jeweiligen Blattlinie entsprechend verschiedenen politischen Intentionen folgen.

21 Dazu vgl. etwa Garscha, Winfried R./Kuretsidis-Haider, Claudia: Die Nachkriegsjustiz als nicht-bürokratische Form der Entnazifizierung: Österreichische Justizakten im europäischen Vergleich. Wien 1995, S. 68ff; dies., Die Verfahren vor dem Volksgericht Wien (1945-1955) als Geschichtsquelle. Wien 1993, S. 79ff; Gänser, Gerald/Polaschek, Martin F.: Grazer Volksgerichtsprozesse: Überblick über die Archivsituation, Zugangsfragen, Fallbeispiele, in: Ardelt, Rudolf G./Gerbel, Christian (Hg.): Österreichischer Zeitgeschichtetag 1995. Österreich – 50 Jahre Zweite Republik. Innsbruck-Wien 1997, S. 332ff; Kuretsidis-Haider, Claudia: Justizakten als historische Quelle am Beispiel der „Engerau-Prozesse". Über einige Probleme bei der Suche und Auswertung von Volksgerichtsakten, ebda., 338ff; Tuchel, Johannes: Die NS-Prozesse als Materialgrundlage für die historische Forschung. Thesen zu Möglichkeiten und Grenzen interdisziplinärer Zusammenarbeit, in: Weber, Jürgen/Steinbach, Peter (Hg.): Vergangenheitsbewältigung durch Strafverfahren? NS-Prozesse in der Bundesrepublik Deutschland. München 1984, S. 134ff.

22 Dworczak, Hermann: Entwicklung nach 1945, in: Rechtsextremismus in Österreich nach 1945[5], S. 144; Wiesflecker, Oskar: Internationale Verbindungen, ebda., S. 356.

23 Wiesenthal, Simon: Recht, nicht Rache. Erinnerungen. Frankfurt/Main-Berlin 1988, S. 64ff.

24 Purtscheller, Wolfgang: Aufbruch der Völkischen. Das braune Netzwerk. Wien 1993, S. 25; vgl. auch ders. (Hg.): Die Ordnung, die sie meinen. „Neue Rechte" in Österreich. Wien 1994, S. 128.

25 Dazu Polaschek, Martin F.: Probleme der Verwendung von Strafakten in der zeitgeschichtlichen Forschung, Mitteilungen des Steiermärkischen Landesarchivs 1995, S. 225ff.

26 Garscha, Winfried R./Kuretsidis-Haider, Claudia: Die Nachkriegsjustiz als nicht-bürokratische Form der Entnazifizierung: Österreichische Justizakten im europäischen Vergleich. Wien 1995, S. 103.

Hannes Grandits, Christian Promitzer

Ethnische Säuberungen in Kroatien: Hintergründe und Interpretationen[1]

Im Jahr 1990 kam es in Kroatien, dessen neugewählte politische Spitze danach strebte, sich von Jugoslawien unabhängig zu machen, zu aufstandsähnlichen Erscheinungen in den serbischen Siedlungsgebieten, die im Sommer 1991 in einen regelrechten Krieg mündeten, an dem sich die jugoslawische Volksarmee auf Seiten der Aufständischen beteiligte. Nachdem die serbischen Aufständischen im Oktober 1990 das von ihnen kontrollierte Gebiet für autonom erklärt hatten, riefen sie im darauffolgenden Jahr die „Republik Serbische Krajina" (Republika Srpska Krajina) auf dem Territorium Kroatiens aus. Autonomie und Unabhängigkeit gingen Hand in Hand mit einer sukzessiven gewaltsamen Vertreibung der dort lebenden kroatischen Bevölkerung. 1995 drehten sich die Verhältnisse um: Die kroatische Armee eroberte das Gebiet, und die hier noch lebende serbische Bevölkerung begab sich auf eine Massenflucht.

Angesichts dieser massiven Gewaltentladungen stellt sich zweifellos die Frage nach den Hintergründen: Wieso konnte einer über Jahrhunderte bestehenden Koexistenz von Kroaten und Serben in der Krajina in den neunziger Jahren unseres Jahrhunderts ein so jähes Ende bereitet werden? Setzt man sich mit dieser Frage auseinander, stößt man unweigerlich auf historische Bilder, die der näheren und weiteren Vergangenheit entstammen. Diese wurden von den politischen Akteuren in intensiver Weise zum Aufbau von Feindbildern eingesetzt und dienten als Grundlage der Argumentationen und Legitimationen für das eigene Handeln. Diese Bilder begannen sich zunehmend zu verselbständigen und bildeten auch immer mehr einen Bestandteil der aktuellen Realität. Daher ist es angebracht, sich zuerst mit den auch später noch wirksamen älteren historischen Bildern auseinanderzusetzen, um davon ausgehend den gesellschaftlichen Umgang mit den Massenverbrechen zu thematisieren. Dies erscheint umso notwendiger, als der Umgang mit den aktuellen Verbrechen nicht getrennt von den historischen Interpretationen der Akteure gesehen werden kann.

Vorwegnehmend ist festzuhalten, daß die Konflikte im postjugoslawischen Krieg regional geprägte Komponenten aufweisen. Sowohl die Hintergründe als auch der Umgang mit dem Konflikt können regional sehr stark differieren. So ist beispielsweise für die Behandlung des Konflikts in Bosnien-Herzegowina die historische Hintergrundfolie der osmanischen Herrschaft in Rechnung zu stellen, während für den Konflikt in Kroatien die jahrhundertelange Prägung eines Teils der Bevölkerung durch das militärische und gesellschaftliche System der habsburgischen Militärgrenze entscheidend ist.

Es besteht kein Zweifel, daß den historisch überlieferten Bildern aus der Zeit des faschistischen kroatischen Ustaša-Staates zwischen 1941 und 1945 für den jüngsten Konflikt eine überragende Bedeutung beizumessen ist. Am Beginn unserer neunziger Jahre stellte diese Zeit – geschürt durch massive Propaganda – für sehr viele Serben in Kroatien fast so etwas wie eine Parallelrealität dar, die Handeln und Denken bestimmte. Zuvor aber erscheint es erforderlich, auf ein zweites historisches Grundelement hinzuweisen, das man als Residuum einer „Soldatengesellschaft" bezeichnen könnte. Dieses stand zwar im aktuellen Diskurs nicht so stark im Vordergrund wie die Ustaša-Zeit, doch die damit verbundenen Bilder und Traditionen sind, zumindest was den Umgang mit Gewalt betrifft, mindestens ebenso wichtig: Bis vor etwas mehr als hundert Jahren bestand an der südlichen Grenze der Habsburger-Monarchie zum Osmanischen Reich ein gesondertes Territorium, die sogenannte kroatisch-slawonische Militärgrenze (auf kroatisch „Vojna Krajina" oder auch nur „Krajina"). Auf diesem ursprünglich kroatischen Territorium entwickelte sich als Folge der Auseinandersetzungen der Habsburgermonarchie mit dem Osmanischen Reich ab dem 16. Jahrhundert ein spezifisches soziales und militärisches System, das auf einem freien Wehrbauerntum beruhte. Jahrhunderte hindurch bedeutete dies regelmäßigen militärischen Drill, eine ziemlich zeitaufwendige Verpflichtung zu den Wachdiensten an der Grenze und regelmäßige Mobilisierungen und Kriegseinsätze. Dies war auch noch in den letzten Jahrzehnten vor der Auflösung der Grenze und der Vereinigung mit Kroatien-Slawonien im Jahre 1881 der Fall.

Das noch später gezeichnete idyllische Leitbild vom Bauernsoldaten aus der Krajina, der mit der Waffe in der Hand für die gerechte Sache kämpft, entbehrt nicht einer historischen Grundlage und war im Selbstverständnis der in dieser Region lebenden Katholiken (Kroaten) und Orthodoxen (Serben) noch lange Zeit bestimmend. Die Auflösung der Grenzorganisation, die – durchaus sehr konflikthafte – Eingliederung in den zivilen kroatischen Staat und vor allem der damals einsetzende nationale Differenzierungsprozeß ließen diese Bilder jedoch langsam in den Hintergrund treten.

Nationale Differenzierung und historische Handlungspotentiale

Was sind nun die entscheidenden historischen Grundelemente, die für die – natürlich zwischen Kroaten und Serben sehr divergierenden – Konstruktionen der historischen Sichtweisen bestimmend waren? Neben traditionellen Vorstellungen aus der Zeit der Militärgrenze spielte die nationale Differenzierung zwischen Serben und Kroaten im letzten Drittel des 19. Jahrhunderts eine immer größere Rolle. Dieser Prozeß ging aber nicht von den ländlichen Gebieten der Grenze selbst aus, sondern war mittelbare Folge der Integration der ehemaligen Grenzbevölkerung in die zivile Gesellschaft Kroatiens. Er wurde einerseits von der kroatischen Hauptstadt Zagreb vorangetrieben und andererseits von der Vojvodina, wo die serbische Nationalbewegung in der Habsburgermonarchie ihr Zentrum hatte.

Der nationale Differenzierungsprozeß hatte seine Problematik darin, daß die Vertreter der serbischen politischen Parteien auf der nationalen Individualität der von ihnen vertretenen Bevölkerung Kroatiens beharrten, während die kroatischen Parteien den Serben zwar auf kultureller Ebene Freiheiten zubilligten, sie politisch jedoch als „Kroaten" verstanden wissen wollten. Die ersten nationalen Zusammenstöße an der ehemaligen Militärgrenze waren – wie die nationale Differenzierung – ein von außen in die Region getragenes Phänomen: Im Juli 1914, kurz nach der Ermordung des österreichischen Thronfolgers Franz Ferdinand in Sarajevo, forderten Vertreter der „Reinen Rechtspartei", einer extrem nationalistischen kroatischen Partei, den Auszug der serbischen Abgeordneten aus dem kroatischen Landtag. In der Folge kam es an der ehemaligen Militärgrenze zu Ausschreitungen gegen die serbische Bevölkerung, wobei u.a. orthodoxe Kirchen und Friedhöfe geschändet wurden.

Nach dem Ende des Ersten Weltkriegs, im Spätherbst 1918, kam es wiederum zu gewalttätigen Auseinandersetzungen, die nun erstmals von der Bevölkerung an der ehemaligen Militärgrenze selbst getragen wurden. Während die Serben die Vereinigung der südslawischen Länder zum Königreich der Serben, Kroaten und Slowenen im Dezember 1918 unterstützten, lehnte die republikanisch eingestellte ländliche kroatische Bevölkerung die Eingliederung in ein südslawisches Königreich ab.

In der Folge blieb das Verhältnis zwischen der serbischen bzw. kroatischen Bevölkerung bis zum Zweiten Weltkrieg zwiespältig. So schlossen sich die politischen Vertreter der Serben und Kroaten, die sich in den Jahren zuvor noch heftige Auseinandersetzungen geliefert hatten, 1927 zu einem Oppositionsbündnis gegen die regierende großserbisch eingestellte Radikale Partei zusammen. König Alexander versuchte hingegen durch das Diktat eines integralen Jugoslawentums die nationalen Gegensätze zu verwischen. Doch auch diese Option scheiterte. Die Nationsbildungen waren zu weit fortgeschritten, so daß ihre proklamative Aufhebung kaum Folgen zeitigte. Und föderalistische Optionen wurden, wenn überhaupt, dann zu spät entwickelt. Es ist jedoch festzuhalten, daß – abgesehen von den Unruhen 1918 – Gewalt- und Haßparolen von außen in das Gebiet der ehemaligen Militärgrenze getragen wurden.

Die in der Zwischenzeit in den Hintergrund getretenen Bilder aus der Militärgrenzzeit hatten ihre Handlungspotentialität noch nicht verloren. In den Konflikten spielten sie daher als symbolische Konstruktionen eine nicht unbedeutende Rolle. Wenn wir diese als unbewußtes Gedächtnis einer Kultur auffassen, so können sie unter spezifischen Bedingungen (z.B. dem Verlust des Staates auf sein Gewaltmonopol) tendenziell bestimmte Reaktionen ab- und hervorrufen. Diese Bedingungen zur Aktualisierung des Potentials historischer Rollen- und Handlungsvorstellungen waren an der ehemaligen Militärgrenze zur Zeit des faschistischen „Unabhängigen Staates Kroatien" (NDH) 1941-1945 gegeben. Dieser war am 10. April 1941 unter dem Schutz der Deutschen Wehrmacht in Zagreb proklamiert worden. Er gab sich zwar den Anschein eines souveränen Staates, blieb aber faktisch stets in Abhängigkeit von Hitler und Mussolini. An der Spitze des Staates stand die von der deutschen Führung installierte Ustaša-Bewegung, die in der Bevölkerung nur eine sehr dünne Basis hatte. Wie Hitler ein „judenfreies" Europa anstrebte, so strebte Ante Pavelić, der „Poglavnik" („Führer") des NDH, ein „serbenfreies" Kroatien an, obwohl von den mehr als sechs Millionen Einwohnern des Staates über 30 % Serben waren. Sofort nach der Machtübernahme begannen die Ustaše, ihrem völkischen Wahn folgend, einen Vernichtungskrieg gegen die serbische Bevölkerung des Landes. Zum Zentrum der Massenexekutionen des NDH wurde das berüchtigte Konzentrationslager Jasenovac, südlich von Sisak. Die Zahl der Opfer dieses Lagers wurde nach Kriegsende auf 600.000 bis 700.000 Menschen geschätzt. Ihre genaue Zahl kennt niemand, und eine um Objektivität bemühte Aufarbeitung der Ereignisse ist bis heute nicht erfolgt.

Die titoistisch verwaltete Vergangenheit

In der Aktualisierung des Potentials historischer Rollen- und Handlungsvorstellungen ist auch das fehlende Glied zwischen dem Umgang mit Gewalt zur Zeit der Militärgrenze und der Reaktion auf die Massenverbrechen der Jahre 1941-1945 zu suchen. Doch nun erfolgte die Aktivierung dieser Rollen- und Handlungsmuster fast nur mehr unter der serbischen Bevölkerung der ehemaligen Militärgrenze, die,

317

physisch bedroht, sich massenhaft den von Tito geführten Partisanen anschloß, um sich mit der Waffe in der Hand zu verteidigen. Die großen Opfer, die dabei erbracht wurden, dienten im Nachkriegsjugoslawien als die zentrale Machtlegitimation, denn von den hohen Opferzahlen leitete die Volksbefreiungsbewegung auch das Recht ab, die führende Rolle im Aufbau der Nachkriegsgesellschaft einzunehmen.

In der Nachkriegszeit wurde dahingehend argumentiert, daß es allein die Partisanen waren, die sich gegen den Faschismus gestellt hatten. Die anderen Gruppen wurden zu den Tätern, Verbrechern und Kollaborateuren gezählt. Es begann ein auf Selbstinszenierung angelegter Kult um die Opfer des Faschismus, der sich unter anderem in unzähligen Denkmälern (im Prinzip Opferdenkmälern), Publikationen (mit Zahlen von umgebrachten bzw. im Kampf gefallenen Personen) oder Gedenkfeiern manifestierte.

Dieser Logik der Machtlegitimierung anhand der Zahl der Opfer hat sich auch auf die vom jetzigen kroatischen Regime betriebene aktuelle „Bleiburg"-Diskussion übertragen. Worum geht es? In den letzten Kriegswochen flohen Ustaša-Soldaten wie auch Anhänger des NDH-Regimes aus Furcht vor den herankommenden Partisanen in den bereits britisch kontrollierten Teil Südkärntens. Sie wurden jedoch von den britischen Truppen in der Nähe der Stadt Bleiburg den Partisanen übergeben.

Milovan Đilas, während der unmittelbaren Nachkriegszeit eine der führenden Persönlichkeiten der jugoslawischen Kommunisten, beschrieb das Schicksal dieser Personen:

„Sie wurden alle niedergemacht, außer den Frauen und Jugendlichen unter 18 Jahren – so wurde es damals nach Montenegro berichtet, und so hörte ich es später von Teilnehmern an diesen durch maßlose Wut und blinden Zorn verursachten Racheakten. Wieviele waren es? Ich glaube, das weiß niemand genau, und man wird es auch niemals erfahren. Nach dem, was ich von einigen in diese Abrechnung verwickelten Funktionären so nebenbei gehört habe, soll diese Zahl größer als zwanzigtausend sein, dreißigtausend aber nicht übersteigen ..."[2]

In einigen Arbeiten über diese Ereignisse wird die Anzahl der Opfer jedoch etwas höher eingeschätzt.

In diesem Zusammenhang kam es im nationalistischen kroatischen Diskurs zu einer Täter-Opfer-Umkehr, deren Umrisse im sogenannten „kroatischen Frühling" Anfang der siebziger Jahre erstmals teilweise sichtbar wurden, jedoch erst nach der Desintegration des titoistischen Systems durch die Propaganda der neuen kroatischen Eliten ihren vollen Ausdruck erreichten: Die linientreuen Kommunisten, und damit wurden die Serben gemeint, galten nicht mehr als Opfer, sondern als Täter. Die nationalen Ustaša, aber primär das gesamte kroatische Volk, waren die eigentlichen Opfer.

1991–1995: Historisch legitimierte Nationalpolitik

Auf die Ursachen und auf eine chronologische Wiedergabe der vielfach dokumentierten kriegerischen Ereignisse zwischen 1991 und 1995 kann hier nicht eingegangen werden. Festzuhalten ist, daß die historisch überlieferten Rollen- und Handlungsmuster – nun schon fast bis zur Unkenntlichkeit überlagert von und vermischt mit den noch immer präsenten Bildern der Massenverbrechen des kroatischen Ustaša-Regimes an den Serben – im Konflikt der Jahre 1991 bis 1995 ein zweites Mal aktiviert wurden. Mit ihnen begründeten die Führer der Krajina-Serben auch ihre grundsätzliche Ablehnung eines unabhängigen kroatischen Staates und die Vertreibung der kroatischen Zivilbevölkerung auf dem von ihnen als alleinigem Siedlungsgebiet beanspruchten Territorium. Hatte das Abrufen historischer Bilder im Rahmen des Volksbefreiungskampfes noch zu einem, wenn auch unter dem Vorzeichen der kommunistischen Einparteienherrschaft erneuerten Zusammenleben der zwei Nationen geführt, so läutete die zweite, nationalistisch geprägte Reaktivierung zu Beginn der neunziger Jahre das Ende einer jahrhundertealten gemeinsamen Geschichte ein.

In der Folge wurde der Umgang der Öffentlichkeit und offizieller Stellen von kroatischer und serbischer Seite mit den 1991 bis 1995 von serbischer Seite begonnenen „ethnischen Säuberungen" daher nur mehr von den Prämissen der eigenen, jeweils historisch legitimierten Nationalpolitik definiert: Ab 1992 erschienen sowohl auf kroatischer wie auch auf serbischer Seite umfangreiche Dokumentationen über die Vertreibungen und einzelne Massaker. Es lag auf der Hand, daß kroatische regierungsnahe Institutionen nur die Verbrechen der aufständischen Serben auflisteten, während man sich von serbischer Seite vor allem auf das Leiden der serbischen Zivilbevölkerung in Kroatien außerhalb der serbischen Krajina konzentrierte.

Die Massenflucht der Serben im August 1995 dokumentiert die letzte Phase in der von kroatischen und serbischen Eliten willentlich herbeigerufenen Zerstörung des jahrhundertelangen Zusammenlebens zweier ethnischer Gruppen. Sie wurde von beiden Seiten eher rasch übergangen. Kroatische Politiker interpretierten sie als „ethnische Selbstsäuberung", während sich die meisten serbischen Medien alsbald von der Thematik abwandten, wohl um der eigenen Bevölkerung nicht eingestehen zu müssen, warum das großserbische Projekt im Bereich Kroatiens gescheitert war. Schließlich war der kroatische Angriff mit Billigung der Clinton-Administration erfolgt, und Serbien hoffte, durch ein gemäßigtes Auftreten das Ende der UN-Sanktionen zu erreichen. Außerdem wurde die serbische Massenflucht wenige Wochen danach von den einsetzenden NATO-Bombardements in Bosnien aus den Schlagzeilen verdrängt.

Wenn die kroatische Führung die Rückkehr der 1995 geflohenen serbischen

Bevölkerung weiter behindert, wird auch die durch die ethnischen Vertreibungen in Bosnien geschaffene ethnische Separierung von dauerhafter Natur sein. In Kroatien wird sozusagen der Lakmustest darüber durchgeführt, ob mit Waffengewalt realisierte ethnonationalistische Konzeptionen langfristig erfolgreich sind und auch von der westlichen Öffentlichkeit geduldet werden.

Die Rückkehr der serbischen Bevölkerung wird weder vom offiziellen Kroatien noch international breit thematisiert. In der kroatischen Öffentlichkeit gelten die Serben vielfach als „outcasts", die eigentlich das Recht verloren hätten, auf kroatischem Boden zu leben. Dementsprechend wurden schon im Oktober 1995 die wenige Jahre zuvor ohnehin nur auf internationalen Druck verabschiedeten Minderheitenrechte für die Serben in der Krajina suspendiert, da sie das Land verlassen hätten. Hingegen wurde 1996 in dem unter internationaler Vermittlung zwischen Kroatien und Serbien unterzeichneten Vertrag von Erdut festgelegt, daß das serbisch besetzte Ostslawonien, das im August 1995 von der kroatischen Armee nicht erobert worden war, Kroatien eingegliedert werden sollte; u.a. wurde auch bestimmt, daß die aus Ostslawonien vertriebene kroatische Bevölkerung und umgekehrt die 1995 nach Ostslawonien geflohene serbische Bevölkerung an ihre früheren Wohnstätten zurückkehren könnte. Als sich im Frühjahr 1997 jedoch eine kleine Gruppe von Serben aus Ostslawonien aufmachte, um in ihre früheren Häuser in der Banija, etwa 30 km südlich von Zagreb, zurückzukehren, wurden sie von den inzwischen angesiedelten neuen Bewohnern zusammengeschlagen und auch von der örtlichen Polizei malträtiert. Die besondere Tragik dieses Zwischenfalls liegt nicht so sehr darin, daß er von der westlichen Öffentlichkeit nur peripher beachtet wurde, sondern vor allem darin, daß die Täter, Kroaten, eigentlich selbst Opfer waren, da sie während des Krieges von serbischer Seite von ihren Wohnstätten in Nordbosnien vertrieben worden waren.

Anmerkungen

1   Dieser Artikel resultiert aus dem seit 1995 laufenden Forschungsprojekt „Patriarchale Sozial-strukturen in Südosteuropa" an der Abteilung für Südosteuropäische Geschichte/Universität Graz. Das Projekt wird von Prof. Michael Mitterauer und Prof. Karl Kaser geleitet und vom Fonds zur Förderung wissenschaftlicher Forschung (FWF) finanziert. Mitarbeiter und ihre Schwerpunkte: Dr. Hannes Grandits (Anthropologie der Gewalt, Familienstrukturen/ Kroatien), Mag. Siegfried Gruber (Demographie, patriarchale Familienstrukturen/Serbien), Mag. Robert Pichler (patriarchale Sozialstrukturen in Albanien) und Dr. Christian Promitzer (Nationsbildung und patriarchale Sozialstrukturen/Kroatien). Informationen sind an der Abteilung für Südosteuropäische Geschichte, Mozartgasse 3, A-8010 Graz erhältlich.
2   Đilas, Milovan: Der Krieg der Partisanen. Jugoslawien 1941-1945. Wien-München-Zürich-Innsbruck 1977, S. 570.

Weiterführende Literatur

Grandits, Hannes/Promitzer, Christian: „... denn ein Kampf zwischen Serben und Kroaten würde beide vernichten". Chronologie der Serben in Kroatien, in: Ost-West Gegeninformationen. Nr. 3/1997.

Grandits, Hannes/Promitzer, Christian: „Former Comrades" at War. Historical and Anthropological Perspectives on „Ethnic Cleansing" in Croatia, in: Halpern, Joel/Kideckel, David (Hg.): War Among the Yugoslavs. 1998.

Heinz P. Wassermann

Österreich und „Holocaust" – eine verstörte Nation?[1]

Im folgenden soll ein Aspekt der empirischen Begleitforschung zur Ausstrahlung der vierteiligen Fernsehserie „Holocaust" in den Jahren 1979 und 1997[2] herausgearbeitet werden; nämlich ob, und wenn ja, inwiefern „Holocaust" im Zusammenhang mit Kategorien historischen Bewußtseins „Wirkung(en)" zeigte. Basis für die Analyse sind die jeweils im Umfeld der Ausstrahlungen vom ORF in Auftrag gegebenen Begleitstudien[3]. Da sich die Umfrage aus dem Jahr 1997 thematisch, also was die Fragestellungen betraf, sehr stark an der 1979 durchgeführten Umfrage orientierte, ist eine Längsschnittvergleich möglich.

Untersucht werden die folgenden vier Topoi: die Meinungen zur Faktizität des Holocaust, zur österreichischen Mitverantwortung, zur Frage nach der Verfolgung von NS-Verbrechen und zur Art der „Vergangenheitsbewältigung".

Dokumentiert werden:

- Der Signifikanzvergleich[4] der Ergebnisse der Totalerhebungen 1979 und 1997 von bipolar vorgegebenen Antwortmöglichkeiten, und
- ebenfalls ein Signifikanzvergleich nach dem Kriterium *Seher/Nicht-Seher*[5]

Analysiert und gegenübergestellt werden für 1979 die Ergebnisse der Befragungen zwischen 24. und 27. Februar, das waren die Tage vor der Ausstrahlung der Dokumentation „Endlösung" am 28. Februar, die gewissermaßen der „Auftakt" zur Ausstrahlung war, und als Vergleichswert die Ergebnisse der Befragungen zwischen 5. und 8. März[6], also die Tage nach der Austrahlung. Weiters soll (synchron dazu) in einem zweiten Schritt untersucht werden, ob Unterschiede zwischen „Holocaust"-*Sehern* und *Nicht-Sehern* bestanden.

Die Frage nach der Faktizität des Holocaust

1979 stimmten eingangs der Frage, ob es erwiesen sei, daß „in der Zeit des Nationalsozialismus Millionen Juden (...) ermordet" worden sind, 72 Prozent zu, 16 Prozent sahen dies als nicht erwiesen an. In der zweiten Befragungswelle stimmten

81 Prozent zu, und 11 Prozent lehnten ab. Mit anderen Worten: Eine Zunahme an Zustimmung von 9 Prozent, aber lediglich eine Abnahme von fünf Prozent (die Gruppe „keine Angabe" sank von 12 auf 8 Prozent). Die Differenz zwischen *Sehern* und *Nichtsehern* lag bei fünfzehn Prozent (87 versus 72 Prozent).

1997 stimmten 82 Prozent der Faktizität zu, während sie 8 Prozent bestritten. Nach der Ausstrahlung sank der Wert der Zustimmung um ein Prozent, der der Ablehnung blieb konstant. Während diesbezüglich die Ausstrahlung in der Totalerhebung einen geringfügig negativen Effekt zeigte, der dem Meßfehler zuzurechnen ist, war 1997 die Differenz zwischen *Sehern* und *Nichtsehern* wiederum beträchtlich: 92 zu 79 Prozent, also eine Differenz von 13 Prozent.

Somit liegt eine Signifikanz im Bereich der Totalauswertung lediglich für 1979 im Bereich der Zustimmung zur Faktizität vor. Anders verhält es sich beim Vergleich von *Sehern* und *Nichtsehern*; die Ergebnisse sind, sofern es die Zustimmung zur Faktizität betrifft, sowohl 1979 als auch 1997 signifikant, sofern es die Differenz der Ablehnung betrifft, für das Jahr 1979 als signifikant anzusehen (alle Angaben in den folgenden Grafiken in Prozent).

Faktizität des Holocaust (Totalerhebungen)[7]

erwiesen   nicht erwiesen

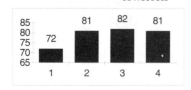
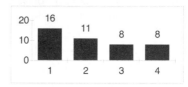

(1 = Februar 1979, 2 = März 1979, 3 = Februar 1997, 4 = März 1997)

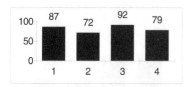
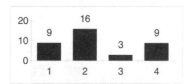

Faktizität des Holocaust (Seher/Nichtseher)
erwiesen   nicht erwiesen

(1 = Seher 1979, 2 = Nichtseher 1979, 3 = Seher 1997, 4 = Nichtseher 1997)

323

Die Frage nach der österreichischen Mitverantwortung

Vor der Ausstrahlung sprachen sich 1979 44 Prozent der Befragten für eine öster-reichische Mitverantwortung aus (38% sprachen die Schuld ausschließlich den Deutschen zu); nach der Ausstrahlung stieg der Wert an Zustimmung für die öster-reichische Mitverantwortung auf 50 Prozent, der der deutschen Alleinschuld redu-zierte sich geringfügig um ein Prozent auf 37%. Die Werte zwischen *Sehern* und *Nichtsehern* differierten, sofern es die österreichische Mitverantwortung betraf, un-wesentlich (48% und 49%), während im Gegensatz dazu die „Holocaust"-*Seher* zu 41 Prozent die Deutschen allein verantwortlich machten, die *Nichtseher* allerdings nur zu 34%.

Bezüglich dieser Frage hatte sich in den dazwischenliegenden knapp zwei Jahr-zehnten ein massiver Wandel eingestellt. Im Februar 1997 sahen 70 Prozent eine österreichische Mitverantwortung und nur mehr 12 Prozent eine deutsche Allein-schuld als gegeben. Im Folgemonat stieg die Beantwortung in Richtung österrei-chische Mitverantwortung auf 71 Prozent und die deutsche Alleinschuld auf 13 Prozent. Signifikant war der Unterschied zwischen *Sehern* und *Nichtsehern*: 78 Pro-zent der *Seher* sahen im Gegensatz zu 70 Prozent der *Nichtseher* eine österreichische Mitschuld, eine Differenz also von acht Prozent; sofern es die deutsche Allein-schuld betraf, waren die Unterschiede minimal, nämlich 14 und 13 Prozent an Zustimmung.

Alles, was im Bereich der Totalerhebungen in Bewegung kam, lag im Bereich des Meßfehlers. Lediglich der Vergleich *Seher/Nichtseher* zeigte für 1997 eine signi-fikant höhere Zustimmung zur österreichischen Mitschuld der *Seher* und 1979 eine signifikant höhere Zustimmung zur deutschen Alleinschuld ebenfalls der *Seher*[8].

Österreichische Mitverantwortung versus deutsche Alleinschuld
(Totalerhebungen)

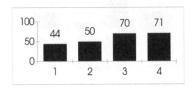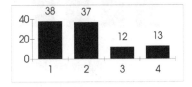

(1 = Februar 1979, 2 = März 1979, 3 = Februar 1997, 4 = März 1997)

Österreichische Mitverantwortung versus deutsche Alleinschuld
(Seher/Nichtseher)

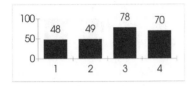 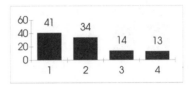

(1 = Seher 1979, 2 = Nichtseher 1979, 3 = Seher 1997, 4 = Nichtseher 1997)

Die Weiterverfolgung von NS-Verbrechen

Für ein „Schlußstrichziehen" in bezug auf die juridische Weiterverfolgung von NS-Verbrechen sprachen sich vor der Erstausstrahlung 77 Prozent, danach 74 Prozent aus; keinen „Schlußstrich" wollten 17 beziehungsweise 24 Prozent gezogen sehen. Durchgehend signifikant waren die Differenzen zwischen Sehern und Nichtsehern: 79 Prozent der Nichtseher plädierten für die „Schlußstrichlösung", im Gegensatz zu 70 Prozent der Seher. Keinen „Schlußstrich" wollten 28 Prozent der Seher und nur 16 Prozent der Nichtseher gezogen sehen.

Was diese Frage betrifft, ist ebenfalls ein starker Meinungswandel konstatierbar. Zwar lag der ausgewiesene Wert noch immer auf über 50 Prozent, doch sprachen sich vor der Ausstrahlung 1997 „nur noch" 53 Prozent für den „Schlußstrich" und 37 Prozent dagegen aus. Nach der Ausstrahlung waren es 52 und 38 Prozent. Die Werte zwischen „Holocaust"-Sehern und Nichtsehern differierten eklatant, nämlich zwischen 43 und 56 Prozent, was den „Schlußstrich", und zwischen 51 und 34 Prozent, was die Zustimmung zur Weiterverfolgung betraf.

Signifikant war das Antwortverhalten 1979 lediglich im Bereich der – für Österreich eher als theoretisch anzusehenden – Befürwortung der Weiterverfolgung von NS-Verbrechen. Sofern es Seher/Nichtseher betraf, sind sowohl für 1979 als auch für 1997 durchgehende Signifikanzen auszumachen: Nichtseher plädierten signifikant stärker für den „Schlußstrich", während sich Seher ebenfalls signifikant für eine Weiterverfolgung aussprachen.

Verfolgung von NS-Verbrechen (Totalerhebungen)
Schlußstrich   Weiterverfolgung

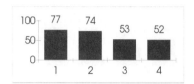 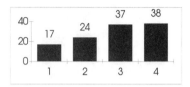

(1 = Februar 1979, 2 = März 1979, 3 = Februar 1997, 4 = März 1997)

Verfolgung von NS-Verbrechen (Seher/Nichtseher)
Schlußstrich   Weiterverfolgung

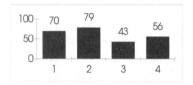 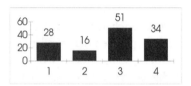

(1 = Seher 1979, 2 = Nichtseher 1979, 3 = Seher 1997, 4 = Nichtseher 1997)

Die Frage nach der „Vergangenheitsbewältigung"

Die Zustimmung zu „man solle Gras über die Vergangenheit wachsen lassen" fiel 1979 zwischen den zwei Befragungen von 47 auf 42 Prozent, die Gegenposition stieg von 48 auf 55 Prozent. Im Gegensatz zu 51 Prozent der *Nichtseher* wollten nur 35% der Seher „Gras über die Sache wachsen lassen", für ein Bewußtmachen der Ereignisse sprachen sich 63 Prozent der *Seher*, aber nur 43 Prozent der *Nichtseher* aus.

Im Gegensatz dazu sprachen sich in der Totalerhebung 1997 lediglich 22 Prozent für die erste Antwortmöglichkeit aus, 70 Prozent befürworteten die Notwendigkeit der Bewußtmachung. Auch hier war nach der Ausstrahlung kaum Bewegung ins Meinungsbild gekommen: 24% votierten für „Gras wachsen lassen" und 69% dagegen. Die Differenz zwischen *Sehern* und *Nichtsehern* lag bei sechs Prozent (20 bzw. 26 Prozent) bei der ersten Antwortmöglichkeit und immerhin bei elf Prozent bei der zweiten (78% und 67%).

In den Totalerhebungen war lediglich 1979, sofern es das Plädoyer für das „Bewußtmachen" betraf, eine signifikante Einstellungsänderung feststellbar. Sieht man vom Vergleich *Seher/Nichtseher* 1997 in bezug auf „Gras wachsen lassen" ab, sind durchwegs Signifikanzen feststellbar.

Vergangenheitsbewältigung (Totalerhebungen)

Gras wachsen lassen   Bewußt machen

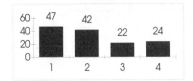 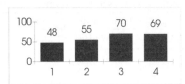

(1 = Februar 1979, 2 = März 1979, 3 = Februar 1997, 4 = März 1997)

Vergangenheitsbewältigung (Totalerhebungen)

Gras wachsen lassen   Bewußt machen

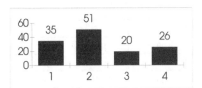 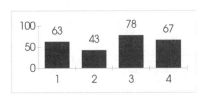

(1 = Seher 1979, 2 = Nichtseher 1979, 3 = Seher 1997, 4 = Nichtseher 1997)

Schlußfolgerung

Ein über die statistische Fehlergrenze hinausgehender (kurzfristiger) Bewußtseinswandel ist ausschließlich für 1979 feststellbar. Wie aus Tabelle 1 ersichtlich ist, betraf er drei von acht vorgegebenen Antwortmöglichkeiten, nämlich die Fragen nach der *Faktizität des Holocaust,* nach der *Notwendigkeit historischer Bewußtseinsbildung* und nach der *Weiterverfolgung von NS-Verbrechen.* Wesentlich signifikanter waren sowohl 1979 als auch 1997 die Differenzen zwischen der Gruppe der *Seher* und der der *Nichtseher,* wo sich eindeutige Unterschiede festmachen lassen (Tabelle 2).

War „Holocaust" 1979 ein Medium, das betroffen machte und Einstellungen zumindest kurzfristig wandelte, so traf die Ausstrahlung 1997 auf ein zum Teil radikal verändertes und vor allem gefestigtes Meinungsbild. Alles was in der Studie aus dem Jahr 1997, sofern es die kollektive Meinung betrifft, als Wandel erscheint, liegt bei genauerem Hinsehen innerhalb des statistischen Meßfehlers.

Tabelle 1: Signifikanzprüfung der Totalerhebungen

	1979	1997
1. Faktizität des Holocaust „ja"	ja	nein
1. Faktizität des Holocaust „nein"	nein	nein
2. Österreichische Mitverantwortung	nein	nein
2. Alleinschuld der Deutschen	nein	nein
3. Verfolgung von NS-Verbrechen „ja"	nein	nein
3. Verfolgung von NS-Verbrechen „nein"	ja	nein
4. Vergangenheitsbewältigung „nein"	nein	nein
4. Vergangenheitsbewältigung „ja"	ja	nein

Tabelle 2: Signifikanzprüfung *Seher* und *Nichtseher*

	1979	1997
1. Faktizität des Holocaust „ja"	ja	ja
1. Faktizität des Holocaust „nein"	ja	nein
2. Österreichische Mitverantwortung	nein	ja
2. Alleinschuld der Deutschen	ja	nein
3. Verfolgung von NS-Verbrechen „ja"	ja	ja
3. Verfolgung von NS-Verbrechen „nein"	ja	ja
4. Vergangenheitsbewältigung „nein"	ja	nein
4. Vergangenheitsbewältigung „ja"	ja	ja

Anmerkungen

1 Zum Forschungsstand über „Holocaust" siehe unter anderem: Holocaust zur Unterhaltung. Anatomie eines internationalen Bestsellers. Fakten – Fotos – Forschungsreportagen, hg. v. Knilli, Friedrich und Zielinski, Siegfried. Berlin 1982. Im Kreuzfeuer: Der Fernsehfilm Holocaust. Eine Nation ist betroffen, hg. v. Märthesheimer, Peter und Frenzel, Ivo. Frankfurt/Main 1979. Broszat, Martin: „Holocaust" und die Geschichtswissenschaft, in: Vierteljahreshefte für Zeitgeschichte, 2/1979. S. 285-298. Ders.: Holocaust-Literatur im Kielwasser des Fernsehfilms, in: Geschichte in Wissenschaft und Unterricht, 1/1980. S. 21-29. Diem, Peter: „Holocaust". Anatomie eines Medienereignisses. Wien 1979. Berichte zur Medienforschung 1/79, Wien 1979. Ders.: Holocaust 1979-1997. Unveröff. Ms. Wien 1997. Dusek, Peter: Holocaust – was nun?, in: Zeitgeschichte, 7/1979. S 266-273. Malina, Peter: „Holocaust", in: Zeitgeschichte, 5/1979. S. 169-191. Messerschmid, Felix: Nachüberlegungen zu Holocaust, in: GWU, 3/1979. S. 175-178, sowie das Kapitel „Holocaust" in der Dissertation des Verfassers.

2   Ausstrahlungstermine waren der Zeitraum 1. bis 4. März 1979, jeweils 20:15 Uhr in ORF 2, und 17., 19., 24. und 26. Februar 1997, jeweils 21:45 Uhr in ORF 1.

3   Arbeitsgemeinschaft FESSEL+GfK und IFES: Fragen zur Fernsehserie „Holocaust", Feber/ März 1979, Infratest 1/79, und Integral: ORF Holocaust, Studie 1150/97, März 1997. Es waren jeweils telephonische Umfragen.

4   Die von den Meinungsforschungsinstituten ausgewiesenen statistischen Meßfehler betrugen 3 bzw. 3,1 Prozent.

5   *Seher*-Werte werden als die definiert, die zumindest eine Folge von „Holocaust" gesehen hatten.

6   1979 standen für beide Befragungswellen jeweils 800 Interviews zur Verfügung. 1997 wurden im Zeitraum 10. bis 16. Februar als Eingangsmessung 1006 Interviews und als Vergleichsmessung zwischen 3. und 10. März 1011 Interviews durchgeführt.

7   Die Werte der „Y"-Achse geben die jeweiligen Prozentzahlen wieder.

8   Was angesichts der gezeigten Filminhalte nicht verwundern kann; der Holocaust wird ausschließlich als „deutsche Angelegenheit" dargestellt.

Eleonore Lappin

Opfer als Zeugen in Gerichtsverfahren wegen nationalsozialistischer Gewaltverbrechen: Ein unterbliebener Opfer-Täter-Diskurs

Beim Bau des sogenannten „Südostwalls" entlang der österreichisch-ungarischen Grenze waren ab November 1944 neben österreichischen und deutschen Zivilisten sowie Fremdarbeitern zehntausende ungarische Juden und Jüdinnen als Schanzarbeiter eingesetzt. Die Lebens- und Arbeitsbedingungen der jüdischen ZwangsarbeiterInnen waren unmenschlich. Tausende Arbeiter erfroren oder starben an Hunger, Entkräftung und Seuchen. Darüber hinaus ließen sich verantwortliche NS-Funktionäre sowie Wachmannschaften, die sich aus meist österreichischen Angehörigen der Organisation Todt (OT), der SA, der HJ, der SS und des Volkssturms rekrutierten sowie von politischen Leitern gestellt wurden, brutale Übergriffe bis hin zu Morden und systematischen Erschießungen von Kranken und Nichtarbeitsfähigen zuschulden kommen. Als sich die sowjetischen Truppen der östlichen Reichsgrenze näherten, wurden die Juden und Jüdinnen in berüchtigten „Todesmärschen" nach Mauthausen getrieben.

Diese Verbrechen waren Gegenstand zahlreicher Volksgerichtsverfahren der Nachkriegszeit. Da sie einerseits in der Endphase des Krieges, andererseits nicht versteckt hinter Lager- und KZ-Mauern, sondern in aller Öffentlichkeit verübt worden waren, konnte zumindest ein Teil der Täter identifiziert, ausgeforscht und vor Gericht gestellt werden. Es war jedoch schwierig, verläßliche Zeugen für den Tathergang zu finden. Die unmittelbaren Augenzeugen waren häufig ehemalige Kameraden der Täter, also mittel- oder unmittelbar an den Verbrechen Beteiligte. Auch die Zivilbevölkerung zögerte, sich als Zeugen der Polizei oder den Gerichten zur Verfügung zu stellen. Dennoch luden die Gerichte nur selten überlebende Opfer als Zeugen zu den Verfahren. Im folgenden soll anhand einiger Fallbeispiele versucht werden, einerseits die Nachteile, die sich aus dieser Vorgangsweise ergaben, andererseits einige Gründe dafür zu umreißen.

Ende Dezember 1944 wurden etwa 700 jüdische Arbeitsdienstler der ungarischen Armee zur Zwangsarbeit am „Südostwall" nach Donnerskirchen überstellt.[1] Diese hatten bereits einen jahrelangen, schweren Kriegseinsatz hinter sich, waren

330

in einem schlechten gesundheitlichen Zustand und völlig verlaust. Kurze Zeit nach ihrer Ankunft brach unter den Juden eine Flecktyphusepidemie aus, der im Jänner 1945 mehr als 200 Menschen zum Opfer fielen.

Wie Werner Dyk, der damalige Leiter der Entlausungsstation in Donnerskirchen, bereits am 25. Mai 1945 bei der Zwettler Polizei angab, hätten die für die jüdischen Zwangsarbeiter verantwortlichen Funktionäre die Seuche durch geeignete und auch unter den gegebenen Umständen mögliche sanitäre Maßnahmen verhindern können. Stattdessen wurden die arbeitsfähigen Juden, angeblich zum Schutz der Zivilbevölkerung, in einem kalten, modrigen Keller untergebracht, die Kranken ohne Medikamente und häufig ohne Verpflegung in einem ungeheizten Weidenstall zwischen Donnerskirchen und Purbach „isoliert". Wie die Voruntersuchungen ergaben, hatte sich der den Juden unmittelbar vorstehende Baustreifenleiter, Nikolaus Schorn, weiters zahlreiche Mißhandlungen und Morde zuschulden kommen lassen. Der ihm vorgesetzte Abschnittsleiter, Hans Ortlieb, hatte sich im Hintergrund gehalten, die unmenschlichen Zustände jedoch zumindest tatenlos geduldet. Nach deren Ablösung Ende Jänner/Anfang Februar 1945 wurde die Epidemie rasch eingedämmt sowie die davon unabhängige Sterblichkeit merklich gesenkt. Werner Dyk gab auch die Namen von in Budapest lebenden jüdischen Zeugen an.

Bei dem Prozeß gegen Ortlieb und Schorn sagten nur österreichische Zeugen aus. Diese belasteten besonders Schorn schwer. Dennoch trat die Staatsanwaltschaft von der Anklage des Mordes sowie der Mitschuld am Tod der Kranken zurück. Schorn wurde nur der Grausamkeit gegenüber jüdischen Zwangsarbeitern in Donnerskirchen sowie Vergehen, die er als Ortsgruppenleiter von Waidhofen/ Ybbs begangen hatte, für schuldig erkannt und zu einer Kerkerstrafe von viereinhalb Jahren verurteilt. Der für den Bauabschnitt verantwortliche Ortlieb erhielt lediglich wegen seiner illegalen Zugehörigkeit zur NSDAP sowie wegen seiner Funktion als Kreisstabsleiter eine Kerkerstrafe von zwei Jahren.[2]

Wenige Wochen nach der Urteilsverkündung am 10. Dezember 1947 erhielt das Landesgericht Wien aus Ungarn Protokolle von Überlebenden des Zwangsarbeitslagers Donnerskirchen, die sich mit diesem Urteil nicht zufriedengeben wollten.[3] Weiters meldete sich ein in Wien lebender Zeuge.[4] Dr. Otto Wolken, der seit Kriegsende als Arzt in der ungarischen Rückkehrerbetreuungsstelle in Wien gearbeitet und zahlreiche Protokolle mit Überlebenden aufgenommen hatte, zeigte sich bei seiner Zeugeneinvernahme am 11. Mai 1948 erstaunt darüber, daß das Gericht von den einschlägigen Protokollen, die er der Staatspolizei übergeben hatte, keinen Gebrauch gemacht hatte, und stellte diese neuerlich zur Verfügung.[5] Im Oktober 1948 wurden schließlich die ungarischen Zeugen, deren Namen Werner Dyk bereits im Mai 1945 angegeben hatte, in Budapest vernommen.[6]

Aufgrund der schriftlichen und mündlichen Aussagen der Opfer wurde das Verfahren gegen Nikolaus Schorn wieder aufgenommen. Am 24. 9. 1951 verurteilte ihn ein Wiener Volksgericht zu lebenslänglichem schweren Kerker wegen Mord, Anstiftung sowie Beihilfe zum Mord an jüdischen Zwangsarbeitern in Donnerskirchen. Weiters habe er den „Tod mehrerer Betroffener in heute nicht mehr feststellbarer Zahl" verschuldet.[7] Wie es in der Urteilsbegründung heißt, war das Gericht bei der Bewertung der Aussagen der Opfer sehr vorsichtig vorgegangen:

„Was nun die Glaubwürdigkeit dieser Zeugen anbelangt, so kam das Gericht zur Überzeugung, daß die Aussagen der Zeugen in Ungarn zu gewissen Übertreibungen neigen. Dies ist schon dadurch zu begründen, daß eben diese Leute seinerzeit tatsächlich Fürchterliches mitgemacht haben und im Hinblick auf ihren schlechten Gesundheitszustand und ihre Erkrankung verschiedene, an sich weniger schwer wiegende Handlungen des Angeklagten besonders stark empfunden haben. Dazu kommt, naturgemäß, ein gewisser Haß gegen den Angeklagten, der zweifellos aus den Zeugenprotokollen spricht und der eben durch die fürchterlichen Zustände in Donnerskirchen berechtigt erscheint.

Das Gericht konnte daher, zumal auch zahlreiche ungarische Zeugen Tathandlungen nur vom Hörensagen bestätigen konnten, diesen Aussagen nur insoweit Glauben schenken, als [durch] sie verschiedene, dem Angeklagten zur Last gelegte Tathandlungen bestätigt werden, die das Gericht unmittelbar hören konnte."[8]

Dieser Urteilsspruch nennt die Gründe, warum österreichische Gerichte zögerten, Überlebende als Zeugen zu verhören: Die zurecht verbitterten Opfer wurden als weniger glaubwürdig eingestuft als die österreichischen Zeugen, die den Tätern sehr häufig, auch was eine Mitschuld betraf, nahestanden. Daher blieb eine Anhörung jüdischer Zeugen die Ausnahme. In der Regel wurden höchstens Protokolle, die im Rechtshilfeverfahren in Ungarn aufgenommen worden waren, vorgelesen.

Daß überlebende Opfer sehr wohl differenziert aussagten, zeigte der dritte Engerauer Mordprozeß. Die unmenschlichen Lebensbedingungen sowie die Morde und Grausamkeiten im Zwangsarbeitslager Engerau[9] und während der Evakuierung der Insassen Ende März/Anfang April 1945 nach Mauthausen beschäftigten die österreichischen Volksgerichte so gut wie zeit ihres Bestehens.[10] Im dritten Engerauer Mordprozeß, im Oktober 1946, standen die für das Lager hauptverantwortlichen Funktionäre vor Gericht, was diesem Prozeß besondere Bedeutung gab. Der zuständige Staatsanwalt, Dr. Lassmann, bemühte sich, mit Hilfe Dr. Wolkens sowie mittels Aufrufen in ungarischen Zeitungen, jüdische Zeugen zu finden.[11] Die Aussage des Überlebenden Desider Kadelburg, der schließlich als

Zeuge zur Hauptverhandlung geladen wurde, trug wesentlich zur Verurteilung eines der Mörder von Engerau, der bis zuletzt seine Schuld leugnete, bei.[12] Ein anderer Angeklagter wurde aufgrund dieser Aussage freigesprochen: Kadelburg hatte ihn, wie auch andere, in Ungarn vernommene jüdische Zeugen, als einen menschlichen Lagerleiter beschrieben.

Allerdings weisen viele schriftliche Aussagen von Überlebenden, die im Rechtshilfeverfahren in Ungarn protokolliert wurden, juristische Schwächen auf. Häufig waren den jüdischen Zeugen weder die Namen ihrer Peiniger noch deren Position in der NS-Hierarchie bekannt, was eine Identifizierung der Täter unmöglich machte. Aufgrund von deren schwieriger existentieller Lage waren die von Opfern gemachten Zeitangaben oft unrichtig. So wurde die Dauer der qualvollen Todesmärsche zu Kriegsende meist zu lange angegeben. Dazu kam noch, daß es tatsächlich eines beträchtlichen organisatorischen Aufwandes bedurfte, Zeugen auszuforschen, zu befragen und nach Österreich zu bringen. Es war bisweilen sogar schwierig, Zeugen von einer Besatzungszone in die andere zu laden.

Überlebende, die nach dem Krieg nach Ungarn zurückgekehrt waren und sich dort eine neue Existenz aufgebaut hatten, wären in der Regel bereit gewesen, gegen die Mörder ihrer Kameraden vor österreichischen Gerichten auszusagen. Viele andere jüdische Zeugen warteten jedoch in den ersten Nachkriegsjahren noch in DP-Lagern auf ihre Weiterreise. Die britischen Militärgerichte, welche in der Steiermark Prozesse wegen nationalsozialistischer Gewaltverbrechen gegen ungarische Juden im Zuge der Todesmärsche führten, forschten Überlebende, die sich in DP-Lagern in ihrer Zone befanden, aus und erhielten von diesen bei den Voruntersuchungen wichtige Hinweise. Die jüdischen DPs waren jedoch nicht bereit, die Prozesse, bei denen sie als Zeugen aussagen sollten, in Österreich abzuwarten. Obwohl die britischen Militärgerichte die Prozesse wegen NS-Gewaltverbrechen gegen ungarische Juden in der Steiermark bereits in den Jahren 1946/47 abhandelten, hatten sie daher erhebliche Schwierigkeiten, jüdische Zeugen vor Gericht zu laden.[13]

Das weitgehende Fehlen der Aussagen jüdischer Opfer bei den Nachkriegsprozessen gab diesen eine eigene Richtung. Im Mittelpunkt insbesondere der Verfahren vor österreichischen Volksgerichten standen nicht die Leiden der Opfer, sondern die Zwangslage der Täter. Diese rechtfertigten Morde und Mißhandlungen, die sie an Juden begangen hatten, mit Befehlsnotstand, die „Vernichtung durch Arbeit", die in den Lagern entlang des „Südostwalls" an völlig entkräfteten, bewußt unterernährten Juden verübt wurde, sowie die schlechten Unterkünfte und das weitgehende Fehlen von medizinischer Betreuung wurde mit „Gesetzen" und Vorschriften des nationalsozialistischen Regimes oder einfach mit den chaotischen Zuständen zu Kriegsende entschuldigt. Die Belastungszeugen waren häufig

Kameraden, die sich in einer sehr ähnlichen Situation wie die Täter befunden hatten und diese daher in ihren Aussagen schonten. Zeugen aus der Bevölkerung hatten in der Regel nur wenig unternommen, um die Leiden der Opfer zu lindern, und sagten nur ungern gegen Täter aus ihrem unmittelbaren Lebensbereich aus. Diese vor Gericht angewandte Argumentationslinie entsprach dem allgemeinen Konsens der österreichischen Bevölkerung, die sich zwar als erstes Opfer des Nationalsozialismus sah, sich aber gerade deshalb eher mit den Tätern und deren „Zwangslage" als mit den jüdischen Opfern solidarisierte. Selbst Richter zeigten bisweilen erstaunliches Verständnis für Morde an Juden, die angeblich zum Schutz der österreichischen Zivilbevölkerung begangen worden waren.[14]

Eine eigene Gruppe jüdischer Zeugen stellten die überlebenden jüdischen Funktionäre des Wiener Ältestenrats dar. Da diese Personen in die nationalsozialistische Deportations- und Verfolgungsmaschinerie zumindest mittelbar eingebunden waren, verließ die Mehrzahl von ihnen Wien nach der Befreiung. Von denen, die blieben, sagten einige – mehr oder weniger bereitwillig – bei Nachkriegsprozessen aus. Dabei stellte sich das Problem, daß diejenigen ehemaligen jüdischen Funktionäre, welche den besten Einblick in die Strukturen der NS-Vernichtungsmaschinerie bekommen hatten, mit dieser hatten zusammenarbeiten müssen. So leitete Dr. Emil Tuchmann das jüdische Gesundheitswesen in Wien, welches für die Betreuung von Wienern jüdischer Abstammung zuständig war. Als im Sommer 1944 etwa 7000 bis 8000 jüdische ZwangsarbeiterInnen aus Ungarn nach Wien deportiert wurden, fielen auch diese unter die Zuständigkeit dieser Institution des Ältestenrats.[15] Dr. Tuchmann war aufgrund seiner Stellung in die Deportationen der Wiener Juden involviert, wobei er jedoch glaubhaft machen konnte, daß er sein Möglichstes tat, Menschen vor der Verschleppung zu bewahren. 1944/45 setzten sich er, die ihm unterstellten jüdischen Kontrollärzte sowie das Pflege- und Fürsorgepersonal des Ältestenrats sehr engagiert dafür ein, im Rahmen ihrer beschränkten Möglichkeiten die jüdischen Familien aus Ungarn zu betreuen.[16] Angesichts der großen Zahl von Menschen, welche Funktionäre des Ältestenrats an die Nationalsozialisten ausliefern mußten, waren jedoch gerade sie bei den Überlebenden verhaßt. Gegen Tuchmann wurde 1945 aufgrund von Anzeigen überlebender Juden ein Verfahren wegen Kollaboration eingeleitet, das allerdings 1946 eingestellt wurde.[17] Dennoch blieb Tuchmann in Wien, und im Gegensatz zu den anderen jüdischen Ärzten stellte er sich in verschiedenen Verfahren als Zeuge zur Verfügung.[18] Tuchmanns Aussagen erwiesen sich als überaus wertvoll, da er einen guten Einblick in die NS-Hierarchie sowie in die Vorgangsweise der Funktionäre hatte. Da aber ein Teil der Juden auch ihn den Tätern zurechnete, dienten seine Aussagen vor Gericht nicht nur der Feststellung der Schuld der jeweiligen Angeklagten, sondern auch der Reinigung seines eigenen sowie des Namens seines Mitarbeiter.

Angesichts der prekären Situation, in der sich die jüdischen Funktionäre nach dem Krieg befanden, ist es nicht verwunderlich, daß die Zahl derer, die bereit waren, vor Gericht auszusagen, gering blieb.

Anmerkungen

1   Zu den Vorkommnissen in Donnerskirchen siehe: Landesgericht für Strafsachen Wien als Volksgericht (im folgenden: LG Wien Vg) 1a Vr 3701/45 gegen Nikolaus Schorn und Hans Ortlieb; LG Wien Vg 1a Vr 1322/49 gegen Nikolaus Schorn; LG Wien Vg 8c Vr 69/52 gegen Otto Seits; Protokoll des Polizeikommissariats Eisenstadt aufgenommen mit Gustav Weiß am 22. 8. 1945, LG Wien Vg 1 Vr 3015/45 gegen Edmund Kratky u. a.; Zentrale Stelle der Landesjustizverwaltungen Ludwigsburg I — 110 ARZ 116/68 gegen Nikolaus Schorn.

2   Urteil vom 10. 12. 1947, LG Wien Vg 1a Vr 3701/45 gegen Nikolaus Schorn, Hans Ortlieb u. a.

3   Anzeige vom 10. 2. 1948, LG Wien Vg 1a Vr 3701/45 gegen Nikolaus Schorn u. a. Siehe auch: Protokoll niedergeschrieben in der Kanzlei der Jüdischen Kultusgemeinde in Varnsdorf am 26. 1. 1948, ebda.

4   Zeugenvernehmung mit Ladislaus Mezey am 11. 5. 1948, LG Wien Vg 2a Vr 3701/45 gegen Nikolaus Schorn u. a..

5   Zeugenvernehmung mit Otto Wolken am 11. 5. 1948, LG Wien Vg 2a Vr 3701/45 gegen Nikolaus Schorn u. a.

6   Protokoll aufgenommen mit Ladislaus Sugár am 20. 10. 1948, LG Wien Vg 2a Vr 3701/1945 gegen Nikolaus Schorn u. a.

7   Urteil vom 24. 9. 1951, LG Wien Vg 1a Vr 1322/49 gegen Nikolaus Schorn.

8   Ebda.

9   Heute: Petržalka, ein Vorort von Bratislava.

10 Der erste in Österreich abgehandelte Volksgerichtsprozeß im August 1945 befaßte sich bereits mit diesem Tatkomplex, das letzte einschlägige Verfahren wurde im Sommer 1954 abgeschlossen, doch gingen Voruntersuchungen gegen andere mögliche Täter danach noch weiter.

11 In der Hauptverhandlung des zweiten Engerauer Mordprozesses, die zwischen dem 13. und 15. 11. 1945 abgehalten wurde, ersuchte StA Lassmann Wolken, durchreisende ungarische Zeugen dazu zu bewegen, sich dem Gericht für Gegenüberstellungen mit Beschuldigten zur Verfügung zu stellen; LG Wien Vg 1a Vr 1125/45 gegen Josef Entenfellner u. a.

12 Aussage von Desider Kadelburg am 25. 10. 1946, LG Wien Vg 2e Vr 3015/45 gegen Edmund Kratky u. a.

13 Siehe dazu: Zeugenaussage von Wolf Gancz vom 22. 1. 1946, Public Record Office, London (im folgenden: PRO), Foreign Office (im folgenden: FO) 1020/2059. Am 9. 3. 1946 war Wolf Gancz in Österreich nicht mehr auffindbar, PRO FO 2034. Der erste Eisenerzer Mordprozeß, wo Gancz hätte aussagen sollen, begann am 1. 4. 1946.

14 Siehe z. B. Gutachten des Obersten Gerichtshofs zum Gnadengesuch von Bruno Strebinger vom Dezember 1948, Österreichisches Staatsarchiv, Archiv der Republik, Bundesministerium für Justiz 69.350/48.

15 Siehe dazu: Lappin, Eleonore: Ungarisch-jüdische Zwangsarbeiter in Wien 1944/45, in: Keil, Martha/Lohrmann, Klaus [Hrsg.]: Studien zur Geschichte der Juden in Österreich, 1. Bd., Wien, Köln, Weimar 1994, S. 140-165.

16 Siehe dazu: LG Wien Vg 3e Vr 1955/45 gegen Emil Tuchmann sowie LG Wien Vg 1b Vr 770/46 gegen Siegfried Seidl; „Maria König", in: Dokumentationsarchiv des österreichischen Widerstandes [Hrsg.], Jüdische Schicksale, S. 245 f.

17 LG Wien Vg 3e Vr 1955/45 gegen Emil Tuchmann.

18 Siehe z. B.: LG Wien Vg 1b Vr 770/46 gegen Siegfried Seidl; LG Wien Vg 12h Vr 7552/46 gegen Wilhelm Vrtoch; LG Wien Vg 11 Vr 1866/46 gegen Hans (Johann) Rixinger; LG Wien Vg 6a Vr 8267/46 gegen Franz Knoll.

Susanne Rolinek

Unliebsame „Mahnmäler der Erinnerung". Die Rolle der jüdischen Displaced Persons im Opfer-Täter-Diskurs

Jüdische Displaced Persons (DPs) ...

Im Kontext der Diskussion um Erinnerungsorte und der Definition von Opfern und Tätern im Nachkriegsösterreich spielen jüdische DPs und Flüchtlinge eine zentrale Rolle.[1] Der Begriff „Mahnmal" soll im topografischen wie auch im symbolischen Sinn verstanden werden.[2] Zum einen waren die jüdischen DPs in Lagern an zentralen öffentlichen Plätzen untergebracht (weshalb immer wieder die Auflösung der Lager gefordert wurde), zum anderen stellten die jüdischen DPs durch ihre Existenz ein unliebsames „Mahnmal der Erinnerung" dar. Die Opfer-Täter-Diskussion spielte sich im Kontext der Rolle der jüdischen DPs auf mehreren Ebenen ab. Einerseits kann im medialen wie auch im politischen Diskurs der österreichischen Gesellschaft eine massive Auseinandersetzung mit den jüdischen DPs verfolgt werden. Andererseits führten die jüdischen DPs und Flüchtlinge auch innerhalb ihres Bereichs die Diskussion über Täter und Opfer bzw. über die Kollaboration von Juden mit den Nationalsozialisten und den Umgang mit Kriminalität innerhalb der jüdischen DPs und Flüchtlinge nach 1945.

Die Definition von Opfern und Tätern veränderte sich mit dem Abstand zur Befreiung Österreichs 1945 und der politischen Zusammenarbeit mit ehemaligen Nationalsozialisten nachhaltig. Basierend auf Berichten der lokalen und überregionalen Presse, auf Sitzungsprotokollen des Jüdischen Zentralkomitees und Briefdokumenten läßt sich diese Veränderung gut nachzeichnen.

Opfer ...

In der österreichischen Nachkriegsgesellschaft prallten zwei verschiedene Formen der Erinnerung aufeinander, die auf unterschiedlichen Definitionen von Opfern und Tätern basierten. Der Aufbau einer politischen und gesellschaftlichen Nachkriegsidentität bedingte eine selektive Rezeption der Ereignisse von 1938 bis 1945. In Österreich berief man sich auf die Opferthese: Österreich war das Opfer der Aggression Hitlers, d.h. nicht nur die politisch Verfolgten waren Opfer des Nationalsozialismus. Auch die Österreicher, die in der Deutschen Wehrmacht gekämpft hatten und der NSDAP nur aus „formalen" Gründen beigetreten waren, konnten sich als Opfer fühlen. Die Frage nach dem Grund des fehlenden Bewußtseins für NS-Opfer und jüdische Flüchtlinge stellte sich in der Diskussion: Ein wesentlicher Grund war, daß diese Identitätsstiftung eine Verdrängung der Situation der jüdischen Überlebenden und Flüchtlinge mit sich bringen mußte. Die ernsthafte Auseinandersetzung mit der Frage der jüdischen Überlebenden und Flüchtlinge hätte auch eine Konfrontation mit den nationalsozialistischen Verbrechen bzw. der Beteiligung von ÖsterreicherInnen an diesen Verbrechen vorausgesetzt – und die Definition von Opfern und Tätern in Frage gestellt. Diese umfassende Konfrontation hätte den (gesellschafts-)politischen Wiederaufbau Österreichs mit dem Ziel einer Homogenisierung der österreichischen Gesellschaft ernsthaft gestört.[3] Die Erinnerung an die Zeit des Nationalsozialismus und die NS-Verbrechen hatte in der zunächst deklariert antifaschistischen Haltung der österreichischen Regierung einen fixen Platz, die sich allerdings auf den politischen Widerstand konzentrierte. Die Praxis des antifaschistischen Erinnerns mit ihren Befreiungs- und Gedenkfeiern hatte eine spezifische Instrumentalisierung der Juden zur Folge. Nur jüdische Opfer, die auch aus politischen Gründen interniert worden waren, wurden in das offizielle österreichische Erinnerungssystem einbezogen.[4]

Die Diskussion über Opfer und Täter des Nationalsozialismus hatte schon einige Monate vor der Befreiung eingesetzt, wie unter anderem die Moskauer Deklaration zeigt.[5] Die Definition von Opfern und Tätern in Österreich selbst beginnt mit der Befreiung durch die alliierten Truppen. Wer kennt nicht die Bilder der befreiten jüdischen KZ-Insassen, die über jede Hilfe froh zu sein schienen? Hier konnten die überlebenden Juden eindeutig als Opfer geortet werden, die allgemeines Mitleid erfahren sollten. Besonders die von den US-amerikanischen Militärbehörden kontrollierten Medien berichteten über die Lage der befreiten Juden. Mit dem Rückzug der Medienkontrolle änderte sich z.B. auch die Form der Berichterstattung.[6]

Im gegenwärtigen öffentlichen Bewußtsein und in den Schulbüchern endet die Geschichte der verfolgten Juden mit der Befreiung aus den Konzentrationslagern.

Das weitere Schicksal der jüdischen DPs in Österreich nach 1945 ist kaum im Bewußtsein der ÖsterreicherInnen verankert, wobei wahrscheinlich der Umstand mitgespielt hat, daß Österreich – bezugnehmend auf die Moskauer Deklaration – nur einen „Erinnerungsort" akzeptierte: Österreich als erstes Opfer der Aggression Hitlers. Jeder Versuch einer direkten politischen Einflußnahme im Kontext der Haltung Österreichs gegenüber jüdischen Überlebenden wurde mit dem Hinweis auf die Opferthese zurückgewiesen.[7] Diese Form der Aneignung von Geschichte konkurrierte mit der Erinnerung der jüdischen Überlebenden und Flüchtlinge, die in bezug auf die Beteiligung von ÖsterreicherInnen an NS-Verbrechen offensiv agierten und zwischen 1945 und 1955 beachtliche politische und kulturelle Aktivitäten entwickelten.[8] Das Bild der passiven Opfer war kaum mehr aufrechtzuerhalten.

... oder Täter?

Überlebende der Shoa machten auf die Täterrolle der österreichischen Nationalsozialisten aufmerksam, hoben in Eigeninitiative Beteiligte an nationalsozialistischen Verbrechen aus und gingen Konflikten antisemitischen Ursprungs mit Österreichern kaum aus dem Weg. All das konnte aus der Sicht der ÖsterreicherInnen der Forderung nach Rehabilitierung ehemaliger Nationalsozialisten nur hinderlich sein. Es folgte eine Umkehr der Opfer-Täter-Rolle. Interessant ist, welche Mechanismen hier in Gang kamen. Gerade in Medienberichten kann die Rollenzuschreibung beobachtet werden.

Die ersten Jahre nach der Befreiung waren geprägt durch unzählige Auseinandersetzungen, insbesondere mit dem Massenexodus von jüdischen Flüchtlingen aus russisch besetzten Gebieten 1946/47 änderte sich die Einstellung der ÖsterreicherInnen gegenüber jüdischen Opfern grundlegend. Obwohl die jüdischen DPs nur einen Bruchteil an der Gesamtzahl der Flüchtlinge ausmachten, waren gerade sie Angriffen von „Einheimischen" ausgesetzt, daß sie der österreichischen Bevölkerung Arbeit, Wohnung und Nahrungsmittel wegnehmen und die Kriminalität fördern würden. Ignoriert wurde in diesem Zusammenhang, daß der österreichische Markt der Nachkriegszeit ebenfalls nach dem Schwarzhandelsprinzip funktionierte, daß es genauso Diebstähle und kriminelle Delikte gab. Alte Feindbilder wurden bestätigt: Juden, noch dazu meist „Ostjuden", als Schleich- und Schwarzhändler, Kriminelle, Verbrecher, die die ihnen zugewiesene Hilfe ausnützen würden.[9] Das Bild der armen und schmutzigen „Ostjuden", die in Massen nach Österreich flüchten würden, tauchte auf und erinnerte in manchem an die Berichte nach dem Ersten Weltkrieg. In den „Salzburger Nachrichten" war gar zu lesen, daß die Gefahr der Verbreitung von Geschlechtskrankheiten durch jüdische Flüchtlinge aus Polen bestände.[10] Die Not der Bevölkerung wurde mit der Not der verfolgten Juden während der NS-Zeit verglichen und die Unterstützung letztgenannter als nicht gerecht empfunden.

Immer wieder kam es zu ernsthaften Auseinandersetzungen zwischen österreichischen Zivilpersonen und Behörden, US-amerikanischen Militärs und jüdischen DPs, nicht selten mit Verletzten. Manchmal waren kleine Ereignisse Auslöser von größeren Konflikten, jüdische DPs reagierten sensibel auf mögliche Demütigungen bzw. wollten diese keineswegs kommentarlos hinnehmen. In den angeführten Beispielen wird die völlig differente Aneignung von Vergangenheit evident. In Salzburg wurde im Zuge einer Auseinandersetzung ein „einheimischer" O-Buskontrollor verletzt und mußte ins Landeskrankenhaus eingeliefert werden. Der Gewerkschaftsbund stellte in Folge eine Resolution an die amerikanischen Militärbehörden, in den O-Bussen durch Militärpolizei bzw. zivile Wachmannschaften die Sicherheit zu gewährleisten. Bei der Gerichtsverhandlung gegen den Anführer der Auseinandersetzung, einen Rabbi, kam ein tragisches Detail zutage: Der Rabbi hatte seine ganze Familie in den KZs verloren.[11]

In Bad Gastein verhaftete ein jüdischer DP in Selbstjustiz einen angeblichen ungarischen Kriegsverbrecher, mehrere andere jüdische DPs verprügelten den Verhafteten. Der jüdische DP wurde von einem US-amerikanischen Militärgericht wegen Anstiftung zur öffentlichen Unruhe verurteilt, dem angeblichen Kriegsverbrecher konnte nichts nachgewiesen werden. Die amerikanischen Militärbehörden ließen in den Gerichtsverhandlungen der Existenz des Antisemitismus breiten Raum und hatten durchaus Verständnis für die Situation der überlebenden Juden. Protestaktionen und tätliche Übergriffe stießen jedoch in keinerlei Hinsicht auf Verständnis und waren Ursache einer gegenseitigen Entfremdung: Jüdische DPs und Flüchtlinge fühlten sich unverstanden, amerikanische Militärbehörden sahen DPs als Unruhestifter.

Provoziert fühlten sich im Sommer 1947 viele „Einheimische", als ihren Kindern im August die Frischmilch entzogen wurde, die jüdischen DPs hingegen offensichtlich mit dem besten Essen versorgt wurden. In Bad Ischl protestierten am 20. August vor allem Frauen und einige kommunistische Funktionäre vor dem Rathaus und dem jüdischen DP-Camp gegen die bevorzugte Behandlung der jüdischen DPs und Flüchtlinge, wobei es zu tätlichen Aussschreitungen kam. Brisant war der Fall, da es sich bei den Funktionären um ehemalige Widerstandskämpfer handelte, die zum Teil eine KZ-Haft hinter sich hatten.[12] In diesem Fall nahmen die US-Amerikaner – im Gegensatz zu anderen Übergriffen von „Einheimischen" gegenüber jüdischen DPs und Flüchtlingen – in Hinblick auf die Teilnahme von

Kommunisten die Schutzfunktion über die DPs wahr. Die Anführer wurden wegen Anstiftung zur Rassengegnerschaft zu hohen Gefängnisstrafen verurteilt. Das Urteil führte bei ehemaligen Widerstandskämpfern, Kommunisten, Gewerkschaftern und bei Vertretern aller drei Parteien zu einem österreichweiten Protest und mußte im Ministerrat behandelt werden. Schließlich revidierten die US-amerikanischen Militärbehörden die mehrjährigen Gefängnisstrafen.[13]

Anders gestaltete sich die Situation im April 1951 in Salzburg. Die US-amerikanischen Militärs hatten im Zuge des Kalten Krieges ihre Rolle als Schutzmacht über die jüdischen DPs und Flüchtlinge weitgehend abgegeben, nach der Kandidatur des Wahlverbands der Unabhängigen und der Zulassung ehemaliger Nationalsozialisten bei der Nationalratswahl von 1949 waren die ehemaligen „Täter" weitgehend rehabilitiert. Als im April 1951 der Veit-Harlan-Film *Die unsterbliche Geliebte* in Salzburg Premiere haben sollte, organisierten jüdische DPs und Flüchtlinge, unter ihnen Simon Wiesenthal, aufgrund der NS-Vergangenheit Harlans einen aufsehenerregenden Protest.[14] In Deutschland war es einige Wochen vorher zu heftigen Auseinandersetzungen rund um den Film gekommen. Der Salzburger Kinobesitzer hatte zum Schutz der Filmaufführung Polizeikräfte angefordert, die gegen protestierende jüdische DPs und Flüchtlinge einschritten, was zur Eskalation führte. Jüdische DPs und „jüdisch aussehende" Personen sowie ein ehemaliger sozialistischer Widerstandskämpfer wurden zum Teil von der Polizei und von Gegendemonstranten krankenhausreif geschlagen. Der Vorfall führte zu in- und ausländischen Protesten. Manche DPs fühlten sich durch das Vorgehen der Polizei an die Zeit des Nationalsozialismus erinnert. Die Demonstrationen und Gegendemonstrationen dauerten mehrere Tage an. Der Bund sozialistischer Freiheitskämpfer, der Verband der rassisch Verfolgten, der KZ-Verband und Mitglieder der ÖVP-Kameradschaft politischer Verfolgter schlossen sich dem Protest an. Der Film mußte schließlich abgesetzt werden.[15]

Oder Opfer und Täter?

Die Opfer-Täter-Diskussion innerhalb der jüdischen DPs gestaltete sich äußerst problematisch, da nicht klar war, welche Wertmaßstäbe und Beurteilungsverfahren herangezogen werden sollten. Wie konnten Opfer in einem Tätersystem selbst als Täter denfiniert werden? Inwieweit handelten Opfer nach 1945 als Täter? Zwei Themen beherrschten diese Debatte: der Schwarzhandel bzw. die Kriminialität und die Justifizierung ehemaliger jüdischer Funktionäre während der Zeit des Nationalsozialismus.

Aufgrund der Tatsache, daß der Schwarzhandel in den Lagern schwunghaft betrieben wurde, kam es zu einer lebhaften Auseinandersetzung um die „Täter" und die „Kriminellen" innerhalb der jüdischen DPs, die, so hieß es, den Rest der Juden in Mißkredit bringen würden. Das Zentralkomitee der befreiten Juden in Österreich, das aufgrund dieser Diskussion sogar eine eigene Sitzung einberief, forderte eine strenge Bestrafung und Ausweisung dieser „Täter", um eine Verschlechterung der Stimmung gegenüber den jüdischen DPs wie auch den Juden allgemein zu verhindern. Das Zentralkomitee befürchtete, daß diese Personen das Judentum in corpore diskreditieren würden und die jüdischen DPs dadurch in der US-amerikanischen Armee und bei den österreichischen Behörden Freunde verlieren könnten.[16] Jüdische DPs hingegen sahen es meist als legitim an, nach dem Verlust all ihres Vermögens während der NS-Zeit sich auf illegalem oder halblegalem Weg Vermögenswerte anzueignen.[17]

1946 spitzte sich die Diskussion um die Täter innerhalb der jüdischen Überlebenden zu. Viele waren zwischen 1938 und 1945 unter Terror oder Drohungen, aber einige auch in Zuteilung von Privilegien als Handlager der Nationalsozialisten bzw. der SS tätig gewesen. In jüdischen DP-Lagern hatten sich ehemalige Funktionäre und Helfer der Nationalsozialisten nach einem Beschluß des Zentralkomitees im August 1946 vor sogenannten Lagergerichten zu verantworten.[18] Die Tatsache, daß ein ehemaliger jüdischer Kapo im KZ Ebensee wegen Mithilfe an der Ermordung von jüdischen Mithäftlingen hingerichtet wurde, bereitete allerdings vielen Unbehagen.[19] War es „gerecht", daß jüdische „Täter" die Todesstrafe erhielten? Oder war es in diesem Kontext mehr als nur ein Hohn, wenn NS-Verbrecher freigesprochen bzw. rehabilitiert wurden, während jüdische Überlebende oft vergeblich um ihre Rechte auf Wiedergutmachung kämpfen mußten?

In ihrer Rolle als „unliebsame Mahnmäler der Erinnerung" verursachten die jüdischen DPs und Flüchtlinge eine Polarisierung, die anhand der Medienberichterstattung und des Verhaltens der KZ-Verbände sowie der politischen Parteien evident wird. Die unterschiedlichen Formen der Erinnerung mußten zu ernsthaften Konflikten führen. Von österreichischer und auch von US-amerikanischer Seite wurde alles daran gesetzt, die jüdischen DPs und Flüchtlinge – und damit auch ein Stück Vergangenheit – loszuwerden. Die Mahnmäler sollten beseitigt werden. Der Schritt vom Opfer zum „Täter", d.h. Feind eines neuen Österreichs, war kurz. Die Staatsgründung Israels bestärkte die ablehnende Haltung gegenüber unliebsamen jüdischen DPs und Flüchtlingen. Von 1948 bis 1950 wurde ein Großteil der DP-Lager geschlossen, die Hilfe zurückgenommen. Wie die Beispiele zeigen, spielten die US-Amerikaner als Schutzmacht der Opfer eine wesentliche Rolle;[20] sobald diese den Schutz zurücknahmen, wurden Ausschreitungen gegen jüdische DPs und Flüchtlinge kaum mehr justifiziert. Jüdische DPs galten zusehends als

Störenfriede und Personen, die der „nationalen Versöhnung" und dem Wiederaufbau Österreichs im Wege standen. Das „Problem" der jüdischen DPs löste sich bis 1955 eigentlich von selbst: Der Großteil wanderte aus, nur wenige blieben in Österreich. Die Opfer-Täter-Diskussion verlagerte sich auf eine andere Ebene: Die Frage der Wiedergutmachung an österreichischen Juden und die Forderung nach endgültiger Rehabilitierung ehemaliger Nationalsozialisten, um einen Schlußstrich unter die Vergangenheit ziehen zu können.

Anmerkungen

1   Als jüdische Displaced Persons wurden gegen Ende des Zweiten Weltkriegs laut Definition der UNO jene Personen bezeichnet, die im Zuge der nationalsozialistischen Bevölkerungs- und Arbeitspolitik entweder in Konzentrations- und Arbeitslager verschleppt wurden, Zwangsarbeit verrichten mußten oder nach Kriegsende aufgrund von Pogromen oder offenem Antisemitismus in die westlichen Besatzungszonen Deutschlands und Österreichs flüchteten. Auch befreite österreichische Juden in Österreich wurden zunächst als DPs behandelt. Die Alliierten dehnten den Begriff der Displaced Persons auf Angehörige von Feindnationen aus, z.B. auch auf Volksdeutsche. Die „Allied DPs" unterstanden den Alliierten und der Flüchtlingsorganisation der UNO, die „Ex-Enemy DPs" mußten von den österreichischen Behörden versorgt werden, vgl. auch Albrich, Thomas: Exodus durch Österreich. Die jüdischen Flüchtlinge 1945-1948. Innsbruck 1987, S. 11ff (=Innsbrucker Forschungen zur Zeitgeschichte 1).

2   Im weiteren wird in diesem Beitrag näher auf die Situation in der US-amerikanischen Besatzungszone eingegangen, da sich hier der Großteil der jüdischen DPs und Flüchtlinge befand.
    Vgl. zum Begriff Gedächtnis und mémoire collective u.a. Nora, Pierre: Zwischen Geschichte und Gedächtnis. Berlin 1990; Hölscher, Lucian: Geschichte und Vergessen, in: Historische Zeitschrift, 1/1989, S. 1-17; Korff, Gottfried: Kulturelle Überlieferung und mémoire collective. Bemerkungen zum Rüsen'schen Konzept der „Geschichtskultur", in: Jahrbuch für Geschichtsdidaktik 3/1991/92, S. 51-61; Unfried, Berthold: Gedächtnis und Geschichte, Pierre Nora und die lieux de mémoire, in: ÖZG 4/1991, S. 79-98; Halbwachs, Maurice: La mémoire collective. Paris 1950.

3   Botz, Gerhard/Müller, Albert: Identität/Differenz in Österreich. Zu Gesellschafts-, Politik- und Kulturgeschichte vor und nach 1945, in: ÖZG, 1/1995, S. 7-40.

4   Juden, die aufgrund ihrer „Abstammung" und ihrer politischen Einstellung verfolgt worden waren, wurden nach 1945 in die parteispezifischen KZ- und Opferverbände aufgenommen. Dieser Umstand schlug sich auch in der Diskussion um Entschädigungen und Wiedergutmachungen nieder, da „nur rassisch" Verfolgte zunächst nicht in das Opferfürsorgesetz aufgenommen wurden. Vgl. Bailer, Brigitte: Wiedergutmachung – kein Thema. Österreich und die Opfer des Nationalsozialismus. Wien 1993, S. 143.

5   Die Moskauer Deklaration im Herbst 1943 hatte Österreich als erstes Opfer der Aggression Hitlers bezeichnet, allerdings auch die Notwendigkeit der Mithilfe an der Beseitigung des Nationalsozialismus explizit erwähnt.

6 Hausjell, Fritz: Zensurmaßnahmen gegen neonazistische, großdeutsche und militaristische Propaganda in österreichischen Printmedien im Zeitraum 1945-1955, in: Zensur in Österreich. Veröffentlichung des Ludwig-Boltzmann-Instituts für Geschichte und Gesellschaft. Wien/Salzburg 1991, S. 117-143.

7 Aufgrund dieser Umstände wurde 1946 ein eigener jüdischer KZ-Verband gegründet, der ehemalige jüdische politische KZler unterstützen sollte. Vgl. Yad Vashem, Simon-Wiesenthal-Collection, Jüdischer KZ-Verband an Jüdisches Zentralkomitee, SWCM-9/16/18, 12. Jänner 1946; Knight, Robert: Opferrolle und Wiedergutmachung nach 1945, in.: Der Anschluß und die Minderheiten in Österreich. Klagenfurt 1989, S. 282-294; Pauley, Bruce F.: The United States and the Jewish Question in Austria, in: Year Book of the Leo-Baeck-Institute, 37/1992, S. 481-196.

8 Das Zentralkomitee der befreiten Juden in der US-amerikanischen Zone Österreichs war im November 1945 provisorisch gegründet worden, im Frühjahr 1946 erfolgte die Genehmigung durch die US-amerikanischen Militärbehörden. Das Zentralkomitee war politisch wie kulturell ungemein aktiv und vertrat sowohl gegenüber den österreichischen Behörden als auch gegenüber den US-amerikanischen Militärbehörden die Interessen der jüdischen DPs und Flüchtlinge mit Nachdruck.

9 Helga Embacher, Neubeginn, S. 79; auch Bunzl, John: Austrian Identity and Antisemitism, in: Patterns of Prejudice, 21, 1/1987, S. 3-8, und Rathkolb, Oliver: Zur Kontinuität antisemitischer und rassischer Vorurteile in Österreich 1945/50, in: Zeitgeschichte 1989, S. 167-179.

10 Salzburger Nachrichten, 10. September 1946; die Jüdische Gemeinde entgegnete auf diese Aussage in einem offenen Brief.

11 Salzburger Nachrichten, 26. März 1947, 27. März 1947 und 2. April 1947

12 Vgl. Tweraser, US-Militärregierung, S. 277f, und Reiter, Margit: „In unser aller Herzen brennt dieses Urteil." Der Bad Ischler „Milchprozeß" von 1947 vor dem amerikanischen Militärgericht, in: Gehler, Michael/Sickinger, Hubert (Hg.): Politische Affären und Skandale in Österreich. Von Mayerling bis Waldheim. Thaur/Wien/München 1995, S. 323-345.

13 Ein Aufruhr von jüdischen DPs im Lager Wegscheid wegen schlechter Behandlung endete für die verantwortlichen jüdischen DPs mit hohen Freiheitsstrafen. Im Gegensatz zum Ischler Urteil begrüßten die Medien das harte Vorgehen gegen protestierende und aufrührerische jüdische DPs.

14 Veit Harlan zeichnete als Regisseur des NS-Propagandafilms „Jud Süß" verantwortlich.

15 Trotz der zahlreichen Proteste begrüßten die Salzburger Nachrichten das Vorgehen der Polizei gegen die Demonstranten, die die Ordnung gestört hätten. Vgl. Salzburger Nachrichten, 3. April 1951, 4. April 1951, 7. April 1951 und 10. April 1951.

16 In diesem Kontext muß erwähnt werden, daß die illegale Auswanderung und der Transit von Juden durch Österreich vor Öffnung und Gründung des Staates Israel vor allem im Einverständnis mit den amerikanischen Militärs und auch den österreichischen Behörden geschah, wenn auch aus verschiedenen Motiven. Mit dem Massenexodus von Juden aus den russisch besetzten Gebieten änderte sich das Bild mehr und mehr. In diesem Kontext griffen die jüdischen Organisationen zur Selbsthilfe und schleusten die jüdischen Flüchtlinge, als es auf legalem Weg nicht mehr möglich war, illegal durch Österreich. Sie verletzten bewußt Einreise- bzw. Ausreisebestimmungen, um den jüdischen Flüchtlingen zu helfen bzw. den zionistischen Kampf für einen jüdischen Staat zu unterstützen.

17 YIVO, Record Group 294.4, MK 490: Displaced Persons Camps and Centers in Austria 1945-1951, Reel 13, Folder 324: Jüdisches Zentralkomitee der US-Zone an Jüdisches Komitee in Bad Ischl, 24. Juli 1946 und 29. August 1946

18 Embacher, Neubeginn, S. 30 f, und Yad Vashem, Simon-Wiesenthal-Collection, Jüdisches Zentralkomitee an die Verwaltung der jüdischen DP-Lager, SWC, M-9/16/25, 29. August 1946.

19 Oberösterreichische Nachrichten, 18. Mai 1946

20 Die US-Amerikaner tendierten im Zuge des Kalten Krieges dazu, Österreich als wichtigen Partner im Kampf gegen den Kommunismus zu sehen und Unterstützung und Schutz für jüdische DPs mehr und mehr zurückzunehmen.

Brigitte Kepplinger

Hartheim in der oberösterreichischen Erinnerung. Eine Spurensuche

Diese Thematik ist Teil eines Forschungsvorhabens, das die Geschichte der Sozialpolitik in Oberösterreich vom 19. Jahrhundert bis zur Gegenwart zum Inhalt hat. Im Zentrum des Interesses stehen dabei die Bestimmungsgründe der gesellschaftlichen Positionierung der „impotent poor", also jener Bevölkerungsgruppen, die aus dem leistungsbestimmten Definitionszusammenhang der Industriegesellschaft herausfallen, weil sie für das Funktionieren dieser Gesellschaft keinen Nutzen erbringen: das sind vor allem Behinderte, Geisteskranke, Kranke, sich abweichend Verhaltende („Asoziale"). Der Nationalsozialismus ist in diesem Zusammenhang von besonderem Interesse, weil er sich als Radikalisierung und Kulminationspunkt der Medizinierung der sozialen Frage und der Biologisierung des Sozialen erwies und seine Konzeption der idealen Gesellschaft, der „Volksgemeinschaft", mit allen als zweckdienlich erachteten Mitteln (Sterilisation, Mord) zu realisieren suchte.[1]

Schloß Hartheim bei Linz war im Kontext der NS-Euthanasie von 1940 bis 1944 Tötungsanstalt für „lebensunwertes Leben" – mindestens 28.000 geistig und körperlich behinderte, geisteskranke und mental beeinträchtigte Personen und KZ-Häftlinge, die denen von der SS definierten Kriterien der Nützlichkeit nicht mehr genügten, wurden hier ermordet. Überlebende gab es meines Wissens nicht; wer nach Hartheim gebracht wurde, wurde getötet.[2] Dieses Geschehen hat erstaunlich wenige sichtbare Spuren hinterlassen: Eine kleine Gedenkstätte in Schloß Hartheim selbst wurde 1969 errichtet; österreichweit gab es bis in die neunziger Jahre nur vereinzelt Denkmäler bzw. Gedenktafeln, die die Erinnerung an die „Euthanasie"-Opfer festschreiben sollten. Auch im Bereich der wissenschaftlichen Aufarbeitung der NS-Euthanasie in Österreich existiert bislang nur eine Handvoll Arbeiten; von einer gründlichen Dokumentation und Analyse ist man noch weit entfernt.

Euthanasie- und Sterilisationsopfer nehmen in der Hierarchie der NS-Opfer einen der untersten Ränge ein, zusammen mit Roma und Sinti, „Asozialen" und Homosexuellen. Hier wurde der Konsens der politischen Eliten nach 1945 wirksam, der die vom Nationalsozialismus aufgrund ihrer Überzeugung Verfolgten an die erste Stelle reihte, während diejenigen Opfer, die zur Realisierung der vom

Nationalsozialismus angestrebten rassistisch hierarchisierten Gesellschaft ermordet wurden, lange Zeit weitgehend aus dem gesellschaftlichen Gedenken ausgeblendet wurden. Die oben genannten Gruppen wurden erst 1995, in der Novelle des Opferfürsorgegesetzes, als Opfer des Nationalsozialismus anerkannt. Eine Ursache ist darin zu sehen, daß die Vorurteilsstrukturen, auf die sich die nationalsozialistische Gesellschaftspolitik bezog, auch nach 1945 noch voll wirksam waren: So etwa wurde Opfern der nationalsozialistischen Politik der Zwangssterilisation von der Gemeinde Wien eine Entschädigung mit derselben Begründung verweigert, die dem NS-Staat als Grundlage für den Eingriff diente.[3] Darüber hinaus verhinderte die Einbeziehung der staatlichen Sozial- und Gesundheitsbürokratie in den Prozeß der Erfassung, Registrierung und Aussonderung potentieller Euthanasie-Opfer nach dem Ende des Nationalsozialismus eine tiefere Auseinandersetzung mit dieser Thematik.

Während ein wesentlicher Anstoß zur wissenschaftlichen Befassung mit der jeweiligen Thematik von Vertretern der jeweiligen Opfergruppen kam bzw. grundlegende Arbeiten von Opfern des Nationalsozialismus erstellt wurden, fehlte dieser Input hier; es gab keine „Erinnerungslobby". Erst relativ spät, zu Beginn der achtziger Jahre, kam mit den Arbeiten von Detlev Peukert, Götz Aly, Hans-Walter Schmuhl und anderen ein Interpretationsmodell zum Tragen, das die NS-Genozidpolitik auf die rassistische Überformung der Humanwissenschaften seit dem Ausgang des 19. Jahrhunderts zurückzuführen sucht und damit den Nationalsozialismus nicht als barbarische Entgleisung, sondern als eine Konsequenz der modernen Wissenschaft vom Menschen und der Naturwissenschaft begreift. Dabei geriet – über die Erforschung des Genozids an den europäischen Juden und der NS-„Euthanasie" – der innere logische Zusammenhang beider Phänomene verstärkt ins Blickfeld. Es wurde zwar Wiesenthals These nicht bestätigt, daß es sich bei Hartheim und den anderen Euthanasie-Anstalten um organisierte „Mörderschulen" gehandelt hätte, in der die Massenmörder für die Vernichtungslager im Osten ihre Ausbildung erhalten sollten,[4] die analysierten Zusammenhänge gingen vielmehr weit darüber hinaus: Euthanasie und Massenmord an den Juden sind eingebettet in denselben theoretisch-ideologischen Zusammenhang, miteinander verbunden durch organisatorische und personelle Verknüpfungen.

Hartheim in der oberösterreichischen Erinnerung

Um die Position von Hartheim in der Erinnerungskultur Oberösterreichs zu dokumentieren, ist zunächst eine Auswertung schriftlicher Quellen (Zeitungen, Literatur), ergänzt durch Interviews mit Zeitzeugen, geplant. Kernstück der Untersuchung bildet eine empirische Erhebung zur Thematik, welchen Bedeutungsinhalt die Oberösterreicher heute mit dem Begriff „Hartheim" verbinden, ob und wie weit „Hartheim" noch als Chiffre für den NS-Massenmord an Behinderten gesehen wird oder ob andere Bedeutungen, etwa der Name des 1968 neu errichteten Instituts Hartheim, mit diesem Namen konnotiert werden.

Die Basishypothese ist in diesem Zusammenhang, daß in diesem Bereich vor allem bei der älteren Generation Elemente des Wissens über Hartheim und seine Funktion im Rahmen des Nationalsozialismus existieren und, damit verknüpft, einzelne Dimensionen der gesellschaftlichen Einstellung zu Behinderung und Behinderten, wie sie im Nationalsozialismus ihre radikalste Ausprägung erfuhren, unterhalb der Ebene der offiziell festgeschriebenen Normen weiterwirken.

Für eine solche „subkutane" Tradierung spricht zum einen, daß die lokale Sozialbürokratie (Hebammen, Fürsorgerinnen, Fürsorgeämter, Gesundheitsämter, Heil- und Pflegeanstalten) in die Umsetzung des NS-Euthanasie-Programms ebenso einbezogen war wie die Ärzteschaft und aufgrund der Breite dieser Beteiligung im weitesten Sinne nach 1945 eine eingehendere Diskussion dieser Thematik vermieden wurde. Das zum Betrieb der Euthanasieanstalt Hartheim benötigte Personal (Bürokräfte, Heizer, Kraftfahrer etc) wurde weitgehend vom Gauinspekteur der NSDAP Oberdonau rekrutiert und setzte sich vorwiegend aus lokalen Kräften zusammen; auch der leitende Arzt von Hartheim, Dr. Rudolf Lonauer, war Linzer.[5]

Diese massive Beteiligung von Oberösterreichern bzw. Österreichern am Betrieb der Euthanasieanstalt Hartheim und damit an den Euthanasiemorden wurde in der Presseberichterstattung der ersten Nachkriegsjahre durchaus anerkannt. Schon im Frühherbst 1945 erfolgten die ersten Verhaftungen im Zusammenhang mit Hartheim und erschienen die ersten Berichte, notgedrungen von Ungenauigkeit gekennzeichnet. 1947 und 1948 wurden zwei Prozesse gegen Angestellte der Euthanasieanstalt Hartheim vom Landesgericht Linz als Volksgericht geführt: 1947 standen eine Kanzleiangestellte, fünf Pflegerinnen, zwei Pfleger (von denen einer auch als Heizer gearbeitet hatte und in dieser Funktion auch dafür verantwortlich war, die Opfer in den Vergasungsraum zu bringen und nach ihrem Tod die Leichen zu verbrennen) und der Garagenmeister und Kraftfahrer (zuständig für die Transporte von Niedernhart, vom Linzer Bahnhof bzw. aus kleineren oberösterreichischen Anstalten nach Hartheim) vor Gericht.[6] Das Verfahren endete mit zwei Verurteilungen: Der Kraftfahrer Franz Hödl wurde zu dreieinhalb Jahren schweren Kerkers und Vermögensverfall verurteilt, der Pfleger und Heizer H. Merta zu zweieinhalb Jahren. Die weiblichen Angeklagten wurden von der Mitschuld am Mord freigesprochen. Im zweiten Verfahren 1948, bei dem zwei Pfleger aus Niedernhart, ein Kraftfahrer und der Büroleiter von Hartheim, Franz Stangl (nach seiner Tätigkeit in Hartheim bekanntlich Leiter des Vernichtungslagers Treblinka), angeklagt waren, endete mit einer Verurteilung der beiden Pfleger und einem Freispruch für den Kraftfahrer. Franz Stangl konnte nicht vor Gericht gestellt werden, da er noch vor Beginn des Verfahrens flüchten konnte.[7] In der Berichterstattung über diese beiden Prozesse wird, wie erwähnt, die Beteiligung von Österreichern durchaus anerkannt; wobei darauf hingewiesen wird, daß die Hauptverantwortlichen nicht greifbar seien: Dr. Rudolf Lonauer hatte sich am 5.5.1945 durch Selbstmord der Verantwortung entzogen, Dr. Georg Renno hatte sich abgesetzt. Nach diesen beiden Prozessen war Hartheim lange Zeit kein Thema für Berichte und Analysen in der oberösterreichischen Presse; die Verstrickung der Linzer kommunalen Elite in den Nationalsozialismus verhinderte eine eingehendere Auseinandersetzung. Eine genauere Betrachtung offenbart auch hier vielfältige Beziehungen: Z.B. erhielt der oben erwähnte Heizer Vinzenz Nohel seine Stelle in Hartheim auf Intervention seines Bruders Gustav, der als SA-Brigadeführer und Linzer Gemeinderat ab 1928 zu den „alten Kämpfern" zählte. Führende Linzer Ärzte hatten leitende Funktionen im NSDAP-Amt für Volksgesundheit inne, wie z.b. der Direktor des AKH Linz, Primar Dr. Axel Brenner oder Dr. Tisserand, der als Propagandaleiter wirkte.[8]

Allerdings bildete sich schon in der ersten Phase der Berichterstattung ein Stereotyp der Beurteilung der Morde in Hartheim heraus, das in der Folge sehr beständig werden sollte: Unter den in Hartheim begangenen Verbrechen wurden die Morde an körperlich und geistig gesunden Personen besonders hervorgehoben, damit implizierend, die Ermordung von geistig und/oder körperlich Behinderten wiege weniger schwer als die Ermordung von „Normalen". Auf der 1968 im Torbogen des Hauptportals von Schloß Hartheim angebrachten Gedenktafel heißt es: „In den Jahren 1938 – 1944 wurden in diesem Hause durch fanatische Nationalsozialisten zehntausende Menschen vernichtet, zuerst die Pfleglinge des Hauses, dann Patienten aus Heilanstalten Österreichs und Deutschlands, politisch und rassisch Verfolgte – darunter auch gesunde Kinder – aus Deutschland, der CSR, Polen, UdSSR, Frankreich, Italien." In der oben erwähnten ersten Phase der Presseberichterstattung über Hartheim ist in einigen Zeitungen auch eine mehr als fragwürdige Beurteilung eugenischer Maßnahmen feststellbar, mit dem Tenor: staatlich verordnete Sterilisation „Minderwertiger" (wie z.b. in den USA): ja, Tötung (wie im Nationalsozialismus): nein.[9]

Damit verschwand das Thema „Hartheim" für mehr als zwei Jahrzehnte aus der oberösterreichischen Presse. Als es anläßlich des Frankfurter Prozesses gegen Dr. Georg Renno 1969 wieder aufgegriffen wurde, hatte sich die Umdeutung der Morde in Hartheim in ausschließlich von deutschen Tätern zu verantwortende Verbrechen vollzogen. Die maßgebliche Beteiligung von (Ober-)Österreichern wurde an keiner Stelle thematisiert; und dies ist eigentlich bis in die Gegenwart so geblieben.

Der Ort

Ein wesentlicher Indikator für die memorialpolitischen Bedingungen, die hierzulande den Umgang mit der NS-Euthanasie charakterisieren, ist die Geschichte des Ortes der Euthanasie, konkret von Schloß Hartheim. Das Schloß, bis 1898 im Besitz der Familie Starhemberg, wurde in diesem Jahr dem oberösterreichischen Landes-Wohltätigkeitsverein (OÖLWTV) zur Errichtung eines Asyls für „Schwach- und Blödsinnige(n), Idioten und Cretinöse(n)" übergeben. 1939 von den Nationalsozialisten enteignet und zur Euthanasieanstalt umfunktioniert, fungierte Schloß Hartheim ab Kriegsende als Sitz diverser US-Militärbehörden, wurde in der Folge zur Unterbringung von Flüchtlingen und Displaced Persons verwendet und wird seit dem Katastrophenhochwasser von 1954 als Wohnraum genutzt. Im Erdgeschoß, dem Schauplatz der Euthanasie, wurden Lagerräume für die Mietparteien eingerichtet.

1948 war Schloß Hartheim an den LWTV rückerstattet worden. Bemühungen des LWTV, möglichst bald im Schloß wieder eine Betreuungseinrichtung für Behinderte zu etablieren, waren nicht erfolgreich. Seitens der österreichischen Bundesregierung bzw. der oberösterreichischen Landesregierung war die Übernahme des Schlosses und die Errichtung einer Gedenkstätte kein Thema, zumal Hartheim in der einschlägigen Forschung bis in die achtziger Jahre als Außenlager von Mauthausen definiert wurde und eine entsprechende Verpflichtung von Bund oder Land offenbar durch die Erklärung von Mauthausen zum nationalen Denkmal als erfüllt angesehen wurde.[10] Mitte der sechziger Jahre wurde an den LWTV als Eigentümer des Schlosses der Gedanke herangetragen, im Schloß eine Gedenkstätte für die Euthanasieopfer einzurichten; schon vorher hatten Angehörige von hier Ermordeten in Eigeninitiative Gedenktafeln im Schloßhof angebracht. 1969 wurden die Gedenkräume im Erdgeschoß des Schlosses der Öffentlichkeit übergeben. Allerdings werden die übrigen Geschoße des Schlosses nach wie vor für Wohnzwecke genutzt. Noch immer leben hier mehr als 20 Mietparteien.

Die Haltung der Gemeinde war lange Jahre durch Ausgrenzung des Ortes der Euthanasie aus dem offiziellen Gedächtnis gekennzeichnet: Das Netzwerk der Beziehungen von Gemeindebewohnern zum Schloß, wie es etwa in den Vernehmungsprotokollen der einschlägigen Volksgerichtsprozesse sichtbar wird, verfiel nach 1945 dem „Schattenschweigen", so der Titel eines Romans von Franz

Rieger. Man versuchte, die vier Jahre in der jahrhundertelangen Geschichte des Schlosses, die es als Vernichtungsstätte definieren, durch Verschweigen zuzudecken und die Kontinuität der Rolle von Schloß Hartheim als Sehenswürdigkeit („eines der schönsten Renaissance-Schlösser Oberösterreichs") und Kristallisationspunkt lokaler Identität wieder aufzugreifen. Die Arkaden des Schloßhofs als Signet der Gemeindezeitung, das bis in die neunziger Jahre Verwendung fand, unterstreicht diese Haltung ebenso wie die langjährigen Bemühungen der Gemeinde, das Schloß als Veranstaltungszentrum nutzbar zu machen.

Perspektiven

Allerdings beginnt der gesellschaftliche Konsens des Schweigens langsam brüchig zu werden. In den letzten beiden Jahren ist in bezug auf Schloß Hartheim einiges in Bewegung geraten. Die Anstöße kamen jedoch nicht von offizieller Seite, sondern von einer privaten Initiative: Im Verein „Schloß Hartheim", 1995 gegründet, arbeiten Repräsentanten des öffentlichen Lebens, Fachleute auf dem Gebiet der Behindertenpädagogik und -betreuung und HistorikerInnen daran, ein Nutzungskonzept für das Schloß zu erarbeiten, das der Würde des Hauses Rechnung trägt und Schloß Hartheim als nationales Denkmal für die Opfer der NS-Euthanasie etabliert. Es wurde eine umfassende wissenschaftliche Dokumentation über Hartheim in der NS-Zeit initiiert, und im Jahr 2001 wird Schloß Hartheim Ort einer Landes-Sonderausstellung zum Thema „Wert des Lebens" sein, in der die NS-Euthanasie einen Kernbereich darstellen soll. Wie sensibel das Thema Nationalsozialismus noch immer ist – besonders, wenn es nicht allgemein und abstrakt, sondern konkret am Beispiel einer Region analysiert wird –, zeigt eine Äußerung von Landeshauptmann Pühringer über die geplante Ausstellung, die er grundsätzlich unterstützt und gutheißt; allerdings: Es soll „die Kriegsgeneration keinesfalls pauschal verurteilt und in den Schmutz gezogen werden. ....Wir verschweigen Hartheim nicht, aber an Oberösterreich kann einfach nicht der Nimbus eines Nazi-Landes haften."[11] Genau das aber ist der Punkt: Das Hereinnehmen von Hartheim und Mauthausen in die regionale Erinnerung bedeutet eine konkrete Benennung von Tätern und Opfern, von Orten und Ereignissen. Ein lediglich abstraktes Gedenken führt zu einer „Zerstörung von Erinnerungen", dazu, daß „die Ermordeten ... noch um das einzige betrogen werden (sollen), was unsere Ohnmacht ihnen schenken kann: das Gedächtnis."[12]

351

Anmerkungen

1   Siehe hierzu etwa Schmuhl, Hans-Walter: Rassenhygiene, Nationalsozialismus, Euthanasie. Von der Verhütung zur Vernichtung „lebensunwerten Lebens" 1890-1945. Göttingen 1987.

2   In den mir zugänglichen Dokumenten fand sich nur eine Ausnahme: Auf Intervention von Dr. Scharpf, dem Direktor der Anstalt Mauer-Öhling, wurde einer seiner Patienten, der als sein persönlicher Diener fungierte, aus Hartheim nach Mauer zurückgeschickt.

3   Siehe: Bailer-Galanda, Brigitte: Verfolgt und Vergessen. Die Diskriminierung einzelner Opfergruppen durch die Opferfürsorgegesetzgebung. In: DÖW Jahrbuch 1992, S. 13-25, hier: S. 21.

4   Siehe Wiesenthal, Simon: Doch die Mörder leben. München 1967.

5   Lonauer war auch ärztlicher Leiter der Landesheil- und pflegeanstalt Niedernhart, dem psychiatrischen Krankenhaus von Linz, „Zwischenanstalt" für Transporte nach Hartheim und Schauplatz der „wilden Euthanasie" nach dem offiziellen Stopp der Aktion „T4", sowie Inhaber einer Praxis für Nerven- und Gemütskranke. Er stammte aus einer bürgerlichen deutschnationalen, später nationalsozialistischen Linzer Familie. Am 5.Mai 1945 begingen er und seine Frau Selbstmord, nachdem sie ihre Kinder getötet hatten.

6   LG Linz VG 11 VR 2407/46, Vernehmung von Vinzenz Nohel durch die Kriminalpolizei Linz; sowie LG Linz VG 11 Vr 968/54, Befragung von Johann Baumgartner durch die Kriminalpolizei Linz.

7   Er war zu einem Arbeitseinsatz in der VÖEST einer nur leicht bewachten Gruppe von Häftlingen zugeteilt worden.

8   Amtskalender für den Gau Oberdonau 1940, S. 182 f. Die nur sehr oberflächliche Prüfung des im Gesundheitswesen tätigen Personals im Zuge der Entnazifizierungsmaßnahmen nach 1945 bedingte die Belassung einschlägig belasteter Personen in ihren Funktionen.

9   Vgl. Eldersch, Ludwig: Rassenbiologie und Verbrechen. Tagblatt, 29.11.1947.

10 Auch in der rezenten Literatur wird Hartheim noch vereinzelt als Nebenlager von Mauthausen angeführt. Siehe Schwarz, Gudrun: Die nationalsozialistischen Lager. Frankfurt 1996, S. 207, 209.

11 Oberösterreichische Nachrichten, 14.11.1996. Sonderausstellung Hartheim: „Keine einseitige Schockpräsentation".

12 Adorno, Theodor W.: Was bedeutet: Aufarbeitung der Vergangenheit ? In: Ders.: Erziehung zur Mündigkeit, Frankfurt am Main 1982, S. 12.

Monika Stromberger

Geschichtsforschung und nationale Identitätsbildung am Beispiel Slowenien um die Jahrhundertwende

Der Ansatz geht davon aus, daß sich der kulturelle Wandel um 1900 im Rahmen der gesamtgesellschaftlichen Modernisierung im Fokus der Entwicklung urbaner Zentren veranschaulichen läßt,[1] da schon im zeitgenössischen sozialwissenschaftlichen Diskurs „die Großstadt (als) typisch für die Gesellschaft schlechthin"[2] galt. Die Formulierung städtischer Leitbilder findet im Spannungsfeld zwischen der Definition kollektiver Identität, gesellschaftspolitischer Gestaltung und einer spezifischen technischen und kulturellen Ausstattung des urbanen Raumes statt. Urbane Zentren, die sich im Rahmen der Entwicklung einer nationalen Identität ihres Umfeldes gegenüber anderen Zentren in einer sich entwickelnden Städtekonkurrenz durchzusetzen haben – wie im Falle der Landeshauptstadt von Krain um die Jahrhundertwende –, lassen den politischen Willen zur Ausdifferenzierung des kulturellen Spektrums erkennen, das sich zwischen den Polen eines übernationalen, (zentral)europäischen kulturellen Standards und der regionalen bzw. konkreten kulturpolitischen Situation der Stadt manifestiert.[3]

Das Leitbild einer *modernen* Stadt im Zeitverständnis korrespondiert in Laibach/Ljubljana mit dem Selbstverständnis als kulturelles Zentrum zunächst des Landes Krain, wo es als „'Vorgeherin', das Muster und Vorbild für die übrigen Städte des Landes, deren Culturleben nur ein Abglanz des Culturlebens Laibachs ist",[4] bezeichnet wird. In den zunehmenden nationalen Auseinandersetzungen versucht die Stadt, die Position eines nationalen Zentrums, „des kulturellen Zentrums des slovenischen Volkes"[5] zu festigen.

Paradigmatisch für diese Entwicklung ist die von der politischen Elite der Stadt massiv unterstützte Forderung nach einer Universität als zentraler und zentralisierender wissenschaftlicher Institution,[6] die die überregionale Ausstrahlung der kleinen Stadt verstärken und ihr eine Position in einem überregionalen kulturellen Kommunikationsraum sichern sowie ihre nationale Zentrumsfunktion untermauern sollte. Ljubljana/Laibach würde damit zu einem „Spiegel des Fortschritts der Nation",[7] und – zumindest im südslawischen Raum – würde man „wenigstens wissen, daß Ljubljana in Krain und die slowenische Universität in Ljubljana"[8] ist.

Der Gemeinderat der Landeshauptstadt, unter dem Vorsitz des liberal-nationalen Bürgermeisters Ivan Hribar, unterstützte um die Jahrhundertwende die Errichtung der Universität mit Vehemenz. Neben Eingaben und Solidaritätskundgebungen wurde auch eine größere Geldsumme zur Verfügung gestellt und eine eigene Abteilung zur Unterstützung eingerichtet. Sogar der heftig geführte slowenische Kulturkampf, der zu Parallelgründungen kultureller Institutionen (Theater, Vereine etc.) durch die slowenischen Klerikalen führte, verstummte in dieser Frage zugunsten der nationalen Forderung – wenn es auch, was die Strukturen der künftigen Universität betraf, vor allem in bezug auf eine theologische Fakultät zu Differenzen kam.[9]

Dennoch bleibt den Slowenen und ihrer Hauptstadt die Gründung der Universität bis zum Ende der Monarchie verwehrt.

Diese Forderung fand darüber hinaus nicht nur Unterstützung bei den slowenischen Intellektuellen und in Versammlungen von Bürgern der Stadt, sondern war auch im publizistischen Bereich – sowohl in den Zeitschriften wie auch in den Tageszeitungen – ständig präsent. Die Berichterstattung in den führenden Tageszeitungen, dem liberalen *Slovenski narod,* dem katholischen *Slovenec* und der halbamtlichen deutschsprachigen *Laibacher Zeitung,* stützt den forcierten Diskurs um die Universität.

Die Institutionalisierung von Geschichtswissenschaft, ein Grenzfall zwischen überregionaler Orientierung (an wissenschaftlichen Standards und Diskursen) und Ausformung im städtischen Umfeld, erfährt in Laibach/Ljubljana ihre nationale Besetzung im Rahmen des Paradigmenwechsels von einer Krainer Landesidentität zu einer explizit slowenischen Identität, zwar im Sinne einer Slowenisierung der Geschichtsschreibung im sprachlichen Sinn, aber aufgrund wissenschaftlicher Kommunikationsstrukturen nicht völligen Abgrenzung zur Konkurrenzkultur der Deutschen in der Stadt.

Der Kristallisationspunkt der historischen Forschung war zunächst der Historische Verein für Krain,[10] der schließlich 1885 im Musealverein für Krain[11] aufging. Mit dem Jahr 1891 erschien neben den deutschsprachigen *Mitteilungen des Musealvereins für Krain* auch die *Izvestija Muzejskega društva za Kranjsko,* die sich schließlich 1908 in der gemischtsprachigen *Carniola* vereinigten. Die Aufgabe des Vereins blieb zwar weiterhin die Erforschung der Landesgeschichte, zunehmend wurden allerdings „slowenische" Themen behandelt,[12] man wollte „alle Kräfte zusammenziehen, damit die ‘Izvestija' einigermaßen das zentrale Organ für alle slowenischen Gebiete wird".[13]

Die Verbindung mit der Stadt spiegelt sich vor allem in dem Gebäude des 1888 eröffneten Landesmuseums Rudolfinum, das vom Musealverein getragen wurde und unter anderem das Stadtwappen führt. Bei der Eröffnung wurde eine Ausstellung der Ljubljana/Laibacher Gewerbetreibenden gezeigt, und es gab Überlegungen, den Namen des Vereins in „Musealverein in Ljubljana" umzuändern.[14]

Gerade diese Institution bot als eine der wenigen bis zum Ende der Monarchie die Möglichkeit zur übernationalen Zusammenarbeit zwischen Slowenen und Deutschen. Selbst nach den schweren nationalen Auseinandersetzungen von 1908, die zu einer strikten Trennung beider Nationalitäten in vielen Bereichen führte, war es hier noch möglich, gemeinsame Publikationen herauszugeben: die oben erwähnte *Carniola*.

Parallel zur nationalen Differenzierung entwickelten sich auch innerhalb der slowenischen Wissenschaft selbst Konkurrenzkulturen unter den Auspizien des slowenischen Kulturkampfes – zumal unter den Bedingungen eines katholisch dominierten Landtages ab 1908 gegenüber der liberal regierten Stadt. Dies betraf in erster Linie die zunächst überparteilich strukturierte Slovenska matica, der in der slowenischen Sektion der Leo-Gesellschaft katholische Konkurrenz erwuchs, bis schließlich vor dem Ersten Weltkrieg die Klerikalen aus der Slovenska matica austraten.[15]

Zur institutionellen Erweiterung unter dem Aspekt der Modernisierung gehört ebenso die Ausdifferenzierung und Professionalisierung der publizistischen Öffentlichkeit, deren Bedeutung als Kommunikationsfaktor beim Transport ideologischer und politischer Inhalte von den Zeitgenossen durchaus erkannt wurde[16] und an der die Wissenschaftler teilnahmen. Es entwickelte sich in Ljubljana ein breites Spektrum publizistischer Tätigkeit, auch die Historiker nahmen zu wissenschaftlichen und politischen Themen (wie der Universitätsfrage) in den entstehenden literarisch-wissenschaftlichen Zeitschriften, dem liberalen *Ljubljanski zvon*, der katholischen *Cas* und der sozialdemokratischen *Naši zapiski* – um nur die wichtigsten zu nennen – Stellung. Ankündigungen, die Berichterstattung über mehr oder weniger bedeutende Ereignisse in diesem Bereich (etwa der Jahreshauptversammlung des Musealvereins) sowie historische Abhandlungen sind auch in den oben genannten Tageszeitungen zu finden. Die Geschichtswissenschaftler selbst treten – abgesehen von den wissenschaftlichen oder das Zeitgeschehen kommentierenden Veröffentlichungen[17] – meist erst nach ihrem Tod durch den Nachruf, den ihnen die Zeitungen unter Umständen widmen, ins Blickfeld der Öffentlichkeit.

Geschichtsforscher werden mitunter zu nationalen Leitfiguren stilisiert – wie vor allem Valvasor, der im 17. Jahrhundert die erste Geschichte des Landes verfaßte – und zu einem Teil des nationalslowenischen Selbstdarstellungsdiskurses, den Laibach/Ljubljana unter dem Aspekt einer Festigung seiner Position als nationales Zentrum der Slowenen anführt. So unterstützt der Gemeinderat die Aufstellung eines Valvasor-Denkmals ebenso wie die Herausgabe einer Biographie des „Polyhistor", die von dem Historiker und Publizisten Peter von Radics verfaßt wurde.[18]

Monika Stromberger

Ihren Tribut gegenüber den Akteuren im geschichtswissenschaftlichen Bereich leistet die Stadt weniger in materieller als eher in ideeller Hinsicht, etwa durch die Benennung von Straßen. Diese Ehre wurde beispielsweise 1903 dem bedeutendsten Stadtgeschichtsschreiber der Zeit, Ivan Vrhovec, zuteil.[19]

Die wissenschaftlichen Institutionen – konkretisiert in der Forderung nach der zentralen Institution Universität und im Bereich der Geschichtsforschung – sind um die Jahrhundertwende ein Teil des Selbstverständnisses der Stadt als „Spiegel des Fortschritts" der slowenischen Nation und ein Aspekt der Identitätsfindung der Slowenen im Fokus ihrer sich als solche profilierenden späteren Hauptstadt. Die in der medialen Öffentlichkeit und in diesen Institutionen präsenten Historiker bereichern das wissenschaftliche Spektrum der Stadt und tragen bei zur Konstruktion der Identität eines kulturellen Zentrums, das sich gegenüber ähnlich großen Städten zunehmend als fortschrittliches Gemeinwesen mit nationalem Auftrag zu profilieren versucht.

Anmerkungen

1 Vgl. dazu auch: Konrad, Helmut: Zeitgeschichte und Moderne, in: Haller, Rudolf (Hg.): nach Kakanien. Annäherung an die Moderne. Studien zur Moderne 1, Wien/Köln/Weimar 1996, S. 25ff.
2 Tönnies, Ferdinand: Gemeinschaft und Gesellschaft. Grundbegriffe der reinen Soziologie. 2. veränderte und erweiterte Auflage, Berlin 1912, S. 298.
3 Vgl. dazu insbesondere: Kannonier, Reinhard/Konrad, Helmut (Hg.): Urbane Leitkulturen 1890-1914. Leipzig – Ljubljana – Linz – Bologna. Studien zur Gesellschafts- und Kulturgeschichte 6, Wien 1995.
4 Vrhovec, Ivan: Die wohllöbliche landesfürstliche Hauptstadt Laibach. Laibach 1886, S. 1.
5 Vgl. dazu etwa: Hribar, Ivan: Promemoria in Sachen der Errichtung einer Universität respektive vorläufig einer Rechtsfakultät in Laibach. Laibach 1.03.1905, o.S.
6 Zur Geschichte der Universität vgl. unter anderem: Benedetič, Ana: Pot do slovenske univerze. Ljubljana 1981; Petdeset let slovenske univerze v Ljubljani 1919-1969. Ljubljana 1969; Zgodovina Ljubljane. Prispevki za monografijo. Gradivo s posvetovanja o zgodovini Ljubljane, 16. in 17.11. 1983. Kronika, Ljubljana 1984.
7 Vseučiliški zbornik. Ljubljana 1902, S. 274ff.
8 Veble, Andrej: Boj za slovensko vseučilišče. Ljubljana 1909, S. 55.
9 Vseučiliški zbornik; auch: Veble: Ebenda, S. 62ff.
10 Vgl. vor allem: Janša-Zorn, Olga: Der historische Verein für Krain, in: Österreichische Osthefte, 34. Jg., 1992, S. 545-564.
11 Zur Geschichte des Musealvereins für Krain vgl. unter anderem: Petru, Peter: Narodni muzej v Ljubljani. Maribor 1983; Mal, Josip: Naše Muzejsko društvo v teku sto let, in: Glasnik Muzejskega društva. Zbornik ob stoletnici društva 1839-1939, 20. Jg., 1939, S. 1-24; Muzejsko društvo za Slovenijo, in: Enciklopedija Slovenije. Band 7, Ljubljana 1993, S. 256f.

356

12 Vgl. dazu auch: Nečak, Dušan: Die Einstellung der modernen slowenischen Geschichts-schreibung zur österreichischen Geschichte (Einsichten und Fragen), in: Wolfram, Herwig/ Pohl, Walter (Hg.): Probleme der Geschichte Österreichs und ihrer Darstellung. Veröffent-lichungen der Kommission für die Geschichte Österreichs 18, Wien 1991, S. 249f.

13 Zit. nach: Mal, Josip: Naše Muzejsko društvo, S. 21.

14 Ebenda.

15 Zur Geschichte der Slovenska matica vgl. unter anderem: Slovenska matica 1864 – 1964. Zbornik razprav in člankov. Ljubljana 1964; Gestrin, Ferdo/Melik, Vasilij: Slovenska zogodovina (18. stoletja do 1918). Ljubljana 1966.

16 Vgl. etwa: Kalan, Janez: Čemu na katoliški shod?, in: Katoliški obzornik, 4. Jg., 1900, S. 42-48.

17 Damit sind vor allem die Stellungnahmen zur Universitätsfrage u.ä. gemeint.

18 Zapisniki seji občinskega sveta. Zgodovinski arhiv ljubljanskega, Cod. III, 1896ff.

19 Valenčič, Vlado: Zgodovina ljubljanskih uličnih imen. Gradivo in razprave, Zgodovinski arhiv 9, Ljubljana 1989, S. 123.

Grundlegende und weiterführende Literatur

Bender, Thomas (Hg.): The University and the City. From Medieval Origins to the Present. Oxford 1988.

Bister, Feliks J./Vodopivec, Peter: Kulturelle Wechselseitigkeit in Mitteleuropa. Deutsche und slowenische Kultur im slowenischen Raum vom Anfang des 19. Jahrhunderts bis zum Zweiten Weltkrieg. Wissenschaftliche Bibliothek Österreich-Slowenien 1, Ljubljana 1995.

Brandner, Birgit/Luger, Kurt/Mörth, Ingo (Hg.): Kulturerlebnis Stadt. Theoretische und prak-tische Aspekte der Stadtkultur. Wien 1994.

Dolenc, Ervin: Kulturne zamisli slovenskih političnih strank in skupin ter njihove kulturne organizacije v letih 1918 – 1929 (Kulturna politika in kulturni boj). Phil. Diss., Ljubljana 1992 (liegt inzwischen auch als Buch vor).

Gerbel, Christian/Kannonier, Reinhard/Konrad, Helmut/Körner, Axel/Uhl, Heidemarie (Hg.): Urbane Eliten und kultureller Wandel. Bologna-Linz-Leipzig-Ljubljana. Studien zur Gesellschafts- und Kulturgeschichte 9, Wien 1996.

Grafenauer, Bogo: Slovensko narodno vraš anje in slovenski zgodovinski položaj. Ljubljana 1987.

Haller, Rudolf (Hg.): nach kakanien. Annäherung an die Moderne. Studien zur Moderne 1, Wien/Köln/Weimar 1996.

Karady, Victor/Mitter, Wolfgang (Hg.): Bildungswesen und Sozialstruktur in Mitteleuropa im 19. und 20. Jahrhundert. Education and Social Structure in Central Europe in the 19th and 20th Centuries. Studien und Dokumentationen zur vergleichenden Bildungsforschung 42, Köln/Wien 1990.

Nationalismus, Staatsgewalt, Widerstand. Aspekte nationaler und sozialer Entwicklungen in Ostmittel- und Südosteuropa. Festgabe für Richard Georg Plaschka zum 60. Geburtstag, hrsg. v. Österreichischen Ost-und Südosteuropa-Institut. Schriftenreihe des Österreichi-schen Ost-und Südosteuropa-Instituts 11, Wien 1985.

Plaschka, Richard Georg/Mack, Karlheinz (Hg.): Wegenetz europäischen Geistes I. Wissenschafts-zentren und geistige Wechselbeziehungen zwischen Mittel- und Südosteuropa. Schriften-reihe des österreichischen Ost- und Südosteuropa-Instituts 7, Wien 1983.

Plaschka, Richard Georg/Mack Karlheinz (Hg.): Wegenetz europäischen Geistes II – Universi-täten und Studenten. Die Bedeutung studentischer Migrationen in Mittel- und Südosteuro-pa vom 18. bis zum 20. Jahrhundert. Schriftenreihe des österreichischen Ost- und Südosteu-ropa-Instituts 12, Wien 1987.

Schiffer, Josef/Senarclens de Grancy, Antje/Stromberger, Monika/Uhl, Heidemarie/Wilding, Peter: Urbanität und Moderne. Technik, Architektur, Kultur und Wissenschaft als Symbole städtischer Identität um die Jahrhundertwende, in: Zeitgeschichte, 23. Jg., Heft 7/8, 1996, S. 213-242.

Stromberger, Monika: Aspekte nationaler Identität im urbanen Umfeld am Beispiel wissen-schaftlicher Institutionen in Laibach/Ljubljana, in: Band 4 der Moderne, hrsg. von Heide-marie Uhl (im Erscheinen).

Taylor, Charles: Nationalismus und Moderne, in: Transit, Heft 9: Ex occidente lux? Westliche Theorien – Östliche Wirklichkeiten, 1995, S. 177-198.

Wunberg, Gotthart/Binder, Dieter A. (Hg.): Pluralität. Festschrift für Moritz Csáky. Wien/ Köln/Weimar 1996.

Heidemarie Uhl

Identität als politische Strategie. Beispiele aus dem Graz der Jahrhundertwende

Im Jahr 1885 erklärte der neugewählte Grazer Bürgermeister Dr. Ferdinand Portugall in seiner Antrittsrede die Wahrung des Charakters von Graz als einer „durch und durch deutschen Stadt" zur programmatischen Zielsetzung seiner Amtsführung. Er werde deshalb „jede nationale Wühlerei fremder Elemente hintanzuhalten wissen, damit Graz ein Hort der deutschen Art und Sitte bleibe, das südöstlichste Bollwerk deutscher Cultur".[1]

Diese Zuschreibung galt einer Stadt, die hinsichtlich der nationalen Zusammensetzung ihrer Einwohnerschaft weitgehend homogen erscheint: Im Jahr 1880 hatte in Graz eine Volkszählung stattgefunden, bei der erstmals die Frage nach der Umgangssprache gestellt wurde. Dabei gaben 96 Prozent der Grazer Bevölkerung Deutsch als Umgangssprache an, der Anteil der slowenischsprachigen Bevölkerung, der größten nichtdeutschen Sprachgruppe, betrug 1,02 Prozent, davon waren ein Drittel bis beinahe die Hälfte Militärangehörige. Dieser Prozentsatz, der bis zur Volkszählung von 1900 ungefähr gleichblieb (1,04 Prozent), sollte sich in den darauffolgenden Jahren auf 0,69 Prozent (1910) verringern. Damit lag der slowenische Bevölkerungsanteil in Graz weit unter dem der Tschechen und Slowaken in Wien, der im gleichen Zeitraum zwischen 3,5 und 6,2 Prozent pendelte, obwohl Graz die Hauptstadt eines zweisprachigen Kronlandes mit rund einem Drittel slowenischsprachiger Bevölkerung in der Untersteiermark war.[2]

Die nationalpolitische Programmatik, die aus den Worten Portugalls spricht und die in den folgenden Jahren zum Leitmotiv des national-liberal dominierten Grazer Gemeinderats werden sollte, steht nur scheinbar im Widerspruch zum Bild einer national homogenen Stadt, wie es aus den Volkszählungen hervorgeht. Sie ist vielmehr im Kontext einer Identitätspolitik zu sehen, deren Ziel es ist, in Reaktion auf die durch den Urbanisierungs- und Industrialisierungsprozeß nicht nur quantitativ, sondern auch hinsichtlich ihrer nationalen Zusammensetzung veränderte Bevölkerungsstruktur den Charakter der Stadt festzuschreiben, ihre nationale Orientierung normativ zu setzen. Die geringe Anzahl von Stadtbewohnern, die sich zu einer nichtdeutschen Umgangssprache bekannten, kann letztlich als Erfolg dieser Strategie gesehen werden, denn aufgrund der Herkunftsgemeinden ist davon auszugehen, daß der Anteil an slowenischen Zuwanderern weitaus höher lag als in den Volkszählungen erhoben, nur ein „verschwindend geringer Teil" gab Slowenisch als Umgangssprache an.[3]

Die Situation in Graz und anderen urbanen Zentren der multiethnischen bzw. multinationalen Habsburgermonarchie[4] beleuchtet somit einen Aspekt in der Herausbildung nationaler Identität, der in einheitlicheren Sprachräumen kaum hervortritt: die machtpolitische Dimension. In der „Habsburg-Form des Nationalismus" (Gellner) bezog sich die nationale Zugehörigkeit nicht nur auf die „natürliche" Gegebenheit der Sprache; der Sprachgebrauch war vielmehr durch gesellschaftliche Faktoren mitbedingt. Vor dem Erstarken der slawischen Nationalbewegungen war sozialer Aufstieg zumeist mit Akkulturation verbunden; die Deklaration der sprachlichen Zugehörigkeit beim städtischen Bürgertum bzw. der Intelligenz, den Trägerschichten der Nationalbewegung, war auch eine politische Entscheidung. Zu den Rahmenfaktoren dieser Entscheidung zählten die jeweiligen Herrschaftsverhältnisse, denn nationale Hegemonie mußte auch politisch durchgesetzt werden, in Konkurrenz zu den Ansprüchen anderer Nationalitäten. Während die bürgerlich-urbanen Eliten in einheitlichen Sprachräumen immer weitere Kreise der Bevölkerung in die imaginierte Einheit der Nation als einer durch Sprache, Kultur und Geschichte verbundenen Wir-Gemeinschaft einzubinden suchten,[5] ging es in den national inhomogenen Städten der Habsburgermonarchie darum, eine zunächst nur behauptete, in Intellektuellenkreisen, politischen Zirkeln etc. postulierte Einheit normativ zu verankern, politisch durchzusetzen und so erst zu realisieren.

Die „nationale Frage", der Anspruch der Deutsch-Österreicher auf die Vorherrschaft, die Einforderung politisch-kultureller Gleichberechtigung von seiten der „jungen" bzw. „kleinen" Nationen führten nicht nur auf der Ebene des Reichsrates und der Landtage zu Konflikten. Insbesondere in den nun entstehenden Großstädten (Graz erreichte in den achtziger Jahren des 19. Jahrhunderts die Zahl von 100.000 Einwohnern) mit ihrer ethnisch heterogenen Bevölkerung versuchten die politischen Eliten, ihre nationale Orientierung zum verbindlichen Leitbild zu machen, dem sich Zuwanderer anzupassen hatten, oder – falls dies nicht der Fall war – „fremdvölkische Vorstöße schon im Keime zu unterdrücken", um das „deutsche Wesen unserer Stadt zu wahren."[6]

In den Strategien dieser „Identitätspolitik" kommt der repräsentativen Kultur ein besonderer Bedeutungsgehalt zu: Die mit öffentlichen Mitteln finanzierten Institutionen der Hochkultur signalisierten ebenso wie die Ausgestaltung des öffentlichen Raums mit den Symbolen nationaler Zugehörigkeit (wie Denkmäler und Straßennamen) die mehrheitlich politisch durchgesetzte und damit dominierende nationale Ausrichtung. Die spezifische Ausprägung urbaner Kultur wird zum „Medium", in dem die politischen Machtverhältnisse öffentlich zum Ausdruck gebracht und damit zum verbindlichen Leitbild der individuellen und kollektiven nationalen Orientierung auf lokaler Ebene werden. Auf die Verbindung von nationaler Identitätsstiftung und „kultureller Machtausübung" hat vor allem Edward W. Said hingewiesen: „Kultur impliziert immer einen Kampf um verschiedene Definitionen, Stile, konkurrierende Weltanschauungen und Interessen."[7] Die Versuche, den Charakter einer Stadt normativ festzulegen und den Leitvorstellungen der gesellschaftlichen Eliten einen für die gesamte Bevölkerung verbindlichen Charakter zu verleihen, sollen im folgenden am Beispiel von Graz gezeigt werden.

Am Ende des 19. Jahrhunderts wird der öffentliche Raum der Stadt mit den Symbolen einer Zugehörigkeit zum „deutschen Volk" durchdrungen. Dieser Programmatik folgen die um die Jahrhundertwende errichteten Denkmäler für Anastasius Grün (1887), „Turnvater" Jahn (1902) und Robert Hamerling (1904)[8] ebenso wie die Forderung nach Straßenbezeichnungen mit den Namen „deutscher Helden, Dichter, Denker, Künstler",[9] die das deutsche Gepräge der Stadt nur noch deutlicher machen sollten. Dementsprechende Namensgebungen lauteten auf Theodor Körner, Hans Sachs, Richard Wagner, Herder, Kleist etc.;[10] als diesbezüglich besonders „radikale" Meinungsäußerung galt die Benennung des zentralen Platzes um den Auersperg-Brunnen in Bismarck-Platz, die 1899 auf Antrag des Vereins der Deutschvölkischen erfolgte.[11]

Der Rang der Stadt in einem überregionalen, auch nationalpolitischen Bedeutungszusammenhang sollte auch durch kommunale Prestige-Projekte unterstrichen werden, die zugleich den großstädtischen Charakter von Graz – um 1900 die viertgrößte Stadt Cisleithaniens[12] – zum Ausdruck bringen sollten. Dokumentiert wurde das neue Selbstbewußtsein im 1894 eröffneten Rathaus,[13] eine weitaus stärkere nationale Konnotation erfuhr das 1899 eröffnete Stadttheater, dessen Realisierung im Zusammenhang mit der nationalen Mobilisierung Mitte der neunziger Jahre zu sehen ist. Im Konflikt um slowenischsprachige Parallelklassen im Gymnasium der untersteirischen Stadt Cilli, der zum Sturz der Regierung Windisch-Graetz und zu einer nachhaltigen Verschärfung der Gegensätze im steirischen Landtag führte, und in den Unruhen nach dem Erlaß der Badenischen Sprachverordnungen erreichte die nationale Agitation einen Höhepunkt. Erst vor diesem Hintergrund wurde das Grazer Theaterprojekt, das bereits seit mehreren Jahren diskutiert worden war, zum „nationalen Heiligthum", zum „deutschen Nationaltheater" der „deutschen Stadt Graz" erklärt, der „größten rein deutschen Stadt in Oesterreich nach Wien, wenn man Wien noch zu den rein deutschen Städten rechnen kann."[14]

Der Stellenwert symbolischer Repräsentation zeigt sich vor allem an Detailfragen; so verwahrte sich ein Gemeinderat „als Deutscher (...) dagegen, daß das Theater im Barockstil errichtet wird".[15] Dieser Stil war von den Architekten als „echt österreichischer" vorgeschlagen worden.[16]

Der Grazer Theaterbau, einer der größten und aufwendigsten in der Habsburgermonarchie, verweist auf die zweite Ebene nationaler Sinnstiftung im urbanen
Symbolraum, die Hochkultur. In einer Stadt, die sich als „südöstlichster Vorposten
deutscher Cultur" mit einem besonderen Auftrag „so nahe dem slavischen
Barbarenthum"[17] verstand, kam vor allem den kulturellen Einrichtungen die Aufgabe zu, die „Kulturhöhe (...) der überlegenen deutschen Kultur"[18] zu demonstrieren: So verlieh einer der Architekten des Stadttheaters, Ferdinand Fellner, in
seiner Eröffnungsrede der Überzeugung Ausdruck, mit der „neuen Heimstätte der
deutschen Kunst" eine „neue, gewaltige Waffe unserem Volke geschmiedet zu
haben".[19] Aber auch das vier Jahre zuvor fertiggestellte Landesmuseum Joanneum
sowie das neuerrichtete Hauptgebäude der Universität sollten als „friedliche Kampfmittel für unsere culturelle Machtstellung"[20] aufgefaßt werden.

Der zentrale Stellenwert beider Bereiche, des öffentlichen Raums mit seinen
nationalen bzw. national konnotierten Symbolen und der urbanen Kultur, die nun
auch im Sinne einer Demonstration kultureller „Überlegenheit" verstanden wur-
de, bezieht sich darauf, daß diese „Auskristallisationen" von national-politischen
Diskursen auf deren Durchsetzung als normative Identitätsmuster verweisen: Die
Gestaltung des öffentlichen Raums und des bereits mit beträchtlichen öffentlichen
Mitteln finanzierten kulturellen Systems erfolgten vor dem Hintergrund von
Beschlußfassungen des Gemeinderates. Dessen Unterstützung für „national" ge-
deutete Aktivitäten konnte in unterschiedlicher Form erfolgen – neben den im
Auftrag der Stadt errichteten Denkmälern und Bauten sind Förderungen durch
Subventionen bzw. Mitgliedschaft in Vereinen wie dem „Deutschen Schulverein",[21]
durch die Teilnahme an Feierlichkeiten, durch die Übernahme von Denkmälern
in die Obhut der Stadt etc. zu nennen –, in jedem Fall signalisierte das kommunale
Engagement die Zustimmung der Gemeinde. Bei den Zeichensetzungen des „deutschen" Graz handelte es sich eben nicht nur um die Haltung einer Teilgruppe,
etwa der deutschnationalen Vereine und Presseorgane, sondern um Ausdrucksmit-
tel für das mehrheitlich politisch Durchgesetzte, damit wurde diesen Aktivitäten
gewissermaßen offizieller Charakter verliehen.

Im Rahmen kommunaler Kulturpolitik erfolgten einerseits konkrete Umset-
zungen der „kulturellen Imagination" (Langewiesche) der Nation, andererseits
eröffnete der kulturelle Bereich auch kleineren urbanen Zentren die Teilhabe am
Kommunikationsraum einer imaginierten nationalen Gemeinschaft.[22] Dieser überregionale öffentliche Raum, in dem sich nationale Identitätsmuster bewegten, reichte
im habsburgischen Vielvölkerstaat allerdings über die Staatsgrenzen hinaus, während im Inneren neue Grenzlinien zwischen den Nationalitäten gezogen wurden.

Anmerkungen

1 Zit. n. Tagespost, 7.5.1885.
2 Promitzer, Christian/Petrowitsch, Michael: „Weß Brot du ißt, deß Lied du singst!" – Slowenen in Graz, in: Stenner, Christian (Hg.): Slowenische Steiermark. Verdrängte Minderheit in Österreichs Südosten. Wien, Köln, Weimar 1997. (= Zur Kunde Südosteuropa II/23), S. 171.
3 Der Anteil der in überwiegend slowenischen Bezirken der Steiermark und in Krain heimatberechtigten Personen an der Stadtbevölkerung lag im Jahr 1890 bei 8,46 Prozent (1900: 14,47 Prozent; 1910: 8,81 Prozent). Vgl. ebda, S. 174. Zum politischen Entscheidungshintergrund für die Angabe der Umgangssprache vgl. Brix, Emil: Die zahlenmäßige Präsenz des Deutschtums in den südslawischen Kronländern Cisleithaniens 1848 – 1918. Probleme der Nationalitätenstatistik, in: Rumpler, Helmut/Suppan, Arnold (Hg.): Geschichte der Deutschen im Bereich des heutigen Slowenien 1848 – 1941. Wien, München 1988, S. 56ff.
4 Beispielsweise bestimmten im deutschnational dominierten politischen Milieu der ethnisch weitgehend homogenen Landeshauptstadt Linz ebenso die Befürchtungen um die „Vorherrschaft des deutschen Volksstammes" wegen der „fortschreitenden Slavisierung" den politischen Diskurs. Vgl. Gerbel, Christian: Provinzieller Patriotismus: Ein deutschnationaler Wahrnehmungshorizont in Linz zur Jahrhundertwende, in: ders. u.a. (Hg.): Urbane Eliten und kultureller Wandel. Bologna-Linz-Leipzig-Ljubljana. Wien 1996. (= Studien zur Gesellschafts- und Kulturgeschichte. 9), S. 189ff.; zu analogen Formen kultureller Repräsentation in zentraleuropäischen Städten vgl. weiters Kannonier, Reinhard/Konrad, Helmut: Urbane Leitkulturen 1890 – 1914. Leipzig-Ljubljana-Linz-Bologna. Wien 1995. (= Studien zur Gesellschafts- und Kulturgeschichte 6)
5 Vgl. Langewiesche, Dieter: Kulturelle Nationsbildung im Deutschland des 19. Jahrhunderts, in: Hettling, Manfred/Nolte, Paul (Hg.): Nation und Gesellschaft in Deutschland. Historische Essays. München 1996, S. 46ff.
6 Amtsblatt der landesfürstlichen Hauptstadt Graz, 14. Jg., Nr. 9 (1910), 31.3.1910, S. 213.
7 Said, Edward W.: Kultur, Identität und Geschichte, in: Kultur und Identität in Europa. European Art Forum 1996. Internationales Kultursymposion 23. bis 25. Mai 1996. Salzburg 1996, S. 34.
8 Adressenbuch der Landeshauptstadt Graz 1910, Graz 1910, S. 5f.
9 Grazer Wochenblatt, 20.8.1899, S. 5.
10 Amtsblatt der landesfürstlichen Hauptstadt Graz, 3. Jg., Nr. 36 (1899), 20.9.1899, S. 943ff.
11 Amtsblatt der landesfürstlichen Hauptstadt Graz, 3. Jg., Nr. 23 (1899), 10.5.1899, S. 608.
12 Hubbard, William H.: Der Wachstumsprozeß in den österreichischen Großstädten 1869-1910. Eine historisch-demographische Untersuchung, in: Kölner Zeitschrift für Soziologie und Sozialpsychologie. Sonderh. 16 (1972), S. 386-418.
13 Vgl. Uhl, Heidemarie: Der Rathausbau als urbane Selbstdarstellung im Graz der Jahrhundertwende, in: Forschungen zur Geschichte des Alpen-Adria-Raumes. Festgabe f. Othmar Pickl, hg. v. Herwig Ebner, Paul W. Roth, Ingeborg Wiesflecker-Friedhuber. Graz 1997, S. 391-402.
14 Die Zitate stammen aus einem Antrag auf Übernahme des Theaters in die Eigenregie der Stadt im Jahr 1898. Amtsblatt der landesfürstlichen Hauptstadt Graz, 3. Jg., Nr. 8 (1898), (5.) 12.1898, S. 118f.

15 Amtsblatt der landesfürstlichen Hauptstadt Graz, 1. Jg., Nr. 36 (1897), 20.9. 1897, S. 957.

16 Amtsblatt der landesfürstlichen Hauptstadt Graz, 2. Jg., Nr. 9 (1897), 15.12.1897, S. 241.

17 Zur Eröffnung des neuen Stadttheaters in Graz, in: Grazer Tagblatt, 16.9.1899, S. 1.

18 Amtsblatt der landesfürstlichen Hauptstadt Graz, 14. Jg., Nr. 9 (1910), 31.3.1910, S. 213.

19 Die Eröffnung des neuen Theaters, in: Tagespost, 16.9.1899.

20 Das neue Joanneum, in: Tagespost, 1.6.1895.

21 Der Gemeinderat trat 1880 als Gründungsmitglied dem Deutschen Schulverein bei. Vgl. Heger, Wolfgang: Die Grazer Kulturpolitik im Zeitalter des Liberalismus und Nationalismus. Phil. Diss., Graz 1971, S. 47.

22 Zu den Zusammenhängen von Nationalismus und modernen Gesellschafts- und Staatsformen vgl. Taylor, Charles: Nationalismus und Moderne, in: Transit, H. 9, 1995, S. 177ff.; Gellner, Ernest: Nationalismus und Moderne. Berlin 1991.

Heinz-Gerhard Haupt

Kulturgeschichtliche Ansätze bei der Erforschung des europäischen Nationalismus

Man kann mit guten Gründen argumentieren, daß die sozialgeschichtliche Analyse des europäischen Nationalismus noch nicht abgeschlossen ist, so daß es wissenschaftlich unsinnig wäre, in einem abrupten Paradigmenwechsel die Sozial- für die Kulturgeschichte aufzugeben. Zumindest auf zwei Gebieten bedarf die Untersuchung der mit der Nation verbundenen Vorstellungszusammenhänge der sozialgeschichtlichen Fundierung:

1. Wenn es um den Platz nationaler Parolen und Bewegungen in einer Gesellschaft geht, ist es wichtig, deren Entwicklung zur Nation einzubeziehen. Ob die Nationalstaatsbildung und der Nationalbildungsprozeß mit den ihn begleitenden Kommunikations- und Staatsbildungsprozessen bereits abgeschlossen bzw. noch im Gang ist oder noch gar nicht begonnen hat, die Antwort auf diese Frage hilft den Charakter der zeitweiligen nationalen Argumentation zu verstehen, die Reichweite nationaler Parolen zu ermessen und ihren Adressatenkreis zu unterscheiden.
2. In der bisherigen Nationalismusforschung wurden – zumindest implizite – Wirkungsvermutungen benutzt. Aus der Existenz und Größe nationaler Vereine, Sammlungen oder Propaganda ist auf deren soziale Effizienz geschlossen worden, ohne daß die Dissemination nationaler Parolen bis hin zur ihrer – um mit Ulrich Beck[1] zu sprechen – Verkrümelung in der Gesellschaft untersucht wurde, ohne daß der Einfluß der formellen und informellen Macht von Institutionen oder die Wirksamkeit nationaler Parolen als stilbildende Faktoren zureichend untersucht worden wären.

Dennoch erscheint mir die Nationalismusforschung ein geeignetes Terrain zu sein, um sozial- und kulturgeschichtliche Ansätze zu verbinden. Ich würde mir dabei die These von Catherine Hall[2] und anderen zu eigen machen, die unter dem Stichwort Gender und Nationalismus vermerken, daß die Sozialgeschichte an die Notwendigkeit erinnert, den Sprecher und die Zuhörerschaft spezifischer Diskurse sozial zu verorten, während die Kulturgeschichte darauf verweist, daß die benutzten Dokumente und Diskurse ideologisch und rhetorisch konstruiert und vermittelt seien.

Trotz dieser notwendigen Verbindung weist die aktuelle politische Situation der kulturgeschichtlichen Erforschung des Nationalismus eine zentrale Funktion zu. Es geht nämlich darum zu verstehen und zu erklären, weshalb der Nationalismus bis heute eine derartige prägende Kraft behalten hat, obwohl er immer wieder zu Kriegen, Bürgerkriegen und negativen Folgen für die einzelnen führte und führt.

Unter Nationalismus wird dabei jene Ideologie verstanden, die nicht nur die Entstehung der Nationalstaaten begleitet und verlangt, sondern die auch innerhalb bestehender Nationalstaaten dem Nationalen die höchste Priorität einräumt. Unter diesen Prämissen müßten nach meiner Meinung im Mittelpunkt von Forschung zum Nationalismus nicht nur die Verbindung nationaler Vorstellungen mit anderen zentralen Ideologemen und Normensystemen einer Gesellschaft stehen, sondern auch ihre Agglomeration mit gesellschaftlichen und politischen Praktiken. Diese Analyse der Wirkungsmechanismen kann zugespitzt werden, wenn man Margret Somers Überlegungen aufnimmt, nach denen Menschen deshalb auf eine bestimmte Art und Weise handeln, weil sie von Projektionen, Erwartungen und Erinnerungen geleitet werden, die aus einem endlichen Repertoire zugänglicher sozialer, öffentlicher und kultureller „narratives" stammen. Der Nationalismus würde als public narratives zu verstehen sein, die überindividuellen Charakter tragen.

Eine wichtige Frage wäre mithin, mit welchen narratives sich der Nationalismus verband. Dabei wäre zunächst auf die Kombination mit Geschlechterrollen einzugehen und zu fragen, welches Geschlecht die jeweilige Nation erhielt und ob die Nation als ein geschlechtsspezifischer Raum wahrgenommen wird, in dem Konstruktionen der Männlichkeit dominieren. Daneben wäre aber auch die Verbindung mit religiösen Bildern und Metaphern einzubeziehen und zu untersuchen, ob die Nation als eine sakrale Größe wahrgenommen wurde, ob sakrale Symbole bei der Charakterisierung der Nation verbreitet waren und wie sich die wichtigen Konfessionen in ihrer Symbolsprache auf die Nation bezogen. Schließlich wären natürlich auch die Feindbilder und ihre durch Völkerstereotype geprägten Vorstellungen unter den narratives zu berücksichtigen.

Neben den Erzählstrukturen und -inhalten wären zumindest gleichgewichtige Praktiken zu berücksichtigen, die die Wirksamkeit des Nationalen erklären können. Wehr- und Militärdienst würden darunter ebenso zu nennen sein wie Tourismus, Gastronomie und die Sozialpolitik, die durch die Verteilung von Berechtigung gesellschaftliche Trennungslinien verstärkt oder abschwächt.

Fragt man nach erfolgversprechenden Paradigmen, so lassen sich in der gegenwärtigen Diskussion und für den diskutierten Problemzusammenhang drei ausmachen. Einmal das Konzept der „invention of tradition" (E. J. Hobsbawm/T. Ranger), das auf die Bedeutung der Rekurse und der permanenten Neubelebung von Tradition mit dem Ziel der Herrschaftslegitimation ausgerichtet ist.[3] Hobsbawm sind dabei nicht so sehr die Ideologeme wichtig, die aus der Vergangenheit in die aktuellen Diskussionen transferiert werden, sondern vor allem die Rituale, in denen das Vergangene immer wieder verbreitet und präsentiert wird. Die Gründungsmythen einzelner Nationen, ihre Ahnengalerie, die jetzt für verschiedene europäische Gesellschaften untersuchten „Gedächtnisorte" finden hier ihren Platz. Dabei müßte stärker als bisher auf die Konstruktion von Gegentraditionen bzw. auf die kritische Auseinandersetzung mit Traditionen abgehoben und gefragt werden, ob diese damit die Aura des Traditionalen zerstörten oder seine Verbreitung förderten.

Mit dem Begriff der imagined community, den Benedikt Anderson geprägt hat,[4] wird nicht nur auf die Konstruktion der Nation selbst abgezielt, sondern auch die Frage nach den Konstrukteuren von nationalen Vorstellungen gestellt. Die Rolle der staatlichen Identitätsbildungspolitik, einzelner Meisterdenker oder gesellschaftlicher Gruppen steht hier ebenso zur Diskussion wie der Inhalt der „community", die als geschichtsmächtige Größe vorgestellt wurde. War in Deutschland vor 1870 die Region eine Etappe auf dem Weg zur Nationalstaatsbildung oder ein Bestandteil desselben, so wurde sie von den siegreichen Republikanern in Frankreich als deren Gegensatz wahrgenommen. Wie schließlich auch die Gemeinde selbst als Heimat zwischen dem einzelnen und der Nation vermitteln half, ist dargestellt worden. Dabei hat sich die Aussagekraft von autobiographischen Zeugnissen bewiesen, an denen sich für die sich darin äußernden Gruppen und Schichten diskutieren läßt, welche territoriale Identitäten in ihrer Rekonstruktion ihres Lebens vorherrschten.

Schließlich läßt sich aber auch fragen, was der zumindest von einigen als Meisterdenker der gegenwärtigen kulturgeschichtlichen Wende deklarierte Pierre Bourdieu[5] für die Nationalismusforschung bringt. Mit ihm könnte die Nation als Teil des öffentlichen Raumes wahrgenommen werden, in dem gesellschaftliche Positionskämpfe stattfinden, als eine Strategie der gesellschaftlichen Differenzierung, über die „Feine Unterschiede" herausgearbeitet werden können, als Teil einer in binären Begriffen sich vollziehenden Selbst- und Fremdwahrnehmung. Wie sich das jeweils Nationale als Teil des Habitus durchsetzt und verbreitet, ließe sich in Anlehnung an Bourdieu auch fragen. Dabei zeigen sich alle Vorteile der relationellen Bestimmung von gesellschaftlichen Positionen und Prozessen. Ob allerdings mit Bourdieu auch die Verbreitung von nationalen Vorstellungen und Zielen in den gesellschaftlichen Unterschichten erfaßt werden kann, erscheint dann zweifelhaft, wenn man seine eher essentialistischen Bestimmungen der Oberschichten- und

Unterschichtenkultur betrachtet. Dabei reproduziert er selbst, der sich doch so vehement gegen die essentialistische Festlegung von gesellschaftlichen Feldern wendet, das Resultat einer Entwicklung.

Nach alledem bieten die vorliegenden Theorien und Ansätze keinen Königsweg für die Erforschung des Nationalismus, aber doch immer wieder nützliche Ansatzpunkte, die nunmehr in empirischen Forschungen auf ihre Validität zu befragen sind.

Anmerkungen

1   Ulrich Beck, Die Risikogesellschaft, Frankfurt a. M. 1996.
2   Catherine Hall, White, Male and Middle Class: Explorations in Feminism and History, Cambridge 1992.
3   Eric. J. Hobsbawm/Terence Ranger (Hg.), The Invention of Tradition, Cambridge 1982.
4   Benedict Anderson, Die Erfindung der Nation, Frankfurt a. M./New York 1988.
5   Pierre Bourdieu, Sozialer Raum und „Klassen", Frankfurt a. M. 1982.

Gertrud Kerschbaumer

Täteranteile und Opfermythen in den Lebensgeschichten ehemaliger Kriegsgefangener der GUPVI

Das sowjetische Lagersystem der GUPVI[1] hat in den Lebensgeschichten der ehemaligen Kriegsgefangenen seine Spuren hinterlassen. „Für den Normalbürger", so Wolfgang Benz, „war das Erlebnis der Kriegsgefangenschaft die tiefste und in den meisten Fällen wohl auch die einzige emotional besitzergreifende Berührung mit Politik und ihrer Konsequenz."[2] Das Bewußtsein um die „verlorenen Jahre", der eigene Opferstatus steht in den lebensgeschichtlichen Erzählungen ehemaliger Kriegsgefangener im Vordergrund. Nur selten kommt es zu Reflexionen über die eigenen Täteranteile während des Krieges gegen die Sowjetunion, als die Kriegsgefangenen noch die „Kriegshelden" des Dritten Reiches waren. [3]

Zur Täterrolle ehemaliger Kriegsgefangener

Kriegsverbrechen werden nicht nur von ehemaligen Angehörigen der Deutschen Wehrmacht verschwiegen. Die Tabuisierung solcher völkerrechtlicher Verstöße ist auch nach dem Krieg im ehemaligen Jugoslawien wieder zu bemerken. Beim deutschen Vernichtungskrieg im Osten jedoch wurde durch „Ausblendungsvorkehrungen" der Armeeorganisation und moralische Scheinautarkie der kleinen Solidargemeinschaften an der Front[4] ein verschleierndes Selbstverständnis der „sauberen Wehrmacht" gefördert und die Tabuisierung dadurch weiter verstärkt. Zwar konstatiert Gabriele Rosenthal bei den Tätern im Gegensatz zu den Opfern des Zweiten Weltkriegs in ihren Erzählungen zum Krieg „epische, dichte Erzählketten", die sich aber kaum auf selbst verübte oder von anderen Truppenangehörigen begangene Verbrechen beziehen, sondern eine Form des „beredten Schweigens" zu dieser Thematik darstellen.[5]

Mein Interesse gilt nun weniger den Kriegserzählungen allgemein, sondern den Bedingungen, unter denen über Kriegsverbrechen gesprochen wird. Sprechen über

Kriegsgreuel wird möglich, wenn ein Vertrauensverhältnis zum Forscher aufgebaut werden kann und nicht mit einer Vorverurteilung gerechnet werden muß. Menschen, die über Kriegsverbrechen berichten, stellen sich meist in ihrem Selbstverständnis in bewußten Gegensatz zum Typus des Kriegshelden. Sie haben schon sehr früh (bereits während des Krieges oder während der Kriegsgefangenschaft) einen Bruch mit der NS-Ideologie vollzogen. Sie gehörten fast ausnahmslos niederen Rängen an und entwickelten Mitleid mit den Opfergruppen des NS-Systems. Erzählungen über Erschießungen von Kriegsgefangenen, Verbrechen gegen die Zivilbevölkerung oder die Vernichtung von Juden entstehen oft im Zusammenhang mit dem Thema antifaschistische Umerziehung in den sowjetischen Kriegsgefangenenlagern. Angehörige potentieller Tätergruppen (SS, Waffen-SS, SD, Gestapo) sprechen auf Grund ihrer Indoktrinierung als verschworene Kampfgemeinschaft kaum über Kriegsverbrechen.

Im folgenden möchte ich anhand einer Fallanalyse die Möglichkeit zum Tabubruch in bezug auf das Thema Kriegsverbrechen aufzeigen, allerdings können auf Grund des beschränkten Platzes nur wenige Analyseschritte explizit gemacht werden.

Der Tabubruch und seine biographischen Bedingungen – Alfons R.

Alfons R. wurde 1918 in Osttirol als eines von sieben Kindern im kleinbäuerlichen Milieu geboren. Er besuchte die Volksschule und hat weiters keine Schulbildung aufzuweisen. Als Berufsausbildung gibt er Kraftfahrer an. Er wurde 1938 zum Reichsarbeitsdienst eingezogen, wo er schwer erkrankte. 1939 wurde er nach Kufstein einberufen, aber auf Grund einer Fußverletzung zurückgestellt. 1940 erfolgte eine neuerliche Einberufung, von Salzburg wurde er nach Frankreich zur Transportabteilung als Kraftfahrer abkommandiert. Ab 1941 wurde er im Rußlandfeldzug als Kraftfahrer eingesetzt, später als Sturmpionier. Im August oder September 1944 erfolgte seine Gefangennahme, als er beim Rückzug von feindlichen Truppen überrollt wurde und sich bei einem Bauern versteckte. Nach zweieinhalbjähriger Kriegsgefangenschaft in verschiedenen Lagern der Sowjetunion war er in weiterer Folge als Kraftfahrer tätig.

Auf meine Frage, ob er während des Rußlandfeldzuges Zeuge von Erschießungen sowjetischer Kriegsgefangener geworden sei, erzählt Alfons R. Folgendes:

„Nein, von den Gefangenen nicht, mehr bei den Zivilen im Vormarsch. Da haben wir einige einmal müssen [...][der Erzähler bricht hier ab] Da haben wir müssen durch die

Kolonnen – da hab ich so einen Wagen gehabt mit einer Plane drauf und da ist – wie haben die geheißen – Zivilpolizei mitgefahren. Die hab ich müssen auf so einen Hügel hinaufführen – ich kann den Ort nimmer so genau sagen. Da war ein großes Warengeschäft mit Maschinen drinnen. Da waren viele drinnen – wie viele weiß ich nicht. Dann haben sie die aufgestellt und hineingeschossen. Was die angestellt haben, weiß ich nicht – was Politisches wahrscheinlich. " Nach einem weiteren Bericht über Greueltaten gegenüber der Zivilbevölkerung schließt Alfons R. mit den Worten: *„Und solche Sachen hat man dann gesehen – haben wir müssen anschauen."*

Wenn Alfons R. am Beginn seiner Schilderung plötzlich ins Stocken gerät, läßt das die Interpretation zu, daß er selbst an solchen Erschießungen beteiligt war. Er vollendet aber den Satz nicht und entwickelt dann eine Geschichte, in der er selbst nicht der Akteur ist, die eigene Involviertheit wird hier typischerweise nur angedeutet. Als Fahrer der „Zivilpolizei" (dabei kann es sich um SD oder Gestapo handeln) wird er Zeuge der Verbrechen gegenüber der Zivilbevölkerung. Alfons R. schließt mit der Klage darüber, daß er sich solche Verbrechen anschauen mußte. Die bis heute belastenden Eindrücke waren es wohl, die ihn dazu gebracht haben, das Tabu um den Vernichtungskrieg zu durchbrechen. Sein distanziertes Verhältnis zum Krieg und zum NS-Staat läßt sich aus seiner Biographie erschließen. In seiner lebensgeschichtlichen Erzählung wird deutlich, daß ein Bruch mit der NS-Ideologie bereits beim RAD erfolgte, als Alfons R. trotz einer schweren Krankheit weiterarbeiten mußte. Dies wird auch als lange elaborierte Geschichte verarbeitet, was die Bedeutung dieses Ereignisses unterstreicht. In weiterer Folge stilisiert sich Alfons R. selbst zum „Antihelden" und grenzt sich von den Heldenmythenerzählern ab, wenn er sagt: *„ Ich hab das nie mögen – so vom Krieg erzählen. Einige haben das so gemacht – da erzählen sie – wieviel sie Russen erschossen haben – ich hab das nie mögen erzählen, was im Krieg ist passiert. Weil glauben tuns einem sowieso nichts. "*

Insgesamt thematisiert Alfons R. drei Geschichten zum Thema Kriegsverbrechen und Täterschaft im Krieg gegen die Sowjetunion. Auf die Frage, ob er das Überlaufen von Soldaten auf die sowjetische Seite bemerkt habe, sagt Alfons R. Folgendes:

„Ich hab keinen [Deserteure] gesehen. Es könnte sein, ich kann da nichts sagen. Vielleicht hab ich es übersehen, daß einer weniger wird. Gefallene hab ich gesehen – dabei sind weniger geworden. Und im Vormarsch – tote Russen hat es auch genug gegeben, ganze Felder. Mir hat man dann immer gesagt, – ja, das hat die SS gemacht. Die SS hat denen aufgelauert und das wird auch so sein, und hat sie einfach abgemäht. Auch Frauenkompanien, ganze Felder sind da gelegen. Wenn man im Fernsehen oft sieht diese ganz alten Filme von den Kaisern – wo sie raufen und nacheinander niederfliegen – so hat das ausgeschaut. Aber man ist alles gewohnt geworden. "

Dieser Bericht von R. über das Kriegsgrauen (wobei unklar bleibt, ob es sich bei den Toten um sowjetische Soldaten oder Zivilisten handelte) rekurriert auf den Mythos der sauberen Wehrmacht. Schon während des Krieges war es anscheinend üblich, die SS für alle Kriegsverbrechen verantwortlich zu machen und somit die Wehrmacht freizusprechen. Erstaunlich bei den Ausführungen von Alfons R. ist, daß er intertextuell keinerlei der sonst üblichen Rechtfertigungsschemata („Die haben auch Verbrechen begangen") verwendet.

Zur Opferrolle ehemaliger Kriegsgefangener

Mit der Gefangennahme vollzog sich für die ehemaligen Soldaten der Deutschen Wehrmacht der Wechsel vom Kriegshelden zum Kriegsgefangenen. Äußerlich war dies gekennzeichnet durch den Verlust der Orden und Distinktionen, der Uniform oder durch das Scheren der Haare am ganzen Körper, was als besonders degradierend empfunden wurde. Mit diesen äußerlichen Veränderungen vollzog sich auch die innere Wandlung vom Helden zum Gefangenen. Es kam zu seelischen Krisen, ausgelöst durch den Verlust der NS-Ideologie oder die Konfrontation mit den eigenen Verbrechen durch die antifaschistischen sowjetischen Lageraktivitäten. Die Kriegsgefangenen befanden sich in einer Extremsituation, gekennzeichnet durch Hunger, harte Arbeit, Krankheit und Tod. Diese zentralen Erfahrungen wurden in den lebensgeschichtlichen Erzählungen in lange elaborierte Geschichten verpackt. Zahlreich erschienene biographische Literatur über die Kriegsgefangenschaftserfahrung in der ehemaligen Sowjetunion ist auch unter dem Aspekt der Aufarbeitung dieser belastenden Erfahrung zu sehen.

Die Selbststilisierung zu Opfern ist diesen Texten inhärent, da sie den Vernichtungskrieg konsequent ausblenden. Der Bereich der antifaschistischen Umerziehung im Lager bleibt weitgehend tabuisiert. Geht man davon aus, daß es die Funktion von Tabus ist, potentiell Schmerzhaftes zuzudecken,[6] so muß auch nach der schmerzhaften Erfahrung der ehemaligen Kriegsgefangenen mit der Antifa gefragt werden. Dazu gehören:[7]

- ideologische Auseinandersetzungen
- Infragestellung der eigenen Ideologie
- opportunistisches Verhalten, um nicht zu verhungern
- Konfrontation mit dem Vernichtungskrieg durch die Aufklärungsarbeit der Antifa
- Traumatisierung durch Spitzeltätigkeit

Im Gegensatz dazu ist der schwierige Prozeß der Reintegration in das Zivilleben schwer erzählbar. Er wird als persönliche Erfahrung begriffen, während Kriegsgefangenschaft als kollektives Schicksal erzählbar wird. Schwierigkeiten im psychischen oder physischen Bereich (wie Folgen der Dystrophie, TBC, Traumatisierungen, Schlafstörungen, Kontaktschwierigkeiten etc.) traten häufig auf. Der österreichische Staat bot keine wie immer gearteten psychischen Reintegrationsprogramme.

Die Täter-Opferbiographie Josef G.

Josef G., Jahrgang 27, absolvierte eine Lehre bei der Reichspost und wurde 1943 zum RAD eingezogen. 1944 kam er 17jährig zur Waffen-SS und geriet zu Kriegsende in der Tschechoslowakei in sowjetische Gefangenschaft. Dort kam er in ein Schachtlager bei Stalinogorsk. Als er einen Fluchtversuch wagte und dieser mißlang, wurde dies von der sowjetischen Lagerleitung wie üblich mit einer Prügelstrafe geahndet, die dem nunmehr 18jährigen beinahe das Leben kostete. Er überlebte mit einem schweren Schädel-Hirn-Trauma, das eine lebenslange Epilepsie nach sich zog. Als er im November 1950 nach fünfjähriger Gefangenschaft nach Hause kam, trat er seinen Dienst bei der Post wieder an. Erst als er wegen seines sich ständig verschlechternden Gesundheitszustandes in Frühpension ging, wandte er sich an das Invalidenamt und bezog eine finanzielle Unterstützung. In den siebziger Jahren war seine Krankheit besonders schlimm. Durch zahlreiche Stürze während der epileptischen Anfälle entstanden immer neue Verletzungen, die seine Krankheit mehr und mehr verschlimmerten.

Bei der Analyse seiner biographischen Daten fällt auf, daß Josef G. seine Krankheit, so gut es ging, verheimlicht hatte – sowohl im privaten wie im öffentlichen Bereich. Bei der Kontrastierung von erlebter und erzählter Lebensgeschichte wird das gleiche Muster sichtbar: Josef G. thematisierte beim ersten Gespräch den Fluchtversuch zwar kurz, stellt aber seine Epilepsie erst beim zweiten Gespräch in ursächlichen Zusammenhang damit. Auch in der erzählten Lebensgeschichte berichtete er lange nichts von seiner Krankheit. Statt dessen spricht er ausführlich über seinen „schweren Leidensweg" durch die verschiedensten Lager. Kollektiver Opfermythos Kriegsgefangenschaft ist auch für ihn leichter erzählbar als seine individuelle Opfergeschichte. Seine Zeit bei der Waffen-SS, das Jahr als potentieller Täter, wird in der erzählten Lebensgeschichte kaum artikuliert. Er beschränkt sich auf die Ortsangaben und Aussagen über die Waffengattung.

Mich interessiert nun die Auswirkungen dieser Vermischung von Täter- und Opferbiographie auf das politische Bewußtsein der Täter/Opfer bis heute. Bei der Feinanalyse einzelner Textstellen stieß ich auf folgenden Dialog:

Interviewerin: *„Wie ging es Ihnen bei der Rückkehr in das demokratische Österreich?"*
Josef G.: *„Das ist eine schwere Frage. Also den Einstieg in die Demokratie habe ich mir ganz anders vorgestellt. Eben, daß sie einmal auf diese Leute, die unseren Staat aufgebaut haben, auch denken dran. Ich meine, ganz egal. Weil, wie wir nach Hause gekommen sind, hat keiner gesagt, du, was hast du für Verletzungen? Was hast du für Krankheiten, oder alles das, dies und jenes. Die waren nur anscheinend froh, daß wir da sind, unseren Staat aufbauen können, aber auf gesundheitsmäßig oder irgendwas hat da keiner geschaut. Und die Parteien natürlich auch unter anderem. Die waren interessiert – aber das Interesse, daß der Mensch, als Mensch [angesehen wird]- [so] habe ich mich nicht gefühlt. Ich gehöre keiner Partei an und ich werde auch nie wieder einer Partei beitreten. Ich hasse eine Parteipolitik. "*

Josef G. drückt am Beginn sein Unbehagen darüber aus, als ehemaliger Soldat vom österreichischen Staat mit seinen gesundheitlichen Problemen nicht wahrgenommen worden zu sein. Er fühlt sich als „Wiederaufbauer" vom österreichischen Staat ebenso mißbraucht wie von den österreichischen Parteien, von denen er sich auch nicht als „Mensch" wahrgenommen fühlt. Der Topos „sich nie wieder von einer Partei vereinnahmen lassen" steht für die Politikverdrossenheit der ehemaligen Kriegsteilnehmer. Im scheinbaren Gegensatz dazu erscheint das Bemühen der Parteien um das Wählerpotential „Heimkehrer" bis heute.

Aus der verengten Perspektive seiner eigenen Biographie heraus entwickelt Josef G. besondere Aggressionen gegenüber den eigentlichen (weil ausschließlichen) Opfern des NS-Systems. Beim zweiten Gesprächstermin rekurriert er mehrmals auf die „österreichischen Nationalfonds für Opfer des Nationalsozialismus".

Josef G.: *„Also, für die haben sie ein Geld übrig, aber für uns haben sie kein Geld übrig. Ich meine, ich bin kein Judenhasser, aber die sollten doch an uns auch einmal denken, weil wir haben ja auch unseren Staat aufbauen geholfen und alles. Weil wer hat denn den Staat aufgebaut? Alle, die was beim Militär waren, die was Landser waren – die Juden nicht. Oder die, wie sie immer so gut sagen, die Freiheitskämpfer und KZler. Ja aber weiß heute überhaupt jemand, der im KZ war, warum das so war? Weil es sind ja doch viele gewesen, sagen wir, die was nicht politisch im KZ waren, ich meine Hut ab vor jedem, der was ins KZ hat müssen, traurig aber wahr, aber ich meine, der was politisch oder aus irgendwelchen Gründen hat schon müssen, aber nicht einen, der was was verbrochen hat! Das sehe ich nicht ein! Und die was heute mit dem Opferausweis gehen groß. "*

Gerade diese Argumentationslinie erschwert es uns Nachgeborenen, ein Mitgefühl für ehemalige Wehrmachtssoldaten zu empfinden. Ähnlich wie Josef G. argumentieren auch viele Leserbriefschreiber und Stammtischrunden. Die Aggression der Kriegsgeneration gegenüber der Schuldverarbeitung und Vergangenheitsbewältigung ist evident, doch sollten die Ursachen durchaus zu einem Forschungsgegenstand werden, um über das Verstehen Wege zu finden, die eine gemeinsame, für unsere Demokratie so notwendige Schuldverarbeitung zulassen.

Anmerkungen

1 Glavnoe upravlenie po delam voennoplennych i internirovannych = Hauptverwaltung für Angelegenheiten von Kriegsgefangenen und Internierten. Vgl. dazu: Karner, Stefan: Im Archipel GUPVI. Kriegsgefangenschaft und Internierung in der Sowjetunion 1941-1956. Wiss. Veröffentlichung des Ludwig Boltzmann-Instituts für Kriegsfolgen-Forschung, Graz-Wien, Bd.1. Wien-München 1995.

2 Deutsche Kriegsgefangene im Zweiten Weltkrieg. Erinnerungen. Benz, W./Schardt, A. (Hg.), Frankfurt am Main 1995, S. 33.

3 Die folgenden Ausführungen stützen sich auf erste Ergebnisse meiner Dissertation mit dem Titel: „Was blieb vom Heldentum? – Politische und soziale Aspekte von Kriegs- und Kriegsgefangenschaftserfahrung" und dem Forschungsprojekt „Österreichische Kriegsgefangene und Internierte in der Sowjetunion – Probleme der Reintegration", das am Ludwig Boltzmann-Institut für Kriegsfolgen-Forschung unter der Leitung von Prof. Karner zusammen mit Mag. Hornung durchgeführt wird. Im Zuge dieser Forschungen habe ich rund 80 lebensgeschichtliche Interviews mit ehemaligen Kriegsteilnehmern (solchen, die in sowjetischer Kriegsgefangenschaft gewesen waren) geführt. Sie sind Quellenbasis für die folgenden Thesen.

4 Schütze, Fritz: Kollektive Verlaufskurve oder kollektiver Wandlungsprozeß. Dimensionen des Vergleichs von Kriegserfahrungen amerikanischer und deutscher Soldaten im Zweiten Weltkrieg, in: BIOS. Zeitschrift für Biographieforschung und Oral History, Heft 1 1989, S. 69. Zum Thema allgemein: Hornung, Ela: Trümmermänner. Zum Schweigen österreichischer Soldaten der Deutschen Wehrmacht, in: Kos, W./Rigele, G.(Hg.), Inventur 45/55. Wien 1996 S. 232-251.

5 Rosenthal, Gabriele: Vom Krieg erzählen, von den Verbrechen schweigen, in: Heer, H./Naumann, K. (Hg.): Vernichtungskrieg. Verbrechen der Wehrmacht 1941 bis 1944. Hamburg 1995, S. 651-664.

6 Pelinka, Anton: Tabus in der Politik. Zur politischen Funktion von Tabuisierung und Enttabuisierung, in: Bettelheim, P./Streibel, R. (Hg.): Tabu und Geschichte. Zur Kultur des kollektiven Erinnerns. Wien 1994, S. 22.

7 Kerschbaumer, Gertrud: Die Antifa in der Erinnerung österreichischer Kriegsgefangener, in: DÖW-Jahrbuch 1996, S. 162-180.

Barbara Stelzl

Kriegsgefangene als Opfer der NS-Rassenideologie

In einer Studie zum Thema „Wieviel Erinnerung kann sich eine Gesellschaft erlauben?" stellt Zygmunt Baumann die Frage, ob unser Jahrhundert als „Zeitalter
der Lager" in die Geschichte eingehen werde.[1] Allein im nationalsozialistischen
Deutschland gab es sechzehn unterschiedliche Kategorien von Lagern, und Gudrun Schwarz spricht in der Nachfolge Kaminskis zu Recht von einer „Lagerisierung
des gesamten Lebens".[2] Eine dieser Kategorien bildete der expandierende „Archipel" von Kriegsgefangenenlagern, zu dem neben den Dulags (Durchgangslager),
Heilags (Heimkehrerlager), Ilags (Internierungslager) und wenigen luftwaffe- und
marineeigenen Lagern (Stalag bzw. Oflag Luft und Marlag) in den siebzehn Wehr-
kreisen insgesamt 47 Oflags (Kriegsgefangenen-Offizierslager) und 80 Stalags (Kriegs-
gefangenen-Mannschafts-Stammlager) gehörten.[3]

Das Spezifikum der Kriegsgefangenschaft im „Dritten Reich" – ein Vergleich
von Lagern in totalitären Systemen macht dies besonders augenscheinlich – bestand in der von ideologisch-rassischen Motiven geprägten unterschiedlichen Behandlung der einzelnen Nationalitäten. Je nach Rang in der Gefangenenhierarchie
war das Leben dieser Gruppen von Privilegien beziehungsweise Benachteiligun-
gen seitens der deutschen Gewahrsamsmacht bestimmt. Selbst innerhalb multina-
tionaler Lager, wie etwa den in der „Ostmark" gelegenen Stalags XVII A Kaiser-
steinbruch oder XVII B Krems-Gneixendorf, kamen die Auswirkungen der NS-
Rassenideologie voll zum Tragen. Die Erkenntnis, daß die Gefangenengesellschaft
keine egalitäre Opfergesellschaft mit annähernd gleichen Überlebenschancen für
alle war, bringt die plakative Gegenüberstellung von „kriegsgefangenen Opfern
und deutschen Tätern" ins Wanken. Im Rahmen dieses Beitrags soll deswegen
eine kurze Darstellung des Themas „Kriegsgefangene als Opfer der NS-Rassenideologie" unter besonderer Berücksichtigung der Gefangenenhierarchie erfolgen.

An der Spitze der Gefangenenhierarchie standen im „Dritten Reich" – die Lager in der „Ostmark" bildeten hier keine Ausnahme – die Briten, später mit ihnen
zusammen auch die Amerikaner.[4] Dies hing damit zusammen, daß Hitler Großbritannien lange Zeit als den eigentlich „naturgegebenen" Verbündeten Deutschlands ansah, und daß sich größere Kontingente an deutschen Kriegsgefangenen in

englischer und amerikanischer Hand befanden. Eine schlechtere Behandlung dieser beiden Nationalitäten in deutschem Gewahrsam, so fürchtete man, hätte zu Repressalien gegenüber den deutschen Kriegsgefangenen führen können.[5] Selbst nach der Übernahme des Kriegsgefangenenwesens durch die SS am 25. September änderte sich unter SS-Obergruppenführer Gottlob Berger die Behandlung der Briten und Amerikaner kaum. Juden wurden trotz ihres Status als „Volksfeind" keiner anderen Behandlung unterzogen als ihre nicht-jüdischen Landsleute.[6] Auch wenn die amerikanischen Kriegsgefangenen ihre Lebensbedingungen im Lager subjektiv als katastrophal empfanden,[7] erregte ihre durch die nationale Kategorisierung entstandene Sonderstellung sogar unter dem deutschen Lager- und Wachpersonal Mißgunst. Bemerkungen eines ehemaligen Wachsoldaten in Krems-Gneixendorf wie: „Auf die Amerikaner hatten wir alle eine Wut, alle Landser. [...] Die hatten Schokolade, Patschen, die haben alles gehabt", oder: „Am meisten Scherereien hatten wir mit den Amerikanern, die anders behandelt wurden. [...] Die waren von oben herab. Sagten 'Ich bin Amerikaner'",[8] zeigen die ambivalenten Gefühle gegenüber der materiellen Besserstellung von amerikanischen Kriegsgefangenen.

Zu den relativ privilegierten Kriegsgefangenen gehörten weiters Franzosen und Belgier, deren Heimatländer von deutschen Truppen besetzt waren. Unteroffiziere dieser beiden Nationalitäten wurden jedoch 1942 zum Arbeitseinsatz gezwungen, was nach der Genfer Konvention[9] eigentlich nur auf freiwilliger Basis hätte erfolgen können.[10] Die Franzosen erhielten auch gewisse Vergünstigungen, da sie zur Kollaboration im Sinne Pétains gewonnen werden sollten.[11] Eine eigene Kategorie infolge der NS-Rassenideologie bildeten Griechen und Serben. Für diese Gefangenen galten etwa Einschränkungen im Paketempfang, für Serben gab es keine Interessensvertretung durch eine Schutzmacht. An unterster Stelle standen, noch vor dem Überfall auf die Sowjetunion, die Polen. Nach Auffassung des Berliner Auswärtigen Amtes hatte Polen mit der Niederwerfung als Völkerrechtssubjekt zu bestehen aufgehört. Insofern mußten nur die Teile der Genfer Konvention beachtet werden, die nicht die Existenz eines Staates voraussetzten, was in Konsequenz zum Abbau der wichtigsten Rechte führte.[12] Gegen die Bestimmungen der Genfer Konvention[13] waren polnische Kriegsgefangene etwa in Rüstungsbetrieben und in Frontgebieten beschäftigt. Mehr als 200.000 Polen wurden ihres Status als Kriegsgefangene beraubt und als Zwangsarbeiter eingesetzt.[14]

Ein polnischer Kriegsgefangener vor den Wohnbaracken im Stalag XVII B.
Quelle: Zentrales Kriegsgefangenenmuseum in Lambinowice-Opole, Polen.

Unter außergewöhnlich harten Lebensbedingungen hatten die italienischen Militärinternierten (IMI) zu leiden, die nach dem von Marschall Pietro Badoglio am 8. September 1943 erklärten Waffenstillstand mit den Alliierten in deutsche Hand geraten waren. Obwohl sich die etwa 600.000 IMI de facto in Kriegsgefangenschaft befanden, wurde ihnen de jure der Status von Internierten zugesprochen. Nach deutscher Interpretation besaß die Genfer Konvention keine Gültigkeit, so daß den italienischen Militärinternierten jegliche Kontrolle seitens des IKRK oder einer Schutzmacht versagt blieb. Für die deutsche Wirtschaft stellten die Italiener ein beträchtliches Arbeitskräftepotential dar, deren Versorgung zudem noch auf einem Minimum gehalten werden konnte.[15]

Die sowjetischen Kriegsgefangenen waren jene Opfergruppe, die am meisten unter der NS-Rassenideologie zu leiden hatten. Für ihre Behandlung galten eigene Richtlinien, die zugleich die Grundlage des beispiellosen rassenideologischen Vernichtungs- und Ausbeutungskrieges bildeten: gerichtet gegen den Bolschewismus als Ideologie und die Völker der Sowjetunion als vermeintliche „Untermenschen". Besonders augenscheinlich wird der gezielte Vernichtungswille gegenüber den sowjetischen Kriegsgefangenen an Hand einer Reihe zwischen Mai und Juli 1941 entstandener Erlässe, die Christian Streit unter dem Sammelbegriff „verbrecherische Befehle" zusammenfaßte.[16] Tragende Rollen kamen hierbei nicht nur Polizei und SS, sondern auch der Wehrmacht zu, deren Funktion von der logistischen und versorgungsmäßigen Unterstützung der Mordkommandos der SS-Einsatzgruppen bis hin zu eigenverantwortlicher massenmörderischer Behandlung von sowjetischen Kriegsgefangenen reichte. Als vorgeschobene Begründung wurde die Tatsache angegeben, daß die Sowjetunion nicht Signatar der Genfer Konvention sei und nicht zu erkennen gegeben habe, ob sie sich an die Haager Landkriegsordnung von 1907 gebunden fühle. Die NS-Führung konnte deshalb darauf vertrauen, daß das Argument des rechtsfreien Raums bezüglich der Behandlung von sowjetischen Kriegsgefangenen von den Wehrmachtssoldaten akzeptiert werden würde.[17]

Somit wurden für die sowjetischen Kriegsgefangenen auch die Stalags in der „Ostmark" zu „Todeslagern", wo sie nicht nur Opfer von Hunger und Krankheit sondern auch der Mißhandlung seitens des Wachpersonals waren. Hinzu kamen Erschießungen jüdischer Rotarmisten.[18] Laut Berichten ehemaliger sowjetischer Kriegsgefangener waren die Bedingungen im Stalag XVII A selbst im Jahre 1943 noch katastrophal: „Es war ein echtes 'Lager des Todes', das auf die Vernichtung der Gefangenen ausgerichtet war. Sämtliche Lagerordnungen entsprachen diesem Ziel: die unzureichende Nahrung, die kräftezehrenden Arbeiten, die furchtbaren Lebensbedingungen sowie die grausame Behandlung der Gefangenen seitens des Lagerpersonals."[19] Trotz der völlig ungleichen Lebensbedingungen wird verhältnismäßig selten von einer mangelnden Hilfeleistung der Kriegsgefangenen anderer Nationalität gesprochen, wie sie in einem Bericht aus dem Jahre 1946 zum Ausdruck kommt: „Während die Jugoslawen sich stets freundschaftlich gegenüber den Russen verhielten und häufig mit uns Zigaretten und Lebensmittel, die sie in Paketen erhalten hatten, teilten, blickten die Engländer mit völliger Gleichgültigkeit auf uns herab und teilten niemals etwas mit uns. [...] Die Engländer hatten Zigaretten, doch wenn die Russen sie um ihre Zigarettenstummel baten, drehten sich die Engländer gleichgültig um und zerdrückten die Stummel auf der Erde. [...] Brot gaben die Engländer nur für eine Arbeit, die die Russen für sie machten."[20]

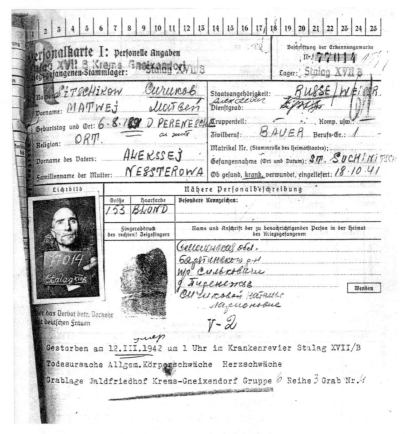

„Allgemeine Körperschwäche" war die häufigste Todesursache unter den sowjetischen Kriegsgefangenen in Krems-Gneixendorf.
Quelle: Zentralarchiv des Verteidigungsministeriums der Russischen Föderation, Podol'sk (CAMO).

Im Rahmen der breit angelegten Lagerhierarchie gab es aber auch differenzierte Kategorien bei Gefangenen aus demselben Herkunftsland. So widerfuhr bei den belgischen Kriegsgefangenen aus politischen Gründen den Flamen eine bessere Behandlung als den Wallonen.[21] Analog zur nationalsozialistischen Rassentheorie wurden die Flamen als Angehörige eines germanischen Volkes außerdem früher repatriiert als die französisch sprechenden Wallonen.[22] In ähnlicher Weise verlangte man unter den sowjetischen Kriegsgefangenen eine Zusammenfassung in „völkische" Gruppen und billigte gewissen Volksgruppen, wie etwa den Ukrainern, leichte Vergünstigungen zu. Es sollten damit die separatistischen Bewegungen der östlichen Völker gefördert und Keile in den „kommunistischen Herrschaftsbereich" getrieben werden.[23] In den „Bestimmungen für den Einsatz von sowjetrussischen Kriegsgefangenen" im Wehrkreis XVII hieß es dazu: „Etwa eintreffende Volksdeutsche, Weißrussen, Polen, Finnen und Rumänen sind im M.-Stammlager XVII B von den übrigen Sowjet-Kr.Gef. abzusondern. Betr. Behandlung Sowjet-Kr.Gef. ukrainischen Volkstums wird auf OKW AZ.2 [...] vom 25.8.41 verwiesen."[24] Die Bevorzugung der Ukrainer ist nicht zuletzt vor einem wirtschaftlichen Hintergrund zu sehen: „Um so wichtiger erscheint die Erhaltung der ukrainischen Kriegsgefangenen, um sie in geeigneter körperlicher und geistiger Verfassung zu einem wirkungsvollen Einsatz in die Ukraine kommen zu lassen."[25] Auch für sowjetrussische Kriegsgefangene armenischer Nationalität gab es Begünstigungen in Form einer „Liebesgabesaktion", die vom Vertreter des Armenischen Nationalen Gremiums Dr. Abeghian im Juni 1943 erwirkt werden konnte. Mit Hilfe des DRK sollten die Lebensmittel- und Kleiderpakete an Armenier in deutscher Hand weitergeleitet werden.[26]

Die Kriegsgefangenschaft im „Dritten Reich" war, wie hier nur kurz umrissen werden konnte, von einem diffusen Gemisch verschiedenster Faktoren bestimmt, die hauptsächlich von der nationalen Zugehörigkeit abhängig waren. Unzählige Beispiele ließen sich für die Auswirkungen der NS-Rassenideologie auf die einzelnen Gefangenengruppen anführen, die praktisch alle Bereiche des Lagerlebens, angefangen von der Versorgung, Unterbringung, dem Arbeitseinsatz über den Postverkehr oder die „Freizeitgestaltung" bis hin zu Krankheit und Tod, maßgeblich betraf. Ungeachtet der klar strukturierten Rangskala bedeutete die Kriegsgefangenschaft in deutscher Hand für die überwiegende Mehrheit der Betroffenen eine Extremsituation, in der sie zum Opfer geworden waren.

Anmerkungen

1 Vgl. Baumann, Zygmunt: Das Jahrhundert der Lager, in: Die neue Gesellschaft Frankfurter Hefte, 1994/1, S. 28-37. Der Aufsatz wurde im Rahmen der Pilotstudie des Bundesministeriums für Inneres „Lager in totalitären Systemen. Ein Vergleich" (hg. v. Stefan Karner, unter Mitarbeit von Christa Petschko, Hermine Prügger, Barbara Stelzl. Graz-Wien 1996) bearbeitet. Die Dissertation der Verf. „Amerikanische und sowjetische Kriegsgefangene in deutscher Hand. Fakten und Fiktionen einer Extremsituation dargestellt unter besonderer Berücksichtigung des Stalag XVII B", die dem vorliegenden Aufsatz zu Grunde liegt, wurde durch ein Doktorandenstipendium der Österreichischen Akademie der Wissenschaften gefördert.

2 Vgl. Schwarz, Gudrun: Die nationalsozialistischen Lager. Frankfurt/New York 1990, S. 70f; Kaminski, Andrzej J.: Konzentrationslager 1896 – heute. Eine Analyse. Stuttgart 1982.

3   Vgl. dazu etwa Datner, Szymon: Crimes Against POWs. Responsibility of the Wehrmacht. Warschau 1964, S. 2; American National Red Cross, Location of German Camps and Hospitals Where American Prisoners of War and Civilian Interness Are Held (Based on information received to December 31, 1944), o.O., o.J.; Hüser, Karl/Otto, Reinhard: Das Stammlager 326 (VI K) Senne 1941-1945. Sowjetische Kriegsgefangene als Opfer des nationalsozialistischen Weltanschauungskrieges. Bielefeld 1992, S. 15.

4   Zu den relativ gesehen privilegierten Lebensverhältnissen der amerikanischen Kriegsgefangenen im Stalag XVII B vgl. Marx, Barbara: Amerikanische Kriegsgefangene im Stalag XVII B Krems-Gneixendorf, in: Karner, Stefan (Hg.): „Gefangen in Rußland". Die Beiträge des Symposions auf der Schallaburg 1995. Veröffentlichungen des Ludwig-Boltzmann-Instituts für Kriegsfolgen-Forschung, Graz/Wien. Bd. 1, S. 245-277.

5   Vgl. Streit, Christian: Keine Kameraden. Die Wehrmacht und die sowjetischen Kriegsgefangenen 1941-1945. erw. Neuausgabe. Bonn 1991, S. 69.

6   Vgl. MacKenzie, S. P.: The Treatment of Prisoners of War in World War II, in: The Journal of Modern History. Vol. 66/3, 1994, S. 487-520, hier: S. 497.

7   Vgl. dazu die rund siebzig von der Verf. mit ehemaligen amerikanischen Kriegsgefangenen aus dem Stalag XVII B geführten Oral-History Interviews.

8   Müllner, Johann: Interview mit der Verf. Krems 14.3.1996.

9   Abkommen über die Behandlung der Kriegsgefangenen. Vom 27. Juli 1929, in: BGBL für den Bundesstaat Österreich, Nr. 166. v. 29.5.1936 (= Genfer Konvention).

10 Vgl. ebd. u. Gatterbauer, Helga Roswitha: Arbeitseinsatz und Behandlung der Kriegsgefangenen in der Ostmark während des Zweiten Weltkrieges. Phil. Diss. Salzburg 1975. S. 67.

11 Vgl. Volland, Klaus: Das Kriegsgefangenenlager Sandbostel. Eine Wanderausstellung des Trägervereins Dokumentations- und Gedenkstätte Sandbostel. Begleitbroschüre. Bremervörde 1994, S. 13.

12 Vgl. Streit, Keine Kameraden, S. 72.

13 Vgl. dazu: Genfer Konvention, Artikel 31; Karner, Stefan: Im Archipel GUPVI. Kriegsgefangenschaft und Internierung in der Sowjetunion 1941 – 1956. Kriegsfolgen-Forschung Bd. 1. Wien/München 1995, S. 15; Hinz, Joachim (Hg.): Kriegsvölkerrecht. Völkerrechtliche Verträge über die Kriegsführung, die Kriegsmittel und den Schutz der Verwundeten, Kriegsgefangenen und Zivilpersonen im Kriege. Köln/Berlin 1957; Pictet, Jean S.: The New Geneva Conventions for the Protection of War Victims, in: The American Journal of International Law 1951/45, S. 471.

14 Vgl. Bednorz, Róza: Aby mogli przetrwac. Pomoc dla polskich jeńców wojennych w niewoli Wehrmachtu 1939-1945. Lambinowice-Opole o.J., S. 215.

15 Zum Schicksal der italienischen Militärinternierten in deutscher Hand vgl. Schreiber, Gerhard: Die italienischen Militärinternierten im deutschen Machtbereich 1943 bis 1945. Verraten – Verachtet – Vergessen. (Beiträge zur Militärgeschichte 28) München 1990, S. 30 ff; Cajani, Luigi: Die italienischen Militär-Internierten im nationalsozialistischen Deutschland, in: Herbert, Ulrich (Hg.): Europa und der „Reichseinsatz". Ausländische Zivilarbeiter, Kriegsgefangene und KZ-Häftlinge in Deutschland 1938-1945. Essen 1991, S. 295-316; Toldo, Paolo: Italienische Militärinternierte im nationalsozialistischen Deutschland. Neue Erkenntnisse zu Kriegsgefangenenlagern auf dem Gebiet der neuen Bundesländer, in: Spurensuche: Stalag 304 Zeithain bei Riesa. Von den Untersuchungen der Chorun-Kommission 1946 zur heutigen Gedenkstätte. Eine Tagung der Stiftung Sächsische Gedenkstätten zur Erinnerung

an die Opfer politischer Gewaltherrschaft in Zusammenarbeit mit dem Landratsamt Riesa/ Großenhain und der Gesellschaft Sachsen-Osteuropa e.V. 25.-28.4.1996 bei Riesa. Tagungsband. Dresden 1996, S. 62-69.

16 Vgl. Streit, Keine Kameraden, S. 28-61. Hierzu zählen vor allem die „Richtlinien für das Verhalten der Truppe in Rußland", der „Kommissarbefehl" sowie der Erlaß über die „Organisation des Kriegsgefangenenwesens im Fall Barbarossa". Eine kurze Zusammenfassung der Weisungen und Befehle sowie deren Durchführung findet sich in: Jacobsen, Hans-Adolf/Bach, Dieter: Russische Kriegsgefangene, in: Bach, Dieter/Leyendecker, Jochen (Hg.): Ich habe geweint vor Hunger. Deutsche und russische Gefangene in Lagern des Zweiten Weltkrieges. Wuppertal 1993, S. 43-50.

17 Vgl. dazu: Dülffer, Jost: Der rassenideologische Vernichtungskrieg. Planungen und Durchführungen des „Unternehmens Barbarossa", in: Kriegsgefangene – Voennoplennye. Sowjetische Kriegsgefangene in Deutschland. Deutsche Kriegsgefangene in der Sowjetunion, hg. v. Haus der Geschichte der Bundesrepublik Deutschland. Düsseldorf 1995, S. 15-20; Benz, Wolfgang: Feindbild und Vorurteil. Beiträge über Ausgrenzung und Verfolgung. München 1996, S. 20; Manoschek, Walter (Hg.): Die Wehrmacht im Rassenkrieg. Der Vernichtungskrieg hinter der Front. Wien 1996, S.10; Messerschmidt, Manfred: Die Wehrmacht im NS-Staat. Zeit der Indoktrination. Hamburg 1969, S. 396 ff; Hillgruber, Andreas: Das Rußland-Bild der führenden deutschen Militärs vor Beginn des Angriffs auf die Sowjetunion, in: Volkmann, Hans-Erich (Hg.): Das Rußlandbild im Dritten Reich, S. 125-141, hier: S. 129.

18 Vgl. Staatsarchiv der Russischen Föderation (GARF), F. 7021, op. 115, d. 2, S. 87-94, Spravka o nemeckom lagere voennoplennych v s. Kajzersteinbruch. 24.4.1945.

19 Ebd., S. 91. Übersetzung der Verf.

20 Ebd., S. 92. Übersetzung der Verf.

21 Vgl. Streit, Keine Kameraden, S. 69.

22 Vgl. Gatterbauer, Arbeitseinsatz, S. 51; Lauerwald, Hannelore: In fremdem Land. Kriegsgefangene im Stalag VIII A Görlitz 1939-1945. Tatsachen. Briefe. Dokumente. Görlitz 1996, S 73.

23 Vgl. Gatterbauer, Arbeitseinsatz, S. 57.

24 Vgl. Bundesarchiv-Militärarchiv (BA-MA), RH 53-17/192. Wehrkreiskommando XVII, Wien 5.9.1941. Abt. Kgf. Betr. Einsatz von sowjetrussischen Kriegsgefangenen.

25 Zentrum zur Aufbewahrung historisch dokumentarischer Sammlungen (CChIDK), F. 1383, op. 1, d. 8, S. 79. Oberkommando der Wehrmacht, Berlin-Schöneberg 31.12.1942, Denkschrift betreffs der Kriegsgefangenen ukrainischer Volkszugehörigkeit aus der Sowjetarmee.

26 Vgl. CChIDK, F. 1383, op. 1, d. 8, S. 5-7. Brief an das Armenische Nationale Gremium. o.O. 6.7.1943.

Weiterführende Literaturhinweise

Die jüngeren Forschungen zur Kriegsgefangenschaft in deutscher Hand konzentrieren sich entweder auf einzelne Nationalitäten, insbesondere auf die sowjetischen Kriegsgefangenen, oder auf Lager in bestimmten Regionen. Unter den Neuerscheinungen sind unter anderem folgende Publikationen besonders erwähnenswert:

Doyle, Robert C.: A Prisoner's Duty. Great Escapes in U.S. Military History. Annapolis 1997.

Osterloh, Jörg: Ein ganz normales Lager. Das Kriegsgefangenen-Mannschaftsstammlager 304 (IV H) Zeithain bei Riesa/Sa. 1941 bis 1945. Schriftenreihe der Stiftung Sächsische Gedenkstätten zur Erinnerung an die Opfer politischer Gewaltherrschaft Bd. 2. Leipzig 1997.

Poljan, Pavel: Žertvy dvuch diktatur. Ostarbajtery i voennoplennye v tret'em rejche i ich repatriacija. Moskau 1996.

Von Poljan ist 1997/1998 eine Publikation mit dem Titel „'Die Heimat wartet auf euch, ihr Schurken!' Die Repatriierung der sowjetischen Kriegsgefangenen in die Sowjetunion 1941-1956" als Band 2 der Reihe Kriegsfolgen-Forschung (Wien-Oldenbourg) zu erwarten.

Barbara Stelzl, „Amerikanische und sowjetische Kriegsgefangene in deutscher Hand. Fakten und Fiktionen einer Extremsituation dargestellt unter besonderer Berücksichtigung des Stalag XVII B", phil. Diss., Graz 1998.

Edda Engelke

Zivilverurteilte Österreicher im GULag

Im Rahmen der Täter-Opfer-Diskussion, die den „Zeitgeschichte-Tagen" 1997 als Thema zugrunde liegt, möchte ich versuchen, die Frage „Wer war Opfer – wer war Täter" hinsichtlich jener ÖsterreicherInnen zu stellen, die während der Besatzungszeit nach dem Zweiten Weltkrieg von Organen der sowjetischen Besatzungsmacht verhaftet und verurteilt wurden.

In den Jahren 1945 bis 1955 wurden zahlreiche ÖsterreicherInnen in der sowjetischen Besatzungszone verhaftet und in der Folge als verurteilte Zivilisten in das Lagersystem des GULag[1] eingegliedert. Die Gründe für die Verhaftungen waren vielfältig und müssen in einem engen Zusammenhang mit dem Szenario des Kalten Krieges gesehen werden, d. h. die Besatzungsmacht Sowjetunion reagierte äußerst nervös und rigoros auf alles, was sie als „Bedrohung" empfand: Unerlaubter Waffenbesitz, Zugehörigkeit zu „Werwolfgruppen", Auseinandersetzungen mit sowjetischen Besatzungssoldaten und Spionage waren in vielen Fällen der Anlaß zur Verhaftung. Oft wurden die Voruntersuchungen – bis hin zur Verhaftung – von der österreichischen Gendarmerie durchgeführt, häufiger jedoch wurden die betroffenen Frauen und Männer direkt von sowjetischen Organen festgenommen: von Angehörigen des militärischen Abwehrdienstes (SMERSCH),des Innenministeriums (NKVD/MVD), der Roten Armee oder dem Staatssicherheitsdienst (NKGB/KGB). In einigen Fällen dürfte es tatsächlich zu Verwechslungen gekommen sein, und Zivilisten wurden rein zufällig festgenommen und in die Sowjetunion deportiert. Allein im Jahr 1948 wurden mehr als 300 Menschen von Organen der sowjetischen Besatzungsmacht in Österreich verhaftet,[2] was jedoch nicht bedeutet, daß alle Verhafteten verurteilt wurden. Diese Verhaftungen, im allgemeinen Sprachgebrauch meist als „Verschleppungen" bezeichnet, erzeugten ein permanentes Gefühl der Unsicherheit, der Gefahr und der persönlichen Bedrohung, die in der sowjetischen Zone deutlich höher war als in den Westzonen Österreichs. Auf 1000 Verhaftungen durch die Sowjets kamen weniger als 100 durch die Amerikaner und Briten.[3]

Über die Größenordnung dieser Verhaftungen mit anschließender Verurteilung von österreichischen Zivilisten durch die Sowjets in der Besatzungszeit lagen bisher keine genauen Zahlen vor, nur selten wurden in den entsprechenden Zeitungsartikeln bzw. Lebensgeschichten der genaue Sachverhalt dargestellt, der zur

385

Verurteilung geführt hatte. In der kollektiven Erinnerung wie auch in der Darstellung durch die Journalisten waren die „Verschleppten" prinzipiell Opfer. Es scheint so zu sein, als wären alle Betroffenen völlig überraschend und grundlos von der Besatzungsmacht verhaftet worden und in der Sowjetunion „verschwunden". Diese Darstellung erhielt noch zusätzlich Unterstützung durch die allgemein bekannte Tatsache, daß viele Menschen aufgrund von Denunziationen – oft aus den Reihen der eigenen Familie oder der nächsten Bekannten oder Nachbarn – verhaftet wurden. In vielen Zeitzeugenberichten und Zeitungsartikeln begegnet uns hier auf den ersten Blick ein klares Muster: Schuldlose Opfer werden von den siegreichen – kommunistischen – Tätern einem menschenverachtenden System ausgeliefert. Wie kam es zu dieser nahezu einheitlichen „Beurteilung"?

Die Öffnung der russischen Archive zu Beginn der neunziger Jahre und der Zugriff auf Aktenmaterial aus dem Bundesministerium für Inneres ermöglichen uns heute eine wesentlich fundiertere und differenziertere Sicht der Dinge. Anhand der Vermißtenlisten des BMfI[4] aus den Jahren 1945 bis 1955 und zahlreicher Personalakten aus dem Moskauer Sonderarchiv[5] konnte eine Datenbank erstellt werden, die Auskunft gibt über jene Personen, die definitiv von den Sowjets verhaftet und verurteilt wurden, sowie über jene Personen, von denen angenommen wird, daß sie in der Besatzungszone verhaftet und in die Sowjetunion verbracht wurden. Derzeit umfaßt die Datenbank Angaben zu 1495 Personen, davon 176 Frauen. 715 wurden repatriiert, von 123 ist das Sterbedatum bekannt. Bei den 626 „ungeklärten Schicksalen" ist zu berücksichtigen, daß oft nicht klar ist, ob die betreffenden Personen tatsächlich von den Sowjets in Gewahrsam genommen wurden. Das Verschwinden von Menschen gehörte in der Nachkriegszeit fast zum Alltag, und nicht selten wurde bei der Vermißtenmeldung die *Vermutung* geäußert, der/die Abgängige könnte von der sowjetischen Besatzungsmacht „verschleppt" worden sein. Dieses klassische Opfer-Täter-Bild war in der Sowjetzone sehr präsent. In einer Rede in Vöcklabruck am 25. September 1948 sagte Bundeskanzler Leopold Figl: „Wir mußten hinter eine sehr lange Liste von Namen einfach das Wort 'verschwunden' schreiben."[6]

Die meisten Verhaftungen fanden im Jahr 1945 statt. Für viele der 453 Fälle liegt ein Verhaftungsgrund vor, auch weist einiges darauf hin, daß es Einzelpersonen wie auch Personengruppen gab, nach denen die Sowjets unmittelbar nach Kriegsende gezielt suchten, wie etwa die Gruppe von jungen Steirern, die in der bis Juli 1945 von den Sowjets besetzten Steiermark vom 91. Belgoroder Grenz-Regiment als „Diversanten und Terroristen" verhaftet wurden, die Familienangehörigen Adolf Hitlers im Waldviertel (Familie Koppensteiner), ehemalige Kriegsverbrecher oder Österreicher, die sowjetische Kriegsgefangene mißhandelt hatten. Wegen der (angeblichen?) Zugehörigkeit zu sogenannten „Werwolfgruppen" wurden vor allem im Bundesland Niederösterreich viele Jugendliche unmittelbar nach Kriegsende verhaftet und verurteilt.

Im Jahr 1946 kam es nachweislich zu 98 Verhaftungen, wobei gegenüber dem Jahr 1945 in zunehmender Zahl „Unerlaubter Waffenbesitz" sowie Raufhandel und Streit mit Sowjetsoldaten und Spionageverdacht als Gründe für die Verhaftung angeführt werden.

Für das Jahr 1947 lassen sich bisher 127 Verhaftungen nachweisen, wobei u.a. folgende Verhaftungsgründe angeführt werden: kriminelle Delikte, Autodiebstahl (aus dem Besitz eines sowjetischen Offiziers), Spionage für die Franzosen und Sabotage (vor allem im Zusammenhang mit einem Eisenbahnunglück).

Unter den 153 Verhaftungen des Jahres 1948 sind vor allem spektakuläre Fälle hoher österreichischer Beamten bekannt wie jene von Anton Marek, Margarete Ottilinger oder Franz Kiridus. Anstelle der erhofften Beruhigung demonstrierte die Besatzungsmacht ihre Stärke und wich auch vor der Verhaftung bekannter Persönlichkeiten nicht zurück. Das Verschwinden von Menschen, die in der Öffentlichkeit standen, und die Weigerung der sowjetischen Besatzungsmacht, zu den offensichtlichen Entführungsfällen Stellung zu nehmen, trugen zu einer weiteren Verunsicherung der Bevölkerung in der sowjetischen Besatzungszone bei.

Neben diesen „spektakulären" Fällen kommt der lange vorbereiteten Verhaftung von insgesamt zwölf Polizisten am 11. August 1948 besondere Bedeutung zu. Diese Männer standen im Verdacht, während des Krieges in Judenverfolgungen in Galizien verwickelt gewesen zu sein.[7]

In den folgenden Jahren nahm die Zahl der Verhaftungen/Verurteilungen deutlich ab, so sind für 1949 noch 97 Fälle bekannt, 1950 sind es 76, 1951 noch 51, 1952 sinkt die Zahl auf 21, im Jahr 1954 sind es noch vier und im Januar 1955 werden zwei Wiener verhaftet und in die Sowjetunion deportiert, unter ihnen der Leiter des Dolmetschbüros der Gemeinde Wien. Häufig wird Spionage als Verhaftungsgrund angegeben, auffallend ist auch die vermehrte Festnahme von Angestellten aus den Bereichen der Raffinerie- und Erdölindustrie.

Bisher sind erst von einem kleinen Teil der Verurteilten die genauen Urteile und das Strafausmaß bekannt (von rund einem Fünftel), in nahezu allen dokumentierten Fällen kamen die 14 Absätze des Artikels 58 des Strafgesetzbuches der RSFSR[8] zur Anwendung, ein Artikel, der uneingeschränkt als politisches Gesinnungsstrafrecht definiert werden kann[9] und dessen zentraler Anklagepunkt „Konterrevolutionäre Verbrechen" verknüpft ist mit einer Reihe zusätzlicher Delikte. Das Strafmaß betrug zwischen fünf und 25 Jahren, in sieben Fällen wurde die Todesstrafe verhängt (in zwei Fällen vollzogen).

Die Verschiedenartigkeit der Delikte und die unterschiedlichen Strafen weisen bereits darauf hin, daß hier von Seiten der sowjetischen Organe trotz eindeutig politischer Gesinnungsjudikatur auf unterschiedliche Vergehen in unterschiedlicher Weise reagiert wurde. Klar zu erkennen ist, daß Zugehörigkeit zu „Werwolfgruppen", Diversantentum, Raufhandel und kleinere kriminelle Delikte mit Strafen bis zu zwölf Jahren geahndet wurden, während Spionage, Mißhandlung von Kriegsgefangenen oder oft auch Waffenbesitz mit 25 Jahren „Besserungsarbeitslager" bestraft wurden. Die Verurteilungen wurden hauptsächlich von Militärtribunalen und Sonderkommissionen durchgeführt, die Verfahren widersprachen allen international gültigen Rechtsnormen.

Die Meinung, daß es sich bei den „Verschleppten" ausschließlich um „Opfer" gehandelt hatte, ist bei genauer Durchsicht der vorliegenden Akten nicht mehr haltbar, es sind nachweislich auch „Täter" unter den Verurteilten.

Was den „unerlaubten Waffenbesitz" betrifft, so war den meisten Verhafteten klar, daß sie gegen einen Befehl der Besatzungsmacht verstoßen hatten. Aus heutiger Sicht erscheint uns dieses Delikt ebenso wie die „Werwolftätigkeit" fast lächerlich. In der brisanten Phase des Kalten Krieges jedoch reagierten die Besatzungsmächte äußerst sensibel auf diese Vergehen, jedem Hinweis aus der Bevölkerung wurde sofort nachgegangen, und der Denunziation war Tür und Tor geöffnet, was vor allem in der sowjetischen Zone gravierende Folgen für die Betroffenen hatte: Nach ihrer Verhaftung wurden sie oft wochenlang in finsteren, kalten Kellern unter schrecklichen hygienischen Bedingungen eingesperrt und endlosen Verhören unterzogen, die von großer Härte bis hin zur Folter gekennzeichnet waren. Ziel der Verhöre waren nicht nur Geständnisse, sondern auch das Nennen von Namen – wer waren die „Mittäter"?

Spätestens in dieser Phase verwischt sich die klare Unterscheidung zwischen „Tätern" und „Opfern". Durch die brutale Behandlung, das Verwehren eines Rechtsbeistandes, die absolute Isolation des Häftlings und die Unmöglichkeit, sich bei Gericht zu verteidigen, werden die verhafteten Frauen und Männer zu Opfern eines totalitären Regimes, selbst wenn sie bis zum Zeitpunkt ihrer Verhaftung als „Täter" aufgrund anderer Vergehen angesehen werden müssen.

Jene Menschen, die nach Kriegsende, also nach dem 8. Mai 1945, von den Sowjets verhaftet, verurteilt und in die Sowjetunion verbracht wurden, erhielten jedoch nicht den Status eines Kriegsgefangenen und wurden auch nicht in das Lagersystem der GUPVI[10] gebracht. Sie wurden nach sowjetischem Recht verurteilt, den verurteilten Sowjetbürgern gleichgestellt und daher in das Lagersystem des GULag gebracht. Millionen Menschen aus allen Teilrepubliken der Sowjetunion, aber auch aus Staaten, die nicht der Sowjetunion angegliedert waren, verbüßten hier als „Feinde der Sowjetunion" ihre Strafen. Alle in der Sowjetunion bereits bestehenden Arbeitslager waren im Oktober 1934 dem GULag unterstellt worden. Hauptaufgabe des GULag war es, Zwangsarbeiter für die Durchführung der Großprojekte der Staatlichen Planungskommission zur Verfügung zu stellen. Die GULag-Verwaltung war zuständig für die Übernahme der Häftlinge aus den Untersuchungsgefängnissen und ihre Überstellung in die Lager, für die Registrierung, Unterbringung, Versorgung, Bewachung und politische Schulung. Die Zuteilung von Arbeitskräften erfolgte auf der Basis von Verträgen, die die Lagerleitung mit Kombinaten oder Trests abschloß.

Die GULag-Lager wurden vorzugsweise in kaum besiedelten Regionen der Sowjetunion eingerichtet und dienten der Ausbeutung von Bodenschätzen (Kohle, Erze) ebenso wie der Errichtung von riesigen Anlagen zur Energiegewinnung. Viele der heutigen Städte in den nördlichen und östlichen Randgebieten der ehemaligen Sowjetunion sind aus diesen Lagerzonen hervorgegangen. Ein Befehl vom 26. Juli 1949[11] regelt die Überstellung und Unterbringung der ausländischen Staatsangehörigen innerhalb des Lagersystems des GULag: Entsprechend der Verurteilung durch die Sonderkommision des MVD/MGB oder durch ein Militärtribunal werden die ausländischen Verurteilten in spezielle Lager mit unterschiedlichem „Regime" und in ganz speziellen Regionen eingewiesen. Eine zu große Konzentration von Ausländern an einem Ort ist zu verhindern, eine gesonderte Unterbringung der für konterrevolutionäre Tätigkeit Verurteilten ist zu gewährleisten. Diese Häftlinge sind ständig zu bewachen, Zusammentreffen sind nicht gestattet, und die Zensur ihrer Korrespondenz ist zu verstärken.

Die als politische Gegner eingestuften Häftlinge hatten also eindeutig die schwierigsten Bedingungen und das strengste „Regime", und das traf für jene zu, die nach dem berüchtigten „58er" verurteilt worden waren.[12] Wie die Auswertung der bisher vorliegenden Urteile betreffend österreichische Zivilisten zeigt, wurden nahezu alle nach diesem Artikel verurteilt und unterlagen somit in einem Lagersystem, das in seiner Grundstruktur als Terrorinstrument anzusehen ist, einer Reihe von weiteren Haftverschärfungen, die das Überleben noch schwieriger machten. Aus diesem Erleben des Terrors, aus den Schilderungen der aus dem GULag heimgekehrten ÖsterreicherInnen entstand das Bild des Opfers. Der Grund der Verhaftung war längst aus dem kollektiven Gedächtnis verschwunden, viel zu stark waren die Eindrücke des Überlebenskampfes.

Zu Beginn der fünfziger Jahre wurde ein Großteil der verurteilten ÖsterreicherInnen aus den GULag-Lagern in Gefängnisse überstellt, von wo aus sie – woran kaum einer von ihnen noch glauben wollte – in mehreren Transporten nach Österreich repatriiert wurden. Jene mit niedrigerem Strafausmaß kehrten mit einem Transport im Oktober 1953, in dem sich auch viele Kriegsgefangene befanden, nach Österreich zurück. Der Großteil jener Verurteilten, die zu 25 Jahren verurteilt worden waren, wurde im Laufe des Jahres 1955 repatriiert, einige kehrten als Einzelreisende – manchmal mit Familie – aus der Sowjetunion zurück. Das gilt vor allem für die Österreicher, die nach Verbüßung ihrer Haftstrafe in der Stadt oder der Region ihres ehemaligen Straflagers zwangsangesiedelt worden waren.[13]

Anmerkungen

1 Hauptverwaltung der Lager (Glavnoe upravlenie lagerej).

2 Rauchensteiner, Manfried: Der Sonderfall. Die Besatzungszeit in Österreich 1945 bis 1955. Graz 1985, S.241. Nach Angaben einer amerikanischen Statistik hat die sowjetische Besatzungsmacht 1948 insgesamt 364 Verhaftungen vorgenommen. 169 Personen wurden in Lager und Gefängnisse in der Sowjetunion gebracht.

3 Portisch, Hugo: Österreich II, Bd. 2, S.138.

4 Bundesministerium für Inneres.

5 CChIDK (Centr Chranenija Istorko-dokumental'nych Kollekcij – Zentrum zur Aufbewahrung historisch-dokumentarischer Sammlungen, Moskau).

6 Stearman, William L.: Die Sowjetunion und Österreich 1945-1955. Ein Beispiel für die Sowjetpolitik gegenüber dem Westen. Bonn-Wien-Zürich 1962. S.73.

7 Verwaltungsgerichtshof, Zl.2084/61,Zl.426/66, 1146/61.

8 Russische Sozialistische Föderative Sowjetrepublik.

9 Armanski, Gerhard: Maschinen des Terrors. Das Lager (GULag und KZ) in der Moderne. Münster 1993. S.146.

10 Hauptverwaltung der Angelegenheiten der Kriegsgefangenen und Internierten – Glavnoe upravlenie po delam voennoplennych i internirovannych.

11 Befehl des Innenministers der UdSSR/1949 Nr. 0510 vom 26.8.1949, GARF, F.9401, op. 1a, d. 315. S. 18f.

12 Stettner, Ralf: Archipel GULag. Stalins Zwangslager – Terrorinstrument und Wirtschaftsgigant. Paderborn 1996. S184.

13 Waldherr, Kurt: Tundra. Unveröffentlichtes Manuskript. Ludwig-Boltzmann-Institut für Kriegsfolgen-Forschung. Graz-Wien.

Digitalisierung und virtuelle Welt: Neue Herausforderungen an die Zeitgeschichte?

Christiane Heibach

Zeitgeschichten statt Zeitgeschichte? Geschichte und Geschichtswissenschaft im digitalen Zeitalter

Die technischen Möglichkeiten der neuen Medien werden zweifellos die Wissenschaftswelt verändern – nicht nur in bezug auf neue Arbeitstechniken, sondern auch hinsichtlich ihrer Untersuchungsgegenstände und ihrem Verständnis von Kognition, sprich: der wissenschaftlichen Theorien und Methoden. Nicht nur die Naturwissenschaften sind von diesen Veränderungen betroffen, in ganz besonderem Maß werden die neuen Medien auch die Geisteswissenschaften affizieren. Dieser Beitrag stellt einen Versuch dar, diese Entwicklung und ihre Folgen in bezug auf die Geschichtswissenschaft, insbesondere die Zeitgeschichte, zu skizzieren. Dabei wird das Internet im Mittelpunkt der Betrachtung stehen, da es zum einen das jüngste, zum anderen aufgrund seiner dezentralen und interaktiven Struktur das bei weitem interessanteste Medium ist; außerdem eines mit großen, zum Teil noch nicht festgelegten Entwicklungsmöglichkeiten.

Im Rahmen der Betrachtung des Verhältnisses neue Medien – Geschichtswissenschaft bzw. Zeitgeschichte – wird es zunächst notwendig sein, einige grundsätzliche Fragen unter neuen Aspekten zu stellen. Betrachtet man die theoretische Diskussion zum Verhältnis zwischen Geschichte und Medienentwicklung, so fällt eines auf: Das Diktum vom Ende der Geschichte scheint ein wiederkehrendes Element in den Überlegungen zeitgenössischer Philosophen und Medientheoretiker zu sein. Man trifft in verschiedensten Zusammenhängen auf die Kernthese, daß die digitalen Medien tatsächlich eine Art Endpunkt in der Entwicklung der Menschheit darstellen könnten und daß die Realität mit fortschreitender Technologisierung durch künstliche virtuelle Räume nach und nach substituiert werden wird. Damit wäre Geschichte ein überflüssiges Relikt vergangener Zeiten, in denen die Menschen im illusorischen Glauben an die Existenz einer schlüssig rekonstruierbaren Realität verhaftet waren.

Geschichte im digitalen Zeitalter – ein Überblick

Die Charakterisierung unserer Zeit als Zeitalter der Posthistoire, einem Zeitalter, für das die Geschichte – und damit auch die Geschichtswissenschaft – keinen Nutzen mehr hervorbringen kann und in dem das geschichtliche Denken als überholt anzusehen ist, wurde durch Francis Fukuyamas griffige Formulierung vom „Ende der Geschichte" über die Grenzen der wissenschaftlichen Diskussion hinaus bekannt. Aber schon François Lyotard entwickelte lange vor Fukuyama seine These vom Ende der Geschichte als Ende der großen Erzählungen, also der allumfassenden geistesgeschichtlichen und politischen Konzepte, die Alleingültigkeit für sich beanspruchen; Fukuyama übernimmt dies, wenn er das Ende der Geschichte als „das Ende aller ernsthaften ideologischen Auseinandersetzungen"[1] definiert. Beide ziehen jedoch unterschiedliche Konsequenzen aus dieser Zeitanalyse: Während Lyotard die Folgen aus dem Ende der Ideologien im Zerfall alter politischer Denkeinheiten wie Nationalstaat, Parteien und Institutionen sieht, ist Fukuyamas Konzept im ursprünglichen Sinne konservativ: Die heute in fast allen westlichen Ländern bestehende Regierungsform der Demokratie ist – so Fukuyama – der Endpunkt der ideologischen Evolution der Menschheit, weil damit die optimale Regierungsform erreicht ist, die sich in naher Zukunft über die ganze Welt ausbreiten wird. Erstaunlicherweise stimmt Habermas in seinen neueren Überlegungen bezüglich der Verabsolutierung der Demokratie als ultimativer Regierungsform mit ihm überein.

Auch der Medienphilosoph Vilém Flusser spricht in seinen Werken immer wieder vom Ende der Geschichte: Für ihn manifestiert es sich in der Tatsache, daß heute viele Erklärungsmodelle der Welt gleich gültig nebeneinander stehen. Sein Geschichtsverständnis ist, wie er es nennt, „kommunikologisch".[2] Für Flusser sind Politik und damit Geschichte – beides setzt er synonym – erst existent, seit es den Gegensatz von öffentlichem und privatem Raum gibt. Aus informationstheoretischer Sicht beschreibt er Geschichte folgendermaßen: „Informationen werden im öffentlichen Raum erworben, im Privatraum gelagert und prozessiert, zu neuen Informationen verarbeitet, um dann publiziert, das heißt im öffentlichen Raum ausgestellt und ihrerseits abgeholt zu werden."[3] Geschichte nimmt mit der Summe publizierter Informationen ständig zu. Seit aber durch die elektromagnetischen Medien der öffentliche mit dem privaten Raum verschmilzt, liegen Politik und damit auch Geschichte im Sterben. Den senderorientierten, zentral gesteuerten Medien wie Fernsehen und Radio steht Flusser allerdings kritisch gegenüber: Sie vermitteln unkontrolliert ein ganz bestimmtes Bild der Wirklichkeit. Als Gegenkonzept entwickelt er die Idee der „telematischen Netze", die kreative Dialoge ermöglichen und eine neue vernetzte Intersubjektivität schaffen können, die

393

„Telematik".[4] Flusser entwickelt die Utopie einer vernetzten Lebensform, in der es keine Hierarchien und Machtverhältnisse mehr gibt, sondern nur noch intersubjektive Kommunikation zwischen Individuen.[5] Lyotard dagegen prognostiziert einen Machtwechsel: Statt politischer Klassen werden in Zukunft Informationsexperten die Herrscherfunktion übernehmen.[6]

Der kanadische Medientheoretiker Marshall McLuhan wiederum sieht das Ende der Geschichte unter dem Aspekt der Auflösung der Kategorien von Raum und Zeit. Er konstatiert sehr lakonisch: „Unsere neuen Medien haben die Geschichte abgeschafft"[7] – durch ihre Omnipräsenz an allen Orten und zu jeder Zeit. Als Beispiel nennt McLuhan die Zeitungsseite, auf der nebeneinander Meldungen aus den verschiedensten Teilen der Welt akkumuliert und Ereignisse dokumentiert werden, die zu völlig unterschiedlichen Zeitpunkten stattgefunden haben. Der posthistorische Mensch lebt – wie der prähistorische es tat – in einer zeitlosen Welt; der alphabetisierte Mensch als geschichtlich denkender Mensch ist nach McLuhan nur eine – vergangene – historische Episode. Von vielen Theoretikern wird die Entwicklung der Schrift als Beginn der Geschichte genannt, wobei man hier korrigieren könnte: Sie markiert letztlich den Beginn des Geschichtsbewußtseins der Menschen. Sobald es mit der Schrift möglich wurde, Gedanken nicht nur für sich selbst und seine nächste Umgebung dauerhaft zu manifestieren, entsteht auch der Wunsch, in der Nachwelt weiter zu existieren. Der französische Medientheoretiker Pierre Lévy konstatiert mit der Entstehung der Schrift den Beginn der Entwicklung von systematischem, theoretischem und hermeneutischem Wissen – also letztlich den Beginn der Reflexion des Menschen über sich selbst und seine Lebenswelt. Damit einher geht die Eingrenzung des Menschen auf ein Territorium und gleichzeitig die Abgrenzung von anderen Territorien, respektive Sprachgruppen.[8] Die Schrift als lineare Anordnung von Buchstaben prägte somit auch die Wahrnehmung der Menschen – das Denken in linearen Abfolgen auf einer Raum- und Zeitachse hat sich bis heute – auch in den Wissenschaften – zum Großteil gehalten.

Alle diese verschiedenen Konzepte haben letztlich – Fukuyama ausgenommen – eines gemeinsam: Sie konstatieren einen Bruch in dieser linearen Struktur von Geschichte und den Übergang von einzelnen, einander ablösenden Weltmodellen zu einer Vielzahl von Theorien, die letztlich aus der Diversifizierung der Realität resultieren.

Die Existenz elektronischer und digitaler Medien scheint diese Thesen vom Ende der Geschichte in vielerlei Hinsicht zu unterstützen: Zum einen führt sie uns durch die Tatsache der rasanten technologischen Entwicklung vor Augen, daß wir uns in einer Zeit ständiger Veränderungen befinden, die das Denken in Linearität gar nicht mehr erlaubt; zum anderen eröffnet uns die Medienvielfalt den Blick auf unendlich viele Perspektiven und Standpunkte, die eine Unterscheidung von richtig und falsch – nicht nur im moralischen, sondern auch im wissenschaftlichen Sinne – als Illusion entlarven. Das Ende der Gewißheiten, das sich schon mit Heisenbergs Aufdeckung der Unschärferelation in den bis dato als präzise geltenden Naturwissenschaften ankündigte und das sich heute auf allen Gebieten der menschlichen Existenz manifestiert – sei es in der Philosophie, der Wissenschaftstheorie oder auch mit dem Ende des bipolaren Machtverhältnisses in der Politik –, scheint auch das Ende der Möglichkeit von Geschichte zu implizieren. Oder – wie Baudrillard es formuliert – wir leben heute in einer Welt der Simulation, in der der Einfluß der Medien auf das Leben und der des Lebens auf die Medien nicht mehr auseinanderzuhalten sind. Die Realität ist – so Baudrillard – nur noch eine Suggestion, für die Menschen konstruiert, um Machtverhältnisse aufrecht zu erhalten. Die sogenannte Wirklichkeit ist eine Welt der Zeichen, in der der Mensch keinen Bezugspunkt mehr findet, von dem aus er seine eigene Position bestimmen kann.[9] Gerade aber diese Durchdringung der Realität durch Simulation und Virtualität, eben durch eine Hyperrealität, stellt ein neues und faszinierendes Feld für die Wissenschaften dar.

Durch die neuen Medien wird die bisherige lineare Wahrnehmung also von, wie Lévy es nennt, „einem multidimensionalen Raum dynamischer, interaktiver Darstellungen"[10] abgelöst. Doch schon lange vor der Entstehung interaktiver Medien wurde von Philosophen, vor allem von den zeitgenössischen französischen Denkern, die gemeinhin unter dem Etikett „Poststrukturalismus" subsumiert werden,[11] das Aufbrechen der Eindeutigkeit und Linearität der Realitätskonstruktion behauptet und auch praktiziert. Die Möglichkeit eines einheitlichen Sinnsystems und eindeutig festlegbarer Bedeutungen wird bei Derrida durch das Konzept der „différance", der sich ständig verschiebenden und flüchtigen Bedeutung, die nur Spuren hinterläßt, aufgeweicht. Lyotard verweist auf die Pluralität der Sprachsysteme, die so weit geht, daß jeder Mensch eigentlich eine andere, nur für sich völlig verständliche Sprache spricht. Die Linearität der Wahrnehmung wird bei Deleuze und Guattari vom Rhizom, dem Konzept des komplexen Netzwerks, in dem jeder Punkt mit jedem verbunden werden kann, abgelöst. Foucault letztlich bricht mit der Geschlossenheit von Kausalketten in der Geschichte, indem er in seinen Analysen das Augenmerk vor allem auf die Brüche in der historischen Entwicklung lenkt. Häufig wurden diese – hier nur in Schlagworten skizzierten – Konzepte als vernunft- und subjektfeindlich und vor allem als realitätsfremd abklassifiziert. Dabei wird allerdings ignoriert, daß sich eine ähnliche Auflösung von Gewißheiten auch in anderen, dem Poststrukturalismus oft diametral entgegengesetzten philosophischen Strömungen bemerkbar macht. In der analytischen Philosophie hat schon Willard Van Orman Quine mit seiner These der Unbestimmtheit der Übersetzung den Anspruch auf Eindeutigkeit in der Wissenschaftstheorie als unhaltbar entlarvt. Mit dieser These versuchte er zu zeigen, daß ein Sprachsystem sich niemals völlig eindeutig in ein anderes übersetzen läßt, zumal der Sachbezug von Ausdrücken in einem absoluten Sinn nicht bestimmbar ist[12] – eine Korrespondenz mit Derridas „différance" scheint also gar nicht so abwegig. Die Kausalität der Evolution ist auch in den naturwissenschaftlichen Disziplinen heute ins Wanken geraten – man denke an die Chaostheorie. Daß die Linearität und die Reduktion von Entwicklungsprozessen auf Kausalketten für das Erklären und Begreifen unserer komplexen Lebenswelt nicht mehr adäquat ist, manifestiert sich nicht nur in der gesellschaftlichen Entwicklung mit ihrer Verflechtung von Wirtschaft, Politik, Wissenschaft und Technologie, sondern spiegelt sich auch in der Struktur des momentan aktuellsten Mediums, des Internet, wider.

Bedeutet diese Entwicklung, daß wir tatsächlich damit am Ende der Geschichte und Geschichtswissenschaft stehen, weil es keine Gewißheit mehr gibt, weil keine abgrenzbare Realität mehr existiert, die schlüssig rekonstruiert werden könnte? Wenn es unmöglich geworden ist, „zu zeigen, wie es gewesen ist", heißt das zugleich, daß damit die Bedingung der Möglichkeit von Geschichtswissenschaft zerstört ist?

Was heißt eigentlich „Geschichte"?

Geht man zu den Wurzeln der Entstehung und Definition von Geschichte zurück, kann die Antwort darauf nur lauten: Nein – wir müssen nicht Abschied von der Geschichte und ihrer Wissenschaft nehmen. Im Gegenteil, je unübersichtlicher und vielfältiger die Phänomene einer Zeit sind, desto wichtiger wird die Geschichtswissenschaft. All diesen oben erwähnten Theorien vom Ende der Geschichte – ungeachtet ihrer Tiefgründigkeit und Komplexität in anderen Aspekten – liegt bei genauerer Betrachtung ein sehr einseitiger Geschichtsbegriff zugrunde: nämlich eine durch Abstraktion und Systemtheorie deformierte und vom Menschen abgekoppelte Geschichte. Gerade aber vor dem Hintergrund dieser Theorien ist es für die Geschichtswissenschaft mehr denn je notwendig, sich über ihre Grundlagen und Themen klar zu werden, um sich weiterhin legitimieren zu können. Was ist denn nun eigentlich Gegenstand der Geschichte? Marc Bloch hat darauf eine klare und deutliche Antwort gegeben, die auch heute nichts von ihrer Gültigkeit verloren hat: Gegenstand der Geschichte sind die Menschen – bei dieser Formulierung ist der Plural zu beachten, den Bloch bewußt setzt. Es geht für ihn nicht um den Menschen als ein zu verallgemeinerndes Objekt, sondern um die individuellen

Geschichten der Menschen.[13] Als ebenso einfache wie logische Konsequenz daraus folgt: Die Geschichte endet erst dann, wenn die Menschheit nicht mehr existiert. Daß in unserer Zeit viele Erklärungsmodelle nebeneinander existieren, daß der private und der öffentliche Raum miteinander verschmelzen, daß die großen Ideologien sich überlebt haben und der Pluralismus der Lebensentwürfe und der Bedeutungsräume eine Systematisierung des Zeitgeschehens erschwert, all diese Diagnosen bedeuten nicht, daß die Geschichte an sich am Ende ist; sie signalisieren aber, daß wir unsere Wahrnehmung von Geschichte an die Erfordernisse der Gegenwart anpassen müssen. Es ist wohl unbezweifelbar, daß das lineare Denken sich überlebt hat und keinen adäquaten Zugang mehr darstellt. Aber Geschichte ist nicht an das lineare Denken gekoppelt – die Arbeiten der Annales-Schule haben schon vor Jahrzehnten deutlich gemacht, daß Geschichte niemals linear war; es sei denn, man reduziert sie auf die Ereignisgeschichte. Geschichtsschreibung ist ein multiples, verflochtenes Gewebe von Aspekten einer Zeitspanne. Eine vollständige Erfassung einer Epoche ist, wie Bloch bemerkte, daher niemals möglich. Es kann für die Geschichtswissenschaft auch nicht um die Suche nach Ursprüngen gehen, um eine Kausalität der Ereignisse herzustellen. Es handelt sich vielmehr darum, Entwicklungsprozesse in ihren komplexen Zusammenhängen zu beleuchten. Das gilt für die Gegenwart genauso wie für jede andere Epoche.

Dennoch bleibt die Frage nach wie vor bestehen: Wie und unter welchen Voraussetzungen ist Geschichtswissenschaft heute noch möglich, hat sie überhaupt noch Relevanz für die Gegenwart? Denn unsere Zeit unterscheidet sich in einigen wesentlichen Punkten von früheren Epochen: Die Schnelligkeit der technologischen Entwicklung, die Parallelexistenz vieler Medien, die zweifellos unser Leben immens beeinflußt, führt in größerem Maße als früher zur Offenlegung der Vielfältigkeit von verschiedenen Lebenswelten und damit auch zur Desorientierung der Wissenschaften. Die oben kurz dargelegten Analysen zeitgenössischer Philosophen sind in ihren Diagnosen nicht von der Hand zu weisen – nur folgt daraus nicht das Ende der Geschichte, sondern sehr viel mehr die Bedrohung der Wissenschaften, die, wenn sie sich der Auseinandersetzung mit der Gegenwart in ihrer Komplexität verweigern, ihre Gültigkeit und Existenzberechtigung verlieren. Für die Geschichtswissenschaft heißt das, die elektronischen Medien zum einen als Teil unserer Gesellschaft wahrzunehmen und damit in ihrer Verflechtung mit der menschlichen Existenz als Thema in die Forschung zu integrieren; zum anderen aber auch, sich die technischen Möglichkeiten in der Forschung zunutze zu machen. Für das wissenschaftliche Denken gilt heute: Je schneller sich Veränderungen vollziehen, umso mehr sind die Wissenschaften gefordert, ihre eigenen Grundlagen, Evaluationskriterien und Methoden auf deren Operationalisierbarkeit zu überprüfen. Man kann es auch anders ausdrücken: Einstein erwiderte einmal auf den

Hinweis einer seiner Studenten, daß die Prüfungsfragen in diesem Jahr ja dieselben wie im letzten Jahr seien: „Oh, das hat schon seine Ordnung, die Antworten sind dieses Jahr anders."[14] Die Tatsache, daß sich die Antworten auf die Fragen der Wissenschaften stets verändern, bedeutet auch für die Geschichtswissenschaft eine ständige kritische Überprüfung ihrer Antworten. Da sie eine Interpretationswissenschaft ist, wird sie auch akzeptieren müssen, daß vielleicht mehrere gleich gültige Antworten nebeneinander existieren.

Nun kann man sich vielleicht fragen, warum die Entwicklung der Gegenwart überhaupt eine Auswirkung auf die Erforschung der Vergangenheit haben sollte – schließlich beschäftigt sich der Historiker per definitionem mit vergangenen Lebenswelten. Zum einen ist die Entstehung der Medien und ihre Einflußnahme auf die gesellschaftliche Entwicklung mittlerweile Vergangenheit, d.h. die Medien, wie sie heute existieren, sind historisch gewachsene Phänomene und damit sowohl Ausdruck als auch Auslöser bestimmter Veränderungen, die Gegenstand der Geschichtswissenschaft sind. Zum anderen kann hierzu nochmals Marc Bloch zitiert werden, der bemerkte, daß den wahren Historiker in erster Linie eine Liebe zum Leben der Gegenwart prägt. Für ihn ist es ein Faktum, daß die Situation der Zeit, in der sich der Historiker befindet, seinen Blick auf die Vergangenheit sowie seine Perspektive prägt und ihm so ständig neue Sichtweisen eröffnet.[15] Auch deshalb ändern sich die Antworten in der Wissenschaft immer wieder, selbst wenn die Fragen gleichbleiben.

Das Internet – ein Spiegel für Zeitgeschichten?

Das Internet ist das jüngste, umstrittenste und außergewöhnlichste der neuen Medien. Seine spezifische Struktur – dezentral, unkontrollierbar und interaktiv – macht es für die Geschichtswissenschaft zu einem in vielerlei Hinsicht hochinteressanten Phänomen: Zum einen ist es Objekt der Forschung, seine Entstehungsgeschichte läßt interessante Schlüsse auf die zeitgeschichtliche Situation der letzten Jahre zu. So sei nur darauf verwiesen, daß aus einem ehemals für die Kriegsführung konzipierten Instrument[16] ein dezentrales, sich jeder staatlichen Kontrolle widersetzendes Medium geworden ist. Es scheint so, als sei in einer Gesellschaft, die sich bemüht, alle Unkalkulierbarkeiten des Lebens durch eine Gesetzes- und Vorschriftenflut einzudämmen, einer Gesellschaft, deren Realitätsempfinden in den letzten Jahrzehnten durch zentral gesteuerte, rein auf passive Rezeptivität abgestellte Medien wie Fernsehen und Radio geprägt wurde, eine neue – teilweise anarchische – Lust am Pluralismus, an Kreativität und Interaktivität gewachsen. Insofern steht die Freude an der Eigeninitiative und Kommunikation, die sich im Internet ausdrückt, der vielbeklagten Tendenz zur Passivität und mangelnden Eigenverantwortung der Menschen unserer Gesellschaft als diametraler Trend gegenüber.

Zum anderen ist das Internet Ausdruck auch der Pluralität der Lebensentwürfe und der Kulturen, denn wie kein anderes Medium erlaubt es, räumliche und zeitliche Grenzen zu überwinden und Menschen aus verschiedensten Kulturkreisen in Kommunikation miteinander treten zu lassen. Damit bietet es ein unerschöpfliches Potential an Quellen – und zwar nicht nur an schriftlichen, sondern an visuellen, auditiven Quellen, die miteinander in Interaktion stehen. Das Internet ist – abgesehen von seinem eigenen historischen Hintergrund – Ausdruck unserer gerade stattfindenden Gegenwart, die morgen auch zur Zeitgeschichte gehören wird.[17] Es versammeln sich dort alle Aspekte des menschlichen Lebens. Im Internet existiert nichts, was nicht auch in unserer alltäglichen Lebenswelt vorhanden ist. Im Gegensatz zu den häufig negativen Suggestionen in den Medien ist es kein Monstrum, das mit seinem unkontrollierbaren Eigenleben den Nutzer beherrscht, sondern es ist Spiegel unserer Existenz mit den Widersprüchen, Perspektiven und Bedürfnissen von Individuen. Virtuell ist es nur in dem Sinne, als es eine Wirklichkeit allein auf der Basis von Zeichensystemen statt Materialität schafft. In seiner vernetzten Struktur realisiert es damit das von Deleuze und Guattari entworfene Rhizom. Auch die anderen, oben kurz genannten Aspekte der poststrukturalistischen Theorien finden sich hier alle wieder: Die Vielfalt der Zeichensysteme und ihrer Interaktion miteinander spiegelt Lyotards Pluralität der Ausdrucksformen; Derridas „différance" und Foucaults Dekonstruktion des kausalen Denkens finden sich in der fließenden, delinearen, niemals festzulegenden Bedeutung der Hypertextstruktur des World Wide Web, die es jedem Nutzer erlaubt, seine eigenen Verbindungen zwischen Dokumenten herzustellen und sich so seinen individuellen Text zu schaffen, der mit jedem neu hinzukommenden Element seine Bedeutung erweitert und verändert. Dasselbe gilt für sich fortschreibende Diskussionen im Netz: Ein solcher Text ist niemals vollendet, weil viele an ihm beteiligt sind und jeder Autor dem Text eine neue Bedeutung hinzufügt. Die Position des Nutzers im Netz ist keine festgelegte, sie ist eine nomadische, die es ihm erlaubt, von Punkt zu Punkt zu ziehen, wobei jeder neue Standort einen neuen Blickwinkel eröffnet.[18]

Neben der Fülle an Quellen, die zur Analyse von zeitgeschichtlichen Entwicklungen und Ereignissen herangezogen werden können, bietet das Internet ein einzigartiges Konglomerat von Dokumenten für die Arten des Wissens und der Wahrnehmung der Menschen unserer Zeit. Allein die Interaktion verschiedener medialer Elemente läßt schon Rückschlüsse auf die veränderten Kognitionsmechanismen der Menschen zu. Wie Pierre Lévy feststellt, ist die Semiotik des digitalen Zeitalters keine einheitliche mehr, die Zeichen verweisen nicht mehr „auf eine kosmische Geschlossenheit, auf wohlgeordnete Spiralen, die Kreis um Kreis durchlaufen, sondern auf erratische, singuläre Linien der Sinnkonstruktion, auf Räume metamorpher Bedeutungen".[19] Die Geschichtswissenschaft – und nicht nur sie – ist hier also mit einer Vielfalt von Zeichensystemen konfrontiert, deren Entwicklungsgeschichten und Bedeutungen für die Gesellschaft es zu interpretieren gilt. Wenn es stimmt, was die Theoretiker des digitalen Zeitalters von McLuhan bis Lévy behaupten und was letztlich auch Wirtschaftsexperten bestätigen, daß wir uns zu einer Gesellschaft entwickeln, in der das Wissen zum wichtigsten Gut werden wird, so wichtig, daß – wie Lyotard prognostiziert – in Zukunft Kriege nicht mehr um Territorien, sondern um Wissen geführt werden, dann wird für die Geschichtswissenschaft das Wissen bzw. die Arten von Wissen und ihre Konstruktion zu einem der wichtigsten Forschungsgegenstände werden. Das Internet ermöglicht dem Historiker zum ersten Mal den Zugriff auf eine Fülle an individuellen Quellen, die er in verschiedenster Hinsicht auswerten kann, die ihm vor allem aber die Wissens- und Wahrnehmungsformen der Gegenwart erschließen können. Geht man in der Analyse von diesen Strukturen und Mechanismen der Wissenskonstruktion aus, können sich völlig andere Blickwinkel auf die zeitgeschichtliche Entwicklung der traditionellen Gegenstände der Geschichtswissenschaft eröffnen. Foucault hat in seinem Werk „Die Ordnung der Dinge" versucht, eine solche Geschichte des Wissens und der Wahrnehmung für das 17. und 18. Jahrhundert zu schreiben – sein Zugang könnte sich für eine Geschichtsschreibung der Gegenwart als sehr fruchtbar erweisen. Eine Analyse der Wissens- und Wahrnehmungsstrukturen einer Zeit sollte zu den grundlegenden methodologischen Voraussetzungen für die Geschichtswissenschaft gehören. Ein solcher Ansatz untermauert auch die gesellschaftliche Relevanz der historischen Wissenschaft: Denn was kann mehr Aufschluß geben über die menschliche Existenz und Identität, als eine Erfassung der kognitiven Voraussetzungen, unter denen Wissen gebildet wird. Erkenntnisse dieser Art könnten maßgeblich die Gestaltung der Zukunft beeinflussen – zum einen in bezug auf das Verhältnis Mensch-Maschine und die Veränderung der Kognition durch die Technologie der Medien; zum anderen aber auch durch die kritische Überprüfung von festgefahrenen Wahrnehmungskategorien und Denkmustern unserer Gesellschaft.

Die vorangegangenen Überlegungen haben für das Selbstverständnis der Geschichtswissenschaft weitgehende Konsequenzen: Sie muß nicht nur, wie vorhin schon erwähnt, selbst ständig ihre eigenen Wahrnehmungsschemata und Perspektiven überprüfen und gegebenenfalls ändern bzw. ergänzen. Sie muß sich auch von der Illusion einer schlüssigen und geschlossenen Darstellung von Epochen und vom Anspruch, „zu zeigen, wie es gewesen ist", endgültig verabschieden. Das bedeutet aber noch lange nicht, daß der Wissenschaftsstatus damit bedroht ist, allerdings muß der Anspruch der Objektivität aufgegeben werden. Definiert man als

Gegenstand der Geschichtswissenschaft die Analyse von Entwicklungsprozessen – auf welcher Ebene auch immer – und deren Zusammenhänge, so wird man sich statt mit absoluten Wahrheiten mit Wahrscheinlichkeiten begnügen müssen. Wissenschaftlichkeit definiert sich nur noch durch die konsequente Anwendung von Methoden im Rahmen eines abgesteckten Bezugssystems, nicht mehr durch Axiome – dies gilt für die Geisteswissenschaften genauso wie für die Naturwissenschaften.

Geschichte und Geschichtsschreibung als plurales Konzept

Wenn also das Internet als Spiegel unserer Welt betrachtet werden kann, dann wird auch deutlich, wie eng verflochten die vielen Aspekte unserer Lebenswelten miteinander sind. Allein schon der technische Aufbau des World Wide Web bringt dies zum Ausruck: Die Hypertextstruktur verdeutlicht auch in formaler Hinsicht die Verwischung von Grenzen und Konturen des Denkens. Kurz gesagt: wir haben es nicht mit parallel verlaufenden Tendenzen und Denkweisen, sondern mit einem transversalen Netz von Wissenssystemen und Meinungen, in dem jeder Punkt mit jedem verbunden ist, eben mit einem Rhizom, zu tun. „Die räumlichen und die zeitlichen 'Ordnungen der Dinge' haben sich in eine Bewegung frei aufsteigender Okkurrenzen aufgelöst (...). Die breit gewordene Gegenwart wird bedeckt durch ein Kontinuum von Phänomenen ohne klare Konturen, wo momentane Konfigurationen beständig in andere übergehen."[20] So charakterisiert Hans-Ulrich Gumbrecht die von ihm im technologischen Zeitalter analysierte „Ent-Naturalisierung von Wirklichkeit",[21] die sich auch im Internet manifestiert.

Die Konsequenz liegt auf der Hand: Eine einzelne Wissenschaft wird kaum in der Lage sein, diese Komplexität zu erfassen. Betrachtet man Wahrnehmungsstrukturen und Wissenskonstruktion z.B. als Untersuchungsgegenstand, so wird deutlich, daß hier Aspekte der Geschichtswissenschaft, der Philologie, der Medizin, der Biologie und der Psychologie in die Betrachtung miteinbezogen werden müssen. Nur mit einer Vernetzung der Wissenschaften ist die Vernetzung der Welt erforschbar – das bedeutet, daß Interdisziplinarität eine unentbehrliche Voraussetzung für die Zukunft der Wissenschaften ist. Pierre Lévy spricht von „kollektiven Intelligenzen", die sich bilden, miteinander kommunizieren und ihr Spezialwissen untereinander austauschen. Die Vernetzung in jeder Hinsicht, auf jeder Ebene wird vielleicht die maßgebliche Existenzform unserer Zukunft sein – und auch die der Wissenschaften. Hier bietet das Internet ein einzigartiges Medium, das sich die Wissenschaften – und zwar alle – zunutze machen können. Noch nie war

Interdisziplinarität technisch so leicht zu realisieren wie heute. Die Vernetzungstechnologie erleichtert den Austausch verschiedener Disziplinen ungemein und eröffnet neue Perspektiven für die Forschung. Es darf vor allem nicht vergessen werden, daß das Internet ein sich in der Entwicklung befindliches Medium ist – das heißt, die Wissenschaften können seine Struktur nach ihren spezifischen Bedürfnissen mitgestalten. Natürlich gibt es noch enorme Probleme zu überwinden, wie z.b. die Frage der Archivierung digitaler Dokumente, die Frage des Urheberrechts, die Frage der Überprüfung der Echtheit von Dokumenten etc. Diese Probleme sind aber nicht unlösbar, vor allem dann nicht, wenn man der Struktur der digitalen Medien Rechnung trägt. So ist es durchaus vorstellbar, daß man sich vom Urheberrecht in der uns bekannten Form verabschieden muß, wenn wirklich Kollektive sich wissenschaftlicher Probleme annehmen. Das Internet schafft schon jetzt Werke, an denen viele beteiligt sind. Im Grunde könnte diese Entwicklung für die Wissenschaft nur von Vorteil sein, wenn die Profilierung einzelner zugunsten der Zusammenarbeit reduziert würde. Das bedeutet keine Entindividualisierung, sondern nur eine stärkere Betonung der intersubjektiven Kommunikation, die dem Erkenntnisfortschritt zugute käme.

Es ist auch denkbar, vielleicht sogar zu wünschen, daß die Grenzen zwischen den einzelnen Wissenschaftsdisziplinen ineinander verfließen, d.h., daß die „kollektiven Intelligenzen" nicht nach Forschungsdisziplinen abgegrenzt werden, sondern durch ihre Themen. In wissenschaftstheoretischer Hinsicht hieße das zunächst, von den Methoden und Theorien anderer Disziplinen zu lernen und sich darüber klar zu werden, daß es zwar das Ziel der Wissenschaften weiterhin sein muß, intersubjektiv überprüfbare Aussagen zu treffen, immer aber in dem Bewußtsein, daß auch die Wissenschaften in ihren Wahrnehmungssystemen gefangen sind. Gerade deswegen ist der interdisziplinäre Austausch vonnöten, damit jede Wissenschaft immer wieder ihr eigenes Bezugssystem, ihr eigenes Wahrnehmungsgebäude in Frage stellen kann.

Zusammenfassung

Digitalisierung und virtuelle Welten sind nicht das Ende der (Zeit-)Geschichte, sondern sie verdeutlichen die Existenz von multiplen Zeitgeschichten. „Es ist nicht mehr die geschichtliche Zeit, die sich auf die Schrift, die Stadt, auf die Vergangenheit bezieht, es ist ein sich bewegender, paradoxer Raum, der auch aus der Zukunft auf uns zukommt. Wir begreifen ihn nicht als eine Abfolge; was ihn betrifft, berufen wir uns auf die Traditionen nur durch eine gefährliche optische Täuschung. Es ist eine unstete, transversale, vielschichtige, unbestimmte Zeit, eine Zeit, wie sie allem, was neu entsteht, vorangeht."[22] Für die Geschichtswissenschaft ergeben sich daraus – nochmals zusammengefaßt – folgende Konsequenzen:

- Die Linearität der Geschichtsbetrachtung muß von unserem heutigen Standpunkt aus endgültig durch eine vernetzende Analyse ersetzt werden.
- Der Erfolgsgrad einer historischen Untersuchung hängt nicht von einer größtmöglichen Vereinheitlichung vieler Phänomene ab, sprich: es gilt Kausalketten kritisch zu überprüfen und auch Brüche und Diskontinuitäten in die Untersuchung miteinzubeziehen.
- Quellen sind immer, vielleicht sogar in erster Linie auf die ihnen zugrundeliegenden Wahrnehmungsschemata und Formen des Wissens zu überprüfen.
- Die Antworten auf geschichtswissenschaftliche Fragen sind immer wieder neu in Frage zu stellen und zwar vom Standpunkt der Erkenntnisse über die Gegenwart.
- Die Geschichtswissenschaft ist in erster Linie eine semiotische Disziplin, die es mit der Analyse und Auswertung von Zeichensystemen zu tun hat. Es gibt immer so viele Geschichten, wie es Bedeutungssysteme gibt, und diese gilt es zu erschließen.
- Es gibt keine absolute Position des Historikers, d.h. es gibt keine Objektivität bezogen auf die Erfassung von Zusammenhängen und Brüchen. Daraus folgt aber kein theoretisches und methodologisches Laisser-faire, sondern eine ständige selbstkritische Überprüfung der eigenen Ausgangsposition und der angewandten Methoden sowie des wissenschaftlichen Bezugssystems.
- Von unserem gegenwärtigen Standpunkt rhizomatisch vernetzter Weltzusammenhänge ist eine Abgrenzung der Geschichtswissenschaft von anderen Wissenschaften unhaltbar geworden – es gilt auch, ein neues, vernetztes Wissenschaftsverständnis zu entwickeln, die technischen Möglichkeiten zu nutzen und für die eigenen Zwecke zu gestalten.

Angesichts der Quellenfülle und der semiotischen Interaktion von Schrift, Bild und Ton steht die historische Forschung vor ungeheuren neuen Aufgaben: Allerdings wird uns mit der Technologie auch gleichzeitig das Handwerkszeug zur Bewältigung dieser Vielfalt an Aufgaben zur Verfügung gestellt.

Die multimediale Welt, in der wir leben, darf vor allem nicht als Bedrohung angesehen werden, sondern muß als Chance begriffen werden: Chance zur Neudefinition und Standortbestimmung des Selbstverständnisses und der Ziele sowie Möglichkeiten der Geschichtswissenschaft unter den oben genannten Aspekten und als Chance zur Optimierung der Forschungsmethoden und Darstellungsmöglichkeiten durch aktive Mitgestaltung der technischen Struktur – oder, um es mit Nicolas Negroponte zu sagen: „Am besten kann man die Zukunft vorhersagen, indem man sie erfindet."[23]

Anmerkungen

1   Fukuyama, Francis/Mießgang, Thomas: „Die soziale Marktwirtschaft ist anachronistisch". Gespräch mit Francis Fukuyama über das Ende der Geschichte, die Legitimität der liberalen Demokratie und die Problematik des letzten Menschen. In: Mießgang, Thomas (Hg.): X-Sample. Gespräche am Rande der Zeit. Wien 1993, S. 51.

2   Flusser, Vilém: Nachgeschichte: Eine korrigierte Geschichtsschreibung. Mannheim 1993, S. 206.

3   Ebda.

4   Ebda., S. 209/210.

5   Hierbei ist zu beachten, daß Flusser 1991 starb und es unwahrscheinlich ist, daß er von der Existenz des Internet, das damals nur einer kleinen Gruppe von Computerspezialisten in den USA zugänglich war, wußte. Umso hellsichtiger stellt sich für uns heute sein Konzept der telematischen Netze dar, die dem momentanen Charakter des Internet entsprechen.

6   Lyotard, François: Das postmoderne Wissen. Wien 1993, S. 52/53.

7   McLuhan, Marshall: Kultur ohne Schrift. In: Medien verstehen. Der McLuhan-Reader. Mannheim 1997, S. 69.

8   Vgl. Lévy, Pierre: Die kollektive Intelligenz. Eine Anthropologie des Cyberspace. Mannheim 1997, S. 22.

9   Vgl. Baudrillard, Jean: Agonie des Realen. Berlin 1978, S. 47/48.

10   Lévy, Kollektive Intelligenz, S. 214.

11   Dieser „Sammelbegriff" wird häufig inflationär zur Charakterisierung sehr verschiedener Philosophen verwendet. Die Verwendung hier rechtfertigt sich v.a. durch einen wesentlichen Faktor: Es handelt sich bei allen erwähnten um Philosophen, die auf sehr unterschiedliche Weise versuchen, eingefahrene Denkmuster in der Philosophie zu entlarven und zu hinterfragen, ohne auf scheinbar „absolute" Wahrheiten zurückgreifen zu wollen.

12   Vgl. Quine, Willard Van Orman: Wort und Objekt (Word and Object). Stuttgart 1980.

13   Vgl. Bloch, Marc: Apologie der Geschichte oder Der Beruf des Historikers. Stuttgart 1974, S. 41.

14   Zit. n. Tapscott, Don: The Digital Economy. Promise and Peril in the Age of Networked Intelligence. New York u.a. 1996, S. 43 (Übersetzung C.H.).

15   Bloch, Apologie, S. 56.

16   Das Internet ging aus dem Arpanet hervor, einem dezentralen Computernetz, das vom Pentagon Ende der sechziger Jahre aufgebaut wurde. Im Falle eines Atomangriffs sollte die Dezentralität garantieren, daß das Netz auch bei Ausfall einer oder mehrerer mit ihm verbundener Computer dennoch weiter funktionsfähig blieb.

17   Es sei hier nur ein Beispiel genannt: Während der Belagerung von Sarajewo schafften freiwillige Helfer den Aufbau eines Mailboxnetzwerks, mit dessen Hilfe die Bürger Sarajewos mit der Welt kommunizieren konnten. Auf diese Weise konnten sie die Verbindung zur

Außenwelt aufrecht erhalten, teilweise sogar Verwandte und Freunde ausfindig machen, die geflohen waren, und der Welt ihre eigene, ganz persönliche Perspektive des Krieges mitteilen. Diese „E-Mail-Gespräche" sind für einen Zeithistoriker faszinierende Quellen, da sie eine Rekonstruktion des Alltags im Bürgerkrieg erlauben und damit eine ganz andere Perspektive der historischen Wahrnehmung ermöglichen. Vgl. dazu Scoric, Ivo: Zamir – Friedensnetzwerk im Kriegsgebiet. In: Bollmann, S./Heibach, C. (Hg.): Kursbuch Internet. Mannheim 1996, S. 156-162.

18 Zu den Parallelen zwischen Poststrukturalismus und der Struktur des Internet vgl. ausführlich: Bollmann, S./Heibach, C.: „Sucht keine Wurzeln, folgt dem Kanal". Die frohen Botschaften der französischen Zahnärzte. In Bollmann/Heibach, Kursbuch Internet, S. 472-478.

19 Lévy, Kollektive Intelligenz, S. 174.

20 Gumbrecht, Hans-Ulrich: Flache Diskurse. In: Gumbrecht, Hans-Ulrich/Pfeiffer, K. Ludwig (Hg.): Materialität der Kommunikation, Frankfurt a.M. 1988, S. 918.

21 Ebda.

22 Lévy, Kollektive Intelligenz, S. 13.

23 Zit. n. Freyermuth, Gundolf S.: Cyberland. Eine Führung durch den High-Tech-Underground. Berlin 1996, S. 234.

Literatur

ARS ELECTRONICA (Hg.): Jean Baudrillard, Hannes Böhringer, Vilém Flusser, Heinz von Foerster, Friedrich Kittler, Peter Weibel: Philosophien der neuen Technologie. Berlin 1989.

Baudrillard, Jean: Agonie des Realen. Berlin 1978.

Bloch, Marc: Apologie der Geschichte oder Der Beruf des Historikers. Stuttgart 1974.

Bollmann, Stefan (Hg.): Kursbuch Neue Medien. Mannheim 1995.

Bollmann, Stefan/Heibach, Christiane (Hg.): Kursbuch Internet. Mannheim 1996.

Deleuze, Gilles/Guattari, Félix: Rhizom. Berlin 1977.

Derrida, Jacques: Die Schrift und die Differenz. Frankfurt am Main [5]1992.

Flusser, Vilém: Nachgeschichte. Eine korrigierte Geschichtsschreibung. Mannheim 1993.

Ders.: Die Revolution der Bilder. Der Flusser-Reader. Mannheim 1995.

Foucault, Michel: Archäologie des Wissens. Frankfurt am Main 1981.

Ders.: Die Ordnung der Dinge. Frankfurt am Main [9]1990.

Freyermuth, Gundolf S.: Cyberland. Eine Führung durch den High-Tech-Underground. Berlin 1996.

Fukuyama, Francis: The End of History and the Last Man. Toronto 1993.

Gelernter, David: Information Highway, oder die gespiegelte Welt im Computer. München 1995.

Gieseke, Michael: Sinnenwandel, Sprachwandel, Kulturwandel. Studien zur Vorgeschichte der Informationsgesellschaft. Frankfurt 1992.

Gumbrecht, Hans-Ulrich: Flache Diskurse. In: Materialität der Kommunikation, hg. v. Hans-Ulrich Gumbrecht und K. Ludwig Pfeiffer. Frankfurt am Main 1988. S. 914-923.

Haarmann, Harald: Universalgeschichte der Schrift. Frankfurt/New York 1994.

Kerckhove, Derrick de: The Skin of Culture. Investigating the New Electronic Society. Toronto 1995.

Landow, George P. and Paul Delany (Hg.): The Digital Word: Text-Based Computing in the Humanities. Cambridge, Massachusetts 1993.

Lévy, Pierre: Kollektive Intelligenz. Eine Anthropologie des Cyberspace. Mannheim 1997.

Lyotard, François: Das postmoderne Wissen. Wien 1993.

McLuhan, Marshall: The Gutenberg-Galaxy. The Making of Typographic Man. Toronto 1962.

Ders.: Medien verstehen. Der McLuhan Reader. Mannheim 1997.

Mießgang, Thomas: X-Sample. Gespräche am Rande der Zeit. Wien 1993.

Quine, Willard Van Orman: Wort und Gegenstand (Word and Object). Stuttgart 1980.

Tapscott, Don: The Digital Economy. Promise and Peril in the Age of Networked Intelligence. New York u.a. 1996.

Weingarten, Rüdiger: Die Verkabelung der Sprache. Grenzen der Technisierung von Kommunikation. Frankfurt 1989.

Manfred Thaller

Virtuelle (Zeit-)Geschichte?

Eine Disziplin zwischen Popularität, Postmoderne und dem Post-Post-Positivismus

Es muß auf den ersten Blick befremdlich wirken, einen Beitrag zu einer zeitgeschichtlichen Tagung im 14. Jahrhundert zu beginnen. Lassen Sie es uns dennoch tun, um den Hintergrund zu beschreiben, vor dem man nach Ansicht des Referenten die langfristigen Beziehungen zwischen der Entwicklung der neuen Medien und der Zeitgeschichte verstehen muß.

Im WWW findet sich die URL http://www.archive.geschichte.mpg.de/duderstadt/dud.htm. Wenn Sie sich dorthin begeben, werden Sie von allgemeinen Informationen über das Stadtarchiv einer kleinen niedersächsischen Stadt begrüßt (Duderstadt), die zunächst den mittlerweile im Web relativ häufig anzutreffenden Informationen über derartige Einrichtungen stark ähnelt, eine Beständeübersicht und andere „Informationen über Informationen" anbietet. Zum Unterschied von der Mehrzahl anderer derartiger Webseiten finden sich jedoch drei Zugangsmechanismen, die von den „Informationen über Informationen" zu den Informationen selbst führen.

Einerseits findet sich über den Begriff „Beständeübersicht" ein Verweis auf die dem neuen Medium angepaßte Darstellung eines absolut traditionellen archivalischen Findbuchs, das vom herkömmlichen Findbuch nur darin abweicht, daß auf der untersten Ebene durch Anklicken der entsprechenden Titel der Archivalien schließlich das Archivgut selbst auf dem Bildschirm erscheint. Alternativ dazu gibt es einen „Zugang über die Tektonik des Archivs", der eben diese graphisch darstellt und eine deutlich tiefergehende Erschließung des Archivgutes, bis hin zu Beschreibungen einzelner Seiten, bietet und auf der untersten Ebene abermals in die Darstellung der digitalisierten Manuskriptseiten mündet. Schließlich gibt es die mittlerweile vom WWW vertrauten Suchmaschinen, die Suchabfragen nach Personen- und Ortsnamen, Titelstichworten und dem Volltext von Regesten (Abstracts) erlauben, wozu die Beschreibungen der entsprechenden Archivalien und schließlich ebenfalls wieder deren digitalisierte Abbilder dargeboten werden.

Der erwähnte Zugang wird derzeit (Januar 1998) für ca. 53.000 Seiten digitalisierten Archivgutes geboten; mit Ende des Projektes (Januar 1999) stehen wahrscheinlich 80.000 Seiten zur Verfügung. Damit ist dann das gesamte administrativ relevante Material dieser Kleinstadt, vom Beginn der Überlieferung im 14. Jahrhundert bis ca. zum Jahre 1650, direkt zugreifbar, und das in drei Formen:

1. Innerhalb des Archivs stehen alle 80.000 Seiten dem Benutzer direkt am Arbeitsplatz zur Verfügung, präsentiert durch speziell auf die Archivsituation abgestimmte Software, die z.B. die Lesbarmachung beschädigter Stücke erlaubt.

2. Von allen Rechnern, die Zugriff auf schnelle Internetanbindungen haben, stehen die Stücke innerhalb von ca. zwei Sekunden pro Seite Archivoriginal zur Verfügung. (Getestet im Zugriff von Norwegen auf den in der BRD stehenden Server, wo allerdings sowohl Arbeitsplatz als auch Server ziemlich gute Anbindungen an die akademischen Hochgeschwindigkeitsnetze beider Länder haben.)

3. Schließlich besteht die Möglichkeit, das aus den für die Realisierung des lokalen Archivzugriffes angelegten Datenbanken weitgehend automatisch erstellte, einleitend beschriebene WWW-Interface so auf CD-ROMs zu schreiben, daß auf diesen lokal, also vom Netzzugang unabhängig, das gesamte WWW-Interface zusammen mit jeweils ca. 5000 Seiten aus dem Gesamtbestand bereitsteht.

Der Verfasser ist sich bewußt, daß all dies, wegen der angesprochenen Epoche, auf einem Zeitgeschichtetag befremdlich wirken muß. Bevor wir eine Brücke schlagen, lassen Sie uns allerdings noch einige weitere Aspekte dieses Projekts besprechen. Nicht die archivfachlichen – obwohl sich hier in den letzten Jahren die Debatten erfreulicherweise stark intensiviert haben. Nicht die nach der erforderlichen Qualität der digitalen Wiedergaben. Lassen Sie es uns als gegeben annehmen, daß sich hier viele Fragen stellen: Nach der Dauerhaftigkeit des digitalisierten Materials, nach etwaigen Beschädigungen der Originale durch den Digitalisierungsprozeß, organisatorischen Konsequenzen für die Archive, die diese Originale besitzen, der Grundlage für die Wahl der Auflösung und Qualität der Archivstücke u.a.m.[1] Gehen wir davon aus, daß für diese Fragen Lösungen bestehen, daß es möglich ist, in angegebenem Umfang Archivmaterial in einer Qualität wiederzugeben, die der von Mikrofilmen mindestens gleichkommt, wenn sie diese nicht übertrifft.

Welche Kosten entstehen?

Im Falle von Duderstadt entstanden bisher Hardwarekosten von ca. 30.000 DM. Für einen Benutzerarbeitsplatz sind Kosten von „etwa DM 5000" anzusetzen. Die Anführungszeichen seien ein Hinweis darauf, daß in diesem Bereich Kostenangaben fast sinnlos sind: Aus hier nicht zu diskutierenden Gründen wird von uns für einen Benutzerarbeitsplatz ein Bildschirm von mindestens 19, besser 21 Zoll mit einer Auflösung von 1280 x 1024 Pixeln, besser 1600 x 1280 vorgeschrieben. Und gerade in diesem Bereich sind die Preise in den letzten zwölf Monaten erheblich gesunken.

Zu diesen Kosten kommen Kosten für die Digitalisierung der einzelnen Seiten, die bei Rechnung der effektiven Personal- und Datenträgerkosten bei etwa 2 DM liegen, nach Einrechnung von Digitalisierhardware (die oben aber schon enthalten ist), Raummiete und ähnlichem dürfte der Preis für die digitalisierte Seite bei etwa 3 DM liegen. Hierbei sprechen wir freilich von einer rein mechanischen Digitalisierung: D.h., diese Kosten bezahlen die Umsetzung des Archivgutes in „photographische" Abbilder, zu denen die Kosten für die einleitend erwähnten Interfaces und die fachliche Erschließung kommen. Beide Kostenfaktoren sind in der Tat schwer zu kalkulieren. Im von uns durchgeführten Projekt wird im Rahmen der Erstellung der Erschließung der Archivalien an zwei Dissertationen gearbeitet; die automatische Erstellung der WWW-Interfaces aus den beschreibenden Datenbanken ist Gegenstand der Forschung – d.h., hier wird, im Gegensatz zur reinen Digitalisierung nicht versucht, die Kosten zu minimieren, sondern bestimmte inhaltliche Vorgaben zu erreichen. Unter der Voraussetzung, daß die Werkzeuge zur automatischen Interfaceerstellung existieren und daß die inhaltliche Erschließung auf ein Minimum reduziert wird, könnte man mit verblüffend niedrigen Kosten auskommen – der Konjunktiv soll als Hinweis darauf stehen, daß in der Realität derartige Projekte wohl immer nur im Rahmen begleitender Forschungsprojekte zur Realisierung kommen werden, bei denen die durch die inhaltliche historische Forschung entstehenden Kosten erheblich sind.

D.h.: Nach dem angegebenen Modell ist die Erschließung von 50.000 bis 100.000 Seiten archivalischen Quellenmaterials innerhalb des Kostenrahmens, wie er durch ein typisches geisteswissenschaftliches Projekt vorgegeben wird, nachweislich exakt planbar und durchführbar. (Das besprochene Projekt hat übrigens im Antrag 60.000 Seiten in drei Jahren „versprochen"; d.h., die Planungen werden übertroffen.) Wenn Projekte dieser Art nicht zeitgerecht und im vorgesehenen Kostenrahmen realisiert werden, so ist dies kein Hinweis darauf, daß die Technologie ungeeignet ist, sondern daß das Projektmanagement mangelhaft war.

Was hat dies alles mit der Zeitgeschichte zu tun? 100.000 Seiten mögen in der Geschichte der frühesten Neuzeit von einigem Interesse sein, aber im 20. Jahrhundert?

Eine der wesentlichsten Schwierigkeiten der historischen Zunft im Umgang mit der Datentechnik war in den letzten zwanzig Jahren immer wieder, daß die Beurteilung dieser Techniken sich auf den jeweils gerade erreichten Stand bezog. Wenn wir diesen Fehler diesmal vermeiden wollen, müssen wir versuchen vorherzusagen, in welche Richtung die Entwicklung gehen wird. Im Moment gibt es für Digitalisierungsprojekte zwei wesentliche Barrieren: Einmal die Scangeschwindigkeit, vor allem bei Material, das gebunden ist oder auf andere Weise den Einsatz von Flachbettscannern verhindert. Denn „elektronische Kameras", die für die Bearbeitung archivalischen Materials geeignet sind, sind derzeit noch entweder so langsam (mit Belichtungszeiten von fünf bis zehn Minuten pro Seite) oder so teuer (mit Kosten von 35.000 DM oder mehr), daß die vorangestellten Kosten- und Zeitangaben nicht übertragbar sind.[2] Hier zeichnen sich aber entscheidende Wandlungen bereits jetzt ab: Kodak bietet seit jüngster Zeit hochauflösende Kameras mit Belichtungszeiten von zwei Sekunden an, und der Marktführer in diesem Bereich bietet ein nur geringfügig langsameres Produkt zu einem wesentlich niedrigeren Preis an.

Der andere wesentliche Engpaß liegt derzeit in der niedrigen Speicherkapazität der CD-ROM: Das erwähnte Duderstadtprojekt repräsentiert ca. 500 CD-ROMs und liegt damit an der oberen Grenze des ohne aufwendige Sonderlösungen leicht zu Verwaltenden.

In beiden Fällen zeichnen sich aber Lösungen ab: Die im Kamerabereich wurden schon angesprochen; im Bereich der Speichermedien wird die Einführung der DVD, des Nachfolgemediums zur CD-ROM, im Moment nur noch durch Auseinandersetzungen zwischen den potentiellen Marktführern über die durchzusetzenden Standards verzögert. Unter der Voraussetzung, daß sich die Preise beim DVD-Equipment etwa wie im Bereich der CD-ROMs entwickeln, lassen sich damit für die nächsten fünf bis zehn Jahre recht gute Vorhersagen treffen. Darüber hinaus wird die Entwicklung deutlich schwieriger vorhersagbar, vor allem, weil bei den angesprochenen Geschwindigkeitssteigerungen digitaler Kameras in absehbarer Zeit dieselbe Geschwindigkeit wie bei herkömmlicher Mikroverfilmung erreicht werden wird – womit sich dann Geschwindigkeitsgrenzen völlig anderer Art ergeben. Mit diesem Caveat scheint die folgende Übersicht über die vorhersehbare Menge an innerhalb kleiner Projekte leicht verarbeitbarer Materialmengen damit durchaus konservativ:

Jahr	Kapazität	Preis (DM)	Typ
1989	150–500	50.000,–	
1997	50.000–100.000	50.000,–	Archiv
	50.000	5.000,–	Benutzer
1997 ★	Ca. 500.000	Ca. 150.000,–	Archiv
2002	Ca. 1.000.000	Ca. 30.000,–	Archiv
	Ca. 1.000.000	Ca. 3.000,–	Benutzer
2010	> 10.000.000	Ca. 25.000,–	Archiv
	> 1.000.000	Ca. 3.000,–	Benutzer

Zu den verwendeten Kategorien: Grundsätzlich versuchen wir Aussagen über die Menge an Archivmaterial zu machen, die auf handelsüblichen Geräten verwaltet werden kann. Als Kapazität wird dabei jene Seitenzahl verstanden, die verwaltet werden kann, ohne daß außergewöhnliche personelle Belastungen (wie z.b. ein ständig mit der Überwachung der Hardware beschäftigter Magazinarbeiter) auftreten bzw. ohne daß spezielle Kenntnisse der Benutzer des Systems gefragt sind. Der Preis für zurückliegende Jahre gibt tatsächlich bei Anschaffungen bezahlte Preise wieder. Bei den Hochrechnungen in die Zukunft sind die Zahlen in Relation zu zwei Fixgrößen zu verstehen. Mit „3.000.-" DM kennzeichnen wir jene Preisgrenze, bis zu der Equipment erfahrungsgemäß sinkt, bevor es im Fachhandel wegen zu geringer Spannen nicht mehr vertrieben wird. Die anderen Werte in der Zukunft sind geschätzte Relationen dazu. Unter Archivsystem verstehen wir ein System zur Verwaltung der angegebenen Zahl archivalischer Seiten, inklusive aller Komponenten, die notwendig sind, um für Benutzer auf Anfrage Datenträger mit einer Teilmenge des Materials zur Bearbeitung am heimischen Arbeitsplatz zu erstellen. (Heute: CD-R Brenner.) Ferner rechnen wir darin jeweils die Kosten für zwei Arbeitsplätze im Benutzerbereich des Archivs ein. Unter Benutzersystem verstehen wir jenen Rechner, von dem angenommen werden kann, daß ihn ein an der Benutzung digitalen Materials interessierter Historiker zu Hause hat.[3]

Unter der Voraussetzung, daß diese Aussagen zutreffen, ergibt sich damit eine Umorientierung der Gründe für den Einsatz digitaler Verfahren in Archiven und archivartigen Einrichtungen, wobei nach dem derzeitigen Stand damit zu rechnen ist, daß die Menge zur Verfügung stehenden Materials zunimmt, aber gleichzeitig der Erschließungsgrad des Materials abnimmt. Dies ergibt etwa folgendes Bild:

Jahr	Art bearbeiteter Bestände	Erschließungsinstrument
1989	Bearbeitung von Einzeldokumenten	Lesbarmachung/Image Enhancement
1997	Erschließung spezieller Bestände	Tiefenerschließung
2002	Erschließung allgemeiner Bestände	Flache Erschließung
2010	Sicherheitsdigitalisierung	Minimalerschließung
2010		Massen OCR bei Manuskripten

Soweit zu einer Beurteilung des derzeitigen Standes der Einsatzmöglichkeiten digitaler Techniken innerhalb von Archiven und archivartigen Einrichtungen. Für unsere folgende Argumentation sind dabei die folgenden Punkte wesentlich:

1. Bereits heute können Spezialbestände innerhalb eines genau kalkulierbaren Kostenrahmens digitalisiert werden.
2. In absehbarer Zeit steigt die Menge derart bearbeitbaren Materials so weit an, daß Mengen erreicht werden, die auch die Bestandsgrößen zeithistorisch relevanter Archivbestände erreichen.

3. Aus der Sicht der Archive geht diese Vergrößerung des potentiell digitalisierbaren Materials aber nicht einher mit einer Beschleunigung der Erschließung desselben. Potentiell besteht also die Gefahr, daß immer größere Quellenmengen immer schlechter erschlossen bereitgestellt werden.

Wenn wir davon ausgehen, daß diese Sicht der Dinge richtig ist, dann hat sich für manche historischen Disziplinen eine wesentliche, stillschweigende Voraussetzung unserer Arbeit bereits geändert, und dies wird in sehr absehbarer Zeit auch auf die Zeitgeschichte zutreffen. Bisher war es in der historischen Ausbildung immer ein wesentliches Ziel, HistorikerInnen darauf vorzubereiten, auf Grund der Interpretation einer relativ beschränkten Anzahl von Dokumenten möglichst stimmige Argumentationsketten aufzubauen. Das ist auch und gerade in manchen Bereichen der Zeitgeschichte auffällig: Wenn wir beginnen, die Flut der Literatur zu den Konzentrationslagern zu sichten, stellen wir sehr schnell fest, daß ein erheblicher Teil der Reflexionen zur Wirklichkeit in den Lagern auf einer ziemlich kleinen Anzahl gleichsam kanonisierter Texte beruht.

Dies hat sicher viele Gründe – wenn es auch gerade in diesem Kontext erstaunlich ist, liegen doch in den Archiven mancher Lager, z.B. Auschwitz, zehntausende von Interviewseiten, die angefertigt wurden, als die Erinnerungen noch frisch waren, und die dennoch kaum genutzt worden sind. (Woran die Tatsache, daß diese Erinnerungen häufig in im Westen weniger bekannten Sprachen abgefaßt sind, zweifellos mit schuld trägt.)

Einer der wesentlichen allgemeinen Gründe lag aber bisher darin, daß die großen Fluten von Material, die in den Archiven lagern, de facto für die Mehrzahl der Historiker nicht wirklich zugänglich sind. Während des Semesters haben Universitätsangehörige nun einmal keine Möglichkeit zu Archivbesuchen – und wenn wir uns die biographische Wirklichkeit vieler Historiker ansehen, ist es häufig so, daß in jüngeren Jahren in häufigen und systematischen Archivbesuchen und Reisen Material angesammelt wird, von dem während des Rests der akademischen Vita gezehrt wird.

Genau dies könnte langfristig einer der Haupteffekte der einleitend beschriebenen neuen Technologien werden: Die Möglichkeit, während der Forschungtätigkeit in allen Lebensphasen Zugriff auf ein unverhältnismäßig größeres Quellenmaterial zu haben, als dies bisher möglich war. Wie weit die dabei geschaffenen Zugriffsformen auf das archivalische Material dabei den Bedürfnissen der Historiker entgegenkommen, wird in wesentlichem Maße davon abhängen, wieweit diese in der Lage sind, ihre Bedürfnisse so genau zu bestimmen, daß sie bei der Realisierung der Archivsysteme berücksichtigt werden. Wenn dies der Fall ist, könnten die historischen Wissenschaften in die Lage versetzt werden, ihre Aussagen auf eine unverhältnismäßig breitere Quellenbasis als bisher zu stützen. Mehr noch, wenn wesentliche Archivbestände direkt und allgemein zugänglich sind, könnten unsere Diskussionen eine neue Qualität gewinnen. Schließlich würde dies bedeuten, daß bei Debatten wesentlich sauberer als bisher zwischen dem zu interpretierenden Material und der Interpretation unterschieden werden könnte.

Wollen wir dies?

In der Entwicklung der EDV-Anwendungen innerhalb der historischen Wissenschaften hat es stets drei Strömungen gegeben; daß sie nicht immer sauber unterschieden worden sind, hat zwar oft zu erheblichen Kommunikationsschwierigkeiten in den Debatten geführt, ändert am prinzipiellen Sachverhalt aber nichts.
1. Rechnergestützte Technologien können der Präsentation von Ergebnissen dienen. Dies geschah in früheren Jahren durch die Einführung der Textverarbeitung und des elektronischen Buchsatzes. Auf abstrakter Ebene wird zwar gerne betont, daß das Werkzeug den, der es benutzt, und das Resultat seiner Arbeit beeinflußt. Diese Frage ist intellektuell ungemein stimulierend. Der Verfasser möchte aber zu bedenken geben, daß die stundenlange Diskussion der Frage, ob ein mit dem PC geschriebener Text nicht per se oberflächlicher sei als ein mit der Hand geschriebener, unvermeidlich in jeder Diskussion über neue Technologien in der Geschichtswissenschaft noch vor zehn Jahren, bei der konkreten Ausbreitung der Textverarbeitung auftauchte und erstaunlich wenig erkennbare Folgen gezeigt hat. Deshalb als Behauptung: Die Form der Präsentation bestimmt den Inhalt nicht.
2. Rechnergestützte Technologien können bestimmte Arten von Ergebnissen möglich machen. Ganze Zweige der Geschichtsforschung in den letzten Jahren – vor allem im Bereich der Sozialgeschichte – sind schwer ohne die Fähigkeit des Rechners, große Quellenmengen zu ordnen vorstellbar: Sei es in der rechnerischen Zusammenfassung von einzelnen Beobachtungen zu Tabellen, sei es durch die Strukturierung von Zugriffen durch Datenbanken.[4]
3. Rechnergestützte Technologien können schließlich neue Methoden anwendbar machen – wie etwa die Anwendungen analytischer Statistik, die freilich im Verhältnis zu den eben erwähnten deskriptiven Anwendungen nur verschwindend selten wirklich verwendet werden.

Dieser grundsätzliche Sachverhalt sollte hier nochmals hervorgehoben werden, weil in allen Stadien, in denen eine bestimmte Rechnertechnologie in die historischen Disziplinen eingeführt worden ist,[5] immer die Tendenz bestand, diese Unterschiede zu vermengen. Viele der erbittert geführten Auseinandersetzungen um „die Quantifizierung" wären seinerzeit wesentlich weniger wirr verlaufen, wenn es eine klarere Unterscheidung zwischen den (sehr wenigen) Studien gegeben hätte, die versucht haben, ein neues analytisches Instrumentarium zu benutzen, und den (sehr vielen), die sich darauf beschränkt haben, rein deskriptive Tabellen aneinanderzureihen. Und der Geschichtswissenschaft ist wahrscheinlich einiges dadurch verloren gegangen, daß viele Kollegen noch heute den Anspruch der Quantifizierung als den Wunsch mißverstehen, darstellende Prosa durch Tabellenanhänge zu ersetzen.

Dies ist kein Abgleiten in eine abgeschlossene Debatte: Denn ähnliche Gefahr besteht nach Ansicht des Verfassers heute. Die Gefahr, das enorme wirkliche Potential der neuen digitalen Techniken mißzuverstehen oder, richtiger, hinter dem offensichtlichen Teil dieses Potentials zu übersehen. Die neuen Technologien, sei es die Technologie des WWW oder die multimedialer Anwendungen, bieten hervorragende neue Möglichkeiten zur Darstellung der Ergebnisse historischer Forschung. Sie machen es möglich, historisch relevante Themen in einer Form darzustellen, die Kreise ansprechen kann, die von der Historie bisher nicht angesprochen wurden. Darin erschöpfen sie sich jedoch nicht: Sie haben vielmehr das Potential, die Bedingungen, unter denen wir historische Forschung betreiben, so zu verändern, daß einige der impliziten Grundannahmen des gegenwärtigen Geschichtsbetriebes hinfällig werden könnten.

Bevor wir in diese Debatte eintreten aber ein klärendes Wort. Der Verfasser ist zutiefst davon überzeugt, daß es zu den Aufgaben des Historikers gehört, seine Aussagen so darzustellen, daß sie verständlich werden. Nicht alles, was verständlich ist, ist deswegen aber auch schon wertvoll. Es ist zweifellos wichtig, die Ausbildung von Historikern so auszulegen, daß sie auf Berufsmöglichkeiten vorbereitet werden, daß die Universität dem Arbeitsmarkt zuarbeitet. Freilich sollte dabei auch eine realistische Vorstellung davon bestehen, wie groß dieser Arbeitsmarkt ist. Wenn heute die Forderung erhoben wird, Historiker so auszubilden, daß sie auf den Arbeitsmärkten der Medienberufe gefragt sind, so bieten die neuen Medien hier unstreitig völlig neue Möglichkeiten. Aber: Wie groß sind diese Arbeitsmärkte? Das Problem der Ausbildung von Historikern in den letzten zwanzig Jahren war nicht, daß Historiker vor 1990 auf keinen Beruf vorbereitet wurden. Die große Mehrzahl der Studierenden historischer Fachrichtungen wurde seit der Krise der Universitäten in den sechziger Jahren auf einen ausgesprochenen Mangelberuf hin ausgebildet. Wesentliche Teile der Universitätsreform der sechziger und siebziger Jahre dienten dazu, Historiker stärker als bis dahin auf einen bestimmten Arbeitsmarkt hin auszubilden. Daß diese gezielte Ausbildung auf Lehrberufe dann noch mindestens zehn Jahre weiterlief, nachdem der Bedarf befriedigt war, wäre ausgesprochen unterhaltsam, müßte man nicht von Zeit zu Zeit den arbeitslosen Kollegen und Kolleginnen in die Augen sehen.

Deshalb eine Vorabklärung: Die neuen Technologien[6] sind ein Mittel zur Popularisierung der Geschichte. Hier können sie neue Berufszweige schaffen und eine neue Form der Darstellung der Geschichte ermöglichen. Wieweit aber diese Darstellungsform unser Verständnis der Zeitgeschichte und der Geschichte im allgemeinen verändern wird, bleibt abzuwarten. Sicher gibt es – wie gerade die Wiener Tagung zeigte – viele vielversprechende Ansätze. Aber ein flacher, unreflektierter und oberflächlicher Text wird nicht dadurch besser, daß er auf einem Bildschirm erscheint und von Fanfaren umklungen ist. Und trotz der wirklich vorhandenen vielversprechenden Ansätze: Vorerst ist es für den Verfasser nicht immer einfach zu erkennen, wodurch sich CD-ROMs und manche Web-Seiten, oft aus Büchern entstanden, von diesen unterscheiden – abgesehen davon, daß sie kurzweiliger sind. Und nochmals: Bevor wir die Ausbildung der Historiker ganz gezielt auf die eines Multimediajournalisten hin umstellen – wie groß ist dieser Stellenmarkt wirklich? Für wieviele Historiker mehr als die, die bisher in den Redaktionen unterkamen, werden dadurch Stellen zugänglich? Oder, um es auf die Spitze zu treiben: Wenn die Qualität eines Historikers an seinen journalistischen Fähigkeiten gemessen wird, was ist dann eigentlich der Grund dafür, daß eine ganze Reihe davon an den Universitäten immer noch pensionsberechtigten Journalismus betreiben sollte, während die „richtigen" Journalisten mit dem freien Markt vorlieb nehmen müssen?

Mit anderen Worten: Der Verfasser sieht in den Möglichkeiten der neuen Technologien, Geschichte anschaulicher zu vermitteln, neue Bevölkerungsgruppen daran zu interessieren und neue journalistische Berufsfelder zu schaffen, wichtige Aspekte, die in der Lehre des Fachs Geschichte im allgemeinen und der Zeitgeschichte im besonderen – die nun einmal eines der größten Popularisierungspotentiale aller historischen Teildisziplinen hat – gebührend berücksichtigt werden sollten. Im Sinne der angeführten Bedenken aber ohne dadurch den Blick auf langfristigere Potentiale zu verstellen.

Wenn die Popularisierung der Historie nicht den entscheidenden Aspekt der Bedeutung der neuen Medien ausmacht, worin liegt er dann? Wir haben eingangs die neuen Technologien als ein Mittel geschildert, um Quellenmaterial in bisher völlig unvorstellbarem Ausmaß in eine allgemein zugängliche Form zu bringen. Und unseres Erachtens nach liegen hier einige Möglichkeiten, die über ein Potential zur Popularisierung der Historie weit hinausgehen. Um dies zu begründen, sei zunächst geschildert, wie der Verfasser die Entwicklung der historischen Disziplinen in den letzten Jahrzehnten versteht.

Nach dieser Interpretation kann die Entwicklung der Geschichtswissenschaft als eine Geschichte zweier aufeinanderfolgender Revolutionen gesehen werden, die das Gesicht des Faches seit dem 18. Jahrhundert zweimal völlig verändert haben. Die erste dieser Revolutionen ist eine Folge der Entwicklung moderner Editionstechniken. Ihr wesentliches Ergebnis bestand, systematisch gesehen, nicht einfach in der abstrakten größeren Zugänglichkeit bisher unbekannter Quellen, sondern vor allem darin, daß diese Quellen durch ihre Veröffentlichung allen interessierten Historikern zugänglich waren und es somit ermöglichten, die Argumente auf eine bisher unvorstellbare Weise nachzuvollziehen. Halten wir fest, daß hier nicht vom zeitgenössischen Ziel absoluter Objektivität die Rede ist. Daß und warum dies eine Schimäre ist, ist gegen Ende unseres Jahrhunderts wohl nicht mehr besonders begründungsbedürftig.[7] Die nachprüfbare Unterscheidung zwischen den Schlüssen, die HistorikerInnen aus ihren Quellen ziehen, und den Informationen, die diese Quellen zunächst enthalten, erlaubt eben eine wesentlich klarere Definition, wo Interpretationsunterschiede entstehen. D.h. unabhängig von einer schemenhaften Objektivität: Was wirklich zunimmt, ist die intersubjektive Nachprüfbarkeit der Aussagen. Gerade weil nach diesem Ideal Geschichte nur geschrieben werden kann, wenn sie sich auf gut erschlossene Quellen stützt, engte dies freilich die Sichtweite dieser Geschichte ein: Was nicht quellenmäßig abgestützt werden kann, ist nicht erforschenswürdig. Und mit der stillschweigenden Annahme, daß nur Quellen erschließungswürdig sind, die einem gut bekannten Forschungsinteresse dienen, schließt sich der Kreis zur Geschichte als der Darstellung politischer Vorgänge, wie er noch vor dreißig Jahren trotz aller Lippenbekenntnisse, Miszellen und exotischen Außenseiter das Bild der Historie an den österreichischen Universitäten völlig beherrschte – und nebenbei der Zeitgeschichte vor allen anderen Disziplinen den Ruch mangelnder Seriosität verlieh, fehlte ihr die Absicherung durch den Bezug auf etablierte Editionsserien doch völlig.

In diesem Kontext der wechselseitigen Beeinflussung von Editionspraxis und zulässigen historischen Forschungsinteressen müssen wir Trevelyans Vorwort zur English Social History von 1944 lesen:

„How far can we know the real life of men in each successive age of the past? Historians and antiquarians have amassed by patient scholarship a great sum of information, and have edited innumerable records, letters and journals, enough to provide reading for whole lifetimes; yet even this mass of knowledge is small indeed compared to the sum total of social history, which could only be mastered if we knew the biographies of all the millions of men, women and children who have lived in England."[8]

Trevelyan steht hier gleichzeitig für den Beginn der zweiten der beiden oben postulierten Revolutionen, die die letzten fünfzig Jahre geprägt hat: jener explosionsartigen Ausbreitung der Bereiche „legitimen historischen Interesses", die aus den extrem wenigen historischen Disziplinen noch der sechziger Jahre jene Vielzahl von Disziplinen und Subdisziplinen hat werden lassen, die wir heute vor Augen haben: Gender History, Family Studies, Wissenschaftsgeschichte, Oral History, Mikrohistorie ... Daß wir dabei Teildisziplinen, die sich primär inhaltlich definieren, mit solchen durcheinandergeworfen haben, die sich primär methodisch definieren, geschah durchaus absichtlich – geht in der Realität beides doch meist Hand in Hand. Diese Explosion der Interessensbereiche hat freilich die Ergebnisse der „editorischen Revolution" weitgehend zunichte gemacht. Wie jeder, der häufig an unterschiedlichen Universitäten lehrt, bezeugen kann, ist es auch fünfzig Jahre nach Trevelyan zwar problemlos, am historischen Institut einer beliebigen westeuropäischen Universität innerhalb von Stunden reiches Material an Quellenbeispielen für fast jedes beliebige Kapitel politischer Geschichte zu finden. Aber Beispiele für Quellen zur Mikrohistorie in einer Instituts- oder Universitätsbibliothek? Sie sind nicht zu finden – nicht weil eine bestimmte Institution sich bei ihrem Kauf zurückhielt, sondern weil sie nicht ediert sind.

Diese Unterscheidung zwischen zwei Phasen der Entwicklung der Geschichtsschreibung, in der die Konzentration auf eine Bereitstellung einer allgemein zugänglichen Quellenbasis durch eine Konzentration auf eine Ausweitung des Gegenstandsbereiches der Geschichte abgelöst wird, ist übrigens unabhängig von der methodischen Ausrichtung: Die an den sozialwissenschaftlichen Methoden orientierten Arbeiten in den siebziger und achtziger Jahren, mit ihrem impliziten oder expliziten Anspruch einer größeren Wissenschaftlichkeit, haben diese Ausweitung des Gegenstandbereichs genauso betrieben wie neuere Arbeiten, die prononciert den Standpunkt vertreten, Geschichte sei keine Wissenschaft, sondern eine Unterabteilung der Literatur.

Die Folgerungen aus dem bisher Gesagten sollten offensichtlich sein. (a) Die neuen Technologien erlauben nicht nur die Möglichkeit, historische Darstellungen besser zugänglich zu machen; sie erlauben auch, unverhältnismäßig größere Quellenmengen als bisher während der Erstellung historischer Arbeiten zu konsultieren. (b) Der gezielte Bezug auf die Quellen, aus denen historische Erkenntnisse entstanden sind, hat in der Vergangenheit lange Zeit die historische Forschung bestimmt. Unabhängig von den sonstigen methodischen Prämissen dieser Arbeiten stieg dadurch die intersubjektive Nachprüfbarkeit der Ergebnisse. (c) Diese Entwicklung wurde zum Teil wieder dadurch zerstört, daß die Ausweitung des Gegenstandsbereiches der Historie dazu geführt hat, daß ein immer kleinerer Anteil der Aussagen auf Quellen gestützt ist, die außerhalb der Archive und anderer „bewahrender Institutionen" verwendet werden können.

Ergo: Die neuen Technologien könnten ein Mittel sein, um die beiden be-

417

schriebenen Phasen der historischen Entwicklung miteinander zu versöhnen. Wenn wir jetzt von zehntausenden, in ein oder zwei Jahren von hunderttausenden verfügbaren Quellenseiten ausgehen können – und in mittlerer Zukunft vor Millionen stehen werden –, dann wird an Hand derartiger digitaler Quellensammlungen die Quellenbasis spezialisierter Themen auch und gerade der Zeitgeschichte plötzlich genauso öffentlich zugänglich wie die Geschichte der diplomatischen Vorgänge im Vorfeld des Ersten Weltkrieges.

Neopositivismus?

Selbstverständlich wird niemand heute mehr im Ernst die noch vor fünfundzwanzig Jahren von österreichischen Lehrstuhlinhabern in Seminaren vertretene These, wenn man sämtliche Quellen zu einem historischen Problem kenne, sei es überflüssig, die Literatur dazu zu kennen, vertreten. Aber, ein Interesse an Quellen und das Insistieren darauf, daß sie wichtig seien, ist nicht per se ein Verfallen in alte Denkmuster: Zumindest manche der Vertreter des Postmodernismus beklagen selbst die Tatsache, daß manche historischen Erscheinungen so überkrustet von Interpretationen seien, daß es schwer werde, das ursprüngliche historische Problem noch zu erkennen.[9]

Und die ernsthafte Beschäftigung mit digitalen Quellensammlungen der erwähnten Größenordnung könnte in der Tat merkwürdige methodische Allianzen erzeugen. Wenn auch immer man die Möglichkeit erwähnt, hunderttausende von Quellenseiten am eigenen Schreibtisch bearbeiten zu können, wird diese Möglichkeit zuerst Begeisterung hervorrufen. Aber: Hunderttausende von Seiten können auch sehr bedrohlich wirken. Ob das eine oder das andere zutrifft, hängt letztlich davon ab, ob es sich um organisiertes Material handelt, in dem wir die relevanten Teile mit einiger Aussicht auf Erfolg suchen können, oder ob es sich um einen ungeordneten Berg von Rohmaterial handelt. Das heißt: Wir müssen als Historiker Mittel und Wege finden, um mit überschaubarem Aufwand wesentlich bessere Quellenmengen als bisher effektiv zu organisieren. (Was, wie bereits im einleitenden Beispiel beschrieben, mit Abstand der aufwendigste Teil dieser Projekte ist.)

Wollte man streng innerhistorisch argumentieren, könnte man dies als eine hilfswissenschaftliche Aufgabe beschreiben – und damit bei manchen Kollegen sicher negative Reflexe auslösen. Ob diese Reflexe, so berechtigt sie vor allem angesichts mancher vergangener Praxis sein mögen, dem Konzept einer Hilfswissenschaft an sich genauso gerecht werden wie der eben angesprochenen Praxis, soll hier nicht diskutiert werden. Hingewiesen werden muß aber darauf, daß die Organisation von Information und die Beschreibung von Dokumenten in Informati-

onssystemen in einer Weise, die möglichst gute Möglichkeiten der Informations-
wiedergewinnung mit einem möglichst geringen Aufwand bei der Beschreibung
der vorhandenen Dokumente oder Objekte verbindet, außerhistorisch als eine
Grundaufgabe der Informatik angesehen wird.[10] Und wenn wir im bereits oben
zitierten Vertreter des Postmodernismus nachlesen, finden wir voll Interesse folgende Stelle: „In recent years, many people have observed our changed attitude
towards the phenomenon of information. Theories have been formed about it and
the theoreticians concerned have, as usually happens, given themselves a name. In
this context we often talk about postmodernists or poststructuralists …"[11]

Nun soll hier nicht der Versuch betrieben werden, mit Hilfe des Gleichklangs
von „Information" im Sinne der Informatik, „Information" im Sinne der dokumentarischen Informationswissenschaft und Ankersmits eben zitierten Versuch, den
Postmodernismus als einen Ausfluß des Interesses am Wesen von „Information",
nach Heidegger'scher Manier aus Lautmalerei Sinn zu erzeugen: Dennoch besteht
genau hier nach Ansicht des Verfassers eine Möglichkeit der Konvergenz, zwischen scheinbar unvereinbaren Ansätzen mindestens eine Gesprächsbasis herzustellen. Natürlich gibt es Widersprüche: Ankersmit sieht „Information" und
„Science" in weiterer Folge seiner Darlegungen als zwei voneinander unabhängige Kategorien an, die beide dem überlegenen Blick der postmodernen Betrachtungsweise entgangen seien, und die Tatsache, daß jedes Informatikstudium mit
mehr oder minder philosophischen Betrachtungen zur Natur der Information ein-
hergeht, die der Wissenschaft sehr wohl unterworfen werden könne, entgeht ihm.[12]

Dennoch: Die neuen Technologien werden für uns nur optimal nutzbar werden, wenn wir die traditionelle Konzentration der historischen Ausbildung auf die
optimale interpretative Ausnutzung auch des kleinsten Informationsrestes in einer
relativ kleinen Anzahl ausgewählter Quellen durch eine Konzentration auf die
Fähigkeit ersetzen, den Inhalt möglichst großer Informationsmengen sinnvoll zu
integrieren. (Was der Verfasser in anderem Zusammenhang als den Schritt von
einer Methodologie des Quellenmangels hin zu einer der Quellenfülle beschrieben
hat.[13]) Und in diesem Bestreben könnten die angesprochenen, überraschenden
Kontakte zustandekommen.

Rückzug in den Elfenbeinturm?

Ist das ein Plädoyer für eine Abkehr von dem beeindruckenden Potential der neu-
en Technologien, was die Präsentation historischer Ergebnisse betrifft, hin zu einer
Vereinnahmung dieser Technologien für den Bereich der Geschichtswissenschaft,
der vielleicht am wenigsten publikumswirksam ist, die hilfswissenschaftliche Dis-

kussion einer-, die wissenschaftstheoretische andererseits? Sollen wir, bei allen Gründen, dem Umfang dieser Chancen skeptisch gegenüberzustehen, völlig auf die neuen Arbeitsmärkte verzichten?

Die Fragen so zu stellen, heißt, sie zu verneinen.

Die Konzentration auf jene Aspekte der neuen Technologien, die sie zur Verwaltung großer Quellenmengen geeignet machen, soll nicht darüber hinwegtäuschen, daß sie sich ganz hervorragend für die Präsentation von Ergebnissen eignen. Mehr noch: Die Grenzlinie zwischen diesen beiden Verwendungsarten wird immer mehr verschwinden. Denn eine gute Multimediadarstellung eines historischen Themas kann ohne weiters den Mechanismus, der die Funktionalität der klassischen Fußnoten implementiert, so gestalten, daß die Verweise auf Quellen stufenweise in das Zugangssystem zu einem digitalen Archiv führen. Und eine Benutzeroberfläche eines Archives, die sich an interessierte Laien wendet, wird notwendigerweise viele Elemente eines Multimedialehrsystems haben.

Freilich: Moden fordern immer möglichst rasche Ergebnisse – und die geschilderte Verbindung von populärer Präsentation und historischer Tiefe gelingt nur, wenn diese Probleme konzeptuell ernstgenommen werden; nicht, wenn ein bestehendes Lehrbuch mit geringstmöglichem intellektuellem Aufwand in eine CD verwandelt wird, um auf der aktuellen Welle mitzuschwimmen.

Und für die Berufschancen dürfte langfristig wohl ein wesentlich größerer Markt wichtiger sein. Die Informationsschwemme ist ein Problem, das nicht auf die Historiker beschränkt ist, sondern das unsere Gesellschaft insgesamt betrifft. Es mag Disziplinen geben, die derzeit den Anspruch erheben, Lösungen zu haben. Wie man die ungeheuren Informationsmengen organisiert, die auf uns alle zukommen, weiß aber in Wirklichkeit noch niemand. Und ein geisteswissenschaftlicher Hintergrund, der von vorneherein darauf abzielt, sich in Fluten von Informationen zurechtzufinden, kann für diesen Zweck mindestens genausogut qualifizieren wie irgendein technisches Studium; wahrscheinlich sogar besser. Disziplinen, die den Anspruch erheben können, diese Herausforderung ernsthaft anzunehmen und, aus der Natur ihrer Fächer heraus, Beiträge zu ihrer Bewältigung zu leisten; Disziplinen, die den Anspruch erheben können, den von ihnen Ausgebildeten das Rüstzeug zum Umgang mit riesigen Informationsmengen mitzugeben, werden in Zukunft in diesem Bereich zusätzliche Berufsfelder erschließen. Andere nicht.

Anmerkungen

1   Dazu z. B.: Thaller, M.: „Inventare und Forschungssysteme: Zwei Seiten einer Münze oder unterschiedliche Währungen?", in EDV-Tage Theuern 1995, S. 70-83.

2   Die vorgetragenen Überlegungen beziehen sich auf professionelle Geräte, die mit Auflösungen von 4000 x 3000 und mehr arbeiten, nicht auf die in Supermärkten mittlerweile für unter 500 DM verkauften niedrigauflösenden Kameras.

3   Hier liegt übrigens einer der wesentlichen Unterschiede zur Mikroverfilmung. Wir gehen davon aus, daß in der Zukunft, soweit dies noch nicht der Fall ist, PCs oder ihre Nachfolger zur Standardausstattung des Forschers – auch am eigenen Arbeitsplatz zu Hause gehören. Die Anzahl von Historikern, die Microfilmreader oder Reader-Printer im eigenen Büro haben, ist deutlich geringer.

4   Vgl. Thaller, M.: „Have Very Large Data Bases Methodological Relevance?", in O. Opitz (Ed.): Conceptual and Numerical Analysis of Data, 1989, S. 311-326.

5   Vgl. Thaller, M.: „Entzauberungen. Die Entwicklung einer fachspezifischen historischen Datenverarbeitung in der Bundesrepublik", in Prinz, W. und Weingart, P. (Eds.): Die sogenannten Geisteswissenschaften: Innenansichten, Frankfurt/Main, 1990 (stw 854), S. 238-158.

6   Wobei nicht übersehen werden sollte, daß diese Technologien wirklich zum Teil zu genuin neuen Verhaltensweisen führen können. Zum Grundsätzlichen auf der Ebene der Reaktionen Jugendlicher zu diesen Medien insgesamt – mit offensichtlichen Implikationen auch für die Lehre in der Geschichte – z.B.: Tapscott, Don: Growing up Digital. The Rise of the Net Generation, New York, 1997.

7   Der Groll des Autors gilt hier natürlich nur dem Versuch, diesen Begriff absolut zu setzen. Gegen Interpretationen, die den Begriff in ähnlicher Weise verwenden, wie im folgenden die „intersubjektive Vergleichbarkeit" definiert wird, soll damit natürlich nicht argumentiert werden. Vgl. C. B. McCullagh: „Can Our Understanding of Old Texts be Objective?", in History and Theory 30 (1991) S. 302-323.

8   Trevelyan, G. M.: English Social History. Hier zitiert nach der Ausgabe London 1978, S. 1.

9   Ankersmit, F. R.: „Historiography and Postmodernism", in: History and Theory 28 (1989), S. 137-153; hier: S. 137-138.

10 Zur Verbindung traditioneller und informatikorientierter Argumentationen bei der Darstellung von Quelleninformationen als gutes Beispiel: Buzzetti, Dino: „Image Processing and the Study of Manuscript Textual Traditions", in: Historical Methods 28 (1995), S. 145-154.

11 Ebda. S. 140.

12 Die vorangegangenen Zitate sollen in keiner Weise so mißverstanden werden, als ob der Verfasser postmodernistische Betrachtungsweisen als valide ansehen würde. Interessant erscheint ihm jedoch, daß sich selbst in diesem, seinem eigenen Verständnis von historischer Verantwortung und Aufgabe wenig zugänglichen Gedankengebäude auf die erwähnte Weise Konvergenzen hin zu einer Neubesinnung auf die grundsätzliche Bedeutung einer Auseinandersetzung mit dem Inhalt historsicher Information ergeben. (Im Gegensatz zu den gelegentlich von anderen Vertretern des Postmodernismus geäußerten Ideen von einer „Emanzipation der Geschichtswissenschaft von den Quellen".) Während der Verfasser den zitierten Aufsatz von Ankersmit daher als gutes Beispiel für solche Tendenzen betrachtet, stimmt er mit den Aussagen desselben in keiner Weise überein. Eine recht gute Replik auf diesen Aufsatz: Zagorin, P.: „Historiography and Postmodernism: Reconsiderations", in: History and Theory, 29 (1990), S. 263-274.

13 Thaller, M.: „Von der Mißverständlichkeit des Selbstverständlichen", in Vierhaus R. et. al. (Eds.): Frühe Neuzeit – Frühe Moderne. Forschungen zur Vielschichtigkeit von Übergangsprozessen, Göttingen 1992 (=Veröff. des MPI f. Geschichte 104), S. 443-467, hier S. 467.

Thomas Grotum

Der Aufbau von „Digitalen Archiven" zur Geschichte der NS-Konzentrationslager

In den nationalsozialistischen Konzentrationslagern wurden umfangreiche Lager-dokumentationen angelegt. Die SS-Lagerführungen ließen alle Vorgänge akribisch festhalten. Es wurden Kartotheken und Evidenzbücher geführt, Listen und Ver-zeichnisse angefertigt, Personalakten angelegt, Meldungen und Befehle in schriftli-cher Form erteilt, Korrespondenz abgelegt usw. Vor der Evakuierung der einzel-nen Lager versuchte die SS, diese Lagerdokumentationen zu vernichten oder zu-mindest zunächst abzutransportieren, um die Spuren der Verbrechen zu verwi-schen. Auch wenn dies zum Großteil gelang, so ist doch eine Vielzahl von Quellen – zumeist fragmentarisch – erhalten geblieben.[1] Hierunter befinden sich viele listen-artige Dokumente und kurze Belege, die sich im Gegensatz zu erzählenden Quel-len einer einzelfallorientierten Analyse entziehen. Für sich genommen besitzen die einzelnen Quellenbelege nur einen eingeschränkten Aussagewert. Erst die Ver-knüpfung der bisher zumeist isoliert betrachteten Informationen kann dazu beitra-gen, weiterführende Erkenntnisse – etwa zur Zusammensetzung der Häftlings-gesellschaften – zu gewinnen. Mit herkömmlichen Mitteln ist dies nicht mehr realisierbar.

Im Rahmen des Projektes „Sicherung und verbesserte Erschließung der Quel-len im Archiv des Staatlichen Museums Auschwitz-Birkenau"[2] wurde zwischen 1990 und 1996 ein Modell zum Aufbau von „Digitalen Archiven" entwickelt, das zur Zeit auf andere KZ-Gedenkstätten übertragen wird. Unter dem Begriff „Digi-tales Archiv" wird dabei die Wiedergabe eines gesamten Archivs oder eines signi-fikanten Teils davon verstanden. Die Größenordnung bewegt sich im Bereich von 50.000 bis zu einigen Millionen Seiten.[3]

Der Einsatz des Rechners bei der Bearbeitung von Häftlingsakten stellt an sich keine Neuerung dar, wie z.B. der Aufbau von Datenbanken im Rahmen von Gedenk-buch-Projekten zeigt. Bei der weiteren Verwendung ergeben sich allerdings häufig gravierende Probleme. Diese sind insbesondere auf die personenbezogene Ausrich-tung der genannten Datenbanken sowie auf die Verwendung von Datenbanksyste-men zurückzuführen, die eher auf die Verwaltung von homogenen Datenbeständen (wie Adressen) als auf heterogene, unscharfe, mehrdimensionale und kontextsensitive historische Quellen[4] ausgerichtet sind. Kurz gesagt: Zumeist wird nicht die Quelle, sondern deren Interpretation mit Hilfe des Rechners verwaltet.

- So werden zumeist die Angaben über einen ehemaligen Häftling eines Konzentrationslagers aus unterschiedlichen Quellen zusammengestellt, wobei zum Teil gar nicht, zum Teil nur noch mit sehr großem Aufwand nachvollzogen werden kann, woher die Einzelinformationen stammen.
- Die Dokumente enthalten häufig widersprüchliche Angaben, deren eindeutige Klärung nicht möglich ist. Die Bewertung von unterschiedlich geschriebenen Namen, differierenden Geburtsdaten usw. liegt bei der Übertragung der Informationen im Ermessen derjenigen Person, die die Daten eingibt.
- Selbst wenn eine Vielzahl von Einzelangaben in die Datenbank übernommen wird, so fehlen doch meist die Informationen, die entweder als unwichtig angesehen werden oder aber nur sehr selten in den Quellen vorkommen.

Die günstige Ausgangslage, daß maschinenlesbare Bestände vorliegen, die für weitere Forschungsprojekte von Interesse sind, kann sich angesichts dieser Probleme schnell ins Gegenteil verkehren.

Drei konkrete Beispiele mögen die genannten Spezifika noch einmal verdeutlichen:

Enthält ein Dokument den Geburtsort *Auschitz*, so könnte man meinen, es handle sich um einen Schreibfehler, insbesondere weil zuvor mehrfach der Ort *Auschwitz* genannt worden ist. Wird nun die ursprüngliche Ortsbezeichnung bei der Übertragung auf den Rechner verändert, könnte niemand bei einer folgenden Analyse nachvollziehen, daß und aus welchen Gründen diese Angleichung vorgenommen wurde. Im genannten Fall würde dieses Vorgehen gar zu einer Verfälschung der Information führen, da es allein schon im Protektorat Böhmen und Mähren zweimal die Ortsbezeichnung *Auschitz* gab. Sinnvoll ist es, den Rechner einzusetzen, um derartige Zweifelsfälle zu klären. Nach Abschluß der Eingabearbeiten könnte z.B. ein Ortsregister rasch Aufschluß darüber geben, ob eine bestimmte Schreibung isoliert dasteht oder aber häufiger wiederkehrt. Weil im Verlauf der Bearbeitung weiterer Bestände eventuell neue Erkenntnisse gewonnen werden können, sollte der Grundsatz, die Quelle originalgetreu zu erfassen, nie aufgegeben werden.

Selbst geringfügige Unregelmäßigkeiten in den Dokumenten können eine Bedeutung haben. So kann z.B. die Groß- oder Kleinschreibung eines Buchstabens oder ein zusätzlich eingefügtes, unscheinbar wirkendes Zeichen auf einen bestimmten Sachverhalt hinweisen, den ein Häftlingsschreiber dokumentieren wollte, ohne sich verdächtig zu machen. Auch hier würden Standardisierungen einem Informationsverlust gleichkommen. Entsprechend müssen Schreibungsvarianten beibehalten werden.[5]

In den Quellen werden gelegentlich Ortsnamen (Geburts- oder Wohnorte)

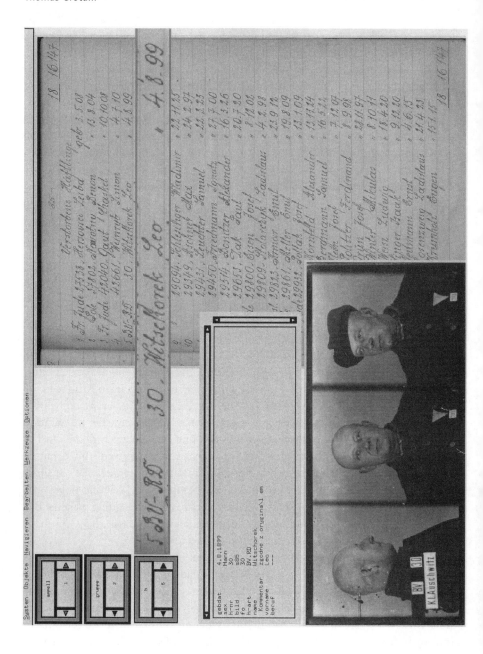

erwähnt. Wollte man diese systematisieren, sie also beispielsweise in übergeordnete Verwaltungseinheiten zusammenfassen, so kann dies nur im zeitlichen Kontext erfolgen. Die Zuordnung eines Ortes kann je nach zugehörigem Geburtsdatum vollkommen unterschiedlich ausfallen. Ein entsprechender Thesaurus muß also die kontextsensitive Verwaltung derartiger Angaben zulassen.

Erforderlich ist ein quellenorientiertes Vorgehen, in dessen Rahmen die Originale der einzelnen Archivbestände im Mittelpunkt stehen.[6] Ihre Struktur wird jeweils auf dem Rechner abgebildet. Die notwendigen Arbeitsschritte seien an dieser Stelle kurz erläutert:[7]

• Zunächst wird die Quelle Blatt für Blatt mit einer hohen Auflösung (etwa 300dpi, 256 Graustufen) gescannt und in einem Standard-Bildformat (TIFF) abgespeichert. Diese Maßnahme dient primär der langfristigen Sicherung der Quellen, die zum Teil vom Verfall bedroht sind. Die so erzeugten Bilddateien werden auf CD-ROM archiviert.

• In einem zweiten Schritt werden alle Informationen in eine Datenbank übertragen, und zwar möglichst quellengetreu. Standardisierungen und „Korrekturen" werden zu diesem Zeitpunkt nicht durchgeführt.

• Schließlich werden Arbeitskopien der Bilddateien erzeugt, deren Qualität den Anforderungen der verwendeten Hardware (Bildschirmauflösung usw.) angepaßt sind, und in die Datenbank integriert.

• Nach Abschluß der Bearbeitung eines Bestandes wird die entsprechende Datenbasis in das „Digitale Archiv" integriert. Es werden Verknüpfungen zu bereits existierenden maschinenlesbaren Beständen hergestellt, um etwa die Informationen zu einer Person zusammenzuführen. Hierbei werden Werkzeuge, die unabhängig von den Daten (= Quellen) verwaltet werden, eingesetzt, um bei einem Vergleich Varianten in der Schreibung der Namen auszugleichen und differierende Angaben in den unterschiedlichen Quellen (z.B. bei den Geburtsdaten) zu berücksichtigen. Die Regeln, die hierbei zur Anwendung kommen, werden den jeweiligen Anforderungen entsprechend verändert und erweitert.

Ein derartiges „Digitales Archiv" kann nun genutzt werden, um in den unterschiedlichsten Zusammenhängen verwendet zu werden:

1. Gedenkbücher: Die Ergebnisse von Datenbankabfragen können als Vorlagen für diese Publikationen dienen. Während des gemeinsamen Projekts mit dem Staatlichen Museum Auschwitz-Birkenau sind zwei derartige Editionen erschienen: das „Gedenkbuch. Die Sinti und Roma im Konzentrationslager Auschwitz-Birkenau",[8] das auf einem Quellenbestand beruht, und die „Sterbebücher von Auschwitz. Fragmente",[9] bei dem insgesamt neun Datenbasen Berücksichtigung gefunden haben. In beiden Fällen wurden die Datenbankabfragen so formuliert, daß die Ergebnisse direkt als Druckvorlagen genutzt werden konnten.

425

2. Informationssysteme: Die Archive, die Quellen zur Geschichte der national-sozialistischen Konzentrationslager aufbewahren, werden relativ häufig – von Überlebenden, Angehörigen der Opfer und für Forschungsprojekte – konsultiert. Durch die Bereitstellung von vorbereiteten Abfrageroutinen, die über Menüs und Eingabefelder gesteuert werden, kann ein „Digitales Archiv" zum Informationssystem für mit der Beantwortung von Anfragen betraute Personen werden. Dies bedeutet nicht nur eine Arbeitserleichterung – weil beispielsweise bei einer Recherche nach einem ehemaligen Häftling bei Eingabe des Namens auch mögliche Schreibungsvarianten gefunden werden –, sondern ermöglicht auch die Ausgabe von Quellenreproduktionen durch die Integration der digitalisierten Quellen. Die Originale, die sich zum Teil in einem schlechten Zustand befinden, werden so geschont.

3. Multimediale Anwendungen: Bei der Entwicklung von multimedialen Lehrpaketen kann ebenfalls auf „Digitale Archive" zurückgegriffen werden. Dies betrifft sowohl die digitalisierten Dokumente, die im benötigten Format ausgegeben werden können, als auch die in den Datenbanken vorhandenen Informationen, wobei nicht nur an die in den Datenbasen unmittelbar enthaltenen Angaben zu denken ist, sondern auch an inhaltliche Ergebnisse von Abfragen.

4. Forschung: Die Bereitstellung derartiger Datenbanken als „maschinenlesbare Editionen" ist als Beitrag zur sozialgeschichtlich ausgerichteten Erforschung der nationalsozialistischen Konzentrationslager zu verstehen. Durch das quellenorientierte Vorgehen ist der Bezug zum Original bei jeder Einzelangabe jederzeit gegeben. Quellenkritische Erkenntnisse lassen sich sowohl auf Grundlage der Analyse von einzelnen Beständen als auch durch vergleichende Betrachtungen über die miteinander verknüpften Datenbasen erzielen. Dadurch, daß sämtliche Arbeitshypothesen unabhängig von den eigentlichen Daten verwaltet werden, können sie jederzeit nachvollzogen und gegebenenfalls den eigenen Ansprüchen entsprechend verändert werden. Welche Möglichkeiten gibt es, „Digitale Archive" verfügbar zu machen?

- Zunächst einmal wäre es möglich, sie innerhalb von Archiven an speziellen Arbeitsplätzen zugänglich zu machen. Interessierte könnten vollkommen selbständig alle Arbeitsschritte von der Recherche bis zur Vorlage einzelner Dokumente mit Hilfe einer einheitlichen Oberfläche am Rechner durchführen.

- Eine weitere Möglichkeit stellt die Recherche über das Internet dar. Ob auf diese Art und Weise ausschließlich elektronische Findmittel benutzt werden können, ob ausgewählte Informationen aus den Datenbanken direkt abgerufen werden können oder ob gar digitalisierte Dokumente auf den lokalen Rechner heruntergeladen werden können, steht hierbei ganz im Ermessen der Institution, die solche Zugriffswege bereitstellt.[10]

- Schließlich ist in diesem Zusammenhang an die Publikation von maschinenlesbaren Editionen zu denken. Ein Quellenbestand wie die „Sterbebücher" des Konzentrationslagers Auschwitz, der knapp 69.000 Blatt umfaßt, könnte auf 5 bis 6 CD-ROMs zur Verfügung gestellt werden; und zwar sowohl die Datenbank als auch sämtliche digitalisierten Dokumente. Im Rahmen von Forschungsprojekten bietet sich so nicht nur die Möglichkeit, an einem beliebigen Ort Quellenrecherchen durchzuführen, die sich auf alle in der Quelle vorhandenen Angaben beziehen, sondern gleichzeitig bei unsicheren Informationen einen Blick auf eine Reproduktion der Quelle zu werfen. – Die Publikation von CD-ROM-Editionen bietet sich natürlich besonders bei zentralen Beständen zur Geschichte einzelner NS-Konzentrationslager an. Darüber hinaus können auf diese Art und Weise listenartige Bestände, die wegen ihres Umfangs für herkömmliche Editionen nicht geeignet sind und bisher eher vernachlässigt wurden, verstärkt in die Forschung einbezogen werden.

Abschließend sei noch der Hinweis erlaubt, daß viele Häftlinge in mehreren Konzentrationslagern waren. Der parallele Aufbau von „Digitalen Archiven" in unterschiedlichen Gedenkstätten, wie er zur Zeit betrieben wird, eröffnet die Perspektive, die maschinenlesbaren Bestände miteinander zu verknüpfen, um so das Schicksal von Häftlingen über die Grenzen eines Lagers hinaus verfolgen zu können und gleichzeitig neue Erkenntnisse über das System der NS-Konzentrationslager zu gewinnen.

Anmerkungen

1 Bezogen auf das größte NS-Konzentrations- und Vernichtungslager vgl. u.a. Wróbel, Halina: Die Liquidation des Konzentrationslagers Auschwitz-Birkenau, in: Hefte von Auschwitz 6 (1962), S. 3-41; Palarczykowa, Anna: Die Nazibehörden des Konzentrationslagers Auschwitz, deren Kanzleien und ihr Aktennachlaß, in: Archivmitteilungen. Zeitschrift für Theorie und Praxis des Archivwesens 15 (1965), H. 2, S. 44-53.

2 Grotum, Thomas: Sicherung und verbesserte Erschließung eines Archivbestandes: Das Beispiel Auschwitz-Birkenau, in: EDV-Tage Theuern 1995, hg. v. Bergbau- und Industriemuseum Ostbayern, Haus der Bayerischen Geschichte u. Landesstelle für nichtstaatliche Museen. München/Theuern 1996, S. 60-69.

3 Thaller, Manfred: Inventare und Forschungssysteme: Zwei Seiten einer Münze oder unterschiedliche Währungen?, in: EDV-Tage Theuern 1995, S. 70-83, hier S. 74.

4 Levermann, Wolfgang: Kontextsensitive Datenverwaltung. Halbgraue Reihe zur historischen Fachinformatik B 8. St. Katharinen 1991; Thaller, Manfred: Entzauberungen. Die Entwicklung einer fachspezifischen historischen Datenverarbeitung in der Bundesrepublik, in: Prinz, Wolfgang/Weingart, Peter (Hg.): Die sog. Geisteswissenschaften: Innenansichten. Frankfurt a. M. 1990, S. 138-158.

5   Vgl. u. a. Paczuła, Tadeusz: Organisation und Verwaltung des ersten Häftlingskrankenbaus in Auschwitz, in: Die Auschwitz-Hefte. Texte der polnischen Zeitschrift „Przegląd Lekarski" über historische, psychische und medizinische Aspekte des Lebens und Sterbens in Auschwitz. Hamburg 1994, S. 159-165, hier S. 160.

6   Eingesetzt wird das speziell für die Verarbeitung von historischen Quellen am Max-Planck-Institut für Geschichte in Göttingen entwickelte Datenbankprogramm κλειω (kleio).

7   Siehe auch die Abbildung.

8   Gedenkbuch. Die Sinti und Roma im Konzentrationslager Auschwitz-Birkenaus/Memorial Book. The Gypsies at Auschwitz-Birkenau/Księga Pamięi. Cyganie w obozie koncentracyjnym Auschwitz-Birkenau, hg. v. Staatlichen Museum Auschwitz-Birkenau in Zusammenarbeit mit dem Dokumentations- und Kulturzentrum Deutscher Sinti und Roma (Heidelberg), 2 Bde. München/London/New York/Paris 1993.

9   Sterbebücher von Auschwitz. Fragmente/Death Book from Auschwitz. Remnants/Księgi zgonów z Auschwitz. Fragmenty, hg. v. Staatlichen Museum Auschwitz-Birkenau, 3 Bde. München/New Providence/London/Paris 1995.

10 Ein Beispiel, das sich auf mittelalterliche und frühneuzeitliche Quellen bezieht, ist im World Wide Web (WWW) unter http://www.archive.geschichte.mpg.de/duderstadt/dud.htm zu finden. Zum Aspekt der Sicherheit vgl. Grotum, Thomas: Fälschungssichere elektronische Publikationen von KZ-Archiven, in: Qualität und Dokumentation. CIDOC Jahrestagung 1997. Nürnberg 1998, S. 20-1 – 20-5.

Georg Schmid

Ephemere semiologische überlegungen zu kollektiv-autosuggestiven geschichtsbildern vis-à-vis der konstruktivismen der geschichtsschreibung[1]

Für Jeff Bernard
und Gloria Withalm

Was bringt kollektive dazu, so zu handeln, wie sie handeln? Eine antwort darauf könnte lauten: welt- und geschichtsbilder.

Diese eher kollektiven als individualen bilder qua vorstellungen (eine art „pseudowissen") sind ohne zweifel sozial handlungsleitend, was man von den ergebnissen wissenschaftlicher und in sonderheit geschichtswissenschaftlicher tätigkeit allenfalls bedingt sagen kann. Denn die *texte,* welche die historiographie produziert, erweisen pertinenz vor allem in genau abgezirkelten bereichen; so weit die wirksamkeit jener über diese hinausreicht, geschieht das nicht vermöge der intrinsischen qualitäten der wissenschaftlichen untersuchungen, sondern durch „kulturale appropriation" auf der basis eines spezifischen sozialen interesses (z. b. nationalgeschichtsschreibung), das alles durch eine bestimmte brille sehen macht.

Was man „stammtischwissen" nennen könnte, hat mehr relevanz in puncto sozialer aktion als forschungsergebnisse und wissenschaftliche explikationen und analysen. Illusionslos müsste man sagen: wissenschaftlichkeit vermag gegen einbildung nichts. Die vorstellungen in einer gegebenen, beliebigen gesellschaft können im widerspruch zu den forschungsergebnissen und wissenschaftlichen darlegungen stehen (in der regel tun sie das), was aber nichts an der sozialen wirksamkeit jener durchaus bildhaften vorstellungen ändert (im gegenteil, ist man versucht zu sagen).

Semiologisch besehen mag das daran liegen, dass die ebenso legendenhaften und mystifizierenden wie scheinbar herkunftslosen und willkürlichen vorstellungen einer sozietät im prinzip nicht anders funktionieren als die theoretisch fundierten und bisweilen rational motivierten darstellungen von forschungsergebnissen. Theoretisch ist das immerhin ansatzweise zu erklären (falsches kann ebenso – scheinhaft

– richtig erzählt werden wie zutreffendes); „realitäts"- und authentizitätstests lassen sich indessen im bereich der geschichte nicht durch probe aufs exempel durchführen (auch wenn die historiker manchmal so tun mögen, als wäre es möglich). Was also tun, wenn „wissenschaftliche erkenntnisse" allem anschein nach gegen „volkswahrheiten" nichts vermögen? Könnte eine art *kommutationstest* die dinge klären? Oder wie sonst wäre jene letztlich irrationale geschichtslosigkeit zu erklären, die immer nur auf verharmlosung und verdrängen, auf entstellung und umschreiben dessen, was geschehen (und, ebenso wichtig, dessen, was gewesen) hinausläuft? Sollte man aber darüber hinaus nicht auch hypothetisch annehmen, dass die historikerschaft ihrerseits von vorurteilen und sonderinteressen, befangenheiten und tendenziösen anschauungen angekränkelt ist, die nicht selten, was die motivationen anbelangt, deutliche affinitäten mit den geschichtsbildern der „volkswahrheiten" aufweist?

Es gibt eine reihe von exemplarischen „ges(ch)ichts-punkten", bei denen man ansetzen könnte:

1) Es ist unleugbar, dass die NS-verbrechen immer mehr verharmlost, ja in abrede gestellt werden. Im vulgären diskurs heisst es etwa: das sei schon so lange her, es solle endlich ruhe damit sein – respektive, das sei alles überhaupt nicht wahr. Im spezialisten-diskurs sind verunreinigungen und untermischungen durch/ mit ordinäre(n) diskurstypen und -modulen zu befinden – hinzu kommt die quasi gesellschaftlich „angemahnte" entlastungsfunktion der geschichtsschreibung in ihren hagiographischen dimensionen und manifestationsformen.

2) *Alternate History* lässt sich narrativ genauso behandeln – und wirkt überhaupt – wie „reale", woraus möglicherweise der theoretische primat einer semiologischen analyse der präsentationsstrategien abzuleiten ist: wenn anhand des textkonstrukts nicht festzustellen ist, ob es sich um sozusagen richtige oder um „Virtual", „Allo-", eben Alternate History handle, sondern wenn das nur aufgrund extrinsischer, also text*externer* momente (dokumentarischer beweise, wissenschaftlichen konsens etc.) möglich ist, muss einer letztlich beliebigen erzählbarkeit ein effizientes kontrollinstrumentarium gegenübergestellt werden. Es kann dabei nicht darum gehen, „richtigkeit" einfach (erneut narrativ, im weitesten sinn) zu dekretieren; es geht vielmehr darum, durch eine formalisierung der aussage den grad ihrer szientifischen, ihrer „szientifizität", zu erhöhen.[2]

3) Konkret – und um einer gewissen aktualität rechnung zu tragen – kann man diagnostizieren, dass die „kontroverse" um Goldhagen auch in der fachhistorikerschaft psychologisch erklärbare ab- und verleugnungen an den tag legt, die sich indessen semiologisch auf ganz ähnliche weise manifestieren wie der pseudohistorische diskurs der „breiten massen". Zu den problematiken des narrativen, des logico-konzeptuellen und jenem quasi-ikonographischen (der ausdruck

geschichts*bild* macht es deutlich) kommt folglich noch ein „(sozio)psycho-analytisches" moment hinzu, das uns dazu veranlassen sollte, über die wege von rekursen auf eben psychoanalytisches instrumentarium nicht zuletzt ein „inszena-torisches" der historiographischen aussagen genau zu überprüfen; auch von daher gelangen wir zu den präsentativen strategien, semiologisch präziser gesprochen: zur form des ausdrucks (Hjelmslev).

Wie liesse sich solches (und manch anderes) im hinblick auf das projekt einer „semiohistorie"[3] entwickeln? Ich möchte das kursorisch andeuten, und zwar vor allem unter ständiger bedachtnahme auf das leitkonzept *geschichtsbild*.

Wie man weiss, wird die notion *image* in der semiologie kaum angewandt; und wenn, dann im hinblick auf visuelles: als sich selbst genügende manifestation. Die bildsemiotik meint, dass jede botschaft, im laufe des kommunikativen aktes, auf ikonischen zeichen beruhe. Die sémiotique planaire indessen verweist darauf, dass es weder bei benennung noch in einem bezeichnungs*parcours* reine denotation gebe. Ein wenig freudianisch könnte man von rücksicht auf darstellbarkeit spre-chen; zudem ist das auftreten von konnotativen elementen und momenten unver-meidbar und unumgänglich. Im übrigen ist „geschichtsbilder" eine metapher, wenn es jemals eine gegeben hat. Gemeint sind die sozialen, also kollektiven vorstellungen von unüberschaubarer fülle des vergangenen, die auch visuelle (oder quasi-visuel-le) komponenten aufweisen, sich in ihnen aber nicht erschöpfen.

Diese komponenten sind wohl auf weite strecken ikonisch angelegt. Die wahrheitszuschreibung von konnotationen von solchen „bildern" und sprachli-chen, also eher abstrakten, begriffen und vorstellungsbündeln sind in hohem mass nationalspezifisch. Jede „komparatistik" von kulturen leidet darunter, ist aber ge-rade aus geschichtswissenschaftlicher perspektive nachdrücklich zu fordern, weil schon – abgesehen von umfassenden „bedeutungsgebäuden" innerhalb einer gesell-schaft und ihrer (eben historisch generierten) traditionen – zwischen wortinhalten und begrifflich sich niederschlagenden konzepten (im sinne einer art etikettierung dessen, was naiv als pure, unbezeichnete „realität" gesetzt wird) von verwandten sprachen und benachbarten soziokulturen in der regel massive unterschiede beste-hen.

In dieser hinsicht ist die anfertigung eines carré sémiotique – eines „semiotischen vierecks" – zwar angebracht (vielleicht mehr als sonstwo), um die logischen beziehungen zwischen sein, nichtsein, scheinen, nichtscheinen via formalisierung klarer machen zu können, aber auch besonders schwierig, weil die wahrheits-ansprüche, -unterstellungen und -deklarationen ihrerseits relativ sind: in jeder soziokultur – sowie in all ihren verschiedenen zonen – spezifisch, different und differenziert, zwar vergleichbar, aber nie in eins zu bringen.[4]

Das macht den szientifischen anspruch der geschichtswissenschaft, die gleichermassen zu approximativ und zu impressionistisch wirkt, durchaus fragwürdig. Der rekurs auf pure faktizität, den die historikerschaft dann gern ins spiel bringt, ist wenig überzeugend, weil in der geschichte nie jene probe aufs exempel gemacht werden kann (was schon erwähnt wurde), die also nur im hinblick auf die „geschichtsbilder" funktioniert.

Deshalb ist es auch so leicht *zu leugnen:* die veridiktion ist weder auf kognitiver basis zu erbringen, noch bezieht sie sich auf positives wissen: vielmehr ist, semiologisch gesprochen, der referent temporal entrückt, wiewohl er allerdings (von seinem *scheinen* her) als gegenwärtig simuliert wird. Wir kommen dergestalt rasch zu den der semiologie nicht fremden begriffen geheimnis, lüge und illusion.

Ausdrücklich betont sei, dass solche feststellungen, die nur skeptizistisch erscheinen, tatsächlich aber auf eine realistische einschätzung der sachlage abzielen, durchaus nicht auf jene art von „relativierung" hinauswollen, die so tut, als wäre keinerlei geschichtswissenschaftliche erkenntnis möglich: im gegenteil sind überlegungen zu „geheimnis − lüge − illusion" voraussetzung dafür, jene ab- und verleugnungen hinsichtlich der geschichte zurückweisen zu können − sie laufen auf eine erklärung hinaus, warum es den leugnern und verharmlosern so leicht fällt, das zu tun, was sie tun.

Es scheint mir auffällig, dass Daniel Goldhagens jetzt schon legendäre „annihilationismusstudie"[5] bei den „normalen" zuhörern auf offenere ohren und weniger vorbehalte stösst als bei qualifizierten historikern: letztere fühlen sich als sachwalter der geschichte der soziokultur, der sie entstammen, des staates, der sie beschäftigt, der tradition, die sie glauben wahren zu sollen. Vorbewusste nationale motivation spielt dabei eine dezisive rolle. Rhetorisch verbrämt heisst das circa: man könne sich seiner geschichte nicht zu sehr substrahieren. Umgekehrt haben natürlich alle historischen forschungen nicht dazu geführt, gewissen partien der sogenannten „bevölkerung" klarzumachen, was wirklich passiert ist. Die erdrückendsten beweise − sie sind natürlich nie ad hoc zu erbringen − reichen nicht aus, um „aufklärend" zu wirken. Niemand will aufgeklärt werden. Und niemand hat es gern, sei es auch nur implicite, einer gewissen ehrlosigkeit geziehen werden zu können (genozid ist nun einmal nicht gerade ehrenhaft).

Zurückkehrend zu semiologischen oder „semiohistorischen" erwägungen: repräsentiert geschichtliches kontinuität oder diskontinuität? Zunächst: geschichts-*schreibung* ist in jedem fall kontinuum, sukzession, in gewisser weise linearität und finalität und eine gehörige portion von teleologie. Ein eindruck des fortlaufenden wird generiert. Strukturen und prozesse können andererseits diskontinuierliche elemente aufweisen, zäsuren und schismen und atomisierungen ins spiel bringen; sie rhythmisieren und verweisen auf verschiedene tempi von geschehen. Neuerdings wird der begriff *chaostory* bemüht,[6] um − im sinne einer „komplexitätstheorie" à la Michael Crichton – auf chaos- oder katastrophentheorie und den non-deterministischen charakter von geschichte zu verweisen. (Gewisse teile von geschichtsbildern stehen darüber hinaus der vorstellung von kontinuierlichem entgegen.)

Mit einer gewissen sarkastischen bitterkeit argumentiert: hat es nicht manchmal, ja immer öfter den anschein, man denke (oder vielmehr: stelle sich vor), die Nazis hätten sich wie aliens unter uns gemischt und seien 1945 – quasi „einfach so" – wieder verschwunden: Gods absconded?! (Ein zynischer österreichischer witz fragt, wohin die nazis 1945 verschwunden seien – antwort: ein drittel sei zur ÖVP, das zweite zur SPÖ gegangen, das dritte drittel schliesslich habe den VdU gegründet.)

Alternate Histories, so das vorhin ins spiel gebrachte argument, lasse sich prinzipiell genauso erzählen wie realgeschichte, ohne dass man a priori wüsste, was richtigkeit/falschheit, lüge und verstellung, geheimnis und illusion seien. Natürlich hängt das mit der problematik der formalisierbarkeit der substanz des inhalts zusammen. Wie leicht man getäuscht werden kann, lässt sich am ehesten daran ermessen, dass man bei kleinen teilen von mikrogeschichte ohnehin nie mit sicherheit weiss, was nun stimme und was nicht. Nur die grossen, „groben" züge der geschichte lösen in uns, via wiedererkennungseffekt, den eindruck, die impression von zutreffender richtigkeit aus. Was die manipulation durch erzählte geschichte anbelangt – in historischer wissenschaft wie bei Demandt oder Turner,[7] zu schweigen von dem legendären buch *If*[8] oder in literatur wie in Philip Dicks *Man in the High Castle*[9] bis hin zu Robert Harris' *Fatherland*[10] und, seit ein paar monaten, Stephen Frys *Making History*[11] –, ist es, als wäre die vertraut wirkende geschichte ausgetauscht gegen eine fremde, andere, eben alternative, ohne dass „historisch ungebildete" dieses umstands unbedingt gewahr werden müssten/könnten. Das wissen, selten umgehend nachprüfbar, in der regel auf „professionistischem" konsensus beruhend, entscheidet über die zuordnung: richtige / falsche geschichte.

Die manipulation (als argumentative makrostruktur sowie im hinblick auf narrative algorithmen verstanden), im wege von interpretativ wie persuasiv, kann bis zur exekution gehen, also zur ausführung gemäss handlungsanleitungen. Man kann die frage zur diskussion stellen, ob eingedenk der solidaritätsbeziehung – also der reziproken vorannahme – genauere untersuchungen vorgenommen werden könnten, warum geschichtliches *so substituierbar* erscheint. Denn offenkundig scheint immerhin, dass das verhältnis zwischen ausdruck und inhalt – zwei semiologische kategorien, die im historischen denken kaum eingeführt sind – in der geschichte vage ist: während dieser, eine art fetisch, unanzweifelbar und nicht hinterschreitbar oder begründbar wirkt, ist die expressivitätsebene der historiographischen darstellung in der regel narrativ, selten analytisch, oft synthetisch, repetitiv und eine art ewiges zitatenkarussel (was gewisse sprachfertigteile, aber auch den „wissenschaftlichen apparat" betrifft), somit hinsichtlich der form des ausdrucks jedenfalls in hohem mass artifiziell. Die geschichtswissenschaftliche darstellung wird damit a fortiori dem impliziten anspruch einer gewissen „natürlichkeit" historischen geschehens oder zustands allenfalls unvollkommen gerecht: sie ist sozusagen rein „*kultürlich* ".

Was geschichte, egal ob wahre oder falsche, betrifft, ist, des weiteren, das narrative insofern nicht dem kognitiven nachgeordnet, hierarchisch quasi, als die kognition nicht objektbezogen erfolgen kann, sondern nur textbezogen (wenn man bereit ist, der notion „text" seine ganze weite und fülle zuzugestehen): und zwar einerseits in jenem metaphorischen sinn wie man sagt, wahrnehmbare welt sei wie ein text, wie auch andererseits in einem wörtlichen sinn und ganz konkret, also hinsichtlich historischer dokumente oder monumente, residuen und relikte – und natürlich auch vorausgegangener geschichtsschreibung, die ja als annähernd unendlich gestaffelte vorgestellt werden muss (eine immense flucht von historiographien, ein wenig an judaische vorstellungen von text, vor allem von der torah mit all den stratenartig angelegten kommentierungen, erinnernd: eine art besternung, wie Barthes einmal sagte, oder eben immer mehr schichten oder konzentrische kreise um den – schimärischen? – mittelpunkt *fakten*).

Gemäss des vorhin reklamierten soziopsychoanalytischen, also hinsichtlich einer „psychosemiologie" müsste man gleichwohl auch noch momente einer traumatisierung miteinbeziehen, womit wir wieder ganz konkret auf das reizvolle thema der Alternate History zurückkommen. Indiz für diese traumatisierung ist a) die unmenge von büchern, die als präsupposition haben, Nazideutschland hätte den Zweiten Weltkrieg gewonnen, b) dass es im bracket Alternate History (was ihre literarischen ausformungen betrifft) fast überhaupt nur bücher gibt, in denen der ausgangspunkt jene „alternative welt" des deutschen siegs ist. (Ausnahmen wären etwa *As-tu vu Montézuma*, im sommer 1980 als fortsetzungsroman in *Le Monde* erschienen, und Keith Roberts' *Pavane*, dessen deutschsprachige übersetzung signifikanterweise „Die folgenschwere Ermordung ihrer Majestät Königin Elisabeths I." heisst.[12])

Um Alternate-History-entwürfe ordentlich evaluieren zu können, ist es hilfreich, das vorstellungsdispositiv so einzurichten, dass man sich wirklich folgendes voll bewusst machen kann: von den ehedem so genannten siegermächten existiert die Sowjetunion gar nicht mehr, das Vereinigte Königreich ist nichts als ein schatten seines früheren selbst, die USA halten sich kraft einer art generalisierter armut (McJob!), lediglich Frankreich hat es – siegermacht ohnehin hauptsächlich durch die de Gaullesche politik des *comme si* –, durch verbündung mit dem früheren gegner, einigermassen (der akzent liegt darauf) geschafft, sich zu behaupten. Wie logisch die annahme erscheinen kann, Nazideutschland hätte den krieg gewinnen können... – und wie überzeugend die fiktion, es „*habe*" ihn gewonnen...

Wie steht es, angesichts solch ein wenig zynischer (in wahrheit aber nur pointierender) aussagen in sachen „siegermacht" und Pyrrhussieg mit dem bereits erwähnten wiedererkennungseffekt, der das plausible als real erscheinen lässt (womit der barthesianische *effet de réel* ins spiel tritt)? Es ist vielleicht nichts als ein konditionierter reflex, der uns sagen lässt, so verhielten sich die dinge – etwa die geschichtlichen verhältnisse –, indem der „kulturelle code" (Barthes) resp. die „enzyklopädie" (Eco) über das wissen das erkennen steuert. Denn unser geschichts- und weltbild begnügt sich ja nicht damit, eine historische narration einfach zu akzeptieren, sondern zieht daraus schlussfolgerungen in hinsicht auf orientierung, option, evaluation. Die pure beobachtung der gegenwärtigen zu- und umstände (also in gewisser weise „kognition") würde nicht genügen, um die wirkliche geschichte wirklich zu erkennen, sie also aus der gegenwart ableiten zu können. Ihre (der geschichte) paradoxien – wer wirkt wie ein gewinner, wer wie ein verlierer des letzten weltkriegs? – erfordern zwingend „enzyklopädie"/"kulturellen code", um die genese der gegenwart gleichsam vektorial, also invertiert, was den linearen zeitablauf betrifft, zurückverfolgen zu können.

Und es erfolgt, via geschichtsbilder, so etwas wie eine pseudo-visualisierung (zu unserem historischen wissen stellen sich immer bilder ein). Diese bilder werden angeordnet: die mise-en-scène ist auch mise-en-histoire. Die texte im weitesten sinn ordnen nach bestimmten parametern die mise-en-mémoire dessen, was (eigentlich) geschehen.... Scheinbare historische wahrnehmung hat mit realitätseffekt nichts zu tun, sondern ist eher ein ergebnis von vorschreibungen. Diese sind ungleich mehr und eher gegenwärtig als geschichtlich. Die „images" des gegenwärtigen (also etwa ökonomischer erfolg) – um auf dem beispiel von alternate histories zum komplex kriegsgewinner/-verlierer zu insistieren – zählen ungleich mehr als historische schuld oder unschuld (sollten moralische kategorien überhaupt ins spiel kommen). Und das erstarren von images zu ikonen, noch gar nicht erforscht, etabliert dann ein stagnatives element.

Alle geschichte erscheint in gewisser weise fremd, distanziert, inkommensurabel („the past is a foreign country, they do things differently there"): nicht tangibel. Und was ist intelligibel? Residuen, müsste man sagen, manipuliert und manipulativ, entstellt, oft bis zur unkenntlichkeit, vortäuschend, verkleidend, euphemisierend und reorientierend, aber handlungsleitend und glauben machend. Es gibt ein sozialkulturales interesse, die eigene position zu festigen, zu sichern und eher zu *ver*klären als zu *er*klären (die motivation dafür ist primär materiell – sozialdarwinistisch geht es darum, ökonomisch-kapitalistisch zu dominieren –, in zweiter linie moralisierend: mit einem guten gewissen, ist es auch fiktiv und autosuggestiv generiert, lässt es sich bequemer leben). Und das „image" einer gesellschaft, eines staats, einer „macht" ergibt sich aus der kollektiven selbstsicherheit des auftretens, einer art

435

arrogierter legitimität. In rudimentärer erinnerung – oder dessen, was als wissen um vergangenes ausgegeben wird – oder defizitärer vorstellung von künftigem, bei aufbieten aller phantasie, zählen (nur) bildhafte oder bildähnliche und bildartige vorstellungen, die vermutlich nach den gesichtspunkten visueller semiologie analysiert und expliziert werden könnten. (Es dürfte sich dabei um kulturell implantierte automatiken handeln.)

Es sind diese an sinnestäuschungen gemahnenden idealisierenden einschätzungen des ich und des wir in der gegenwart, die, wesentlich aus dem kollektiven unbewussten einer gesellschaft hervorgehend, die eindrücke von geschichte und ihre festlegung in geschichtsbildern regulieren. An die stelle der „realen vergangenheit" tritt dadurch, den anstrengungen der historikerzunft zum trotz, eine art simulakrum, dessen errichtung hinsichtlich der kognitiven dimension möglicherweise die unverzichtbare voraussetzung eines jeden programmes der intersubjektivität ist. Und indem zum anderen das image wahrscheinlich mehr chancen hat zu bestehen (annähernd wie eine materielle spur) als eine eventuell zu etablierende „wahrheit" oder tatsächlichkeit, von der man nicht selten den eindruck hat, sie interessiere niemanden, ergeben sich sehr schwere aufgaben für die historische kritik. Die bedeutungsentstellungen, die gegenwärtige interessen und motivationen der geschichte gleichsam zufügen, können mit dem hier grob skizzierten semiohistorischen programm aller wahrscheinlichkeit nach besser als bisher nachgewiesen und korrigiert werden: vielleicht ist die zeitgeschichte das „scharnier", an dem sich die gegenwart – in form ihrer dominanten gesellschaftlichen faktoren – entstellend an der vergangenheit – und ihrer geschichte – zu schaffen macht.

Anmerkungen

1 Was hier nur kursorisch angedeutet wird, findet sich ausführlich präsentiert und diskutiert in meinem demnächst erscheinenden buch: Die geschichtsfalle. Über bilder, einbildungen und geschichtsbilder (Böhlau Wien, Nachbarschaften – Humanwissenschaftliche Studien. 8.).
N.B.: Wegen des scheiterns der rechtschreibreform halte ich mich an die offiziellen vorschläge der reformkommission (1992), die leider einem politischen „override" zum opfer gefallen sind.

2 Cf. ibid., kapitel I.2: Geschichte, geschichten, geschichtsschreibung und ihr verhältnis zueinander.

3 Ibid., Erstes buch, wo diesen fragen ausführlich nachgegangen wird.

4 Ibid., kapitel I.2.

5 Goldhagen, Daniel Jonah: Hitler's Willing Executioners. Ordinary Germans and the Holocaust. New York, Knopf 1996.

6 Ferguson, Niall (ed.): Virtual History. Alternatives and Counterfactuals. London, Picador/ Macmillan 1997.

7   Demandt, Alexander: Ungeschehene Geschichte. Ein Traktat über die Frage: Was wäre geschehen, wenn...? 2. aufl. Göttingen, Vandenhoeck 1986. Turner, Henry A.: Hitler, Geißel des Jahrhunderts. Hitler und seine Hinterlassenschaft. Berlin, Siedler 1989 (Leider geht dieser ausgabe ein hinweis auf die anglophone originalveröffentlichung ab.)

8   Squire, C. (ed.): If It Had Happened Otherwise. Lapses into Imaginary History. London, New York u. Toronto, Longmans, Green & Co. 1931. Alternativer titel: If or History Re-Written.

9   Harmondworth, Penguin 1965 (ursprüngl. 1962).

10 London, Hutchinson/Random House 1992.

11 London, Hutchinson/Random House 1996.

12 Aus dem – deutschen – titel ist unschwer abzulesen, dass es um den sieg der Armada und ein spanisches England geht. Der *Monde*-roman postuliert, dass sich das Ancien Régime völlig anders entwickelt habe, Frankreich *die* weltmacht des 20. jahrhunderts sei (St. Louis in Nordamerika ist hauptstadt) und das imperiale system, bekämpft durch die „Montézuma-résistance", sich strukturell in nichts von dem des – realen – „empire Américain" unterscheide.
    Cf. zum feld der Alternate History: *The 'Net Alternate History List* – maintained by Robert B. Schmuck (rbs@skatecity.com): http://www.skatecity.com/ah/

Christa Höllhumer, Karl Stocker

„Historische Wahrheit" in den Köpfen von Jugendlichen

Wir arbeiten derzeit an einem Forschungsprojekt über jugendkulturelle Lebenswelten der neunziger Jahre in Graz[1] und nützen diese Gelegenheit, Jugendliche zu ihren Geschichtsbildern zu befragen. Uns interessiert zum einen das Verhältnis der Jugendlichen zu ihrer eigenen Geschichte und zur Geschichte ihrer Familie, zum anderen die Frage nach der Bedeutung von Geschichte „an sich": Hat Geschichte in Anbetracht des „rasenden Stillstands"[2] unserer westlichen Gesellschaften und der damit einhergehenden veränderten Zeiterfahrung überhaupt noch eine Bedeutung? Was heißt für die Jugendlichen „historische Wahrheit"?

Dazu einige Hypothesen:

1. Für viele Jugendliche der siebziger Jahre war Geschichte ein wichtiges und heikles Thema. Die Frage „Was hast eigentlich du damals gemacht?" konnte innerhalb der Familien zu großen Konflikten führen. Man forderte Transparenz von den Eltern bezüglich ihrer Erlebnisse und Handlungen während der NS-Zeit. Heute ist der Nationalsozialismus in der Regel kaum ein Thema mehr, das die Elterngeneration und ihre jugendlichen Töchter und Söhne entzweit. Diese Fragen betreffen die Großelterngeneration der heutigen Jugendlichen und nicht mehr ihre Eltern, denn diese Elterngeneration ist, was Schuld im Zusammenhang mit dem Nationalsozialismus betrifft, außer obligo. Was also ein beispielsweise heute 40jähriger Lehrer aufgrund seiner eigenen Erfahrungen als Sohn und Schüler als zeitgeschichtlich brisant empfand und noch immer empfindet, wird von vielen heutigen Jugendlichen im wahrsten Sinn als historisch und relativ fern vom Leben eingestuft.

2. Durch Pluralisierungs- und Individualisierungsschübe werden Biographien zunehmend selbstreflexiv. Man spricht vom Übergang von der Norm- zur Wahlbiographie, von einer Transformation der sozial vorgegebenen in eine selbst hergestellte oder herzustellende Biographie. Das Talent, sich permanent verändern

und anpassen zu können, wird in Anbetracht der gesellschaftlichen Rahmenbedingungen zunehmend zu einer Überlebensfrage. Hier setzt nun eine weitere Hypothese an: Geschichtliche Verweise verlieren an Bedeutung. Mit dem Wissen um Geschichte oder mit einer langen, interessanten persönlichen Geschichte erwirbt man sich kein Sozialprestige mehr, Geschichte und Tradition haben ihre Rolle als sinnstiftende Elemente weitgehend eingebüßt. Wenn Geschichte und klassische Bildung für das bürgerliche Subjekt noch so etwas wie Legitimation bedeuteten, zählen heute vielmehr Trendsetting und Aktualität. Diese Tendenz ist in der Popkultur, in der wir uns seit 30 Jahren befinden, geradezu ein Paradigma. Schon die mittlerweile beinahe historische Rock'n'Roll-Kultur mit dem Motto „live hard, die young" lebte im Hier und Jetzt. Diese Augenblicksversessenheit reflektiert keine Vergangenheit und sieht keine Zukunft. Älterwerden (was gleichzusetzen ist mit „Geschichte erwerben") wird als peinlich oder schmerzhaft empfunden. Etliche legendäre Popstars, und das ist nicht zynisch gemeint, entgingen diesen Erfahrungen durch den Tod in sehr jungen Jahren. In der heutigen jugendlichen Alltagswelt sind historische Verweise durchaus üblich, aber als ästhetische Versatzstücke und nicht verbindlich, ohne inhaltliche Schwere: Beispielsweise taucht in letzter Zeit auf T-Shirts und in Jugendzimmern das Portrait Che Guevaras vermehrt auf. Den meisten der befragten Jugendlichen sagt allerdings der Name Che Guevara überhaupt nichts. Seine Strahlkraft beschränkt sich auf sein schönes Gesicht, seine historische Rolle wird kaum wahrgenommen. Als die Spanischlehrerin Susanne F. (geb. 1963) in einer Unterrichtsstunde über Che Guevara berichtet, ist keinem ihrer Schüler/keiner ihrer Schülerinnen der Name und seine historische Rolle ein Begriff. Als sie aber ein Bild Guevaras herzeigt, ruft einer der Schüler: „Natürlich kenn' ich den. Das ist ja mein Held. Ich hab' zu Hause ein T-Shirt mit seinem Bild!"

3. Reizvermehrung, Reizbeschleunigung und mediale Bilderflut relativieren vergangenes Leid. Katastrophen und Gewalt (egal ob fiktional oder non-fiktional) können in Echtzeit medial empfangen werden. Historische Dokumentationen, die so etwas wie Authentizität vermitteln wollen, werden nur noch von einem exklusiven Publikum wahrgenommen, Hollywood-Filme mit historischen Plots haben vielfach große Breitenwirkung. Der Wahrheitsgehalt einer „Geschichte" und ihr Unterhaltungswert vermischen sich, es bildet sich eine eigene Medienwirklichkeit. Daniel, 17 Jahre alt, sagt über den Hollywood-Film „Schindlers Liste" von Stephen Spielberg: „Als Unterhaltungsfilm würde ich den eigentlich nicht sehen. Für mich war das reine Information. So ähnlich hat sich das bestimmt zugetragen. Aber auch wenn die Geschichte erfunden wäre, wäre das wurscht. Die Message ist auf jeden Fall rübergekommen." Und im selben Interview kommentiert er filmische Be-

richte aus serbischen Konzentrationslagern des Jugoslawienkriegs folgendermaßen: „Ich glaube das schon, was man da gesehen hat. Es bleibt mir ja nichts anderes übrig, ich kann ja nicht selbst da unten recherchieren. Mein Gott, ich höre solche und solche Meinungen, und die sind alle irgendwie beeinflußt. Da muß ich mir dann selbst ein Bild machen." Epische Filme, Fernsehdokumentationen und Comics werden zusätzlich zu anderen Informationsquellen wie Lehrern, Eltern und Großeltern konsumiert und durchaus kritisch abgewogen. Das Vertrauen an das Sehvermögen als Zugang zu Gewißheit und Wahrheit („sehen ist glauben") ist durch die Überfülle an medialen Bildern und die digitale Bildproduktion erschüttert worden. Jugendliche reagieren darauf relativ unbeschwert: Ein „autorisiertes" Geschichtsbild im Sinne einer ultimativen „Wahrheit" ist den Jugendlichen, die wir interviewt haben, ziemlich fremd.

4. Zwei weitere Beobachtungen lassen auf eine veränderte Wahrnehmung von Geschichte schließen: Erstens der selbstverständliche Umgang Jugendlicher mit der digitalen Informationsverarbeitung, zweitens ihre Virtuosität in der visuellen Wahrnehmung. Junge Menschen sind bereits auf der intuitiven Ebene überlegen, wenn es darum geht, Computersprachen zu lernen, Zauberwürfel richtig zusammenzusetzen oder Digitaluhren einzustellen. Ihre Auffassungsgeschwindigkeit bei Videoclips und Werbespots, ihr Tempo beim Videospielen, ihre Sehgenauigkeit beim Registrieren von Kleidung und Outfit lassen auf ein verfeinertes Sensorium für ästhetische Prozesse schließen.[3] Hoffmann-Axthelm[4] vermutete bereits 1984, daß die Ausbildung dieser Fähigkeiten auf eine Verlagerung von diskursiven Verarbeitungsweisen hin zu ornamental-geometrischen Seh- und Denkweisen zurückzuführen ist. Wenn nun die gesellschaftlich vorherrschende Dominanz des Diskurs-Begrifflichen tatsächlich vom Wahrnehmungsmodus des Visuell-Bildhaften abgelöst wird, dann hat das nicht nur Konsequenzen für Didaktik im Geschichtsunterricht, sondern weitgehend für die Geschichtswissenschaft selbst. Diskursiv aufgebaute Geschichtskonstrukte langweilen Jugendliche. Die relative Bequemlichkeit, mit der ein erster Zugang in historische Wissensgebiete zu erreichen ist, macht es subjektiv schwerer, sich für eine Vertiefung zu entscheiden und nicht für das weniger aufwendige Weitergleiten zum nächsten. Bemerkenswert in diesem Zusammenhang sind die empirischen Arbeiten des Braunschweiger Kunstdidaktikers Henning Freiberg zum Thema „Digitale Wirklichkeitskonstruktionen". Er hat festgestellt, daß die senkrechte Linie für Jugendliche keinen ästhetischen Wert mehr besitzt. Das heißt, Linearität, „in die Tiefe gehen", ist ästhetisch nicht reizvoll und wird deshalb auch inhaltlich abgelehnt.

Anmerkungen

1 Die Wahrheit der Oberfläche. Jugendkulturelle Lebenswelten der 90er Jahre am Beispiel der Technoszene in Graz (FWF Projekt P11724-SOZ)
2 Virilio, Paul: Rasender Stillstand. München 1992.
3 Ziehe, Thomas: Vom vorläufigen Ende der Erregung. Die Normalität kultureller Modernisierungen hat die Jugend-Subkulturen entmächtigt, in: Helsper, Werner (Hg.): Jugend zwischen Moderne und Postmoderne. Opladen 1991, S. 57-72..
4 Hoffmann-Axthelm, Dieter: Sinnesarbeit. Frankfurt-New York 1984.

Ausgewählte Literatur

Beck, Ulrich: Risikogesellschaft. Auf dem Weg in eine andere Moderne. Frankfurt/Main 1986.

Höllhumer, Christa: „Nothing is real". Zur kulturellen Dimension von Musikvideos, in: Österreichische Zeitschrift für Geschichtswissenschaften 4/1995, S. 489-504.

Huyssen, Andreas/Scherpe, Klaus R. (Hg.): Postmoderne. Zeichen eines kulturellen Wandels. Reinbek 1986.

Stocker, Karl: „Wir wollten alles ganz anders machen". Die 68er Bewegung in der österreichischen Provinz. Ein Fallbeispiel, in: Sieder, Reinhard/Steinert, Heinz/Tálos, Emmerich (Hg.): Österreich 1945 – 1995. Gesellschaft, Politik, Kultur. Wien 1995, S. 176-185.

Bernhard Berger

Über interaktive Auseinandersetzung mit Neonazismus, Rechtsextremismus und Zweitem Weltkrieg in Computer- und Simulationsspielen

„Die Sozialgeschichte des Spiels gibt es noch gar nicht!"[1]

Kürzer, prägnanter und polemischer kann man nicht zusammenfassen; polemisch, weil dieses Statement die hervorragenden Bemühungen einzelner Autoren und Institutionen, so des Deutschen Spielearchivs in Marburg und des Instituts für Spielforschung in Salzburg, ignoriert. Allerdings ist zutreffend, daß die Geschichtswissenschaft im allgemeinen Spielen, ihrer Entstehung und Wirkung in der Zeit wenig Aufmerksamkeit widmet, obwohl zahlreiche andere Elemente der Sozial- und Alltagsgeschichte mit großer Akribie erforscht werden.

Will man Zeitgeschichte als wirksame Sozialwissenschaft auffassen, so muß sich diese nicht nur mit der Erforschung der Geschichte als solcher, sondern auch mit dem zeitgenössischen Geschichtsbild befassen, um gegebenenfalls aufklärend zu wirken und sensibel auf den gesellschaftlichen Bedarf einzugehen. Insbesondere durch den Neonazismus und daraus resultierende Absurditäten wie die Leugnung des Holocausts erwächst der Geschichtswissenschaft so eine bedeutende Aufgabe – auch wenn die Inhalte rechter Propaganda in ungewohnter Form, eingebaut in Computerspiele, erscheinen; oder wenn nationalsozialistische Symbole und Insignien aus marktwirtschaftlichem Kalkül im – an sich apolitischen – Bereich des professionellen Spiel-Designs Verwendung finden.

„Die Auseinandersetzung mit den Inhalten rechtsextremer Propaganda ist eine Aufgabe, der sich die Gesellschaft, vor allem aber die Geschichtswissenschaft, welche humanistischen und demokratischen Grundprinzipien verpflichtet ist, nicht entziehen darf. Die kritische Analyse von Ideologie, Gesellschafts- und Politikverständnis, vor allem aber des Geschichtsbildes des modernen Rechtsextremismus, stellt einen Schwerpunkt antifaschistischer Aufklärung dar."[2]

Wargames und Konfliktsimulationsspiele

Seit den fünfziger Jahren erfreut sich „Wargaming" vor allem im angelsächsischen Raum zunehmender Beliebtheit und Verbreitung. Ziel der zum Teil hochkomplexen Spielsysteme ist es, historische militärische Szenarien aufzubereiten oder ahistorische Konflikte zu entwerfen.

Neben den Napoleonischen Kriegen und dem amerikanischen Sezessionskrieg bildet vor allem der Zweite Weltkrieg einen Schwerpunkt des Interesses von Wargame-Spielern.

Von allen Spielen, die historischen Hintergrund aufweisen, heben sich Konfliktsimulationsspiele in Hinblick auf Umsetzung, Detailtreue und Recherche auffällig ab. Robert Wolf versucht mit seiner salopp formulierten Definition den terminus technicus „Konfliktsimulationsspiel" greifbar zu machen:

„Unter einem Konfliktsimulationsspiel, im Fachjargon kurz 'KoSim', ist genau das zu verstehen, was der Name sagt: ein Spiel, in dem sozusagen am 'grünen Tisch' ein Konflikt simuliert wird. Solche Konflikte können ökonomischer oder auch sportlicher Natur sein, aber im allgemeinen stehen militärische Problemlösungen im Mittelpunkt, so daß man KoSims vereinfachend auch als taktische und/ oder strategische Kampfspiele bezeichnen kann."[3]

Dank der frappierenden Möglichkeiten, die das Medium Computer offeriert, werden immer mehr dieser Spiele als Computerspiele angeboten, wodurch dem Genre ein wesentlich größeres Publikum erschlossen wird.

Wie bei den Spielen aus Karton und Papier wird die Handlung auch auf dem Bildschirm in aller Regel strikt auf militärische Parameter reduziert. Die Darstellung und Umsetzung dieser Themen ist – abhängig von der simulierten Detailstufe – äußerst variabel. Den Kern aber bildet der Bereich der militärischen Simulation, in welcher den Spielern typischerweise die Rollen der Kommandeure (oder der entsprechenden Generalstäbe) von Heeren oder Armeeteilen zugewiesen werden. Planung und Durchführung von Feldzügen wird oberste Priorität beigemessen, auf die tatsächliche Ausformulierung des Kampfgeschehens wird in Brettspielen verzichtet, wohingegen in Computerspielen oftmals animierte Kampfsequenzen den funktionalen Spiel- und Planungsablauf „auflockern".

Als Konsequenz eines geführten Gefechtes ergibt sich aber in beiden Fällen aus der Regelsystematik beispielsweise „Defender retreats" oder „Attacker halved" – wobei durchwegs Modi zutage treten, die unpersönlich, funktional und emotionslos gehalten sind. Für den Brettspieler bedeutet die Simulation von militärischen Handlungen letztlich, daß er „Spielfiguren" vom Plan nimmt, während der Computerspieler Runde um Runde weniger stilisierte Panzer, Soldaten und dergleichen mehr auf dem Bildschirm vorfindet.

Der „Realismus" der Simulation endet hier, und die Spieler werden nicht mit tatsächlichen Greueln des Krieges wie Tod, Verwundung oder gar Massenvergewaltigungen konfrontiert; ebensowenig werden das Leid der Zivilbevölkerung, Flüchtlingsströme und Kriegsverbrechen thematisiert.

Die Perspektive, die KoSims zur Betrachtung des Zweiten Weltkrieg wählen, ist die Perspektive der damaligen Generalstäbe, und die Aufgabe der Spieler ist völlig analog die Planung und Durchführung militärischer Aktionen. Dieser Focus wirkt sich stark auf die verwendete und damit vermittelte historische Information aus. Präzises Kartenmaterial, exakte Angaben über die Größe und Art der Truppenkörper – meist unter Verwendung authentischer Symbole für die einzelnen Waffengattungen – und komplexe Regeln, die Nachschub und Reserven behandeln, stellen das Gros des Spielmaterials.

Hinweise auf das soziale und kulturelle Leben der Epoche finden sich vor diesem Hintergrund verständlicherweise nicht. Ebensowenig werden die Folgeerscheinungen jedes Krieges (ziviles Elend, Verknappung der Ressourcen) und die besonderen Greuel des Zweiten Weltkrieges berücksichtigt, obwohl etwa die gewissenhafte Simulation des deutschen Rußlandfeldzuges, mithin der Wehrmacht, über den Bereich der Kampfhandlungen hinausgehen müßte. Die Rolle der Wehrmacht im Holocaust und ihre Aufgabe als Träger eines Vernichtungskriegs ungeheuren Ausmaßes zu verschweigen, muß zumindest als grobe Verharmlosung der begangenen Verbrechen aufgefaßt werden.

Es liegt auf der Hand, daß kein renommierter Spieleverlag seine Kunden veranlassen will, die Rolle des „Nazi-Swine" zu übernehmen. Deshalb wird über Kriegsursachen und -hintergründe gnädig der Mantel des Schweigens gebreitet. So werden die Spieler zu klassischen Befehlsempfängern, die einen Feldzug mit maximalem Handlungsspielraum als „Auftragsarbeit" durchführen, ohne sich mit dem Zweck des Krieges auseinandersetzen oder gar für das politische Regime virtuelle Verantwortung übernehmen zu müssen. Eben dadurch ist das Ausbleiben einer moralischen Wertung, die nur über die Auseinandersetzung mit dem Nationalsozialismus erfolgen kann, als schwerwiegendes Manko festzuhalten.

Rechtsextreme Computerspiele

Die ersten rechtsextremen Computerprogramme erschienen etwa 1985 auf westdeutschen Computerbildschirmen. Nachdem ihre Verbreitung rasant erfolgt war, verschwanden sie um das Jahr 1993 ebenso plötzlich. Diese Entwicklung deckt sich mit der Verbreitung des Heimcomputers Commodore C64, dessen enormer

Verkaufserfolg (bis 1989 etwa vier Millionen Stück) Anfang der Neunziger endete, weil durch technische Weiterentwicklung wesentlich leistungsfähigere Rechner angeboten wurden und die alten Heimcomputer ersetzten, womit die „Naziware" ihres Trägermediums beraubt wurde.

Auf dem Nachfolger des C64 aus dem Hause Commodore, dem Amiga, ist noch ein rechtsextremes Computerspiel (KZ-Manager) erschienen, seither sind keine dementsprechenden Spielprogramme bekannt geworden.

Weil wir über die Autoren der bekannten Spiele nach wie vor faktisch keine Information besitzen, eröffnet sich hier ein weites Feld für Spekulation. In Zeitschriften- und Zeitungsartikeln, die das Spielearchiv Marburg und das Dokumentationsarchiv des österreichischen Widerstandes gesammelt haben, finden sich des öfteren die Vermutungen, daß ein Großteil dieser Programme von neonazistischen Gruppierungen über die USA, Kanada, Großbritannien oder gar Australien auf den westdeutschen Markt geschleust werden, oder daß es hauptsächlich die rechtsextreme Szene sei, die – gut organisiert, zielgerichtet und geplant – eine Propagandaoffensive lanciert habe. Für die rechtsextremen Spiele scheint indessen beides nicht zuzutreffen. Denn einerseits differieren die Spiele stark in Inhalt und Aufarbeitung historischer oder rassistischer Topoi, und andererseits beschränken sich die Programme auf Rechner, deren Möglichkeiten (auch der Programmierung) im Vergleich zu modernen Rechnern sehr gering waren. Bestünde ein von größeren, organisierten Gruppen, ausländischen Sympathisanten und entsprechendem finanziellen Einsatz getragenes Interesse an der Verbreitung rechtsextremer Propagandaspiele, so hätte sich die extreme Rechte wohl mit Begeisterung auf das neue Gerät gestürzt – das multimediale, interaktive KZ in Echtzeit mit Originalton und photorealistischer Graphik wäre Wirklichkeit geworden. Tatsächlich aber finden sich für den Personal Computer keine Nachfolger für die damaligen Spiele auf den Commodore-Computern.

Neben diesen Überlegungen legen die meist primitiven Strukturen der Programme, die stilistischen und orthographischen Mängel und auch ihre Kürze nahe, das Gros der Täter als – von der rechtsextremen Szene unabhängige oder ihr nur lose verbundene – Jugendliche zu betrachten.

Nimmt man Demonstrationsprogrammen, die keinen Spielwert aufweisen, aus, so lassen sich zwei Gruppen neonazistischer/rechtsextremer Programme unterscheiden: Multiple Choice Tests und modifizierte Wirtschaftssimulationen.

Die „Spiele" der ersten Gruppe – so etwa der Anti-Türken-Test und The Nazi – sind in ihrem Typus als Multiple-Choice-Tests Programme, die dem Benutzer keine Möglichkeit bieten, in irgendwie gearteter Weise an einem Spielfluß teilzunehmen oder solchen gar selbst zu gestalten. Es werden Suggestivfragen gestellt, deren Beantwortung eine, natürlich eindeutig gefärbte, Replik hervorrufen. Das

Prinzip ist an Simplizität nicht zu überbieten und birgt damit fundamentale Vorteile für die Erzeugung; die Programme sind leicht in BASIC, der systeminternen Programmiersprache des C64, abzufassen, sie sind kurz, können also relativ rasch erstellt werden, und verlangen vom Programmierer keine tiefgehenden Kenntnisse über die Verwendung von digitalisierter Graphik oder Musik. Freilich stellt sich die Frage, ob ein derart starres Schema mit dem Begriff „Spiel" glücklich umschrieben ist. Da in der bisher geführten Diskussion darüber allerdings kaum Zweifel aufgetreten sind, sollen und müssen diese (einfachsten aller rechtsextremen) Programme umfassend berücksichtigt werden.

Ein beträchtlicher „Qualitätssprung" wird offenbar, wenn aufwendigere Spiele mit den Frage-Antwort-Modellen verglichen werden. Diese verwenden ähnliche Konzepte wie die gängigen Wirtschaftssimulationen (etwa Hanse oder Kaiser für den C64), um sie als Gerüst für neonazistische Inhalte zu verwenden. Die beiden bekanntesten und wohl auch weitestverbreiteten Spiele dieser Gattung sind Hitler Diktator (für Commodore C64) und KZ-Manager (für Commodore Amiga). Der Spieler wird vor Aufgaben gestellt, die analog zu herkömmlichen, handelsüblichen Wirtschaftsspielen angelegt sind. Grundlegendes Prinzip dieser Spiele ist die Verbindung von Variablen in mehr oder weniger komplexen Formeln. Der Spieler wird beständig angehalten, Entscheidungen zu treffen, das Programm vernetzt die eingegebenen Daten und präsentiert dem Spieler die in „logischer" Konsequenz entstandene Situation, auf welche zu reagieren ist.

Die willkürlich programmintern gespeicherten Relationen verlangen mithin vom „erfolgorientierten" Spieler, reichlich in den Bau von Gaskammern oder in die Ausrüstung der SS zu investieren, um den Endsieg oder die „persönliche" Auszeichnung durch den „Führer" interaktiv herbeizuführen. Da diese Spiele einen gewissen Schwierigkeitsgrad aufweisen, verlangen sie nach mehrmaligem Spiel, bis das Spielziel durch optimierendes Experimentieren erreicht ist.

Die große inhaltliche Klammer, die alle neonazistischen Spiele umfängt, heißt rassistische Verunglimpfung. Diese Geisteshaltung bestimmt das Spieldesign, die Programme werden quasi um die Aussage herumgebaut. Die Rezeptur ist fast immer gleich, nur die Gewichtung der Ingredenzien – Rassismus, Antisemitismus und NS-Verherrlichung – variiert. Appelliert wird an dumpfe Haß- und Unmutsgefühle; Argumente – und folgten sie auch seltsamer Scheinlogik – lassen sich durchwegs vermissen.

Da die Qualitätsstandards für Computerspiele weiter steigen, ist nicht zu erwarten, daß neue rechtsextreme Spiele erscheinen oder weitere Verbreitung finden werden, da Programmierung und Entwicklung moderner Spiele wesentlich mehr Aufwand mit sich bringen, als zu Zeiten des C64 erforderlich war.

Conclusio

Der Vergleich beider Spielgruppen fördert mehr Trennendes als Verbindendes zutage. Seien es die Zielgruppen, die Regelstrukturen, die Erzeuger oder die materielle Umsetzung – die einzig wahrlich deckungsgleichen Parameter sind die Zugehörigkeit zur großen Rubrik Spiel und die beiden Genres der gemeinsamen Rückbindung an eine historische Epoche.

Konfliktsimulationsspiele sind weder Thema der öffentlichen Diskussion noch Gegenstand intensiven wissenschaftlichen Interesses – wovon auch die interessierte Neugierde während der Diskussion Zeugnis ablegte. Einzig der militärische Hintergrund der meisten Spiele erregt in größeren Zeitabständen die Gemüter und bringt zwei Parteien auf den Plan: die Gegner jeglichen Kriegsspielzeugs und die Apologeten des Genres, die meist aus der KoSim-Szene stammen.

Wer hinter den Produzenten verkappte Revanchisten, Neonazis oder Kriegstreiber vermutet, irrt jedenfalls. Abgesehen von unglücklichen Klappentexten entspricht das verarbeitete historische Material den historischen Gegebenheiten. Darüber hinaus sind die Spielregeln knappe, funktionale Anweisungen, die Spieltechniken beschreiben und keine Ideologien vermitteln. Es mag der zumeist US-amerikanischen Produktion angelastet werden, daß mit Symbolen wie etwa dem Hakenkreuz sehr freizügig umgegangen wird – dies liegt aber wohl in der US-amerikanischen Kultur begründet und ist nicht den Konfliktsimulationsspielen spezifisch.[4]

Der Komplex rechtsextremer Propagandaspiele hat sich – unbemerkt und unbeachtet – als Problem so überraschend aufgelöst, wie er entstanden ist. So erfreulich diese Entwicklung ist, sollte sie nicht von der Tatsache ablenken, daß der Sektor der „nur" gewaltverherrlichenden Spiele weiter expandiert und – alle technischen Möglichkeiten modernster Computer und Spielkonsolen ausnutzend – immer neue Möglichkeiten brutalster Gewaltdarstellung in die Kinderzimmer bringt.

Anmerkungen

1   Berg, Christa: „Die Sozialgeschichte des Spiels gibt es noch gar nicht!", in: Spielmittel 1/85, S. 96

2   Spann, Gustav: Methoden rechtsextremer Tendenzgeschichtsschreibung und Propaganda, in: Dokumentationsarchiv des österreichischen Widerstandes/Bundesministerium für Unterricht und Kunst (Hg.): Amoklauf gegen die Wirklichkeit. NS-Verbrechen und „revisionistische" Geschichtsschreibung. Wien 1992, S. 15.

3   Wolf, Robert: Konfliktsimulations- und Rollenspiele: Die neuen Spiele. Köln 1988, S. 10f.

4   Geisler, Thilo: Rechtsextremes via Computer, in: Dokumentationsarchiv des österreichi-
    schen Widerstandes/Bundesministerium für Unterricht und Kunst (Hg.): Amoklauf gegen
    die Wirklichkeit. NS-Verbrechen und revisionistische Geschichtsschreibung. Wien 1992, S.
    107

Literatur

Benz, Wolfgang: KZ-Manager im Kinderzimmer. Rechtsextreme Computerspiele, in: Benz,
    Wolfgang (Hg.): Rechtsextremismus in der Bundesrepublik. Frankfurt am Main 1989.

Berger, Bernhard: Kriegssimulationsspiele als Mittel historischer Reflexion und rechtsextreme
    Computerspiele als Propagandainstrument. Salzburg 1997.

Bundesministerium für Unterricht und Kunst (Hg.): Informationsmappe. Mißbrauch moderner
    Kommunikations- und Informationstechnologien durch rechtsextreme Kreise. Wien 1992.

Deutsches Spielearchiv (Hg.): Krieg im Spiel. Spiel im Krieg. Streifzug durch die (Kriegs-)Ge-
    schichte unseres Jahrhunderts im Spiegel der Spiele. Marburg 1990.

Fritz, Jürgen (Hg.): Programmiert zum Kriegspielen. Weltbilder und Bilderwelten im Video-
    spiel. Ulm 1988.

Fritz, Jürgen: Spiele als Spiegel ihrer Zeit: Glücksspiele – Puppen – Tarot – Videospiele. Mainz
    1992.

Haas, Walter Luc: Die Strategie im Sandkasten. Walter Luc Haas über die Geschichte der Konflikt-
    simulationsspiele, in: Spielbox 3 / Juli-September 1982.

Haas, Walter Luc: Konfliktsimulationsspiele. Anmerkungen zu einem faszinierenden Hobby, in:
    Spielwelt Nr. 40 April 1990.

Maaß, Jürgen/Schartner, Christian (Hrsg.): Computerspiele: (Un)heile Welt der Jugendlichen?
    München 1993.

Stiftung Dokumentationsarchiv des österreichischen Widerstands (Hrsg.): Handbuch des öster-
    reichischen Rechtsextremismus. Wien 1993.

Ingrid Böhler, Eva Pfanzelter

ZIS: Das österreichische Zeitgeschichte-Informations-System im Internet

Vorgeschichte bzw. Zielsetzungen von ZIS

Anfang 1992 äußerte der damalige Wissenschaftsminister Erhard Busek angesichts des zunehmenden Rechtsextremismus seine „Unzufriedenheit" mit der „heimischen Zeitgeschichtsforschung und -lehre". Er kritisierte außerdem, daß es in der zeitgeschichtlichen Wissenschaft eine „gewisse Inzucht" gebe und daß sie mit ihren Forschungsergebnissen zu wenig nach außen dränge. Diese Äußerung setzte einen Dialog in Gang, an dessen Ende der 1. Zeitgeschichtetag 1993 in Innsbruck stand. Im Zusammenhang mit den Planungen für den Zeitgeschichtetag entstand auch die Idee für ein „Zeitgeschichte-Informations-System" (ZIS). Um für die Öffnung und Gesellschaftsrelevanz, die der Minister von der österreichischen Zeitgeschichtsforschung einforderte, besser eintreten zu können, sollten neue Strukturen und Kommunikationswege gefunden werden.[1]

Das erste Konzept eines solchen Systems sah die Schaffung eines Informationsmediums zur besseren Organisation und Kommunikation der Zeitgeschichte in Österreich vor. Das Medium sollte vor allem helfen, die Zeitspanne zwischen den in zweijährlichen Intervallen stattfindenden Zeitgeschichte-Konferenzen zu überbrücken. Inhaltlich sollte ZIS an die in den achtziger Jahren erschienenen „Nachrichten des Projektteams Zeitgeschichte" anknüpfen, deren Zielsetzung es gewesen war, alle an der Disziplin Interessierten über laufende Forschungsvorhaben im universitären und außeruniversitären Bereich zu informieren. In den „Nachrichten" sammelte das Projektteam mittels eines standardisierten Fragebogens Daten über laufende bzw. abgeschlossene Diplomarbeiten, Dissertationen, Habilitationen, Projekte etc., kündigte relevante Veranstaltungen an und bot Auswahlbibliographien zu wissenschaftlichen Veröffentlichungen in den wichtigsten in- und ausländischen Fachzeitschriften an.[2] Was an ZIS neuartig sein sollte, war – wie es im damaligen Konzept hieß –, daß das Ganze nicht mehr auf Papier, sondern „computermäßig" erfaßt und jederzeit abrufbar sein sollte. 1993 bedeutete das für die zuständigen österreichischen Historiker/innen, daß ZIS auf Disketten angeboten und vertrieben werden sollte. Diese Idee wurde sehr bald von der Realität „Internet" überholt.

1993 war das Internet keine wirklich neue Sache mehr,[3] doch fiel sein eigentlicher Durchbruch mehr oder weniger zeitgleich mit dem Beginn der Planungen für ZIS in die Jahre 1993/94, als die ersten grafischen und damit einfach zu bedienenden Benutzeroberflächen für das World Wide Web auf den Markt kamen. Erst sie machten das Internet populär. Mit atemberaubender Schnelligkeit begann das Netz zu wachsen, sowohl was die im Netz angebotenen Informationen als auch die Zahl der Internet-Benutzer/innen betraf. Die Universitäten trugen aufgrund der bereits sehr gut ausgebauten technischen Infrastruktur wesentlich zu dieser Entwicklung bei. Das Schlagwort vom „global campus" ging um die Welt.

Diese Dynamik veränderte das ZIS-Projekt. Auch ZIS sollte über das Internet zugänglich gemacht werden. Das Projektteam ging aber immer noch davon aus, daß die Hauptaufgabe in der Sammlung, Digitalisierung und Verwaltung von zeitgeschichtlichen Informationen bestehen würde. Daneben sollte eine Sammlung von Links zu bereits bestehenden Internet-Diensten – vor dem WWW-Boom handelte es sich dabei fast ausschließlich um Telnet-Verbindungen zu OPACS, wie zum Beispiel BIBOS[4] – in das System integriert werden. Letztendlich verschob sich der Schwerpunkt der Arbeit auf diesen letztgenannten Bereich.

Inhalte, Aufgaben und Funktionen von ZIS

Das „Zeitgeschichte-Informations-System" ist seit Frühjahr 1995 unter der Internet-Adresse http://zeit1.uibk.ac.at zu finden. Das bisherige Kernstück von ZIS bildet eine netzwerkfähige Datenbank, mit der Adressen bzw. Hyperlinks (oder einfach Links) von zeitgeschichtlich relevanten Internet-Seiten verwaltet werden.[5] Eines der nach wie vor großen, den allfälligen Internet-Enthusiasmus einbremsenden Probleme ist die organisatorische Beliebigkeit und Unübersichtlichkeit, mit der unterschiedlichste Informationen im Netz vorkommen. Diese Unübersichtlichkeit und Unstrukturiertheit ist der Preis für die faszinierende Anarchie im Internet. Dies kann jede/r Suchende leicht nachvollziehen, wenn sie/er im Internet beispielsweise nach dem Begriff „Zeitgeschichte" sucht. Mit Hilfe der Suchmaschine „Alta Vista" erhält man hier 1425 „Treffer" mit Adressen von Verlagen, Instituten, Parlamentsdebatten, Zeitschriftenartikeln, Seminararbeiten und vielem anderen.[6] Gute von schlechten Informationsquellen zu unterscheiden, gehört zwar auch bei traditionellen Medien zur Forschungsroutine; Qualitätskontrollen, wie sie bei herkömmlichen Publikationsformen zum Beispiel durch Verlage gewährleistet werden, sind im Internet jedoch nicht vorhanden.[7]

Die Link-Datenbank von ZIS versteht sich als Orientierungshilfe für den ernsthaft Suchenden, der angesichts des riesigen Angebots häufig zum Scheitern verurteilt ist. Natürlich ist ZIS weder die einzige Suchhilfe für Internet-interessierte Historiker/innen – unter anderem ist hier die WWW-Virtual Library[8] zu nennen –, noch kann es Anspruch auf Vollständigkeit erheben. Die Stärke des Systems bzw. der Unterschied zu ähnlichen Dokumentationen liegt in zwei Eigenschaften begründet: Erstens, daß bereits eine Vorauswahl getroffen wurde, und zweitens, daß das Projektteam versucht, die aufgenommenen Adressen sowohl hinsichtlich des Inhalts als auch des Betreibers des Netzdienstes zu beschreiben. Gerade letztgenannte Information ist wichtig, da sie zwar nicht die Garantie, aber doch einen Hinweis auf „Wissenschaftlichkeit", auf stabilen Server-Betrieb, laufende Aktualisierung usw. geben kann. Die Hauptaufgabe der Datenbank soll es sein, den Benützerinnen und Benützern das zeitaufwendige „blinde" Herumklicken im Internet ein Stück weit zu ersparen.

Gleichzeitig muß vor zu großen Erwartungen gewarnt werden. Im Internet einen Server zu finden, auf dem man sich einfach über ein bestimmtes Thema informieren kann, ist leider nach wie vor eher ein Glücksfall, darüber hinaus folgen die gefundenen Darstellungen oft sehr traditionellen, personen- bzw. ereignisorientierten Ansätzen.[9] Andererseits wurde das Projektteam bei Internet-Recherchen angesichts der Fülle guter Informationen positiv überrascht – und es kann davon ausgegangen werden, daß deren Zahl jeden Tag wächst. Beispiele wissenschaftlich relevanter Links sollen den Leserinnen und Lesern hier erspart bleiben; Internet-Interessierte seien auf die ZIS-Datenbank, auf den Beitrag „WWW-Kataloge und Gateways für Geschichte-Ressourcen" von Anton Tantner[10] oder auf die derzeit einzige Darstellung im deutschsprachigen Raum „Internet für Historiker" von Christian von Ditfurth verwiesen.[11]

Derzeit befinden sich in der ZIS-Datenbank mehrere hundert Adressen von Servern, die Informationen zum Bereich Geschichte/Zeitgeschichte – die Grenzen lassen sich nicht immer klar ziehen – anbieten, sowie die dazu gehörenden, vom Projektteam verfaßten Erläuterungen. Aufgrund dieser häufig gegebenen zeitlichen Abgrenzungsproblematik der Internet-Ressourcen deckt die Sammlung – mehr aus praktischen Gründen heraus – einen Zeitraum ab, der in etwa der französischen „histoire contemporaine" entspricht, also Ende des 18. Jahrhunderts beginnt. Geographisch liegen die Adressen zum überwiegenden Teil im deutschsprachigen und anglo-amerikanischen Raum sowie in Israel. Diese derzeit gegebene Auswahl focussiert auf jene Länder mit den ausgeprägtesten Beziehungen zur österreichischen Geschichtsforschung bzw. mit der stärksten Präsenz im Netz.

451

Pro Link wird in der Datenbank ein Datensatz bestehend aus 25 Datenfeldern angelegt (siehe untenstehende Graphik). Sie dienen der technischen und inhaltlichen Beschreibung bzw. Art der Informationsaufbereitung (Bilder, Töne, Datenbanken).

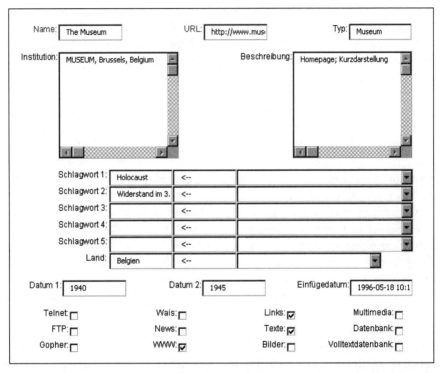

Insgesamt gibt es in der ZIS-Datenbank derzeit *vier unterschiedliche Suchmöglichkeiten:*

a) *Geographisch*: Hier wird eine Kategorisierung jener Länder vorgenommen, auf die sich die Homepage inhaltlich bezieht (nicht jenes Land, in dem der Server, der die Informationen anbietet, steht!).

b) *Thematisch*: Mit Hilfe einer Liste von Schlagwörtern.

c) *Zeitlich*: Die zeitliche Suche bringt häufig ungenaue Ergebnisse, da sehr viele Internet-Seiten sehr große Zeiträume abdecken – daher reicht die Zeitleiste, in der ausgewählt wird, auch weit über die Definition des Epochenbegriffs in ZIS hinaus. Als Beispiel kann die Homepage des „Vidal Sassoon International Center for the Study of Antisemitism (SICSA)"[12] an der Hebrew University of Jerusalem gelten. Das Zentrum hat es sich zur Aufgabe gemacht, einen unpolitischen Zugang zum Thema Antisemitismus zu bieten. Im Mittelpunkt der Forschungen steht das Phänomen „Antisemitismus" im Hinblick auf die Beziehungen zwischen Juden und Nicht-Juden in verschiedenen Epochen. Es sind Informationen, die für die Zeitgeschichte relevant sind, vorhanden, doch reicht die Zeitspanne, die diese Homepage umfaßt, viele Jahrhunderte zurück.

d) *Volltextsuche*: Im Unterschied zu den anderen Suchvarianten wird bei der Volltextsuche der Inhalt der gesamten Datenbank, d.h. der Inhalt aller Felder, auf eine passende Zeichenkette hin überprüft. Mittels der „erweiterten Volltextsuche" können auch Verknüpfungen vorgenommen werden.

Der Inhalt der Internet-Seiten, die über die ZIS-Datenbank abrufbar sind, läßt sich in neun Gruppen einteilen:[13]

1. Weitere *Linksammlungen* (ähnlich der Link-Datenbank in ZIS[14]), WWW-Seiten mit nützlichen Übersichten, häufig zu einem bestimmten Thema, aber ohne eigenständigen Inhalt.

2. Die mittlerweile zum guten Ton gehörenden *Homepages von Universitätsinstituten*[15] und anderen Forschungseinrichtungen. Sie enthalten LV-Übersichten, Syllabi, Informationen über Institutsangehörige und Aktivitäten, Listen von laufenden Diplomarbeiten, Dissertationen, Projekten etc.

3. Meist eng mit den Universitäten verbunden, sind die zahlreichen *Online-Kataloge von Bibliotheken*, die in zunehmendem Maße mit leicht zu bedienenden WWW-Oberflächen zur Verfügung stehen. Ein gelungenes Beispiel sind die seit 1997 im Netz abrufbaren Bestände der Österreichischen Nationalbibliothek.[16] Es handelt sich dabei um den digitalisierten Zettelkatalog, der alle zwischen 1501 und 1988 erschienenen und in der ÖNB vorhandenen Titel umfaßt. Ab 1989 sind die Bestände in BIBOS verzeichnet.

4. Sehr nützlich für den Zeitgeschichtsbetrieb sind die Informationen, mit denen *Archive*, aber auch *Museen* und *Regierungsbehörden* im Netz vertreten sind. Als Beispiel seien die Homepages des Bundesministeriums für Wissenschaft und Verkehr[17] genannt.

5. Meist gehören in die Umgebung dieser zuletzt genannten Einrichtungen, den Archiven, Museen und Bibliotheken, die vom Projektteam so genannten *Online-Ausstellungen*. In ZIS integriert ist ein Beispiel einer Ausstellung: Martin Achrainer, Niko Hofinger und Christoph Wild präsentieren hier „Die Geschichte der jüdischen Familie Turteltaub"[18] via Internet.

6. Zu erwähnen – wenn auch aufgrund des inhomogenen Niveaus und/oder des erforderlichen Zeitaufwandes oft von eingeschränkter Brauchbarkeit – sind die zahlreichen *Diskussionslisten* bzw. *Newsgroups*, an führender Stelle die rund 80 in h-net (Humanities Online)[19] der Michigan State University zusammengefaßten moderierten Diskussionslisten auch zu Themen der Zeitgeschichte, der österreichischen bzw. der deutschen Geschichte.

7. *WWW-Projekte*, die sich der Darstellung einer ganz *speziellen Thematik* widmen. Die Anbieter dieses Typs von Internetressource kommen häufiger, als dies bei den anderen Kategorien der Fall ist, aus dem außeruniversitären Bereich. Beispiele hierfür sind die für ein allgemeines Publikum gedachten Projekte „Cybrary of the Holocaust"[20] und „Nizkor",[21] die sich mit dem Holocaust und der Holocaust-Verneinung beschäftigen.

8. Relativ dünn gesät ist derzeit noch die online verfügbare *Fachliteratur*. Ursachen dafür sind Copyright-Probleme und der Umstand, daß Forscher/innen traditionelle Publikationsformen bevorzugen. Häufiger als vollständige Texte sind Inhaltsverzeichnisse von Fachzeitschriften, wie etwa jenes des vom Center for Austrian Studies in Minneapolis herausgegebenen Austrian History Yearbook,[22] aufzufinden. Eine ausführliche Zusammenstellung von solchen Inhaltsverzeichnissen – bis Juni 1998 waren ca. 1100 historische Zeitschriften erfaßt – kommt von Stefan Blaschke an der Universität Köln.[23]

9. Die Gruppe der *Primärquellen* kann in Bild- und Textarchive unterteilt werden. Bei den Textarchiven sind vor allem zwei Bereiche von Interesse, die Archive der Zeitungs- bzw. Zeitschriftenverlage und die Sammlungen von Primärquellen: Bei aktuellen Themen bieten die zahlreichen via Internet erreichbaren Zeitungen und Zeitschriften bzw. die dazu gehörenden Archive eine nützliche Hilfestellung. Grundsätzlich geht der Trend in die Richtung, daß immer mehr Zeitungs- bzw. Zeitschriftenverlage ihre Online-Archive gebührenpflichtig machen bzw. nur einen Auszug der gedruckten Ausgabe für das Internet freigeben.[24] Demgegenüber gibt es relativ gute Sammlungen von historischen Schlüsseldokumenten. Es handelt sich meistens um Verfassungen und Rechtstexte verschiedener Staaten, Verträge zwischen Staaten und vieles mehr. Zu wichtigen Themen der österreichischen Zeitgeschichte steht im ZIS eine solche Sammlung von Primärtexten zur Verfügung.[25] Diese Zusammenstellung entspricht jener im zweibändigen, von Rolf Steininger und Michael Gehler herausgegebenen Studienbuch „Österreich im 20. Jahrhundert".[26] Die Auswahl der Dokumente wurde in der Regel vom jeweiligen Autor des im Studienbuch abgedruckten Beitrags besorgt.

Die Digitalisierung von historischen Quellen ist mit viel Aufwand verbunden, der Umfang solcher Online-Archive deswegen noch beschränkt. Als Grundlage für intensivere Forschungen ist das Internet wenig geeignet, sehr wohl hingegen als additiver Rechercheort, als solcher wird er in Zukunft auch immer wichtiger werden. Besonders geeignet ist der Einsatz der beschriebenen Textarchive für die Lehre.

Neben dem bisher Beschriebenen bietet ZIS noch den Online-Veranstaltungskalender für die österreichische Zeitgeschichte (siehe nebenstehende Graphik).[27]

Der Kalender soll zu einer Orientierungshilfe für die österreichische Zeitgeschichtsforschung ausgebaut werden. Die Eingabe der Daten erfolgt interaktiv, d.h. Termine können nicht nur in Innsbruck eingegeben werden, sondern auch – sofern eine Berechtigung für eine Person vergeben wurde – von jedem internetfähigen Computer aus.

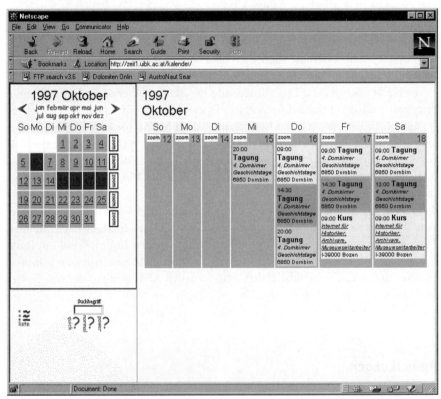

Zukunftsperspektiven

Ein Blick in die ZIS-Homepage bzw. die daraus entnommenen, oben angeführten Beispiele zeigt, daß sich im Internet sehr viele für den Forschungs- und Lehrbetrieb nützliche Informationen befinden. In absehbarer Zeit wird die Benützung des Internet unverzichtbarer Teil der wissenschaftlichen Arbeit sein. Mit ZIS wird den Historiker/innen, die das Internet benützen wollen, bereits jetzt ein Service angeboten, der den Einstieg sehr erleichtert. Bedienungskomfort und Übersichtlichkeit standen bei der Gestaltung der WWW-Seiten im Vordergrund. Es ist klar, daß trotzdem nicht alles perfekt ist – die Abfragemöglichkeiten sollten verfeinert, Hilfetexte und Erläuterungen ausgebaut werden; eine Übersetzung ins Englische, die „Sprache des Internets", ist längst überfällig. Seit Projektbeginn und mit den vorhandenen Ressourcen ließ sich nicht alles, was machbar und sinnvoll gewesen wäre, verwirklichen. Der wichtigste Punkt im Zusammenhang mit zukünftigen Aufgaben ist aber die laufende Aktualisierung der Daten. Das Internet „boomt"; ständig entstehen neue Internet-Seiten, andere verändern ihre Inhalte, „ziehen um" oder verschwinden gar wieder aus dem Netz. ZIS wird nur solange von Wert bleiben, solange die Aktualität seiner Inhalte gewährleistet ist.

Es bleibt festzuhalten: Das vorliegende Projekt ist die erste Ausbaustufe eines zeitgeschichtlichen Informationssystems. Es steht eine bereits in der Praxis erprobte, ausbaufähige soft- und hardwaretechnische Infrastruktur zur Verfügung. Die Gewährleistung der Brauchbarkeit der über ZIS abrufbaren Daten bzw. deren konzeptionelle Erweiterung hängt im besonderen von der laufenden Betreuung und Aktualisierung ab. Dazu wäre in vielerlei Hinsicht die Mitarbeit der österreichischen Zeitgeschichte-Institute bzw. -Abteilungen wünschenswert. Zwei Beispiele dafür sind: das Ausfüllen des Veranstaltungskalenders und die Wiederbelebung der vom Projektteam für Zeitgeschichte versuchten Dokumentation der laufenden Diplomarbeiten und Dissertationen. Alle angesprochenen Institute sind mit ihren Homepages im Internet vertreten; es mangelt daher nicht an abrufbaren Informationen, sondern an einer inhaltlichen und formalen Abstimmung, die von großer Bedeutung für die Wahrnehmung bzw. Rezeption im Netz ist – sowohl in dessen inländischer, besonders aber in dessen weltweiter Verästelung.

Anmerkungen

1 Vgl. hierzu Botz, Gerhard: Zwölf Thesen zur Zeitgeschichte in Österreich, in: Österreichischer Zeitgeschichtetag 1993. 24. bis 27. Mai 1993 in Innsbruck, hg. v. Böhler, Ingrid und Steininger, Rolf, Innsbruck-Wien 1995, S. 19.
2 Editorial, in: Nachrichten des Projektteams Zeitgeschichte, hg. v. Projektteam Zeitgeschichte beim Bundesministerium für Wissenschaft und Forschung, 1984, Heft 1, S. 3, 51.
3 Zur Geschichte des Internet zum Beispiel: W3C, About the World Wide Web, [http://www.w3.org/WWW], 1992–1995; Introduction to the Internet, [http://www.Austria.EU.net/iic/index.html], 1995 – 1998.
4 BIBOS ist der „Online Public Access Catalog" (OPAC), bib-o-pac, [http://bibgate.univie.ac.at], Oktober 1997, des Österreichischen Bibliotheksverbundes. In BIBOS sind die Neuzugänge fast aller öffentlichen österreichischen Bibliotheken seit 1989/90 verzeichnet. Siehe hierzu auch: Eder, Franz X.: Internet für Historiker/innen Teil I, Virtuelle

Bibliothekskataloge, [http://www.univie.ac.at/Wirtschaftsgeschichte/Int_OZG1.html], 01.02.1995, urspr. Österreichische Zeitschrift für Geschichtswissenschaften 6 (1995), Heft 1, S. 145-149 und: Ders.: Internet für Historiker/innen Teil II, Bibliographische Recherche-systeme, [http://www.univie.ac.at/Wirtschaftsgeschichte/Int_OZG2.thml], 21.04.1995, urspr. Österreichische Zeitschrift für Geschichtswissenschaften 6 (1995), Heft 2, S. 325-330.

5 In die Suchmaske der Datenbank gelangt man durch Anklicken des Eintrages „Die ZIS-Datenbank – Ein Tor zum Internet" unter der Adresse [http://zeit1.uibk.ac.at], Oktober 1997.

6 Suche nach „Zeitgeschichte" in der Suchmaschine „Altavista": AltaVista, [http://www.altavista.digital.com], Oktober 1997.

7 McMichael, Andrew/O'Malley, Michael/Rosenzweig, Roy: Historians and the Web: A Beginner's Guide, [http://web.gmu.edu/chnm/beginner.html], Dezember 1995.

8 Bei der Virtual Library handelt es sich um nach Stichworten gegliederte Sammlungen, zum Beispiel: WWW-VL History, [http://history.cc.ukans.edu/history/WWW_history_main.html], Oktober 1997. Eine Liste aller gesammelten Schlagwörter findet sich unter: The WWW Virtual Library, [http://vlib.stanford.edu/Overview.html], Oktober 1997.

9 McMichael/O'Malley/Rosenzweig, Historians.

10 Tantner, Anton: Internet für Historiker/innen Teil III: WWW-Kataloge und Gateways für Geschichte-Ressourcen, [http://www.univie.ac.at/Wirtschaftsgeschichte/Int_OZG3.thml], 06.06.1995, urspr. Österreichische Zeitschrift für Geschichtswissenschaften 6 (1995), Heft 3, S. 453-456.

11 Ditfurth, Christian v.: Internet für Historiker, Frankfurt-New York 1997.

12 SICSA, The Vidal Sassoon International Center for the Study of Antisemitism, [http://www2.huji.ac.il/www_jcd/top.html], September 1997.

13 Siehe hierzu auch die Einteilungsversuche von Internet-Ressourcen für die Geschichtswis-senschaften bei McMichael/O'Malley/Rosenzweig, Historians; und Thomas A. Schröder: Historisch relevante Ressourcen im Internet und WorldWideWeb: Angebot, Bewertung und Ausblick, in: Vierteljahreshefte für Zeitgeschichte (1996), H. 3, S. 465-477.

14 Die ZIS-Datenbank – Ein Tor zum Internet, [http://zeit1.uibk.ac.at], Oktober, 1997.

15 Als Beispiel die Informationen zum Institut für Zeitgeschichte an der Universität Innsbruck, [http://zeit1.uibk.ac.at], Oktober 1997; Institut für Geschichte an der Universität Salzburg, [http://www.sbg.ac.at/ges/home.htm], 2. September 1997; Institut für Neuere Geschichte und Zeitgeschichte an der Universität Linz, [http://www.uni-linz.ac.at/fak/SoWi/ngesch-zgesch/index.html], Herbst 1997; Institut für Geschichte an der Universität Graz, [http://gewi.kfunigraz.ac.at/institute/geschichte/index.html], Oktober 1997; Institut für Zeitge-schichte an der Universität Wien, [http://www.univie.ac.at/zeitgeschichte/], 9. September 1997; Institut für Geschichte an der Universität Klagenfurt, [http://www.uni-klu.ac.at/groups/his/], Herbst 1997.

16 Österreichische Nationalbibliothek Online, [http://www.onb.ac.at/index.htm], 1997.

17 Republic of Austria, Ministry of Science and Transport, [http://www.bmwf.gv.at], 1995 – 1997.

18 Eine digitalisierte Ausstellung: Die Geschichte der jüdischen Familie Turteltaub, [http://zeit1.uibk.ac.at], Frühjahr 1997.

19 Humanities Online, [http://h-net2.msu.edu], Oktober 1997.

20 Cybrary of the Holocaust, [http://remember.org], Oktober 1997.

21 The Nizkor Project, [http://www1.ca.nizkor.org/index.html], Oktober 1997.

22 Austrian History Yearbook, Center for Austrian Studies, [http://www.socsci.umn.edu/cas/ahy.htm], 1996.

23 Blaschke, Stefan: History Journals Guide to the Internet, [http://www.crispinus.com/nfh2/zeitschriften/main_Ø1.htm], 5. Juni 1998.

24 Als Beispiel das Archiv der Austria Presse Agentur, APA, [http://www.apa.at], Oktober 1997.

25 Primärquellen zur Geschichte Österreichs im 20. Jahrhundert, [http://zeit1.uibk.ac.at], März 1997.

26 Steininger, Rolf/Gehler, Michael (Hrsg.): Österreich im 20. Jahrhundert. Ein Studienbuch in zwei Bänden. (Böhlau-Studien-Bücher. Grundlagen des Studiums), Wien – Köln – Weimar 1997.

27 Wann & Wo: Der Internet-Kalender, [http://zeit1.uibk.ac.at], Oktober 1997.

Werner Dreier

Eine „virtuelle Ausstellung" im Internet: Colónia Austria Bairro da Seda – Vorarlberger Auswanderer nach Brasilien

http://www.vol.at/vlbgbrazil

„Dreizehnlinden" ist jedem Tiroler geläufig, und einer interessierten österreichischen Öffentlichkeit sind auch „Dorf Tirol" bzw. „Pozuzo" als Tiroler Exklaven in Südamerika durch Filmberichte im österreichischen Fernsehen sowie durch zahlreiche Publikationen ein Begriff.[1] Mit mehr oder minder großer Verwunderung nahm diese Öffentlichkeit Tiroler Bauernhäuser und tirolisch anmutende Architektur bei Hotels, Kirchen etc. in diesen südamerikanischen Orten zur Kenntnis. Den Blickwinkel, aus dem diese Ortschaften betrachtet wurden, gab die traditionelle Volkskunde vor und hier vor allem der Innsbrucker Volkskundler Karl Ilg. Ilg hatte Südamerika mehrfach bereist – auf der Suche nach österreichischen bzw. deutschsprachigen Siedlungen und den Resten „deutschen Volkstums" in Südamerika.

Diese Reise durch die von deutschsprachigen Einwanderern begründeten landwirtschaftlichen Kolonien wurde für Ilg eine Reise durch die Zeit zurück in die vorindustrielle Gesellschaft. Während in Tirol die Bauern abhanden kamen und einer Tourismusindustrie Platz machten, welche Traditionen nach ihrem Marktwert bemißt, konnte der Volkskundler Ilg in Dreizehnlinden beispielsweise „unverfälschtes" Tirolertum antreffen und fördern: „Als erste Tat gelang mir mit Hilfe der Tiroler und Vorarlberger Landesregierung die Einkleidung der Musikkapelle und Volkstanzgruppe mit neuen schmucken Trachten."[2] Jene Einwanderersiedlungen, welche sich in brasilianische Orte gewandelt hatten, werden – wie auch die in dieser Internet-Ausstellung vorgestellte Siedlung bei Itararé – als Verluste abgeschrieben. Ilg über die „Colónia Austria" bei Itararé: „Eine Rettung der Kolonie ist nicht mehr denkbar."[3]

Die durch Ilg überlieferten historischen Fakten sind dürftig, das Blickfeld eingeschränkt – dennoch fand er dafür zumindest in Vorarlberg und Tirol ein Interesse vor, das jenes für die wesentlich zahlreicheren Auswanderer in die Vereinigten Staaten von Amerika bei weitem überragte. Vielleicht liegt diese Differenz darin begründet, daß die USA Zentrum der Moderne sind, während diese südamerikanischen Siedlungen peripher zu diesem Zentrum liegen und über ihnen damit der Hauch des Exotischen schwebt.

Die Auswanderung in die USA war in der Vorarlberger Öffentlichkeit lange nicht im selben Maße präsent wie die Auswanderung nach Südamerika, bis Meinrad Pichler 1993 seine umfangreiche Studie vorstellte.[4] Sein Blickwinkel war bestimmt von der neueren Migrationsforschung, und auch die öffentliche Diskussion folgte den neueren Linien.

Im Mittelpunkt der vom Vorarlberger Landesmuseum 1996 in Auftrag gegebenen Internet-Ausstellung steht eine kleine Siedlung auf dem Gebiet des brasilianischen Städtchens Itararé, welche 1921 von Einwanderern aus Vorarlberg begründet worden war. Dieser Siedlung galt das Erkenntnisinteresse, ihre Geschichte sowie die Geschichte ihrer Bewohner sollten nachgezeichnet werden. Neben den Briefen aus Brasilien bildeten in den zwanziger Jahren vor allem die zahlreichen in Vorarlberg erschienenen Berichte über diese Siedlung eine Informationsquelle für weitere Auswanderer, so daß wir bis gegen Ende der dreißiger Jahre von einer Kettenwanderung sprechen können. Die meisten blieben nur wenige Jahre in der Kolonie, bevor sie zumeist in die Industriestadt São Paulo abwanderten und dort wieder industriell-gewerbliche Berufe ergriffen. Einige kehrten auch nach Vorarlberg zurück.

Baumwollanbau und Seidenraupenzucht bildeten die ökonomische Basis der Ansiedlung. Gute Jahre wechselten mit Dürreperioden, auch brachte eine epidemisch auftretende Fieberkrankheit Rückschläge. Erst nach einigen Jahren konnte ein landwirtschaftlicher Verein als Grundlage für gemeinschaftliche Aktivitäten etabliert werden, da sich die Siedler anfangs in Konflikten verstrickt hatten. Während es nie zum Bau einer Kirche kam, konnten eine Schule und später ein Vereinshaus errichtet werden, welche bescheidene kulturelle Zentren bildeten. Der kulturelle Austausch mit der wenige Stunden entfernten Kleinstadt Itararé blieb auf die notwendigen Kontakte beschränkt, die Abwanderung aus der Kolonie bedeutete dann nach der Überfahrt über den Ozean einen weiteren Schritt im Prozeß der Immigration: aus der Gemeinschaft der Neuansiedler hinein nach Brasilien. Auch beschleunigte die Zeit der forcierten Brasilianisierung ab den dreißiger Jahren sowie das Scheitern des Deutschnationalismus im Zweiten Weltkrieg die Integration der Einwanderer. Der Mehrzahl der in Brasilien Verbliebenen gelang der Wechsel aus dem hochindustrialisierten Vorarlberg in den industrialisierten Teil der brasilianischen Gesellschaft und auch der Aufstieg in die brasilianische Mittelschicht. Insofern kann die Geschichte eines erfolgreichen Ansiedlungsversuchs erzählt werden.

Die Auswanderungsbewegung in andere Gebiete Brasiliens wurde deshalb nur am Rande berücksichtigt, gänzlich vernachlässigt wurde die Auswanderung nach Argentinien, welche gesonderte Darstellung verdiente. Auch war nicht beabsichtigt, eine lexikalische Auflistung möglichst aller nach Brasilien bzw. Südamerika ausgewanderten Vorarlbergerinnen und Vorarlberger zu liefern. Der exemplarische Charakter steht im Vordergrund, wenn auch eine umfangreiche Personen- bzw. Familienkartei den Hintergrund der ausgewählten Beispiele bildet.

Diese Arbeit beruht größtenteils auf österreichischen Quellen, nur relativ wenige Dokumente aus brasilianischen Archiven flossen ein, insbesondere aus dem Staden-Institut in São Paulo sowie aus Privatbesitz. Intensive Forschungen in Brasilien selbst, die für diese Dokumentation nicht möglich waren, könnten weitere Erkenntnisse bringen. Schon in den zwanziger und dreißiger Jahren bis hinein in die fünfziger Jahre war die Vorarlberger Siedlung bei Itararé in den Tageszeitungen präsent. Das erleichterte die Recherchen für dieses Forschungsprojekt beträchtlich. Mehrere besondere Glücksfälle halfen außerdem mit. Einmal tauchte ein Fotoalbum auf, das Mathilde und Fritz Preiß auf einer Studienreise durch Südbrasilien angelegt und in welchem sie die Vorarlberger Siedlerfamilien abgebildet hatten. Dann erhielt ich Zugang zu den umfangreichen Materialien, die Hugo Burtscher in den fünfziger und sechziger Jahren über die Auswanderung aus Vorarlberg zusammengetragen hatte. Sie enthalten zahlreiche Lebensgeschichten von Südamerika-Wanderern und zeigen eine Art von Zwischenbilanz. Dazu kamen noch zwei besonders hilfreiche Nachfahren von Vorarlberger Einwanderern in Brasilien, nämlich Elmar Klocker in Itararé und Adolf Klotz in São Paulo. Ihnen, wie auch vielen weiteren Gesprächspartnern und Nachkommen von Vorarlberger Auswanderern, sei hiermit herzlich für die zahlreichen Informationen, Dokumente und Fotos gedankt.

Konzept und Umsetzung

Das Vorarlberger Landesmuseum fand Interesse an dem Konzept einer „virtuellen" Ausstellung im Internet, und es gelang, mit der Vorarlberger Firma Teleport und der Wiener Firma CMB Informationslogistik kompetente Partner für die technische Umsetzung zu gewinnen.

Diese Internet-Applikation funktioniert auf mehreren Ebenen:

Es gibt eine Dokumentation, d.i. ein ausführlicher, in Kapitel gegliederter Text, in den zahlreiche „Links" eingebaut sind. Nutzt man diese „Links", dann gibt es keine vorgegebene Textstruktur mehr, sondern der Nutzer stellt sich seinen Text nach seinen Bedürfnissen bzw. nach seiner absichtlichen oder zufälligen Auswahl zusammen. Dieser Dokumentationsteil ist nach wissenschaftlichen Erfordernissen aufgebaut, also mit Fußnoten, Literaturverzeichnis etc.

Ein zweiter Teil ist „Bilderreise" benannt. Hier werden in zahlreichen thematischen Blöcken Bilder und Dokumente angeboten, welche jeweils mit den notwendigen Informationen bzw. „Links" versehen sind, die zu weiteren Informationen führen.

Ein dritter Teil ist mit „Familien" überschrieben. Hier werden die Materialien mehr als dreißig ausgewählten Familien zugeordnet.

Darüber hinaus bietet diese „virtuelle Ausstellung" zahlreiche „Links", die nach Brasilien und zu dortigen Internet-Adressen führen, in Bibliotheken, Universitäten etc. Besucher können sich in ein „Gästebuch" eintragen, welches wiederum von allen Gästen eingesehen werden kann. Im Gästebuch selbst können Gäste ihre Internet-Adresse hinterlassen und so von anderen Gästen kontaktiert werden.

Anmerkungen

1   Siehe dazu die diversen Publikationen, z.B.: Ilg, Karl: Pioniere in Brasilien. Innsbruck-Wien-München 1972; ders.: Das Deutschtum in Brasilien. Wien 1978; ders.: Heimat Südamerika. Brasilien und Peru. Innsbruck-Wien 1982.
Neuerdings wichtig: Prutsch, Ursula: Die Auswanderung von Österreich nach Brasilien in der Zwischenkriegszeit (1918-1938). Dissertation Univ. Graz 1993; publiziert als: dies.: Das Geschäft mit der Hoffnung. Österreichische Auswanderung nach Brasilien 1918-1938. Wien 1996.
Das Thema der Internet-Ausstellung ist auch Inhalt von zwei traditionellen Publikationen:
Dreier, Werner: Colónia Austria Bairro da Seda.
Vorarlberger Auswanderer nach Brasilien. Bregenz 1996.
Ders.: Bairro da Seda, Itararé. In: Horvath, Traude/Neyer, Gerda (Hg.): Auswanderungen aus Österreich. Von der Mitte des 19. Jahrhunderts bis zur Gegenwart. Wien-Köln-Weimar 1996, S. 129-149.
2   Ilg, Pioniere in Brasilien, 1972, S. 46.
3   Ebda., S. 90.
4   Pichler, Meinrad: Auswanderer. Von Vorarlberg in die USA 1800-1938. Bregenz 1993.

Ingrid Bauer

Von Oral History zu Cyber History? Das WorldWideWeb als „bridge of communication" eines österreichisch-amerikanischen Dialogs zur Besatzungszeit

Ich präsentiere ein Projekt, in dessen Rahmen ein konkretes zeitgeschichtliches Szenario – die Besatzungszeit 1945/1955 – im und für das Internet aufbereitet wurde. Die Projektidee entwickelte sich aus einem Verständnis vom Fach „Zeitgeschichte" heraus, das den vermittelnden Gestus hin zu einer breiteren Öffentlichkeit nicht scheut, und ist an der Schnittstelle zwischen Geschichtswissenschaft und Angewandter Geschichte zu verorten.

Die folgenden Ausführungen verstehen sich als eine Art Werkstattbericht, in dem es mir vor allem um den Entstehungskontext dieses Internet-Projekts geht, um die Frage, warum – entgegen der vielfach noch zu ortenden Skepsis der historischen Zunft – die Öffentlichkeit des „global village" angepeilt wurde, und um ein abschließendes Resümee.

Der Site „'Liberators and the Liberated – Occupiers and the Occupied'. The Encounter of the Austrian People and US Soldiers after World War II. An Austrian/American Dialogue on the Internet" ist seit Mai 1995 online. Nach nunmehr zwei Jahren lassen sich nicht nur die Erfahrungen mit diesem Kommunikationsexperiment auf den Punkt bringen. Auch das Medium „Internet" selbst, welches die Welt als Dorf und die Zahl potentieller AdressatInnen unendlich erscheinen läßt, wird aus dieser konkreten Praxis heraus – und damit jenseits des Mythos, der um diese Technologie entstanden ist – auf seine Brauchbarkeit für zeitgeschichtliche Projekte überprüfbar.

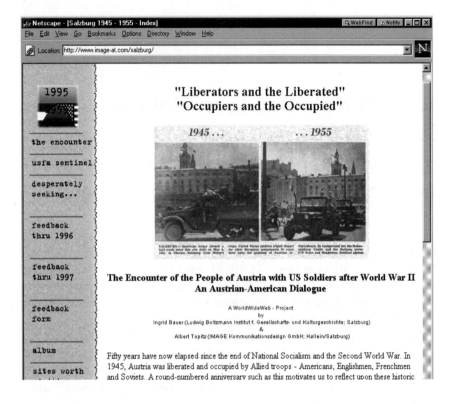

Die Vorgeschichte des Projekts

Ausgangspunkt war das Jahr 1995, der 50. Jahrestag des Endes von Nationalsozialismus und Zweitem Weltkrieg. Anniversarien wie dieses motivieren oftmals zu Aktivitäten historischer Reflexion und Inszenierung, bisweilen auch dazu, noch offene Fragen an die Geschichte zu stellen.

In diesem Kontext hat das Boltzmann-Institut für Gesellschafts- und Kulturgeschichte in Salzburg einen umfassenden Oral History Dialog zwischen HistorikerInnen und der Kriegs- und Nachkriegsgeneration konzipiert. Er zielte auf erfahrungs- und mentalitätsgeschichtliche Dimensionen der Geschichte, auf das historische Gedächtnis und die Erinnerungslandschaften der „Erlebnisgeneration(en)". Dabei konzentrierten wir unsere Oral History-Fragen ganz bewußt auf das Ende des Zweiten Weltkrieges und die sogenannte Besatzungszeit und damit auf einen zeitlichen Brennpunkt für zwei unterschiedliche Erfahrungsschienen: Zum einen schwingen in der zeitgenössischen Wahrnehmung wie in der rekapitulierenden Erinnerung Nationalsozialismus und Zweiter Weltkrieg als die zugrundeliegende „Vorgeschichte" immer mit. Zum anderen werden gerade im Umgang mit den „siegreichen fremden Soldaten" auch erste Verarbeitungsweisen und Überlebensstrategien des Nachkriegsösterreich erkennbar.

Da Salzburg das Zentrum der amerikanischen Besatzungszone in Österreich war, galt unser spezielles Interesse der Konfrontation zwischen der einheimischen Bevölkerung und den GIs: Wie wurden die amerikanischen Soldaten wahrgenommen – als Befreier, Besatzer, Sieger -, und wie hängen diese Wahrnehmungsmuster mit den jeweiligen ideologischen, sozialen und geschlechtsspezifischen Vorgeschichten und Erfahrungsrollen im Nationalsozialismus und im Zweiten Weltkrieg zusammen? Welche Bilder, Mythen, Vorurteile, Sympathien, Abwehrhaltungen hat die Bevölkerung bezüglich dieser Konfrontation, die immer auch eine interkulturelle war, noch heute im Kopf? Was an „den Amis" und am Besatzungsalltag in der amerikanischen Zone hat sie so tangiert, daß es die Erinnerung bis in die Gegenwart herein tradiert?

Das ist die eine Seite des Oral History-Dialogs, der als offizielles Projekt des Landes Salzburg positioniert war. Medien wie die Salzburger Nachrichten, die Salzburger Landeszeitung und der ORF Salzburg waren als Kommunikatoren eingebunden, veröffentlichten mehrmals Aufrufe an Zeitzeugen und -zeuginnen und berichteten regelmäßig unter dem Projekt-Logo „Befreit-Besetzt: Salzburg 1945/ 1955" über erste Ergebnisse. Durchgeführt wurde das Oral History-Projekt vom Boltzmann-Institut für Gesellschafts- und Kulturgeschichte und von der Universität Salzburg.[1]

Bereits die ersten Interviews mit Salzburger Angehörigen der Kriegs- und Nachkriegsgeneration und die Konfrontation mit deren Bildern von den in Österreich stationierten US-Truppen machten neugierig auf die „andere Seite": auf die Alltagswahrnehmung der GIs, auf die US-amerikanische Perspektive, was den „occupation job" in Österreich betrifft. Zudem drängte es sich auf, jene beiden Pole noch einmal zusammenzubringen und zusammenzudenken, die sich 1945 als Sieger und Besiegte, Besatzer und Besetzte, Befreier und Befreite gegenüberstanden.

Die Rituale der Erinnerung, die sich im offiziellen Salzburg des Jahres 1995 abzeichneten, waren ein zusätzliches Stimulans: Am liebsten wäre man bei den amerikanischen „Bomben auf Salzburg", also im Status des Opfers verharrt. Die geplante Kontaktaufnahme hin zu ehemals in Salzburg stationierten GIs war folglich auch von einer symbolischen Bedeutung, über die sich der Aspekt der „Befreiung" stärker in die öffentliche Diskussion einbringen ließ. Sie war also auch als innerösterreichische Botschaft, als Signal an jene Generation zu verstehen, die 1945 zwar froh war über das Ende des Krieges, diesen vielfach aber bis heute vor allem als einen verlorenen verbucht.

Die Idee eines Internet-Projekts war geboren. Das Boltzmann-Institut für

Gesellschafts- und Kulturgeschichte/Salzburg wurde zu seinem wissenschaftlichen
Träger.

Das Internet als Kommunikationsbrücke – ein Experiment

Das WorldWideWeb und damit den vitalsten Informationsdienst des Internet als
„overseas communication bridge" für unser Vorhaben zu wählen, war ein mehr-
faches Experiment.

Erstens: Wir stellten unser Projekt am 8. Mai 1995 und damit noch vor dem
Take Off dieses Mediums in Österreich ins weltweite Netz. Die Kommunikationsmöglichkeiten, die das Internet bietet, wurden zum damaligen Zeitpunkt noch
kaum genützt. Trotz des mittlerweile auch bei uns stattfindenden Booms ist Österreich nach wie vor ein Slum im „global village" und liegt, was die Zahl der
Internetanschlüsse betrifft, noch hinter Irland, dem kommunikationstechnologischen
Entwicklungsland der EU. 3 Prozent der ÖsterreicherInnen hatten zu Jahresbe-
ginn 1997 beruflich Zugang zum Internet, die Vergleichszahlen für Schweden
lagen bei 17, für Deutschland bei 8, für das schon genannte Irland bei 7 Prozent.
Die Zahl der privaten Internetanschlüsse ist noch geringer, was nicht verwundert,
wenn man bedenkt, daß derzeit nur 24 Prozent der österreichischen Haushalte
überhaupt mit einem PC ausgestattet sind.[2]

Zweitens regiert bei einem zeitgeschichtlichen Projekt im Internet – anders als
bei einer Ausstellung oder einer Publikation als Vermittlungsstrategien, bei denen
sich AdressatInnen und ihre Rezeption einigermaßen ein- und abschätzen lassen –
immer auch der Faktor „Unvorhersehbarkeit". Auch in dieser Hinsicht galt es
also, sich auf Neuland einzustellen.

Nicht zuletzt zeigte sich der Pioniercharakter unseres Projekts bei der Frage der
Finanzierung. Mit Vorhaben wie diesem – die weder ausschließlich der Wissenschaft noch allein der Erwachsenenbildung zuzurechnen, aber auch keine kommerziellen Unternehmungen sind – sitzt man sozusagen zwischen allen potentiellen Geld- und Subventionstöpfen. In einer für Österreich noch unüblichen Syner-
gie zwischen Geschichtswissenschaft und Wirtschaft lösten wir dieses Problem über
Firmensponsoring: Die IMAGE Kommunikationsdesign GmbH in Salzburg-Hall-
ein bot sich als Partner an, der die skizzierte Idee nicht nur technisch realisierte,
sondern auch inhaltlich mit uns weiterentwickelte. In dieser Kooperation und im
Sinne eines „learning by doing" starteten wir einen „Austrian/American Dialogue"
zum Besatzungsjahrzehnt.[3]

„'Liberators and the Liberated – Occupiers and the Occupied' – The Encounter of the Austrian People and US Soldiers after World War II. An Austrian/American Dialogue on the Internet"

Was findet sich nun unter der aktuellen Einstiegsadresse „http://www.image-at.com/salzburg" in unserer Internet-Applikation?

Um die erhofften Reaktionen von ehemaligen GIs, deren Kindern und Familien sowie anderer am Thema Interessierter zu mobilisieren, stellten wir in einem ersten Schritt zunächst einmal die österreichische Perspektive ins WorldWide Web: in Form von Ausschnitten aus Oral-History-Interviews, Fotos, Kinderzeichnungen, Briefen, Zeitungsausschnitten usw.

Unser Site umfaßt mehr als 100 Screens. Durch alle Seiten zu „browsen" dauert an die zwei Stunden. Wie sich den Rückmeldungen entnehmen ließ, scheinen das viele BenützerInnen auch getan zu haben. Der häufig mit dem Internet assoziierte „eilige Surfer" läßt sich also durchaus auch über einen längeren Zeitraum inhaltlich fesseln.

Trotzdem war von Beginn an klar, daß das Design unserer Applikation auf unterschiedliche Zeitbudgets und Informationsbedürfnisse ausgerichtet sein muß. Das Gestaltungsprinzip ist daher – bildhaft ausgedrückt – das eines reichhaltigen „Büffets". Als informierende Speisekarte fungiert ein zusammenfassender „main text". Von hier aus kann man je nach Gusto seinen Teller füllen: Über das Anklicken von Hyperwords wie „non-fraternization", „poor Austrians – rich Americans", „strange and fascinating", „GI brides" etc. kommt man jeweils auf die tiefere Informationsebene der Oral History-Texte und Fotos. Und auf jeder Seite findet sich die Aufforderung: „mail us your impressions". Um lebensgeschichtliche Erzählungen und Diskussionen zu stimulieren, haben wir für unsere virtuellen Besucher auch eine Art „guest book" eingerichtet, das von allen Usern eingesehen werden kann.

Natürlich mußte der „Austrian/American Dialogue" zur Besatzungszeit auch gepflegt werden: Fragen wurden beantwortet, Reaktionen abgefragt, bei den Absendern die Erlaubnis zur Veröffentlichung im „guest book" eingeholt, Zugriffsstatistiken ausgewertet.

Da diese Zugriffsstatistiken sehr bald zeigten, daß das Bildmaterial eine der am häufigsten abgerufenen Einstiegsschienen in die Gesamtapplikation war, machten wir den Fotobestand auch direkt über die Menüleiste zugänglich. Im Vergleich mit den anderen in diesem Panel „Zeitgeschichte im Internet" präsentierten Projekten, die neueren Entstehungsdatums sind, dokumentiert sich ein technologischer

Generationsunterschied: Uns waren bei der Fotoausstattung der Applikation „Liberators and the Liberated – Occupiers and the Occupied" noch enge Grenzen gesetzt. Seit 1995 hat sich jedoch die Leistungsfähigkeit von Modems verzehnfacht und damit für den User der Zeitaufwand für das „Herunterladen" von Fotos drastisch verringert. Die Textlastigkeit, zu der unser Projekt noch verurteilt war, kann also immer mehr einer multimedialen Gestaltung unter stärkerem Einbezug von Bild, auch Ton, in bescheidenem Maße sogar Video weichen.

Wer waren die User unserer Internet-Applikation? Und: Wie hat der „Austrian/American Dialogue" zur Besatzungszeit funktioniert?

Auch wer sein Projekt offensiv bewirbt und es bei einer Vielzahl von Suchmaschinen (Lycos, Altavista, Yahoo etc.) registrieren läßt, wird mit einer Applikation wie der unseren sicher nicht den Sprung „in die Charts" schaffen. So ergab eine statistische Evaluation, die danach fragte, mit welchen Suchbegriffen deutsche Internet User in Suchmaschinen einsteigen, im Herbst 1996 folgende „top ten": sex – hardcore – erotic – Australia – girls – travel – shareware – games – weather – Star Trek.

In diesem Kontext bleibt man mit einem zeitgeschichtlichen Internet-Projekt natürlich ein Minderheitenprogramm. Trotzdem haben sich seit dem Mai 1995 mehr als 22.000 Gäste (Stand: Oktober 1997) in unsere Applikation eingelinkt.

An die 20 Prozent kamen aus Europa (die Hälfte davon aus Österreich); die überwiegende Mehrheit – nämlich 73 Prozent – war aus den USA.

Diese Zahlen entsprechen fast exakt dem generellen derzeitigen Benutzerprofil des Internet. Die US-amerikanische Dominanz steigt mit dem Alter der Internet User noch an. Weltweit kommen 83 Prozent aller InternetbenützerInnen im Alter von über 50 Jahren aus den USA.[4] Wir lagen also mit der Wahl des Mediums für unseren Dialog durchaus richtig, und die über E-mail eingelangten Rückmeldungen – bislang an die 300 – waren tatsächlich häufig von GIs oder deren Kindern. Als „bridge over the big pond" funktionierte das Internet.

Die österreichische Seite hat sich hingegen – abgesehen von den Oral History-Texten, die wir als Gestalter ins Netz stellten – nur marginal in den Diskussionsprozeß eingeschaltet. Ich habe ja bereits eingangs erwähnt, daß das Potential des Internets in Österreich erst ansatzweise genützt wird, und das gilt für Angehörige älterer Generationen noch verstärkt. Auch die Sprache dürfte ÖsterreicherInnen von unserer Applikation ferngehalten haben. Wir präsentierten unser Projekt in der Internet-Sprache Englisch. Eine zweisprachige Version – deutsch/englisch –

ließ sich aus finanziellen Gründen nicht realisieren. Um dieses Defizit auszugleichen, haben wir die einheimische Bevölkerung zumindest informiert und Feed-
backs, die aus den USA bei uns eingingen, immer wieder auch in der lokalen
Presse oder im Fernsehen veröffentlicht. Wir setzten bei der Realisierung der Idee
eines österreichisch-amerikanischen Dialogs zur Besatzungszeit also auf die Strategie eines „Medienmix".

Beinahe alle Österreicher, die auf unsere Applikation reagierten, waren in den
USA, Kanada oder Australien lebende „AuslandsösterreicherInnen": Solche, die
der Nationalsozialismus in die Emigration gezwungen hatte; andere, die nach dem
Krieg vom „Mythos Amerika" zum Auswandern motiviert wurden; Kinder und
Enkelkinder von Österreicherinnen, die einen amerikanischen Besatzungssoldaten
geheiratet hatten und als sogenannte „War Brides" in die USA gekommen waren.
Auf der Suche nach ihren „roots" haben sie sich beim Surfen im WorldWideWeb
auch in unsere Applikation „eingelinkt".

Sehr bald bekam unser Site auch die Funktion einer Art „lost & found
department": Besatzungskinder suchten ihre amerikanischen Väter; ehemalige GIs
versuchten den Kontakt mit befreundeten österreichischen Familien zu reaktivie-
ren, die sie nach der Besatzungszeit aus den Augen verloren hatten. Diese von uns
zunächst nicht eingeplanten Bedürfnisse haben wir im Laufe des Projekts in einer
eigenen Rubrik „desperately seeking" aufgefangen.

Output des Projekts und Resümee

Was die einleitend umrissene symbolische Bedeutung unseres Projekts betrifft, ist
die Idee des österreichisch-amerikanischen Dialogs zur Besatzungszeit aufgegan-
gen. Die ins weltweite Netz gestellten alltagsgeschichtlichen Quellen und die eingegangenen Reaktionen darauf lösten tatsächlich etwas aus: Fragen, Zustimmung,
Widerspruch.

Den Rückmeldungen ließ sich auch entnehmen, daß die Applikation „Liberators
and the Liberated – Occupiers and the Occupied" außerhalb Österreichs von Lehrern und Schülern für den Unterricht herangezogen wurde. Mittlerweile verfügen
auch 7 Prozent der österreichischen Schulen (Stand Februar 1997) über einen
Internet-Anschluß. Das legt nahe, in der universitären Lehrerausbildung gleichfalls
stärker mit dieser neuen Kommunikationstechnologie und ihren Möglichkeiten zu
experimentieren – bis hin zur Eigenproduktion zeitgeschichtlicher Applikationen
durch Studenten und Studentinnen. Durch die Konzeption und Betreuung von
Projekten wie dem hier vorgestellten ließe sich etwa die alltagsgeschichtliche Dimension von Geschichte sehr eindrücklich vermitteln.

Aber auch in wissenschaftlicher Hinsicht war die Ernte durchaus positiv: Wir erhielten wertvolles Quellenmaterial, Fotos, private Briefe, die in Österreich stationierte GIs damals zurück nach Hause geschrieben hatten, etc. Oral History-Interviewpartner aus den USA wurden gewonnen: Etliche User haben nach ihrem ersten spontanen Kommentar auch zusätzliche Fragen unsererseits in schriftlicher Form beantwortet; einige kamen zu ausführlichen Interviews nach Salzburg, andere boten sich als Gesprächspartner für ein Oral History-Projekt mit ehemaligen GIs an, das wir in den USA durchführen möchten. In dieser Hinsicht erwies sich das Internet-Projekt als glänzendes „warming up". Die Face-to-Face-Kommunikation eines Oral History-Tiefeninterviews kann es natürlich nicht ersetzen.

Die eingegangenen Reaktionen konfrontierten mit überraschenden inhaltlichen Akzenten: So scheint die Strategie des privaten Schweigens über den Zweiten Krieg nicht nur ein Merkmal der Verlierer, sondern auch eines der Sieger gewesen zu sein. Immer wieder spürten Kinder von ehemaligen GIs in unserer Applikation einem Stück der Geschichte ihrer Väter nach, von dem diese zu Hause nie erzählt hatten. Spannend war auch das Aufeinanderprallen von Selbst- und Fremdbildern: Manche ehemals in Österreich stationierten GIs verwendeten eine Menge an Energie darauf, uns davon zu überzeugen, daß jedermann sie geliebt habe – „except the Nazis of course" –, und daß niemals irgendjemand die Reifen ihrer Jeeps aufgeschnitten haben würde, wie uns das Salzburger Nachkriegsjugendliche erzählten.

Die sinnvolle Nutzung zeitgemäßer Kommunikationsmöglichkeiten ist wohl für jedes zeitgeschichtliche Projekt aufs neue auszuloten. Aus der Praxis der Oral History heraus war diese Herausforderung jedoch besonders reizvoll, konstituiert diese Verfahrensweise doch einen kommunikativen, quellengenerierenden Prozeß. Und – um mit Paul Thompson, dem englischen Pionier der Oral History zu sprechen – „if we are to remain communicators, we must move with the technology of communication."[5]

Anmerkungen

1   Projekt „Befreit – Besetzt: Salzburg 1945/1955", Projektträger: Land Salzburg, ORF Salzburg, Salzburger Nachrichten. Konzeption: Ingrid Bauer. Wissenschaftliche Leitung: Ingrid Bauer und Reinhold Wagnleitner. Projektdurchführung: Boltzmann-Institut für Gesellschafts- und Kulturgeschichte und Universität Salzburg. Oral History-Team: Daniela Ellmauer, Sabine Jahn, Ursula Resch (Dr. Hans-Lechner-Forschungsgesellschaft), Franziska Schneeberger, Oliver Wurzer.
2   Diese Ergebnisse einer repräsentativen „EUROQUEST-Studie" über das Internet-Verhalten von EU-BürgerInnen wurden u. a. veröffentlicht in: „profil" vom 24.3. 1997, S. 20.

3   Projekt „'Liberators and the Liberated – Occupiers and the Occupied' – The Encounter of the Austrian People and US Soldiers after World War II. An Austrian/American Dialogue on the Internet". Wissenschaftliche Leitung: Ingrid Bauer. Internet-Realisierung: Albert Topitz.

4   Die Daten sind übernommen aus: Bauer, Ingrid/Topitz, Albert: „Applied History on the WWW: A project about the encounter of the Austrian people an U.S. soldiers after World War", Vortragsmanuskript für die American Historical Association Conference 1997, New York, Panel: History Resources on the WorldWideWeb.

5   Thompson, Paul: Sharing Oral History: Archives and New Technology. In: Reader for the IX. International Oral History Conference, Copenhagen 1996, S. 947.

Arno Gisinger

Für eine Kulturgeschichte der fotografischen Erinnerung am Beispiel visueller Darstellungen des Holocaust

Im Juni 1944 landet die amerikanische Fotografin Lee Miller (1907-1977) mit den alliierten Truppen in der Normandie und verfolgt als erste weibliche Kriegsberichterstatterin deren Vormarsch bis zur Befreiung der Konzentrationslager. Ihre Bilder werden im Sommer 1945 unter dem Titel *Believe it* auf den Hochglanzseiten der Zeitschrift *Vogue* in den USA publiziert, um einem ungläubigen Publikum die Dimension der nationalsozialistischen Verbrechen eindringlich vor Augen zu führen.[1] Eine eingehende Analyse dieser Fotografien[2] macht deutlich, daß Lee Miller nicht nur die verschiedenen Kategorien der historischen Protagonisten im Sinne von „Opfern, Tätern und Zuschauern" (Raul Hilberg) visuell virtuos dekliniert, sondern auch sich selbst als handelnde Person thematisiert und dadurch zusätzlich die Dimension des „Blicks der Befreier" einführt. Ausdruck und Höhepunkt dieser persönlichen Implikation sind zwei gestellte Selbstporträts, in denen sich die Fotografin an Hitlers Bürotisch bzw. in der Badewanne seiner Münchner Residenz abbildet, um den endgültigen Sieg über den „Führer" zu versinnbildlichen.

Dieses einleitende Beispiel sollte zeigen, daß (fotografische) Bildproduktion – und zwar von der Prävisualisierung über die Aufnahme bis zum jeweiligen Präsentations- und Rezeptionskontext – sehr viel mit Sinnstiftung und Konstruktion zu tun hat, ohne zunächst auf das alte Gegensatzpaar von *Authentizität versus Fälschung*, von *Dokument versus Fiktion* rekurrieren zu müssen. Es liegt zweifellos in der Ontologie der Fotografie, in der ihr zugesprochenen Eigenschaft der Wirklichkeitsbezeugung begründet, daß Bilder wie jene von Lee Miller nach 1945 eine solch ungeheure Wirkung entfalten konnten, daß etwa Susan Sontag noch in den frühen siebziger Jahren von einer „negativen Epiphanie" der Fotografien aus Dachau und Bergen-Belsen sprechen konnte: „Nichts, was ich jemals gesehen habe – ob auf Fotos oder in der Realität –, hat mich so jäh, so tief und unmittelbar getroffen. Und seither erschien es mir ganz selbstverständlich, mein Leben in zwei Abschnitte einzuteilen: In die Zeit, bevor ich diese Fotos sah (ich war damals zwölf Jahre alt), und in die Zeit danach – obwohl noch mehrere Jahre verstreichen mußten, bis ich voll und ganz begriff, was diese Bilder darstellten."³ Wir wissen heute allerdings auch, daß diese Bilder, die für uns *den* Holocaust repräsentieren, unmittelbar *nach* der Befreiung der Lager entstanden sind. Deshalb wird immer wieder die Frage gestellt, ob es denn überhaupt Bilder von der Massenvernichtung gibt, geben kann oder auch geben darf.

Am Höhepunkt der Polemik um Steven Spielbergs Oscar-preisgekrönten Spielfilm *Schindler's list* merkte der französische Filmemacher Claude Lanzmann in einem Interview für die Zeitschrift *Le Monde* 1994 zur Frage der Existenz von visuellen Dokumenten der Massenvernichtung an: „Wäre mir ein unbekanntes Dokument in die Hände gefallen, ein Film, der – heimlich, da Filmen streng verboten war – von einem SS-Mann gedreht worden wäre, und der gezeigt hätte, wie dreitausend Juden, Männer, Frauen und Kinder, gemeinsam starben, erstickt in einer Gaskammer des Krematoriums Auschwitz II – hätte ich so einen Film gefunden, ich hätte ihn nicht nur nicht gezeigt, ich hätte ihn zerstört. Ich bin unfähig zu sagen, warum. Das versteht sich von selbst."⁴

Was sich hier von selbst verstehen soll, ist in Wirklichkeit Ausdruck einer seit 1945 geführten Debatte über Mimesis und Bilderverbot, einer Diskussion über die Frage nach den Möglichkeiten und Grenzen bildlicher Darstellungen des Holocaust.⁵ Unsere Vorstellungen vom Unvorstellbaren sind dabei im wesentlichen von den Filmen und Fotografien der alliierten Befreier geprägt, die wir gemeinhin als historische Dokumente betrachten und als solche in verschiedensten Zusammenhängen immer wieder verwenden. Andererseits sind gerade diese Dokumente aus heutiger Perspektive nicht nur quellenkritisch, sondern auch wirkungsgeschichtlich auf ihren Produktions- und Rezeptionskontext hin neu zu hinterfragen.⁶ Freilich nicht im Sinne einer revisionistischen Infragestellung der historischen Fakten, sondern im Sinne der unterschiedlichen Gebrauchsweisen von Bildern, oder, um es in der Terminologie von Maurice Halbwachs zu formulieren, in bezug auf ihre Funktion und Bedeutung als „Erinnerungsfiguren". Die entscheidende Frage muß in unserem Zusammenhang also lauten: „Woran wird mit diesen Bildern eigentlich erinnert, und welche Erinnerung tradieren wir mit ihnen?" Selbst wenn es kein fotografisches oder filmisches Dokument gibt, das den Holocaust wirklich zeigen oder darstellen könnte, so bedeutet dies nicht, daß wir uns nicht sehr intensiv mit den visuellen Substituten dieser unvorstellbaren Realität auseinanderzusetzen haben. Im Gegenteil: Sind es doch gerade diese Bilder, die unser visuelles Gedächtnis von der Massenvernichtung formieren und die vor allem auch medial weiterwirken.⁷

Der Ansatz einer Analyse der kulturellen Tradierung und Wiederaneignung von Bildern in jeweils neuen Bedeutungszusammenhängen unterscheidet sich von der tiefenpsychologischen Deutung, die jegliche Darstellung des Unvorstellbaren als indirekte Verdrängung interpretiert und letztlich verweigert. Letztere Position vertritt Jean-François Lyotard, der auch und gerade in bezug auf Claude Lanzmanns Film *Shoah* einmal formulierte: „Zu befürchten ist, daß Wort- (Bücher und Interviews) und Sachvorstellungen (Filme, Fotografien) von der Ausrottung der Juden (...) durch die Nazis gerade das, wogegen sich jene leidenschaftlich wehrten, in den Umkreis der sekundären Verdrängung ziehen, anstatt es, jenseits allen Status, als ein Vergessenes im 'Inneren' zu belassen. Daß es, durch seine Darstellung, zu einem gewöhnlich 'Verdrängten' wird."[8] In diesem Sinne interpretiert auch Wolfgang Ernst die Problematik der Darstellung des Holocaust: „Auschwitz ist ein Zeichen, das gedeutet, aber nicht verstanden werden kann: das schwarze Loch der Hermeneutik. Auschwitz kann bezeichnet werden, aber das Objekt des Verbrechens von Auschwitz gibt es nicht."[9]

Anders als diese tiefenpsychologisch argumentierende Verdrängungstheorie, die die latente Gefahr einer ungewollten Mystifizierung des Phänomens der Massenvernichtung in sich birgt, geht die Frage nach der kulturellen Funktionalisierung von Bildern vom jeweiligen Gebrauchskontext aus. Um dies zu illustrieren und gleichzeitig die Problematik der „Bilder des Grauens" zu thematisieren, sei exemplarisch auf die berühmten und vielfach verwendeten Filmsequenzen aus Bergen-Belsen verwiesen, in denen zu sehen ist, wie einige zu 'Bulldozern' umgebaute britische Militärfahrzeuge Leichenberge in improvisierte Massengräber schieben. Zur Verwendung dieser Bilder durch Alain Resnais in seinem Film *Nuit et Brouillard* (Nacht und Nebel) zehn Jahre nach Kriegsende meinte Armand Gatti, einer der unkonventionellsten französischen Theatermacher und selbst Überlebender der Lager einmal kritisch: „Mich stört nicht nur, daß es sich um ein fälschlich typisiertes Bild von der Vernichtung handelt, weil die Bulldozer von Briten gefahren werden und weil die Wahrheit der Vernichtung gerade in der Nicht-Existenz solcher Bilder besteht. In der Logik des nationalsozialistischen Vernichtungsprozesses mußten alle Spuren verwischt werden. Alles verlief ordentlich und streng geregelt. Die Bilder, die Resnais verwendet, drücken einen – zwar realen – Aspekt der Grausamkeit des Lagers aus, einen Aspekt, der jedoch nicht im Zentrum des Vernichtungsprozesses steht. Das eigentlich Inakzeptable an diesen Bulldozern ist, daß sie allen Opfern genau das verweigern, was ihnen auch die Nazis nicht gewähren wollten, nämlich eine Bestattung. Sie sind nur noch Körper, *Figuren*. Welche Erinnerung kann es für die Nachkommen jener so übereinandergeschichteten Männer und Frauen geben? Alles verliert sich in der Uniformität und Anonymität des Grauens."[10] Die entscheidende Frage ist hier also eine ethisch-moralische, nämlich wie die Bilder des Grauens, auch und gerade angesichts ihrer Aktualität, heute auf uns wirken und was wir in Zukunft mit ihnen machen werden. Armand Gattis Interpretation zeigt auf sehr pointierte Weise, daß Fotografien und Filme zwar historische Realität bezeugen können, daß ihre Wirkungen aber individuell und gesellschaftlich sehr

unterschiedlich sind. Nicht nur das Bild selbst mit all seinen Entstehungs-
konstituenten, sondern auch das betrachtende Subjekt spielt im komplexen Vorgang des Sehens eine entscheidende Rolle. Dies gilt auch und gerade für die Betrachtung und Analyse von bildmechanisch hergestellten Artefakten, also den ver-
meintlichen „Abbildern der Realität".

Aus der Sicht der Historikerinnen und Historiker, die solche Bilder als Quellen, und zwar als Primärquellen, und nicht nur als simple Illustrationen eines wie
immer gearteten schriftlichen Diskurses verwenden, gilt es zunächst, wie bei anderen Quellengattungen auch, den Produktionskontext möglichst exakt zu rekonstruieren. Dabei wird man beim Beispiel Bergen-Belsen feststellen, daß die besag-
ten Bilder – ganz im Sinne von Claude Lanzmann und Armand Gatti – nicht die
Massenvernichtung in den Lagern zeigen, sondern viel eher die möglichst rasche
und effiziente Beseitigung der Leichen aufgrund drohender Typhusgefahr für die
Überlebenden. Sehr wohl drücken diese Bilder jedoch den Schock der Befreier –
und damit unseren eigenen Schock angesichts des Unvorstellbaren – aus. Diese
Analogie des Blicks erklärt wahrscheinlich auch die besondere Nachwirkung solcher Bilder. Gerade in bezug auf den Holocaust wird immer wieder deutlich, daß
es viele Historiker und Publizisten mit ihrer Pflicht der Überprüfung des verwendeten visuellen Quellenmaterials nach wie vor nicht sehr genau zu nehmen scheinen.[11] Die intendierte moralische Botschaft sowie die vom Rezipienten indirekt
eingeforderte Haltung des Entsetzens verhindern dabei einen quellenkritischen Zugang. Vielfach wurden und werden Fotografien und Filme *des* Holocaust zu zeit-
und kontextlosen Ikonen des Grauens gemacht. Ein prägnantes Beispiel für die
problematische Umdeutung einer solchen fotografischen Ikone hat Jürgen Hannig
für den Bereich der Geschichtslehrbücher untersucht. Er konnte anhand der berühmten Fotografie des Jungen mit erhobenen Händen bei der Liquidierung des
Warschauer Ghettos zeigen, wie ein klassisches „Täterbild" durch entsprechende
Kontextualisierung und Betextung zu einem quasi überzeitlichen „Opferbild" –
und damit zu einem allgemein gültigen Identifikationsobjekt – gemacht wurde.[12]

Die Geschichtswissenschaft befindet sich heute in bezug auf den Umgang mit
fotografischen Quellen in einer neuen Umbruchphase. Erst in den siebziger Jahren
wurden die mechanisch-chemisch hergestellten Bilder (Fotografie und Film) und
mit etwas Verspätung auch die elektronischen (Fernsehen und Video) als relevante
sozialhistorische Quellen im Rahmen der Forderung nach neuen Methoden in der
Geschichtswissenschaft entdeckt. Dabei kam es zur Entwicklung unterschiedlichster Ansätze, die teilweise Anleihen aus anderen Disziplinen nahmen, letztlich aber
am Anspruch einer allumfassenden und allgemeingültigen Theorie der Fotografie
für die Geschichte scheitern mußten. Durch die Infragestellung der alten Vorgaben und verstärkt durch die Entwicklung neuer Technologien (Stichwort „digita-

le Revolution") hat in den letzten Jahren eine gewisse Enttäuschung über die Stellung der Fotografie innerhalb der Geschichtswissenschaft um sich gegriffen, die jedoch auf der irrtümlichen Vorstellung vom Medium als einer „harten" Quelle beruht.

Deutlich wird dies in der immer wieder diskutierten und durch die neuen Bildtechnologien virulent gewordenen Frage nach der Beweiskraft bzw. der Fälschung von Fotografien, die grundsätzlich anders gestellt werden müßte. Und zwar nicht einfach: „Drückt dieses oder jenes Bild die Wahrheit über einen bestimmten historischen Sachverhalt aus?", sondern vielmehr: „Welche Rolle spielt ein Bild als spezifischer Erinnerungsspeicher innerhalb eines breiten sozialen Gedächtnisses in bezug auf eine bestimmte historische Epoche?" Es sollte also mehr um die Frage gehen, mit welchen Bildern eigentlich welche Realität abgebildet wird und wie Bilder historisch wirksam werden. Die eigentliche Aufgabe der Historikerinnen und Historiker wäre dann die Untersuchung der kulturellen Funktionalisierung von Bildern im Rahmen einer etwa von Peter Burke bereits Ende der achtziger Jahre geforderten „Sozialgeschichte des Erinnerns", die das Phänomen des kollektiven Gedächtnisses als eine geschichtliche Erscheinung begreift.[13] In Analogie dazu könnte man von einer „Kulturgeschichte der fotografischen Erinnerung" sprechen, die von der genauen Kenntnis des Mediums ebenso wie von der Analyse des historischen Kontextes und der Einbeziehung des Betrachterblicks ausgehen müßte. Dies beinhaltet jedoch auch eine Aufweichung der scharfen Trennung zwischen Dokumentarischem und Nicht-Dokumentarischem sowie die Verweigerung von eindeutigen Antworten, die uns fotografische Bilder geben können. Gerade dafür sind die visuellen Darstellungen des Holocaust ein besonders lehrreiches Beispiel.

Anmerkungen

1   Menzel, Katharina: Konzentrationslager in der Illustrierten. Kurzer Hinweis auf die Fotografien von Lee Miller für *Vogue*, in: *Fotogeschichte* 55 (1995), S. 27–34.

2   Ich beziehe mich dabei auf den Ausstellungskatalog *Lee Miller's War*, London 1992.

3   Sontag, Susan: Über Photographie (*On photography*). Frankfurt 1980, S. 25.

4   Lanzmann, Claude: *Holocauste, la représentation impossible*, in: *Le Monde*, 3. März 1994.

5   Vgl. dazu Gisinger, Arno (Hg.): Darstellung des Unvorstellbaren. Möglichkeiten und Grenzen künstlerischer Auseinandersetzung mit Shoah, Nationalsozialismus und Zweitem Weltkrieg in der zeitgenössischen Photographie (=Themenheft der Zeitschrift *Eikon* 14/15, 1995). Zur künstlerischen Darstellung des Holocaust allgemein vgl. die Publikation von Köppen, Manuel und Scherpe, Klaus R. (Hg.): Bilder des Holocaust. Literatur – Film – Bildende Kunst. Böhlau, Köln-Weimar-Wien 1997.

6 Hoffmann, Detlef: Fotografierte Lager. Überlegungen zu einer Fotogeschichte deutscher Konzentrationslager, in: *Fotogeschichte* 54 (1994), S. 3-20.

7 Man denke etwa an manche Fernsehbilder oder Pressefotografien aus Ruanda und Ex-Jugoslawien, die eindeutige ikonographische Anleihen bei bekannten Bildern des Zweiten Weltkrieges nahmen.

8 Lyotard, Jean-François: Heidegger und „Die Juden". Wien 1988, S. 37f., zit. nach: Wolfgang Ernst, Bausteine zu einer Ästhetik der Absenz, in: Wahrnehmung und Geschichte. Markierungen zur *Aisthesis materialis*, hg. von Bernhard J. Dotzler und Ernst Müller, Berlin 1995, S. 228.

9 Ebd., S. 230.

10 Gatti, Armand: *La Sépulture est le Propre de l'Homme*. Programmheft zum Theaterstück *Adam Quoi?* von Armand Gatti, Marseille 1993. Übersetzung: Arno Gisinger.

11 Wrocklage, Ute: Fotografie und Holocaust. Eine Bibliographie, in: *Fotogeschichte* 55 (1995), S. 43-72.

12 Hannig, Jürgen: Bilder, die Geschichte machen. Anmerkungen zum Umgang mit „Dokumentarfotos" in Geschichtslehrbüchern, in: *Geschichte in Wissenschaft und Unterricht* 4 (1989), S. 11-32.

13 Burke, Peter: Geschichte als soziales Gedächtnis, in: Hemken, Kai-Uwe: Gedächtnisbilder. Vergessen und Erinnern in der Gegenwartskunst, S. 92-112. Ursprünglich erschienen unter dem Titel *History as Social Memory*, in: Butler, Thomas (Hg.): *Memory. History, Culture and Mind*. Oxford 1989, S. 97-113.

Gerald Trimmel

Das digitale Bild als historische Quelle

Mit dem digitalen Bild ist sehr diskret eine völlig neue Medienform entstanden, die durch den Paradigmenwechsel von der Medienindustrie zur Inhalteindustrie nun auch in ökonomischer Hinsicht stark an Bedeutung gewinnt.[1] Das zeigt sich zum einen daran, daß zahlreiche Großinvestoren in das weltweite Geschäft mit Bildlizenzen eingestiegen sind und innerhalb kürzester Zeiträume gewaltige Bilderpools angehäuft haben,[2] zum anderen daran, daß auch die Consumer Industrie mittlerweile zahlreiche Digitalkameras im unteren Preissegment anbietet.

Die Tendenz zur Visualisierung, die sämtliche Lebensbereiche erfaßt hat, ist Symptom einer grundlegenden Änderung menschlicher Wahrnehmungsgewohnheiten. Das Zeitalter der digitalen Bildproduktion schafft ein völlig neues Verhältnis zwischen der vorfotografischen Wirklichkeit und deren digitaler Codierung und generiert eine Fülle von neuen Arbeitsabläufen und Jobprofilen.[3] Doch erst in Verbindung mit verschiedenen Telematikdiensten – etwa dem World Wide Web oder im Bereich der Satellitenkommunikation – wird klar, in welchen Dimensionen sich unsere Beziehung zum Bild verändern wird und welche kulturellen Auswirkungen daraus resultieren können: So plant etwa die US-Firma EarthWatch, einen Earth-Imaging-Service kommerziell anzubieten, der auf Timesharing mit Spionagesatelliten beruht. Einfache Bürger werden also schon in naher Zukunft die Möglichkeit haben, hochauflösende Bilder aus dem Orbit von beliebigen Regionen individuell zu bestellen. Noch in diesem Jahr sollen Satelliten auf eine Erdumlaufbahn gebracht werden, deren Kameras eine Auflösung von drei Metern bieten.[4] Wie auch immer man der Qualität und den Auswirkungen der Zeichen, Bilder und Töne im virtuellen Raum gegenübersteht – eines ist sicher: In diesem Raum entstehen neue digitale Kulturgüter und somit auch wichtige Quellen für Historiker und Kulturwissenschaftler.

Aus den vorangegangenen Betrachtungen wird eines klar: Will man sich ernsthaft mit digitalen Bilddokumenten beschäftigen, genügt es nicht mehr, sich einfach nur mit der Analyse des Inhalts, den Entstehungsbedingungen und Intentionen des Herstellers auseinanderzusetzen und die Ergebnisse anschließend vor dem entsprechenden sozialhistorischen Hintergrund zu betrachten. Ohne die Einbeziehung technischer Aspekte wird die analytische Annäherung an das digitale Bild unbefriedigend bleiben.

Grundsätzlich kann man drei Arten digitaler Standbilder differenzieren:

- digitale Fotos, die mittels Digitalkamera oder Videokamera + Framegrabber generiert wurden,
- Aufsicht- oder Durchsichtbilder, die mit einem Scanner digitalisiert wurden,
- digitale Bilder, die ohne Verwendung von optischen Systemen oder Komponenten ausschließlich mit Softwaretools generiert wurden.

Worin unterscheidet sich nun das digitale Bild vom rein optisch doch so ähnlichen analogen beziehungsweise worin liegen die charakteristischen Wesensmerkmale des digitalen Bildes? Im Gegensatz zum fotochemischen Bild, das als zweidimensionale Repräsentation realer Szenarien mittels kontinuierlicher Variationen von Tonwerten gelten kann, ist das digitale Bild nichts anderes als ein cartesianisches Gitter aus einzelnen Punkten, den sogenannten Pixeln, die jeweils durch einen Wert für die x- und y-Koordinate und die Farbintensität festgelegt sind. Im Gegensatz zum analogen Bild, dessen Inhalt stets an einen Träger gebunden bleibt (Papier, Glasplatte etc.) und somit als physisches Objekt wahrgenommen wird, existiert das digitale Bild als Folge von mathematischen Werten beziehungsweise Zahlen, die auf beliebigen digitalen Trägern (Diskette, Festplatte, CD-ROM, Photo-CD etc.) gespeichert, über Computernetzwerke verbreitet und über Bildschirme oder Drucker ausgegeben werden können. Während sich die Qualität beim Reproduzieren analoger Fotos mit jeder Generation sichtbar verschlechtert, gibt es bei der digitalen Bildkopie keinerlei Qualitätsverlust. Jede weitere Vervielfältigung ist mit dem Original völlig identisch.

Das fotochemische Bild ist nach dem Fixieren gleichsam in seinem Endzustand erstarrt. Weitere Bearbeitungen oder Manipulationen hinterlassen entweder deutliche Spuren oder erfordern einen weiteren Reproduktionsprozeß. Ganz anders bei der digitalen Fotografie: Hier bleibt das Bild immer nur ein vorläufiges Endprodukt. Eingriffe und Manipulationen am Bild geschehen auf der Ebene der Zahlen und bleiben umso diskreter (oder gänzlich unbemerkt), je besser und präziser die verwendeten Bildbearbeitungsprogramme arbeiten und je sorgfältiger der Bearbeiter/die Bearbeiterin vorgeht. Digitale Bilder können also zu jedem späteren Zeitpunkt formal und inhaltlich verändert werden.

Ein maßgebliches Qualitätskriterium für Fotos stellt die Auflösung dar, also die Anzahl der Linienpaare, die als unterscheidbare Hell/Dunkel-Werte noch wiedergegeben werden können. Bei fotografischen Filmen hängt das Auflösungsvermögen von der Korngröße einerseits, aber auch vom Aufnahmegerät und dem Verarbeitungsprozeß ab. Kontrastreiche SW-Filme bieten heute eine Auflösung von 350 Linien/mm, hochempfindliche Farbnegativfilme etwa 40 Linien/mm. Die Auflösung digitaler Bilder wird in Pixel oder Dots (Bildpunkten) pro Inch angegeben. Eine Auflösung von 300 dpi, also 118 Dots pro cm entspricht einem Auflösungsvermögen von 6 Linien/mm. Mit Trommelscannern sind auch wesentlich höhere Auflösungen erreichbar – etwa 4064 dpi, was 80 Linien/mm entspricht, aber noch immer nicht für eine vollständige Informationsübertragung feinkörniger SW- oder Farbfilme ausreicht. Bei digitalen Bildern müssen darüber hinaus Grau- oder Farbwerte für jedes Pixel gespeichert werden. Diese Information bezeichnet man als Farbtiefe. Je höher Auflösung und Farbtiefe sind, desto größer werden natürlich auch die Bilddatenmengen. Ein Beispiel: ein fotografisches Aufsichtbild, das mit 1.200 dpi und einer Farbtiefe von 24 bit eingescannt wurde und somit einen 1:1 Ausdruck in fotoähnlicher Qualität erlaubt, benötigt eine Speicherkapazität von 178,5 MB.[5] Die Auflösung eines digitalen Bildes kann innerhalb der Hardwaregrenzen relativ beliebig gesetzt werden: bei Multimedia-Anwendungen wird üblicherweise eine Auflösung von 72 dpi verwendet, bei den meisten Print-Anwendungen eine Auflösung von 300 dpi. Vor der Bilddigitalisierung muß daher stets die Frage gestellt werden, wieviel Bildinformation, also welche Pixelanzahl pro Inch man tatsächlich benötigt. Vergrößert man ein digitales Bild, wird irgendwann seine Pixelstruktur sichtbar. An diesem Punkt liegt die Informationsgrenze des digitalen Bildes. Jede weitere Vergrößerung würde nur zu einer Vergrößerung der Pixel und somit zu immer größeren quadratischen Flächen führen.

Mit der Technik der reversiblen Datenkomprimierung und der irreversiblen Datenreduktion können große Bilddateien unter Qualitätsverlust deutlich verkleinert werden. Diese Techniken finden vor allem im Online-Bereich Verwendung, wo keine hohen Auflösungen erforderlich sind und Bilddateien möglichst schnell über Datennetze transportiert werden sollen. Beide Techniken führen natürlich – je nach Kompressionsfaktor – zu einer deutlichen Verminderung der Informationsdichte.

Auch die Kostenfrage fällt derzeit noch eindeutig zugunsten des fotochemischen Bildes aus: Während eine 100 MB Bilddatei Speicherkosten von etwa 168 ATS (24 DM) verursacht, liegen die Kosten für ein konventionelles Kleinbild-Negativ, das außerdem eine weit höhere Informationsdichte besitzt, in jedem Fall weit unter 7 ATS (1 DM).[6]

Probleme im Umgang mit digitalen Bilddokumenten

Ein wesentliches Merkmal des digitalen Bildes besteht darin, daß sein Verhältnis zur vorfotografischen Wirklichkeit besonders schwierig zu bestimmen ist, zumal es ein rein virtuelles Bild ist, das nicht notwendigerweise an die Existenz eines Trägers gebunden ist und zu jedem späteren Zeitpunkt formal und inhaltlich verändert werden kann. Die Bestimmung des Herstellers, seiner Intentionen und die möglichst genaue Protokollierung des Herstellungsprozesses (Art der Bilddigitalisierung bzw. -generierung, Hard- und Softwaretools, allfällige Nachbearbeitungsschritte) und der technischen Bildspezifikationen (Dateiformat, Dateigröße, Auflösung, Datenkompression oder -reduktion) sind daher unabdingbare Voraussetzung für die Authentifizierung bzw. Analyse des digitalen Bildes beziehungsweise Bildinhalts. Da die Feststellung der Authentizität bzw. die Suche nach möglichen Manipulationsspuren eine relativ schwierige Prozedur darstellt, die technisches Fachwissen und ein hohes Maß an einschlägiger Erfahrung erfordert, sollte dieser Arbeitsbereich den Spezialisten der Branche vorbehalten bleiben. Für den Historiker/die Historikerin ergibt sich daraus die Forderung, digitale Bilder nach Möglichkeit nur von seriösen Archiven zu beziehen, die auch die oben genannten Kriterien erfüllen. Einige Institutionen gehen bereits dazu über, digitale Bilder mit sogenannten digitalen Wasserzeichen zu markieren, das sind Informationen über Urheber- und Benutzerrechte, die unsichtbar direkt in die Bildstruktur eingelagert sind und bei jedem Kopiervorgang automatisch weitergegeben werden.[7]

Viele Bildmanipulationen führen zu inneren Widersprüchen oder Fehlern, die durch akribische Bildbetrachtung systematisch aufgespürt werden können: Erscheinen alle Objekte in der korrekten Perspektive, stimmen Lichtquellen und Schatten überein, weisen reflektierende Oberflächen die zu erwartenden Spiegelungen auf, vermitteln die geometrische Perspektive und die Farbverschiebung mit zunehmender Raumtiefe dieselbe Räumlichkeits- beziehungsweise Tiefeninformation, gibt es Bereiche mit unterschiedlicher Körnigkeit, mit deutlichen Kontrast- oder Helligkeitsunterschieden, gibt es logische Widersprüche wie eine Uhr im Hintergrund, deren Anzeige nicht mit dem erkennbaren Sonnenstand übereinstimmt, oder kommen Personen im Bild vor, die nachweislich nicht anwesend sein konnten.[8]

Die Lesbarkeit des Bildinhalts

Eine viel zu wenig beachtete Tatsache ist die Kurzlebigkeit digitaler Bilder durch die immer kürzeren technologischen Innovationszyklen. Mit anderen Worten: Hard- und Softwareprodukte werden relativ häufig durch neue und inkompatible Technologien ersetzt. Das bedeutet, daß digitale Bilddokumente immer wieder in neue Datenformate konvertiert werden müssen, die von den aktuellen Systemkomponenten verarbeitet werden können. Andernfalls droht der Verlust der Lesbarkeit und somit der Verlust des Bildes selbst.

Die Haltbarkeit des Trägers

Während herkömmliche fotografische Träger (Glas, Papier) unter idealen Lager-
bedingungen viele Jahrzehnte relativ unbeschadet überstehen können, sind die
Haltbarkeitsprognosen für magnetische und optische Träger weitaus ungünstiger:
Bei magnetischen Trägern wird die Haltbarkeit mit einigen Jahren angegeben, bei
optischen Trägern erwartet man eine Haltbarkeit von etwa zehn bis 30 Jahren.
Wirklich verläßliche Studien für diesen Problembereich gibt es allerdings bislang
nicht. Da die Informationsdichte optischer Träger sehr hoch ist, können bereits
kleinste Verunreinigungen zu Lesefehlern führen und relativ kleine Beschädigungen (Kratzer) die völlige Unlesbarkeit und somit eigentlich die Zerstörung des
Datenträgers bewirken.[9]

Zusammenfassung

Bilddokumente (vor allem Fotos) spielten in der Geschichtswissenschaft lange Zeit
eine völlig untergeordnete Rolle: Entweder wurden sie als illustratives Beiwerk für
Publikationen – meist auch noch ohne Quellenangabe – mißbraucht oder mit
naiver Euphorie gleichsam als spiegelbildlich konservierte Beweise für bestimmte
Ereignisse präsentiert. Erst in den achtziger Jahren schätzten auch die Historiker
die Dichte und Komplexität audiovisueller Informationsträger richtig ein, entwik-
kelten erste Analysemodelle und bezogen Bilddokumente unterschiedlichster Art
immer häufiger in ihre Forschungen ein. Das fotografische Bild avancierte allmählich zu einer zeitgeschichtlichen Quelle ersten Ranges. Mit den Möglichkeiten der
Mediendigitalisierung und der digitalen Archivierung, die erst Ende der achtziger
Jahre in das Bewußtsein vieler österreichischer Historiker drangen, war nahezu
unbemerkt eine völlig neue Quellenkategorie entstanden: das digitale Bild, das
wesentlich umfassendere Bewertungs- und Analysekriterien erfordert.

Im Gegensatz zum fotochemischen Bild existiert es primär als ziffernmäßig
kodierter Punktraster beliebig festsetzbarer Dichte, der prinzipiell vom Träger beziehungsweise Speichermedium unabhängig existiert. Digitale Bilder sind daher
auch nie als Endprodukte anzusehen, wie etwa herkömmliche Fotos, sondern können
jederzeit weiterbearbeitet werden, sind also gewissermaßen, ohne sichtbare Spuren
zu hinterlassen, unbegrenzt transformierbar. Mit den enormen Bearbeitungs-
möglichkeiten nähert sich das digitale fotografische Bild allerdings den
präfotografischen Abbildungsqualitäten von Malerei und Grafik an. Der Schöpfer
eines digitalen Fotos kann so lange am Bild weiterarbeiten, bis es seinen Wünschen

oder seiner subjektiven Sichtweise entspricht. In dieser Hinsicht besitzt die digitale Abbildung denselben Stellenwert wie ein geschriebener Text. Das digitale Bild ist ein mathematisches Konstrukt mit Realitätszitaten, das in einer hybriden Zeichenwelt existiert, die eine zwingende indexikalische Beziehung zwischen Abbildung und ihrem Objekt aufhebt und Begriffe wie Authentizität, Glaubwürdigkeit und Wahrheitsgehalt obsolet erscheinen läßt.[10]

Anmerkungen

1 Der im deutschen Sprachraum noch relativ neue Begriff „Inhalteindustrie" oder „Content-Industry" bezeichnet den derzeit stattfindenden Verschmelzungsprozeß von Medienindustrie (Produktion von Daten/Inhalten), Telekommunikationsindustrie (Übertragung von Daten/Inhalten) und Computerindustrie (Endnutzertechnologie) zu einem gemeinsamen arbeitsteiligen Marktsektor. Vgl. dazu Bruck, Peter A./Selhofer, Hannes: Österreichs „Content Industry". Bestandsaufnahme und Marktstrategien. Wien 1997.

2 Vgl. dazu Jansen, Maria: Giganten unter sich. Die deutschen Bildagenturen sind auf die digitalen Umwälzungen in ihrem Metier schlecht vorbereitet, in: Die Zeit Nr. 26, 20. Juni 1997, S. 45.

3 Vgl. dazu Schmundt, Hilmar: Zwischen Blitz und Donner. Das Zeitalter der digitalen Photographie beginnt mit dröhnenden Apparaten, einem umgebauten Wohnmobil und Kameras, die ihre Bilder selber machen – Drei Pioniergeschichten eines neuen Mediums, in: Die Zeit Nr. 31, 25. Juli 1997, S. 66.

4 Morton, Oliver: Private Spy, in: Wired, August 1997, S. 114-119 und 149-152 oder Online. Internet. 15 September 1997. Available www.wired.com/wired/5.08/spy.html.

5 Pollmeier, Klaus: Alles oder nichts: Haltbarkeit und Informationsgehalt analoger und digitaler Bilder, in: Ein Bild sagt mehr als tausend Bits. Sonderdruck aus Rundbrief Fotografie, 1996, S. 23 ff.

6 Reimann, Carsten: Digitale Fotografie und Kunstgeschichte, in: Rundbrief Fotografie, Vol. 4, No. 3, 15. September 1997, S. 18.

7 Richter, Jake: The Digital Watermark. 20 February 1996. Online. Internet. 20 May 1997. Available www.richterscale.org/pcgr/pc960220.htm.

8 Vgl. dazu Coy, Wolfgang: Mit fotografischem Gedächtnis, in: Amelunxen, Hubertus v. u. a. (Hg.): Fotografie nach der Fotografie. Dresden, Basel 1995, S. 67-72 und Mitchell, William J.: Digitale Photomanipulation, in: Spektrum der Wissenschaft, April 1994, S. 82-87.

9 Vgl. dazu: Rothenberg, Jeff: Die Konservierung digitaler Dokumente, in: Spektrum der Wissenschaften, September 1995, S. 66-71.

10 Vgl. dazu: Legrady, George: Bild, Sprache und Überzeugung in Synthese, in: Fotografie nach der Fotografie, S. 88-92; Lunenfeld, Peter: Die Kunst der Posthistorie. Digitale Fotografie und elektronische Semiotik, in: Fotografie nach der Fotografie, S. 93-99; Jäger, Gottfried: Analoge und digitale Fotografie: Das technische Bild, in: Fotografie nach der Fotografie, S. 108-110.

Wolfgang Kos

Der öffentliche Raum der Bilder – Bemerkungen zur kulturgeschichtlichen Arbeit mit Bildquellen

Intro

30 Diapositive in 90 Sekunden (*Plakate, Kunstwerke, Briefmarken, Buchumschläge, Plattenhüllen, Werbeannoncen, Tourismusprospekte, staatliche Festschriften u.a.*)

Einige persönliche Arbeitszusammenhänge zu solchem Bildmaterial: die Geschichte der Landschaftswahrnehmung, zuerst als Buch und Dissertation („Über den Semmering"), dann als kulturhistorische Ausstellung („Die Eroberung der Landschaft"); die Bildsprache der sechziger Jahre und die der Ökologiebewegung als Themen von Lehrveranstaltungen am Institut für Zeitgeschichte; ein Vortrag über Gruppendarstellungen auf Rock-LP-Covers vor Musiksoziologen; Bücher und Aufsätze über die Symbolstereotypen der Wiederaufbaujahre („Eigenheim Österreich") und über die Tourismusgeschichte – vom Skidesign bis zur alpinen Architektur; Gastspiele im Gehege der Kunstgeschichte mit Fragen zur Interdependenz zwischen künstlerischem und touristischem Landschaftsblick; oder – eher am äußeren Rand zeitgeschichtlichen Arbeitens – eine zum Zeitpunkt dieses Vortrags (Mai 1997) in Arbeit befindliche Ausstellung über den vielfach gestörten Dialog zwischen der zeitgenössischen Kunst und dem Alpinen („Alpenblick", Kunsthalle Wien).[1]

Ich arbeite also mit Bildquellen sehr unterschiedlicher Art, darunter auch zahlreichen, die nicht zur visuellen Hochkultur gezählt werden. Entscheidend ist, in welcher Weise sie am Prozeß der gesellschaftlichen Sinngebung und Symbolproduktion Anteil haben. Es sind Bilder, die im öffentlichen Raum zirkulieren, jedoch in der Regel keine autorenlosen Alltagszeugnisse sind, sondern ermittelbare Absender haben, Intentionen und Interessen transportieren und damit für bestimmte ästhetische und gesellschaftliche Milieus signifikant sind. Mit Hilfe von Bildern sollen – immer in Kombination mit anderen Quellen – überindividuelle Strukturen und kollektive Sicht-und Empfindungsweisen beschrieben werden, ob das nun dominante und staatstragende sein mögen oder partikuläre und dissidente. Bilder sind tendenziell auch Kampfmittel in „style wars", also im symbolischen Austragen von Hegemoniekonflikten.

Gerade weil mir in der Arbeit das assoziative Wildern und das Eindringen in methodisch sehr unterschiedlich geregelte Wissenschaftsbezirke nicht fremd sind, verspüre ich einen Bedarf nach Jagdordnungen. Dieses Referat habe ich gehalten, weil ich mich im Umgang mit Bildern und visuellen Phänomenen oft unsicher und ratlos erlebe – etwa in bezug auf Quellenrelevanz und zu erzielende Aussageschärfe. Nicht das geringste Problem ist etwa das des zirkulären Argumentierens: Man sucht Bildbelege, um bereits Gewußtes und aus anderen Quellen „Hochgerechnetes" abzusichern, auszuschmücken und zu illustrieren. Wie also kann man Bildquellen systematisch lesen, vergleichen und nutzen? Meine Erfahrung ist, daß man zu solchen Fragen in Theorie und Praxis der Geschichtsforschung überraschend wenig Ratschläge findet. Was ich hier anbieten kann, sind bloß einige Anmerkungen zur Problematik, destilliert aus der persönlichen Arbeitspraxis.

Das Fach meiner wissenschaftlichen Sozialisation, die Zeitgeschichte, hat Fotografie und Film früh als Quellen und Untersuchungsfelder ernstgenommen, vor allem in ihrer Eigenschaft als Indizien analog einem polizeilichen Beweisverfahren, also im Sinn orthodoxer Quellenkritik. Was und wer auf den Bildern zu sehen ist, war meist wichtiger als die Frage nach dem „Wie" und dem ästhetischen und medialen Kontext. Willkürlich beschnittene Abbildungen sind dafür ebenso ein Indiz wie Bildvergrößerungen in historischen Ausstellungen, die keinen Rückschluß mehr auf die Bildgattung und auf den ursprünglichen Stellenwert eines Bildes in der Bildkommunikation erlauben. Auffällig ist das geringe Interesse an den Bildgestaltern und damit an visuellen Handschriften, in denen sich exemplarisch Individuelles und Kollektives bricht. 1994 erhob Manfred Wagner in seiner Grußadresse im Jubiläumsheft der Zeitschrift „Zeitgeschichte" folgenden Vorwurf: „Die Gestaltlichkeit, die Erscheinungsform, die Ästhetik, ob akustisch, visuell oder literarisch formuliert, bleiben in der Zeitgeschichte ausgespart oder werden zumindest auf ihre verbale Erinnerungsform reduziert."[2] Diesen Ball, auch wenn er allzusehr auf das hehre Kunstwerk zu zielen scheint, sollte man aufnehmen. Tatsächlich gibt es die Tendenz, Bildquellen allzu kurzatmig abzuschöpfen und damit das zu verfehlen, was Ernst Gombrich einmal die „grundsätzliche Mehrdeutigkeit" jedes Bildes genannt hat. Die faktenorientierte Abfrage etwa von P.R.-Fotos historischer Akteure (oft haben wir ja keine anderen!) läßt etwa komplexere visuelle Sachverhalte – Wie schauen die Büros mit ihren Schreibtischen und Bücherwänden aus? Was erfahren wir über Kleidung und Körpergestus? – meist unbeachtet. Diese sind aber von Bedeutung, operiert man etwa mit kultursoziologischen

Kategorien wie „Lebensstil", „Status" oder „Habitus". Habitus ist, nach Pierre Bourdieu, ein Stück verinnerlichter Gesellschaft, nämlich „dasjenige Dispositionssystem sozialer Akteure, das bestimmte Wahrnehmungs-, Denk-, Erfahrungs-, Beurteilungs- und Bewertungsschemata prägt", nach Art eines teilweise unbewußten Regelkanons, der für bestimmte soziale „Spielräume" prädisponierende Gültigkeit hat.[3]

Hilfreiche Angebote zur Strukturierung der Beobachtung kamen von der semiotischen Bildanalyse, etwa ihre sequentielle Vorgangsweise und ihr Versuch, Stereotypen und Bildkonstrukte quasi zu dekonstruieren, um ins Innere der formal-symbolischen Grammatik vorzudringen – man denke an die „semiohistorischen" Arbeiten von Schmid/Petschar.[4] Ein solches Operieren in Mikrostrukturen, etwa das Herausdestillieren von Kameraschwenks über Baugerüste mit bestimmten Musik-und Wortentsprechungen als typische Symbolgesten der Wochenschauen der Wiederaufbauära, ist allerdings extrem aufwendig – und beim für Historiker so wichtigen Umschalten von der Mikroperspektive des Fallbeispiels auf die Makroperspektive der sozialen Arena bleibt man letztlich erst recht auf den kombinatorischen Instinkt angewiesen.

Als sehr hilfreich empfand ich immer wieder die Verfahren und Fragestellungen der Mentalitätsgeschichte, wenn es um die Beschreibung und Befragung der „Physiognomien" von gesellschaftlichen Haltungen und Vorstellungen geht. Die Mentalitätsgeschichte siedelt, so Jacques Le Goff, „an der Schnittstelle zwischen Individuellem und Kollektivem, Langfristigem und Alltäglichem, Marginalem und Allgemeinen".[5] Aber wo ist diese Schnittstelle, die offenbar keine feste Adresse hat, sondern sich im Zuge der geschichtlichen Dynamik immer neue und immer andersartige seismographische Orte sucht? Um das Geschehen und vor allem die Phasen entscheidender Übergänge (Wann treten etwa neue Klischees – Le Goff spricht von „Gemeinplätzen" – auf, wann werden sie sozial verbindlich, wann verschwinden sie oder werden zu kümmerlichen Relikten?) zu entziffern, muß man signifikante „patterns" und Figurationen herausarbeiten, was im jeweiligen Einzelfall notgedrungen auf „intellektuelle Bastelei" im Feinbereich hinausführt. Le Goff spricht davon, daß das Herausdestillieren dominanter schöpferischer Milieus – und die Frage nach ihren Verbreitungsmustern – ein Schlüssel zum Verstehen von Mentalitätsstrukturen sein könnte.

Ein Problem des Zeitgeschichtlers im Dialog mit der Mentalitätengeschichte ergibt sich daraus, daß die meisten Studien das Mittelalter und die frühe Neuzeit behandeln, also eher quellenarme Perioden. Die Zeitgeschichte hat es jedoch mit dem umgekehrten Problem, nämlich mit einer kakophonischen Überfülle von zu kontextualisierenden Zeugnissen zu tun. Wir bräuchten also primär Strategien der Herauslösung abgrenzbarer und dennoch auf das Ganze rückkoppelbarer signifikanter Bildquellen aus den vielen, die tatsächlich zirkulieren. Dazu können etwa Längsschnitte dienen oder sozial sehr genau verortete Quervergleiche und Versuchsreihen. Ohne selektierende Vorentscheidungen und scharfe Fragestellungen würde das Wühlen und Zappen im Bildermeer schnell zur Implosion führen.

Vor einem ähnlichen Selektionsdilemma stehen übrigens längst die historischen Museen, die auf keine verbrieften Sammelkanons mehr zurückgreifen können und, weil sie nicht „alles" sammeln können, oft gar nichts mehr sammeln.

In diesem Zusammenhang sei auf ein Paradox des institutionellen Sammelns verwiesen: massenhaft hergestellte Drucksachen – z.B. Firmenkataloge, Produktverpackungen, Tourismusprospekte – rutschen sehr häufig durch die Filter unserer Archive, Bibliotheken und Museen, während dem als wertvoll erkannten Unikat weiterhin die volle kuratorische Aufmerksamkeit entgegengebracht wird. Das „Typische/Normale" hat es bei der Registrierung schwerer als das „Besondere". Es ist in der Regel leichter, etwa für eine Ausstellung Gemälde oder eine von einem namhaften Entwerfer maßgefertigte Sitzgarnitur zu finden als etwa einen Abreißkalender, einen Kinowerbespot oder einen bestimmten Tourismusprospekt aus einem bestimmten Jahr – auch dann, wenn ersterer damals in 50 Prozent aller Haushalte hing und letzterer massenhaft verteilt wurde. Was von einem durchschnittlich bestückten Zeitungskiosk, der die übliche Palette von Qualitätszeitung bis Computermagazin, von Surfjournal bis Pornoblatt, von Kulturzeitschrift bis Rätselheft aufweist, zukünftig in unseren kulturellen Archiven auffindbar sein wird, hängt von vielen Zufällen ab. Mit einer lückenlosen Speicherung ist, auch wenn die konjunktivischen Speicherkapazitäten das suggerieren, weniger denn je zu rechnen – nicht zuletzt, weil dokumentarisches Fachpersonal zugunsten „dummer" Hochleistungssysteme zunehmend dezimiert wird.

Die Fülle der Bilder, die die Mediengesellschaft begleitet, ergibt also einen konturlosen, hybriden und letztlich unarchivierbaren Daten-"Klumpen", in dem sich selbst Kategorien wie „populär" oder „weitverbreitet" als extrem fragil und unbeständig entpuppen. In gewisser Weise gerät man als Forscher populärkultureller Phänomene in ähnlich löchrige und fragmentarische Quellenlagen wie die Mediävistik: eine doppelte Falle – einerseits Stau und Verstopfung, andererseits Diffusion.

Eine unverzichtbare Nachbardisziplin ist, wenn es um Bildquellen geht, natürlich die Kunstgeschichte. Man denke an die ikonographischen Methoden, an den Begriff des „Stils", der ja, wenn man ihn nicht nur hermeneutisch einsetzt, weit in außerkünstlerische Bereiche hineinragt, oder auch an spezielle Forschungsfelder wie Design- oder Modegeschichte. Im eigentlichen Zentrum der kunstgeschichtlichen Forschung stehen aber die singulären Meisterwerke, die primär auf andere Meisterwerke und nur sekundär auf gesellschaftliche Konstellationen bezogen werden. Viele Probleme tun sich auf, wenn man Kunstwerke, die ihr Zeitumfeld transzendieren wollen und die sich von den An-und Ablagerungen der Geschichte mit dem Pathos der Absolutheit abgrenzen und autonomisieren wollen – ein Wesenszug der Moderne von Mondrian bis Rothko -, allzu direkt auf Zeitkonstellationen rückprojizieren und quasi als Zeugen einvernehmen will. Andererseits sind es für Historiker im Umgang mit dem Feld Kunst just die sich in diesem ablagernden „Schmierspuren des Alltäglichen" und „zivilisatorischen Kratzgeräusche" (Beat Wyss), die besonders ergiebig sind – genau jene Phänomene also, die in einer kunstimmanenten Betrachtungsweise häufig als störend empfunden werden.[6] Häufiger allerdings sind es die Transfers von der Sphäre Kunst hinaus in den sozialen Raum, die uns Historiker beschäftigen – etwa im Bereich der Werbung oder in der Herausbildung breit wirksam werdender Bild- und Blickkonventionen. Als Beispiele seien genannt: das um 1800 einsetzende dialektische Spiel zwischen Landschaftsmalerei und touristischer Landschaftserfahrung; das rasante Entleeren und Umkodieren von subkulturellen Bildsymbolen in der Medien-und Konsumkommunikation unserer Tage.

Stärker als für die Kunstgeschichte, die ja tendenziell eine stringente Fortschrittsgeschichte ist, können für die Kultur-und Gesellschaftsgeschichte auch epigonale – ja sogar „schlechte" – Werke aussagekräftig sein, etwa solche, die sich näher der konsensuellen Mitte einer Gesellschaft oder ihrer Teile befinden und die somit enger mit den kollektiven Gefühlsstrukturen und Projektionen verzahnt sind. Klischees und formelhafte Bilder sind in der visuellen Evolution wichtige Trittsteine, nicht zuletzt, weil sie auch für die visuelle Avantgarde im Prozeß einer permanenten Umwertung der Werte immer wieder als Impulsgeber im Wechselspiel zwischen Wertvollem und Profanem wirken.[7] Carlo Ginzburg sagte einmal: „Für die Geschichtsschreibung ist die Akkumulation des 'historischen Sinns' wichtig: Nicht die Meisterwerke zählen, sondern die Ablagerungen, die Blätter, welche Komposterde, d.h. Kultur werden."[8] Hier schwingt vielleicht allzusehr das Modell einer ins Volk absinkenden Hochkultur mit, aber Ginzbergs kleine Bemerkung deutet an, daß sich das Neue niemals im gesellschaftsleeren Raum entwickeln kann. Ein paar Seiten später, ich zitiere aus dem Buch „Spurensicherungen", meint Ginzburg übrigens: „Man muß auf das Unähnliche achten" – und man solle „bekannte Dinge als unbegreifbar ansehen".

Als theoriebildende Ansätze, die mir als Historiker beim Strukturieren von Bildquellen hilfreich erscheinen, seien noch die Modernisierungs- und die Kommunikationstheorie genannt. Visuelle Phänomene sind ja nur dann deutbar und in einen Wirkungskontext einfügbar, wenn man den jeweiligen Entwicklungsstand der Bildmedien und die Dichte der Kommunikation berücksichtigt. Für das Verständnis der heldenhaft und schwerfällig wirkenden Sinnstiftungsimages der Nachkriegsjahre, mit denen den Österreichern ein neues Wir-Gefühl eingetrommelt wurde, erscheint es etwa wichtig, die gleichzeitige Bilderarmut etwa in der Tagespresse und die über alle Systemgrenzen hinweg reichende Kontinuität traditioneller gebrauchsgraphischer Pathosformeln mitzubedenken. Bis in die sechziger Jahre waren fast nie ungeschönte Bilder der Staatselite in den Medien zu sehen – und im Radio war kaum jeweils ein spontanes Wort zu hören: Alles war steifstes Arrangement und hatte – ob Wort oder Bild – tendenziell Verlautbarungscharakter. Der Medienalltag dieser Jahre erscheint als verläßliches Regelsystem, in dem jedes veröffentlichte Bild Teil einer obrigkeitlichen Gesamtinszenierung war. Erst als es in den Medien zu einer Relativierung der Bilder kam und als in Radio und TV echte Interviews stattfanden, bei denen der eiserne Vorhang der Diskretion nicht mehr gewahrt werden konnte, sah sich die Staatselite ihres Schutzes entkleidet. Damit nahm die Bedeutung nichtverbaler und unkontrollierbarer Faktoren bei der medialen Repräsentation deutlich zu, man denke an die TV-Konfrontationen im Wahlkampf. Die steifen Bild-und Sprachtraktate, die unmittelbar nach 1945 noch als adäquater Ausdruck von Politik und Gemeinschaft akzeptiert worden waren, wirkten nun hohl, unmodern und lächerlich.

Ein anderes Beispiel für den Zusammenhang zwischen neuer Bildsprache und geänderten medialen Rahmenbedingungen: Mit Recht wird, wenn auf die Gründe für das sich in den sechziger Jahren rasant beschleunigende Karussell der Zeichen in der Popmetropole London hingewiesen wird, stets betont, daß sich die Spielregeln in den Kreativzentralen damals fundamental geändert haben – eine neue Generation selbstbewußter „talented people" gelangte an die geschmacksrelevanten Schalthebel des Unterhaltungs-und Freizeitbusiness und brach das Prinzip der Seniorität zugunsten eines fetischhaften Jugendbonus.

Diese Dynamisierung im „styling" betraf alle visuellen Bereiche – von der Typographie bis zu Photoposen oder Zeitschriften-Layout. Möglich wurde der Boom neuer visueller Images jedoch nur, weil durch die Einführung neuer Druckverfahren der Farbdruck seine bisherige Exklusivität verlor. Es ist kein Zufall, daß in den frühen sechziger Jahren, also zeitsynchron mit dem Siegeszug der Beatles und des Minirocks, die englischen Zeitungen erstmals mit Farbbeilagen erschienen, die wiederum den Werbeagenturen neuartige Experimentierfelder boten.

Ich möchte daran erinnern, daß der relativ neue Begriff „Gesellschaft", der ja keineswegs für eine anthropologische Konstante steht, unter anderem durch die Verdichtung von Kommunikation definiert werden kann. Die Geschichte der Gesellschaft ist, etwa von Luhmanns Systemtheorie her, als „die Herausbildung eines kommunikativen Netzwerks" beschreibbar, das den „Horizont der 'face-to-face'-Gemeinschaften immer mehr sprengt und Menschen über große räumliche, aber auch soziale Distanzen zueinander in Beziehung zu setzen vermag".[9] In den kommunikativen Prozessen entwickeln sich, symbolisch vermittelt, gemeinsame Vorstellungen, Begriffe und eben auch Bildreglements einer Gesellschaft. In der Arbeitspraxis stellt sich in diesem Zusammenhang immer wieder die Frage nach dem sozialen Raum, in dem die Bildkommunikation beobachtet werden kann und soll. Wenn es um die Konstruktion nationaler Symbol-Stereotypien oder um das Entstehen von gemeinschaftlichen Erinnerungskulturen geht, wird der Beobachtungsrahmen weiterhin der Staat sein müssen. Zugleich jedoch scheint sich die Gesellschaft in „Stämme" unterschiedlicher Werthaltungen, Geschmacksnormen und Bildkulturen aufzusplittern. Wenn es um Fragen von Konsum und Lebensstil im sozialen Differenzierungsprozeß geht, wird man also mit transnationalen Zusammenblicken arbeiten müssen – etwa in Hinblick auf die unterschiedliche Durchdringungsintensität und Hybridisierung von Lokalkulturen durch neue transnationale Produkte, Standards und Moden.

Bilder sind für uns Historiker also vorwiegend in ihrer Rolle als gesellschaftliche Verkehrsteilnehmer interessant, sie sind für uns niemals bloß autonome Werke und statische Quellen. Nur wenn wir ihre Wege und Wirkungsrouten verfolgen, können wie Aufladungen, Umdeutungen und Transfers auf die Spur kommen. Wesentliche Parameter im Analyseverfahren sind: Zentrum/Peripherie, Hegemonie/Abhängigkeit, Differenzierung/Vereinheitlichung.

Untersucht man etwa die Popkultur der sechziger Jahre nach solchen Kriterien, wird man eine geradezu springflutartige Etablierung neuer dissonanter bis dissidenter Anti-Mainstream-Formeln in allen westlichen Industriestaaten feststellen. Zugleich wird man signifikante Unterschiede zwischen einzelnen Nationalkulturen erkennen. Beispielsweise blieben Frankreich oder Italien gegenüber den neuen angloamerikanischen Popmedien länger resistent als Skandinavien oder auch Westdeutschland und Österreich: Einerseits, weil in den lateinischen Ländern die Verbreitung der englischen Sprache so gering war, daß sich kaum kundige Brückenköpfe und „Makler" als Verstärker herausbilden konnten, vor allem aber, weil es in Italien und Frankreich starke und (im Gegensatz zu Deutschland) politisch wenig kontaminierte nationale Populärkulturen mit intakten industriellen Systemen gab (Filmindustrie, Schlagerfestivals à la San Remo usw.). Dadurch gab es einen stärkeren hinhaltenden Widerstand gegen die Auslagerung der kulturellen Hegemonie in ferne angloamerikanische Zentren. In Ländern wie Deutschland wurde hingegen ein imaginiertes Amerika, nämlich das der Beatniks, Hippies und Vietnamgegner, für Jugendliche zu einem Traumland des inneren Exils, mit entsprechender Bildromantik, z.B. dem elegischen Driften der in den siebziger Jahren so populären „road movies", in denen der modernen Fortschrittshektik ein nahezu archaisches Bild einer meditativen Bewegung gegenübergestellt wurde, in dem gleichzeitig der traditionelle Schönheitsbegriff erodierte: Die neuen Stadtrandlandschaften, die

Motels, Tankstellen und gestaltlosen Niemandsländer, erschienen plötzlich als mythenfähig und subsumierten Heimatbilder.

In der Kommunikationsarena scheint es keineswegs nur Vorwärtsbewegungen und eine automatische Dominanz des jeweils Neuen zu geben. Immer wieder kommt es zu Retro-Trends und zu irritierenden Ungleichzeitigkeiten. Der Heimatfilm der fünfziger Jahre bot einen Schutzort angesichts mannigfacher biographischer Brüche und einer schwer verkraftbaren Beschleunigung im Lebensalltag. Die neuen Heimatbilder der Biowelle unserer Tage deklamieren ein Lob des Authentischen, im Kontrast zur tatsächlichen Unübersichtlichkeit der internationalen Waren- und Finanzflüsse und zur Verlagerung wesentlicher Kommunikationsvorgänge ins Immaterielle und Ungreifbare. Gleichzeitig entstehen, inmitten der global vernetzten Medienmaschinerie, forciert regressive mediale Schrebergärten, die sich als pseudointime Gegenwelten präsentieren – man denke an die vielen TV-Talkshows mit Alltagsthemen und Schwätzdramaturgie oder an die bewußt anachronistische und antimodische visuelle Linie einer Massenzeitung wie „Die ganze Woche".

Immer wieder steht man vor dem Dilemma, klären zu müssen, welche Bilder für wen repräsentativ sind und welche Rollen ihnen in symbolischen Tauschprozessen und Hegemoniekämpfen jeweils zukommen. Wie schließt man von visuellen Einzelzeugnissen auf kohärente Bildkulturen und visuelle Milieus? Wie verknüpft man Bilder mit anderem Datenmaterial? Wo und wie findet man die Regieanweisungen, nach denen die Bilder konstruiert und gelesen werden? Wie können wir mit dem komplizierten Spiel der Moden methodisch umgehen?

Letztlich geht es immer wieder, will man die Geschichtsschreibung nicht bloß dekorierend begleiten, darum, die Sphäre des Ästhetischen mit dem gesamten sozialen Feld und mit gesellschaftlichen Prozessen in Reibungsbeziehung zu bringen.

Anmerkungen

1   Einige Aufsätze aus den letzten Jahren:
   Die Schau mit dem Hammer. Zur Planung, Ideologie und Gestaltung der antifaschistischen Ausstellung „Niemals vergessen!", in: Kos: Eigenheim Österreich. Zu Politik, Kultur und Alltag nach 1945. Wien 1994.
   Zukunftsfroh und muskelstark. Zum öffentlichen Menschenbild der Wiederaufbaujahre, ebenda.
   Das Malerische und das Touristische. Über die Bildwürdigkeit von Motiven – Landschaftsmoden im 19. Jahrhundert, in: Faszination Landschaft. Österreichische Landschaftsmaler des 19. Jahrhunderts auf Reisen, Katalog der Residenzgalerie Salzburg. Salzburg 1995.
   Imagereservoir Landschaft. Landschaftsmoden und ideologische Gemütslagen seit 1945, in:

Sieder/Steiner/Tálos (Hg.): Österreich 1945-1995. Gesellschaft Politik Kultur. Wien 1995. Das Alpine schlug zurück. Kulturgeschichtliche Bemerkungen zur verschollenen Urbanität im alpinen Tourismusbau, in: Becker/Steiner/Wang (Hg.): Österreichische Architektur im 20. Jahrhundert. München-New York 1995. Weiße Sterne und Turbostreifen. Die Modewellen des österreichischen Skidesigns, in: Skocek/ Weisgram: Wunderteam Österreich. Scheiberln, wedeln, glücklich sein. Wien 1996. Kataloge (als Ausstellungsleiter bzw. Herausgeber): Die Eroberung der Landschaft. Semmering-Rax-Schneeberg. Niederösterreichische Landesausstellung Gloggnitz. Wien 1992. Energie. 75 Jahre EVN. Zur Technik-und Kulturgeschichte (mit Georg Rigele). Ausstellung Schloß Ottenstein, Maria Enzersdorf 1997. Alpenblick. Die zeitgenössische Kunst und das Alpine. Kunsthalle Wien. Wien 1997.

2   Wagner, Manfred: Zeitgeschichte braucht den Parameter Ästhetik, in: Zeitgeschichte, 21. Jg., Heft 7/8, Juli/August 1994, S. 252f.

3   Reichardt, Sven: Bourdieu für Historiker? Ein kultursoziologisches Angebot an die Sozialgeschichte, in: Mergel, Thomas/Welskopp, Thomas (Hg.): Geschichte zwischen Kultur und Gesellschaft. Beiträge zur Theoriediskussion. München 1997, S. 73.

4   Z.B. Petschar, Hans/Schmid, Georg: Erinnerung & Vision. Die Legitimation Österreichs in Bildern. Eine semiohistorische Analyse der Austria-Wochenschau 1949-1960. Graz 1990.

5   Le Goff, Jacques: Eine mehrdeutige Geschichte, in: Hauff, Ulrich (Hg.): Mentalitäten-Geschichte. Berlin 1987, S. 21.

6   Vgl. Wyss, Beat: Der Wille zur Kunst. München 1996

7   Vgl. Groys, Boris: Über das Neue. Versuch einer Kulturökonomie. München 1992.

8   Ginzburg, Carlo: Spurensicherungen. Über verborgene Geschichte, Kunst und soziales Gedächtnis. München 1988, S. 15.

9   Nolte, Paul: Gesellschaftstheorie und Gesellschaftsgeschichte. Umrisse einer Ideengeschichte der modernen Gesellschaft, in: Mergek/ Welskopp (vgl. Anm.3), S. 277.

Ernst Langthaler

Lebens-Zeichen

Zur sozialwissenschaftlichen Lektüre von Fotografien

(Quelle: Slg. Heinrich Fahrngruber, Frankenfels; 13,5 x 8,5 cm; sw-Fotografie).

Vor uns liegt eine Porträtfotografie, die Heinrich und Hans, zwei Soldaten der Deutschen Wehrmacht, zeigt. Die Aufnahme entstand im Oktober 1944 in einem Fotoatelier in der slowakischen Stadt Kremnica. Die beiden Obergefreiten posieren vor der Kamera des Fotografen – so erzählte mir Heinrich – als „Kämpfer"; eine kühn ins Gesicht gezogene Kappe, ein bemüht verwegener Blick, die lässig in den Mundwinkel geklemmte Pfeife, der männlich erscheinende Oberlippen- und Kinnbart, die aufgekrempelten Hemdsärmel und die Ordensspangen an der Brust erscheinen als Requisiten dieser Inszenierung. Als ich in einem etwa 300 Fotografien umfassenden Album Heinrichs auf dieses Bild stieß, hat es mich auf eigentümliche Weise berührt, ja getroffen: Einerseits die karnevalesk anmutende Pose, andererseits der nationalsozialistische Vernichtungskrieg als deren Entstehungskontext;

die Gleichzeitigkeit des Banalen und des Monströsen irritierte mich. Der französische Semiologe Roland Barthes bezeichnet diese Erfahrung als das *punctum* der Fotografie – jenen Wirkungsaspekt, der im Betrachter spontane Assoziationen provoziert; davon unterscheidet er das *studium* der Fotografie – jenen Wirkungsaspekt, der den Betrachter zu planmäßigen Reflexionen herausfordert.[1] In unserem Fall heißt das: Versuchen wir, die Fotografie zu verstehen. Damit sind zumindest drei Fragen aufgeworfen.

Erstens: Was heißt „*Fotografie*"? Der Diskurs über das „Wesen" der Fotografie entspinnt sich zwischen den beiden Polen „Fotos lügen" versus „Fotos sagen die Wahrheit".[2] Aus der Perspektive einer kulturtheoretisch angeleiteten Sozialwissenschaft fällt die Antwort differenzierter aus: Eine Fotografie stellt weder eine reproduzierende Ab-Bildung noch eine transformierende Um-Bildung sozialer Wirklichkeit dar, sondern sie verknüpft beide Prozesse auf dialektische Weise; sie ist die Ab-Bildung einer Um-Bildung. Einerseits bilden Fotografien soziale Wirklichkeit als Ergebnis eines physikalisch-chemischen Prozesses ab, wenn wir die dabei möglichen „Verzerrungen" einmal beiseite lassen: „Es ist so gewesen."[3] Andererseits bilden Fotografien soziale Wirklichkeit als Ergebnis einer Interaktion mehrerer Akteure um: „Was die Natur der Fotografie begründet, ist die Pose." Wir können die Pose der Porträtfotografie als Szene eines „sozialen Theaters" fassen, in der sich der Fotografierte (*spectrum*) in Anwesenheit eines Fotografen (*operator*) und eines realen oder imaginären Publikums (*spectator*) auf der Vorderbühne des vom Kameraobjektiv erfaßten zeitlichen und räumlichen Wirklichkeitsausschnitts hinter seiner Maske zur Schau stellt.[4]

Zweitens: Was heißt „*verstehen*"? Verstehen, gleichgültig ob in alltäglicher oder wissenschaftlicher Absicht, bezeichnet jenen Konstruktionsakt, in dem Akteure eigenen oder fremden Praktiken einen zugrundeliegenden Sinn zuschreiben.[5] Sozialwissenschaftliches Verstehen setzt sich jedoch in eine bewußte Differenz zum alltäglichen Verstehen: Während letztgenanntes im Kontext eines situativen Handlungsdrucks den selbstverständlichen Regeln einer Alltagslogik vertraut, versucht erstgenanntes im Kontext einer situativen Handlungsentlastetheit genau diese alltagspraktischen Regeln zu problematisieren, reflektieren und explizieren. Sozialwissenschaftliche Hermeneutik ist somit ein Verstehen des Verstehens, ein Verstehen „zweiter Ordnung". Dem sozialwissenschaftlichen Interpreten geht es über den Nachvollzug des von den handelnden Akteuren subjektiv Gemeinten, der manifesten Bedeutung, hinaus um die Re-Konstruktion des objektiv Nachvollziehbaren, des latenten Sinns ihrer Praktiken. Das sozialwissenschaftliche Verstehen geschieht in einer Einstellung des prinzipiellen Zweifels an alltäglichen Selbstverständlichkeiten, die man in Differenz zum alltäglichen *common sense* pointiert als „künstliche Dummheit" bezeichnen könnte. Das adäquate Forschungsdesign dieser Bedeutungs- und Sinnrekonstruktion ist die Fallanalyse, die ausgehend von konkreten Einzelfällen auf die Generierung verallgemeinerungsfähiger „Typen" zielt.[6]

Drittens: Was heißt *„eine Fotografie verstehen"*? Die sozialwissenschaftliche Lektüre von Fotografien sollte – das ergibt sich aus dem bisher Gesagten – drei Ebenen analytisch trennen: die Praxis – die Wahrnehmungs-, Denk- und Handlungsweisen der am „sozialen Theater" vor oder hinter der Kamera beteiligten Akteure (*gelebtes Leben*); das (alltägliche) Konstrukt erster Ordnung – das Protokoll der Praktiken dieser Akteure in Form einer Fotografie (*fotografiertes Leben*); das (wissenschaftliche) Konstrukt zweiter Ordnung – der von Interpreten verfaßte Text, der die manifeste Bedeutung und den latenten Sinn dieser Praktiken plausibel beschreibt (*re-konstruiertes Leben*).[7] Der Supermarkt der Methoden bietet ein reichhaltiges Angebot für die forschungspraktische Umsetzung einer sozialwissenschaftlichen Lektüre von Bildern an.[8] Für die hier dargestellte Methode einer „Semio-Hermeneutik" erschienen mir drei Ansätze hilfreich: die objektive Hermeneutik und ihre Spielarten,[9] semiotische Ansätze[10] und die ikonographisch-ikonologisch-ikonische Methode der Kunstwissenschaften.[11] Diese Methodenwahl gründet sich erstens auf die Überlegung, daß diese Ansätze sich allesamt mit postphänomenologischen und poststrukturalistischen Sozialtheorien wie etwa der Praxeologie des französischen Soziologen Pierre Bourdieu als kompatibel erweisen.[12] Zweitens liegt die objektive Hermeneutik sowohl als methodologisches Forschungskonzept wie als methodische Forschungstechnik in relativ elaborierter Form vor.[13] Drittens existieren für diese Ansätze, vor allem für die Spielarten der objektiven Hermeneutik, zahlreiche exemplarische Fallstudien, die deren Praxisrelevanz für die Bildinterpretation abschätzen lassen.[14]

Eine detaillierte Beschreibung der Methode würde den gegebenen Rahmen bei weitem sprengen; ich beschränke mich darauf, die vier methodologischen Prinzipien zu umreißen, durch ein Beispiel aus der methodischen Praxis zu illustrieren und das Interpretationsergebnis – den aus dem Einzelfall Heinrich re-konstruierten Typus – zu paraphrasieren.

- Das Prinzip der *sequentiellen Analyse*: Die Fotografie wird nach gestaltpsychologischen Kriterien in einen Text transformiert, der die Ordnung der Gleichzeitigkeit der fotografischen Zeichen zerstört und in die neue Ordnung des Nacheinanders schriftlicher Zeichen bringt, die in kleinste Sinneinheiten (Sequenzen) zerteilt werden.

- Das Prinzip der *extensiven Sinnauslegung*: Zu jeder Sequenz werden möglichst vielfältige Lesarten über deren manifeste Bedeutung und den latenten Sinn generiert; dies geschieht idealerweise innerhalb einer Interpretengemeinschaft, deren Mitglieder aus möglichst unterschiedlichen wissenschaftlichen und außerwissenschaftlichen Feldern stammen sollen.

- Das Prinzip der *systematischen Falsifizierung*: Im Verlauf der Analyse werden unplausible Lesarten von plausiblen systematisch geschieden; auf diese Weise schichtet sich schrittweise ein Bestand an objektiven – im Sinn von intersubjektiv überprüfbaren – Deutungen auf.

- Das Prinzip der *abduktiven Strukturgeneralisierung*: Schließlich wird aus den plausiblen Lesarten eine These, die den Fall mit all seinen empirischen Merkmalen hinreichend erklärt, entworfen. Die Abduktion – der durch einen spezifischen „Rateinstinkt" angeleitete Schluß von einem Merkmal auf den Fall und dessen konstitutive Regeln – stellt im Gegensatz zu Induktion oder Deduktion jene Erkenntnisweise dar, die strenggenommen als einzige neues Wissen erschließen kann.[15]

Der folgende Ausschnitt aus dem Interpretationsprotokoll stammt aus einem relativ späten Abschnitt des Interpretationsprozesses, in dem nicht mehr so sehr die Konstruktion neuer, sondern die Falsifizierung bzw. Verifizierung bereits formulierter Lesarten angesagt ist. Er zeigt die forschungspraktische Verknüpfung des Prinzips der extensiven Sinnauslegung mit dem Prinzip der systematischen Falsifizierung auf der Basis einer semiotischen Reformulierung der Acht-Ebenen-Feinanalyse nach Ulrich Oevermann: Wir entwerfen zu einem Objekt mögliche Zeichenkontexte (Ebene 0), die wir mit dem tatsächlich folgenden Zeichen im engeren Sinn (Ebene 1) kontrastieren und nach möglichen Interpretanten für die manifeste Bedeutung (Ebene 2) und den latenten Sinn (Ebene 3) der gegebenen Objekt-Zeichen-Konstellation fragen. Aus der Verknüpfung der Feinanalyse des ersten Zeichens mit den Feinanalysen der folgenden Zeichen entsteht die Sequenzanalyse; es werden die zu einem Zeichen möglichen Kontexte abduktiv entworfen, mögliche Folgezeichen deduziert und mit dem tatsächlichen Folgezeichen induktiv kontrastiert.

Legende:
⓪①②③: Ebenen der Feinanalyse nach Oevermann
Objekt (object): fett
Zeichen (sign): kursiv
mögliche Lesart (interpretant): normal
<u>verstärkte Lesart (interpretant):</u> unterstrichen

<u>plausible Lesart (interpretant)</u>!: unterstrichen
[abgeschwächte Lesart (interpretant)]: eckige Klammer
~~unplausible Lesart (interpretant)~~: durchgestrichen
➔ deduktive Ableitung von Folgezeichen: Folgepfeil
induktiver Test der abduktiven Lesarten: normal

(...)

Ⓞ **Orden von Heinrich:**
wenn die oben konstruierten Lesarten 7.1, 7.2, 7.3, 9.1.1, 9.2.1 und 9.2.2 gelten
➔ keine Orden
wenn die oben konstruierten Lesarten 9.1.2, 19.1, 19.2 und 19.3 gelten
➔ Orden mit geringem Symbolwert
wenn die oben konstruierten Lesarten 7.4, 7.5 und 7.7 gelten
➔ Orden mit großem Symbolwert
① *Heinrich trägt an seiner linken Brust eine Ordensspange mit dem „Kriegsverdienstkreuz"
und dem „Winterkampfgedenkzeichen".*
②③ Die Orden an Heinrichs Brust, die auf bestimmte soldatische Leistungen verweisen, irritieren; sie scheinen dem bisher dominanten Typ des „unsoldatischen"
Soldaten (7.1, 7.2, 7.3) zu widersprechen und den kämpferischen (7.4), politischen
(7.7) und identifikatorischen Zug (7.5) zu betonen. Doch wir müssen bedenken,
daß diese Orden innerhalb des Militärapparats einen relativ geringen Symbolwert
repräsentieren: Das „Kriegsverdienstkreuz" rangiert in der Bedeutungs-Hierarchie
weit unter dem „Eisernen Kreuz", und die (auch von Heinrich verwendete) Bezeichnung „Gefrierfleischorden" verweist als einer von zahlreichen Spottnamen
auf den geringen Symbolwert des „Winterkampfgedenkzeichens". Als Adressaten
der Inszenierung erscheinen daher kaum Heinrichs Kameraden, sondern Zivilisten, denen die Abzeichenhierarchie nicht besonders vertraut ist (Eltern, Geliebte,
Bekannte usw.) (19.3). Überdies müssen wir an dieser Stelle eine Lücke im
semiotischen Arrangement der Fotografie thematisieren: Das „Kraftfahrbewäh-
rungsabzeichen in Gold", das Heinrich 1943 verliehen bekommen hat, fehlt; es
paßt offenbar nicht in das Bild, das er den Fotobetrachtern vermitteln möchte. Aus
dem bisher Gesagten heraus scheint es plausibel, daß der durch die Verwendung
der Orden konstituierte soldatische Typ eher eine karnevaleske „Maske" und nicht
das „wahre Gesicht" Heinrichs zeigt (9.1.2 und 17).
<u>(7.5)</u>, [(9.1.1)], <u>(9.1.2)</u>, ~~(9.2)~~, ~~(9.2.1)~~, ~~(9.2.2)~~, <u>(17!)</u>, <u>(19.1)</u>, <u>(19.2)</u>, <u>(19.3!)</u>
(19.4) Als primärer Adressatenkreis der Fotografie gelten Heinrich nahestehende
Zivilisten (z.B. Eltern).
➔ weitere Hinweise auf Adressaten

(...)

Die Analyse der autobiographischen Aufzeichnungen, der Erzählungen und der Fotografien dieses Wehrmachtssoldaten läßt die Differenz zwischen der manifesten Bedeutung, mit der der Akteur seine Lebensgeschichte auflädt, und dem latenten Sinn seiner Praktiken erkennen: Einerseits inszeniert er sich in seinen mündlichen, schriftlichen und fotografischen Äußerungen als Antitypus des „soldatischen Mannes"; andererseits zeigt die Analyse dieser Äußerungen die vielschichtigen Wechselwirkungen von eigensinnigen Praktiken und den militärischen Strukturen des nationalsozialistischen Kriegsprojekts: Gerade sein Selbstbild als Anti-„Kämpfer" macht ihn empfänglich für so manche Anreize des Soldatseins – Hedonismuserfahrungen durch den Konsum billiger Genußwaren, Realisierung von (sexuellen) Kontakten mit jungen Frauen während „ziviler" Freiräume, Zurschaustellung des „tüchtigen Handwerkers" vor den Augen der „Kameraden" usw. – und läßt ihn die mit seinen spezifischen „Pflichten" als Lenker eines Instandsetzungs-Lastkraftwagens verbundenen Zumutungen ertragen. Das antisoldatische Selbstbild erscheint somit als subjektive Aneignung einer objektiven, den Intentionen des Akteurs vorgelagerten Sinnstruktur – des Typus des „Mechaniker-Soldaten".[16]

Anmerkungen

1 Vgl. Barthes, Roland: Die helle Kammer. Bemerkungen zur Photographie. Frankfurt/ Main 1985, S. 35f.

2 Als Reader zu mehr als 150 Jahre fototheoretischem Diskurs vgl. Kemp, Wolfgang (Hg.): Theorie der Fotografie. 3 Bde. München 1979-1983.

3 Barthes, helle Kammer, S. 126. Zum physikalisch-chemischen Prozeß der Bildgenerierung vgl. Busch, Bernd: Belichtete Welt. Eine Wahrnehmungsgeschichte der Fotografie. Frankfurt/ Main 1995, S. 157ff.

4 Barthes, helle Kammer, S. 88. Zum Konzept des „sozialen Theaters" vgl. Goffman, Erving: Wir alle spielen Theater. Die Selbstdarstellung im Alltag. München 1983. Zur sozialtheoretischen Einbettung vgl. Giddens, Anthony: Die Konstitution der Gesellschaft. Grundzüge einer Theorie der Strukturierung. Frankfurt/ Main – New York 1992, S. 175ff. Zur Anwendung auf die Fotografie vgl. Bourdieu, Pierre u.a.: Eine illegitime Kunst. Die sozialen Gebrauchsweisen der Photographie. Frankfurt/ Main 1983.

5 Zur aktuellen Debatte um eine wissenschaftliche Hermeneutik vgl. Jung, Thomas/ Müller-Doohm, Stefan (Hg.): „Wirklichkeit" im Deutungsprozeß. Verstehen und Methoden in den Kultur- und Sozialwissenschaften. Frankfurt/ Main 1993.

6 Vgl. Soeffner, Hans-Georg/Hitzler, Ronald: Hermeneutik als Haltung und Handlung. Über methodisch kontrolliertes Verstehen, in: Schröer, Norbert (Hg.): Interpretative Sozialforschung. Auf dem Wege zu einer hermeneutischen Wissenssoziologie. Opladen 1994, S. 28-54.

7 Dieses aus der Biographieforschung übernommene Modell ist ausführlich expliziert bei Rosenthal, Gabriele: Erlebte und erzählte Lebensgeschichte. Gestalt und Struktur biographischer Selbstbeschreibungen. Frankfurt/Main – New York 1995.

8   Als groben Überglick vgl. Müller-Doohm, Stefan: Visuelles Verstehen. Konzepte kultur-soziologischer Bildhermeneutik, in: Jung/Müller-Doohm (Hg.): „Wirklichkeit" im Deutungsprozeß, S. 438-457.

9   Zur Einführung vgl. Garz, Detlef/Kraimer, Klaus (Hg.): Die Welt als Text. Theorie, Kritik und Praxis der objektiven Hermeneutik. Frankfurt/Main 1994.

10 Vgl. Barthes, Roland: Der entgegenkommende und der stumpfe Sinn. Frankfurt/ Main 1990; Eco, Umberto: Die Grenzen der Interpretation. München 1995; Nagl, Ludwig: Charles Sanders Peirce. Frankfurt/Main – New York 1992.

11 Vgl. Imdahl, Max: Giottos Arenafresken. Ikonographie, Ikonologie, Ikonik. München 1980.

12 So scheint etwa Bourdieus Konzept des Habitus als inkorporierte Struktur, die die Praxis regelt, ohne daß der Akteur bewußt „Regeln" befolgen muß, dem zu entsprechen, was Oevermann „latente Sinnstruktur" nennt. Vgl. Bourdieu, Pierre: Sozialer Sinn. Kritik der theoretischen Vernunft. Frankfurt/Main 1993, S. 97ff. Vgl. auch den Beitrag von Christian Gerbel in diesem Band.

13 Die 'klassische' Selbstdarstellung: Oevermann, Ulrich u.a.: Die Methodologie einer „objek-tiven Hermeneutik" und ihre allgemeine forschungslogische Bedeutung in den Sozialwis-senschaften, in: Soeffner, Hans-Georg (Hg.): Interpretative Verfahren in den Sozial- und Textwissenschaften. Stuttgart 1979, S. 352-433; eine kritische Analyse: Reichertz, Jo: Pro-bleme qualitativer Sozialforschung. Die Entwicklungsgeschichte der objektiven Hermeneu-tik. Frankfurt/Main 1985.

14 Vgl. Ackermann, Friedhelm: Die Modellierung des Grauens. Exemplarische Interpretation eines Werbeplakats zum Film „Schlafwandler" unter Anwendung der „objektiven Herme-neutik" und Begründung einer kultursoziologischen Bildhermeneutik, in: Garz/ Kraimer (Hg.), Welt als Text, S. 195-225; Haupert, Bernhard: Objektiv-hermeneutische Fotoanalyse am Beispiel von Soldatenfotos aus dem Zweiten Weltkrieg, in: Ebda., S. 281-314; Loer, Thomas: Werkgestalt und Erfahrungskonstitution. Exemplarische Analyse von Paul Cézannes „Montagne Sainte-Victoire" (1904/06) unter Anwendung der Methode der objektiven Hermeneutik und Ausblicke auf eine soziologische Theorie der Ästhetik im Hinblick auf eine Theorie der Erfahrung, in: Ebda., S. 341-382; Englisch, Felicitas: Bildanalyse in strukturalhermeneutischer Einstellung. Methodische Überlegungen und Analysebeispiele, in: Garz, Detlef/Kraimer, Klaus (Hg.): Qualitativ-empirische Sozialforschung. Opladen 1991, S. 133-176; Reichertz, Jo: Selbstgefälliges zum Anziehen. Benetton äußert sich zu Zeichen der Zeit, in: Schröer (Hg.), Interpretative Sozialforschung, S. 253-280; Vogt, Ludgera: Gysi am Kreuz. Eine politische Passionsgeschichte? in: Ebda., S. 281-298; Reichertz, Jo: Der Morgen danach. Hermeneutische Auslegung einer Werbefotografie in zwölf Einstellungen, in: Hartmann, Hans/Haubl, Rolf (Hg.): Bilderflut und Sprachmagie. Fallstudien zur Kultur der Werbung. Opladen 1992, S. 141-164.

15 Zur genaueren Darstellung des methodologischen Konzepts und der methodischen Tech-nik vgl. Langthaler, Ernst: Lebens-Zeichen. Zum Design einer Semio-Hermeneutik am Beispiel der Biographie eines Soldaten im Zweiten Weltkrieg. Geisteswiss. Dipl.-Arb. Wien 1995.

16 Zur ausführlicheren Darstellung des Interpretationsprozesses vgl. Langthaler, Ernst: Hein-rich, die Kamera und die Militärzeit. Ein Versuch, die Kriegs-Bilder eines jugendlichen Dorfbewohners zu verstehen, in: Österreichische Zeitschrift für Geschichtswissenschaften 5 (1994), S. 517-546.

Robert Buchschwenter

Cyber(hi)story

Vorstellung einer Zeitgeschichte, die die digitalen Zeichen der Zeit zu lesen weiß

Das Vorstellen der Geschichte

Das Unterdrückte – meint Walter Benjamin in seinen „Thesen zur Philosophie der Geschichte" – habe eine retroaktive Kraft, die jeden Sieg ständig in Frage stelle. Daher sollte nichts, was jemals passiert ist, als für die Geschichte verloren angesehen werden.[1]

Die historische Darstellung in ihrem Selbstverständnis, die Vergangenheit so zu vermitteln, „wie sie wirklich war", hatte für dieses Unterdrückte – den unvermeidlichen Rest – nie viel übrig. Mit der Schrift (der gedruckten Schrift) hat sich eine Machtpraxis als Darstellungsmodus verselbständigt – oder, fast könnte man sagen, selbstverständlicht.

Als sprachliches, narrativ strukturiertes Gebilde wird Vergangenheit gewissermaßen transkribiert – oder, mit den Worten Michel de Certeaus, „die gelebte Tradition in einen produzierten Text"[2] verwandelt. Daß dieser geschriebene (gedruckte) Text auch Körper ist und physische Qualitäten hat, wird dabei unwichtig – weil es nur um die Botschaft oder Bedeutung *im* Text geht.

Im Text scheint sich also die Aktualisierung eines latenten Speichers zu vollziehen, in dem „alle" Vergangenheit und deren wahre Bedeutung aufgehoben ist. Natürlich aktualisiert sich im Text nicht der gesamte Speicher, sondern eine bestimmte Ansammlung von Ereignis-Punkten, die der/die Historiker/in lokalisiert, isoliert und auf einer (teleologischen) Zeitachse verkettet. Das bedeutet zwar notwendig den Ausschluß (nicht erfaßter) Raumflächen und (nicht erzählter) Zeiträume; doch wird damit der Inhalt des Speichers – der bis dahin nur leeres Gefäß war, in dem sich nur substanzlose geschichtliche Zeit in Form von Intervallen „ereignet" hat – lesbar.

Ein zutiefst theologisches Konzept: Der Text ist das Medium, das eine – irgendwo außerhalb seiner konkreten Präsenz liegende – Wahrheit enthält. Das setzt natürlich die richtige Lektüre – man könnte es ohne weiteres Exegese nennen – voraus.

Zweifel an dieser Art des Text-Verständnisses kam nur selten von Historiker-Innen. Dabei wäre die Bedrängnis inzwischen groß genug. Auf der einen Seite dessen Problematisierung durch strukturalistische und poststrukturalistische Philosophen wie Derrida, Barthes, Foucault, deren Gedanken inzwischen anscheinend im Handgepäck jedes Geisteswissenschaftlers/jeder Geisteswissenschaftlerin zu finden sind; auf der anderen Seite durch Verbreitung und Einsatz von Medien, die die Souveränität des Textes als idealen Träger von Wahrheit fröhlich unterwandern.

Die Übersetzung der Vergangenheit in einen Text ist eine Transformation, die eigentlich einer Logik der Transkription folgt. Ein scheinbar lesbarer (wie Certeau es ausdrückt) „gelebter Körper"[3] wird zum lesbaren Text, d. h. eine physische Einheit erfährt eine Transkription in eine andere (deren physische Qualitäten dabei paradoxerweise nicht mehr gefragt sind). Der heterogene Charakter des historischen Materials auf der einen und der seines Mediums (Text) auf der anderen Seite wird durch ihr scheinbares Analogie-Verhältnis vergessen gemacht.

Doch auch wenn die textuellen Zeichen „das, was wirklich war" symbolhaft abzubilden und die Gesetze des Textes den Verlauf von Geschichte anzuzeigen scheinen, blieb das durch sie konstruierte historische Kontinuum immer löchrig: Weiße Flecken auf der schriftlich modellierten historischen Landkarte, leer gelassene Intervalle zwischen den beschriebenen Ereignissen.

Das Aufkommen der neuzeitlichen Medien machte die Unzulänglichkeiten der Schrift zwar augenfällig, unterstützte aber deren Modell der Transkription eines geschichtlichen Realen. Grob könnte man sagen, daß mit der Medienentwicklung schrittweise Flecken und Intervalle mit Substanz gefüllt wurden (ohne daß der narrative Charakter von Geschichte damit in Frage gestellt worden wäre). Von der Photographie, die die unmittelbare Vergegenwärtigung eines Stücks (in der schriftlich-symbolischen Repräsentation) leer gelassenen Raums versucht, über den Film, bei dem das Füllen von Intervallen – qua deren Vernichtung durch das Zusammenziehen von Ereignissen – zum Prinzip geworden ist, bis hin zum Fernsehen, in dem lineare Bild-„Texte" von zeitlich bereits übereinanderliegenden Bildflächen ersetzt werden.

Medientechnologisch bedeutete das Zusammenziehen von Ereignispunkten bzw. das Vernichten von Intervallen freilich auch die zunehmende Aufhebung von Raum und Zeit im Sinne von „Beschleunigung, Zerlegung und Sprüngen". Nicht vom „Ende der Geschichte" sei hier zu sprechen, schreibt der Kultur- und Mediensemiotiker Götz Großklaus, sondern „von der Verabschiedung eines Konstrukts".[4] Gemeint ist hier das auf dem Schriftmedium basierende Konstrukt, welches Geschichte als lineare Narration aus all den, in mannigfaltigen individuellen und kollektiven Erinnerungsakten vollzogenen Vergegenwärtigungen herauslöst, um in einem erhabenen Erzählakt Vergangenheit zu interpretieren.

Die digitalen Zeichen

Während analoge Medien kulturelle (und eben historische) Informationen in materiellen, konkreten Objekten speichern oder in einem Erzählmodell objektivieren, fungieren digitale Medien als eine Art endlos modulierbare Oberfläche jenes zuvor erwähnten Speichers. Anders als analoge Medien folgt die Digitalisierung nicht dem (analogen) Prinzip der Abtastung bzw. Aufzeichnung konkreter Objekte und Ereignisse sowie deren Transkription in Lektüre-Modelle von Wirklichkeit; vielmehr geht es bei letztgenanntem um die programmatische Herstellung von „Wirklichkeiten zweiten oder dritten Grades"[5] (Großklaus) auf der Basis einer endlosen Anzahl möglicher Wirklichkeiten.

Die Simulation von historischer Wirklichkeit in einem Gegenwartsmodell bedeutet zwar nicht die endgültige Verabschiedung vom klassischen Paradigma der nachahmenden Repräsentation, liefert aber die Möglichkeit zu multilinearer Lektüre und Operation in zeitlich oder räumlich auch noch so entfernten Umgebungen. Diese Möglichkeiten reichen vom potentiell unlimitierten Zugriff auf einen Pool einheitlich codierter und multimedial aktualisierter Daten über den modellhaften Entwurf von Erscheinungen und Abläufen aufgrund dieses Datenpools – z.B. die Simulation einer Kutschenfahrt durch das Paris des 17. Jahrhunderts – bis hin zur individuellen Interpretation im Spiel mit diesen Daten.

Dies klingt nun einerseits etwas utopisch, andererseits heizen die bereits gegebenen technologischen Möglichkeiten schon kräftig die Angst derer an, die um den Verlust der (historischen) Realität in der reinen Simulation, das Verschwinden des „Authentischen" im Synthetischen bangen. Tatsächlich ist es nur eine Frage der Speicherkapazität, der Prozessorgeschwindigkeiten und der Kommunikationsmöglichkeiten, inwieweit wir virtuell über die gesamte historische Zeit verfügen und jeden beliebigen Punkt auf der historischen Raum-Zeit-Achse als Schnittpunkt zahlloser weiterer solcher Achsen und Vertiefungen verfolgen können. Es macht heute in der Praxis freilich einen großen Unterschied, ob digitale Medien einfach nur als Speicher riesiger Datenhalden dienen oder ob bestehende Felder historischer Daten zur digitalen Kreation neuer Geschichtsmodelle verwendet werden; ob es um die Erweiterung von Bedienungskomfort – durch unmittelbareren Zugriff oder die fugenlose Kombination von Bild-Text-Ton – oder um die innovativen Strategien der Vernetzung von Daten geht.

Jean Baudrillard spricht (in gewohntermaßen hysterischer Manier) schon vom

„Recycling" all des „nicht abbaubaren Mülls" (der großen Imperien, Erzählungen und Systeme) zu einer endlosen „Geschichte des déjà-vu"[6] – und wenn man einen großen Teil des Multimediamarkts und deren Produkte betrachtet, könnte man das für den Bereich der Geschichtswissenschaften beinahe unterstützen. Da der Einsatz digitaler Medien nun aber gegeben und zum Teil auch in der Geschichtswissenschaft Praxis ist, sollte die Möglichkeit des „Recycling" nüchtern ins Auge gefaßt und im Sinne einer Nutzbarmachung für HistorikerInnen definiert werden. Von den (zumindest im Ansatz einen sofortigen und unbegrenzt flexiblen Zugriff erlaubenden) Online-Datenbanken über Bild- und Tonsimulationen, die über die Gestaltung einer Oberfläche ein zeitgemäß sinnliches Empfinden für entlegene Gegenstände evozieren, bis hin zu interaktiven CD-ROMs, die Vergangenheit idealerweise als multilineares Operationsfeld *gegenwärtig* machen und die unterschiedlichsten Interpretationen des verwendeten Datenmaterials ermöglichen.

„Die digitale Revolution vollendet die geistige Revolution, die vor Jahrtausenden begonnen hat, als jemand erstmals mit Farbe auf Stein malte. Höhlenmalerei suchte die natürliche Welt zu destillieren, sie zu abstrahieren, um eine Idee daraus zu machen"[7], schreibt James Monaco. Dazu sollte man sagen, daß die digitale Revolution nur besten- und zugleich – je nach Sichtweise oder Anwendung – schlimmstenfalls *ihre* Form der Ideenwerdung von Welt bzw. Geschichte realisiert.

Wenn sich die Library of Congress in den USA über ihr angeblich weltweit größtes Online-Archiv „American Memory" in Form ausgewählter Bildchen, Ton- und Filmschnipsel oder attraktiver Dokumente präsentiert, ist damit nur ein Bruchteil des Möglichen zugunsten einer „Wir sind auch dabei"-Show ausgeschöpft. Oder wenn andererseits der Datenwust im Netz den sinnvoll operativen Zugriff auf Daten teilweise verunmöglicht, scheinen diese technologischen Möglichkeiten sich (im doppelten Wortsinn!) selbst überholt zu haben.

Eine Frage der Zeit?

Zum gegebenen Zeitpunkt ist der unbeschränkte Zugriff auf den „ganzen" Raum und die ganze Zeit der Geschichte bestenfalls eine potentielle – und im konkreten Fall nahezu vernachlässigbare – Größe. Abgesehen von den bereits bestehenden technologischen Möglichkeiten, alle historischen Speicher nach ein und demselben System zu codieren und über Internet (als Text, Bild oder Ton) zugänglich zu machen, ist es nicht nur fraglich, ob diese Datenmenge tatsächlich in absehbarer Zeit erfaßbar ist, sondern auch, ob die Bereitschaft zur Freigabe aller dieser Daten jemals vorausgesetzt werden kann.

Ein weiteres im Moment noch weit von verbindlichen Lösungen entferntes

Problem ist die Unvereinbarkeit zwischen bestehenden Wissenschafts- bzw. Wahrheitsparadigmen und der „Wahrheit" des digitalen Codes. Digitale Medien unterwandern die bislang intakte Trennung zwischen der Systematik eines symbolischen Codesystems (wie der Schrift) und der Kontingenz von Analogmedien (wie der Photographie oder dem Film), indem sie durch mathematisch-symbolische Operationen scheinbar kontingente Realitäts-Bilder schaffen.

Im Falle einer funktionierenden, d.h. unmittelbar und flächendeckend vernetzbaren Aktualisierung historischen Speicherinhalts müßte demnach ein tiefgreifendes Umdenken in bezug auf die der einen oder anderen Form der Darstellung bzw. Aussage immanente „Wahrheit" erfolgen.

Anmerkungen

1 Benjamin, Walter: Theses on the Philosophy of History. In: Arendt, Hannah (Hg.): Illuminations. New York 1969, S. 254f.
2 de Certeau, Michel: Das Schreiben der Geschichte. Frankfurt/New York 1991, S. 16.
3 Ebda.
4 Großklaus, Götz: Medien-Zeit. In: Sandbothe, Mike/Zimmerli, Walther Ch. (Hg.): Zeit-Medien-Wahrnehmung. Darmstadt 1994, S. 45.
5 Ebda., S. 50.
6 Baudrillard, Jean: Die Rückwendung der Geschichte. In: Sandbothe/Zimmerli, a.a.O., S. 6f.
7 Monaco, James: Film verstehen. Kunst, Technik, Sprache, Geschichte und Theorie des Films und der Medien. Mit einer Einführung in Multimedia. Reinbek 1995, Erw. Ausgabe, S. 523.

Kay Hoffmann

Dokumentarisches Bild und digitale Manipulierbarkeit

Zu einer Zeit, in der die Geschichtswissenschaft sowohl den Spiel- als auch den Dokumentarfilm als Quelle zu entdecken beginnt, findet durch die Digitalisierung ein radikaler Umbruch statt. Er betrifft unseren Umgang mit Bildern, insbesondere dokumentarischen Bildern. Denn viele Zuschauerinnen und Zuschauer trauen gerade ihnen noch als getreues Abbild der Wirklichkeit. Doch dies war eigentlich nie gerechtfertigt. Die besten Dokumentarfilme waren immer schon inszeniert und dramaturgisch zugespitzt. Zum einen hatte dies bis in die sechziger Jahre hinein technische Gründe, da Kameras nicht mobil genug waren, Film nicht sehr lichtempfindlich war und synchrone Tonaufnahmen nur äußerst aufwendig aufgenommen werden konnten. Aber selbst als der Stil des „Direct Cinema" durch entsprechende Technik möglich wurde, blieb der Dokumentarfilm ein künstlerischer Prozeß, bei dem der Regisseur sowohl durch Themenwahl als auch durch Nachbearbeitung wie Schnitt und Musik seine Sicht der Dinge vermittelte. Der Schweizer Dokumentarist Erwin Leiser hat dies sehr deutlich ausgedrückt: „Einen 'reinen' Dokumentarfilm, ohne Ansichten und Absichten, gibt es nicht. Dokumentaristen, die behaupten, daß sie lediglich beobachten, daß ihre Kamera der Reporter sei und die Wirklichkeit so zeige, wie sie ist, vergessen, daß hinter jeder Kamera ein Mensch steht, der entscheidet, was gefilmt wird. Jeder Film stellt neue Beziehungen zwischen Bildern her."[1]

Dokumentarfilm war oft inszeniert

Die Vorstellung, daß Film und Fernsehen zeigen, was „wirklich" ist, daß sie ein getreues Abbild der Realität seien, hat sich schon längere Zeit als falsch und überholt erwiesen. Nach der offiziellen Filmgeschichtsschreibung beginnt der Dokumentarfilm erst Ende der zwanziger Jahre, als es in einer Filmkritik von John Grierson zu Robert Flahertys Film „Moana" hieß, er habe „dokumentarische Qualitäten". Natürlich gab es auch zuvor dokumentarische Aufnahmen. Doch je mehr sich

Filmwissenschaftler damit beschäftigen, um so häufiger finden sie Indizien für eine perfekte Inszenierung vor der Kamera, wie etwa der KINtop-Band zu den Anfängen des dokumentarischen Films aufzeigte.[2] Vom Ersten Weltkrieg beispielsweise gibt es kaum Aufnahmen, die als authentische Dokumente gelten können. Die meisten sind inszeniert und nachgestellt, gerade wenn sie nicht die Etappe zeigen, sondern vermeintlich die kriegerischen Auseinandersetzungen an der Front.

Selbst ein anerkannter Dokumentarfilm-Pionier wie Robert Flaherty ist inzwischen bekannt für seine Inszenierung, dramaturgische Zuspitzung und die aufwendigen Castings, die die Kameratauglichkeit seiner Akteure prüften. Auch Joris Ivens kam für seinen Klassiker über den Arbeiterstreik in der Borinage zu spät zu einer Demonstration und re-inszenierte sie für die Kamera. Klaus Kreimeier hat völlig recht, wenn er schreibt: „Bis etwa 1960 war ein nicht inszenierter Dokumentarfilm aus technischen Gründen gar nicht möglich. Wo immer ein 'Filmemacher' auftauchte und seinen kompakten, schwerfälligen Maschinenpark hinpflanzte, verwandelte er die Szene in ein Dreh-Set. Die Tonbearbeitung erfolgte ohnehin erst im Studio, meist mittels Musik und Kommentar. So entstanden zum Beispiel die meisten Filmdokumente des Ersten, auch noch des Zweiten Weltkriegs: am Schneidetisch frisiertes und später auch in den Tonstudios aufwendig orchestriertes Propagandamaterial. Erst die tragbare 16-mm-Kamera, das kabellose Tonbandgerät und, wenig später, die geräuschlose Synchronton-Kamera haben die Fiktion begünstigt, daß es möglich sei, 'das Leben' in flagranti zu belauschen, mit der Kamera wie mit einer Sonde in die sozialen Wirklichkeiten einzutauchen und ihre leisesten Regungen wie 'das Zittern der vom Wind erregten Blätter' (Siegfried Kracauer) einzufangen: 'das Leben in seiner vergänglichsten Form'."[3]

Die Affäre Michael Born

In Deutschland gab es Anfang 1996 den Skandal um den Fernsehfälscher Michael Born. Er hatte seine Bildproduktion heutigen marktwirtschaftlichen Erfordernissen unterworfen. Über zwanzig getürkte Magazinbeiträge verkaufte er an verschiedene Fernseh-Magazine, vor allem „Stern TV". Er flog auf, nachdem der Koblenzer Staatsanwaltschaft auffiel, daß bei verschiedenen Filmen dieselben Akteure mitspielten. Ihm wurde der Prozeß gemacht. Dies löste in Deutschland nicht eine Diskussion um die Glaubwürdigkeit von Bildern aus oder um die Veränderungen unserer Beziehung zu Bildern durch die Digitalisierung, sondern die Kontroversen konzentrierten sich schnell auf Fragen journalistischer Ethik, die Glaubwürdigkeit des Fernsehens und die Notwendigkeit von Qualitätskontrolle. Doch

Born war sicher einer der letzten Fälscher des analogen Zeitalters; schließlich bezahlte er seine Statisten und inszenierte vor der Kamera. In einem Kommentar zu diesem Skandal hat Andreas Bernhard völlig recht, wenn er schreibt: „Die echtesten Bilder waren immer schon die falschen. All jene Aufnahmen, die etwa unser Bild von Krieg oder von der Liebe geprägt haben, erweisen sich im nachhinein als gestellt ... Daß gerade die realistischsten Bilder keinen Referenten in der Realität haben, ist kein Grund zur Empörung. Der Realismus bildet nicht einfach ab, was wirklich ist, sondern er zeigt, was möglich sein könnte. Erst in ihrer Inszenierung findet die Wirklichkeit zu sich selbst."[4]

Bald wird ein Griff in digitale Bildarchive genügen, um sich die Bilder zu bauen, die man braucht. Die Digitalisierung macht den Eingriff in jedes Bild möglich, jeder einzelne Bildpunkt kann verändert, mehrere Bildelemente können zu einem neuen Bild kombiniert werden. Im Printbereich ist dies schon zum Alltagsgeschäft geworden, ohne daß sich irgend jemand darüber aufregt – außer einigen Fotografen, die immer schlechter bezahlt werden. Problematisch dabei ist insbesondere, daß durch die Digitalisierung die Bearbeitung nicht mehr nachweisbar ist. Wenn also verändertes Material ungekennzeichnet ins Archiv aufgenommen wird, ist später kaum noch nachzuprüfen, ob es authentisches Material ist. Ein Problem, das sich Historikern schon lange stellt.

Spielfilme zeigen die Möglichkeiten

Die Möglichkeiten der Manipulation werden uns täglich in der Werbung und in Spielfilmen à la Hollywood vorgeführt. Genre-Grenzen lösen sich auf, und immer häufiger wird im Spielfilm dokumentarisches Material verwendet. In dem Film „In the line of fire" („Die zweite Chance", USA 1992) von Wolfgang Petersen wird ein Politthriller rund um einen amerikanischen Wahlkampf angesiedelt. Ein zu alter Leibwächter des Präsidenten – gespielt von Clint Eastwood –, der als einziger schon bei dem Attentat auf John F. Kennedy zur Truppe gehörte, wird in ein packendes Duell mit einem Mann getrieben, der den jetzigen Präsidenten erschießen will. Dazu wurde zum einen authentisches Material des Bush- und des Clinton-Wahlkampfs 1992 aufgenommen und überarbeitet, und Schauspieler des Films wurden darin integriert. Mit der digitalen Bildbearbeitung ist die beliebige Veränderung einer Vorlage bis hinein in einzelne Bildpunkte möglich. Der Regisseur und sein Produzent Jeff Apple waren von vornherein daran interessiert, authentisches Dokumentarfilmmaterial mit der fiktiven Spielfilmhandlung zu mischen. Die Schauspieler wurden in den entsprechenden Positionen vor einer Blue-Screen-

Wand aufgenommen und in das Bild regelrecht einmontiert; denn Clint Eastwood hätte jedem Präsidenten die Show gestohlen. Originale Wahlplakate („Vote for Bill") wurden elektronisch retuschiert oder jubelnde Massen durch eine elektronische Multiplizierung der Statisten erreicht. Um die Manipulation nicht zu offensichtlich zu machen, wurden dabei Bewegungsabläufe zeitversetzt und die Farben leicht verändert. Die Außenaufnahme der Präsidentenmaschine Air Force One beim Flug durch ein Gewitter wurde völlig im Rechner animiert, d.h. dies ist ein künstliches Bild, das auf den CAD-Daten des Flugzeugherstellers Boeing basierte – Wolfgang Petersen hat seinen neuesten Film ganz auf die Präsidentenmaschine konzentriert: „Air Force One" (USA 1997).

In einer anderen Szene seines früheren Films landet Präsident Bush mit dieser Maschine und wird von Journalisten erwartet. Um der Bildkomposition mehr Spannung zu geben, wurde die Originalaufnahme durch eine Musikkapelle und einige Journalisten ergänzt. Natürlich war immer George Bush im Bild; im Zeitalter der elektronischen Generierbarkeit überhaupt kein Problem. Im Computer wurde „einfach" sein Kopf durch den des Präsidentenschauspielers ersetzt. Zu den Höhepunkten gehört, wie Clint Eastwood in Dokumentaraufnahmen von John F. Kennedy „gebastelt" wurde. Dazu brauchte man einen jungen Eastwood, der in den sechziger Jahren fast ausschließlich in Western spielte. Schließlich wählte man eine Sequenz aus „Dirty Harry" (USA 1971). Doch dabei hatte er lange Koteletten und einen Anzug der siebziger Jahre. Deshalb wurde ihm ein digitaler Haarschnitt verpaßt und er im Rechner neu eingekleidet. Nach dem Tod von Jackie Onassis wurden die Doku-Aufnahmen ständig im Fernsehen wiederholt, und Produzent Jeff Apple vermißte regelrecht Clint Eastwood an der Seite des Präsidenten, denn er war so an dieses Bild gewöhnt. Sein Fazit: „First time you see it, it is very strange, because you are manipulating history. Having done all this manipulation, I always say don't believe anything you see."

Immerhin trat Eastwood nicht direkt in Aktion mit dem Präsidenten. Dies blieb Tom Hanks in „Forrest Gump" (USA 1993) vorbehalten. Dort trifft Tom Hanks nicht nur eine Reihe von Prominenten und Präsidenten, sondern er schüttelt ihnen sogar die Hand, und sie sprechen Dialogsätze. Dazu wurden die Mundbewegungen eines Schauspielers aufgenommen und in den Archivaufnahmen die Lippen entsprechend verzogen, damit sie einen synchronen Eindruck machen. Um diese Sequenzen authentischer scheinen zu lassen, wurde das neugedrehte Material im Rechner künstlich gealtert, Kratzer und Verschmutzungen wurden hinzugefügt. Neben dieser spektakulären Bearbeitung von dokumentarischem Material gibt es in „Forrest Gump" klassische Effekte aus dem Computer wie die Kampfszenen in Vietnam. Bei der Friedensdemonstration in Washington wurde aus ein paar tausend Statisten eine beachtliche Massendemonstration geklont. Beachtlich waren die Effekte bei dem Tischtennismatch in China. Hier spielten Tom Hanks und sein chinesischer Kontrahent ohne Ball. Dieser wurde später hinzugefügt. Alle diese Effekte stammten aus der amerikanischen Trickschmiede Industrial Light & Magic, die George Lucas 1975 gegründet hat. Die längste Computer-Animation war übrigens die Eingangssequenz dieses Films: eine Feder, die minutenlang durch die Luft wirbelt und schließlich vor den Füßen von Tom Hanks landet.

Neue Chancen für den Dokumentarfilm

Im Spielfilm sind solche Manipulationen und Effekte legitim; es geht schließlich um die Schaffung von Illusionen. Doch durch die Auflösung von Raum und Zeit wird damit das Vertrauen in das bewegte Bild als Abbild der Wirklichkeit generell zerstört. Dies hat Konsequenzen in erster Linie für dokumentarische Formen, die bisher für das Publikum vom Anspruch der Authentizität lebten – wie gerechtfertigt dies auch immer war. Das Haus des Dokumentarfilms führte im März 1996 die Tagung „Trau – Schau – Wem. Digitalisierung und dokumentarische Form" durch, bei der dies ausführlich von Film- und Fernsehmachern, Medienwissenschaftlern und Journalisten erörtert wurde.[5] Ein wichtiges Ergebnis dabei war, daß man sich generell von der Vorstellung von Glaubwürdigkeit von Bildern verabschieden muß. Viel wichtiger wird eine Transparenz des Produktionsprozesses selbst und die Glaubwürdigkeit der Macher. So erstaunlich es klingt, die Veränderung durch Digitalisierung kann sogar zu einer Befreiung des Dokumentarfilms führen. Der englische Medienwissenschaftler Brian Winston forderte sehr vehement, sich von den Konzepten des englischen Dokumentarfilmpapstes John Grierson zu trennen und die Ketten der Vergangenheit zu sprengen. „The irony is that it has always been a question of reception ... Grounding the documentary idea in reception rather than in representation is exactly the way to preserve its validity. It allows for the audience to make the truth claim for the documentary rather than the documentary implicity making the claim for itself."[6]

Es eröffnen sich neue kreative Möglichkeiten für Dokumentaristen, innovativere Formen zu probieren, auch wieder witziger und ironischer zu sein und den Dokumentarfilm aus dem Betroffenheitsjournalismus der vergangenen Jahrzehnte herauszuführen. Hierfür einige Beispiele. Der Süddeutsche Rundfunk (SDR) hat ab 1992 die 26teilige Fernsehreihe „Das war einmal" produziert, in der der personifizierte „Zeitgeist" Alfred Adabei eine Zeitreise durch die Jahre 1950 bis 1979 unternimmt. Mit aufwendiger Technik wurde dabei neugedrehtes Material mit historischem verknüpft, wie dies dann für „Forrest Gump" typisch wurde.

Joachim Faulstich vom Hessischen Rundfunk hat sich seit einigen Jahren auf Simulationen im Fernsehfeature spezialisiert. In „Crash 2030" zeigt er die Konsequenzen unseres ökologischen Handelns als einen fiktiven Rückblick aus dem Jahr 2030. Ein Staatsanwalt der Europäischen Gemeinschaft untersucht die Hintergründe der Katastrophe und was in den achtziger und neunziger Jahren schon an Informationen bekannt war, um sie zu verhindern. „Crash 2030" ist ein subjektiver Kommentar und nutzt eine interessante Mischung aus allem möglichen Material. Faulstich übernimmt Nachrichtenmaterial, TV-Features, Grafiken, Computersimulation verschiedener Institute. Bilder wurden mit einer traditionellen Paintbox bearbeitet um sein Umwelt-Szenario zu visualisieren. Fingierte Augenzeugen greifen als „Betroffene" bisherige Strategien des Authentischen auf.

Das Medium Fernsehen und die Vielseher werden in „Bleiben Sie dran!" von Claus Strigel und Bertram Verhaag mit neuen Gestaltungsprinzipien thematisiert. Die Kamera arbeitet quasi aus dem einzelnen Fernseher heraus und beobachtet dem Fernsehen verfallene Opfer des medialen Zeitalters. Interviews offenbaren, daß der Tagesablauf durch das TV-Programm bestimmt wird. Das laufende Programm wird eingespielt und es kommt so zu einer Vielschichtigkeit des Bildes, die bisher nur mit erheblichem Aufwand hätte hergestellt werden können.

Mit ähnlichen Stilmitteln von Vielseitigkeit und -schichtigkeit arbeitet auch der Züricher Regisseur Samir in „Das große Mitte-Land" über die zweite Generation von Ausländern in der Alpenrepublik Schweiz. Ein eher dröges Thema wird hier pfiffig aufgearbeitet, indem eine faszinierende Mischung von dokumentarischen Aufnahmen, Fotos, inszenierten Szenen, Amateuraufnahmen, Schriftzeichen usw. entsteht, die zugleich die Zerrissenheit der Protagonisten symbolisiert. Mit seiner Montage bricht er die Linearität des traditionellen Schnitts auf. Doch seine Kraft bezieht der Film gerade nicht aus irgendwelchen technischen Spielereien, sondern aus der Stärke seiner Interviewpartner. Ziel war es dabei nie, einen „objektiven" Film über dieses politische Problem zu drehen, sondern der Ansatz war von vornherein subjektiv. Dieser Mut zur Subjektivität ist keine neue Qualität des Dokumentarfilms, sondern eine Form, die in den letzten beiden Jahrzehnten verloren ging und nun wiederentdeckt werden muß.

In der Archäologie wird heute schon deutlich, daß moderne Analysemethoden in vielfacher Weise eingesetzt werden und dies auch bei der Visualisierung der Ergebnisse eine wachsende Rolle spielt, ob nun in Ausstellungen, in Fernsehsendungen oder bei der Präsentation auf Kongressen. Dies geht einher mit einer überdurchschnittlichen Ausstattung mit moderner Medientechnik an Universitäten und bei an der Archäologie Interessierten, wie eine Karlsruher Untersuchung zeigte.[7]

Resümee

Die Digitalisierung wird unser Verhältnis zum bewegten Bild nachhaltig verändern. Doch es wäre völlig falsch, nun Diskussionen um echte oder falsche Bilder zu führen. Die Glaubwürdigkeit von Informationen darf nicht über Bilder definiert werden, sondern über den Herstellungsprozeß und das Vertrauen in die Bildermacher. Den Bildern selbst wird man nicht ansehen können, wie sie hergestellt wurden.

Prinzipiell müssen wir mit Bildern skeptischer umgehen, ähnlich wie wir es schon im Printbereich gelernt haben. Dort haben die Veränderungen wesentlich früher begonnen, und es gibt in Zeitschriften und Zeitungen wohl kaum noch ein Foto, das nicht elektronisch überarbeitet wurde. Wir verlieren das Vertrauen in das bewegte Bild als Abbild der Wirklichkeit, das sehr jung ist – gerade einmal einhundert Jahre alt. Da dies Vertrauen der Zuschauer eigentlich nie gerechtfertigt war, ist es nur konsequent, daß immer häufiger dokumentarische Bilder in Spielfilmen eingesetzt und sogar im Rechner manipuliert werden. Dies weicht die Grenzen zwischen „fiction" und „nonfiction" weiter auf, und dies kann umgekehrt dem Dokumentarfilm enorme Freiheiten bringen, die es zu nutzen gilt. Wichtig ist vor allem, daß die Zuschauerinnen und Zuschauer ein neues Verhältnis zum bewegten Bild entwickeln. Die Veränderungen im Umgang mit Bildern bieten neue kreative Chancen – gerade auch für die dokumentarische Form.

Anmerkungen

1   Leiser, Erwin: Auf der Suche nach der Wirklichkeit. Meine Filme 1960–1996. Konstanz 1996. S. 17.
2   Kessler, Frank/Lenk, Sabine/Loiperdinger, Martin (Hg.): Anfänge des dokumentarischen Films. KINtop Bd. 4. Frankfurt 1995.
3   Kreimeier, Klaus: Blaue Blume Wirklichkeit. In: Die Zeit, 21.7.1995, S. 42.
4   Bernhard, Andreas: Born der Wirklichkeit. Das Medium auf der Anklagebank: Gibt es ein wahres Fernsehen im falschen? In: Süddeutsche Zeitung, 9.10.1996.
5   Zu dieser Tagung erschien inzwischen ein Tagungsband: Hoffmann, Kay (Hg.): Trau – Schau – Wem. Digitalisierung und dokumentarische Form. Konstanz 1997.
6   Winston, Brian: Claiming the real. The documentary film revisited. London 1995. S. 253.
7   Das Europäische Institut des Kinofilms Karlsruhe (EIKK) hat eine Untersuchung zu Archäologie und Neue Medien durchgeführt. Die Ergebnisse der Studie können beim EIKK (Gartenstraße 72, D 76135 Karlsruhe) gegen einen Verrechnungsscheck von DM 20.- bestellt werden.

Lisbeth N. Trallori

„Einladung ins Zeitalter des Codes"

Mit den Stichworten „Neue Medien" und „Neue Technologien" (insbesondere Gen- und Reproduktionstechnik), „Vernetzung" und „Cyberkultur" wird ein allgemeiner Trend angesprochen, der weitreichende Auswirkungen hat und die Grundlagen unserer Kultur radikal verändert. Diesen tiefgreifenden Transformationen hat sich die Zeitgeschichte zu stellen – als einer Herausforderung zur analytischen Diagnose der Gegenwartsgesellschaft. Vor diesem Hintergrund möchte ich – schon wegen der gebotenen Kürze – nur einige der Problemfelder skizzieren, die Anlaß zu dieser „Einladung" gaben.[1]

I.

Meine folgenden Überlegungen zentrieren sich exemplarisch um die beiden „Schlüsseltechnologien", auf denen das Zeitalter des Codes beruht: Bio-Science und Computer-Science. Zusammenhängend damit hat sich ein neues Verständnis von Wirklichkeit und von der Welt herausgebildet. So ist die Form des abstrakten Maschinenmodells als Vorstellung von Gesellschaft, Natur, Individuum und Körper einer biokybernetischen Konstruktion gewichen. Es handelt sich dabei nicht bloß um ein singuläres Projekt einiger weniger, vielmehr um ein kollektives, das die Veränderung dessen, was als „Leben" oder als „Lebendiges" definiert und beschrieben wird, einschließt. So folgte der Vorstellung vom Leben als Organismus jene über das Leben als Maschine; diese Interpretation wurde nun abgelöst durch das Konstrukt des Codes. Mit der Entdeckung des Strukturkonzepts der DNS in den fünfziger Jahren beanspruchten die beiden Wissenschaftler James Watson und Francis Crick, die dafür den Nobelpreis erhielten, zugleich „die Geheimnisse des Lebens" entschlüsselt zu haben. Seither gilt in der Science Community die DNS als „Molekül des Lebens". Damit war der Weg zum Umbau, zur Herstellung und Neukombination verschiedener Gene – kurz, die biotechnologische Revolution – angebahnt. Vorgänge in der Zelle hat man mit informationellen Metaphern, d.h. analog zum Computer begriffen. Die Computerwissenschaften gaben das Leitmodell für die Gentechnik ab, und die molekularen Wissenschaften reduzierten das Leben auf den genetischen Code.

Dieser technisch initiierte Perspektivenwechsel zog eine Reihe von Umwälzungen nach sich. Zunächst wurden die lebenden Organismen, wurde die Materie in einen systemischen Zusammenhang gebracht; in einem weiteren Schritt wurden sie als selbsttätige Organisationsform betrachtet. Eine solche Veränderung erschütterte das kulturelle Gefüge, aber auch das Nachdenken über Menschsein. „Lebewesen", so heißt es schließlich bei Humberto Maturana,[2] „den Menschen eingeschlossen, sind strukturell determinierte Systeme". Nach der biokybernetischen Auffassung finden auf der Mikroebene in allen Organismen Informations- und Regelmechanismen statt, wobei die Materie apriori als „Informationsträger" fungiert. Das in die materielle Substanz eingeschriebene „Programm" wird decodiert und zugleich durch die Methoden der Decodierung von der Materie abgelöst. Auf diese Weise wird z. B. die Möglichkeit der genetischen Manipulation, also der Austausch von Gen-Programmen zwischen den differenten Arten, zum Faktum des Selbstverständlichen stilisiert. Tiere, Pflanzen und Mikroorganismen geraten zu „Modellen", an denen beliebig experimentiert werden darf, der Mensch wird ein „Projekt" (Vilém Flusser). Erst seit das „Leben" als eine Ansammlung von Informationen aufgefaßt wird, ist es auch entschlüsselbar, d.h. „lesbar" geworden. Technische Bestrebungen, die Gesamtheit aller menschlichen Gen-Informationen zu erfassen, wie es das Human-Genom-Projekt beansprucht, füllen dann eine Bibliothek von tausend Büchern mit je tausend Seiten. Zur Bewältigung der anfallenden Datenflut entwickelte man Spezialsequenzierer mit einer Kapazität bis zu tausend Buchstaben in der Sekunde. Gerechtfertigt wird das kostenintensive Mega-Transkriptionsprojekt mit Heils- und Erlösungsversprechen, zum Wohle der Allgemeinheit.

Im entmaterialisierten Verständnis der Welt gerät eben diese zum universellen Sprachsystem. Wenn sich darin Objekte und Subjekte, Werkzeuge und Menschen als Informationen verdinglichen, dann verflacht der mechanistische Gegensatz zwischen Natur und Technik, Materie und Geist. Am Ende dieser Entwicklung steht zwar die Renaissance des Materiellen – doch in Form der Techno-Logik des codierten Zeitalters, in der Form einer Diskette, auf der alle biologischen Daten eines Individuums gespeichert sind. So verkündete Walter Gilbert, einer der maßgebenden Protagonisten des Genom-Projekts, euphorisch: „Eine kleine Diskette genügt, um alles, was den Menschen ausmacht, alles Biologische jedenfalls, vollständig zu beschreiben."[3]

II.

Die neuen Götter des Codes haben überkommene androzentrische Rituale modernisiert, die nun das gesellschaftliche Leben beherrschen. Durch den Einbezug des Organischen in den Kanon der technologischen Neu- und Umgestaltung und mit der Möglichkeit seiner beliebigen Reproduzierbarkeit unterliegt es einer Vergesellschaftung. Insofern kann als die wichtigste Aufgabe der Technowissenschaften erkannt werden, daß sie aus „Natur" Waren machen. Das bedeutet einen allgemeinen Zugang zu Technifizierung von Reproduktion und Vererbung – vielleicht schon aus dem Grund, um das „herrenrassistische" Kalkül evolutionär vorteilhaft gegenüber anderen Kulturen abzusichern. Freuds frühe Bejahung der Reproduktion im Labor, weil dadurch Gerechtigkeit „den Forderungen von Natur und Kultur" zukomme, weist in diese Richtung, wenn er schreibt: „Die künstliche Befruchtung ermöglicht eine ins Ungeheuerliche gehende Vervielfältigung der männlichen Zeugungspotenz, der Zahl der Nachkommen nach. – Von einem Negerhäuptling wird erzählt, daß er 365 Kinder gezeugt habe. Schon jetzt (...) ließe sich bei künstlicher Befruchtung diese Zahl überbieten. Die Technik wird sich natürlich vervollkommnen."[4]

Einen weiteren Vorteil dieser Methode erblickt Freud in der Aufhebung von persönlichen Beziehungen „zwischen den erlesenen Generatoren und der durch sie zu befruchtenden Frauen", zumal diese männliche Tätigkeit (...) als „ein Opfer an die Allgemeinheit" zu betrachten sei. Bewerkstelligt werde damit die „Züchtung einer psychisch und physisch harmonisch veranlagten Menschheit", welche auf einem überdurchschnittlichen Niveau stehen sollte, denn die Optimierung von „Tüchtigkeit" ist alles. Freud konnte 1931 in seinem Brief an Ehrenfels, an den er diese Gedanken mitteilte, wohl nicht ahnen, inwiefern die menschliche Leiblichkeit durch den reduktionistischen Zugriff von Wissenschaft und Technik potentiell zu einer Ressource verwandelt und somit vermarktbar wurde.

Heutzutage bietet eine Vielfalt an entsexualisierten Techniken einer immer größer werdenden Klientel ihre Dienste feil. Menschliche Keimzell-Ressourcen sowie anderes Zellmaterial stehen in Tiefkühlboxen (auch zum Versand) bereit. Samenbanken sollen die Auswahl nach den Kriterien ihrer Optimierung von Gesundheit, Leistung und „Intelligenz" garantieren.[5] „Leben" in seiner Potentialität wird – wie in der klassischen Antike – auf diese Zellen projiziert; diese Projektionen nimmt beispielsweise Professor Carlo Buletti (Bologna) zum Anlaß, um seine Forschungen über die Ektogenesis zu legitimieren. Daß die im Labor fabrizierten Embryonen der „weißen Rasse" angehören, wird dabei stillschweigend vorausgesetzt. Diskurse um die Freigabe zur pränatalen Adoption sind von solchen Werthaltungen kontaminiert. Dieser „technologische Rassismus" mag den Produkten der Bioindustrie zusätzlich Glanz und Glorie verleihen. Zudem kommt eine gesellschaftliche Entwicklung, welche durch die Vorverlagerung von Kontrolle die Herstellung eines einwandfreien „Produkts" verspricht: Mit technologischer Weiterentfaltung ist ein großes Interesse an Präimplantationsanalysen erwacht, denn ihre Inanspruchnahme verheißt das „perfekte Gen" und damit das „perfekte Kind". In Zukunft wird die Kombination von In-Vitro-Fertilisierung mit Gentests neue Märkte der Reproduktionsindustrie eröffnen. Eine solche Neo-Eugenik, auch „kommerzielle Eugenik" genannt, die von biotechnischen Firmen und Kliniken, die sie geschäftsmäßig betreiben und damit Profit machen wollen, angeboten wird, hat bereits in der Öffentlichkeit die Last der Geschichte abgestreift.

III.

Auffallend ist des weiteren eine gattungsgeschichtliche Neuinterpretation im Verhältnis von Wahrnehmung und Konstruktion – was nichts anderes bedeutet als den Sieg der reinen Idee. Strapaziert wird damit ein Mythos, mit dem die Epoche des „absoluten Geistes" eingeleitet wird. Das biokybernetische Modell der Wahrnehmung besagt: Konstruierte Welt wird als Erfahrungstatsache ausgegeben, darin wurde bereits die Loslösung von jeglicher empirischen Evidenz vollzogen. Und schließlich werden Finalitäten aus dem Felde geschlagen, d.h. ebensowenig wie es einen Anfang gibt, gibt es auch kein Ende. Auch die Herkunft eines Wesens oder eines Dings wird uninteressant. Im Zeitalter des Codes, seiner Errungenschaften und den damit zusammenhängenden Immaterialisierungs-Prozessen gerät alles und jedes zum Ding, das beliebig produzierbar und vervielfältigbar ist.

Durch die universale Zeichensprache, den Binärcode, wurde eine neue Relation zwischen Technik und den „lebenden Systemen" angebahnt, sodaß es zu einer Angleichung dieser Phänomene kam. Die grundlegende Idee bei der Herstellung von Automaten artikulierte bereits Norbert Wiener, daß nämlich durch die Maschine die Autonomie von lebendigen Wesen zu simulieren sei. Das heißt, Maschinen sind zu vermenschlichen. Menschlicher Erfindungsgeist „belebt" die Maschine, und die Maschine wiederum soll simuliertes Reales produzieren. Nicht die Sinneswahrnehmung wird dabei ausgeschaltet, sondern es werden simulierte Bilder von der Realität so hergestellt, daß sie als „real" erachtet werden (müssen). Das, was bislang als „echtes" Vorbild und daher als „imitationswürdig" galt, scheint sich zunehmend zu verflüchtigen. Daraus wird evident, weshalb die Unterscheidung zwischen dem Original und dem Duplikat hinfällig geworden ist. Folgt man dem Postfeminismus à la Judith Butler,[6] dann ist das Original ohnehin der Ironie und dem Gelächter preisgegeben, wenn es vom Duplikat überrundet wird und ein „normales" Bedeutungsfeld zerbricht.

IV.

Technik als Möglichkeit, die Gottähnlichkeit zu steigern (Freud), hat sich nicht nur anhand der kybernetischen Prothese, da diese unendlich subtiler als jede mechanische Prothese ist, erfüllt. In den Industriegesellschaften wird nunmehr das Göttliche umgesetzt – mit Hilfe von Technik und Wissenschaft, die eine mystische Realisierung unbewußter Imaginationen inszenieren. Neue Linien beherrschen das Feld der Transformation, es sind zugleich Bruch- und Erneuerungslinien zwischen Vorgestelltem und Gestelltem, zwischen Fiktion und Realität, zwischen dem Sichtbaren und dem Unsichtbaren. Die heutige Hightech-Zivilisation machte das Unmögliche möglich, und jene Gesetze, welche die klassische Mechanik einst aufgestellt hatte, sind in den virtuellen Welten aufgehoben. Durch den multimedial aufgerüsteten Computer erfährt das Indivuum eine Ausdehnung, ja eine Entgrenzung seiner selbst, und seine Befreiung erscheint an eine immaterielle Techno-Logik geknüpft zu sein.

Der Aufstieg in eine neue Dimension der res extensa, in die algorithmisch erzeugten Virtualitäten repräsentiert zugleich die vielfach proklamierte Gleichheit zwischen Menschen und Maschinen, wie sie im Konstrukt der „postbiologischen Welt" (Hans Moravec) propagiert wird. Kybernetische Figuren bevölkern das virtuelle Universum, in ihnen verbinden sich Mensch, Tier und Maschine ebenso wie Simuliertes und Authentisches. Mittels Datenhandschuh und Datenhelm schwirrt das technologisch ausgedehnte Selbst quasi als „ätherisches Lichtwesen" (Stefan Münker) herum, im Rausch der Geschwindigkeit durchquert es Wände, Häuser, ganze Stadtteile und Landschaften. Im Cyberspace scheinen sich die Dimensionen von Körperlichkeit und Materie, von Zeit und Raum aufzulösen. „Unsere Welt", so heißt es im Manifest von John Perry Barlow, „ist überall und nirgends, und sie ist nicht dort, wo Körper leben."[7] Sie ruft Phantasien nach Schöpfungsmacht, Unverletzlichkeit und Unendlichkeit hervor, nach vollständiger Autonomie und Selbstgenerierung. Dieser Mythos wird von der neuen „virtuellen Klasse" systematisch aufrechterhalten. Unabhängig von der materiellen Bedingtheit zu existieren, sich selbst in den Computer zu laden, zumindest als Software zu überdauern – so lautet das deklarierte Ziel ihrer Akteure, der „Brainlords". Überdies ermöglichen Simulationen, bisher unbekannte biologische Funktionen, Organsysteme oder gänzlich neue Spielarten herzustellen, um die Evolution nicht nur im Labor, sondern auch per Computer voranzutreiben.[8]

Bevor jedoch die Generierung von künstlichen Lebewesen auf dem Bildschirm begann, bevor Cyberporno und „free" Cybersex weltweite Aufmerksamkeit erregten, erforderte die traditionelle Praxis der menschlichen Reproduktion und Sexualität ihre Ersetzung durch eine artifizielle. „Im selben Moment", so Paul Virilio,[9] „in dem man Neuerungen wie künstliche Befruchtung und Gentechnologie einführt, gelangt man dahin, den Koitus zu unterbrechen und mit Hilfe einer biokybernetischen Ausrüstung, die die Geschlechtsorgane mit Sensoren überzieht, die ehelichen Bande zwischen den Geschlechtern zu lösen." Das Begehren und die Kunst des Genießens setzen im Topos der „perfekten Täuschung" eine körperliche Distanz voraus, aus der realen Lust wird eine virtuelle. Einmal mehr schließt hier das Cyber-Imaginäre nahtlos an die Imaginationen des christlichen Abendlandes an und realisiert die Utopie des Übernatürlichen.

V.

An jene Ereignisse und Phänome, wo sich die Grenzen zwischen der Biosphäre und der Technosphäre verwischen, knüpfen sich kritische Fragen nach demokratischer Verfaßtheit, nach Öffentlichkeit und Politik, nach den Geschlechterverhältnissen, die hier zum Tragen kommen. Denn auch im Netz, als einer Widerspiegelung des sozialen Raums, tummeln sich Voyeuristen, Pädophile, Pornographen – man denke nur an den Cyberporno „Virtual Valerie" – ebenso wie neonazistische Gruppen, die den Holocaust negieren.[10] Ohne die Auswirkungen des postmodernen Wissens und die tatsächlichen Konfliktzonen zu berücksichtigen, könnte das Zeitalter des Codes dazu verleiten, die Vergangenheit und die sozialen Probleme der Gegenwart – neoliberalistische Deregulierungen und Rassismus, reale Verarmung, Existenzängste und Individualisierung, Arbeitslosigkeit etc. – hinter sich zu lassen und die Dringlichkeit ihrer Lösung zugunsten der „kalifornischen Ideologie" zu vernachlässigen.

Spätestens an diesem Schnittpunkt der kurz skizzierten Entwicklungen erscheint es unerläßlich, die Verhältnisweisen zwischen Politik und Technik, Geschichte und Gesellschaft auf der Basis des biokybernetischen Weltbildes grundsätzlich zu überdenken. Ansonsten gewänne Robert Musils Aussage – es ginge „in der Wissenschaft so stark und unbekümmert und herrlich zu wie in einem Märchen"[11] – wohl unbeabsichtigt an Relevanz.

Anmerkungen

1   Zur Vertiefung verweise ich auf die Beiträge in dem von mir herausgegebenen Band: Trallori, Lisbeth N. (Hg.): Die Eroberung des Lebens. Technik und Gesellschaft an der Wende zum 21. Jahrhundert", Wien 1996.

2   Maturana, Humberto R.: Biologie der Sozialität, in: Siegfried J. Schmidt (Hg.): Der Diskurs des Radikalen Konstruktivismus, Frankfurt/M. 1991, S. 288.

3   Randow, Thomas von: Ein Copyright für Gene. Wem gehört das menschliche Alphabet? In: Reiner Klingholz (Hg.): Die Welt nach Maß. Gentechntik – Geschichte, Chancen, Risiken, Reinbek b. Hamburg 1990, S. 109.

4   Dieses Zitat und das folgende ist dem unbekannten Briefwechsel zwischen Sigmund Freud und Christian von Ehrenfels entnommen, vgl. dazu Hernecker, Wilhelm: „Ihr Brief war mir sehr wertvoll ..." Christian von Ehrenfels und Sigmund Freud – eine verschollene Korrespondenz, in: Wiener Festwochen (Hg.): Wunderblock. Eine Geschichte der modernen Seele, Wien 1989, S. 561-570.

5   Aufschlußreich dazu ist die Videodokumentation „... Und andere Ergüsse" von Mirjam Quinte und Juliane Gissler, Medienwerkstatt Freiburg (1991).

6   Butler, Judith: Das Unbehagen der Geschlechter, Frankfurt/M. 1991.

7   Barlow, John Perry: Unabhängigkeitserklärung des Cyberspace, in: telepolis, Zeitschrift der Netzkultur, Nr. O/1996, S. 85.

8   Hervorzuheben sind die männerdominierten Artificial-Life-Forschungen und -Konzepte, so von Marvin Minsky, Kevin Kelly, Rodney A. Brooks, Hans Moravec, Larry Yeager ebenso wie die Simulationen von Louis Bec.

9   Virilio, Paul: Cybersex. Von der abweichenden zur ausweichenden Sexualität, in: Lettres Nr. 32/1996.

10 Über die Schwierigkeiten einer strafrechtlichen Verfolgung von rechtsextremen Homepages im Internet vgl. Stiftung Dokumentationsarchiv des österreichischen Widerstandes (Hg.): Das Netz des Hasses. Rassistische, rechtsextreme und neonazistische Propaganda im Internet, Wien 1997.

11 Musil, Robert: „Der Mann ohne Eigenschaften", Hamburg 1969, S. 41.

Hans Petschar

Kann man mittels neuer Medien Geschichte schreiben?

Vor ein paar Jahren publizierte George Landow ein Buch, in dem er versuchte, die Postulate der postmodernen Literaturkritik mit den ersten theoretischen Ansätzen zu Hypertext und Hypermedia zu verbinden.[1] Landow konstatierte einen paradigmatischen Wechsel in unseren Verfahren, Wissen zu erzeugen, der sich von der Computerwissenschaft bis zu den Text- und Wissensproduktionen in den Literatur- und Geisteswissenschaften ausmachen läßt: Die Abkehr von einem linearen, auf Buch und Papier basierenden schriftlichen Kommunikationsmodell und dessen Erweiterung oder Ablöse durch die nichtlinearen und assoziativen, dem menschlichen Denken mehr entsprechenden Formen der hypertextuellen Kommunikation, das Aufbrechen des Bruches zwischen Autor und Leser durch die Interaktivität, die Erweiterung der schriftlichen Kommunikation durch die Einbindung multimedialer Elemente, kurz und gut die Demystifizierung und Denaturalisierung einer Kultur, die auf dem gedruckten Buch und seinen über die Jahrhunderte entwickelten Regeln und Zwängen der Wissensproduktion basiert.

Die Überwindung der Grenzen zwischen Kunst und Wissenschaft durch die multimediale Aufbereitung von Inhalten, die Auflösung der Hierarchien von Text und Fußnote und aller hierarchischen Abhängigkeiten im Inneren eines linearen schriftlichen Werkes, kurz die Erfüllung des postmodernen Traumes durch die neuen Technologien sind die Inhalte eines Diskurses über die neuen Medien, der inzwischen längst die akademischen Kreise verlassen hat und fröhlich in Managementkreisen, in Medienmagazinen über Neue Medien und in zahllosen zur Begutachtung bei diversen Forschungsförderungsfonds aufliegenden Projekten propagiert wird.

In diesem Diskurs gibt es auch Figuren und Institutionen, die als Widersacher auftreten: Es sind dies die Universitäten, die anders als die Fachhochschulen viel zu lange ausbilden und ohne Bezug zur Praxis, es sind die Wissenschaftler, die viel zu lange Texte schreiben, die kein Mensch mehr versteht, kurz, es sind die Produktionsstätten und Produzenten des gesellschaftlich wertlosen, weil augenblicklich nicht verwertbaren Wissens.

Es liegt mir fern, hier eine Verteidigung herkömmlicher Formen der Wissenskommunikation zu führen und unter einem kulturpessimistischen Blickwinkel eine Kritik der Neuen Medien zu entwickeln. Es scheint mir aber notwendig, auf die Kernaussagen des Diskurses über die Neuen Medien hinzuweisen, der an allen strategischen Machtpositionen des Staates geführt wird: von den Medien über die Politik und die Bürokratien, die die Wissenschaftsbudgets verwalten, bis in die Vorzimmer der Generaldirektionen von Archiven und Bibliotheken, jenen Institutionen, die im übrigen sehr viel stärker und brutaler als die Universitäten dem technologischen Innovationsdruck ausgesetzt sind.

Die Kernaussagen dieses Diskurses sind, wie mir scheint, die folgenden:

- Es gibt ein Zuviel an täglich oder sogar augenblicklich neu entstehender Wissensproduktion, die immer unüberschaubarer wird.
- Es gibt ein Zuviel an Fragmentierung des Wissens durch Spezialistenwissen, das unverständlich ist für Entscheidungsträger und für den Mann und die Frau von der Straße.
- Es gibt ein riesiges Potential an „altem", in Bibliotheken und Archiven vermoderndem Wissen, das nur einigen Spezialisten zugänglich ist und wirtschaftlich nicht verwertet wird.
- Die neuen Technolgien mit ihren unbegrenzten Speicherkapazitäten schaffen Zugänglichkeit für alle.
- Wenn wir in Europa nicht schnell genug sind, werden uns unsere ganzen Kulturschätze und unser kulturelles Erbe nichts nützen, weil Bill Gates & Co alles Wissen dieser Welt in riesigen Datenspeichern horten und über das Internet zum Kauf anbieten werden.

Welche Bedeutung hat dieser gesellschaftlich dominante Diskurs für die Disziplin der Geschichtswissenschaft und die Praxis der Geschichtsschreibung?

Angesichts des euphorischen Diskurses über die unbegrenzten Möglichkeiten der Neuen Medien erscheint es mir in der momentanen Situation angebracht, zwei Aspekte zu reflektieren: einen mediengeschichtlichen Aspekt, der die Dauerhaftigkeit des elektronischen Gedächtnisses betrifft, und einen produktionstechnischen Aspekt, der die Beteiligung von wissenschaftlichen Autoren in der Herstellung interaktiver Medien betrifft.

Der medienhistorische Aspekt: Die Instabilität digitaler Informationen

Seitdem wir menschheitsgeschichtlich von Technik sprechen können, gibt es auch neue Techniken und neue Medien, die alte im Lauf der Jahrhunderte ersetzen. Der Prähistoriker Leroi-Gourhan beschrieb vor langer Zeit in seinem grundlegenden Werk „Hand und Wort" den Zivilisationsprozeß, der zur Akkumulation von Wissens- und Kulturtechniken führte, als einen Prozeß der Expansion und Exteriorisierung des Gedächtnisses.[2] Für Leroi-Gourhan ist das Gedächtnis eine „Grundlage, in die sich Handlungsketten einprägen. In diesem Sinne kann man von einem *Art-Gedächtnis* sprechen, um so die Fixierung des Verhaltens bei Tierarten zu definieren, von einem ethnischen Gedächtnis, das die Reproduktion des Verhaltens in menschlichen Gesellschaften gewährleistet, und schließlich von einem künstlichen Gedächtnis, das in seiner neuesten Form elektronischer Art ist und ohne einen Rückgriff auf Instinkt oder Reflexion die Reproduktion mechanischer Handlungen sicherstellt."[3] Die Basis für die Anhäufung und Weitergabe des Wissensbestandes einer Gruppe, die wiederum als Voraussetzung für das materielle und soziale Überleben angesehen wird, ist ein Prozeß der Ablöse und der Befreiung von motorischen Zwängen oder, abstrakter betrachtet, der Befreiung von jedem Kontext.

In der langen Geschichte der jeweils neuen Medien, von den symbolischen und piktographischen Höhlenzeichnungen über die ersten Schriftdokumente auf Ton, Stein, Papyrus, Pergament, Papier bis zu den elektronischen Speichern des zwanzigsten Jahrhunderts, läßt sich dieser Prozeß der Exteriorisierung des Gedächtnisses und der Wissensproduktion nachvollziehen und zugleich als Prozeß der Immaterialisierung und einer enträumlichten Verdichtung beschreiben. Immer mehr findet auf immer weniger bis gar nicht mehr Sichtbarem Platz, bis hin zu jener Vorstellung der vollkommenen Speicherbarkeit aller augenblicklich verfügbaren Information auf einer einzigen Scheibe, wie man sie als (Wunsch-)Vorstellung auch im Thesenpapier eines Plenarreferates dieser Tagung finden kann.[4]

Es sind aber vor allem die Aspekte der Immaterialisierung und der Verdichtung von Information, die über lange Zeiträume hinweg die Tendenz in sich bergen, jede historische und semiotische Spur, die an der Materialität der Quellen hängt, zu löschen. Gerade dies, die Bewahrung der Spuren und damit die Möglichkeit zur Rekonstruktion und die Offenheit für neue Interpretation, muß aber als Grundbedingung an jedes „künstliche" Gedächtnis gestellt werden, wenn „historische Intentionalität"[5] durch den Vergleich und die Befragung von Quellen erzeugt werden soll. Die Verarmung des Begriffes der Information auf einen denotativen

Aspekt, wo zugunsten des Essentiellen, das als abspeicherungswürdig erachtet wird, auf die Konservierung der materiellen Spuren verzichtet wird, vor allem aber die Instabilität der derzeit bekannten und praktizierten Techniken der elektronischen Archivierung sind es, die den Verlust an Historizität durch elektronische Archive bewirken. Denn zumindest im Hinblick auf die Dauerhaftigkeit haben die alten Wissensspeicher einen empirischen Vorteil: Es findet zwar nicht sehr vieles Platz auf diesen Dingen, aber sie halten über hunderte und tausende von Jahren, und selbst ihr Alterungsprozeß und die verschiedenen menschlichen oder natürlichen Einwirkungen erlauben als sichtbare Spuren am Material historische Interpretationen. Hingegen weiß man über die Herstellung von Kontinuität elektronischer Information durch die Entwicklung stabiler Langzeitspeicher bzw. über die Entwicklung von Migrationssystemen – wobei hier bereits ein paar Jahre als Ewigkeiten gelten – nur eines mit Gewißheit: Die Schaffung von Kontinuität in einem elektronischen Archiv ist extrem teuer. Und selbst wenn sich durch die Reduktion von Hardwarekosten die ökonomischen Verhältnisse zugunsten der elektronischen Archivierung verschieben werden, wird dennoch die prinzipielle Ahistorizität der digitalen Information ein stetes Spannungsverhältnis zur Funktion des Archivs, der Bibliothek und der Historie erzeugen.

Damit aber wären wir beim Kernproblem der informationstechnologischen Utopie, der Vorstellung nämlich einer aktuellen Verfügbarkeit alles Wissens in einer digitalen Universalbibliothek. Mir scheint, daß diese Vorstellung auf einer grundsätzlichen Verkennung dessen, was eine Bibliothek, was ein Archiv ist, beruht. Archive und Bibliotheken – und selbstverständlich gerade auch historische Universalbibliotheken wie etwa die Österreichische Nationalbibliothek – schöpfen einen Teil ihres Wertes aus der Unvollkommenheit und der Unvollständigkeit: Jahrhundertelang bildeten neben historischen Zufälligkeiten und Ereignissen, die für die Ansammlung oder die Zerstörung von Geschichtsspeichern verantwortlich zeichneten, intentionale Prozesse der Auswahl und Strukturierung von Informationen die Basis für die Aufbewahrung und Konservierung von Wissens- und Kulturgütern.

Das Gegenteil dieses historischen Modells einer enzyklopädisch, auf der Strukturierung von Wissen basierenden, stets löchrigen und unvollständigen Universalbibliothek wäre am ehesten ein Wissensspeicher alles augenblicklich verfügbaren, aber auch sich augenblicklich verändernden Wissens, wie es sich zur Zeit im Internet realisiert.

Auch für die gesellschaftliche Forderung nach einer verständlichen Kommunikation und nach Popularisierung des Wissens, wenn möglich in einer spielerischen und unterhaltsamen Form, scheinen die neuen Technologien das geeignete Transportmittel. Nun gäbe es viel zu sagen über die Funktion einer auf neuen Technologien beruhenden Medienindustrie und deren Verhältnis zu den Produktionsstätten der wissenschaftlichen Information in den demokratischen Gesellschaften. Jedenfalls scheint man in der Informationsgesellschaft die Demokratisierung des Wissens und den Wissenstransfer eher den Medien und der Kommunikationstechnologie zuzutrauen als den Wissenschaften. Inwieweit eine diskursive Strategie, die uns unaufhörlich erklärt, wie schnell, wie vollständig und wie spielerisch unterhaltsam wir permanent demokratisch gebildet werden, nicht eher eine Verschleierung von ungeheuren Macht- und Marktkonzentrationen darstellt, die letztendlich die wirtschaftliche und politische Basis der Kommunikationstechnologie kennzeichnen, möchte ich hier zumindest ansprechen.

Der produktionstechnische Aspekt: Die Rolle des wissenschaftlichen Autors in der Herstellung interaktiver Medien

Der gängigen Praxis zufolge bestimmen in der Produktion kommerzieller Multimediatitel in erster Linie Designer oder Programmierer über die Anordnung, die Strukturierung und die interaktive Verknüpfung von Inhalten. Den Wissenschaftlern obliegt, wenn sie überhaupt beteiligt sind, die Recherche und die Aufbereitung des Materials, das dann vom Produktionsteam mit Hilfe von professionellen Textern umgearbeitet und in eine Produktion integriert wird. Das Ergebnis sind interaktive Werke, in denen die wissenschaftlichen Autoren von den semiotischen Prozessen der Bedeutungsbildung, sei es aus ökonomischen, sei es aus Gründen der fehlenden handwerklichen Kenntnis, ausgeschlossen sind. Gerade die Art und Weise aber, wie signifikantes Material angeordnet und durch die Programmstruktur verknüpft wird, bestimmt die Semantik jeder interaktiven Lektüre. An einem literarisch-historischen Hypertext[6] läßt sich verdeutlichen, wie sehr die Festlegung der Programmstruktur in Zusammenhang mit der Textsemantik gesehen werden muß.

In der Multimediaenzyklopädie der Österreichischen Nationalbibliothek[7] (Abb. unten), die auf öffentlich zugänglichen Terminals den Benützern die Geschichte und die Sammlungen der Bibliothek präsentiert, erfolgt die Darstellung von Schriftstellerautographen aus dem Literaturarchiv und der Handschriftensammlung der Österreichischen Nationalbibliothek zweigeteilt in Form eines paradigmatischen Bildkataloges und einer syntagmatischen Zitatenreise. Bietet der Katalog mit dem Bild und einer Kurzbeschreibung zu den ausgewählten Autoren und Autorinnen den Benützern im Auswahlmenü einen paradigmatischen Ein-

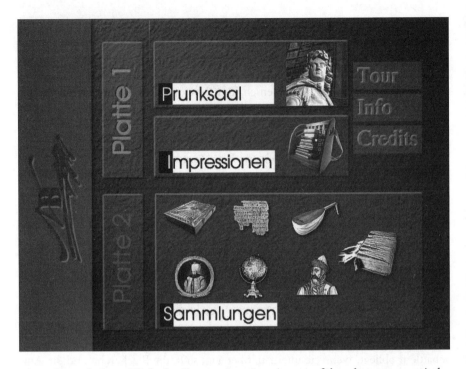

stieg, der auf einen Blick das Reservoir präsentiert, so führt der syntagmatische Einstieg in die Zitatenreise zu einer geleiteten Lektüre durch ausgewählte Zitate aus den Nachlässen und Werken der vertretenen Autoren (Ingeborg Bachmann, Thomas Bernhard, Ludwig Wittgenstein, Sigmund Freud, Arthur Schnitzler, Heimito von Doderer, Hilde Spiel, Robert Musil, Erich Fried, Bertha von Suttner, Hugo von Hofmannsthal, Marie von Ebner-Eschenbach).

Im Gegensatz zu der auf einem kulturellen Code, dem Kanon der berühmten Österreicher und Österreicherinnen, beruhenden „natürlichen" Auswahl aus dem Archiv erscheint das Menü „ÜberSchriften" (Abb. rechts), das die Zitatenreise aktiviert und sich aus den Ankern im Inneren der ausgewählten Texte zusammensetzt, zunächst willkürlich und ohne innere Logik.

Erst in der linearen Verknüpfung durch die Lektüre bildet sich ein Text, dem man eine gewisse absurde Sinnhaftigkeit nicht absprechen kann. Begibt man sich auf die Zitatenreise, so zeigt sich, daß diese scheinbar willkürlich gebildete syntagmatische Kette verschiedene semantische Aspekte eines zentralen Themas der österreichischen Literatur behandelt: die Frage nach dem schreibenden Ich, nach der Subjektivität in der Sprache, verbunden mit einer geschichtlichen Reflexion. Die narrative Entfaltung realisiert gewissermaßen die semantische Streuung innerhalb

eines Paradigmas. Dabei erhält der Benützer nach erfolgter Lektüre einer Passage jeweils die Möglichkeit, durch das Anklicken einer schwarzen Personenmaske auf die Katalogseite zu springen und die personelle Auflösung des Zitates zu erfahren und/oder die Lektüre durch Anklicken des aufleuchtenden Ankers fortzusetzen.

Vergleicht man die Menüstruktur der Zitatenreise mit der internen, durch die narrative Verknüpfung der Anker sich ergebenden Struktur, so konstituiert sich eine dritte Form der Lektüre, die durch die vorprogrammierte Struktur der Zitatenreise der Anker gebildet wird. Diese Lektüre läßt dem Benützer keineswegs die Freiheit, die Abfolge der Sequenzen selbst zu definieren, und in einem bestimmten Fall zwingt sie diesem sogar ohne Ausweg die wiederholte Lektüre einer Passage auf. Inmitten der Zitatenreise gelangt man zu einer Stelle aus dem Typoskript zu Schnitzlers „Komödie der Verführungen". Die handschriftlichen Korrekturen des Verfassers „oder so ähnlich" und „reden Sie" bilden die Anknüpfungspunkte für den narrativen Parcours der Zitatenreise. Nach dem letzten Satz von Ambros „Von wem reden Sie?" führt der durch eine Aufhellung der Textstelle visuell hervorgehobene Anker „reden Sie" zur nächstfolgenden Passage, die einem Brief aus dem Nachlaß Hilde Spiel entstammt:

Liebe *schöne und vortreffliche Hilde! Eine historiographische Schrift! – da schau' ich. Und sie zeigt eine sehr schön ausgewogene Prosa. Wie wär's, wenn wir uns einmal an die Geschichts=Schreibung machten?! Ich dacht' es oft für mein Teil! Oder dürfen das in deutscher Sprache nur die Professoren? Die können es gar nicht.- Ich danke, liebste Hilde, mit vielen Handipussis für diese Widmung! Teilweis ist mir das Thematische vertraut, bis zum ausgehenden Mittelalter. Über die Katastrophe von 1421 (pag. 156) gibt es ein ausgezeichnetes Buch. Es heißt Die Wiener Geserah. Den Verfasser kann ich merkwürdigerweise in meinem* **Gedächtnis** *nicht ergraben.*[8]

Nach der erfolgten Lektüre dieser Stelle, die mit Ausnahme des Satzes „Die können es gar nicht", begleitend zu den visuell hervorgehobenen Briefstellen vom Sprecher der Originalzitate, Hermann Schmid, vorgetragen wird, gibt es ein einziges Mal auf der Zitatenreise eine Wahlmöglichkeit: „Liebe" oder „Gedächtnis". Wer sich für den Anker „Liebe" entscheidet, wird mit den Sequenzen „Zwangsauftrag" und danach „Höllenstrafe" die Lektüre fortsetzen. Der Anker „Gedächtnis" hingegen führt zu einem Zwischenskript, das in Form eines Dialoges der beiden Kommentatoren, verkörpert von den Stimmen Christoph Grissemanns und Marian Schönwieses, eine Erklärung zum Brief Heimito von Doderers an Hilde Spiel enthält:

Mann:
Heimito von Doderer nimmt Bezug auf das Buch Hilde Spiels „Fanny von Arnstein oder Die Emanzipation", das 1962 bei S. Fischer erschien.

Frau:
„Am 12. März 1421 wurden auf der Wiese bei Erdberg vor Wien alle Eingekerkerten, insgesamt 210 Juden beiderlei Geschlechts, verbrannt und ihre Asche in die Donau gestreut."

Mann:
Es waren Geiseln, die man bei der Vertreibung der Juden aus dem Herzogtum Österreich zurückbehalten hatte.

Die Frau:
„So vertrieb der junge Albrecht, der später die deutsche Königswürde erhielt, die Juden zum ersten Male aus seinem Herzogtum."

An dieser Stelle erfolgt ein Eingriff in der bildlichen Darstellung. Die Textstelle „So vertrieb der junge Albrecht" wird verändert: Ein Portrait Herzog Albrechts wird kurz eingeblendet (Abb. unten), um schließlich durch Einfügung des Wortes „Österreich" anstelle von „der junge Albrecht" den Satz „So vertrieb" (Abb. S. 528) zu ergänzen und den Anker für die nächste Verknüpfung zu liefern. In der Folgesequenz „Volk von Österreich" sieht und hört man ein Gedicht aus dem Jahre 1945 von Erich Fried, dessen Gesamtnachlaß sich im Österreichischen Literaturarchiv der ÖNB befindet.[9]

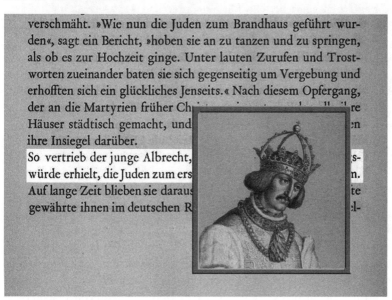

verschmäht. »Wie nun die Juden zum Brandhaus geführt wurden«, sagt ein Bericht, »hoben sie an zu tanzen und zu springen, als ob es zur Hochzeit ginge. Unter lauten Zurufen und Trostworten zueinander baten sie sich gegenseitig um Vergebung und erhofften sich ein glückliches Jenseits.« Nach diesem Opfergang, der an die Martyrien früher Ch

Häuser städtisch gemacht, und

ihre Insiegel darüber.

So vertrieb der junge Albrecht,

würde erhielt, die Juden zum ers

Auf lange Zeit blieben sie darau

gewährte ihnen im deutschen R

O-Ton: (Hermann Schmid)
(Der Sprecher liest die Druckversion des Gedichtes. Im Bild sieht man das Manuskript mit Korrekturen)

Spruch 1945

Die eigne Schuld, die fremde,
an Art und Schande gleich,
die näht am Totenhemde
dem Volk von Österreich.

Sie legt es aus zum Weißen
mit Asche und Sorgen bleich.
Du mußt es in Fetzen zerreißen,
Volk von Österreich!

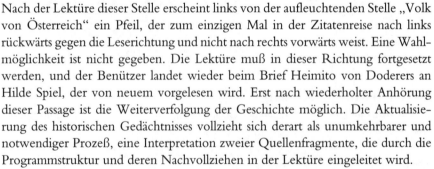

verschmäht. »Wie nun die Juden zum Brandhaus geführt wurden«, sagt ein Bericht, »hoben sie an zu tanzen und zu springen,
als ob es zur Hochzeit ginge. Unter lauten Zurufen und Trostworten zueinander baten sie sich gegenseitig um Vergebung und
erhofften sich ein glückliches Jenseits.« Nach diesem Opfergang,
der an die Martyrien früher Christen erinnert, wurden alle ihre
Häuser städtisch gemacht, und Bürgermeister und Rat setzten
ihre Insiegel darüber.
So vertrieb Österreich ... ler später die deutsche Königswürde erhielt, die Juden zum ersten Male aus seinem Herzogtum.
Auf lange Zeit blieben sie daraus verbannt. Kaiser Karl der Fünfte
gewährte ihnen im deutschen Reich, nach langjährigen Vorstel-

Nach der Lektüre dieser Stelle erscheint links von der aufleuchtenden Stelle „Volk
von Österreich" ein Pfeil, der zum einzigen Mal in der Zitatenreise nach links
rückwärts gegen die Leserichtung und nicht nach rechts vorwärts weist. Eine Wahlmöglichkeit ist nicht gegeben. Die Lektüre muß in dieser Richtung fortgesetzt
werden, und der Benützer landet wieder beim Brief Heimito von Doderers an
Hilde Spiel, der von neuem vorgelesen wird. Erst nach wiederholter Anhörung
dieser Passage ist die Weiterverfolgung der Geschichte möglich. Die Aktualisierung des historischen Gedächtnisses vollzieht sich derart als unumkehrbarer und
notwendiger Prozeß, eine Interpretation zweier Quellenfragmente, die durch die
Programmstruktur und deren Nachvollziehen in der Lektüre eingeleitet wird.
   Die relativ ausführliche diskursive Wiedergabe und Kommentierung dieser
Sequenzen erschien mir aus mehreren Gründen sinnvoll. Zum einen ist festzuhalten, daß auf der CD-i jede analytische Komponente, wie sie hier in schriftlich-
diskursiver Form vorgetragen wird, ausschließlich der interaktiven Konzeption und
der Drehbuchentwicklung vorbehalten bleibt, in der Darstellung jedoch bewußt
ausgeklammert wird. Der konnotative semiotische Prozeß, der, hervorgerufen durch
die menschlichen Stimmen, die Detailaufnahmen von Textstellen im Augenblick
der Lektüre dem Betrachter und Zuhörer vor Augen führt, vermittelt im Gegenteil die Illusion des Konkreten und einer Direktheit, der alles Abstrakte und Analytische fremd ist. Erst eine Reihe von Irritationen in der überraschenden Kreation

von unerwarteten Textankern und deren visueller Gestaltung vermag, zusammen mit einer bewußten Einschränkung der interaktiven Möglichkeiten, einen Lektüreprozeß einzuleiten, in welchem der Konstruktionscharakter der Geschichte zum deutlicheren Eindruck wird als die Illusion der Authentizität, die gemäß einer dominanten kulturellen Vorstellung eine Autographensammlung vermittelt.

Geschichtsschreibung im klassischen oder im Sinne einer sich der Interdisziplinarität und der Hinwendung zu neuen Formen der Kommunikation öffnenden Wissenschaft ist diese Form der Darstellung natürlich keineswegs. Ein auf der rationalen Entfaltung von Argumenten und Gegenargumenten beruhender Diskurs, der schließlich die Beschreibung und Analyse von Quellen zu einer eigenen (narrativen) Darstellung formt, wird stets der Fixierung durch die Schriftlichkeit bedürfen, die allein über einen langen Zeitraum hinweg ein wiederholbares Nachvollziehen und Austauschen von Gedanken anderer ermöglicht. Dennoch könnten die Gestaltungsmöglichkeiten, die die neuen Medien durch die hypermediale Darstellung bieten, zu einer neuen (auch akustisch und visuell erfahrbaren) Qualität der Aktualisierung von Geschichte und Geschichtsfragmenten beitragen. Dies aber würde voraussetzen, daß Historiker nicht um die vorschnelle Preisgabe ihrer sprachlichen Darstellungsformen zu Geschichte aufbereitenden und vermittelnden Multimediadesignern mutieren, sondern im Gegenteil ihr Fachwissen und ihr analytisches Verständnis in die multimediale Erarbeitung von Geschichtsquellen einbringen, sei es durch den Aufbau von hochwertigen Bild- und Tonarchiven, sei es durch die Gestaltung von intelligent strukturierten Programmen. Eine Erweiterung des klassischen Handwerkszeuges zur Analyse von Quellen und zur Geschichtsschreibung – ich denke hier natürlich an die Methodologie und Theorie zur Bildanalyse und zur Narrationstheorie, die die Semiotik bietet – könnte dabei durchaus dienlich sein.

Anmerkungen

1 Landow, George P.: Hypertext. The Convergence of Contemporary Critical Theory and Technology. Baltimore, London 1992.

2 Leroi-Gourhan: Hand und Wort. Die Evolution von Technik, Sprache und Kunst. Frankfurt/Main 1984.

3 Ebda., S. 276.

4 Siehe dazu: Reader zu den 3. Österreichischen Zeitgeschichtetagen 1997, hg. vom Institut für Zeitgeschichte der Universität Wien, Wien 1997.

5 Ich verwende diesen Begriff im Sinne von Ricoeur, Paul: Zeit und Erzählung. Bd. 1: Zeit und historische Erzählung. München 1988. S. 263-338.

6 Die prinzipielle Funktion eines Hypertextes oder von Hypermedien ist es, innerhalb eines Ensembles von Dokumenten so etwas wie eine transversale, nichtlineare Lektüre zu ermöglichen. In struktureller Hinsicht beinhaltet ein Hyptertextsystem die Konzepte Knoten, Verbindung und Anker.
   Unter einem Knoten versteht man eine semantische Einheit, ein elementares Dokument, dessen Inhalt eine Idee ausdrückt. Die Knoten können aus Textfragmenten, aus Bildern oder aus Kombinationen von Text und Bild bestehen. Verbindungen sind die prinzipiellen Mittel, um eine nonsequentielle Ordnung zu etablieren. Die Verbindungen können uni- oder bidirektional sein, automatisch oder manuell erzeugt werden, können eine strukturelle oder eine indexikale Funktion haben. Ein Anker befindet sich stets innerhalb eines Textes und stellt eine kleinere Informationseinheit als ein Knoten dar: Ein Anker ist die Adresse, der Ausgangspunkt oder der Ankunftspunkt für eine Verbindung.
   Vgl. dazu: Balpe, Jean-Pierre (et.al.): Techniques avancées pour l'hypertexte. Paris 1996. S. 11–47.

7 Österreichische Nationalbibliothek – Multimediale Enzyklopädie. Buch & Idee: Hans Petschar.- Wien: ÖNB 1996. 3 Cd-i. (Die CD-i-Plattform wird vor allem in professionellen POI-Systemen eingesetzt und über Fernseher + CD-i-Player abgespielt.)

8 Heimito von Doderer an Hilde Spiel, 25.6.1961. ÖNB, Österreichisches Literaturarchiv, Nachlaß Hilde Spiel. Publiziert in: Spiel, Hilde: Briefwechsel, hrsg. v. Neunzig, Hans A., München 1995. S. 163.
   Doderer bezieht sich auf das Buch von Krauss, Samuel: Die Wiener Geserah vom Jahre 1421. Wien 1920.

9 Fried, Erich: Spruch (1945). ÖNB, Österreichisches Literaturarchiv, Nachlaß Erich Fried. Publiziert in: Fried, Erich: Österreich. London 1945. S. 19. Später auch: Ders.: Frühe Gedichte. Düsseldorf 1986. S. 90.

Rainer Hubert

Die digitale Revolution aus der Sicht eines audiovisuellen Archivars

Neue Entwicklungen, Möglichkeiten und Probleme

Mein Beitrag besteht aus drei eher lapidaren Skizzen neuer Entwicklungen. Ich spreche aus dem Blickwinkel des AV-Archivs, doch lassen sich wohl manche meiner Beobachtungen verallgemeinern und auf andere Einrichtungen ausweiten.

1.

Sammeln und Archivieren scheint mir eine immer dynamischere Tätigkeit zu werden. Bloß passiv darauf zu warten, daß Verwaltungsstellen oder Verlage auf Grund von gesetzlichen Bestimmungen bestimmte Dinge abliefern, scheint zuwenig. Eine zeitgerechte Sammelpolitik muß wohl das aktive Bemühen um zusätzliches Material inkludieren, um Nachlässe, um Sammlungen von Privaten, um Medien und Objekte verschiedenster Art, und sollte zwischen Archiven, Bibliotheken, Museen und anderen Sammelstellen koordiniert sein.[1]

Die besondere Situation des AV-Archivs in diesem Kontext besteht nun darin, daß es auch über diesen Rahmen einer dynamischeren Sammelpolitik noch hinausgeht:

Viele AV-Stellen haben mit dem Sammeln des Vorhandenen, sei es publiziert oder nicht, begonnen und sind dann den Schritt darüber hinausgegangen – zum Aufnehmen, zur eigenen Herstellung audiovisueller Quellen. Der Grund dafür liegt meiner Meinung nach in der Natur des Mediums selbst: Ist man entsprechend technisch ausgestattet, hat man eine hohe inhaltliche Expertise, kann es wie künstliche Naivität anmuten, wenn man die eigenen Geräte ausschließlich zum Wiedergeben vorhandenen AV-Materials verwendet. Der Druck auf den Aufnahmeknopf, um etwas zu dokumentieren, das es eben als AV-Quelle noch nicht gibt, liegt außerordentlich nahe.

Obwohl viele Stellen in vielen Ländern diesen Weg zur Aufnahmetätigkeit gegangen sind,[2] ist diese Methode, sich selbst einen Teil der Sammlung herzustellen, aktiv Quellen anzulegen, viel zu wenig reflektiert. Eine gewisse Ausnahme stellt dabei die „oral history" dar, die aber ein Spezialfall und eine ganz besondere

531

Verfahrensweise ist. Es geht um die viel allgemeinere Tätigkeit des Abspiegelns von Abläufen aller Art, die mit AV-Geräten möglich ist. Ich meine, daß es hoch an der Zeit ist, daß sich Historiker intensiver mit der Frage beschäftigen, welche zusätzliche Quellen sie sich wünschen – und auf welche Weise, unter Beachtung welcher quellenkritischen Überlegungen, welcher Selektionskriterien, diese zustandekommen sollten.[3]

Ich stelle diese Frage in sehr eigennütziger Absicht, weil meine Stelle, die Österreichische Phonothek, seit Jahrzehnten aktiv Quellen herstellt, ungeschnittenes Audio- und Video-Material, und wir dabei mangels einer breiten Diskussion über die Grundsätze solchen Beginnens immer wieder unsicher über den einzuschlagenden Kurs sind.

In den sechziger Jahren begann die Österreichische Phonothek, Dichterlesungen, Pressekonferenzen, politische Diskussionen, wissenschaftliche Symposien und dergleichen aufzunehmen, und das tut sie immer noch. Nun wird aber zusätzlich versucht, auch alltägliche Abläufe im öffentlichen und privaten Raum mitzuschneiden und so den Kulturwandel allgemeiner zu dokumentieren. Dies ist wohl eine besondere Aufgabe der AV-Medien, weil diese ihre höchste Kapazität als Quellenmedien dort entfalten, wo primär Non-Verbales festzuhalten ist.[4] Methodisch freilich ist eine derartige Dokumentationstätigkeit besonders schwierig, und wir stehen hier erst am Anfang. Eines scheint mir dabei von besonderer Wichtigkeit: Die Aufnehmenden müssen eine Art Motivenbericht erstellen, also festhalten, warum die Aufnahme wichtig erschien, warum etwas wie gemacht wurde.[5] Dazu sei ein Zitat aus dem Theorie-Panel „Neue theoretische Herausforderungen für die Zeitgeschichte", das am Montag, dem 26. Mai gefallen ist, modifiziert: die audiovisuelle Abspiegelung nicht als Gegebenheit, sondern als Resultat, als Resultat einer Planung mit bestimmten Motiven, Erwartungen usw.

2.

Der Umgang mit Information, die Form, in der Information angeboten wird, ändert sich allenthalben. So wurde bisher Sammelgut von Bibliotheken, Archiven und Museen in Katalogen und Findhilfen repräsentiert: die Katalogeintragung anstelle des verzeichneten Dinges selbst – ein zweistufiger Zugang also, der künftig immer mehr wegfallen wird. Denn es scheint darauf hinauszulaufen, daß bald die Katalogeintragung quasi am Sammelstück selbst klebt, daß beide eine Einheit bilden. Dies wurde z. B. im EU-Projekt „Jukebox",[6] das drei AV-Archive aus verschiedenen Ländern durchgeführt haben, bereits vorexerziert: Ich suche ein bestimmtes Musikstück in einer im Internet sitzenden Datenbank, finde die entsprechende Katalogeintragung, drücke einen Knopf und höre schon die Einspielung des Musikstückes selbst. Ob die Musik aus Italien, England oder Dänemark kommt, ist für mich als Benützer kaum noch erkennbar und eigentlich auch ohne Belang. Grenzen zwischen Institutionen verwischen sich so – und das könnte auch eine wichtige, vielleicht sogar eine sehr nützliche Folge der digitalen Revolution sein. Wenn dergestalt das Sammelgut in elektronischer Form vorliegt, so öffnen sich auch zusätzliche Recherchemöglichkeiten, und manche Katalogarbeiten werden überflüssig: Bei elektronischen Büchern kann nach jedem Wort gesucht werden, bei AV-Medien in Computerform nach bestimmten Mustern und Konfigurationen. So gibt es etwa eine Bilddatenbank,[7] in der man nach Photos sucht, indem man zunächst eine bestimmte Suchform wählt oder entwickelt, z. B. einen Kreis. Darauf bietet die Datenbank mir jene Photos an, die kreisähnliche Formen aufweisen: Aufnahmen, auf denen die Sonne zu sehen ist oder runde Verkehrsschilder. Man kann auch nach Farben und Farbverteilungen suchen. Ist es angesichts dessen sehr utopisch, sich vorzustellen, daß man künftig als Suchkriterium z. B. ein Roosevelt-Photo eingibt und als Ergebnis alle Photos erhält, auf denen Roosevelt zu erkennen ist? Wieweit müssen Sammlungen dann noch katalogmäßig erschlossen werden?

Diese neuen Entwicklungen werden sicher die Verfügbarkeit bestimmter Informationen erhöhen; welche Nebenwirkungen sich dabei ergeben, ist nicht leicht vorauszusagen. Eins scheint mir aber sicher: daß viele vertraute Arbeitsweisen, z. B. bibliothekarische Regelwerke, aufzugeben sind, auch wenn dadurch so manche heilige Kühe geschlachtet werden müssen.

3.

Die meisten audiovisuellen Träger haben eine verhältnismäßig kurze Lebensdauer, wesentlich kürzer als die meisten Bücher.[8] Hinzu kommt, daß vor allem jüngere audiovisuelle Formate, z. B. im Bereich Video, nur ein, zwei Jahrzehnte am Markt sind, worauf dann das AV-Archiv mit Mengen an entsprechenden Aufnahmen, für die es keine Geräte mehr gibt, zurückbleibt. Die einzige Lösung der angedeuteten Problematik ist offenkundig rechtzeitiges Umkopieren auf neue Trägerformate. Die Langzeitarchivierung von audiovisuellen Medien bedeutet also Mitnehmen der audiovisuellen Information unter Zurücklassung des ursprünglichen originalen Trägers. Außerdem muß dieses Weiterkopieren auf der Basis digitaler Technik erfolgen. Nur so ist eine verlustfreie Kopierung möglich. Mit den älteren analogen Techniken träten schon nach wenigen Kopiengenerationen erhebliche Qualitätsverschlechterungen auf.

So weit, so gut. Die gehorteten AV-Bestände müssen – je nach Trägerart und Zustand – in den nächsten Jahren, spätestens in den nächsten Jahrzehnten, auf neue, digitale Träger umkopiert werden; ein ungemein aufwendiges Beginnen. Es ist dies eine Problematik, die der informierten Öffentlichkeit vielleicht in bezug auf den Nitrofilm einigermaßen bewußt ist, nicht aber in ihrer Gesamtheit. Wir sitzen hier tatsächlich auf einer Art Zeitbombe, wobei paradoxer Weise auch – manchmal sogar gerade – die jüngeren Trägerformate sehr gefährdet sind. Von der guten alten Schellackplatte abgesehen, wird von unseren AV-Materialien in 50 bis 100 Jahren nicht mehr viel übrig sein, wenn nicht rechtzeitig umkopiert wird.

Der Gesamtbestand ist freilich deprimierend groß – nach einer Schätzung in den AV-Archiven der Erde 45 Millionen Stunden audio, 8,6 Millionen Stunden video, wozu eben noch Film und Photo käme.[9] Werden solche Mengen zu bewältigen sein? Benötigen wir überhaupt alles? Wenn wir selektieren wollen oder dazu genötigt sind – wie soll das geschehen? Nur formal etwa, so daß z. B. jedes zehnte Dokument gerettet wird? Wenn eine Evaluierung möglich ist, welche Kriterien sind anzuwenden, welche Prioritäten zu setzen?

Auch hier scheint es mir an Reflexion und an Vorbereitung auf das sich rasch nähernde Problem zu fehlen. Auch hier sind insbesondere die Historiker gefordert, ihre Überlegungen beizusteuern und ihre Forderungen zu formulieren.

Die Verantwortung ist deswegen so groß, weil die digitale Revolution, in der wir uns befinden, eine Art von Schwelle darstellt: Jene Medien, die digitalisiert werden können, bevor sie sich auflösen, haben ganz gute Chancen, von der Menschheit ad infinitum „mitgenommen" zu werden. Dies nicht deshalb, weil etwa Computerträger so besonders haltbar wären. Es scheint eher das Gegenteil der Fall. Der springende Punkt ist aber, daß AV-Medien im Computerformat – aber natürlich nicht nur AV-Medien – durch entsprechende Computerprogramme überwacht und im Bedarfsfall von einem Träger zum nächsten automatisch umkopiert werden können. Dies ist, ganz kurz gefaßt, das Konzept des „ewigen Archivs", des sich selbsttätig regenerierenden Archivs.[10] Es wird seit einigen Jahren diskutiert, gegenwärtig von einigen größeren AV-Archiven bereits ausprobiert und scheint sich gegenüber dem Konkurrenzkonzept – dem „ewigen" Träger, also einem verläßlich stabilen Dauerträger – durchgesetzt zu haben.

Anmerkungen

1   Hubert, Rainer: Nationale Sammelkonzepte, in: Das Audiovisuelle Archiv. Informationsblatt der Arbeitsgemeinschaft audiovisueller Medien Österreichs, Heft 37/38, Dezember 1995, S.27-36.

2   Typisch für eine solche Entwicklung ist etwa das Archive of Folk Culture der Library of Congress.

3   Vergleiche dazu: Jagschitz, Gerhard/Hubert, Rainer: Zur Methodik historischer Tondokumentation. 1. und 2. Teil, in: Das Schallarchiv. Informationsblatt der Arbeitsgemein-

schaft österreichischer Schallarchive, Nr. 1, April 1977, S. 15-46, und Nr. 2, Oktober 1977, S. 23-67; Hubert, Rainer: Audiovisuelle Quellen. Kriterien ihrer Auswahl, in: Das Schallarchiv. Informationsblatt der Arbeitsgemeinschaft österreichischer Schallarchive, Nr. 19, Juni 1986, S. 25-36; Harrison, Helen (Hg.): Selection in Sound Archives, IASA, 1984.

4   Hubert, Rainer: Überlegungen zu den strukturellen Unterschieden von Print- und Audiovisuellen Medien, in: Das Schallarchiv. Informationsblatt der Arbeitsgemeinschaft österreichischer Schallarchive, Nr. 7, April 1980, S. 32-52.

5   Jagschitz, Gerhard/Hubert, Rainer: Zur Methodik historischer Tondokumentation. 2. Teil, in: Das Schallarchiv. Informationsblatt der Arbeitsgemeinschaft österreichischer Schallarchive, Nr. 2, Oktober 1977, S. 41 ff.

6   Jukebox. Applying Telematic Technologies to Improve Public Access to Sound Archives. A Co-operative Project Supported by the Libraries Programme Commission of the European Communities DG XXIII.

7   MAMSAT: Multimedia Asset Management Systems and Tools.

8   Aus der reichhaltigen Literatur zum Thema Langzeitarchivierung von AV-Medien sei nur auf einen Aufsatz verwiesen: Schüller, Dietrich: Behandlung, Lagerung und Konservierung von Audio- und Videoträgern, in: Das audiovisuelle Archiv, Informationsblatt der Arbeitsgemeinschaft audiovisueller Medien Österreichs, Heft Nr 31/32, September 1993, S. 21-62.

9   Schüller, Dietrich: Strategies for the Safeguarding of Audio and Video Materials in the Long Term, in: IASA Journal No. 4, November 1994, S. 58-65.

10 Schüller, Dietrich: Audiovisuelle Archivierung an der Schwelle des digitalen Zeitalters, in: Das Audiovisuelle Archiv, Informationsblatt der Arbeitsgemeinschaft audiovisueller Medien Österreichs, Nr. 27/28, Dezember 1990, S. 24 ff.

Heinrich Berg

Digitalisierung und virtuelle Welt: Aufgaben der Archivare

Beispiele der Anwendung neuer Informationstechnologien für die Wissensvermittlung, für virtuelle Ausstellungen und didaktische CD-ROMS und anderes wurden
am Zeitgeschichtetag verschiedentlich präsentiert. Digitalisierung und virtuelle Welt
können in Form solcher und ähnlicher Anwendungen die Herangehensweise an
die allgemeinen Kulturaufgaben, derer sich Archive angenommen haben, verändern und sollen genutzt werden.

Der folgende Beitrag beschränkt sich aber auf einen spezifischen Aufgabenbe-
reich, auf einen Kernbereich archivischer Tätigkeit zum Funktionieren des „Gedächtnisses der Gesellschaft": das Erzeugen, Bewahren und Zugänglichmachen von
Überlieferung. Denn in der durchaus heterogenen Ausrichtung der Tätigkeit der
einzelnen Archive sind die Informationsgestaltung, die Informationssicherung und
die Informationsvermittlung durchgehend konstitutive Elemente. Der Beitrag beschränkt sich weiters auf die klassischen Archive im Umfeld der politisch-admini-
strativen Institutionen, denn zumindest als Teil von Vergangenheit werden politisches Geschehen und Verwaltungshandeln samt ihren Auswirkungen auf das Individuum auch weiterhin von Interesse für die Geschichtsforschung sein. Im übrigen
nicht nur für diese: Die in den Archiven Tätigen finden sich ja immer in dem
Spannungsfeld, daß sie weder vorrangig noch ausschließlich für die Geschichtswissenschaft arbeiten, sondern ebenso für die sie tragenden Institutionen. Darüber
hinaus aber auch für weitere Nutzerkreise und letztlich für alle Betroffenen, etwa
im Sinne des in Archivarskreisen jüngst häufig zur Legitimation herangezogenen
Schlagworts von der „demokratischen Kontrolle" von Hoheitsakten.

Die anzusprechende Problematik erscheint aber keineswegs auf diesen engen
Betrachtungshorizont beschränkt, sondern ist durchaus auch paradigmatisch für
andere Bereiche, die mit der Entstehung und Bewahrung von Überlieferung zu
tun haben, zu verstehen.

Archive verfolgen den Zweck einer langfristigen und vollständigen Über-
lieferungsbildung aus rechtlichen und administrativen sowie aus wissenschaftlichen
Gründen. Nun ist die Informationsgesellschaft gerade dabei, auf dem Datenhighway
die Überwindung von Raum und Zeit anzustreben und damit die Aufhebung

wesentlicher Parameter von Geschichte als Prozeß. Die Archivare als Bewahrer der historischen Überlieferung könnten diesen Weg in die Geschichtslosigkeit wohl einfach als Beobachter hinnehmen und sich allenfalls mit dem Sammeln und Sichten von Überresten, die durch mehr oder minder glückliche Umstände erhalten bleiben werden, begnügen.

Dagegen ist zu halten, daß auch im elektronischen Umfeld Aufzeichnungen nicht zuletzt „ad perpetuam rei memoriam" geführt werden und die moderne Archivistik sich nicht nur das Verwahren und Erschließen, sondern auch die Gestaltung von Überlieferung zum Ziel gesetzt hat. Es ist daher zu fragen, welche Strategien und Methoden im Umfeld der neuen Informationstechnologien anzuwenden sind, damit auch weiterhin eine auf Dauer brauchbare Überlieferung entsteht.

An sich ist das Problem nicht ganz neu. Die Haltbarkeit des Datenträgers Papier beschäftigte im Vergleich mit dem Pergament schon im Jahr 1231 die Kanzlei Kaiser Friedrichs II. Ein großer Teil der Quellen des 19. und 20. Jahrhundert steht auf holzschliffhaltigem Papier, das sich in Folge der daraus resultierenden chemischen Prozesse heute massenweise auflöst. Aber die Erfahrungen, die in den Archiven bisher mit digitalen Aufzeichnungen gemacht wurden – vor allem die Negativerfahrungen –, haben einige grundsätzlich neue Erkenntnisse bewirkt.

1. Die alleinige Verwahrung der Datenträger wie bisher sichert, angesichts der Flüchtigkeit weniger des Materials als der Mittel zur Wiedergewinnung seines Inhalts, noch nicht ihren Nutzen. Wobei das Problem weniger in der Haltbarkeit von Disketten oder anderen Datenträgern liegt, denn diese halten heute zum größten Teil jedenfalls länger als die Systeme am Markt sind, die man zum Lesen derselben braucht. Das Augenmerk der Archivare wird sich daher vom Verwahren der Datenträger zur Sicherung ihres Inhalts verschieben müssen.

2. Das bewährte archivische Prinzip der Wahrung der Evidenz und des Provenienzzusammenhanges eines Bestandes, also der Sicherung der Lesbarkeit im Sinn der ursprünglichen Intention und der Umstände von Entstehung und Wirkung der verwahrten Aufzeichnungen, denen bei der Nutzung als Quelle wesentliche Funktion zukommen, bedarf im digitalen Umfeld einer neuen Vorgangsweise. Die vom herkömmlichen Schriftgut gewohnte Einheit zwischen physischer Erscheinung und logischer Bedeutung eines einzelnen Schriftstücks sowie die Stratigraphie einer Dokumentengruppe lösen elektronische Aufzeichnungsysteme völlig auf. Kleinste zusammengehörige Informationseinheiten werden auf einem Datenträger physikalisch an verschiedenen Stellen gespeichert. Größere logische Einheiten können sich in verschiedenen Dateien, auf verschiedenen Datenträgern, ja in verschiedenen Rechnersystemen befinden. Erst die Software stellt einen für den Betrachter logischen Zusammenhang auf dem Bildschirm oder einem anderen

Ausgabemedium her. Im herkömmlichen Schriftgut bildet ein Dokument eine Einheit von logischem Inhalt, physischem Erscheinungsbild und prozessoralen Merkmalen; in der elektronischen Aufzeichnung werden physischer und logischer Zusammenhang voneinander gelöst. Papierene Dokumente legen den Nutzer auf eine lineare, einmalige Sichtweise fest und tragen, z.b. auf dem Weg vom Konzept zur endgültigen Ausfertigung, Merkmale ihrer Entstehung an sich, die für die historische Erkenntnis oft sehr wertvoll sind. Im digitalen Umfeld gehen diese, gerade wegen der leichten Veränderbarkeit und damit der Speicherung einer jeweils aktuellen letzten Fassung, leicht verloren.

In der traditionellen Schriftgutführung stellt die physische Lage einzelner Schriftstücke zumindest in einem wohlgeordneten Akt einen zum Verständnis wesentlichen Kontext her. Die elektronischen Medien erlauben es, Sichtweisen und Verknüpfungen quasi unbeschränkt neu zu formieren.

Eine wesentliche Forderung wird es daher sein, daß den Daten in elektronischen Aufzeichnungen auch die notwendige kontextuelle Information mitgegeben wird. Die Archivare müssen dafür ihre Rolle wesentlich verändern, insbesondere weil Gestalter und Anwender der neuen Kommunikationssysteme von sich aus die genannten Forderungen selten einbringen. Ausnahmen findet man in dieser Hinsicht am ehesten bei Institutionen, die in ihrer Tätigkeit unter einem hohen öffentlichen Legitimationsdruck stehen, wie die Atomindustrie und die chemische Industrie, die einerseits auf Grund der Menge der von ihnen produzierten Daten und andererseits auf Grund möglicher langfristiger Auswirkungen ihres Handelns einen entsprechenden Bedarf formulieren.

In der traditionellen Selbstsicht beginnt der Eingriff der Archivare am Ende des Lebenszyklus von Schriftgut in der Verwaltung mit der Entscheidung über Verwahrung oder Vernichtung. Im elektronischen Umfeld ist schon bei der Planung das Systemdesign so auszurichten, daß diese Entscheidung überhaupt ermöglicht wird und die für die dauernde Nutzbarkeit notwendigen Prinzipien in die Gestaltung Eingang finden. Die Archivare müssen sich daher wieder verstärkt mit der Schriftgutverwaltung der Dienststellen ihrer Archivträger beschäftigen und sich wieder mehr den Registraturen nähern, von denen sie sich seit dem 19. Jahrhundert nach und nach entfernt haben (Rumschöttel).

Eine wesentliche Herausforderung liegt aber schon vor der Informationssicherung in der Frage der Informationsgestaltung. Die moderne Archivistik hat sich als eine Aufgabe die gezielte Generierung von Überlieferung gestellt. Eine Aufgabe, die im allgemeinen weniger als ihre anderen Betätigungsfelder wahrgenommen wird. Die Möglichkeit der Speicherung immer größer werdender Datenmengen durch Informationstechnologien verleitet dazu, alles zu überliefern. Ja, die Digitalisierung wird immer wieder gerade als die Lösung des Archivierungsproblems angesehen.

In einem Beitrag des Zeitgeschichtetages wurde die Idee vertreten, daß das Internet endlich der historischen Betrachtung das einzelne Individuum als Forschungsgegenstand zugänglich machen würde, wenn alle dort getroffenen Äußerungen einmal vollständig zu speichern wären. Dem ist einerseits entgegenzuhalten, wie groß und repräsentativ die Gruppe der im Internet Vertretenen derzeit überhaupt ist und jemals sein wird. Es ist aber auch zu fragen, wie dieses Material zu bewältigen wäre, wenn nicht wieder nur durch eine Einschränkung des Blickwinkels.

Die im Archiv mit der Entscheidung über Verwahrung oder Vernichtung Befaßten werden angesichts der Datenmenge verstärkt den Evidenzwert der von ihnen zur Verwahrung vorgesehenen Aufzeichnungen beachten müssen. Die Notwendigkeit zur Informationsreduzierung durch qualitative Verdichtung darf nicht nur nicht außer acht gelassen werden, sondern bedarf verstärkter Überlegungen und Beobachtung gesamtgesellschaftlicher Entwicklungen (Bodo Uhl).

Schließlich verändern sich in einem Umfeld der allgemeinen elektronischen Verfügbarkeit und der weltweiten Vernetzung auch die Zugangsweise und die Erwartungen der Benutzerinnen und Benutzer. Im Internet sind heute schon Beschreibungen von Archivbeständen und Links zu solchen Beschreibungen, die den potentiellen Nutzern zumindest eine Erstinformation vermitteln, zu finden. Standardisierung von Beschreibungen könnte zur Verknüpfbarkeit von Beständen quer über verschiedene Archive führen. Erste internationale Standards wurden geschaffen. Von manchen werden sie in ihrer scheinbaren Trivialität nicht als Fortschritt erkannt, für andere ist es unverständlich, daß sie sich derzeit mit der Festlegung völlig elementarer Felder begnügen, wie sie im bibliothekarischen Umfeld Autor und Titel entsprechen, worüber bei unseren Nachbarn im Informationsberuf wohl niemals ein grundsätzlicher Dissens bestand. Angesichts der Komplexität von Genese und Struktur der einzelnen Archive weltweit sind diese Standards erst in der Praxis zu prüfen und zu verbessern.

Das virtuelle Archiv, in dem historische Forschung beliebig vom Lehnsessel aus betrieben werden kann, wird, wenn überhaupt, nur in Ausnahmefällen und kaum jemals von den Archivaren selbst geschaffen werden können. Auch jetzt wird ja im allgemeinen zwar in der Erschließung eine Zugangsmöglichkeit zu Beständen von den Archiven erbracht, nicht aber die totale Aufbereitung jeglichen Archivmaterials. Archive verwahren ihr Material im sicheren Wissen, daß nur ein Bruchteil jemals Interesse finden wird, und in Unkenntnis, welcher Teil das sein könnte. Selbst unter der Annahme, daß derzeit Geld für Digitalisierungsprojekte leichter zu erhalten ist als für andere kulturelle Anliegen der Archive, weil sie im Bewußtsein der Entscheidungsträger eo ipso als zukunftsträchtig eingestuft sind (Technologieförderung, Telematik), ist die weitgehende Digitalisierbarkeit großer Archivbestände eine Illusion. Und auch wenn schon heute alle Zweige der öffentlichen Verwaltung auf digitale Vorgangsbearbeitung umgestellt wären, wovon wir noch weit entfernt sind, kommt dies – sollte die Überlieferung auf Dauer überhaupt gelingen – erst zukünftigen Generationen in der Forschung zugute, da dieses Material im allgemeinen noch für Jahrzehnte Zugangsbeschränkungen unterliegen wird. In Einzelfällen wird die Digitalisierung ausgewählter Bestände bei einem qualifizierten, hohen Nutzungsgrad aber ein sinnvoller und wünschenswerter Weg der Nutzbarmachung sein. Dabei wird ein virtuelles Archiv eher der einzelne Interessent und die einzelne Interessentin für ihren Interessensbereich selbst in Zusammenarbeit mit dem Archiv aufbauen als das Archiv ein solches fertig zur Verfügung stellen.

Aber schon im Vorfeld davon bieten die neuen Informationstechnologien große Möglichkeiten der Interaktion zwischen Archiven und Benutzern. Die Weiterverbreitung des durch die einzelnen einmal erarbeiteten Wissens über einen Archivbestand, der jetzt oft in den Benützungsordnungen durch Einforderung von Publikationen, die auf Basis von Archivbeständen erarbeitet wurden, Genüge getan wird, könnte durch die Möglichkeiten der elektronischen Kommunikation wesentlich verbessert werden und so im Bereich einer quellennahen historischen Forschung zur Entstehung von Expertensystemen beitragen. In diesen Wechselbeziehungen sind neue Regelungen zu finden. So muß m.E. auf Seiten der Archive wie der historischen Forschung einmal völlig klar gestellt werden, daß das Finden von historischer Information noch kein geistiges Eigentum an derselben begründet, auch wenn ein vorübergehender Schutz von Einzelinteressen legitim sein kann.

Aufgabe der Archivare wird es sein, ihr Berufsbild auf diesem Weg zwischen Risiken und Chancen weiterzuentwickeln.

Literatur

Berg, Heinrich: Die Auswirkungen der Büroautomation auf die Arbeit der Archive, in: SCRINIUM 50 (1996), S. 525-534.

Dollar, Charles M.: Archival Theory and Information Technologies. The Impact of Information Technologies on Archival Principles and Methods (Informatics and Documentation Series 1, Macerata 1992), auf deutsch: Die Auswirkungen der Informationstechnologien auf archivische Prinzipien und Methoden. Übersetzt und herausgegeben von Menne-Haritz, Angelika (Veröffentlichungen der Archivschule Marburg 19, Marburg 1992).

Rumschöttel, Hermann: Archivkunde, Archivlehre, Archivistik, Archivwissenschaft. Bemerkungen zur Situation der archivischen Theorie und Praxis in der Bundesrepublik Deutschland, in: Bucci, Oddo (Hg.): Archival Science on the Threshold of the Year 2000 (Informatics and Documentation 2, Macerata 1992).

Vorträge und Ergebnisse des DLM-Forums über elektronische Aufzeichnungen. Brüssel, 18.-20. Dezember 1996 (INSAR – Europäische Archivnachrichten, Beilage II, 1997).

Uhl, Bodo: Der Wandel der archivischen Bewertungsdiskussion, in: Der Archivar 43 (1990) S. 529-538.

Albert Lichtblau

Erinnern im Zeitalter virtueller Realität

Möglichkeiten und Perspektiven des Einsatzes von digitalisierten Video-Interviews mit Zeitzeugen am Beispiel des Survivors of the Shoah Foundation-Projektes

Die Zeitgeschichte muß sich mit den Medien der Zeit befassen, diese als Quellen wie andere auch verstehen. Seit Jahren wird etwa ein für österreichische Historiker leicht zugängliches Archiv der öffentlichen TV-Anstalt gefordert, mit wenig Erfolg. Kein Wunder, daß in der schriftlichen Form der Zeitgeschichtsforschung Radio und TV als historische Quellen unterbewertet bleiben.

Nicht nur dies: Vor mehr als zwanzig Jahren fingen auch in Österreich Historiker an, Menschen zu besuchen, sie über die Vergangenheit zu befragen, ihnen zuzuhören und die Gespräche aufzunehmen. Oral Historians sahen sich der „Geschichte von unten" verpflichtet, und sie hofften, sich damit von der Herrschaftsgeschichte abgrenzen zu können. „Zuhören, aufnehmen und wiedergeben" wurde als Methode in den achtziger Jahren allmählich in wissenschaftliche Arbeiten integriert. Obwohl gegenwärtig viele Kolleginnen und Kollegen mit der Methode der Oral History als ergänzender Methode arbeiten, lagern viele ihrer Aufnahmen ungenützt – oft unbearbeitet und nicht transkribiert – vor allem in ihren Privatarchiven. Was in Österreich dringend notwendig ist, sind Archive und Archivare, die sich der Dokumentation visueller und mündlicher Geschichte widmen. Dazu bedarf es der Kooperation zwischen Archivaren und Historikern.

Video History ist eine neue Methode der Geschichtswissenschaft, deren wissenschaftstheoretische Einordnung erst erfolgen wird. Es wird etwa die Frage aufgeworfen werden, inwiefern sich Historiker überhaupt aktiv dem Medium Video widmen sollen und was in diesem Kontext „Wissenschaftlichkeit" in der filmischen und interpretativen Arbeit bedeutet. Für Österreich können besonders die Dokumentarfilme von Ruth Beckermann als Ausgangspunkt einer Diskussion genommen werden. Seitdem das Medium Film in Form der Videotechnik eine akzeptable Kosten-Nutzenrechnung ermöglicht, bedienen sich besonders Historiker in den USA und Oral Historians des Mediums. In ihrer simpelsten Form handelt es sich bei Video History um eine Erweiterung der Oral History, deren Erkenntnisse auf Interviews mit Zeitzeugen beruhen. Video History kann natürlich die engen Grenzen des reinen Interviews überschreiten, das Interview gestalten und edieren. Eine mögliche Form wäre eine über die rein dokumentarische Absicht hinausgehende filmische Umsetzung eines Themas, ein Dokumentarfilm im klassischen Sinne.

Die Möglichkeit, historische Quellen in digitalisierter Form zu erfassen, treibt die enormen Massen an Quellen, die der Zukunft hinterlassen werden, nochmals in die Höhe. Die Verunsicherung darüber, was die Informationsexplosion für das Leben im Zeitalter von Cyberspace bedeutet, findet in einer infantilen und manchmal archaischen Sprache Ausdruck, die sich dem Phänomen spielerisch annähert. Es sind dies Begriffe wie „Daten-Dandy" oder „Daten-Müll" auf der einen Seite und „tribes in the age of cyberspace" oder „trail blazer" – die Pfadfinder im Informationsdschungel – auf der anderen Seite. Wege, Pfade zur Orientierung – im Sinne der traditionellen Archive handelt es sich um virtuelle „Kataloge" oder digitale Bibliothekssysteme – werden mitentscheiden, was in dem immer unermeßlicher scheinenden Volumen von historisch relevanten Daten rezipiert werden wird. Euphorie gepaart mit herber Enttäuschung und Ängsten bestimmen die Debatte, während die Praxis bereits ihre eigenen Realitäten schafft.

Die Digitalisierung von historischen Quellen – schriftlichen, bildhaften, mündlichen aber auch filmischen – eröffnet auch der Video History eine neue Verfügbarkeit von Quellen. Das unter anderem aus den Gewinnen des Steven Spielberg Filmes „Schindlers Liste" finanzierte Dokumentationsprojekt „Survivors of the Shoah" zeigt, in welche Richtung eine benutzerfreundliche Aufbereitung von Massenquellen gehen kann. Das 1994 ins Leben gerufene Projekt stellt sich zur Aufgabe, möglichst viele Überlebende, die dem rassistischen Vernichtungsfeldzug des Nationalsozialismus entkommen konnten, zu interviewen: Der ursprünglich auf jüdische Überlebende beschränkte Opferbegriff wurde auf die von der öffentlichen Wahrnehmung oft negierten Gruppen der Roma und Sinti, der Homosexuellen und der Opfer des Euthanasieprogramms erweitert. Inzwischen werden auch Interviews mit politischen Gefangenen, Befreiern von Lagern geführt, ferner mit den an NS-Prozessen beteiligten Juristen.

1997 beschäftigte das Projekt 200 Personen und über 3.500 Freiwillige. Von 4.500 in einem dreitägigen Programm ausgebildeten Interviewern führen 2.600 aktiv Interviews durch. Die Interviewer sind in den seltensten Fällen Historiker. Bei den bisherigen Ausbildungen in Deutschland stammten viele aus der zweiten Generation der Opfer. Unter den Berufen fielen Lehrer, Psychologen und Journalisten auf. Es wird damit gerechnet, daß Gespräche mit knapp 50.000 Überlebenden aufgenommen, somit ca. 100.000 Stunden Film produziert werden. Außerdem werden am Ende jedes Interviews ca. 10 Dokumente gefilmt, zumeist Fotografien mit lebens- und familiengeschichtlichem Bezug. D.h. es werden schließlich rund eine halbe Million derartige Dokumente in digitalisierter Form zur Verfügung stehen.

Die Aufnahmen werden in TV-sendetauglicher Beta-SP-Qualität von einem professionellen Kamerateam aufgenommen und danach in Los Angeles, dem Sitz des Projektes, mehrfach kopiert. Die interviewte Person erhält eine VHS-Kopie für den privaten Gebrauch. Diese Kopie ist insbesondere für die Familie und die Nachkommen der Zeitzeugen gedacht. Für die Archivierung, die Katalogisierung und Vorbereitung für die Abrufbarkeit der Interviews werden mehrere Kopien angefertigt: eine S-VHS-Kopie, eine digitale Betacam-Kopie und eine digitale MPEG-Version.

Alle Interviews können ab 1998 in fünf Institutionen von Besuchern online abgerufen werden:
Fortunoff Video Archive for Holocaust Testimonies an der Yale University, New Haven
Simon Wiesenthal Center [Los Angeles]
United States Holocaust Memorial Museum [Washington]
Yad Vashem [Jerusalem]
Museum of Jewish Heritage [New York][1]

Später sollen weitere Institutionen Zugang erhalten. Eine Anbindung an das Internet lehnt das Projekt wegen der Gefahr des Mißbrauchs jedoch prinzipiell ab. Bis zum 20. Mai 1998 wurden weltweit 42.461 Interviews geführt, davon 17.397 in den USA, 6.600 in Israel, 2.607 in Kanada und 2.398 in Australien. In Österreich, dessen Betreuung bislang ein Projektbüro in Frankfurt/Main überhatte, wurden bis dahin 138 Interviews durchgeführt, in Deutschland 595.

Das Innovative am *Survivors of the Shoah-Projekt* liegt nicht nur im Umfang der Datenerfassung, sondern vor allem in der Nutzung neuester Technologien für die Aufbereitung der Quellen: in der Digitalisierung, der Katalogisierung und der Bearbeitung der Interviews. Ähnlich wie bei der Oral History ist das Ansehen der Stunden dauernden unedierten Video-Interviews nur für Forscher bzw. Familienmitglieder von Interesse. Derartige Interviews mit Holocaust-Überlebenden liegen beispielsweise für das zuvor genannte Projekt an der Yale University vor, das 1979 vom Psychiater Dori Laub gemeinsam mit dem vom TV kommenden Laurel Vlock begründet wurde. Bis 1998 wurden für das Yale University-Projekt 3.800 derartige „lebende Portraits" angefertigt. Würden die Aufnahmen des Survivors of the Shoah-Projekts lediglich in analoger Form von Videobändern zugänglich sein – es wird sich um eine Gesamtzeit von ca. 11 Jahren Zeitzeugenaussagen handeln –, wäre es wohl kaum möglich, das Gesamtwerk sinnvoll einzusetzen.

Die Digitalisierung der Video-Interviews schafft den Vorteil, daß einzelne Sequenzen nicht mehr von Videobändern abgerufen und vom Betrachter langwierig gesucht werden müssen. D.h. die Benützer können sich eigenständig, interaktiv entscheiden, welche Abschnitte der Interviews sie sich ansehen möchten, und sie können die gewählte Sequenz sofort abrufen. Familien- und Ortsnamen werden neben Stichwörtern und kurzen Inhaltsangaben Wegweiser zu allen Aufnahmen bilden. Es wird aber auch möglich sein, das unedierte Interview vollständig zu sehen. Einer der Initiatoren, James Moll, ist von der revolutionären Veränderung überzeugt, die diese Technologie mit sich bringt: „This technology will undoubtedly change the way history is preserved and taught to future generations."[2] Die Erfahrungen über die Katalogisierung und der technologische Ablauf stehen auch anderen gemeinnützigen Organisationen zur Verfügung.

Dieses Projekt und die Methode der Video History können zum Anlaß einiger methodischer und allgemeiner Reflektionen genommen werden.

➔ *Kosten-Nutzenrechnung:* Das Survivors of the Shoah-Projekt ergibt vor allem durch die politische Bedeutung Sinn: Es soll für spätere Generationen bewahrt werden, woran sich die Opfer erinnern. Vorerst sind die Kosten für die erforderliche Technologie weitaus zu hoch, um eine Archivierung von derartigen Massendaten in nicht privat finanzierten Projekten zu realisieren. In kleinerem Rahmen – etwa für Ausstellungen – eignet sich die digitalisierte Form von Videointerviews aber schon jetzt.

➔ *Abkehr von linearer Betrachtungsweise:* In der bisherigen Form folgten Filme einer linearen Argumentation: Sie zog sich von einem Filmbeginn zu einem vorbestimmten Ende hin. Die Digitalisierung von Interviews ermöglicht eine vernetzte, räumliche Argumentationslinie. Die Orientierung im Argumentationsraum erfolgt über Stichwörter und Informationen, die eine Entscheidung für die Auswahl einer bestimmten Sequenz erleichtern sollen. Die Linearität bleibt jedoch in Form von zuvor bestimmten Sequenzen bestehen.

➔ *Verschlagwortung als Wegweiser durch Massenquellen:* Für die Archivierung wird die Katalogisierung, die Verschlagwortung und die Entscheidung über die Länge von Sequenzen gestalterisch bestimmend werden. Archivare und Historiker verbindet das gemeinsame Interesse, Massenquellen zu strukturieren, um sie nicht zu einem Geheimwissen verkommen zu lassen.

➔ *Konsumierbarkeit:* Digitalisierung und Verschlagwortung können einen raschen Zugang für die Benutzer ermöglichen, sei es in der Frage der Übersichtlichkeit, der Orientierung oder der schnellen Abrufbarkeit. Damit wird es möglich, ein Manko der bisherigen Oral und Video History zu überwinden. Um in die Ebene der assoziativen Erinnerung vorzustoßen, ist während der Interviews der Faktor „Zeit" wesentlich. Leerläufe, Wiederholungen und Wartephasen gehören zur

Methode lebensgeschichtlich orientierter Interviews. Sie sind zwar für den Verlauf des Interviews wichtig, wirken jedoch für Betrachter bzw. Zuhörer als überflüssig und langweilig.

Die Entscheidung für einzelne Passagen, die über Stichwörter abgerufen werden können, wird es den Rezipienten ermöglichen, sich auf die wesentlichen Passagen zu konzentrieren. Was als „wesentlich" empfunden wird, entscheiden nicht nur die Interviewer durch ihre Fragen und ihr „timing" des Interviews, die interviewten Personen durch ihre Antworten, sondern auch die Katalogiseure und Editoren.

→ *Quellenkritik:* Ein schwer lösbares methodisches Problem der Video History liegt im Bereich der Quellenkritik: Erfahrungsgemäß schleichen sich bei der Mehrzahl der Interviews ungewollte Irrtümer ein. Während in der Oral History Interviews in schriftlicher Form mit Korrekturen autorisiert werden können, müßte für die Video History ebenfalls eine Form quellenkritischer Vorgangsweise gefunden werden. Es könnte etwa eine autorisierte Fehlerliste auf unabsichtliche Irrtümer im Gesprächsverlauf hinweisen.

→ *Nonverbale Kommunikation:* Die Oral History-Debatte strich immer wieder die Bedeutung der nonverbalen Kommunikation hervor, sei es Gestik, Emotion, das Tempo der Sprache und die Sprachmelodie. Alle Versuche, diesem Manko in schriftlicher Form zu begegnen, beispielsweise durch die Hinzufügung des Ausdruckes „(lacht)", waren nur ein unbefriedigender Ersatz für die tatsächliche Interaktion. Ein Wort wie „weint" würde die Tatsache des Schmerzes von Opfern der Shoah über ihre bitteren Erinnerungen an Demütigung und Verlust banalisieren. Hier liegt eine klare Stärke des Mediums Video.

→ *Authentizität:* Die emotionale Intensität der Bildsprache ist in den meisten Fällen stärker als die der geschriebenen Sprache. „To give history a face and a voice ... a connection" ist eines der Zitate von Steven Spielberg über das Survivors of the Shoah-Projekt, genauso wie: „It is essential that we see their faces and understand that the horrors of the Holocaust happened to people, just like us."

Die Absichten des Survivors of the Shoah-Projektes sind zweifellos begrüßenswert, möchte es doch weltweit Menschen zu mehr Toleranz erziehen.

Bilder und Filme haben eine weitaus stärkere Suggestivkraft als die geschriebene Sprache – durch Kameraeinstellung, Licht, Auswahl von Passagen, die eine Person besonders sympathisch oder unsympathisch, vertrauenswürdig oder unglaubwürdig erscheinen lassen. Gleichzeitig ändert sich die Rezeption, denn emotionale Reaktionen gewinnen im Film im Vergleich zu reinen Texten an Kraft und drängen die rationalen zurück. Emotional getroffene Entscheidungen der Betrachter über Sympathie und Antipathie prägen die Urteile über die eigentlichen Inhalte stärker als Sprache in schriftlicher Form.

➜ *Ethische Fragen:* Eine Diskussion über ethische Fragen sollte noch geführt werden. Beispielsweise kommt es in Interviews oftmals vor, daß ein Erinnerungsprozeß bei den Interviewten ausgelöst wird, der im Nachhinein als unangenehm empfunden wird. Mit einem familiengeschichtlich orientierten Interview kann eine betroffene Familie ohne weiteres in ein Pulverfaß verwandelt werden. Es wird die Frage zu stellen sein, inwiefern die Frage der Rechte zu behandeln sind und die Interviewten das Recht bekommen sollten, Passagen aus dem Interview als unzugänglich zu erklären. Das Survivors of the Shoah-Projekt läßt sich nach dem Interview von den Zeitzeugen jeweils alle Rechte für eine weitere Verwendung in einem vorgefertigten Text übertragen.

➜ *Wissenschaftlichkeit:* Der Begriff „Video History" wirft ähnliche Fragen auf, wie jener der Oral History: Soll der Berufsstand der Historiker sich damit überhaupt befassen? Oder ist er nicht viel mehr dazu ausersehen, abzuwarten, was die Geschichte an Dokumenten zurückläßt, anstatt Dokumente aktiv zu produzieren? Zusätzlich werden alte Mißverständnisse mitgenommen: Derartige Dokumente seien keine verläßlichen historischen Quellen, so als ginge es in den Interviews um die Rekonstruktion historischer Vergangenheit. Dieses Verfahren wäre nur sinnvoll, wenn Geschichtsforschung wie ein Gerichtsprozeß vollzogen würde und Historiker in der Rolle von Richtern urteilten, was denn – auf Grund von anderen Quellen und Zeugenaussagen –Wahrheit oder Erfindung sei. Es geht hier meiner Ansicht nach nie um die Rekonstruktion der Vergangenheit, sondern – wie in der Geschichtsforschung selbst – um die Konstruktion der Vergangenheit.

Gibt es wissenschaftlich geführte Interviews? Dem Survivors of the Shoah-Projekt wird oft der Vorwurf ungeeigneter Interviewer gemacht. Natürlich wäre es schön, wenn sich weltweit 2.600 Historiker als Interviewer zur Verfügung gestellt hätten, doch das Engagement dieses Berufsstandes hält sich in bescheidenen Grenzen. Aber selbst wenn Historiker Interviews führen, kann dann von wissenschaftlichen Interviews gesprochen werden? Machen Interviewerausbildung, Vorbereitung, Planung, Pre-Interview, die Entwicklung spezifischer Forschungsfragen oder die nachträgliche Autorisierung ein Interview wissenschaftlich? Abgesehen von einer wissenschaftlich reflektierten Zugangsweise zu Interviews sehe ich die Wissenschaftlichkeit vorwiegend in der Analyse und Auswertung von Interviews.

➜ *Forschungsfragen:* Die Interviews des Survivors of the Shoah-Projekts werden noch viel Stoff für zukünftige Forscher bieten. Allein die Geschichte jüdischer Gemeinden oder von NS-Lagern, die bislang der Aufmerksamkeit der Forschung entgangen sind, werden durch die Zeitzeugenaussagen wesentlich bereichert werden. Oder: Noch nie wurden so viele Menschen interviewt, die nach dem Zweiten Weltkrieg in Displaced Persons-Lagern Aufnahme fanden.

Abgesehen von den konkreten inhaltlichen Fragen stellen sich strukturelle: Woran und wie erinnern sich Menschen eigentlich? Was ist die Funktion der Erinnerung? Welche Rolle spielen etwa Geschlecht, Generation, Bildung, Sprache, Identitäten, kulturelle und politische Kontexte?

Das soziale Gedächtnis bezüglich der Ereignisse des Zweiten Weltkrieges kann gegenwärtig auch noch in Österreich mit Video History beobachtet werden. Derzeit leben drei Generationen mit unterschiedlichen Bewertungen der NS-Vergangenheit nebeneinander. Aktuell zeigt sich dies an den Konflikten rund um die Ausstellung „Vernichtungskrieg. Verbrechen der Wehrmacht".

→ *Anthropologischer Blick:* Eine Chance der Video History liegt in der Möglichkeit des historisch-anthropologischen Blicks. Wie manifestiert sich Vergangenheit in öffentlichen und privaten Räumen? Was ist in den persönlichen Archiven der Vergangenheit der interviewten Personen vorhanden? Was ist geblieben? Ein Beispiel wären in Österreich die in den Wohnungen der älteren Generation noch häufig vorhandenen Fotografien gefallener Verwandter in Wehrmachtsuniform. Aber es können auch Briefe, alte Fotografien und Tagebücher sein. Und wie manifestieren sich gegenwärtige Haltungen – beispielsweise der Herrgottswinkel? Und was bedeutet dies für eine retrospektive Sicht auf das Leben? Wie real, wie nah sind Vergangenheiten in privaten und öffentlichen Räumen? Selbst am Körper kann sich Vergangenheit manifestieren – durch Tätowierungen oder Verletzungen.

→ *Erinnerung im digitalen Zeitalter:* Erinnern ist für die im Survivors of the Shoah-Projekt interviewten Überlebenden damit verknüpft, ihrem Überleben einen Sinn zu geben – Zeugnis abzulegen. „Lernen aus der Geschichte" hat für sie einen sehr konkreten Sinn.

Aber was bedeutet die digitale Revolution eigentlich für die Erinnerung? Inwiefern wird die steigende Quantität an Dokumentation, die zukünftigen Generationen hinterlassen wird, das soziale Gedächtnis verändern? Was soll vergessen werden? Inwiefern wird damit die beschränkte Dimension von nationalen kollektiven Gedächtnissen aufgebrochen? Inwiefern hängen Herkunft und Aussagen für eine imaginäre Zukunft überhaupt noch zusammen? Welche Rolle spielen lokale Identitäten als Kontrast zu den globalen? Vertrauen die Menschen darauf, daß es eine Zukunft geben wird, solange wir uns um Erinnerung und ein historisches Gedächtnis kümmern?

Anmerkungen

1   Das Projekt veröffentlicht ein internes Blatt, genannt: Past Forward. The Newsletter of the Survivors of the Shoah Visual History Foundation. Generelle Informationen sind am World Wide Web unter folgender Adresse abrufbar: http://www.vhf.org.
2   Past Forward Sept./Oct. 1996, S. 6

Gerhard Stanz, Johannes Kraus

Wir gestalten CD-ROMs. Berichte aus dem digitalen Geschichtslabor des ORF

Einführung

Der vorliegende Beitrag ist der Erfahrungsbericht des „Historischen Archivs" des ORF über zwei bis dato abgewickelte interaktiv/multimediale Projekte: die beiden Katalog-CD-ROMs „ORF-Bildbank" VOL 1 und VOL 2.

Nach einer kurzen Vorstellung der Aufgaben und Strukturen des „Historischen Archivs" im Rahmen des Gesamtunternehmens ORF sollen zuerst die grundlegenden Überzeugungen und Ausgangsthesen in bezug auf Interaktives Multimedia (IMM) dargestellt werden. Neben den konkreten Produktionserfahrungen wird auch auf „Sideeffects" von IMM-Projekten näher eingegangen, die bei einer vordergründigen Betrachtung der Materie oftmals unbeachtet bleiben.

An wen richtet sich diese Darstellung?

Die Situation des Historischen Archivs ist durchaus mit den Rahmenbedingungen in Mittelbetrieben bzw. mittelgroßen Forschungsinstitutionen vergleichbar. Im speziellen kann diese Abhandlung also für kleine und mittlere Abteilungen, Institute, Organisationen, die sich mit interaktiv/multimedialer Dokumentenaufbereitung und Aussagenproduktion befassen wollen, von Nutzen sein, denn hier erfolgt bewußt keine Präsentation der interaktiv/multimedialen Gesamtstrategie des Großunternehmens ORF, sondern ein Erfahrungsbericht der Abteilung „Dokumentation und Archive" (70 Personen inkl. freier Mitarbeiter) in einem Großbetrieb mit Gesamtkostenrechnung.

Das bedeutet also aus Sicht einer Abteilung, deren Hauptaufgabe nicht in medialer Aussagenproduktion besteht, die sich aber der Herausforderung durch die Neuen Medien bewußt ist. Das heißt darüber hinaus aus Sicht einer Abteilung, die jede Leistung, die sie für die CD-ROM-Produktion – auch innerhalb des Unternehmens – in Anspruch nimmt, aus ihrem eigenen Budget bezahlen muß und die daher den Gesichtspunkt wirtschaftlicher Produktionsverfahren stets im Auge behalten muß.

Das Historische Archiv des ORF

Das Historische Archiv des ORF ist eine Gruppe innerhalb der Abteilung „Dokumentation und Archive". Zusätzlich zum Bestand an ORF-Programmen werden hier Foto- und Filmbestände verwaltet, die von dokumentarischem Interesse sind. Zusätzlich zur Erhaltung und Erschließung dieser Materialien wird eine Reihe produktionsbezogener Serviceleistungen erbracht, die Bandbreite reicht von Rechercheunterstützung über Produktionsmitarbeit und redaktioneller Verantwortung für einzelne Sendungen und Sendungselemente bis zur selbständigen Produktion von ORF-Programmen.

Der Bereich „Dokumentation und Archive" hat sich gegenwärtig zwei Herausforderungen zu stellen: der Öffnung der Archive und der Kommerzialisierung. Während eine allgemeine (nach Möglichkeit kostenlose) Öffnung der Archive im Sinn eines demokratischen Zugangs zum audiovisuellen Erbe der Programme des öffentlich-rechtlichen Rundfunks gegenwärtig an Fragen der Finanzierung scheitert und für den Zugang akademischer Kreise eine Kooperation „von Fall zu Fall" gefunden werden muß/kann, ließ sich für die Gruppe professioneller Nutzer (v.a. die, die nicht für ORF-Produktionen oder für andere Rundfunkanstalten tätig sind) rasch eine neue Zugangsmöglichkeit schaffen. Die Konzentration auf diesen Kundenkreis erfüllt darüber hinaus auch die Forderung nach einer stärkeren kommerziellen Ausrichtung der Archive – nach einer Verwertung der Archivbestände an sich, aber auch der Fähigkeiten und des Know-hows seiner Mitarbeiter auf den Gebieten Recherche, Produktionsunterstützung und Gestaltung.

Von digitalen Verfahren des Archivzuganges sind – im Sinne berührungslos/abnutzungsfreier Quellenvermittlung – auf jeden Fall neue Perspektiven im Bereich Benutzerkontakt zu erwarten.

Ausgangsthesen

1. Interaktives Multimedia (Hypermedia) ist die zentrale Medienform der Zukunft und keine kurzfristige Modeerscheinung. Auch wenn sich technische Normen und Formate noch oftmals ändern werden, so zeichnen sich grundsätzliche logische Datenformate und Datenmodelle ab. Bereits digitalisierte

Materialbestände, angelegte Datensammlungen, aber auch erworbenes Know-How sollten – bei Beachtung einiger grundsätzlicher Standards – stets in kommende Formate und Systeme fortschreibbar/transkodierbar/upgradebar sein.

2. Jede Institution, die sich im engeren Sinn mit Informationsvermittlung beschäftigt, ist gut beraten, New-Media Know-How in ihrem Bereich zu akkumulieren. Auf jeden Fall ist es ratsam, so viele Vorleistungen als möglich für multimediale Projekte selbständig erbringen zu lernen. Auch wer IMM-Produktion grundsätzlich an Spezialfirmen outsourcen will, braucht in seinem eigenen Bereich die Qualifikation, zumindest Preis/Leistungsprofile nachvollziehen'bzw. Basisstrategien entwickeln zu können.

3. Die Produktionsökonomie ist neben dem „Content-Design" (Inhalt) der wichtigste Erfolgsfaktor marktorientierter IMM-Produktion. In manchen Bereichen droht der sich entwickelnde Markt für interaktives Multimedia unter seinen Randbedingungen (Lizenz-, Personal-, Technologiekosten, problematische Planungssicherheit) zu kollabieren. Obwohl sich sparsames Wirtschaften immer empfiehlt, liegt Kostenbewußtsein in diesem Mediensektor eher darin, etwas mehr zu investieren und genauer zu planen, dafür aber bereits mittelfristig zu wesentlich günstigeren Aufwands-/Ertragsrelationen zu finden. Beispielsweise dadurch, daß Assets (digitalisierte Bilder, Videos, Sounds) mit etwas Mehraufwand von Anfang an so verwaltet werden, daß sie ohne größeren Aufwand auch in zukünftige vergleichbare Produktionen (z.B. auch Internet-Umsetzung einer CD-ROM-Struktur) integriert werden können.

Die CD-ROMs des Historischen Archivs

Die CD-ROM „Bildbank VOL1" ist in erster Linie als Marketingmedium für das entsprechende Geschäftsfeld des ORF konzipiert. Die enthaltenen 250 ca. 12 Sekunden langen gestalteten Videosequenzen repräsentieren die Breite des Angebotes der ORF-Bildbank für kommerzielle Nutzer. Der Zugriff auf die Sequenzen ist über eine einfache Hierarchie von Oberbegriffen (Alltagsleben, Natur, Regionen, Zeitgeschehen) möglich, die wiederum in jeweils drei Unterkategorien gegliedert sind.

Die CD-ROM „Bildbank VOL 2" ist ein Katalog mit 1200 gescannten historischen Fotografien und darüber hinaus 25.000 Text-Datensätzen. Der Zugriff ist sowohl über sogenannte „Bildergalerien" als auch mittels Datenbanksuche möglich. Fotos können bis zu einer Auflösung von 640x480 Bildpunkten betrachtet werden. Über die angegebene Foto-Nummer ist die unmittelbare Bestellung eines bestimmten Fotos möglich.

Konkrete Erfahrungen

Im Fall der beiden Bildbank-CD-ROMs lagen Projektmanagement, Auswahl, Betextung, Mediendigitalisierung, Konstruktion des Produktionssystems, Lektorat und Interaktionsdesign bereits in der Verantwortung des Historischen Archivs. Lediglich die Programmierung des Autorensystems (Macromedia Director) und die Grafikarbeit wurden von einer ORF-Tochterfirma erbracht.

Der Gesamtaufwand für die beiden Projekte lag bei einer Laufzeit von jeweils zwei Monaten im Rahmen von insgesamt ca. 700 Personenstunden im Historischen Archiv (ca. 50% mit überdurchschnittlicher, 50% mit durchschnittlicher PC-Qualifikation). Die externe Implementierung in das Autorensystem und die Grafikarbeit erforderten darüber hinaus jeweils 200 bis 300 Personenstunden (Multimedia-Programmierer bzw. Bildschirm-Grafiker).

Diese Erfahrung steht gegen das weit verbreitete Vorurteil, daß Multimedia-Produktionen – sowohl was Kosten als auch Zeitaufwand angeht – entweder exorbitant hoch oder überhaupt unkalkulierbar sind.

Im Sinn der vorangegangenen Ausführungen war die Produktion der beiden CD-ROMs für das Historische Archiv eine ideale Gelegenheit, um multimediales Projekt- und Datenmanagmenent sowie die anwendungsorientierte Digitalisierung von AV-Medien im größeren Stil lernen und umsetzen zu können.

Für die Verwaltung von digitalisierten Daten (Text, Bild, Ton, Video) hat sich ein „Meta-Produktionssystem" bewährt, von dem aus der Export in das jeweilige Autorensystem geschieht. Diese „Autorensystemunabhängigkeit" der Daten- und Mediensammlung garantiert die unkomplizierte Verwendbarkeit in möglichen zukünftigen Projekten. In unserem Fall war das Metasystem eine selbstentwickelte relationale MS-Access Datenbanklösung. Es ließ sich die Erfahrung machen, daß „normale" Büro-Software – z.B. aus der Microsoft-Office Produktpalette – in der Startphase der IMM-Produktion absolut ausreicht, um durchaus komplexe Produktionssysteme damit ohne Aufwand realisieren zu können. Eine konkrete Konsequenz unserer Produktionsarchitektur war die vergleichsweise geringe Produktionszeit von zwei Monaten pro CD-ROM. An der Foto-CD-ROM etwa konnte auf diese Weise noch bis zwei (!) Tage vor der Massenkopierung redaktionell gearbeitet werden. Auch die angestrebte Plattformunabhängigkeit des Asset-Managements hat sich mittlerweile bereits unter Beweis gestellt. Eine bei der Projektplanung in keiner Weise angedachte Übertragung der CD-ROM-Fotobestände inklusive Beschreibungsdaten in die Online-Struktur der Austria-Presse-Agentur war ohne neuerliche Bearbeitung automatisch möglich. Nicht zuletzt ermöglichte unser Produktionssystem ein vernetztes und exakt protokollierbares gemeinsames

Arbeiten an dem Projekt. Die Arbeitsfortschritte in einzelnen Aufgabensegmenten waren damit genauso tagfertig nachvollziehbar wie etwa die inhaltliche Entwicklung. (Wieviele Fotos sind derzeit aus welchen Schlagwortbereichen eingescannt? Wo liegen Über- oder Unterrepräsentationen vor?)

Was die Digitalisierung von Medien angeht (Bilder scannen, Video und Ton digitalisieren, nachbearbeiten und komprimieren), haben wir die Erfahrung gemacht, daß 60 bis 80 % der Anforderungen – eine grundsätzliche Computer-Literalität der Benutzer vorausgesetzt – trivial sind. Organisationen mit umfassenden Medienbeständen sollten sich nicht scheuen, diese Leistungen selbst erbringen zu lernen.

Sideeffects

Eine spannende Erfahrung war für uns die umfassende Nachkalkulation und Analyse der beiden Projekte. Dabei ließen sich eine Reihe von „Sideeffects" nachweisen, denen bei der Planung der Projekte noch kein Augenmerk geschenkt worden war.

Generell gesagt stellen IMM-Projekte eine praxisorientierte Evaluierung der überkommenen Datenmodelle und Organisationsstrukturen in Hinblick auf die Anforderungen der kommenden Informations- und Kommunikationskultur dar.

Diese Evaluierung betrifft beispielsweise den Bereich Mitarbeiterqualifizierung, wo verborgene Qualifikationsreserven bezüglich IMM genauso klar zu Tage treten wie auszugleichende Qualifikationsdefizite. Sinngemäßes läßt sich für den technischen Gerätepark sagen: Oft fehlen in einer herkömmlichen Büroinfrastruktur nur vergleichsweise wenige Bestandteile, um auch eine multimediale Produktionseinheit darstellen zu können. Diesem Bedarf sollte man optimalerweise bei den periodischen Systemaufrüstungen Rechnung tragen können. Aber auch die „Datenkultur" eines (Informations-)Unternehmens als solche zeigt im Rahmen eines IMM-Projektes plastisch ihre Stärken und Schwächen. Langfristiges Ziel sollte ein Datenmodell sein, bei dem vorhandene multimediale Datensammlungen mehr oder weniger automatisch aufeinander bezogen und in Multimediaproduktionen integriert werden können.

Den natürlichen nächsten Schritt in diesem Bereich sehen wir darin, die interaktive Multimediaentwicklung in Richtung wirtschaftlicher Produktion mediengerecht-narrativer Strukturen weiter voranzutreiben.

Sabine Elisabeth Gollmann

Steirische Zeitgeschichte auf CD-ROM und im Internet – Start in das 21. Jahrhundert?

e-mail: bik-graz@gewi.kfunigraz.ac.at
url: http://gewi.kfunigraz.ac.at/bik-graz

Die neuen elektronischen Medien haben in den vergangenen Jahren immer mehr an Bedeutung gewonnen. So wurde beispielsweise das Wort „Multimedia" von der Gesellschaft für deutsche Sprache zum Wort des Jahres 1995 gekürt.[1] Dieser wachsende Stellenwert wird sich in der Informationsgesellschaft des ausgehenden 20. Jahrhunderts sicherlich noch enorm verstärken, und dem soll mit unserem Forschungsprojekt „Die Steiermark im 20. Jahrhundert" im Bereich der Geschichtsforschung Rechnung getragen werden.

Bis zum Jahr 2000 wird die Geschichte der Steiermark des 20. Jahrhunderts wissenschaftlich aufgearbeitet und als zweibändige Publikation auf den Markt kommen. Laut Beschluß der Steiermärkischen Landesregierung soll „dabei auf eine allgemeine Verständlichkeit Rücksicht genommen werden und so besonders jungen Menschen das Ergebnis in Form der neuen elektronischen Medien und von Bildungsveranstaltungen vermittelt werden. Dadurch soll eine Erweiterung und Vertiefung der Kenntnisse der steirischen Zeitgeschichte erreicht werden, die in weiterer Folge zum Abbau von Vorurteilen, Intoleranz und Rassismus beitragen sollen."[2]

Mit den Arbeiten zu diesem Forschungsvorhaben wurde im Herbst 1996 begonnen. Das Projekt wird von Univ.-Prof. Dr. Stefan Karner geleitet, und die Koordinierung erfolgt am Ludwig-Boltzmann-Institut für Kriegsfolgen-Forschung in Graz.

Das Ziel dieses umfangreichen Projektes läßt sich in drei Schwerpunkte gliedern, die die wissenschaftlichen Mitarbeiter bei ihren Arbeiten zu berücksichtigen haben:

1. Als Endprodukt wird ein zweibändiges Werk mit dem Arbeitstitel „Die Steiermark im 20. Jahrhundert" entstehen, das gut lesbar, wissenschaftlich auf dem letzten Stand ist und die Geschichte der Steiermark in unserem Jahrhundert kritisch und objektiv untersucht.

2. Weiters soll ein Katalog von steirischen Institutionen und Vereinen, die sich mit der Zeitgeschichte beschäftigen und die in eine multimediale Umsetzung (siehe Punkt 3) einzubeziehen sind, angelegt werden.

3. Schließlich wird noch ein Verzeichnis von konkreten Vorschlägen zur Gestaltung des historischen Stoffes für CD-ROM und für Internet erstellt. Die wissenschaftlichen Mitarbeiter haben u. a. die Aufgabe, im Rahmen ihrer Forschungsarbeiten die multimediale Umsetzung, welche als Folgeprojekt durchgeführt werden soll, zu beachten und in ihren Arbeiten Vorschläge für die Vermittlung des zeitgeschichtlichen Stoffes über CD-ROM und Internet anzubieten.

Die Konzeption des Forschungsvorhabens ist in sechs chronologische Hauptkapitel gegliedert:

1. 1900 – 1918:   Die Steiermark als Herzogtum
2. 1918 – 1938:   Bundesland zwischen Monarchie und Diktatur
3. 1938 – 1945:   „Mustergau des Führers"
4. 1945 – 1955:   Die „britische" Steiermark
5. 1955 – 1989:   Bundesland am Eisernen Vorhang
6. 1989 – 1999:   Auf in das größere Europa

Nach langen Diskussionen haben wir 1989 als Zäsur für die Zweite Republik eingeführt. Damit soll gezeigt werden, daß sich durch die Öffnung im Süden des Landes neue Chancen für die Steiermark ergaben und sich der Kreis hin zum Herzogtum, als es noch keinen Eisernen Vorhang im Süden des Landes gab, schließt.

30 wissenschaftliche Mitarbeiter beschäftigen sich seit Anfang 1997 mit den Bereichen Politik, Wirtschaft sowie Gesellschafts- und Kulturleben. Diese thematischen Schwerpunkte sind für uns auch Ausgangspunkte für eine Umsetzung im Internet und auf CD-ROM.

Wie lassen sich Internet und Multimedia nun sinnvoll für das Projekt „Die Steiermark im 20. Jahrhundert" einsetzen?

Der Begriff „Edutainment", welcher eine Kombination aus Bildung und Unterhaltung beschreibt, soll im Rahmen dieses Vorhabens einen großen Stellenwert einnehmen. Vor allem Schülern soll ein spielerisches Erlernen der steirischen Zeitgeschichte ermöglicht werden, und Schulen sowie nationalen und internationalen Bildungseinrichtungen soll über Internet die Gelegenheit geboten werden, „interaktiv" an der steirischen Zeitgeschichtsschreibung mitzuwirken. Dieses Mitwirken wird vor allem bei einem Folgeprojekt, dem „Steirischen Zeitgeschichte-Lehrbuch", eine wichtige Rolle spielen. Damit dieses Ziel der Mitarbeit erreicht werden kann, war natürlich die Einrichtung einer Home-Page unerläßlich. Dadurch ist es möglich, unser Projekt weltweit zu präsentieren und sowohl Informationen weiterzugeben als auch zu erhalten. Sehr hilfreich wäre es für die wissenschaftliche Arbeit auch, weltweit Zeitzeugen zur steirischen Zeitgeschichte über Internet zu finden. Diese wären aufgrund des durchschnittlichen Useralters hauptsächlich Zeitzeugen für die jüngere Zeit. Darüber hinaus soll die Erfassung von Dokumenten aus steirischen Privatbeständen, neben Aufrufen über die Massenmedien, ebenso über Internet erfolgen. Inwieweit diese Suche erfolgreich sein wird, kann aus heutiger Sicht nicht eindeutig beantwortet werden. Man darf auf jeden Fall in unserem „interaktiven" Zeitalter diese Chance nicht vergeben, da mit E-Mail eine einfachere und kostengünstigere Form der weltweiten Kontaktaufnahme möglich ist.

Für die Präsentation im Internet sollen immer wieder einzelne Themenbereiche aus dem Gesamtprojekt Verwendung finden, um den Benutzern eine breite Vielfalt der steirischen Zeitgeschichte näherzubringen. Besonders gut werden sich dafür Darstellungen wie das Alltagsleben, die Landwirtschaft oder die Kirchen eignen, um so kontinuierliche Entwicklungen in der Steiermark aufzuzeigen. Wichtig ist dabei ein gut umgesetzter Text mit eingebauten Links, die zu weiteren Informationen führen. Ein „Besucherbuch" muß auch angelegt werden, um die unmittelbaren Reaktionen der Benützer einzuholen.

Eine „virtuelle Ausstellung", wie wir sie heute bereits vielfach im WorldWideWeb (von Zynikern oft auch als WorldWideWaiting bezeichnet) finden können, und wie sie auch von einigen Kollegen im Rahmen der Zeitgeschichtetage beschrieben wurde, wäre sicherlich eine reizvolle Aufgabe für unser Vorhaben. Da wir bereits sehr interessante Privatbestände aus der Steiermark zur Aufarbeitung erhalten haben, wäre eine solche „Ausstellung" eine Möglichkeit, diese im WorldWideWeb zu präsentieren.

Ebenso ist es uns ein Anliegen, das Projekt „Steirische Kulturdatenbank",[3] welches zur Zeit von der Arbeitsgemeinschaft „Kulturdatenbank Steiermark" projektiert wird, zu unterstützen. Neben den wichtigsten steirischen Museen und dem Landesarchiv gehört der ARGE auch das Institut für Informationsmanagement am landeseigenen Forschungszentrum Joanneum Research an. Dieses Projekt hat es sich zur Aufgabe gemacht, „das Informationsangebot der steirischen Archive, Bibliotheken und Museen zu verbessern und zu erweitern".[4] Dadurch sollen die Bestände obengenannter Institutionen via Internet für Interessierte leichter zugänglich gemacht werden. Ebenso sollen auch neue Produkte und Dienstleistungen über diesen Weg angeboten werden. Wir können diesem Projekt mit den Ergebnissen unserer wissenschaftlichen Arbeit zur steirischen Geschichte im 20. Jahrhundert sicherlich sehr nützlich sein.

Für die Geschichtsinteressierten in der Steiermark und natürlich darüber hinaus wäre die zusätzliche inhaltliche Umsetzung unserer Forschungsergebnisse auf einer CD-ROM von großem Vorteil, da aufgrund der großen Speicherkapazität neben dem Dokumentationsteil viel mehr an Bildmaterial etc. eingebaut werden kann als in einer Publikation. Multimediale Darstellungen zeichnen sich durch das parallele Ablaufen der Anwendungen und durch Interaktivität aus; das heißt, der Benutzer einer Multimedia-Anwendung kann in diese eingreifen und deren Ablauf beeinflussen. Die CD-ROM stellt die optimale Verknüpfung von Bild, Ton, Graphik, statistischen Daten, Animation, Videosequenzen und Text dar. Dabei ist allerdings eine klare inhaltliche Struktur, ein gezielter Einsatz von Tondokumenten, Videos und Fotomaterial unerläßlich, um den Benutzer der CD-ROM nicht zu verwirren. Schon beim Start einer CD-ROM muß der Interessierte vor dem Bildschirm einen Überblick darüber gewinnen können, welche Informationen ihm im weiteren Verlauf zur Verfügung stehen. Vor allem kommt es aber darauf an, dem Anwender ein ausreichendes Maß an Interaktivität zu bieten. Er soll selbst über den Fortgang der Abläufe entscheiden können, um so seinen persönlichen Informationsbedarf zu stillen.

Ein besonders großes Augenmerk muß auch auf die wissenschaftlichen Kriterien einer solchen multimedialen Anwendung gelegt werden, da die Gefahr besteht, sie zugunsten der Präsentation zu vernachlässigen. Wichtig ist ein lexikalischer Zugriff sowohl auf die Inhalte der CD-ROM als auch auf die Umsetzung im Internet, wobei hierfür unbedingt eine Suchfunktion eingebaut werden müßte. Bei der CD-ROM ist hingegen ein Stichwortregister unerläßlich. Ebenso dürfen Fußnoten, Literatur- und Quellenangaben bei diesen neuen Formen der Informationsvermittlung nicht fehlen. Diese könnten eventuell als Links ausgeführt werden, um so den Informationsfluß nicht zu stören.

Die CD-ROM bietet speziell für unser Projekt die Gelegenheit, die umfangreiche wissenschaftliche Arbeit kompakt zu präsentieren. Der Platz in einer Publikation ist beschränkt, die CD-ROM bietet jedoch, neben dem erhöhten Volumen, eine viel umfangreichere Möglichkeit der Präsentation.

So gibt es für den Einstieg in die CD-ROM eine Vielzahl von Möglichkeiten. Der Einstieg über die chronologische Gliederung wäre natürlich am einfachsten. Vorstellbar ist jedoch auch eine freie Erkundung über Schlagwörter, Institutionen oder markante zeitgeschichtliche Orte. Darüber hinaus wäre auch ein Zugriff auf Sehenswürdigkeiten, Zeitzeugen oder die Bibliographie eine interessante Einstiegsbasis. Ein eigenes „Who is Who" in der Steiermark des 20. Jahrhunderts ist ebenfalls wünschenswert. Eine erstrebenswerte Variante für die Präsentation der steirischen Zeitgeschichte auf CD-ROM wäre es, für einzelne bedeutende Zeitabschnitte auf einer Landeskarte die wichtigsten Orte geschichtlicher Ereignisse des 20. Jahrhunderts graphisch darzustellen.

Bei den ersten Besprechungen für die multimediale Umsetzung unseres Projektes hat sich gezeigt, daß die Frage der Urheberrechte ein großes Problem darstellen kann, da sie sich auf die Finanzierung des Vorhabens enorm auswirkt. Aufgrund der geringen Erfahrungswerte im multimedialen Bereich sind solche Schwierigkeiten nur sehr schwer einschätzbar und kaum kalkulierbar.[5]

Das multimediale Zeitalter hält eine Fülle von neuen Entfaltungsmöglichkeiten auch für uns Historiker bereit. Wir müssen sie nur wohlüberlegt nutzen und dürfen vor allem aufgrund der Präsentationsmöglichkeiten nicht den wissenschaftlichen Anspruch aus den Augen verlieren. Im Rahmen bzw. als Folge des Projektes „Die Steiermark im 20. Jahrhundert" werden wir versuchen, unsere Konzeption so gut als möglich umzusetzen.

Anmerkungen

1 Blask, Falko: Den @nschluß nicht verpassen. Elektronische Medien in Studium, Beruf und Alltag. Frankfurt/Main 1996, S. 9.
2 Beschluß der Steiermärkischen Landesregierung, 20. Sitzung, 8. Juli 1996.
3 Vgl. Kilches, Ralph: Kunst, Kultur & neue Medien. Eine Kulturdatenbank soll Interessierten den Zugang zu steirischen Museen, Bibliotheken und Archiven erleichtern, in: intern. Das Magazin der Joanneum Research 1, 1997, S. 8; Koch, Walter: Regionalmuseen im Verbund: Vision und Realität, in: Stellwand. Mitteilungen der Museen und Sammlungen in der Steiermark 2-3, 1996, S. 4-6.
4 Kilches, Ralph: Kunst, Kultur & neue Medien. Eine Kulturdatenbank soll Interessierten den Zugang zu steirischen Museen, Bibliotheken und Archiven erleichtern, in: intern 1, 1997, S. 8.
5 Lehmann, Michael (Hg.): Internet- und Multimediarecht (Cyberlaw). Stuttgart 1997; Schramm, Balthasar: Rechtsfragen der Multimedia-Entwicklung, in: Lippert, Werner (Hg.), Annual Multimedia. Jahrbuch 1996. Düsseldorf, S. 77-87.

Weiterführende Literatur

Blask, Falko: Den @nschluß nicht verpassen. Elektronische Medien in Studium, Beruf und Alltag. Frankfurt/Main 1996.
Ditfurth, Christian von: Internet für Historiker. Frankfurt/Main – New York 1997.

Huber, Michael: Multimedia-Lexikon. Verknüpfung von Text, Bild, Ton, Computergrafiken, Animation und Videos. Augsburg 1994.

Intern. Das Magazin der Joanneum Research 1, 1997.

Issing, Ludwig J./Klimsa, Paul (Hg.): Information und Lernen mit Multimedia. Weinheim 1995.

Lehmann, Michael (Hg.): Internet- und Multimediarecht (Cyberlaw). Stuttgart 1997.

Lippert, Werner (Hg.): Annual Multimedia. Jahrbuch 1996. Düsseldorf.

Schröder, Thomas A.: Historisch relevante Ressourcen in Internet und WorldWideWeb. Angebot, Bewertung und Ausblick, in: VjHfZG 3, 1996, S. 465-477.

Peter Staudacher

rom.retour.
Eine Geschichte der schweizerischen
Eisenbahnen auf CD-ROM

Geschichte schreiben oder zeigen

Mit der Verwirklichung des Projekts *rom.retour. 150 Jahre Eisenbahn in der Schweiz* gingen für mich gleich zwei Wünsche in Erfüllung. Einerseits half mir das vom Zürcher Verlag *MAC – Multimedia Application Center* finanzierte Projekt, mit wissenschaftlicher Arbeit meinen Lebensunterhalt zu verdienen. Andererseits konnte ich, gestützt auf die künstlerisch-kreative Arbeit zweier Multimedia-Designer, eine „Geschichtsschreibung" umsetzen, die mir der Text oder besser: das Buch, sakrosanktes Medium wissenschaftlicher Kommunikation, nie geboten hätte.

Ich habe das in seiner Bedeutung unmißverständliche Wort Geschichtsschreibung bewußt unter Anführungszeichen gesetzt. Die multimediale Geschichte der Schweizer Bahnen, gespeichert und abrufbar auf *rom.retour*, einer sowohl von IBM-kompatiblen als auch Apple-Macintosh-Computern lesbaren Hybrid-CD-ROM, wurde geschrieben, indem sie gezeigt wurde. *rom.retour* ist jedoch kein Bildarchiv, angelegt in einem digitalen Speichermedium, sondern eine multimediale Story, eine Geschichte, hinter der ein Erzähl- und ein Dramaturgiekonzept stecken.

Wir HistorikerInnen haben mit dieser Form der Geschichtsdarstellung noch unsere Mühe. Da ist einmal die wissenschaftliche Redlichkeit, die uns vor der digitalen Verfremdung von Quellen scheu werden läßt. Wenn Multimedia-Designer die von uns recherchierten Materialien durch Bildbearbeitung, Animation und gestalterischen Eingriff verändern, schrillt die Alarmglocke: Hier wird Quellenmaterial verfälscht.

Drückt aber ein Buchverlag dadurch die Produktionskosten, indem auf die sorgfältige Bildbearbeitung von Photographien verzichtet wird, das heißt, wenn zwischen dem Abdruck im Buch und dem Original nur noch annähernd Ähnlichkeit besteht, sind wir geneigt, dies hinzunehmen. Bilder gelten in diesem Fall als

560

Beilagen des eigentlichen Diskurses, der über den Text transportiert wird. Mag diese Praxis noch so fragwürdig sein, sie wird kaum jemals in Frage gestellt. Bei klassischen Medien ist die Kritikfähigkeit stark eingeschränkt, eben weil diese kanonisiert sind. Ich würde sogar so weit gehen, zu behaupten, daß Texte im allgemeinen weit geeigneter sind, mangelhafte Reflexion und schwache intellektuelle *performance* ihrer Autoren zu kaschieren als audiovisuelle Medien.

Ein Film, ein Musikstück oder ein Radiofeature lassen uns bald gewahr werden, womit wir es zu tun haben. Ein Text hingegen muß erarbeitet werden. Diejenigen, die ihn interpretieren und auf kritische Art bewerten können, sind Eingeweihte. Vielleicht verteidigen die Intellektuellen das Buch auch deshalb so verbissen gegenüber Neuen Medien, weil sie in diesen einen Affront gegen ihre privilegierte Stellung als Schriftkundige sehen.

Aus einer handverlesenen Zahl kompetenter Leser ergibt sich jedoch keineswegs, daß ein Inhalt allein deshalb, weil er in einem Medium transportiert wird, das für diese Leserschaft maßgeschneidert wurde, auch dem *state of the art* wissenschaftlich-intellektuellen Diskurses entspricht. Kurz: Zwischen zwei Buchdeckeln läßt sich in jedem Fall geduldiges Papier unterbringen.

Multimedia, ob im Internet oder auf CD-ROM, kann sich, wie Produktionen für audiovisuelle Medien im allgemeinen, schlecht verstellen: Sind die präsentierten Inhalte banal, ist die Erzählstruktur löchrig, die Textur fadenscheinig, sind die *links* geistlos gesetzt, so springen die *user* rasch ab. Die kulturpessimistische Feststellung, daß Multimedia ein neues Opium für das Volk sei, ist deshalb unbegründet. Wer es nicht glaubt, sollte einfach einmal versuchen, einen schlechten Auftritt im Internet zu starten oder eine inhaltsleere CD-ROM unters Volk zu bringen. Im ersten Fall wird man merken, wie unbeachtet eine *homepage* bleibt, wenn sie nicht mit attraktiven Inhalten aufwartet. Im zweiten Fall sind die negativen Folgen finanzieller Art, das heißt, das Produkt bleibt ein Flop.

Neben einer tiefen Skepsis gegenüber Neuen Medien hegen wir HistorikerInnen auch Zweifel, ob die Art der multimedialen Darstellung wissenschaftlichen Ansprüchen gerecht wird.

Freilich, was wissenschaftliche Geschichte ist, das läßt sich diskutieren, wenn auch kontrovers. Was jedoch nicht wissenschaftlich ist, darüber herrscht Einigkeit: all das, was nicht mit Anmerkungen versehen, in den abgesegneten Fachzeitschriften als Aufsatz oder in Form von Monographien publiziert wird. Demgemäß kann die multimediale Darstellung nie wissenschaftlichen Rang erreichen.

Lassen wir aber all jene Arbeiten als Wissenschaft gelten, die ein hohes Maß an intellektueller Reflexion, kreative Fähigkeiten und innovatives Potential referieren, sind wir dem Ideal von wissenschaftlicher Produktion näher, als wenn wir uns weiterhin mehr um unser Selbstbild als um die Inhalte unserer Arbeit kümmern.

Ich habe weiter oben behauptet, daß ich in *rom.retour* eine Geschichte der Schweizer Bahnen konzipiert habe, die ich nie hätte in einen Text fassen können. Vielleicht disqualifiziere ich mich als wissenschaftlicher Historiker endgültig durch diese Aussage. Dennoch stelle ich fest, daß es nur durch die digitale Verfremdung der Ausgangsmaterialien möglich war, die Story in ihrer Aussagekraft und Dichte so fließen zu lassen, wie auf *rom.retour*.

Durch zahlreiche Abkürzungsschaltungen zu verwandten Themen, sogenannte *links*, ist es gelungen, zwischen inhaltlich differenten *clusters* stabile Brücken zu bauen.

Allein in Texte gefaßt, wäre unweigerlich der Eindruck von Inkohärenz, Beliebigkeit und Esoterik entstanden, weil, wie ich im zweiten Teil meines Aufsatzes ausführen werde, die behandelten Inhaltsfelder derart vielschichtig sind. Den besten Eindruck gewinnt man davon, druckt man das Textkorpus von *rom.retour* aus, wie ein zusätzliches *feature* der CD-ROM dies vorsieht.

Auf den Text, *eine* Medienebene der CD-ROM, reduziert, wirkt die Story wie ein von unsichtbaren Sprechern ohne Musik vorgetragenes Opernlibretto.

Während der schriftliche Text des Buches den Lesern und Leserinnen eine ganze Vorstellungswelt zu vermitteln hat, ist die Textebene in Multimediaproduktionen (idealerweise) eine Stimme im medialen Konzert. Idealerweise deshalb, weil eine Reihe von CD-ROMs noch immer als Bildarchive mit erläuternden Textapparaten organisiert ist. Die zugrundeliegenden Konzepte entsprechen denen von Bildbänden und werden multimedialen Darstellungsformen nur wenig gerecht, weil sie die Möglichkeiten, die ein digitales Medium bietet, nicht reflektieren und daher auch nicht nützen.

Um die dramaturgische Dichte, die eine gut konzipierte und gestaltete Story auf CD-ROM schafft, zu erreichen, ist jedoch nicht nur ein Team von kompetenten Inhaltslieferanten und Designern vonnöten – ganz zu schweigen von einer satten finanziellen Polsterung des Projekts –, sondern auch eine hohe Kooperationsbereitschaft aller am Projekt Beteiligten.

HistorikerInnen spielen in Multimediaproduktionen mit historischer Thematik die Rolle der inhaltlichen Zulieferer. Sie recherchieren das Bild-, Film-, und Tonmaterial, schreiben Texte und verfassen, wenn sie dazu in der Lage sind, Regieanleitungen.

In *team briefings* diskutieren sie mit den Gestaltern Designkonzepte, etwa die Dramaturgie von Animationen, besprechen Vorschläge für die multimediale Umsetzung eines Diskurses, eines spezifischen historischen Problemfeldes oder einfach den Aufbau von unterhaltenden Parcours mit digitalisierten Videos historischen Filmmaterials.

Sie geben also ihr Schreibgerät aus der Hand und überlassen es anderen, neue

Formen der Geschichtsdarstellung umzusetzen. Anders als bei Buchproduktionen sind HistorikerInnen in Multimediaprojekten keine Freitänzer, die den Produktionsablauf bestimmen, sondern Beiträger in einem arbeitsteiligen Prozeß. Strenge Arbeits- und Zeitdisziplin sind daher ebenso gefordert wie die Bereitschaft, den eigenen Standpunkt zugunsten pragmatischer Lösungen zu revidieren.

Mancher sieht spätestens jetzt bestätigt, daß hier wissenschaftlicher Ethos kommerziellen Zielen geopfert wird. Ich würde jedoch argumentieren, daß ein wissenschaftlicher Standpunkt durch ein wenig Pragmatismus noch nicht gefährdet ist, wohl aber mangelnde Flexibilität nicht zwangsweise wissenschaftliche Integrität und letztendlich Erfolg bedeuten. Warum sollte man aus purer Gewohnheit oder, im schlimmsten Fall, geleitet von arroganter Gnosis, weiter an Märkten vorbeiproduzieren, die nur darauf warten, erschlossen zu werden?

Dies bringt mich zum letzten Punkt des ersten Teiles meines Aufsatzes. Entgegen der herrschenden Auffassung, daß CD-ROM-Produktionen geschichtswissenschaftlichen Inhalts unfinanzierbar sind bzw. keinen Markt vorfinden würden, behaupte ich, daß eine Nachfrage gegeben ist, die den finanziellen Aufwand einer Produktion lohnt.

Einerseits gibt es einen nicht zu vernachlässigenden Markt für Bildungssoftware, vor allem für *Computer Based Training*. Wenn schon alle Grundschulen in naher Zukunft mit Internetzugang und Multimedia-Computern ausgerüstet sein werden, ist es eigentlich verwunderlich, daß nicht mehr Bildungssoftware durch die öffentliche Hand in Auftrag gegeben wird. Doch hier sind die *public spenders* durch wirtschaftliche Sachzwänge an der Hilfestellung gehindert. Was also, wenn der Staat kein Geld mehr für Programmentwicklung ausschüttet? Bestehen Chancen, Bildungssoftware im freien Markt herzustellen und zu vertreiben?

Meiner Ansicht nach ja, doch braucht es dazu einen Wandel der Wissenschaftskultur, sollen auch andere als staatliche Mittel für eine Produktion lukriert werden. Weil es sich bei Multimediaproduktionen in erster Linie um die Umsetzung bereits erarbeiteter Inhalte handelt, ist eine Belastung der ohnehin dürftigen Forschungsressourcen absurd. Dafür böten sich zahlreiche Formen des *sponsoring* an, etwa Geräte und Softwarebeschaffung, aber auch Drittmittel, die als Gegenleistung mit entsprechender *public relation* für den Geber zu vergelten sind. Darüber hinaus bietet die Europäische Union mehrere Förderprogramme für Neue Medien, unter anderem auch für den Schulungs- und Bildungseinsatz. Wenn ich vorhin behauptet habe, daß ein Markt für die Abnahme von Bildungssoftware besteht, so war es auch meine Absicht, auf das mangelnde unternehmerische Bewußtsein der Wissenschaft in Österreich hinzuweisen.

Wer weiter darauf hofft, daß die öffentliche Hand sowohl Entwicklung als auch Produktion von Lehrmitteln finanziert, verkennt die Realität. Die weitausholende

Flächenförderung der Wissenschaften ist so gut wie vorüber und hat einer Schwerpunktförderung Platz gemacht, in der – man sollte sich dies ruhig eingestehen – den Humanwissenschaften eine *sideshow* zukommt.

Wenn aber Entwicklung und Produktion von Bildungssoftware durch private Finanzierung erfolgen – Förderung durch Unternehmen oder im Rahmen von Förderprogrammen der Europäischen Gemeinschaften nicht ausgeschlossen –, bestehen dennoch gute Chancen, daß die jeweiligen Produkte Märkte vorfinden.

Ist ein Produkt unternehmerisch lanciert worden, ist auch die Gefahr gering, daß ein Flop folgt, weil bereits im Rahmen der finanziellen Projektplanung Markt- und Produktanalyse erfolgt sind.

Im Idealfall orientiert sich Bildungssoftware nicht allein am Bedarf öffentlicher Schulen, sondern auch an der Nachfrage von Privatpersonen. In jedem Fall werden Bildungseinrichtungen, gerade weil in jeder Schule Multimedia-PCs aufgestellt werden, zukünftig wahrscheinlich großen Bedarf an Bildungssoftware haben. Denn wer, so könnte man schmunzelnd fragen, kauft sich Bücherregale, und verzichtet darauf, sich auch die Bücher zu beschaffen.

rom.retour. 150 Jahre Eisenbahn in der Schweiz auf CD-ROM

Das Projekt, die Geschichte der schweizerischen Eisenbahnen anläßlich des 150-Jahr-Jubiläums im Jahr 1997 auf CD-ROM vorzulegen, hatte nie mit finanziellen Schwierigkeiten zu kämpfen.

Der Zürcher Verlag für Neue Medien *MAC-Multimedia Application Center AG* hat die Produktion zur Gänze vorfinanziert und trug die alleinige finanzielle Verantwortung für das Projekt. Der Großteil des Bild und Filmmaterials wurde jedoch von den Schweizerischen Bundesbahnen unentgeltlich für die Digitalisierung zur Verfügung gestellt. Recherchearbeiten habe ich, gemeinsam mit den Designern der CD-ROM, in den Archiven und Sammlungen der SBB durchgeführt.

rom.retour ist eine digitale Geschichte der Eisenbahn in der Schweiz, die in elf Kapiteln abgehandelt wird. Organisationsmuster sind dabei Schwerpunkte der sozialen, politischen und technischen Entwicklung der schweizerischen Eidgenossenschaft seit 1848 und deren Beziehung zur Eisenbahngeschichte.

rom.retour ist eine Eisenbahngeschichte, die nicht um die Bahn kreist, sondern die die vielfältigen Beziehungen zwischen der schweizerischen Gesellschaft, Wirtschaft, Politik und Kultur mit dem nationalen Transportsystem Nummer eins, den Eisenbahnen, thematisiert.

Die große Schwierigkeit bei der Umsetzung des inhaltlichen Leitbildes lag in der Heterogenität der einzelnen Inhaltsteile. Einige Kapitel („Reisen vor der Eisenbahn", „Der Bahnbau im 19. Jahrhundert", aber auch „Fahrzeuggeschichte") erforderten einen Zugang, der der Komplexität der verarbeiteten Information gerecht wurde. Die Benutzeroberflächen sind daher linear konzipiert und folgen strengen Hierarchien.

Die Bereiche „Bergbahnen und Tourismus", „Alpenbahnen" oder „Elektrifizierung", aber auch „Anpassung oder Isolation. 1939-1945" vermitteln Atmosphärisches. So zeigt ein Kapitel („Bergbahnen und Tourismus") durch interaktive *parcours* den künstlichen Charakter der durch Bergbahnen erschlossenen Naturkulisse. „Alpenbahnen" wiederum führt, wie auch „Elektrifizierung", die Konstruktion des Alpenmythos in der schweizerischen Eisenbahntechnikgeschichte ein. „Anpassung und Isolation, 1939-1945" legt die Betonung auf das Changieren der schweizerischen Politik zwischen demokratischem Selbstverständnis und diplomatischer Anpassung. Daneben handeln drei weitere Kapitel von der Verkehrsgeschichte der Schweiz vom Ende des Zweiten Weltkriegs bis zur Gegenwart. Ein kluges gestalterisches Konzept sorgte dafür, daß dieses inhaltsreiche Portfolio nicht zu einem unübersichtlichen *patchwork* wurde. Aus dem inhaltlichen Gerüst, das ich als Historiker zusammengestellt hatte, entwickelten die Designer Multimediasequenzen, die Botschaften auch ohne explikative Texte zu vermitteln vermochten.

Diese Parcours sind darauf ausgerichtet, durch die dramaturgische Auswahl von Texten, Bildern und Filmsequenzen, unterlegt mit Musik oder spezifisch für die einzelnen Parcours komponierten soundfiles, eine emotionale Beteiligung des Betrachters/der Betrachterin herzustellen.

Hierin liegt vielleicht ein wesentlicher Unterschied zum wissenschaftlichen Text: Die CD-ROM mit ihrem lebendigen narrativen Konzept mag noch zu fesseln.

Die CD-ROM als narratives Medium ist für die Vermittlung geschichtswissenschaftlicher Inhalte ebenso geeignet wie für die Präsentation jedweder anderen Information. Die Herausforderung, die CD-ROM-Produktionen an HistorikerInnen stellen, anzunehmen, heißt, daß junge HistorikerInnen, die ambitionierte CD-ROM-Projekte realisieren wollen, das Selbstvertrauen entwickeln, die Umsetzung ihrer Ideen konsequent zu betreiben. Dazu gehört auch, sich mit dem Gedanken vertraut zu machen, die Produktion von Bildungssoftware als *business* aufzuziehen, etwa als Kleinverlag für digitale Medien.

Entgegen lähmender Beharrungstendenz der universitären Geschichtsforschung, die Neue Medien fast ausschließlich zu Internetauftritten, hart am Personenkult vorbei, nützt, scheint eine Kommerzialisierung im Bereich Bildungssoftware sinnvoll.

Was die Vermarktung multimedialer Geschichtsschreibung für eine akademische Karriere angeht, so sehe ich hingegen kaum Chancen, mit Multimedia zu reussieren. Einerseits sind Skepsis, Ignoranz und Intoleranz der Zunft noch immer groß, andererseits orientiert sich das Leitbild akademischer Geschichtsforschung trotz schwindender gesellschaftlicher Relevanz der historischen Wissenschaften konsequent am Ideal der Grundlagenforschung. Angewandte Geschichte hingegen ist vielleicht auch deshalb in Österreich noch so unattraktiv, weil sie von der beamteten Geschichtsforschung als Nebenbetrieb geführt wird.

Daher behaupte ich abschließend, daß angewandte Geschichte, will sie ihr wirtschaftliches Potential ausschöpfen, besser die Konkurrenz zur akademischen Forschung sucht, als im kooperativen Würgegriff der akademischen Geschichtsforschung langsam zu ersticken.

AutorInnen- und HerausgeberInnenverzeichnis

Thomas Angerer, geb. 1965; Universitätsassistent am Institut für Geschichte der Universität Wien; Forschungsschwerpunkte: Geschichte der internationalen Beziehungen im 20. Jh., insbes. der französischen und österreichischen Außenpolitik sowie der Europäischen Integration; Geschichte der Zeitgeschichtstheorien und Zeitgeschichtsschreibung.
Adresse: Institut für Geschichte der Universität Wien, Dr. Karl Lueger-Ring 1, A-1010 Wien.

Brigitte Bailer, geb. 1952; Sozialwissenschafterin und Historikerin, Mitarbeiterin im Dokumentationsarchiv des Österreichischen Widerstandes, Lehrbeauftragte am Institut für Politikwissenschaft der Universität Wien; Forschungsschwerpunkte: Wiedergutmachung für NS-Opfer, Rechtsextremismus nach 1945.
Adresse: Dokumentationsarchiv des Österreichischen Widerstandes, Wipplingerstraße 8, A-1010 Wien.

Ingrid Bauer, geb. 1954; Historikerin an der Universität Salzburg, wissenschaftliche Leiterin des Ludwig Boltzmann-Instituts für Gesellschafts- und Kulturgeschichte/Salzburg; aktuelle Forschungsschwerpunkte: Frauen- und Geschlechtergeschichte im 19. und 20. Jahrhundert, historisch-anthropologische Studien zu Krieg und Besatzung, angewandte Geschichte im WorldWideWeb.
Adresse: Institut für Geschichte, Universität Salzburg, Rudolfskai 42, A-5020 Salzburg.

Gerhard Baumgartner, geb. 1957; Mitarbeiter der Servicestelle Politische Bildung des BMUK, Mitarbeiter des ORF Burgenland, Mitherausgeber der ÖZG-Österreichische Zeitschrift für Geschichtswissenschaften; Forschungsschwerpunkte: Ethnische und religiöse Minderheiten in Mittel- und Osteuropa, Entstehungsgeschichte nationaler Bewegungen, Nationalismustheorie, Minderheitenpolitik, Geschichte der Juden in der Habsburgermonarchie, Arisierungen, Geschichte des burgenländisch-westungarischen Raumes.
Adresse: Paulinengasse 28/17, A-1180 Wien.

Joachim Becker, geb. 1960; Studium der Volkswirtschaft, Politikwissenschaft, Soziologie und Afrikanistik in Marburg/Lahn; Assistent am Institut für Volkswirtschaftstheorie und -politik der Wirtschaftsuniversität Wien; Arbeitsschwerpunkte: Internationale politische Ökonomie, Staatstheorie, Regulationstheorie.
Adresse: Institut für Volkswirtschaftstheorie und -politik der Wirtschaftsuniversität Wien, Reithlegasse 16/6, A-1190 Wien.

Wolfgang Benz, geb. 1941; Studium der Geschichte, Kunstgeschichte und politischen Wissenschaft in Frankfurt am Main, Kiel, München; bis 1990 Mitarbeiter am Institut für Zeitgeschichte München; seit 1990 Professor an der TU Berlin und Leiter des Zentrums für Antisemitismusforschung; Mitherausgeber verschiedener Zeitschriften; zahlreiche Veröffentlichungen zur deutschen Geschichte im 20. Jahrhundert.
Adresse: Technische Universität Berlin, Zentrum für Antisemitismusforschung, Ernst-Reuter-Platz 7, 9. Stock, D-10587 Berlin.

Heinrich Berg, geb. 1958; Studium der Geschichte und klassischen Philologie; 1985-1987 Vertragsassistent zum Forschungsschwerpunkt „Neue Wege der Frühgeschichtsforschung"; seit 1987 Archivar im Wiener Stadt- und Landesarchiv; Hauptaufgabenbereich: EDV und innere Organisation.
Adresse: Magistratsabteilung 8, Rathaus, A-1082 Wien.

Bernhard Berger, geb. 1972; Studium der Geschichte, Politik- und Kommunikationswissenschaften; Dissertant an der Universität Salzburg; Forschungsschwerpunkte: Geschichte von Simulationsspielen und professionellen Kriegsspielen, die Entwicklung militärischen Denkens vor dem Ersten Weltkrieg in Österreich-Ungarn, kontrafaktische Geschichtsmodelle und -entwürfe.
Adresse: Gatterholzgasse 18/18, A-1120 Wien.

Günter Bischof, geb. 1953; Studium der Amerikanistik und Geschichte; Associate Professor of History und Associate Director des Center for Austrian Culture and Commerce der Universität von New Orleans; Gastprofessor an den Universitäten Salzburg, Wien, Innsbruck und München; „Guest scholar" am Institut für die Wissenschaften vom Menschen in Wien; Forschungsschwerpunkte: Internationale Zeitgeschichte, Kalter Krieg, Kriegsgefangenschaft im 2. Weltkrieg, Historisches Gedächtnis.
Adresse: Center for Austrian Culture and Commerce, Metropolitan College, ED 128, University of New Orleans, New Orleans, LA 70148

Ingrid Böhler, geb. 1964; Studium der Geschichte und der deutschen Philologie in Innsbruck, Zeithistorikerin, Vertragsassistentin am Institut für Zeitgeschichte der Universität Innsbruck; Forschungsschwerpunkt: Regionale Wirtschafts- und Sozialgeschichte im 19. und 20. Jahrhundert, österreichische Zeitgeschichte, quantifizierende Methoden, neue Medien.
Adresse: Institut für Zeitgeschichte, Universität Innsbruck, Innrain 52, A-6020 Innsbruck.

Gerhard Botz, geb. 1941; Studium der Geschichte und Geographie; Professor für Zeitgeschichte an der Universität Wien; Leiter des Ludwig Boltzmann-Instituts für historische Sozialwissenschaft, Wien – Salzburg; Forschungsschwerpunkte: politische Sozialgeschichte der österreichischen Ersten Republik, Nationalsozialismus, Konfliktforschung, kollektives Gedächtnis, Historiographiegeschichte.
Adresse: Institut für Zeitgeschichte der Universität Wien, Spitalgasse 2-4, Hof 1, A-1090 Wien.

Robert Buchschwenter, geb. 1964; Studium der Geschichte an der Universität Wien; Diplomarbeit über (Heimat-)Film und Geschichte; Konzeption und Durchführung diverser filmwissenschaftlicher und -kultureller Projekte (u.a. Fakultätslehrgang *Film und Geisteswissenschaften*); Lehrbeauftragter an den Instituten für Zeitgeschichte und für Theaterwissenschaft der Universität Wien; zahlreiche Vorträge und Publikationen (für diverse Printmedien und Rundfunk) über Film, Literatur und Musik; Film- und Musikkritiker der Zeitung *Die Presse*.
Adresse: Ottakringer Straße 29/18, A-1160 Wien; Tel./Fax: 0043-1-407 23 97; e-mail: robert.buchschwenter@univie.ac.at

Ulfried Burz, geb. 1958; Studium der Germanistik, Geschichte und Sozialkunde; Assistent am Institut für Geschichte an der Universität Klagenfurt, Abt. Österreichische Geschichte und Kärntner Landesgeschichte des 19. und 20. Jahrhunderts.

Adresse: Universität Klagenfurt, Institut für Geschichte, Universitätsstraße 65-67, A-9020 Klagenfurt.

Marina Cattaruzza, geb. 1950; Studium der Philosophie und Geschichte; ao. Universitätsprofessorin für Zeitgeschichte an der Universität Triest; Forschungsschwerpunkte: deutsche Geschichte im 19. und 20. Jh., Geschichte der habsburgischen Küstengebiete (Küstenland) vom 18. bis zum 20. Jh.
Adresse: Università di Trieste, Dipartimento di Storia, Via Economo 4, I-34124 Trieste, Italien.

Gertraud Diendorfer; geb. 1960; Studium der Geschichte, Pädagogik, Psychologie und Philosophie; Historikerin; Generalsekretärin des Forum Politische Bildung sowie Redakteurin der Schriftenreihe *Informationen zur Politischen Bildung*; Mitherausgeberin des Tagungsbandes der 3. Österreichischen Zeitgeschichtetage.
Adresse: Forum Politische Bildung, Rechte Wienzeile 97, A-1050 Wien.

Christof Dipper, geb. 1943; Professor für neuere und neueste Geschichte an der Technischen Universität Darmstadt; Forschungsschwerpunkte: Agrargeschichte, Drittes Reich, italienische Geschichte.
Adresse: Institut für Geschichte, Technische Universität Darmstadt, Residenzschloß, D-64283 Darmstadt.

Gerhard Donhauser, geb. 1969; Studien der Philosophie sowie der Geschichte und Politikwissenschaft, zur Zeit Arbeit an Dissertationen aus Geschichte und Philosophie, darüber hinaus an Diplomstudien aus Germanistik und Rechtswissenschaften; Forschungsschwerpunkte: Ideengeschichte, Ästhetik, Erzähltheorie, Geschichtstheorie, Epistemologie.
Adresse: Ferrogasse 49/5, A-1180 Wien.

Werner Dreier, geb. 1956; Studium der Geschichte und Germanistik; Lehrer an der BHAK in Bregenz; Forschungsschwerpunkte und Publikationen: neuere Vorarlberger Landesgeschichte (Politik- und Sozialgeschichte der Ersten Republik), Antisemitismus, Migration.
Adresse: Vorklostergasse 45, A-6900 Bregenz; http://www.vol.at./vlbgbrazil

Andrea Ellmeier; Wissenschaftliche Mitarbeiterin der Österreichischen Kulturdokumentation. Internationales Archiv für Kulturanalysen; Lehrbeauftragte an der Universität Wien; Forschungsschwerpunkte: Konsum/entInnen/geschichte, Europäische Kultur- und Medienpolitik.
Adresse: Österreichische Kulturdokumentation. Internationales Archiv für Kulturanalysen, Schultergasse 5/15, A-1010 Wien.

Edda Engelke, geb. 1955; Studium der Anglistik und Geschichte; seit 1993 Mitarbeiterin am Boltzmann-Institut für Kriegsfolgenforschung; Forschungsschwerpunkt: Kriegsgefangenschaft in der Sowjetunion (Zweiter Weltkrieg), Verhaftungen österr. Zivilisten in der sowjet. Besatzungszone Österreichs 1945-55.
Adresse: Boltzmann-Institut für Kriegsfolgenforschung, Schörgelgasse 43, A-8010 Graz.

Johanna Gehmacher, geb. 1962; Studium der Geschichte; Assistentin am Institut für Zeitgeschichte der Universität Wien; Forschungsschwerpunkte: Geschlechtergeschichte sozialer Bewegungen im 20. Jahrhundert, Nationalismus, Identitätspolitiken.
Adresse: Institut für Zeitgeschichte der Universität Wien, Spitalgasse 2-4, Hof 1, A-1090 Wien.

Christian Gerbel, geb. 1962; Studium der Geschichte und Fächerkombination; Mitarbeiter des Instituts für neuere Geschichte und Zeitgeschichte der Universität Linz; Forschungsschwerpunkte: Jugend im Nationalsozialismus, urbane Leitkulturen.
Adresse: Institut für neuere Geschichte und Zeitgeschichte, Universität Linz, Altenbergerstraße 69, A-4040 Linz.

Andre Gingrich, geb. 1952; o. Univ.-Prof. am Institut für Ethnologie, Kultur- und Sozialanthropologie der Universität Wien; Forschungsschwerpunkte: sozio-kulturelle Systeme Arabiens und Zentralasiens, Gender studies, Ethno-Astronomie.
Adresse: Institut für Ethnologie, Kultur- und Sozialanthropologie der Universität Wien, Universitätsstraße 7, A-1010 Wien.

Arno Gisinger, geb. 1964; Studium der Geschichte und Germanistik an der Universität Innsbruck; Studium der Fotografie an der Ecole Nationale de la Photographie in Arles (Frankreich); freischaffender Fotograf und Historiker.
Adresse: Atelier für Fotografie und Visual History, Kaiser-Franz-Joseph-Straße 14, A-6020 Innsbruck.

Sabine Elisabeth Gollmann, geb. 1967; Studium der Geschichte und Kunstgeschichte; seit 1995 Mitarbeiterin am Boltzmann-Institut für Kriegsfolgenforschung, Graz; Forschungsschwerpunkt: Kriegsgefangenschaft in der Sowjetunion (Zweiter Weltkrieg), Kriegsgefangenenpolitik in Österreich nach dem Zweiten Weltkrieg, steirische Politik in der Zwischenkriegszeit.
Adresse: Boltzmann-Institut für Kriegsfolgenforschung, Schörgelgasse 43, A-8010 Graz.

Hannes Grandits, geb. 1966; Lehrbeauftragter an der Abteilung für südosteuropäische Geschichte an der Universität Graz; Forschungsschwerpunkte: Historisch-anthropologische Fragestellungen (Familie, Konflikt und Gewalt, Klientelismus), Geschichte von Sozialstrukturen in Kroatien, Kulturvergleich Balkan – mediterraner Raum, Migration.
Adresse: Abteilung für südosteuropäische Geschichte, Universität Graz, Mozartgasse 3, A-8010 Graz.

Thomas Grotum, geb. 1964; Studium der mittleren und neueren Geschichte, Politikwissenschaft und Pädagogik; wissenschaftlicher Mitarbeiter am Max-Planck-Institut für Geschichte; Forschungsschwerpunkte: Historische Fachinformatik, Geschichte der NS-Konzentrationslager, Historische Jugendforschung.
Adresse: Max-Planck-Institut für Geschichte, Hermann-Föge-Weg 11, D-37073 Göttingen.

Ernst Hanisch, geb. 1940; Professor für neuere österreichische Geschichte an der Universität Salzburg; Forschungsschwerpunkte: Gesellschaftsgeschichte Österreichs im 19. und 20. Jahrhundert.
Adresse: Institut für Geschichte, Universität Salzburg, Rudolfskai 42, A-5020 Salzburg.

Gabriella Hauch, geb. 1959; Studium der deutschen Philologie und Geschichte; Universitäts-dozentin für neuere Geschichte und Zeitgeschichte, Historikerin am Ludwig Boltzmann-Insti-tut für Gesellschafts- und Kulturgeschichte in Linz; Forschungsschwerpunkte: Geschlechter-geschichte, politische Eliten, Perspektiven der Politikgeschichtsschreibung.
Adresse: Ludwig Boltzmann-Institut für Gesellschafts- und Kulturgeschichte; Universität Linz, A-4040 Linz.

Heinz-Gerhard Haupt, geb. 1943; Studium der Geschichtswissenschaft, politischen Wissenschaft und Romanistik; Professor für allgemeine Geschichte mit besonderer Berücksichtigung der Sozial-geschichte an der Universität Bielefeld; Forschungsschwerpunkte: vergleichende Sozial- und Kulturgeschichte Europas im 19. und beginnenden 20. Jahrhundert.
Adresse: Fakultät für Geschichtswissenschaft der Universität Bielefeld, Postfach, D-33611 Biele-feld.

Christiane Heibach, geb. 1967; Studium der Germanistik, Geschichte und Philosophie in Bam-berg, Paris und Heidelberg; zur Zeit Arbeit an einer literaturwissenschaftlichen Dissertation zum Thema „Veränderungen von Literatur durch Internet und Hypertext" an der Universität Hei-delberg; 1996 zusammen mit Stefan Bollmann Herausgabe des „Kursbuch Internet"; Forschungs-schwerpunkte: Wissenschaftstheorie der Geisteswissenschaften; neue Medien.
Adresse: Burgfriedenstraße 1, D-60489 Frankfurt am Main. Tel.: +49-(0)69-78 73 74; e-mail: 101.42428@germanynet.de.

Hans Heiss, geb. 1952; Studium der Geschichte, stellv. Direktor des Südtiroler Landesarchivs Bozen/Bolzano; Forschungsschwerpunkte: Geschichte des Bürgertums, regionale Stadt-, Tou-rismus- und Zeitgeschichte.
Adresse: Südtiroler Landesarchiv, A.-Diaz-Straße 8, I-39100 Bozen/Bolzano.

Kay Hoffmann, geb. 1959; Studium der europäischen Ethnologie, Germanistik und Kunstge-schichte; Promotion über Elektronisierung der Spielfilmproduktion; Filmpublizist und Festival-organisator; zur Zeit Mitarbeiter im Haus des Dokumentarfilms Stuttgart; Forschungs-schwerpunkte: Filmgeschichte, Film und neue Medien, Dokumentarfilm.
Adresse: Alte Weinsteige 7, D-70180 Stuttgart.

Christa Höllhumer, geb. 1964, Lektorin am Institut für europäische Ethnologie/Volkskunde der Universität Graz.
Adresse: BISDATO. Büro für historische Recherche, Kastellfeldgasse 34/II, A-8010 Graz.

Ela Hornung, geb. 1959; Studium der Geschichte und Germanistik; Forschungsschwerpunkte: Bürgerliche Hauswirtschaftsratgeber, zur Situation von Frauen im Nachkriegs-Wien, Ernährungs-sicherung im Nachkriegs-Österreich 1945-1955, österreichische Kriegsgefangene in der SU, Oral History, Einflüsse des Zweiten Weltkriegs auf Lebensgeschichten von Frauen und Män-nern, 'Warten' und 'Heimkehren' nach 1945.
Adresse: Ludwig Boltzmann-Institut für Kriegsfolgenforschung/Wien, Bellariastraße 8, A-1010 Wien.

Rainer Hubert; seit 1974 an der Österreichischen Phonothek; Arbeitsschwerpunkt: Audiovisuelle Medien (Methoden der aktiven Quellenherstellung und systematischen Sammlung; Grundlagen, Praxis; Edition historischer Tondokumente).
Adresse: Österreichische Phonothek, Webgasse 2a, A-1060 Wien.

Mustafa Imamović, geb. 1941; Studium der Rechtswissenschaft und Geschichte; Professor der Rechtsgeschichte und des Römischen Rechts an der Universität in Sarajewo; beschäftigt sich mit der politischen und kulturellen Geschichte Bosniens und der Herzegowina.
Adresse: Juristische Fakultät der Universität Sarajewo, Kulina bana 7, 71000 Sarajewo.

Gerhard Jagschitz, geb. 1940; Studium der deutschen Philologie, Geschichte, Volkskunde und Ägyptologie; seit 1985 Universitätsprofessor für neuere Geschichte am Institut für Zeitgeschichte der Universität Wien; zahlreiche wissenschaftliche Publikationen und Vorträge zur österreichischen Zeitgeschichte und über audiovisuelle Medien; Mitherausgeber des Tagungsbandes der 3. Österreichischen Zeitgeschichtetage.
Adresse: Institut für Zeitgeschichte der Universität Wien, Spitalgasse 2-4, Hof 1, A-1090 Wien.

Brigitte Kepplinger, geb. 1952; Soziologin und Historikerin; Vertragsassistentin am Institut für Gesellschafts- und Sozialpolitik der Universität Linz; Arbeitsschwerpunkte: soziale Bewegungen in Österreich, Geschichte der Sozialpolitik, Eugenik und Euthanasie in der Industriegesellschaft.
Adresse: Institut für Gesellschafts- und Sozialpolitik, Johannes-Kepler-Universität Linz, Freistädter Straße 315, A-4040 Linz.

Gertrud Kerschbaumer, geb. 1964; Studium der Geschichte und Germanistik an der Karl-Franzens-Universität Graz; Sponsion bei Univ. Prof. Dr. Karl Kaser am Institut für südosteuopäische Geschichte; nach einigen Jahren Unterrichtstätigkeit seit 1994 Mitarbeiterin am Ludwig Boltzmann-Institut für Kriegsfolgenforschung; Forschungsschwerpunkte: Oral-History; Mentalitäten ehemaliger Wehrmachtssoldaten (Kriegs- und Kriegsgefangenschaftserlebnis und seine Verarbeitung, politische Determiniertheiten); Kriegsende und sowjetische Besatzungszeit in der Steiermark.
Adresse: Ludwig Boltzmann-Institut für Kriegsfolgenforschung, Schörgelgasse 43, A-8010 Graz.

Wolfgang Kos, geb. 1949; Studium der Geschichte und Politikwissenschaft; Journalist und Historiker, Lehrbeauftragter am Institut für Zeitgeschichte der Universität Wien; Forschungsschwerpunkte: Geschichte von Landschaftswahrnehmung und Tourismus, Symbolgeschichte der Zweiten Republik, Populärkultur.
Adresse: Frankenberggasse 3, A-1040 Wien.

Johannes Kraus, geb. 1966; Studium der Geschichte in Wien, Mitglied des Instituts für österreichische Geschichtsforschung, seit 1992 Mitarbeiter im Historischen Archiv des ORF.
Adresse: Österreichischer Rundfunk, Würzburggasse 30, A-1136 Wien.

Claudia Kuretsidis-Haider, geb. 1965; Studium der Geschichte und Geographie; Mitarbeiterin im Dokumentationsarchiv des österreichischen Widerstandes; Forschungsschwerpunkte: Nachkriegsgerichtsbarkeit, Verbrechen an ungarischen Juden zu Kriegsende, Vergangenheitspolitik.
Adresse: Dokumentationsarchiv des österreichischen Widerstandes, Wipplingerstraße 8, A-1010 Wien.

Ernst Langthaler, geb. 1965; Studium der Geschichte und Graduiertenkolleg „Historische Anthropologie"; Lehrer und Historiker; Forschungsschwerpunkte: Bildanalyse, ländliche Gesellschaft, Nationalsozialismus, Geschichtsdidaktik.
Adresse: Markt 17/3, A-3212 Frankenfels.

Eleonore Lappin, geb. 1951; Studium der deutschen, englischen und vergleichenden Literaturwissenschaften sowie der jüdischen Geistesgeschichte, Mitarbeiterin am Institut für Geschichte der Juden in Österreich, St. Pölten, Lehrbeauftragte an der Abteilung für Zeitgeschichte der Karl-Franzens-Universität in Graz; Forschungsschwerpunkte: Ungarisch-jüdische Zwangsarbeiter in Österreich (1944/45) sowie die damit verbundenen Nachkriegsprozesse, Geschichte des Zionismus, jüdische Autobiographien.
Adresse: Institut für Geschichte der Juden in Österreich, Dr. Karl Renner-Promenade 22, A-3100 St. Pölten.

Albert Lichtblau, geb. 1954; ao. Prof. am Institut für Geschichte der Universität Salzburg und Mitarbeiter des Instituts für Geschichte der Juden in Österreich; Forschungsschwerpunkte: Multikulturelle Geschichte, Oral und Video History.
Adresse: Institut für Geschichte, Universität Salzburg, Rudolfskai 42, A-5020 Salzburg.

Dušan Nećak, geb. 1948; Studium der Geschichte und Kunstgeschichte; o. Univ.-Prof. an der philosophischen Fakultät der Universität Ljubljana; Professor für Zeitgeschichte; Forschungsschwerpunkte: allgemeine, slowenische und jugoslawische Zeitgeschichte, besonders nach 1945; Forschung der nationalen Fragen.
Adresse: Filozofska fakulteta, 1000 Ljubljana, Aqškerceva 2, Slovenija.

Hans Petschar, geb. 1959; Studium der Geschichte, Germanistik und Semiotik; Projektleiter für neue Medien an der Österreichischen Nationalbibliothek; Forschungsschwerpunkte: Historische Bildanalyse, Kultursemiotik, Kultur- und Mentalitätsgeschichte.
Adresse: Österreichische Nationalbibliothek, Josefsplatz 1, A-1015 Wien.

Eva Pfanzelter, geb. 1969; Studium der Geschichte/gewählter Fächer in Innsbruck und Eastern Illinois, Zeithistorikerin, Projektmitarbeiterin am Institut für Zeitgeschichte der Universität Innsbruck; Forschungsschwerpunkte: Nachkriegsgeschichte Südtirols, alliierte Besatzung, neue Medien.
Adresse: Institut für Zeitgeschichte, Universität Innsbruck, Innrain 52, A-6020 Innsbruck.

Erich Pilz, geb. 1941; Studium der Philosophie, der Sinologie und Geschichte; ao. Univ. Prof. für Sinologie an der Universität Wien (Schwerpunkt chinesische Geschichte); Forschungsschwerpunkte: Chinesische Historiographie, Geschichte und Gesellschaft Chinas im 19. und 20. Jh., Geschichte und Gesellschaft Shanghais im 19. und 20. Jh.
Adresse: Institut für Sinologie der Universität Wien, Spitalgasse 2 (Universitätscampus AAKH, Hof 2), A-1090 Wien.

Jože Pirjevec, geb. 1940; Studium an der philosophischen Fakultät in Triest, der Scuola Normale Superiore in Pisa und der Diplomatischen Akademie in Wien; seit 1971 Lehrbeauftragter für

die Geschichte Osteuropas an den Universitäten in Pisa, Padua und Triest, aber auch im Rahmen des Wissenschaftlichen Forschungsinstituts in Koper tätig. Forschungsschwerpunkt: Geschichte Jugoslawiens, besonders nach 1945.
Adresse: Via Commerciale 76, Triest, Italien.

Martin F. Polaschek, geb. 1965; Studium der Rechtswissenschaften; Univ.-Ass. am Institut für europäische und vergleichende Rechtsgeschichte, Universität Graz; Forschungsschwerpunkte: Verfassungs- und Strafrechtsentwicklung in Europa und Österreich, v. a. seit 1918; Volksgerichtsbarkeit; Bundesstaatsreform.
Adresse: Institut für europäische und vergleichende Rechtsgeschichte, Universitätsstraße 15, A-8010 Graz.

Alexander Prenninger, geb. 1968; Studium der Geschichte und Romanistik; Forschungsschwerpunkte: Erinnerungs- und Gedächtniskultur, Rechtsextremismus.
Adresse: Ludwig Boltzmann-Institut für historische Sozialwissenschaft Wien - Salzburg, Rudolfskai 42, A-5020 Salzburg.

Christian Promitzer, geb. 1962; Studium der Geschichte und Germanistik; Vertragsassistent an der Abteilung für südosteuropäische Geschichte an der Universität Graz; Forschungsschwerpunkte: Grenzen, Ethnizität und Nationsbildung in Südosteuropa.
Adresse: Abteilung für südosteuropäische Geschichte, Universität Graz, Mozartgasse 3, A-8010 Graz.

Oliver Rathkolb, geb. 1955; seit Jänner 1994 Leiter des Ludwig Boltzmann-Instituts für Geschichte und Gesellschaft, Universitätsdozent am Institut für Zeitgeschichte der Universität Wien, wissenschaftlicher Leiter der Stiftung Bruno Kreisky Archiv, Wissenschaftskoordinator im Bruno Kreisky Forum für internationalen Dialog; Mitbegründer und Mitherausgeber der interdisziplinären Fachzeitschrift zur Mediengeschichte „Medien und Zeit" sowie Redaktionsmitglied und Geschäftsführer der „Zeitgeschichte" (seit 1986); zahlreiche Publikationen zur österreichischen Zeitgeschichte mit besonderer Berücksichtigung der politischen Kultur, der internationalen Beziehungen, der Kultur-, Medien- und Rechtsgeschichte; Mitherausgeber des Tagungsbandes der 3. Österreichischen Zeitgeschichtetage.
Adresse: Institut für Zeitgeschichte der Universität Wien, Spitalgasse 2-4, Hof 1, A-1090 Wien.

Christoph Reinprecht, geb. 1957; Studium der Soziologie; seit 1990 Universitätsassistent am Institut für Soziologie der Sozial- und Wirtschaftswissenschaftlichen Fakultät der Universität Wien; Forschungsschwerpunkte: Soziologie des kollektiven Gedächtnisses, Identität und Migration; Arbeit und Sozialpolitik.
Adresse: Institut für Soziologie, Universität Wien, Alserstraße 33, A-1080 Wien.

Margit Reiter, geb. 1963; Studium der Geschichte und Germanistik an den Universitäten Salzburg und Wien; Zeithistorikerin in Wien, Lehrbeauftragte an der Universität Salzburg; Forschungsschwerpunkte: Antizionismus – Antisemitismus in der Linken, Beziehungen zwischen Österreich und Israel, Politik der Erinnerung.
Adresse: Heinestraße 42/14, A-1020 Wien.

David Reynolds, born 1952; Fellow of Christ's College, Cambridge; specialist in 20th century international history, with particular reference to Anglo-American relations and to World War Two and the early Cold War.
Adress: Christ's College, Cambridge, CB2 3BU, England.

Susanne Rolinek, geb. 1969; Studium der Geschichte, Publizistik- und Kommunikationswissenschaften. Forschungsassistentin an der Universität Salzburg zum Thema Jüdische DPs und Flüchtlinge in Österreich 1945-1955; Forschungsschwerpunkte: Österreichische Nachkriegsgeschichte, (jüdische) Migrations- und Sozialgeschichte, Vermittlung von Zeitgeschichte in Museen und Ausstellungen.
Adresse: Institut für Geschichte, Universität Salzburg, Rudolfskai 42, A-5020 Salzburg.

Marina Rossi, geb. 1945; Historikerin am Institut für die Geschichte der Freiheitsbewegung in Triest; Forschungsschwerpunkte: Austromarxismus im Küstenland, Widerstand gegen den Faschismus im nordöstlichen Italien, Gefangenschaft in Rußland während des Ersten und Zweiten Weltkrieges.
Adresse: V. Grand 14, I-34148 Trieste

Georg Schmid, geb. 1944; lehrte an der Universität Salzburg (Allgemeine Geschichte der Neuzeit) sowie in Paris und an US-Universitäten und publizierte auch literarische Texte; Forschungsschwerpunkte: Geschichtstheorie und -philosophie, Semiologie und „Semiohistorie", Kulturtheorie und -kritik, Urbanistik und Transportgeschichte, Film- und Visuelle Medienwissenschaft, Literatur als historische Quelle.
Adresse: Les Bussières des Saint-Oradoux, F-23260 Crocq.

Alexandra Schwendenwein, geb. 1970; Studium der Afrikanistik mit Fächerkombination aus Englisch und Spanisch an der Universität Wien; zur Zeit Arbeit an der Dissertation zum Thema Erziehung und Bildung in Mali; Forschungsaufenthalte in Mali 1990, 1993 und 1996; außerdem seit 1989 Tätigkeit als Atem-, Stimm- und Sprechtrainerin.
Adresse: Suchenwirtplatz 10/13, A-1100 Wien.

Gerhard Stanz, geb. 1965; Studium der Publizistik- und Kommunikationswissenschaft in Wien, Mitarbeiter im Historischen Archiv des ORF mit Arbeitsschwerpunkt Interaktives Multimedia.
Adresse: Österreichischer Rundfunk, Würzburggasse 30, A-1136 Wien.

Peter Staudacher, geb. 1965; Studium der Geschichte; Universtitätsassistent von 1991-1995; Postgraduate Studium in Irland/University of Limerick: derzeit beschäftigt im Informationsbüro des Europäischen Parlaments für Österreich.
Adresse: Informationsbüro des Europäischen Parlaments für Österreich, Kärntnerring 5-7, A-1010 Wien.

Barbara Stelzl, geb. 1971; Studium der Anglistik/Amerikanistik, Russisch und Geschichte; Doktoranden-Stipendiatin der Österreichischen Akademie der Wissenschaften; wissenschaftliche Mitarbeiterin am Ludwig Boltzmann-Institut für Kriegsfolgenforschung (BIK) Graz; Forschungsschwerpunkte: Lager in totalitären Systemen, Kriegsgefangenschaft in der UdSSR und im „Dritten Reich", „Lagerliteratur".
Adresse: BIK, Schörgelgasse 43, A-8010 Graz.

Karl Stocker, geb. 1956; Universitätsdozent am Institut für Geschichte der Universität Graz.
Adresse: BISDATO. Büro für historische Recherche, Kastellfeldgasse 34/II, A-8010 Graz.

Monika Stromberger, geb. 1969; Studium der Geschichte, Soziologie und Slawistik; Dissertantin, Projektmitarbeit im SFB „Moderne - Wien und Zentraleuropa um 1900", Lehrbeauftragte am Institut für Geschichte, Abteilung Zeitgeschichte; Forschungsschwerpunkte: Moderne, Kulturgeschichte, Urbanitätsforschung.
Adresse: Institut für Geschichte/Abt. Zeitgeschichte, Universität Graz, Elisabethstraße 27/II, A-8010 Graz; e-mail: stromber@balu.kfunigraz.ac.at.

Emmerich Tálos, geb. 1944; Professor für Politikwissenschaft am Institut für Staats- und Politikwissenschaft der Universität Wien; Forschungsschwerpunkte: Sozialstaat, Sozialpartnerschaft, politische Entwicklung, Faschismus, Armut und Frauenpolitik.
Adresse: Institut für Staats- und Politikwissenschaft, Sozial- und wirtschaftswissenschaftliche Fakultät der Universität Wien, Hohenstaufengasse 9, A-1010 Wien.

Manfred Thaller, geb. 1950; Studium der neueren Geschichte und der empirischen Sozialwissenschaften in Wien; Arbeitsbereichsleiter „Historische Fachinformatik" am Max-Planck-Institut für Geschichte in Göttingen; seit 1997 Gründungsdirektor des Humanities Information Technologies Research Programms der Universität Bergen, Norwegen; Hauptaufgabenbereich: Historische Informatik.
Adressen: Max-Planck-Institut für Geschichte, Hermann-Foege-Weg 11, D-37073 Göttingen, sowie Humanities Information Technologies Research Programme, Universitetet i Bergen, Allegaten 27, N-5007 Bergen.

Lisbeth N. Trallori, feministische Wissenschafterin und Lektorin an den Universitäten Wien und Klagenfurt; interdisziplinäre Forschungsprojekte und zahlreiche Publikationen zu Rassismus, Faschismus und Widerstand, zu Körperpolitik und den „Neuen Technologien", darunter: Leiblichkeit und Erkenntnis. Beiträge zur Feministischen Kritik, Wien 1992; Reproduktion und Mutterschaft, in: Frauenbericht 1995; Die Eroberung des Lebens. Technik und Gesellschaft an der Wende zum 21. Jahrhundert, Wien 1996.
Adresse: Zentrum für Frauenforschung/Feministische Forschung, Jacquingasse 4, A-1030 Wien.

Gerald Trimmel, geb. 1962; Studium der Geschichte, der deutschen Philologie und der elektroakustischen und experimentellen Musik. Leiter des Zentrums für Publishing und Media Management an der Donau-Universität Krems; Forschungsschwerpunkte: Audiovisuelle Medien als historische Quellen, Präsentation und Archivierung audiovisueller Dokumente, Nationalsozialismus, Geschichte der elektronischen Musik in Österreich.

Adresse: Zentrum für Publishing und Media Management, Donau-Universität Krems, Dr. Karl-Dorrek-Str. 30, A-3500 Krems.

Kurt Tweraser, geb. 1930; Studium der Politikwissenschaften an der American University, Washington D.C.; 1966-1992 an der University of Arkansas (Fayetteville) tätig; Forschungs- und Lehrschwerpunkt: Amerikanische Außenpolitik; seit Emeritierung Forschungsschwerpunkt: US-Besatzungspolitik in Österreich.
Adresse: 816 Highland, Fayetteville, Arkansas, 72701, USA.

Heidemarie Uhl, geb. 1956; Studium der Geschichte und Germanistik; Forschungsprojekte im Rahmen der Abteilung Zeitgeschichte und des Spezialforschungsbereichs Moderne an der Universität Graz,derzeit Charlotte-Bühler-Stipendiatin des FFW; Forschungsschwerpunkte: Kultur und Gesellschaft um die Jahrhundertwende, Gedächtnisgeschichte der Zweiten Republik.
Adresse: Universität Graz, Abteilung Zeitgeschichte, Elisabethstraße 27, A-8010 Graz.

Charles Villa-Vicencio is National Research Director of the South African Truth and Reconciliation Commission; he is on leave of absence as Prof. of Religion and Society at the University of Cape Town.
Adress: 14 Annerley Road, Rosebank, 7700, Cape Town, South Africa.

Heinz P. Wassermann, geb. 1964; Studium der Betriebswirtschaftslehre, Geschichte und Sozialkunde, Philosophie, Psychologie und Pädagogik; derzeit Dissertation zum Thema „Öffentliches und veröffentlichtes Geschichtsbewußtsein in Österreich nach 1945"; Forschungsschwerpunkte: Geschichtsbewußtsein und Geschichtsbilder, historische Kommunikationsforschung und Antisemitismus.
Adresse: Georgigasse 36/10, A-8020 Graz.

Stefan Wolfinger, geb. 1967; Studium der Geschichte und Kunstgeschichte; freiberuflich tätig; Forschungsinteressen: Populäre Kultur, Wissenschaftstheorie.
Adresse: Trubelgasse 12/21, A-1030 Wien.

Wladislaw Zubok, geb. 1958; Russischer Historiker, Senior Researcher, National Security Archive an der George Washington University, USA; Forschungsschwerpunkte: Kalter Krieg, Sowjetische Außenpolitik, Sowjetische Gesellschaft nach Stalins Tod.
Adresse: The George Washington University, Gelman Library, Suite 701, 2130 H Street, N.W. Washington DC 20037.

Programm der 3. Österreichischen Zeitgeschichtetage 1997

Montag, 26. Mai 1997

Das Ende der Bipolarität und das Umschreiben der Geschichte

Eröffnung
Oliver Rathkolb, Institut für Zeitgeschichte der Universität Wien
Gerhard Jagschitz, Institut für Zeitgeschichte der Universität Wien
Norbert Roszenich, Sektionschef im Bundesministerium für Wissenschaft und Verkehr

Moderation
Gerald Stourzh, Universität Wien

Plenarreferate
The End of Bipolarity and the Rewriting of History: The Western Perspectives
David Reynolds, Christ's College, Cambridge University

The End of Bipolarity and the Rewriting of History: The Eastern Perspectives
Vladislav Zubok, The National Security Archive, Washington D.C.

Überlegungen zum Funktionswandel des Antikommunismus
Ernst Hanisch, Universität Salzburg

Panel 1
Die achtziger Jahre: Zeitgeschichte oder Gegenwartsgeschichte?

Chair
Ernst Hanisch, Institut für Geschichte der Universität Salzburg
Diskussion über drei Problembereiche:
Inwieweit ist es sinnvoll, eine Gegenwartsgeschichte von der Zeitgeschichte abzugrenzen? Wo
verlaufen die Grenzen?
Welche Strukturbrüche kennzeichnen die achtziger Jahre: in Europa, in Österreich?
Ist das Konzept von Fordismus und Postfordismus ein tauglicher Analyserahmen?

Diskussionsteilnehmer
Thomas Angerer, Institut für Geschichte der Universität Wien
Reinhard Sieder, Institut für Wirtschafts- und Sozialgeschichte der Universität Wien
Emmerich Tálos, Institut für Staats- und Politikwissenschaft der Universität Wien
Karl Stuhlpfarrer, Institut für Zeitgeschichte der Universität Wien

Panel 2
**50 Jahre Marshallplan. Seine historische Relevanz für Österreich und Europa nach
dem Ende der Bipolarität**

Chair
Reinhold Wagnleitner, Universität Salzburg

Referenten
Günter Bischof, University of New Orleans
Zum internationalen Stand der Marshallplan-Forschung und der Forschungsdesiderata für Österreich

Kurt Tweraser, University of Fayetteville, Arkansas
Der Marshallplan und die verstaatlichte Industrie Österreichs. Fallbeispiel VÖEST

Dieter Stiefel, Universität Wien
Langfristige Auswirkungen des Marshallplans auf die Teilung Europas

Panel 3
Neue theoretische Herausforderungen für die Zeigeschichte

Chair
Friedrich Stadler, Universität Wien

Referenten
Rudolf G. Ardelt, Universität Linz
Systemtheoretische Ansätze zwischen „global system theory" und Regionalgeschichte

Gerhard Donhauser, Wien
Geschichtsschreibung zwischen Wissenschaft und Kunst - Thesen zum Umschreiben der Geschichte

Andre Gingrich, Universität Wien
Interdisziplinäre Ansätze in der Ethnologie. Perspektiven möglicher Zusammenarbeit

Christian Gerbel, Universität Linz
Die Sozialtheorie von Pierre Bourdieu: Eine Perspektive für die Geschichtswissenschaft

Stefan Wolfinger, Wien
Chaostheorie und Geschichtsschreibung

Panel 4
Revisionismus in der Zeitgeschichte: Italien, Deutschland und Österreich im Vergleich

Chair
Gustavo Corni, Universität Triest/Trieste

ReferentInnen
Christof Dipper, Technische Hochschule Darmstadt

Zwischen „Historikerstreit" und der Debatte über „Nationalsozialismus und die Moderne"

Brigitte Bailer, Dokumentationsarchiv des Österreichischen Widerstandes, Wien
Kriegsschuld und NS-Gewaltverbrechen in der österreichischen Nachkriegsdiskussion

Hans Heiss, Südtiroler Landesarchiv/Archivio provinciale, Bozen/Bolzano
„Unaufhaltsame Versöhung"? Jüngste Revisionstendenzen in der Zeitgeschichte und die politische Kultur Italiens

Panel 5
Das Umschreiben der ungarischen Geschichte nach dem Fall des Sozialismus

Chair
Laszlo Tökezky, Universität Budapest

ReferentInnen
Sándor M. Kiss, Universität Budapest
Das Umschreiben der Revolution von 1956 und deren Bedeutung für die Legitimation der Demokratie

Maria Schmidt, Universität Budapest
Vier Jahrzehnte Geschichtsschreibung im Sozialismus und was davon bleibt

Lajos Kresztes, Universität Budapest
Der Fall der bipolaren Weltordnung und seine Bedeutung für die ungarische Historiographie

Christoph Reinprecht, Universität Wien
Nationale Identität und kollektives Gedächtnis

Panel 6
Triest – Stadt meiner Träume

Chair
Karl Stuhlpfarrer, Universität Wien

ReferentInnen
Marina Rossi, Institute regionale per la storia del movimento di liberazione nel Friuli-Venezia Giulia, Triest/Trieste
Liebesbriefe von der Front nach Triest

Marina Cattaruzza, Universität Triest/Trieste
Umberto Sabas „Wäre ich der Gouverneur Triests"

Jože Pirjevec, Universität Triest/Trieste
Die jugoslawischen Vorstellungen von Triest 1945–1947

Dušan Nećak, Universität Laibach/Ljubljana
Triest - ein Einkaufszentrum

Panel 7
Staat versus Civil Society in Asien und Afrika:
Zeitgeschichtliche Analyse und Theorie-Bildung

Chair
Christian Mährdel, Universität Wien

ReferentInnen
Joachim Becker, Wirtschaftsuniversität Wien
Zweierlei Maß: Staat und Zivilgesellschaft in Zimbabwe

Helmut Lukas, Universität Wien
Kulturelle Identität und die Problematik von Staat und Zivilgesellschaft in Indonesien

Erich Pilz, Universität Wien
Demokratie-Bewegung und Konsumgesellschaft: Zur Diskussion der Zivilgesellschaft in China

Alexandra Schwendenwein, Wien
Staat und zivile Gesellschaft in Mali: Chancen und Wege von Demokratisierung in Selbst-
bestimmtheit

Dienstag, 27. Mai 1997

Opfer-Täter-Diskurs im internationalen Vergleich

Moderation
Ruth Wodak, Universität Wien

Plenarreferate
Learning to live together. Truth is more important than Contrition
Charles Villa-Vicencio, Research Department of the Truth and Reconciliation Commission
South Africa

The Genocide against the Bosniaks. An Historical Outlook
Mustafa Imamović, Universität Sarajewo, Faculty of Law

Vergangenheitsbewältigung als Spaltung: Deutsche Traumata seit der Wende
Wolfgang Benz, Technische Universität Berlin, Zentrum für Antisemitismusforschung

Opfer/Täter-Diskurse
Gerhard Botz, Universität Salzburg

Panel 8
Wehrmacht und kollektives Gedächtnis

Chair
Wolfgang Neugebauer, Dokumentationsarchiv des Österreichischen Widerstandes, Wien

ReferentInnen
Walter Manoschek, Universität Wien
Der politische und mediale Diskurs über die Ausstellung „Vernichtungskrieg, Verbrechen der Wehrmacht 1941 bis 1944" in Österreich

Ulfried Burz, Universität Klagenfurt
Geschichtswissenschaft und Politik am Beispiel der Ausstellung „Vernichtungskrieg, Verbrechen der Wehrmacht 1941 bis 1944"

Margit Reiter, Wien
Erinnerung(en)/Erinnerungsrituale im Gedenkjahr 1995

Panel 9
In der Tat Frauen - Öffentliches Handeln und geschlechtsspezifische Identitätspolitiken

Chair
Ingrid Bauer, Ludwig Boltzmann-Institut für Gesellschafts- und Kulturgeschichte Salzburg

Referentinnen
Andrea Ellmeier, Kulturdokumentation. Internationales Archiv für Kulturanalysen, Wien
Konsum als politische Praxis. Die Konsumgenossenschaften als Forum der Politisierung des Privaten

Johanna Gehmacher, Universität Wien
Das Wahlrecht als Waffe? Deutungsmuster geschlechtsspezifischen Wählerinnenverhaltens am Ende der Ersten Republik

Gabriella Hauch, Universität Linz
Oszillierende Allianzen. Frauenpolitiken in innerparlamentarischen und außerparlamentarischen Räumen der Ersten Republik

Ela Hornung, Ludwig Boltzmann-Institut für Kriegsfolgenforschung, Wien
Politik mit der Wiederkehr. Frauendelegation für österreichische Kriegsgefangene in der Sowjetunion 1945-1955

Panel 10
Das Gedächtnis der Zweiten Republik

Chair
Albert Müller, Ludwig Boltzmann-Institut für historische Sozialwissenschaft, Wien
Neuere Gedächtnistheorien und Geschichtswissenschaft: Konsequenzen radikalkonstruktivistischer Wenden (Einleitung)

ReferentInnen
Ruth Beckermann, Wien
Jenseits des Krieges

Gerhard Baumgartner, Wien
Sehen, Wissen, Sprechen. Zur historischen Erinnerung der burgenländischen Bevölkerung an die „Todesmärsche" 1945

Oliver Wurzer, Ludwig Boltzmann-Institut für historische Sozialwissenschaft, Salzburg
Das Gedächtnis der SS

Gerhard Botz, Alexander Prenninger, Ludwig Boltzmann-Institut für historische Sozialwissenschaft, Salzburg
Rituale des Erinnerns: Traditionsbildungen um die Befreiung des Konzentrationslagers Mauthausen

Panel 11
Der Umgang mit Massenverbrechen im Nachkriegseuropa

Chair
Winfried Garscha, Dokumentationsarchiv des österreichischen Widerstandes, Wien

ReferentInnen
Gabriella Etmektsoglu, Institut für die Wissenschaften vom Menschen, Wien
The Politics of Retribution in the Aftermath of World War II

Mark Mazower, Universität Sussex/Institut für die Wissenschaften vom Menschen, Wien
Dealing with the Aftermath of the Holocaust in Greece

Claudia Kuretsidis-Haider, Dokumentationsarchiv des österreichischen Widerstandes, Wien
Forschungsergebnisse und -desiderata zum Umgang mit NS-Verbrechen in Österreich

Martin Polaschek, Universität Graz
Die ersten „Wiederbetätigungs"prozesse vor dem Grazer Volksgericht (Affäre Soucek)

Hannes Grandits, Christian Promitzer, Universität Graz
Ethnische Säuberungen in Kroatien: Hintergründe und Interpretationen

Panel 12
Überlebende des Holocaust

Chair
Thomas Albrich, Universität Innsbruck

ReferentInnen
Heinz P. Wassermann, Graz
Österreich und „Holocaust" - eine verstörte Nation?

Eleonore Lappin, Institut für die Geschichte der Juden, St. Pölten
Ein unterbliebener Opfer-Täter-Diskurs. Die Stellung jüdischer Opfer als Zeugen in Gerichtsverfahren wegen nationalsozialistischer Gewaltverbrechen gegen ungarische Juden in Österreich

Susanne Rolinek, Salzburg
Unliebsame „Mahnmäler der Erinnerung". Die Rolle der jüdischen Displaced Persons im Opfer-Täter-Diskurs

Brigitte Kepplinger, Universität Linz
Hartheim in der oberösterreichischen Erinnerung. Eine Spurensuche

Panel 13
Konstruktionen kollektiver Identität in der Moderne

Chair
Helmut Konrad, Universität Graz

ReferentInnen
Monika Stromberger, Universität Graz
Geschichtsforschung und nationale Identitätsbildung am Beispiel Slowenien um die Jahrhundertwende

Heidemarie Uhl, Universität Graz
Identität als politische Strategie. Beispiele aus Graz und Leipzig um 1900

Wolfgang Maderthaner, Verein für Geschichte der Arbeiterbewegung, Wien
Vorstadt als Konstruktion des Anderen. Das Beispiel Wien

Katharina Kalcsics, Universität Graz
Versuche nationaler Identitätsstiftung in der Ersten Republik. Der Republiksfeiertag 1928 in den nichturbanen Milieus

Heinz-Gerhard Haupt, Martin-Luther-Universität Halle-Wittenberg
Kulturgeschichtliche Ansätze bei der Erforschung des europäischen Nationalismus

Panel 14
Lager in totalitären Systemen

Chair
Stefan Karner, Ludwig Boltzmann-Institut für Kriegsfolgenforschung, Graz

ReferentInnen
Gertrud Kerschbaumer, Ludwig Boltzmann-Institut für Kriegsfolgenforschung, Graz
Täteranteile und Opfermythen in den Lebensgeschichten ehemaliger Gefangener der GUPVI

Barbara Stelzl, Ludwig Boltzmann-Institut für Kriegsfolgenforschung, Graz
Kriegsgefangene als Opfer der NS-Rassenideologie

Edda Engelke, Ludwig Boltzmann-Institut für Kriegsfolgenforschung, Graz
Zivilverurteilte Österreicher im GULag

Reinhard Müller, Hamburger Institut für Sozialforschung
Der Denunziant als „Täter"/„Opfer" im Stalinismus und Nationalsozialismus

Nadine Hauer, Wien
Gefangene Psychiatrie – Soldaten und Kriegstrauma

Mittwoch, 28. Mai 1997

Digitalisierung und virtuelle Welt: Neue Herausforderungen an die Zeitgeschichte?

Moderation
Rudolf G. Ardelt, Universität Linz

Plenarreferate
Zeitgeschichten statt Zeitgeschichte. Geschichtsschreibung und Geschichtswissenschaft im digitalen Zeitalter
Christiane Heibach, Frankfurt/Main

Virtuelle (Zeit-)Geschichte? Eine Disziplin zwischen Popularität, Postmoderne und dem Post-Post-Positivismus
Manfred Thaller, Max-Planck-Institut für Geschichte, Göttingen

Panel 15
Virtueller Horror? Von der Adäquatheit neuer Medien für die Beschreibung des Unbeschreiblichen

Chair
Manfred Thaller, Max-Planck-Institut, Göttingen

ReferentInnen
Astrid Bremnes, Universität Bergen
From alarm to understanding. On the relationship between teaching packages on and digital archives about Holocaust

Daniela Ellmauer, Christian Gruber, Universität Salzburg
Weder Disney-World noch Datenfriedhof. Die CD-ROM im Spannungsfeld zwischen Kommerz und Wissenschaft

Thomas Grotum, Universität Darmstadt
Das ganz alltägliche Grauen. Archive des Holocaust

Panel 16
Realität/Virtualität in der Geschichte (des Nationalsozialismus)

Chair
Siegfried Mattl, Universität Wien

ReferentInnen
Georg Schmid, Salzburg/Paris
Semiotische Überlegungen zu kollektiv-autosuggestiven Geschichtsbildern und Konstruktivismen in der Historiographie

Christa Höllhumer, Karl Stocker, Bisdato Graz
„Historische Wahrheit" in den Köpfen von Jugendlichen

Bernhard Berger, Salzburg
Über „spielerische" interaktive Auseinandersetzung mit Neonazismus, Rechtsextremismus und Zweitem Weltkrieg im Computerspiel

Georg Tillner, Wien
Lernen von SimCity. Geschichtsdidaktik in Strategiespielen

Panel 17
Zeitgeschichte im Internet: Präsentation von österreichischen Internet-Projekten

Chair
Rolf Steininger, Universität Innsbruck

ReferentInnen
Ingrid Böhler, Eva Pfanzelter, Universität Innsbruck
ZIS (Zeitgeschichte-Informations-System): Ein Internet-Dienst für und über die österreichische Zeitgeschichtsforschung

Werner Dreier, Bregenz
Colonia Austria - Bairro da Seda - Vorarlberger Auswanderer nach Brasilien: Virtuelle Ausstellung im Internet

Niko Hofinger, Universität Innsbruck
Digitalisierte Ausstellungen - vom „Abfallprodukt" zur neuen Methode: Die Geschichte der jüdischen Familie Turteltaub

Ingrid Bauer, Ludwig Boltzmann-Institut für Gesellschafts- und Kulturgeschichte Salzburg
Von Oral History zu Cyber History? Das WorldWideWeb als „communication bridge" eines österreichisch-amerikanischen Dialogs zur Besatzungszeit

Panel 18
Das „Bild" als Abbildung von „Realität"?

Chair
Carl Aigner, Kunsthalle Krems

Referenten
Arno Gisinger, Wien
Bilder von Opfern, Tätern und Zusehern. Die Diskussion visueller Erinnerung(en) an den Holocaust seit 1945

Gerald Trimmel, Donau-Universität Krems
Das digitale (Bild-)Dokument als historische Quelle

Wolfgang Kos, Wien
Der öffentliche Raum der Bilder

Ernst Langthaler, Frankenfels
Lebens-Zeichen. Zur sozialwissenschaftlichen Lektüre von Privatfotografien

Panel 19
Vom Code der Realität zur Realität des Codes: Digitale Information in der Geschichtswissenschaft

Chair
Georg Schmid, Salzburg/Paris

ReferentInnen
Robert Buchschwenter, Wien
Cyber(hi)story. Vorstellung einer Zeitgeschichte, die die digitalen Zeichen der Zeit zu lesen weiß

Kay Hoffmann, Haus des Dokumentarfilms Stuttgart
Das dokumentarische Bild im Zeitalter der digitalen Manipulierbarkeit

Lisbeth N. Trallori, Wien
Einladung ins Zeitalter des Codes

Hans Petschar, Österreichische Nationalbibliothek Wien
Kann man mittels neuer Medien Geschichte schreiben?

Panel 20
Archivierung im digitalen Zeitalter

Chair
Lorenz Mikoletzky, Österreichisches Staatsarchiv

ReferentInnen
Rainer Hubert, Österreichische Phonothek
Die digitale Revolution aus der Sicht eines AV-Archivars

Heinrich Berg, Wiener Stadt- und Landesarchiv
Digitalisierung und virtuelle Welt: Aufgaben der Archivare

Albert Lichtblau, Universität Salzburg
Möglichkeiten und Perspektiven von digitalisierten Videointerviews mit Zeitzeugen am Beispiel der Survivors of the Shoah Foundation

Sabine Elisabeth Gollmann, Ludwig Boltzmann-Institut für Kriegsfolgenforschung, Graz
Steirische Zeitgeschichte auf CD-ROM und im Internet – Start ins 21. Jahrhundert?

Panel 21
Präsentationen aus dem digitalen Geschichtslabor

Chair
Peter Dusek, ORF Wien

Referenten
Herbert Hayduck/Johannes Kraus, ORF Wien
Wir gestalten CD-ROMs. Berichte aus dem digitalen Geschichtslabor des ORF

Matthias Böckl, Hochschule für angewandte Kunst Wien
Visionäre im Exil. Österreichische Spuren in der modernen amerikanischen Architektur

Peter Staudacher, Universität Salzburg
OnLines-Geschichte der Schweizer Bahnen auf CD-ROM. Historie im interaktiven digitalen Medium

Thomas Albrich (Hrsg.)
FLUCHT NACH ERETZ ISRAEL
Die Bricha und der jüdische
Exodus durch Österreich nach 1945

Zwischen 1945 und 1949 war Österreich erstes Etappenziel und wichtigstes Transit-
land des Exodus von mehr als 200.000 osteuropäischen Überlebenden des Holocaust
auf ihrem Weg nach Palästina. Historikerinnen und Historiker sowie Aktivisten der
geheimen Fluchthilfeorganisation BRICHA wie die späteren hochrangigen israeli-
schen Diplomaten Asher Ben-Natan und Aba Gefen zeichnen die einzelnen Stationen
entlang des Fluchtweges von Osteuropa durch Österreich bis zum Mittelmeer nach.
Der vorliegende Band präsentiert eine Zusammenschau des aktuellen Forschungs-
standes zum Thema der jüdischen DPs und Flüchtlinge in Österreich. Die Darstellung
wird reichhaltig ergänzt durch eine Vielzahl an bislang meist unpubliziertem Bildmaterial aus Österreich, Italien, Israel und den USA.

Mit Beiträgen von Thomas Albrich, Asher Ben-Natan, Marko M. Feingold, Aba Gefen,
Michael John, Viktor Knopf, Bernadette Lietzow, Katrin Oberhammer, Christine Oertel,
Eva Pfanzelter, Norbert Ramp und Susanne Rolinek.

Thomas Albrich (Hrsg.)
FLUCHT NACH ERETZ ISRAEL
Die Bricha und der jüdische Exodus durch Österreich nach 1945
Österreich-Israel-Studien, Bd. 1
296 Seiten; öS 348,–/DM 47,80/sfr 44,50
ISBN 3-7065-1289-0

STUDIENVerlag
Innsbruck-Wien

*zeit*geschichte zeitgeschichte

Polen im Prozeß der europäischen Integration

Editorial

Zdzisław W. Puślecki
Die Chancen und Barrieren der ökonomischen Zusammenarbeit zwischen den Ländern Mitteleuropas und der Europäischen Union in der Zeit der Änderungen und der gegenseitigen Anpassungen

Kazimierz Robakowski
Die Aktivitäten der Regierung von Tadeusz Mazowiecki für die Integration Polens in die politischen und ökonomischen Strukturen Westeuropas

Zbigniew Blok
Soziale Schranken für die Integration Polens in die Europäische Union

Jerzy Babiak
Chancen und Bedrohungen für die politische Landwirtschaft im Integrationsprozeß mit der Europäischen Union

25. Jahrgang   Mai/Juni 1998   Heft 5/6

zeitgeschichte ist die traditionsreichste wissenschaftliche Zeitschrift für Beiträge zur Geschichte Österreichs im 20. Jahrhundert. Sie wurde 1973 von der Historikerin Univ.-Prof. Dr. Erika Weinzierl (zusammen mit einem Politologen und einem AHS-Geschichtsprofessor) gegründet, die bis heute als Herausgeberin fungiert.

zeitgeschichte hat sich in den bald 25 Jahren ihres Bestehens eine hohe nationale wie internationale Bekanntheit und Anerkennung erworben. Neben Aufsätzen aus dem Ausland ist der Großteil der Beiträge aber weiterhin der Zeitgeschichte Österreichs gewidmet.

zeitgeschichte erscheint sechsmal jährlich. Jedes Doppelheft enthält etwa drei größere Artikel sowie Rezensionen aktueller Fachpublikationen.

Das Zielpublikum stellen neben Fachkollegen/innen der Geschichtswissenschaft besonders Lehrer/innen und Studenten/innen sowie alle an der Zeitgeschichte interessierten Leser/innen.

An der Redaktion sind alle österreichischen Universitätsinstitute für Zeitgeschichte beteiligt: Univ.-Prof. Dr. Rudolf Ardelt (Linz), Dr. Ingrid Bauer (Salzburg), Dr. Michael Gehler (Innsbruck), Univ.-Prof. Dr. Ernst Hanisch (Salzburg), Univ.-Doz. Dr. Robert Hoffmann (Salzburg), Dr. Michael John/Koordination (Linz), Dr. Peter Malina (Wien), Univ.-Doz. Dr. Siegfried Mattl/Rezensionsteil (Wien), Univ.-Doz. DDr. Oliver Rathkolb/Koordination (Wien), Dr. Valentin Sima (Klagenfurt), Univ.-Doz. Dr. Karl Stuhlpfarrer/Rezensionsteil (Wien), Dr. Heidemarie Uhl (Graz).

Themen 1998-1999:

Heft 1/2-98	*Italien*	Heft 1/2-99	*Das Eigene und das Fremde*
Heft 3/4-98	*Menschenrechte in Ost- und Süd-*	Heft 3/4-99	*Hunger und Politik*
	osteuropa	Heft 5/6-99	*Sport und Populärkultur*
Heft 5/6-98	*Polen im Prozeß der europäischen*	Heft 7/8-99	*Foibe*
	Integration	Heft 9/10-99	*Populismus in Österreich und*
Heft 7/8-98	*Historiographie der Zeitgeschichte*		*Frankreich im Vergleich*
Heft 9/10-98	*1968-1998*	Heft 11/12-99	*Konsumgesellschaft*
Heft 11/12-98	*Kriegsgefangenschaft während und*		
	nach dem Ersten Weltkrieg		

zeitgeschichte-Abonnement, sechs Doppelhefte pro Jahr (Abonnementpreis inkl. MwSt. und Versand):

Jahresabonnement Inland: öS 520,–
Jahresabonnement Studenten/innen Inland: öS 320,–
Jahresabonnement Ausland: öS 830,–/DM 114,–/sfr 101,–
Einzelheft: öS 120,–/DM 16,50/sfr 15,50

STUDIENVerlag
Innsbruck-Wien